D1728165

Léon Wurmser

Flucht vor dem Gewissen

Analyse von Über-Ich und Abwehr
bei schweren Neurosen

Geleitwort von Helmut Thomä

Zweite, unveränderte Auflage

Springer-Verlag
Berlin Heidelberg New York
London Paris Tokyo
Hong Kong Barcelona
Budapest

Léon Wurmser, M.D., P.A.
904 Crestwick Road, Towson, MD 21 286, USA

ISBN-13:978-3-642-77933-6   e-ISBN-13:978-3-642-77932-9
DOI: 10.1007/978-3-642-77932-9

Die Deutsche Bibliothek – CIP-Einheitsaufnahme
Wurmser, Léon: Flucht vor dem Gewissen : Analyse von Über-Ich und Abwehr bei schweren Neu-
rosen / Léon Wurmser. Geleitw. von Helmut Thomä. – 2. Aufl. – Berlin ; Heidelberg ; New York ;
London ; Paris ; Tokyo ; Hong Kong ; Barcelona ; Budapest : Springer, 1993
    ISBN-13:978-3-642-77933-6 (Berlin . . .)

© Springer-Verlag Berlin Heidelberg 1987, 1993
Softcover reprint of the hardcover 2nd edition 1993

Umschlaggestaltung: Design Concept, Emil Smejkal, Heidelberg
Umschlagillustration: Josef Liesler
Datenkonvertierung: Appl, Wemding

26/3130-5 4 3 2 1 0 – Gedruckt auf säurefreiem Papier

Geleitwort

Léon Wurmser hat sich seit einigen Jahren in Europa und besonders im deutschsprachigen Raum durch Vorträge und Veröffentlichungen über psychoanalytische Behandlungen schwerer Neurosen und Drogenabhäniger einen Namen gemacht. Er gehört zu einer immer kleiner werdenden Gruppe amerikanischer Psychiater und Psychoanalytiker, die in ihrer ursprünglichen Sprach- und Denkwelt verwurzelt geblieben sind. Nachdem die ersten beiden Werke – *The hidden dimension* und *The mask of shame* – in englischer Sprache erschienen und in Europa unbekannt geblieben sind, ist das vorliegende Buch von dem polyglotten Autor, der in vielen Sprachen zu Hause ist, in seiner Muttersprache geschrieben worden.

Titel und Untertitel kennzeichnen den allgemeinen Rahmen und die Zielsetzung des Buches, das freilich weit mehr enthält als eine umfassende Darstellung des heutigen Standes der psychoanalytischen Abwehrtheorie und einer darauf basierenden Behandlungstechnik. Durch die Integration von Erkenntnissen der modernen Affektforschung und der Mutter-Kind-Interaktion hat die psychoanalytische Abwehrtheorie in den letzten Jahrzehnten wesentliche Dimensionen hinzugewonnen. Die exemplarische Darstellung des Schamaffekts und seiner Bedeutung in der therapeutischen Beziehung hat Wurmser nun in eine umfassende Abhandlung über abwehrbedingte Regressionsformen eingebracht.

Nach Herkunft und beruflichem Werdegang gehört Wurmser zu den mutigen Brückenbauern, die weit auseinanderliegende Ufer verbinden und zugleich Bewährtes bewahren können. Im Zeitalter von Narzißmus und von Ideologien, die uns auch in den schweren Neurosen begegnen, hält Wurmser an der ödipal bezogenen psychoanalytischen Konflikttheorie fest. Konservativ im besten Sinn übernimmt Wurmser tradierte Erkenntnisse nicht ungeprüft. Seine humanistische Bildung und die in der Schweiz erworbene psychiatrisch-phänomenologische Schulung ermöglichen es ihm, zu vielen übergeordneten Fragen der psychoanalytischen Theorie und Praxis Stellung zu nehmen. Zur Kritik der Narzißmustheorien und gegenwärtiger Auffassungen über die Entstehung von Grenzfällen und deren analytische Behandlung gelangte Wurmser aufgrund jahrzehnte-

langer Erfahrung in der Therapie schwerer Neurosen und Drogenab-
hängiger. Die kasuistische Darstellung von Krankengeschichten
bildet den Schwerpunkt des Buches.

Es ist didaktisch hilfreich, daß Wurmser zunächt im Abschnitt 2.2
(S. 33–43) „Richtlinien zur Abwehranalyse" gibt und im 2. Kapitel
wesentliche Abwehrformen abhandelt. Die Haupthypothesen
(S. 24 ff.) werden jeweils eingehend kasuistisch erläutert, vertieft und
begründet. Schließlich gelangt der Autor im letzten (10.) Kapitel zu
einem zusammenfassenden Entwurf, in dem die eigenen Erfahrungen und deren subtile kasuistische Dokumentation zusammen mit
der einschlägigen psychoanalytischen Literatur kritisch reflektiert
werden. Immer wieder werden die Ausführungen durch Fragen unterbrochen, so daß der Leser zum Nachvollzug und zur Nachprüfung der gegebenen Antworten eingeladen wird.

In den Darstellungen der Krankengeschichten wird eine ganz un-
gewöhnliche Nähe zum gedanklichen und emotionellen Austausch
in der Behandlungssituation ebenso erreicht wie eine verallgemei-
nernde Abstraktion, wenn es darum geht, die beschriebenen Phänomene theoretisch einzuordnen. Wurmser kann auf eine Fülle hervorragend dokumentierter Behandlungen von Schwerkranken zurück-
greifen, deren Zugänglichkeit für die psychoanalytische Methode an
den erreichten Erfolgen und an den Einblicken in den therapeutischen Prozeß bewiesen wird. Doch was wäre eine noch so wortgetreue Wiedergabe eines therapeutischen Dialogs ohne das schrift-
stellerische Talent des Autors, der den Stoff so gestaltet hat, daß
eine breite Leserschicht Einblicke in menschliche Schicksale bekommen kann, die nicht nur die Betroffenen selbst und die behandelnden Ärzte angeht.

Dieses Buch vereinigt in sich literarische Qualitäten mit therapeu-
tischem Engagement und mit wissenschaftlicher Zielsetzung. Diese
Trias macht das Buch faszinierend und wird ihm eine breite und in-
teressierte Leserschaft weit über das engere Fachgebiet hinaus sichern.

Ulm, im Januar 1993   *Helmut Thomä*

Vorwort zur 2. Auflage

Mit Dankbarkeit und Freude sehe ich der Neuauflage dieses Buches entgegen – des ersten aus einer Reihe von Werken, die im deutschen Sprachbereich eine sehr gute Aufnahme gefunden haben. Jetzt, wo auch das vierte dieser Bücher, und zwar als direkteste Nachfolge der in diesem ersten Band zu findenden klinischen Studien, vorliegt, werden ihre innere Zusammengehörigkeit, ihr tiefer Zusammenhang und ihre gegenseitige Komplementarität noch offensichtlicher. Eine der Aufgaben, die sich v. a. dieses erste Buch gestellt hat, besteht darin, eine Alternative bei der Behandlung schwieriger Patienten zu den Theorien und therapeutischen Methoden, namentlich von Klein, Kernberg und Kohut aufzuzeigen, nicht im Geiste der Polemik und Rechthaberei, sondern dem eines klinischen Pragmatismus und einer philosophischen Besinnung, die über das Technische und Wissenschaftliche im engeren Sinne hinausgeht. Daß es eine so freundliche Antwort und einen so weiten Widerhall gefunden hat, verdankt es nicht zuletzt der guten Zusammenarbeit mit dem Springer-Verlag, doch nicht weniger dem oben zitierten „captui lectoris".

Towson, im Januar 1993   *Léon Wurmser*

Vorwort zur 1. Auflage

Das vorliegende Buch entstand zunächst aus einer Reihe von Vorträgen der letzten 5 Jahre, die vor verschiedenen Gruppen, in verschiedenen Ländern und Sprachen gehalten wurden. Doch war es nicht meine Absicht, einfach eine Sammlung solcher „disiecta membra", eine Anhäufung unverbundener Essays und Ausführungen vorzulegen, sondern die ihnen unterliegende Gesamtschau und innere Einheit mehr zur Geltung zu bringen. Lernen und Erfahrung bestimmten dabei das Denken, aber das Denken bestimmte auch umgekehrt die Erfahrung, wie es in einem schönen Wort von Konfuzius ausgesprochen wird: „Lernen ohne Denken ist nichtig, Denken ohne Lernen ist gefährlich."

Zunächst möchte ich meinen tiefsten Dank den Freunden aussprechen, die mich immer wieder eingeladen haben, den Erfahrungen Wort und Struktur zu verleihen – zuerst Herrn Prof. Dr. André Haynal in Genf, sodann Frau Dr. Martha Eicke und Herrn und Frau Berna in Zürich, Herrn Mats Fridell, Frau Ulla Bejerholm und Frau Marianne Faxén in Schweden, wie auch Frau Dr. Zimmermann, Herrn Dr. Eickhoff, Herrn Prof. Dr. Thomä und Herrn Prof. Dr. Kächele in Deutschland. Ihre großzügige Hilfe erlaubte es mir, dem Form und Begriff zu geben, was ich in unzähligen Stunden mit Patienten gesammelt hatte, und es so den Studenten und Kollegen im Laufe der Jahre zu vermitteln. Ganz besonders muß ich Herrn Dr. Toni Graf-Baumann vom Springer-Verlag und dessen Lektoren, Herrn Lothar Picht und Frau Andrea Gaisser herzlich für ihre freundliche und hilfreiche Zusammenarbeit bei der Vorbereitung und Drucklegung danken.

In zweiter Linie waren und sind es die Gespräche mit einigen Freunden in den USA – Dres. Paul Gray, Joseph Lichtenberg, Cibeles Vidaud, Alan Zients, Anne Lewis, Donald Nathanson und Leo Rangell – und ihre mutige Unterstützung meiner Arbeit auch in schwierigen Zeiten, die die Weiterführung der klinischen Arbeit und deren gedankliche Ordnung erst möglich machte bzw. macht. Ihre Haltung repräsentierte das, was der chinesische Weise dem „würdigen Menschen" als Hauptwerte empfohlen hatte: Loyalität und Ehrlichkeit.

Zunächst plante ich, diese klinischen Arbeiten mit den literarischen und philosophischen Essays unter dem vereinigenden Begriff „Konflikt und Komplementarität" zusammenzufassen. Doch als es mir klar wurde, daß darin manche philosophisch zu bezweifelnden Bedeutungen mitschwangen, entschloß ich mich, diesen Band einfach als ein weiteres Dokument meines wachsenden Verständnisses für das menschliche Innenleben, wie es sich von Werk zu Werk erweiterte und vertiefte, hinzustellen – als selbständige Arbeit und doch auch als Glied in einer Reihe, die von dem Buch *The hidden dimension* über *The mask of shame* zu diesem Werk und darüber hinaus zum demnächst erscheinenden Band *Verblendung und tragische Wahrheit* führt. Es ist die Arbeit an diesem Band, die auf den zwei früheren, enger konzipierten und thematisch schärfer bestimmten Monographien aufbaut; umgekehrt wird der hier vorliegende Text als Plattform dienen für die literarisch-philosophische Struktur als ganze. Alle Bände gehören als Erfahrungs- und Denkgut zusammen, und doch sind sie für das Verständnis keineswegs voneinander abhängig.

Durchgehend versuchte ich in ihnen allen, von den Klischees der Theorien wegzukommen und mich den sich in der klinischen Situation ergebenden Direktbeobachtungen weitestmöglich anzunähern, ohne dabei aber das Theoretische ganz zu verleugnen. Dieses hat als Wegweiser zu gelten und soll eher diskret bleiben: man ist froh, wenn man sich von Zeit zu Zeit am Theoretischen orientieren kann. Doch besteht der Weg nicht aus Wegweisern!

Dabei blieb es meine Überzeugung während der letzten 30 Jahre unablässiger psychotherapeutischer Arbeit, daß es ganz besonders die Erfahrungen mit schwerkranken Patienten sind, die uns Wert und Unwert der methodisch-technischen Voraussetzungen und der praktischen Regeln zeigen.

Doch ist auch die Zusammenfassung der von Fall zu Fall gewonnenen Erkenntnisse und die Übersicht über das weite Gebiet schwerer neurotischer Pathologie ebenso wichtig wie das im Rahmen des Dargebotenen mögliche sorgfältige Studium der Einzelprozesse, selbst wenn ich vor abschließenden und gesamthaften Formulierungen eher zurückscheue. Die Erkenntnis schreitet fort durch das Kategorisieren, doch kann dieses auch verführerisch und gefährlich werden, dies um so mehr, da gerne ein Geist der Verurteilung miteindringt, der dann sehr rasch die wertvollste Arbeit mit den Patienten unterminiert. Man muß frei genug bleiben, das Kategorische immer wieder zurückzunehmen, um dem Individuellen stets gerecht zu werden.

Das bedeutet natürlich, daß es mir technisch im Verlaufe der Jahre zu einem Hauptanliegen wurde, es soweit wie möglich zu vermeiden, in eine Autoritätsrolle zu verfallen, und es mir im Gegenteil darauf ankam, die Über-Ich-Übertragungen, wie sie sich ständig in neuen Formen von Angst und Abwehr zeigen, zu erkennen und mit dem Patienten durchzuarbeiten. Über-Ich-Analyse ist ein wichtiger, weitgehend vernachlässigter Teil der analytischen Arbeit, und dies namentlich im Bereich der Übertragung. Diese Analyse ist hingegen einzig dann möglich, wenn wir besonders sorgfältig darauf bedacht sind, weder kritisch noch führend noch belehrend zu werden, was gerade bei den schwerkranken Patienten eine ständige Versuchung und vielleicht auch nie völlig vermeidbar ist. Auch in diesem Zusammenhang muß gesagt werden, daß es das mir von Freunden und Beratern geschenkte Vertrauen und ihre Unterstützung war, welche es mir erst möglich machten, meinem eigenen Ideal als Therapeut und Forscher näher zu kommen.

Zum Schluß möchte ich noch ganz besonders meiner Familie danken. Mein Sohn David hat mehrere Kapitel in den Word Processor geschrieben und mir dadurch meine Arbeit sehr erleichtert. Mit ihm wie mit Daniel und Yoram habe ich immer wieder die anregendsten Diskussionen gehabt, die sich in manchem Dargestellten widerspiegeln. Meine Frau Zdenka hat die oft überaus schwierige finanziell-administrative Arbeit in meiner Privatpraxis auf sich genommen und dabei nur zu oft ihre wertvolle Zeit dafür geopfert, damit ich die für die wissenschaftliche Arbeit notwendigen Stunden und Tage zur Verfügung hatte.

Was nun übrigbleibt: „Pro captu lectoris habent sua fata libelli – Je nach der Aufnahmefähigkeit des Lesers haben die Bücher ihre Schicksale" (Terenz).

Towson, im August 1987   *Léon Wurmser*

Inhaltsverzeichnis

1 Einführung: Wanderer zwischen zwei Welten

„Ich bin der Geist, der stets verneint."
(*Faust*, 1. Teil, *Studierzimmer*, 1339)

1.1 Sechs Polaritäten

„Letzte Nacht hatte ich einen seltsamen Traum. Ich fuhr auf einer verlassenen Wegstrecke. Um mich streckte sich die Wüste. Ich überholte ein Mädchen. Wir beide stoppten. Ich sprach mit ihr, und dann gingen wir zurück zu ihrem Haus. Es war unheimlich und wurde mehr und mehr teuflisch. Wir hatten Sex, und es wurde wilder und wilder, in überwältigender, verrückter Leidenschaft. Dann waren wir nicht mehr allein. Ich wurde von dem Mädchen und einem Mann festgehalten und konnte mich nicht mehr rühren. Mit Rasierklingen begannen sie, in meine Hände und Arme hineinzuschneiden und das Blut fließen zu lassen. Sie prüften meine Schmerzschwelle. Es schmerzte nicht. Aber ich verwandelte mich in einen von ihnen; etwas nahm mich in seine Gewalt, etwas wie ein Vampir, der einem das Blut aussaugt, und wenn man von ihm gebissen wird, verwandelt man sich in ihn. Mit den Rasierklingen ließen sie mein Blut auslaufen, und ich verwandelte mich in diese Leute. – Wir haben die Freude an allem verloren. Wir jagen nach Erfolg, doch können wir uns nie entspannen, da wir uns immer sogleich schuldig fühlen. – Unser Gewissen – Ressentiment und Verzweiflung" (51)[1].

So spricht ein junger Mann, der nach dem jüngst erfolgten Tode seiner Mutter wegen Alkohol- und Kokainmißbrauch Hilfe suchte, und nach einigen Monaten unergiebig oberflächlichen Geplätschers in der Analyse in eine tiefe Verzweiflung über die absolute Leere und Sinnlosigkeit seines sozial und beruflich überaus geschäftigen und erfolgreichen Lebens fiel und mehr und mehr ernsthaft an Suizid dachte. Es ist eine wilde Macht in ihm, ein Dämon, der ihm auf der Wüstenstraße seines entleerten Dahinlebens aufgelauert und sich seiner bemächtigt hat. Er selbst hat sich in den Dämon, den Quäler, verwandelt, hat sich mit ihm zu identifizieren begonnen. Schutz vor der Angst und der Verlassenheit liegt darin, daß er selbst rastlos dahinjagt, andere aussaugt und von sich stößt – daß er nun der immer wieder Verlassende, statt des Verlassenen, geworden ist.

Eine 30jährige Tänzerin, die wegen depressiver Verstimmungen und Eßstörungen – Bulimie, Anorexie und selbstinduziertes Erbrechen – vor kurzem die Psychotherapie begonnen hat, träumt nach einem Anfall des Verschlingens den folgenden „unheimlichen" (engl. „weird") Traum: „Ein merkwürdiger großer Eidechsenmann

---

[1] Mit einer Zahl in Klammern ist die jeweilige Therapiestundenzahl angegeben.

(lizard man) stand dort, und ihm gegenüber befand sich ein kleiner Mann, eine Art Kobold. Ich war schwanger, und ich dankte dafür dem großen Mann. Dann schauten die 2 Männer einander stark in die Augen, und plötzlich war der Eidechsenmann in meinem Magen und bohrte von innen her in mir." Sie spricht darüber, wie der Anfall des Verschlingens immer dann komme, wenn sie sich selbst angreife, sich „schlecht über sich" fühle. Sie esse, um Erleichterung von ihrer Selbstkritik zu bekommen. Ob dann wohl der Eidechsenmann ihr übersteigertes Gewissen sei, das an ihr nage und wegesse, frage ich. „Wenn Sie mit sich besonders streng verfahren, fangen Sie an zu verschlingen, und nachher werden Sie noch strenger gegen sich." Sie nickt: „Es geschieht, wenn ich Erleichterung von all der inneren Spannung brauche; das Verschlingen beruhigt mich, doch dann greife ich mich mehr an. Es ist wie das Einnehmen von Drogen oder ein Rausch. Zunächst ist es, als ob ich mich ernährte, gut mir gegenüber wäre (take care of myself). Dann aber werde ich davon ganz berauscht (be out of it), und einmal habe ich mich dabei fast getötet mit einem Autounfall." Es ist ein *veränderter Bewußtseinszustand*: „Der Eßanfall kommt einer Auslöschung meines Lebens am nächsten (Binging is the closest I can get to not being here)." Es töte Bewußtsein und Gewissen; es sei wie ein Dämon, eine andere Persönlichkeit; etwas anderes bemächtige sich ihrer, übe Gewalt aus über sie. Sie werde feindselig gegenüber ihrem Verlobten, eiskalt, beinahe besessen. Dann fährt sie fort: „Ich nahm es mir so zu Herzen, als meine Mutter mich wegen meines Haarschnittes (für die bevorstehende Heirat) kritisierte. Ich verlor beinahe meinen Verstand (it made me totally crazy): ich wollte sie töten, ihr Gesicht einschlagen. Dann wurde es mir sehr peinlich, und ich bekam Angst vor allem." Sie hat sich damit das scharfe Urteil ihrer Mutter zu eigen gemacht. Dabei habe sie aber ein so „schlechtes Körperbild", fügt sie hinzu; sie sehe sich als ebenso fett wie ihre Mutter, „einen solchen Brei wie sie, unfähig sich selbst und ihre Umgebung zu kontrollieren." Sie versucht 5 von ihren gegenwärtigen 116 Pfund zu verlieren, ist voll Angst darüber, schwanger zu werden und Kinder zu haben. „Ich will die Kontrolle über meinen Körper haben, ich möchte ihn zähmen, aber ich fühle mich in ihm gefangen (trapped). Ich möchte lieber ein Mann sein" (8).

Einerseits fürchtet und haßt sie die Ähnlichkeit mit ihrer Mutter zutiefst und will jede solche Identifizierung mit ihr abtöten; es ist eine zutiefst schamerregende Identität. Andererseits ist ihr Gewissen, eine unablässig drohende und erbarmungslose innere Instanz, ganz die drohende Stimme dieser unverständigen und zudringlichen Mutter. Das Idealbild, das sie von sich selbst hat – das des reinen, autonomen, ungierigen, ätherischen Ich – steht in ständigem und zeitweise lebensgefährlichem Widerstreit mit ihrem Gewissen. Aus diesem Widerstreit erwächst in ihr, wie eine giftige Blüte, die unheimliche Gestalt des Dämons.

Eine Bedeutung des Traumes liegt darin, daß sie sehr gemischte Gefühle ihrem Verlobten gegenüber hegt; sie möchte ihn groß und nicht schwächlich (wimpish/impish). Das nagt an ihr, doch möchte sie ihn nicht verletzen – durch die Absage der in 2 Wochen angesetzten Heirat. Doch die durch den Konflikt erregten Gefühle erscheinen ihr dämonisch und berauben sie der Selbstkontrolle.

„Ich war in einem Wald; es war kühl und feucht", träumte eine andere Patientin. „Den Boden bedeckte dichtes, grünes Moos, und Bäche rauschten durch den Wald.

In der Mitte war ein großes rosarotes Zelt aufgespannt, und davor erhob sich ein Scheiterhaufen. Ich näherte mich ihm von unten auf einem Atlasteppich und schuf mir einen Weg durch feinen Stoff (gossamer). Plötzlich war es mein eigner Scheiterhaufen. Meine Leiche lag darauf. Der Traum entschwand, bevor ich mein Gesicht erblicken konnte. Ich bemerkte nur eine sehr tief klaffende Wunde an meinem Hals. Ich konnte mein Gesicht nicht sehen" (63). „Oft erwachte ich in meiner Kindheit", sagte die Patientin, eine junge Ärztin, die ich später eingehender als Vera beschreiben werde, „und erblickte in der offenen Zimmertüre eine verhüllte, dunkle Gestalt. Sie näherte sich mir und ich spürte ihre langen, kalten Finger an meinem Hals und im Gesicht" (75). „Ich hatte eben das Bild: Sie sitzen dort in ihrem Stuhl, ganz vermummt, als ob Sie auf einem Schlitten im russischen Winter säßen. Sie verlieren Ihren Verstand (go mad), und Ihre Augen bekommen einen dämonischen Blick – nicht gewalttätig, nicht daß Sie dreinschlagen (strike out) würden, sondern daß Sie all Ihre rationalen Gedanken verloren hätten" (157).

Sie zitiert aus Blakes *Garden of Love*:
„And I saw it was filled with graves,
And tomb-stones where flowers should be;
And Priests in black gowns were walking their rounds,
And binding with briars my joys and desires."
(Und ich sah, daß der Garten voll von Gräbern war/ und von Grabsteinen, wo Blumen sein sollten/ und Priester in schwarzen Talaren machten die Runde/ und banden meine Freuden und Wünsche mit Dornenzweigen.)

Was ist diese fremde Gegenmacht? Dies kann, wie bei diesen dreien, bei den meisten meiner Patienten zu einer Frage von Leben und Tod, von Sinn und verzweifelter Sinnlosigkeit werden – dies Bewußtsein einer innern *Doppelheit*, eines Zwiespalts, der sich nicht durch einfache Trostsprüche religiöser, philosophischer, soziologischer oder psychoanalytischer Natur beantworten läßt – durch umfassende Entwürfe oder große Begriffe oder praktische Anweisungen.

Gewiß ist das, was von den meisten schwerer Kranken als „Dämon" oder als „Dämonisches" beschrieben wird, letztlich nichts anderes als die zwingende Macht der Neurose, die sich gegen den bewußten Willen durchzusetzen und Handlungen und Gefühle so zu entscheiden vermag, daß Interessen und Glück immer wieder vergiftet und jeder Erfolg vernichtet wird. Es ist ein „*Gegenwille*", wie Freud jene Kraft in der ersten sich auf die Psychotherapie der Hysterie beziehenden Schrift genannt hat, welcher die Absichten der bewußten Persönlichkeit durchkreuzt. Späterhin beschrieb er sie in weit breiterem und tieferem Verstehen als *Wiederholungszwang*: „Die Äußerungen eines Wiederholungszwanges... zeigen im hohen Grade den triebhaften, und wo sie sich im Gegensatz zum Lustprinzip befinden, den dämonischen Charakter" (*Jenseits des Lustprinzips*, 1920, GW 13, S. 36). Er versuchte, ihn auf einen primären Masochismus oder auf den Todestrieb zurückzuführen.

Was ist wirklich diese Gegenkraft in schweren Neurosen, was ist die Natur des Wiederholungszwanges, und namentlich was ist dessen Beziehung zum Über-Ich – zu der bewußten und unbewußten inneren Autorität? Was ist die *Perversion des Gewissens*, die zum Erscheinen jenes „Dämons" führt?

Angstfigur und Schutzfigur scheinen in rätselhafter Doppelheit das Leben dieser

Patienten zu bestimmen – allen Anforderungen der äußeren Wirklichkeit zum Trotz. Worin besteht die darin sich immer wieder enthüllende Zwiefalt von scheinbarer Todesangst und Schutzphantasie?

Auf diese so überaus wichtigen Fragen wird auch dieses Buch keine einfachen Antworten geben, sondern eben die Vielschichtigkeit der *psychischen Kausalität*, deren Komplexität und Zirkularität darzustellen versuchen: „Jedes komplizierte Problem hat eine einfache Lösung, und die ist gewöhnlich falsch", schrieb der amerikanische Schriftsteller und Journalist H. L. Mencken (aus dem Gedächtnis zitiert).

Immerhin dürfte uns gerade das eingehende und die wesentlichen Fakten (raw data) untersuchende Studium der *schweren Neurosen*, die eben diesen Wiederholungszwang in besonders eindrücklicher Weise erleben und zeigen, bei deren Beantwortung weiterhelfen.

„Die Psychoanalyse hat sich als ein Fiasko erwiesen. Sie ist die bei weitem kostspieligste und am meisten Zeit vergeudende Psychotherapieform. Dabei hat sie sich nicht als heilsamer herausgestellt als eine einzige ihrer mehr als 100 Rivalen, selbst im Vergleich mit solchen, die bloß einige wenige Wochen Intervention bedürfen. Sie scheint sogar nicht einmal besser zu sein als solche Arrangements, wo alle spezifischen Behandlungsfaktoren absichtlich ausgeschaltet werden." Dies proklamiert ein gegenwärtig weit gelesener Publizist, Frederick Crews, in der *New Republic* (21. Januar 1985). Er stützt sich dabei u. a. auf die Schriften des Wissenschaftsphilosophen Adolf Grünbaum, der, seine wohl fundierten erkenntniskritischen Untersuchungen der Psychoanalyse in einem Vortrag zusammenfassend (1986), erklärt, daß, „trotz dem Pochen der Champions der Psychoanalyse auf die klinische Evidenz, die Wirksamkeit versteckter Motive im Freudschen Sinn nur ungenügend einer zwingenden Prüfung unterworfen worden ist. Bis dies geschehen ist, kann der weitverbreitete Glaube an die psychoanalytische Theorie in gewissen Teilen unserer Kultur kaum als wohlbegründet angesehen werden." Und am Schluß seines Buches stimmt er Karl Popper zu, „daß die Kontaminierung durch Suggestion die Beweiskraft der klinischen Daten untergrabe".

Mit dieser Feststellung, daß die Lehre von der unbewußten Motivierung wegen der „Verschmutzung durch Suggestion" unbewiesen sei, werden der therapeutische Wert und die Fundiertheit aller analytisch erzielten *Einsicht* in Frage gestellt. „Ihr behauptet, ihr habt eine Theorie über die Ursachen der Neurosen. Die Evidenz, die ihr uns bislang vorgelegt habt, ist unheilbar vermischt mit Suggestiveinflüssen und Placebowirkungen. Was ihr in bezug auf die Verursachung und deren spezifische Beseitigung durch Einsicht behauptet, mag nun richtig oder falsch sein; doch habt ihr nichts vorgelegt, das einer sorgfältigen Kritik standhält. Nichts ist bewiesen; alles ist höchstens heuristisch brauchbar, d. h. es dient dem Auffinden möglicher Zusammenhänge." So läßt sich Grünbaums Herausforderung an uns zusammenfassen.

Das zwingt uns dringend, uns mit den Fundamenten unseres Wirkens als Therapeuten, als Lehrer und als Theoretiker zu befassen, und zwar v. a. dort, wo wir allein Antworten zu finden hoffen – bei der direkten klinischen Erfahrung. „Diese Ideen sind nämlich nicht das Fundament der Wissenschaft, auf dem alles ruht; dies ist vielmehr allein die Beobachtung" (Freud 1914).

Die der Psychoanalyse durch die Erkenntniskritik gestellten Fragen, ganz besonders die Grünbaums, sind ernst zu nehmen, da sie uns, ob wir wollen oder nicht, dazu zwingen, unsere *Beobachtungen* auf ihre Beweiskraft zu untersuchen und dabei genauer abzugrenzen, was unspezifischen Faktoren wie der Suggestion, dem Placeboeffekt oder der Wirkung der Persönlichkeit zuzuschreiben ist und was durch die spezifische Wirksamkeit ganz bestimmter Interventionen, die der Wahrheitsfindung dienen, erklärt werden kann. Welche Veränderungen sind der Suggestion, also der Aufoktroyierung des Glaubens des Analytikers, seines Wert- und Wahrheitssystems zuzuschreiben, und wie haltbar sind diese, und zu welchem Preis der inneren Verdrehung und Abwürgung erfolgen sie? Welche können wirklicher Selbsterkenntnis, zu der der Analytiker Beihilfe geleistet hat, beigemessen werden? Dies ist die Doppelheit unserer Arbeit, das ständige Dilemma, dem wir selbst nie endgültig Abhilfe schaffen, dem wir niemals entrinnen können. Jede einzelne Stunde stellt diese Frage erneut: Wirken wir als Autorität oder durch Förderung der selbsttätigen Einsicht? Und gerade die Arbeit mit Patienten, die unter schweren Neurosen leiden, zwingt uns oft zu Eingriffen, die der Einsichtsgewinnung zuwiderlaufen.

Bei der Suche nach der Antwort auf diese Frage ist es wesentlich, daß man sich nicht auf das Studium der analytischen Schriften beschränkt, wie es die kritischen Philosophen, Grünbaum mit eingeschlossen, zu tun pflegen. Die *Mitteilung* der angeblich gefundenen Wahrheit ist nicht unbedingt die *ganze* Wahrheit; manches läßt sich nur äußerst schwer vermitteln, und die Kargheit solcher Evidenz bezeugt nicht unbedingt deren Abwesenheit, sondern ist nur ein Anzeichen für die noch zu erbringende Arbeit der Vermittlung.

Die Fragen, die uns eine Kritik, die im ganzen vernünftig vorgebracht und in tiefem Literaturwissen begründet ist, stellt, sind etwa von der folgenden Art: Worauf stützt sich das, was wir Einsicht nennen? Wie vollzieht sich der Prozeß solcher Zusammenhangsfindung? Wie wissen wir, ob wir im gegebenen Fall auf dem rechten Weg sind oder in die Irre gehen?

Eine Forschungsarbeit, die sich wie die folgende vorwiegend auf Fallstudien stützt, kann der wissenschaftlichen Fundierung nicht einmal mit der Entschuldigung entraten, daß es sich dabei doch einfach um aus dem Entdeckungszusammenhang (the context of discovery) stammende Behauptungen handle. Vielmehr muß man, obzwar mit Vorbehalt (s. Bd. 2), Edelson (1985) beipflichten, wenn er fordert, daß sich auch die Fallstudien dem der Wissenschaft eigentümlichen Kanon von Methode und Vernunftschlüssen ebenso zu unterziehen haben wie etwa die üblichen naturwissenschaftlichen Forschungen. Die Grundforderungen der wissenschaftlichen Methodik hängen nicht vom Gebiet (subject matter) ab (S. 571). Das heiße, daß die Hypothesen Erklärungskraft besitzen sollen, sich Gegenargumenten ausgesetzt haben müssen und ihren Anspruch auf größere Glaubwürdigkeit als die Alternativhypothesen beweisen können (S. 611).

Damit befinden wir uns aber in einem weiteren und tieferen Konflikt, nicht nur in dem zwischen Suggestion und Einsicht, sondern auch in dem zwischen dem Anspruch auf Wissenschaftlichkeit und der Verlockung, unsere Unabhängigkeit von der im wesentlichen naturwissenschaftlichen Methodik zu behaupten und auf der

Eigenständigkeit unserer Art der Wahrheitsfindung zu bestehen. Auch dies ist eine uns ständig bewegende Dialektik.

Der heutige Psychoanalytiker befindet sich unvermeidlich vor diesen Herausforderungen – der klinisch zwingenden Notwendigkeit, die Frage nach der Natur des Leidens, also der in den Symptomen und Lebensproblemen versteckten Wahrheit, im Hier und Jetzt konkret und spezifisch beantworten zu müssen wie auch vor der wissenschaftlich und philosophisch gebotenen Verpflichtung, auf die Frage nach der allgemeineren Natur seiner Wahrheitskriterien Rede und Antwort zu stehen. Er muß sich also eigentlich ständig darüber Rechenschaft geben, was der Wahrheitsanspruch, also der *Wert* seiner Arbeit sei.

Dazu gesellt sich noch eine weitere Art der Problematik. „Aber Lebendige machen alle den Fehler, daß sie zu stark unterscheiden" (Rilke, „1. Duineser Elegie"). Keine Kunst der Behandlung und kein wissenschaftliches Unternehmen kann der Ordnung, also des Klassifizierens entraten. Wo man klassifiziert, muß man urteilen, was wohin gehört. Sobald man urteilt, ist oft das Verurteilen nicht weit weg. Kategorien verleiten zu kategorischen Urteilen. Dies ist eine Versuchung, der wir nie ganz entgehen.

Seit langem bin ich betroffen über diesen Geist der Verurteilung, der sich gar nicht selten, wenn immer man mit den Patienten oder über sie spricht, kundtut. Manche benutzen die große Macht, die ihnen die Stellung als Analytiker, als Therapeuten oder als Psychiater einräumt, um in subtiler oder nicht so subtiler Weise die ihnen Zugewiesenen, die von ihnen Untersuchten und die von ihnen Behandelten mit mannigfachen pejorativen Diagnosen und dem entsprechenden Vorgehen zu versehen. Die Herabwürdigung ist dabei meistens unabsichtlich, aber der Patient spürt sie und beweist mit seiner Störrischkeit, seinem trotzigen Nichtbesserwerden oder aber mit seiner oberflächlichen Gefügigkeit und Gefühlsferne, daß er auf die Beschämung in der einzigen Weise reagiert, die ihm seit früh her vertraut ist. Urteil und Verstehen stehen so in dialektischem, unaufhebbarem Gegensatz.

Da aber der Prüfstein jeder Technik der therapeutische Erfolg ist und jeder Dogmatismus und Urteilszwang diesen notwendigerweise massiv schmälern muß, wird in der heutigen Arbeitsatmosphäre in der Psychoanalyse, besonders in den USA, häufig vergessen, daß diese Form der Therapie spezifisch für schwer kranke Patienten geschaffen wurde, nicht für einigermaßen gut funktionierende, obzwar neurotisch unglückliche Individuen. Analyse kann daher nichts weniger als eine *Frage von Leben und Tod* sein, und ist zum mindesten eine solche von schwerer Invalidität und erhoffter Wiederherstellung.

Damit steht in Einklang, was Thomä u. Kächele in ihrem eben erschienenen Lehrbuch (1985) ausgeführt haben: Das Ideal einer ausschließlich deutenden Technik wird als Fiktion bezeichnet; niemals sei ein Patient mittels einer reinen Deutungstechnik analysiert worden (S. 41). Empirische Untersuchungen unterstützen einen derartigen Methodenpurismus nicht. Solche Einengung und Idealisierung habe sich als schädlich erwiesen, da dadurch das Indikationsgebiet für die Analyse ebenfalls immer mehr eingeengt worden sei. Einsicht und emotionelle Erfahrung stehen komplementär zueinander. Die einseitige Betonung der auf reine Deutung zentrierten Einsichtstherapie könne den Aufbau einer therapeutisch günstigen Atmosphäre stören (S. 271, 280). Besonders wichtig sei dabei die Spontaneität des Analytikers: „Gerade diese menschliche Qualität der Beziehung ist das Gegenmittel gegen die traumatische Qualität der Übertragung" (Klauber, zit. nach Thomä u. Kächele, S. 294). Das stereotype Schweigen, unterbrochen von plötzlich zugreifenden Deutungen, löse jene Polarisierung von Ohnmacht und Allmacht aus, die so charakteristisch für viele Beschreibungen von Behandlungsverläufen geworden sei. Ich füge hier bei, daß es eben diese Polarisierung ist, die dann auch einen Großteil der Patienten entweder zu „Borderlinefällen" oder zu Narzißten stempelt und als unanalysierbar oder mindestens als radikal anders von den Neurotikern abscheidet.

Umgekehrt führt diese Einschränkung zur Schaffung eines Typus, der heute von den meisten, namentlich in den USA, als allein „analysierbar" angesehen wird („sick enough to need it and healthy enough to stand it"; Waldhorn, zit. von Thomä u. Kächele). Eine als rein definierte Technik wird auf die „Neurosen", die aus einem erwählten Klub von Patienten bestehen, angewendet – einem Klub, der im wesentlichen die Kontrollfälle der Ausbildungsinstitute und die Kandidaten selbst umfaßt. Im Gegensatz zu diesen besteht die große Masse der Patienten aus „Borderlinefällen" oder Narzißten, die entweder mit der Wirklichkeit und deren Beschränkungen konfrontiert werden sollen oder intensiver emotioneller Unterstützung, v. a. in Form von Empathie oder Intuition, bedürfen oder einem „exploratorischen" Vorgehen unterworfen werden, das zumeist aus direkten Triebdeutungen der aggressiven Inhalte und narzißtischen Ansprüche besteht. Die detaillierte Untersuchung der großen Vielfalt der Affekte, der strukturellen Konflikte, besonders derjenigen, die das Über-Ich miteinbeziehen, die sorgfältige Durcharbeitung der hauptsächlichen Abwehrformen und damit überhaupt die ungeheure Vielfalt und genetische Vielschichtigkeit der inneren Prozesse scheinen vernachlässigt zu werden. Stattdessen wird ein Modell gebraucht, das den angeblich grundlegenden Abwehrmechanismus der „Spaltung" als hauptsächlichen Hebelpunkt benützt und einige wenige andere sog. „archaische" Abwehrformen als Zusatzhebel einsetzt: Verleugnung, projektive Identifizierung, Introjektion und Idealisierung.

Im Gegensatz dazu steht meine Erfahrung, daß die meisten dieser schwerer kranken Patienten sehr wohl dem klassischen Vorgehen und Verstehen zugänglich sind, wenn diese Behandlungsmethode nicht puristisch auf „Einsicht" allein beschränkt, sondern so angewendet wird, wie sie ursprünglich entwickelt worden ist: als eine Methode, die das Instrument der Erkenntnis mit Hilfsmitteln der Suggestion, der Verhaltensänderung und sogar gelegentlich der Medikation verbindet. Dabei wird aber daran festgehalten, daß die sorgfältige Analyse der Abwehrformen, der Konflikte innerhalb des Über-Ich, der sich besonders auf das Über-Ich beziehenden Affekte wie Schuld, Scham und Depression und überhaupt der ganzen Vielfalt der Affekte Augenblick für Augenblick innerhalb der therapeutischen Situation das *spezifische* Element der therapeutischen Beeinflussung darstelle. Die erwähnten Hilfsmittel besitzen demgegenüber ihre Wirksamkeit ihrer Unspezifizität wegen.

Ich stimme mit Thomä, Kächele und Cremerius überein, daß die Grenzen der Analysierbarkeit nicht die Grenzen des Patienten und seiner Psychopathologie, sondern die des Analytikers seien (Thomä u. Kächele 1985, S. 192).

Eine Sonderform der dabei hineinspielenden Verurteilung scheint mir darin zu liegen, daß man sehr rasch über das Konfliktverständnis hinauszugehen bereit ist und mit großer Hast und Eile schon aufgrund der Phänomenologie über „Defekte" (z.B. Ich-Defekte, Über-Ich-Lakunae) zu sprechen beginnt. Das führt zur Gegenüberstellung des Verstehens der Entstehung und Aufrechterhaltung neurotischer Störungen in Begriffen des Defekts gegenüber dem Begreifen durch Konflikte.

Ich halte nach wie vor dafür, daß der Konfliktbegriff einer der fruchtbarsten humanwissenschaftlichen und philosophischen Begriffe ist und das Grundprinzip des Verstehens psychologischer Vorgänge darstellt. Ich greife hier auf, was ich in meinem Buch *The Mask of Shame* ausgeführt habe:

Was ist das Wesen der Psychoanalyse? „Die Psychologie der innersten geistigen Vorgänge, des Menschen im Konflikt", sagte Kris (1938, in 1975, S. 348 f.). Ich glaube, alles, was den Blick von dieser *zentralen Stellung des Konflikts* abwenden läßt, führt uns an die Peripherie der Psychoanalyse.

Psychoanalyse ist ein Gebiet symbolischer Formen „sui juris et sui generis", von einer Gesetzlichkeit und Natur, die sich nicht erschöpfend in Begriffen und Ausdrücken ihrer 3 Nachbargebiete fassen läßt – der Naturwissenschaften, der Geisteswissenschaften oder der Philosophie. Während metaphorische Ausdrücke, Analoga aus diesen 3 und aus anderen Gebieten notwendig sind, muß ihre eigene Begriffsstruktur unabhängig von anderen und in sich selbst zusammenhängend erfaßt und ausgedrückt werden. Die Grundlage, recht eigentlich der Ausgangspunkt, der Archimedische Punkt[2] eines solchen autonomen Begriffsgerüstes ist in der Wirklichkeit und Wirksamkeit inneren Konfliktes zu finden. Er ist beobachtbar, zentral und außer Zweifel. Die A-priori-Annahme, die dieser Beobachtung vorausgeht, ist das unbeweisbare, aber allem anderen vorausgehende Prinzip des psychischen Determinismus, das jede Wissenschaft von der inneren Realität in derselben Weise erst denkbar und möglich macht, wie das Prinzip der Kausalität und Geordnetheit eine Vorbedingung für jede Wissenschaft der äußeren Realität ist. Beide sind sie für ein systematisches Ordnen der Erfahrung unerläßlich, unabdingbar für ein Ordnen in allgemeinen oder universalen Begriffen, „die Bedingungen ihrer Möglichkeit".

Modeerscheinungen in der Psychoanalyse haben uns immer wieder zu bewegen versucht, von dieser Zentralität abzuschweifen und in die goldnen Weiten einer anderen Dimension hinauszustreben. Wir können diese Strömungen auf 3 Grundformen zurückführen: die erste in Richtung einer philosophischen Phänomenologie, oft von literarischer Schönheit und religiöser Tiefe; die zweite in Richtung der Gesellschaft und Kultur; und die dritte in Richtung der Biologie. Die erste kann prototypisch mit dem Namen Jungs, die zweite mit dem Adlers und die dritte mit dem Melanie Kleins bezeichnet werden. Es ist jedoch offenkundig, daß alle 3 Divergenzen sich auf reichliche Präzedenz in Freuds Werken berufen können.

Alle 3 Strömungen – Neo-Jungianer, Neo-Adlerianer und NeoKleinianer – nehmen ein Stück aus dem Gesamten der Psychoanalyse und erheben es zum Einzigartig-Wesentlichen. Die sich daraus ergebende Vereinfachung wirkt bestechend. Aber hilft sie uns wirklich, wenn wir von Stunde zu Stunde die Hauptfrage zu beantwor-

---

[2] „Gebt mir einen festen Punkt, und ich werde die Welt bewegen – Δός μοι ποῦ στῶ καὶ κόσμον κινήσω."

ten suchen: Was ist am passendsten und wirksamsten gerade jetzt, um dem Patienten das, was wir eben beobachten, faßlich zu deuten?

Mein Unterstreichen einer dynamischen Sicht bedeutet freilich nicht, daß nun Konflikt der einzig wichtige Parameter für das Verständnis der Psyche sei. Aber er ist das Zentrum der Psychoanalyse. Das Studium jener Fähigkeiten, die sich mehr oder minder unabhängig, „autonom" von Konflikten entwickeln, fällt letztlich in andere psychologische Fachgebiete. Alle diese Blickweisen von verschiedenen Standpunkten aus ergänzen einander in der wunderbaren Bereicherung des Verstehens: „Das Haus meines Vaters hat viele Zimmer".

Trotz mancher Gemeinsamkeiten gehorcht die Innenwelt andern Gesetzen als die Außenwelt. Die gleichen wissenschaftlichen Anforderungen an beide zu stellen erweist sich als fragwürdig; und doch ist es auch wieder so, daß, wie es Fenichel so schön ausgedrückt hat, zwar das Thema der Psychoanalyse irrational ist, nicht aber ihre Methodik: „The subject matter, not the method, of psychoanalysis is irrational" (1941, S. 13). Mir scheint, daß es namentlich die Gesetze des *mythischen* Denkens und die Rolle der Affekte, mithin die der *Werte*, sind, die das rationale Studium der Innenwelt bestimmen. Dabei ergibt es sich nun schließlich, daß Tatsachen und Bewertung, *Wahrheit und Wert* nicht sich gegenseitig ausschließende Ziele der Untersuchung sind. Vielmehr ergänzen sich Erkenntniskritik und Wertphilosophie in einer unvermuteten Zusammenarbeit und Korrespondenz. Auch hier gehört das scheinbar unversöhnlich Geschiedene doch wieder untrennbar zusammen.

Angst und Schutz, Suggestion und Einsicht, wissenschaftliche Methode und Autonomie der Wahrheitsfindung, Beurteilung durch Kategorien und Verständnis der Individualität, Defekt und Konflikt, Wert und Wahrheit – diese 6 Polaritäten, diese 6 dialektischen Gegensätze stellen also gleichsam die Koordinaten dar, zwischen denen sich die folgende Arbeit bewegt. Sie entsprechen 6 gegenwärtigen Herausforderungen: der *dämonischen Gewalt*, die das Hilfegesuch mancher Patienten und unsere Hilfeleistung recht eigentlich zu einer Frage von Leben und Tod machen kann; der radikalen Bezweiflung des Wertes unseres hauptsächlichen Instruments, der *Einsicht in die unbewußte Motivierung*, also unseres eigensten Kausalitätsverstehens; der Notwendigkeit, unsere Befunde so darzustellen, daß sie durch andere nachvollziehbar und *überprüfbar* werden, also gewissen Minimalforderungen der Wissenschaftlichkeit genügen; der zerstörerischen Macht, die die *äußere Autorität* besitzt, wenn sie sich mit der unterwühlenden Kraft der *Selbstverurteilung* besonders beim neurotisch schwerkranken Patienten verbündet; der ständigen Versuchung, immer wieder vor der Unerbittlichkeit des Denkens in *Konflikten* und Polaritäten zurückzuweichen; und schließlich der Suche der Wahrheit mit Hilfe von *Wert*urteilen.

Die durch diese 6 Polaritäten gebildete Spannung geht durch *alle* Kapitel hindurch. Es erwies sich als unmöglich, diese als gesonderte Themen herauszulösen.

Die Themen der Einzelkapitel sind eine Art Knotenpunkte, in denen sich mehrere der Spannungslinien in für das Individuum sonderbarer Weise kreuzen und damit gewisse *spezifische* und oft einmalige Gestaltungen aufleuchten lassen – wie etwa ein besonderes Kunstwerk eine ganze Epoche und deren Dynamik in sich zusammenzufassen scheint.

1.2 Hauptsächliche Beobachtungen und Annahmen

„Was gelten soll, muß wirken und muß dienen."

Ein jedes neue Buch bedarf im Grunde einer Rechtfertigung. Auf allen Gebieten, und nicht zuletzt auch in den Bereichen der Psychiatrie, der Psychoanalyse und der Psychotherapie, wird der Leser von einer solchen Flut an Fachliteratur überschwemmt und weggetragen, daß man Anspruch auf seine Aufmerksamkeit nur dann erheben darf, wenn man etwas Eigenes, Besonderes und allgemein Brauchbares vorzulegen gedenkt. Ein solches neues Werk soll besser auch nicht einfach eine Ansammlung gesonderter Erfahrungen, sondern ein geordnetes Ganzes darstellen, ein Bild mit Fokus, Perspektive und Rahmen. Doch darf es sich auch nicht in ganzheitlichen Betrachtungen und philosophisch-frommen Allgemeinheiten verbreiten noch sich in spekulativen Behauptungen über das Unbekannte – das frühkindliche Erleben, das biologische Substrat, die Metaphysik der Seele – ergehen noch gar im Aneinanderreihen der Fachausdrücke sein Genüge finden.

Seine Rechtfertigung muß demnach darin liegen, daß es neue *Beobachtungen* in verständlicher Weise vorlegt, daß es mithin den Kliniker an eigene Fälle erinnert und dabei auf faszinierende Weise die Lösung alter Rätsel andeutet. Dabei soll es neue *Behandlungsstrategien und -taktiken* vorschlagen und auch im einzelnen beschreiben, wie diese den Zugang zu sonst unbehandelbaren Fällen ermöglicht haben, dabei aber auch darauf hinweisen, welche allgemein benutzten Verstehensweisen und Methoden bei diesen Fällen *versagt* haben. Auf dieser Erfahrungsgrundlage soll es dann möglich werden, die hilfreichsten *Begriffe* und *Modelle* zu skizzieren, also einer Art wissenschaftlicher Wahrheit näher zu kommen. Solche Annäherung wirft jedoch immer auch philosophische Fragen auf: die nach der unvermeidlichen *philosophischen* Voraussetzung jenes Begreifens und Handelns.

Soweit dies möglich war, bemühte ich mich darum, die Phänomene wieder neu zu mir sprechen zu lassen und es den theoretischen Vorurteilen nicht zu gestatten, den Blick auf die Erscheinungen zu verbauen. In der unerhörten Vielfalt des Seelischen, die man über Hunderte von Stunden beobachten darf, zeichnen sich immer wieder frische Formen des Verstehens und Veränderns ab.

Das Gleichnis, das sich mir jüngst in einer Stunde ergab, war dieses: Bei jedem Fall suchen wir nach den Stücken eines Zusammensetzspieles, die in einem Sandhaufen verborgen sind. Es genügt nicht, die Stücke aus dem Sand allmählich auszugraben, sondern man muß sie auch in der rechten Ordnung zusammenfügen. Man kann sie nicht zusammenzwingen und -brechen. Wir wissen von vornherein nie, wie das Rätselbild wirklich aussieht.

Dabei bestand zu Beginn der vorliegenden Arbeit kein Zentrum, um das sich alles leicht gruppierte – wie es etwa bei der Behandlung des Themas der Scham oder der Psychologie der Sucht der Fall war. Statt dessen lag ein großes Erfahrungsmaterial vor mir, das zwar voll an interessanten und versprechenden Zusammenhängen und Möglichkeiten war und auch den Eindruck einer inneren Einheit erweckte, aber sich nicht leicht zusammenfügen ließ, ohne daß es eben verbogen worden wäre. Vieles war dabei altvertraut; doch wie ich das Material zu mir so vorurteilslos, wie es eben einmal unter diesen Umständen möglich ist, zu mir sprechen ließ, zeigten sich allmählich bestimmte neue Konfigurationen, komplexe Bilder von Zusammenhängen, die sich wiederholten. Gewisse Dilemmata, Sequenzen und Gleichungen tauchten auf, die ich immer wieder antraf und die die therapeutische Arbeit bestimmt hatten, ohne daß ich ihrer zuvor so deutlich gewahr gewesen wäre oder sie in der Literatur vertreten gefunden hätte. Dann war es die Bedeutung des Wiederholungszwanges, der sich schließlich wie ein roter Faden durch alles hindurch zog.

Die folgenden Ausführungen nahmen ihren Ausgang von einigen einfachen *Beobachtungen*:

1) Eine Reihe *schwerkranker* Patienten wurden von mir psychoanalytisch behandelt, obwohl sie nach den üblichen Empfehlungen sowohl als nichtanalysierbar angesehen worden wären wie auch manchmal von den Vertretern anderer psychiatrischer Richtungen, von Ärzten anderer Spezialitäten oder von den „Experten", die ihr besonderes Symptomgebiet zu verwalten beanspruchen, ausdrücklich auf die Schädlichkeit solchen Vorgehens aufmerksam gemacht worden waren. Obgleich sich die Behandlung oft als sehr schwierig und kompliziert erwies und bestimmte Modifizierungen der üblichen Methode verlangte, konnte doch im ganzen das Paradigma der auf Widerstands- und Übertragungsanalyse aufgebauten und den unbewußten Motivierungen nachspürenden Behandlung beibehalten werden. Doch erwies es sich bei den meisten – und immer bei den schwierigsten – Fällen nötig, überdies zu einer *Kombinierung* der Psychoanalyse mit andern Behandlungsmethoden zu greifen. Eine solche Kombination war jeder Einzelmethode weit überlegen. Obwohl diese Fälle nach allgemeinen Kriterien als *unanalysierbar* gegolten hätten, konnten sie auf diese Weise mit Erfolg behandelt werden.

Wie ist dies möglich?, wird gefragt. Wie kann man Suggestion und andere Modifizierungen der Technik gebrauchen und noch immer behaupten, daß man die Übertragung *analysiere*, nämlich in ihrer urspünglichen Bedeutung als *Verzerrung* deute und auflöse? Wird man eine *reale* Gestalt im Leben des Patienten, wie kann es da noch möglich sein, den Als-ob-Charakter der Übertragung zu untersuchen? Ersetzt man hier nicht die wahrhafte Analyse durch die berüchtigte „korrektive emotionelle Erfahrung" und verletzt links und rechts die Regeln der Abstinenz und Neutralität durch unzulässige Befriedigungen der neurotischen Ansprüche der Kranken?

Gewiß sind dies schwierige und ernst zu nehmende Fragen. Wie schon kurz erwähnt, glaube auch ich, daß die analytische Neutralität, das Bemühen, nicht zur Realfigur im Leben des Patienten zu werden, ein utopisches Ideal, eine „regulative Idee", darstellt. Schweigen und extreme emotionelle Zurückhaltung werden oft bei schwererer Pathologie ebenso sehr als reale, nichtneutrale Einwirkung erlebt wie die aktivere Mitbeteiligung des Analytikers.

Ich frage mich, ob die wirkliche Frage nicht eher darin besteht, was bei jedem Einzelfall der Fokus unserer Aktivität sein soll, wenn wir eine *optimale, langfristige Veränderung* erzielen wollen. Diese optimale Form der Fokussierung muß bei jedem Fall für diesen spezifisch sein. Das bedeutet, daß es nicht *eine* analytische Technik gibt, sondern daß jeder Patient seine eigene Optimaltechnik erfordert, eine Technik, die ein weites Spektrum von Interventionen umfaßt. Diese sollen daraufhin angelegt sein, daß sie sowohl das *rationale Bündnis* wie das *Wiedererleben der Irrationalität* gestatten, erleichtern und beschützen.

Das heißt, daß die schwerer kranken Neurotiker weit größere, nicht geringere Ansprüche an das spezifisch analytische Können stellen und sowohl eine differenziertere Technik wie ein genaueres Unterscheiden der Dynamik und Diagnostik, nicht ein geringeres Verständnis erfordern. Sie brauchen mehr, nicht weniger Takt und Vorsicht; mehr Beachtung der Konflikte, der Bedrückung durch das Gewissen und die Idealvorstellungen und der komplexen Ich–Funktionen, nicht weniger!

Die bisherigen Theorien von den psychologischen Vorgängen der frühesten Kindheit, die gerade oft auch dafür benutzt werden, das heute üblichere Vorgehen bei diesen Patienten zu rechtfertigen, haben sich im Lichte der Forschung der letzten 10 Jahre großenteils als falsch herausgestellt. Damit erweist sich das auf Spaltung, Konfrontierung und direkte Triebdeutung basierende Vorgehen bei diesen Patienten nicht als ebenfalls irrtümlich, sondern vielmehr als weniger brauchbar denn erwartet: An sich sind sie wertvolle Taktiken, die zwar vorwiegend kurzfristige Verhaltensänderung herbeiführen können, für ihre größere Wirksamkeit aber mit andern Zugangsweisen in Verstehen und Behandlung ergänzt werden müssen. Auch hier ist es eben nicht so sehr eine Frage des Entweder-Oder, sondern des Sowohl-als-auch, also der *Komplementarität*.

Da die Literatur recht arm an eingehenden Fall- und Behandlungsbeschreibungen solcher schwieriger Fälle ist, dürfte eine wenigstens dem Geiste nach, wenn auch nicht immer in der Form einheitliche Darstellung erfolgreicher Analysen solcher Patienten ein gewisses Interesse beanspruchen.

2) Zugang und Verstehen unterscheiden sich demnach in entscheidenden Aspekten von denjenigen, die heute von den meisten Psychiatern, Analytikern und Therapeuten für diese Fälle empfohlen werden. Statt daß sie als „borderlines" erklärt und unter dieser mehr oder weniger als Einheitskategorie aufgefaßten Diagnose behandelt werden, sehe ich sie als schwere, aber voneinander klar differenzierte Neurosen an, die sehr wohl *der klassischen Methode zugänglich gemacht werden können, vorausgesetzt, daß man sich weitgehend davor in acht nimmt, in die Rolle der Autorität versetzt und damit gezwungen zu werden, die Funktionen einen „äußern Über-Ich", namentlich also einer wirklichen Gewissensfigur, zu übernehmen*. Dabei scheint mir die therapeutische Atmosphäre, v.a. deren affektiver Ton, ganz entscheidend zu sein. Konfrontierungen sind die Ausnahme, nicht die Regel. Es ist diese Grundhaltung der Schonung, des Taktes, der Freundlichkeit und das Vermeiden verurteilender Worte oder Einstellungen, die dann gewisse technische Richtlinien gebieten. Solche „Regeln" sind also Mittel zum Zweck und selber Ausdruck der Grundhaltung, dürfen sich also nie zu einem „L'art-pour- l'art-Anspruch" aufschwingen, wie das heutzutage, wenigstens soweit ich es in den USA beobachten kann, gang und gäbe ist.

3) Bestimmte Stunden, bestimmte therapeutische Episoden ragen aus dem Gesamtverlauf der Behandlung heraus, hohen Gipfeln gleich, die sich über eine Bergkette emporschwingen. Die niedrigeren Hügel und Gebirge führen zu diesen Gipfeln, von denen aus man oft schlagartig eine neue Klarheit und Übersicht gewinnen

kann. Diese „*guten Stunden*" bedeuten nicht nur Durchbrüche in der Behandlung, sondern ihre genaue Darstellung kann es vielleicht dem Leser erlauben, den Worten des therapeutischen Dialogs ziemlich genau zu folgen, sich von den Zusammenhängen überzeugen zu lassen und also selbst die wesentliche Dynamik typischer Einzelfälle zu erfassen. Solches Mitgehen und Mitdabeisein wird es vielleicht manchem ermöglichen, diese Einsichten für andere anwendbar zu machen.

Überdies mögen diese Detailvorstellungen „guter Stunden" es gestatten, dem schwierigen Problem der Unterscheidung spezifisch wirksamer Faktoren von den unspezifischen auf den Leib zu rücken. Solche „*Momente des Richtigseins*" gewähren uns vielleicht einen Einblick in das Wesentliche des analytischen Prozesses, nämlich in das dicht verflochtene Gewebe von Deutung, Einsicht und klinischer Veränderung. Damit mögen sie denn auch den Anfang zu einer Antwort auf die radikalen Zweifel der Erkenntniskritiker geben.

4) Bei der Behandlung all dieser schwierigen Patienten spielt, wie schon angeklungen, *das Über-Ich* mit seinen mannigfachen Funktionen eine ganz besonders bedeutende, doch oft in Fachdiskussionen und -schriften unterschätzte Rolle. Bei allen Patienten gibt es Episoden, wo sie sich auf die eine oder andere Weise gegen Teile dieser inneren Autorität aufbäumen, sie zu stürzen versuchen oder vor ihr fliehen. Während dieser dynamische Aspekt der *Abwehr gegen das Über-Ich* nur einen – obgleich wichtigen – Teil der therapeutischen Arbeit darstellt, ist er bedeutsam genug, dem ganzen Buch eine wichtige, obwohl nicht die einzige Perspektive zu verleihen. Damit soll das Buch ein Beitrag namentlich zur *Abwehr- und Über-Ich-Analyse* schwerer Neurosen sein.

Bei der Vertiefung in das Fallmaterial stellt es sich jedoch auch mehr und mehr heraus, daß es sich bei den Impulshandlungen gewöhnlich nicht einfach um Versuche handelt, vorübergehend der Herrschaft eines allzu strengen Gewissens zu trotzen, sondern daß wir eine rasche Abfolge von Konfliktlösungen verfolgen können, bei denen allen verbietende und einschränkende Vorgänge mitspielen. Gewissen, Ideale und Werte stehen selbst im Widerstreit, *das Über-Ich ist gespalten*. Der Konflikt zwischen gegensätzlichen Über-Ich-Anteilen ist bei den zwangsmäßig sich abspielenden Wiederholungen und den beobachtbaren Identitätsspaltungen von besonderer Bedeutsamkeit und praktischer Wichtigkeit.

5) Eine besondere Form solcher Flucht vor dem Gewissen bedeutet das *Ressentiment*. Nietzsche und Scheler stellten das Ressentiment im Aufbau der Moral selbst dar – in unseren Begriffen also: die Wurzeln des Über-Ich und dessen Wertstruktur im Machttrieb und der daraus folgenden Aggression. Dieses Durchdrungensein des inneren Richters von dem Geiste des Ressentiments läßt sich bei sehr vielen Patienten beobachten. Das ist eine Seite. Die andere, noch virulentere Form stellt sich jedoch dann ein, wenn die Selbstverurteilung, ganz besonders die Tiefe der Scham, zum brennenden Ressentiment und dieses seinerseits zur Auflehnung gegen alle menschlichen Bindungen und Verpflichtungen führt. Es besteht in der selbstgerechten Identifizierung mit dem eigenen, kategorisch verurteilenden Über-Ich und der Verkehrung der Anklage ins Gegenteil: Das Ich wandelt sich vom Opfer der Selbstanklage zum brutalen Richter und Rächer; der Andere wird nun zum radikal Angeklagten, zum Verworfenen und zu Vernichtenden.

Bei manchen Patienten läßt sich dies episodisch beobachten. Dabei mag das Ressentiment mit dämonischer Getriebenheit durchbrechen, oder es wird von selbstgerechten Rechtfertigungen verhüllt. Bei wenigen Fällen, gewöhnlich eher bei geschichtlich oder literarisch prominenten Gestalten, kann diese Sequenz fast in Reinkultur studiert werden, in der Weltliteratur etwa in *Richard III.* von Shakespeare, bei *La cousine Bette* von Balzac, in Canettis *Blendung* und bei Lagerkvists *Zwerg*. Es ist das Ressentiment, das zur nackten Macht greift und sich als „neues Gewissen" und als neues Idealsystem gebärdet, als Gewissen nämlich, das es als höchstes Gebot befiehlt, die Wurzeln von Neid, Rachsucht und Eifersucht auszureißen. Wie soll ihm denn das gelingen? Ganz einfach dadurch, daß der tiefsten Hilflosigkeit, der überwältigenden Angst, der lähmenden Scham und Ohnmacht ein ebenso totales Ideal der Allmacht entgegengesetzt wird. Das Gewissen wird dadurch selbst zum Träger des Narzißmus: Das ist die Natur des Bösen.

Es ist eine Sonderform der Über-Ich-Pathologie und dabei selbst eine Art Abwehr gegen überwältigende Gefühle – und der Behandlung im Prinzip zugänglich.

Noch ein Wort zum Ressentiment selbst: Es wird von Scheler (1915, in 1955) als eine „seelische Selbstvergiftung" beschrieben, „die durch die systematisch geübte Zurückdrängung von Entladungen gewisser Gemütsbewegungen und Affekte entsteht". Ihm liegen „Rachegefühl, Neid, Scheelsucht, Hämischkeit, Schadenfreude und Bosheit" zugrunde, doch führen diese nur dann zur Ressentimentbildung, wenn „ein noch ausgeprägteres Bewußtsein der Ohnmacht ein solches Handeln oder einen solchen Ausdruck hemmt" (S. 38–41). Was dabei aber ausgelassen wird, ist der Bezug auf das Gerechtigkeitsgefühl. Das Ressentiment beinhaltet immer auch die Überzeugung, daß einem Unrecht geschehen ist. Dieses verletzte Rechtsgefühl kann aber doch nur dann auftreten, wenn der Wert der Gerechtigkeit, in welcher Form auch immer, angenommen worden ist. Das Ressentiment muß demnach gegen den Hintergrund der *Loyalität* betrachtet werden, und Loyalität beruht auf mehr als einer gewöhnlichen „Objektbeziehung": sie ist die Bindung an einen anderen, der als verpflichtende Autorität angenommen worden ist. Loyalität begreift in sich die Erwartung der Belohnung, letztlich durch Annahme, Respekt und Liebe, als Gegenleistung für die gewahrte Treue. Die Verletzung dieser Erwartung bewirkt das Ressentiment.

Es handelt sich bei der Loyalität also um eine Über-Ich-Bindung, und Loyalitätskonflikte gehören zu den bedeutsamsten Konflikten, die die Dynamik bei den schweren Neurosen ausmachen.

6) Wo im Innern gegensätzliche Über-Ich-Figuren miteinander im Konflikt stehen, bedarf es der *Verleugnung* als wesentlicher Abwehr. In manchen Fällen handelt es sich um ein das ganze Leben dieser Patienten verfolgendes *Geheimnis*.

Solche Blockierung gewisser Wahrnehmungsbereiche führt immer zu einer *Gespaltenheit* der inneren und äußeren Wirklichkeit. Die Patienten fühlen sich, ohne sich dessen klar bewußt zu sein, gezwungen, ein Doppelleben zu führen und damit eine *Doppelidentität* anzunehmen. Die meisten der zu schildernden Fälle fallen daher unter die heute wieder häufiger und in weiterer Bedeutung gebrauchte Diagnose der *multiplen Persönlichkeit*.

Der Doppelidentität liegt eine Art doppelten Gewissens zugrunde, dem radikale

Wertkonflikte und Gegensätze in der Idealbildung entsprechen. Die zeitweilige Verwirklichung der einen Identität erfordert die Verleugnung ihres Gegenspielers.

Eine solche Doppelheit sowohl der Außenwelt wie auch der eigenen Identität spiegelt sich in Verhalten und Affekten. Auch läßt sich etwas Ähnliches in den meisten Träumen beobachten: Die eigene Identität wird ganz typischerweise in mehrere Figuren zerlegt. Doch sind diese Teilidentitäten auch nicht letzte Elemente, sondern stellen selbst Lösungsversuche von Konflikten dar. Es besteht aber auch ein Konflikt zwischen dem Alltagsdasein und der einen oder den mehreren regressiven Daseins- oder Identitätsformen. Die Erforschung der Dynamik dieser Identitätsspaltung hat nicht nur sehr viel mit dem Ablauf von Impulssequenzen und damit mit dem Verstehen der Neurosen überhaupt zu tun, sondern mag auch einiges zum Begreifen der Identitätsfindung und Identitätswahrung (M. Stern 1986) beitragen.

Damit ist sie nicht allein von großem klinischem Interesse, sie ist nicht bloß ein wichtiges pathologisches Phänomen, sondern führt auch zu faszinierenden literarischen und kulturphilosophischen Betrachtungen.

7) Den *Affekten* muß eine ganz besondere und eigenständige Bedeutung zuerkannt werden. Die Affekttheorie hat sich als von der Triebtheorie unabhängig erwiesen. Nur die genaue Erfassung der unerhörten Vielfalt der erlebten und verhüllten Gefühle, Moment für Moment in der Stunde, gestattet ein optimales Sicheinfühlen und Verstehen des Patienten.

In der psychoanalytischen Theorie wurde die Rolle der Affekte weit unterschätzt. Ihre konzentrierte Untersuchung muß zu einer großen Bereicherung und Vertiefung des klinischen und des theoretischen Verständnisses führen. Auf der einen Seite weist die Affektpsychologie auf die *Wertphilosophie* hin. Anderseits ist Affektpsychologie immer auch ein Teil der *Konfliktpsychologie*. Affekte können sehr wohl in Konflikt miteinander geraten. Sie stehen im Dienste dessen, was man psychoanalytisch als Ich begreift, aber ob sie so einfach nur als Ich-Funktionen verstanden werden können, ist fragwürdig. Ihre Eigenständigkeit wird dadurch wahrscheinlich, daß sie schon von der allerfrühesten Zeit an (kurz nach der Geburt) in einer überraschenden Vielfalt beobachtbar werden. Es gibt einfache und hochkomplizierte Affekte.

8) Die Arbeit des Analytikers muß weitgehend *metaphorisch* sein. Das der Neurose wie dem Traum zugrunde liegende Primärprozeßdenken folgt den logischen Gesetzen des mythischen Denkens. Metaphern sprechen, wegen ihrer bildhaften und die einzelnen Wahrnehmungskategorien überschreitenden Natur das mythische Denken an. Überdies zeigt schon die Etymologie des Wortes „*metaphora*" die enge Verwandtschaft mit einem der Grundkonzepte der Psychoanalyse. Es bedeutet nämlich „Übertragung" (Wurmser 1977; Grassi 1979).

Eine der faszinierendsten Entdeckungen der Frühkindheitsforschung ist die frappante Fähigkeit des Neugeborenen und des Säuglings, „Wahrnehmungserfahrungen von einer Sinnesmodalität in die andere zu übertragen" (D. Stern 1985, S. 47). Dies Zusammenspannen („yoking") z. B. von visuellen und taktilen oder von akustischen und optischen Erlebnissen muß in der „angeborenen Struktur (innate design) des Wahrnehmungssystems, nicht in der wiederholten Welterfahrung" liegen; kein Lernen ist dafür erforderlich (S. 48). Das heißt, daß das Kind von den ersten Tagen des Lebens an fähig ist, abstrakte Vorstellungen von Wahrnehmungsqualitäten zu bilden und nach ihnen zu handeln (S. 51). *Abstraktion*, d. h. die Übertragungsfähigkeit von Formqualitäten zwischen Modalitäten, besteht von Anfang an, ist unabhängig von aller Erfahrung und wirkt als etwas unmittelbar Gegebenes, als a priori. Das metaphorische Denken ist lediglich ein Spezialfall dieser Ureigentümlichkeit unseres Denkens.

Was Aristoteles als das eigentliche Genie des Poeten ansah, den Gebrauch von Metaphern, – „bei weitem das Größte sei das Metaphorische" – πολὺ δὲ μέγιστον τὸ μεταφορικὸν εἶναι" –, das kann mit Fug und Recht auch für den Analytiker behauptet werden. Gleichnisse bilden eine wichtige Straße, die oft sehr gerade zum Unbewußten hinführen kann. Philosophisch ist es m. E. aber auch von besonderer Wichtigkeit, daß die analytischen Erkenntnis- und Ordnungsmodelle selbst von solch metaphorischer Natur sind.

Diese philosophische Einstellung läßt auch der Komplexität alles Seelischen größere Gerechtigkeit widerfahren als dies ein in sich geschlossenes und dogmatisches System von Theorien tun könnte. Theoretische Modelle als Gleichnisse, die zwar Annäherungen an die „Wahrheit" erlauben, aber nicht absolut sind, solche, die dazu brauchbarer als andere sind, alle Modelle verschiedener Schulen als Versuche, kleinere oder größere Ausschnitte aus den Beobachtungen zu ordnen, manche in handlicherer Weise als andere, die darin sich gründenden technischen Richtlinien mehr oder weniger wirksam auf kurze oder längere Frist, zum Guten und leider oft auch zum Schlechten – so lautet die *pragmatische* Grundauffassung, die dem Wahrheitsbegriff meiner eigenen psychoanalytischen Arbeit zugrunde gelegt wird.

9) Manche haben es eingesehen, daß sich philosophisch bei dieser Arbeit eine Abkehr von einem naiv-positivistischen „Realitätserkennen" aufdrängt. Die *Philosophie der Komplementarität* schien mir am brauchbarsten: wieder und wieder die einander scheinbar widersprechenden und doch sich zutiefst bedingenden Gesichtspunkte miteinander zu vereinigen – z. B. den des intrapsychischen Verstehens gegenüber dem der mitmenschbezogenen Kommunikation, mithin den einer allgemeingefaßten „Selbstpsychologie" gegenüber dem einer ebenso allgemeinen „Objektbeziehungspsychologie"; oder, davon abgeleitet, die Bedeutung der Übertragung gegenüber der Bedeutung der genetischen Konstruktion; oder das Erlebnishafte in der Beziehung gegenüber dem Wert der Erkenntnis als therapeutische Grundfaktoren; oder die analytische Situation gegenüber Erleben und Handeln außerhalb.

„Denken und Tun, Tun und Denken, das ist die Summe aller Weisheit, von jeher anerkannt, von jeher geübt, nicht eingesehen von einem jeden. Beides muß wie Aus- und Einatmen sich im Leben ewig fort hin und wider bewegen; wie Frage und Antwort sollte eins ohne das andere nicht stattfinden. Wer sich zum Gesetz macht, was einem jeden Neugebornen der Genius des Menschenverstandes heimlich ins Ohr flüstert, das Tun am Denken, das Denken am Tun zu prüfen, der kann nicht irren, und irrt er, so wird er sich bald auf den rechten Weg zurückfinden" (Goethe, *Wilhelm Meisters Wanderjahre*, Buch 2.9; Bd. 18, S. 22). Und so heißt es auf dem Sarkophag im „Saale der Vergangenheit": „Gedenke zu leben!" (*Lehrjahre*, 8.5; Bd. 16, S. 239 f.); es scheint die Absicht der „geheimnisvollen Mächte des Turms" zu sein, „das Verbundene zu trennen und das Getrennte zu verbinden" (S. 246) – also Analyse wie Synthese im Widerspiel zu üben.

Eine ähnliche Komplementarität besteht m.E. zwischen bedeutender Dichtung und klinischer Erfahrung. Sie gleichen zwei Reihen von Spiegeln. Beide Reihen reflektieren in mannigfachen Bildern und Brechungen das Wesen der Seele; doch ist keine allein fähig, es völlig zu erfassen: „Einer Seele Grenzen kannst du niemals finden, jeden Pfad hinschreitend, so tiefen Grund, Logos, hat sie" (Heraklit).

Es ist fragwürdig, analytische Kategorien zu benutzen, um literarische Werke zu begründen; und umgekehrt genügen literarische Begriffe nicht, das Wesen des Unbewußten zu erfassen. Doch beide zusammen zielen auf etwas Drittes, das zwar *teilweise* versteh- und erklärbar ist, doch in seiner individuellen Einmaligkeit eine Welt für sich darstellt und nie *völlig* zu begreifen ist – ohne daß denn solcher Wissensskeptizismus damit auch gleich an den religiösen Glauben zu appellieren bräuchte.

Damit ist es ganz klar, daß die Erkenntnisse der Psychoanalyse (und der klinischen Arbeit überhaupt) im Dialog mit der Kulturwelt wie mit der Biologie stehen – und doch auch von beiden letztlich unabhängig sind: *sui generis et sui iuris.*

10) Ebenfalls philosophisch ist der aus den genannten Beobachtungen neu erstehende Kausalitätsbegriff. Ursachen und Gründe (die letzteren als innere Kausalität verstanden), die für neurotische Symptome oder Charakterprobleme herangezogen und der analytischen Behandlung unterzogen werden, können nicht bei Einzelereignissen gefunden werden, ob diese nun innerlich oder äußerlich seien. Vielmehr handelt es sich um viele Schichten äußerer und innerer Konflikte, die erst in ihrem Zusammenspiel die *neue Kausalität* ausmachen. Diese Form der Kausalforschung, die in der Psychoanalyse individuell betrieben wird – und eine Kausalforschung ist sie, wie dies Grünbaum zu Recht gegenüber den Hermeneutikern behauptet hat –, bedarf ebenso sehr eines wissenschaftlichen Kanons wie die andern Wissenschaftsgebiete, doch setzt dieser andere Methoden voraus als sie z.B. in der Natur- *oder* den Geisteswissenschaften üblich sind.

1.3 Methode der Darstellung

Der Wissenschaftsphilosoph Peter Caws hat jüngst in der Grünbaum-Diskussion festgestellt, daß die Psychoanalyse eigentlich die Wissenschaft der idiosynkratischen Welt des einzelnen Patienten sei und daß die klinischen Ergebnisse nicht zuverlässig über den Fall hinaus extrapoliert werden können. Jeder neue Patient sei eine neu zu erfoschende Welt.[3] Auch mir scheint es so, daß das Wesentliche eben darin besteht, die Gesetzlichkeit im Einzelnen und Besonderen zu finden, und daß in der

---

[3] „. . . that psychoanalysis is a natural science all right, but the natural domain of which it is the science is *the idiosyncratic world of the individual patient*, not the class of human beings over which the natural science of psychology applies. In other words, I think that clinical findings *cannot reliably be extrapolated beyond the case from which they are drawn.* Every new patient who walks into the analyst's office is a new world to be explored. . ." (Caws 1986, S. 230).

Darstellung des Besonderen das Allgemein-Gültige (oder wohl eher das Häufig-Gültige) oft besser erfaßt werden kann als in den abstrakten Begriffen.

Es scheint mir, daß manche Beschreibungen in der Literatur dadurch zu Mißverständnissen führen, daß sie den Eindruck eines scheinbaren Entweder-Oder aufkommen lassen – z. B. Selbstpsychologie gegenüber Konfliktpsychologie, intrapsychisch gegenüber Objektbeziehungen, Übertragung gegenüber Vergangenheit. Damit laufen die wertvollen neuen Beobachtungen und therapeutischen Empfehlungen Gefahr, nicht so ernst genommen zu werden, wie sie es verdienten, und die größere Gefahr, daß sie bei den wenig Erfahrenen zu beträchtlichen Mißverständnissen in der Behandlung von Patienten führen. Dasselbe dürfte für manche anderen Richtungen gelten, wo die volle und reiche Entfaltung der therapeutischen Arbeit und Wirkung durch die theoretischen Schriften geschmälert wird und der Eindruck der Einseitigkeit entsteht. Gerade deswegen scheint es mir wesentlich, sich nicht mit kursorischen *Fallbeschreibungen* zu begnügen, sondern, soweit es möglich ist, direkt darzustellen, was *wirklich* geschieht – nicht nur zu sagen, was geschehen sei.

In der Verarbeitung der erwähnten Beobachtungen und Schlußfolgerungen könnte man schematisch Krankheit nach Krankheit durchgehen oder aber ein dynamisches Problem nach dem andern, z. B. gewisse Abwehrformen oder Formen der Über-Ich-Pathologie, abhandeln.

Im Laufe der Jahre bin ich aber mehr und mehr gegenüber übermäßiger Schematisierung und Verallgemeinerung skeptisch geworden. Obwohl wir nicht ohne gewisse Kategorien, mit denen wir unsere Erfahrungen ordnen, auskommen können, müssen wir ihre beschränkte Gültigkeit anerkennen.

Statt dessen habe ich mich daher dazu entschlossen, die Fälle selbst zu uns sprechen zu lassen – gleichsam unmittelbar, wie es in der analytischen Situation geschieht. In diesen Auszügen kann auch der Leser seine eigenen konkreten Erfahrungen wiedererkennen, die ihm dann selbst die vom Autor verschiedenen Abstraktionen gestatten.

Natürlich bleibt auch eine solche Darstellung immer eine Sache der Auswahl, die nach zugrundeliegenden Ordnungsprinzipien erfolgt. Darum kommt man einfach nicht herum. Doch verfällt sie, so hoffe ich, nicht der Gefahr der Überkategorisierung und damit der des Verlusts der individuellen Wirklichkeit.

Ich werde im folgenden meist Behandlungen auswählen, die trotz ihrer oft verzweifelten Schwierigkeiten schließlich gut ausgegangen sind und bei denen man im Rückblick den Eindruck gewinnt, daß es spezifische Gruppen von Interventionen und Erkenntnissen waren, die den Durchbruch, oft in recht dramatischer Weise, ermöglicht haben. Dafür bediene ich mich einer meines Wissens nur selten angewandten Art der Darstellung: der Konzentrierung auf charakteristische Ausschnitte aus der Behandlung, die in ziemlich detaillierter Form dargestellt werden sollen. Es sind dies gewöhnlich recht wortgetreue Wiedergaben des therapeutischen Dialogs während der Stunden, die von Patienten und Analytiker rückblickend als Höhepunkte der ganzen Behandlung gewertet wurden. Ich werde auf diese Weise die übermäßige Abstraktion und den technischen Jargon, der die meisten klinischen Fallbeschreibungen kennzeichnet, zu vermeiden suchen, ohne aber in den gegensätzlichen Fehler der übermäßigen Detailzitierung bei direkten Transkriptionen zu verfallen (Fehler, meine ich, lediglich für die Zwecke dieser Darstellung). Dabei bleiben freilich manche von der Erkenntniskritik aufgeworfenen methodologischen Probleme noch ungelöst.

Daher empfiehlt es sich, von der philosophischen Anfechtung zunächst abzusehen und an diesem Punkt eine, so hoffe ich, wenigstens *praktisch ausreichende* Methode der Theoriebegründung und -bestätigung vorzuschlagen und zu beschreiben; diese weicht von den üblicheren Formen ab. Diese Methode wird die Grundlage der klinischen Kapitel sein.

In Sophokles' *Elektra* heißt es: „Es ist die rechte Zeit, die die größte Lehrmeisterin für alle Unternehmen des Menschen ist."[4] Ich habe schon ausgeführt, wie sich die großen inneren Zusammenhänge nicht selten in einzelnen Stunden und Abfolgen von Stunden aufzeigen lassen. Das genaue Studium solcher repräsentativer Episoden, „der richtigen Zeit" also, wird der folgenden Darstellung zugrunde gelegt werden. Darüber hinaus mag diese Methode auch etwas zur gegenwärtigen erkenntniskritischen Diskussion über die Berechtigung analytischer Behauptungen beitragen.

Damit meine ich, daß die Konzentrierung in der hier vorgelegten Art der Forschung auf bestimmte kritische Stunden die *Untersuchung spezifischer Interventionen und spezifischer Verbindungen* erlaube, so weit sie sich auf subjektive und objektive Veränderungen beziehen lassen – oder ob dies nicht der Fall ist. Das schließt den möglichen Trugschluß des *post hoc ergo propter hoc* mit ein. Was bei dieser Fokussierung in die Peripherie geschoben wird, ist der weniger spezifische Kumulationseffekt der therapeutischen Arbeit – das Erleben des Vertrauenkönnens und des Angenommenseins, die Erfahrung der wiederhergestellten narrativen und introspektiven Kontinuität und Kohärenz (vgl. Loch 1976; Spence 1982), die Empathie oder die Spannung der Entdeckung oder Ungewißheit (Lichtenberg 1983, 1985; Lawrence Friedman 1985) usw.

Ein klarer Nachteil dieser Forschungskonzentrierung auf die „Höhepunkte" der Arbeit liegt darin, daß dabei weit mehr deutende Bemerkungen und Vermutungen ausgesprochen werden als in den „Niederungen".

Eine Voraussetzung für diese Auswahl ist die, daß es wirkliche Qualitätsunterschiede zwischen den Stunden und Perioden der Analyse gibt (Kris 1956 in 1975, S. 255). Die Nachprüfung dieser Voraussetzung selbst ist eine Frage, deren Erforschung von der sorgfältigen Untersuchung der Auswahlen zu trennen ist. Die eine Form der Untersuchung erübrigt die andere nicht. Hier beschränke ich mich auf die letztere.

Natürlich wäre es besonders interessant, wenn ein ernsthafter Erkenntniskritiker selber die Bandaufnahmen oder die mehr oder weniger wörtlichen Notizen einer solchen „guten Stunde" mit solcher von einer banalen oder „schlechten Stunde" oder von Stundenserien über längere Zeitperioden hin vergliche und daraufhin prüfte, wie die Interventionen eines erfahrenen Analytikers oder Therapeuten nur in

---

[4] καιρὸς γὰρ ὅσπερ ἀνδράσιν μέγιστος ἔργου παντός ἐστ᾽ ἐπιστάτης."

ganz bestimmten Ausdrucksformen und recht selten – in einer Proportion von vielleicht 1:1000 – sehr wirksam sind, jedoch schädlich oder wenigstens störend in anderen, und nicht oder nur mäßig oder aber kumulativ wirksam sind (also nur scheinbar unwirksam) für den Rest.

Die Fragen, die sich bei einer Forschungsarbeit dieser Art ergäben, wären etwa die folgenden: Was zeichnet die guten vor den schlechten Stunden aus, die guten vor den schlechten Therapeuten oder Therapien? Was verändert sich, und wie zeigt sich solche Veränderung? Ist sie kurzfristig oder langfristig? Tritt sie regelmäßig nach gewissen Typen von Interventionen ein? Wie verstände er, dieser ideale, kritische Untersucher, die so oft herrschende Unsicherheit und Verwirrung? Wie bewertete er das sich oft plötzlich bei Patient und Therapeut einstellende Gefühl der Klarheit?

Wie würde er, als der objektive Beobachter, die Verallgemeinerungen beurteilen, die ein erfahrener Therapeut aufgrund von Dutzenden von Patienten, mit denen er intensiv gearbeitet hat, auf andere überträgt, die er nur aus der Kontrolle oder aus kurzer fokaler Therapie kennt? Oder die Veränderungen, die er dann in seinen schriftlichen Aufzeichnungen theoretischer Natur niederlegt?

Dann erhöbe sich auch die von Grünbaum (1984) gestellte Frage, was wirklich repräsentative Kontrollstudien wären. Da Doppelblindkontrollen oder Gruppenvergleiche unmöglich oder irrelevant sind, bedürfte es neuer Formen objektiver Kontrolle – gute Stunden oder Interventionen verglichen mit schlechten? Beobachtung desselben Patienten oder Therapeuten als seine eigene Kontrolle in der Form der Einzelpersonforschung („single subject research"; Marshall Edelson 1984)? Oder der Vergleich wirksamer Behandlungen oder mutativer Interventionen mit unwirksamen bei verschiedenen Therapeuten, vielleicht sogar bei solchen aus verschiedenen Schulen? Wieweit genügen dafür selektive Tonbandaufnahmen oder Stenogramme?

Ein besonders einschüchterndes praktisches Problem scheint mir darin zu liegen, wie wir mit dem enormen Übermaß an Information, das sich ja über Hunderte von Stunden angehäuft hat, fertig zu werden vermögen. Ich glaube, es ist dies Problem, das hauptsächlich all den Versuchen, die Befunde in befriedigender Weise zu objektivieren, getrotzt hat und damit die Untersuchungstätigkeit im wesentlichen den Personen überlassen hat, die in dieser gemeinsamen Suche direkt engagiert sind, nämlich dem Duo von Patient und Therapeut. So bedauerlich es auch ist, kann es nicht verleugnet werden, daß diese Art der ausschließlich klinischen Untersuchung all die Mängel aufweist, die Grünbaum (1984) erwähnt, all die Gefahren der Verzerrung, der Täuschung durch Suggestion, durch nachträgliche Erinnerungstäuschungen usw. und daß diese Beeinträchtigungen der Beobachtungs- und Forschungsarbeit sich nur unbefriedigend durch Supervision und Gruppenprozesse korrigieren lassen. Nicht zuletzt bestätigt sich diese Kritik durch die sich oft aufs schärfste widersprechenden Ansprüche.

Dabei stellt sich dann das Problem, wie man die Methode zureichender *Verläßlichkeit* („reliability") mit der Methode zureichender *Relevanz* kombinieren solle; d.h. was sind die Primärdaten, die ausgewählt und benutzt werden sollen? Dies erweist sich als so schwierig, da die meiste Einsicht nicht in plötzlichen Enthüllungen zustande kommt, sondern in einem Schritt für Schritt verlaufenden Vorgang: durch sich häufende Evidenz, durch eine Art des Zuwachses.

Überdies sind die nach der Stunde aufgezeichneten Prozeßnotizen viel zu „kontaminiert", um dem heutigen Forschungsanspruch auf gültigere Beweisführung auch nur von ferne Genüge zu tun.

Anderseits kann das Tonbandmaterial für die hier erwähnten Zwecke durch seine Quantität allein so überwältigend sein, daß die Masse das, was relevant ist, einfach überflutet; es ist das Problem des „Geräuschfaktors". Quantität allein, die Akribie des ins Maßlose Angehäuften, kann nicht die Beantwortung der Fragen der Qualität ersetzen, die ich für die Beurteilung der wissenschaftlichen Wahrheit als entscheidend erachte. Manche dieser Probleme werden gegenwärtig mit großem Ernst bearbeitet (vgl. z.B. Weiss u. Sampson 1986; Luborsky u. Auerbach 1969; Edelson 1984; Thomä u. Kächele 1973).[5]

Deshalb habe ich mich bei der folgenden Untersuchung auf einen Mittelweg als die praktisch befriedigendste Lösung entschlossen: Seit Beginn meiner Arbeit mit Patienten vor etwa 30 Jahren habe ich in der von mir während aller Stunden stenographisch gemachten und geordnet aufbewahrten Notizen ein überaus wertvolles Forschungsinstrument gesehen. Dank diesem Verfahren ist es z. B. möglich, in einer Stunde etwa 100 Therapiestunden rasch zu sichten. Dabei steht auch das, was man genau und in der Tiefendimension, oft zusammen mit den eigenen Erwägungen und Gegenübertragungsreaktionen, untersuchen möchte, ebenso zur Verfügung, obzwar gewöhnlich in etwas vereinfachter und gekürzter Form. Damit verbindet man die Vorteile der genügenden Verläßlichkeit mit zureichender Relevanz. Mit diesem Vorgehen könnte man durch quantitative Mittel den Nachweis für jene qualitativen Faktoren und deren Bewertung erbringen, die von solch zentraler Bedeutung in der therapeutischen Arbeit sind, statt zu versuchen, Ursachen durch eine Version des Pars-pro-toto-Denkens, also durch unzulässige Vereinfachung zu beweisen. Tatsächlich wäre ein derartiges Vorgehen nichts anderes als ein Ausbauen und Systematisieren eines wesentlichen Anteils des gesamten psychoanalytischen Unternehmens, nämlich des Supervisionsprozesses.

Kurz gesagt ist die wichtige erkenntniskritische Frage nicht so sehr die: Sind diese oder jene Theorien richtig? Sondern: Wie können wir es erklären, daß schwere und komplizierte Neurosen sich nach gewissen, oft sehr präzisen und nicht zufälligen Interventionen auflösen oder zumindest stark modifizieren lassen, während sie sich zu anderen Zeiten und anderen Interventionen gegenüber als refraktär erweisen? Was ist die befriedigendste Erklärung für Erfolg und Versagen in jedem einzelnen Fall?

Dies sind schwierige, aber nichtsdestoweniger empirisch lösbare Fragen. Die Philosophie vermag sie nicht zu beantworten; aber systematische, objektivierende klinische Forschung hat eine gute Chance, auf Antworten zu stoßen, die größere Beweiskraft haben als die allein aus der klinischen Situation gewonnenen (vgl. Thomä u. Kächele 1985, S. 381 f.).

---

[5] Manche dieser Fragen werden in praxi in diesem Band, andere in einer spezifisch der systematischen Erforschung gewidmeten Parallelstudie beantwortet. Auf die durch diese Fragestellung aufgeworfenen philosophischen Probleme werde ich in Bd. 2 „Zerbrochene Wirklichkeit") zurückkommen.

In den folgenden Kapiteln werde ich deshalb von der hier vorgeschlagenen Untersuchungsmethode in dem Ausmaß Gebrauch machen, wie es mir als Einzeluntersucher möglich ist. Die Behandlungsnotizen der Fälle stehen für eine unabhängige Nachprüfung zur Verfügung. Aus der enormen Masse des Materials wähle ich jedoch besonders bemerkenswerte und für den Gesamtverlauf der Behandlung entscheidende Einzelstunden aus, quasi als ganz präzise ausgewählte „Probeexzisionen", deren wesentliche Segmente dann mikroskopisch studiert werden können. Obgleich auch dies wissenschaftskritischen Zweifeln unterworfen werden kann, glaube ich doch, daß man damit näher an die von Grünbaum zu Recht geforderte „probative Evidenz" herankommt, als dies gemeinhin geschieht, wenn Fälle nur in globalen Schilderungen oder als Vignetten vorgestellt werden.

1.4 Auswahl der Fälle

Wie schon erwähnt, scheint es mir, daß die Psychoanalyse durch eine große Umwälzung geht. Höhere Ansprüche an ihre Wissenschaftlichkeit und die neuen Forschungsergebnisse in manchen Nachbargebieten haben allmählich zu einer größeren Bereitschaft geführt, der klinischen Erfahrung mehr Glauben zu schenken als den theoretischen Voraussetzungen und diese eher als Metaphern zu behandeln, die pragmatisch, nicht doktrinär benutzt werden sollen.

Ich glaube, daß es Teil einer solchen Neuorientierung ist, neue Bereiche mit diesem so wertvollen Instrument der psychoanalytischen Methode klinisch anzugehen. Seit manchen Jahren ist es eines meiner Anliegen gewesen zu untersuchen, wie man schwerkranke Patienten – solche, die wie schon ausgeführt üblicherweise als „unanalysierbar" bezeichnet werden – psychoanalytisch behandeln und mit welchen Minimalmodifizierungen der Technik man dabei auskommen könne, um langfristige therapeutische Wirksamkeit mit größtmöglicher Einsicht in die Dynamik zu verbinden. Es ist meine tiefe Überzeugung, daß die Behandlung solcher schwerkranker Neurotiker nicht etwas Peripheres ist, sondern recht eigentlich zum Wesen und Hauptanliegen der Psychoanalyse gehört. Ist es doch gerade die Arbeit mit Schwerkranken, die einen Prüfstein für die theoretischen Konzeptionen abgibt. Es erweist sich nämlich bald, welche theoretischen Annahmen sich bewähren, sich von Stunde zu Stunde, von Fall zu Fall bestätigen, und welche vielleicht eine kurzfristige Erklärung abgeben, aber auf längere Sicht nicht weiterhelfen.

Mit dieser Anwendung der Psychoanalyse kann es uns vielleicht wieder möglich werden, dem nachzuleben, was Freud 1905 geschrieben hat: „In Wirklichkeit habe ich meine therapeutische Methode nur an schweren und schwersten Fällen ausarbeiten und versuchen können; mein Material waren zuerst nur Kranke, die alles erfolglos versucht und durch Jahre in Anstalten geweilt hatten... Die psychoanalytische Therapie ist an dauernd existenzunfähigen Kranken und für solche geschaffen worden, und ihr Triumph ist es, daß sie eine befriedigende Anzahl von solchen dauernd existenzfähig macht. Gegen diesen Erfolg erscheint dann aller Aufwand geringfügig" (GW 5, S. 20).

In Übereinstimmung mit der wissenschaftskritischen Forderung, das Untersuchungsmaterial genau zu identifizieren (Edelson 1985, S. 597), erwähne ich nun die Charakteristika, die ich zur Kennzeichnung der Fälle als schwere Neurosen benutzt habe:

1) wiederholte Perioden von Arbeitsunfähigkeit oder schwerer Arbeitshemmung infolge überwältigender Gefühlszustände von rastloser Spannung, Angst, Selbstunwert, Niedergeschlagenheit oder Wut;

2) Zustände veränderten Bewußtseins, die von den Patienten auch als solche geschildert, nicht einfach von außen her angenommen werden;

3) rasch korrigierte (nicht persistierende) Wahrnehmungsstörungen im Sinne von Halluzinationen oder Semihalluzinationen;

4) mehr oder weniger ausgedehnte und schwere Entfremdungserlebnisse, besonders im Sinne der Depersonalisierung;

5) lebensgefährlich selbstzerstörerische Handlungen, gewöhnlich impulsiver Natur, bei ausgesprochenem Wissen der darin einbeschlossenen Gefahren;

6) das, was heute gemeinhin als „Spaltung" beschrieben wird: extreme Bewertungen der eignen Person und der anderen (völlig gut und völlig schlecht, rein und schmutzig, heilig und dämonisch usw.), also die Absolutheit der Beurteilungen, sowie das Erleben einer inneren Gespaltenheit;

7) der manifeste „Wiederholungszwang": die sich immer wieder, gewöhnlich in ziemlich stereotyper Weise wiederholende und zwangsmäßige Abfolge symptomatischer Handlungen und Erlebnisse;

8) allgemeiner: das überwiegende Gefühl mangelnder Freiheit und der beherrschenden Zwanghaftigkeit (compulsiveness) von Verhalten und Erleben;

9) der süchtige oder emotionell abhängige Gebrauch von Alkohol und Drogen;

10) markante Ausbildung einer der bekannten Neuroseformen, oft mit Beimischung der Symptome anderer Neurosearten;

11) die sich stets wiederholende, scheinbar unwiderstehliche Neigung, auf Spannungen und Angst mit Handlungen gewöhnlich gefährlicher oder rechtsbrecherischer Art zu reagieren;

12) schwere Störung in den mitmenschlichen Beziehungen: extreme Ambivalenz (wie die unter 6) beschriebene „Spaltung"), wobei gewöhnlich eine „feindselige Abhängigkeit" (hostile dependency), besteht oder überhaupt ein nahezu völliges Fehlen von mitmenschlichen Beziehungen, bei denen tiefere Gefühle der Nähe und Intimität verspürt und gezeigt würden.

Für die Klassifizierung als „schwere Neurose" ist es notwendig, daß man nicht nur 1 oder 2 der Merkmale vorfindet; wenigstens 6 dieser 12 Kennzeichnungen sollen ohne große Zweifel vorhanden sein. Es wird auch bemerkt werden, daß ich es vermieden habe, analytische Begriffe bei dieser Aufzählung zu verwenden. Ich bin der Meinung, daß sich wesentliche Faktoren wie Übertragungsintensität oder die Einzelcharakteristika der Übertragung, die Natur der hauptsächlichen Abwehrkonstellationen und -sequenzen, und die wirkliche Natur der Konflikte und der hauptsächlichen Traumen erst im Laufe längerer und sorgfältig ausgeübter Behandlung mit einiger Verläßlichkeit feststellen lassen. Es ist mir immer mehr aufgefallen, daß es gerade die Überschematisierung und eine übereilte Diagnostik, die den Anspruch erhebt, sich auf Schwere und dynamische Hauptfaktoren zu beziehen, gewesen sind, die zur gegenwärtigen Einseitigkeit in der Indikationsstellung und zu den technischen Maßregeln geführt haben und so gewichtig zum Geist der Verurteilung beigetragen haben.

Man wird daraus auch ersehen, daß Hospitalisierung keines der angeführten Charakteristika ist. Nur einer der beschriebenen Fälle ist aus psychiatrischen Gründen im Spital gewesen; mehrere hatten Zeit im Gefängnis abzubüßen oder waren in strafrechtliche Verfahren verwickelt. Mir scheinen diese Merkmale zu oberflächlich und beinahe „zufällig". In einer ganzen Reihe war es eben gerade das hier beschriebene Régime, das *anstatt* einer sonst unumgänglich erscheinenden Hospitalisierung versucht wurde. Überdies erhob sich auch während der Behandlung der meisten hier geschilderten Patienten wiederholt die ernsthafte Frage der Hospitalisierung.

Ich stelle damit auch nicht den Anspruch, *alle* Formen schwerer Neurosen erfaßt zu haben. Der enge Umfang der eigenen Erfahrung bedingt den Ausschluß anderer Typen von Patienten, die ich selbst entweder noch nicht mit der nötigen Intensität und Länge behandelt habe oder die ich noch nicht genügend verstehe; sie hat aber den Vorteil der Tiefe und des Verständnisses der tatsächlichen Komplexität der Innenwelt.

Die Haupthypothesen, die diesem Werk zugrunde gelegt werden, sind demnach diese:

1) daß gerade die eben abgegrenzten sogenannten „schweren Neurosen", die mehr oder weniger mit der üblichen „Borderline"Kategorisierung übereinstimmen dürften (vgl. z. B. Kernberg, 1984, S. 10–15)[6], mit der analytischen Methode selbst sehr gut und mit großem Gewinn angegangen werden können, wenngleich bestimmten, im Laufe der letzten Jahrzehnte eingesetzten Einengungen und Ausschließungen der Technik weniger Gewicht beigemessen werden darf;

2) daß die konsequente technische Konzentrierung auf die inneren und äußeren Konflikte vorwiegend von der Abwehr- und Über-Ich-Seite her die Wirksamkeit der analytischen Methode auf Fälle ausdehnt, die sonst leicht als unanalysierbar angesehen werden; daß mit anderen Worten nach wie vor die Analyse inneren Konflikts das Zentrum (wenngleich nicht das ausschließliche Interesse) der Psychoanalyse darstellt;

3) daß bei dieser Arbeit die Untersuchung und Durcharbeitung der Übertragung von Abwehr und Über-Ich-Aspekten von besonderem klinischen Wert ist;

4) daß es bei dem Verständnis und der Behandlung dieser Fälle nicht notwendigerweise einer theoretischen Neuorientierung auf die Kleinschen Konzepte hin noch deren sich darin gründenden praktischen Empfehlungen bedarf, falls man tiefe und langfristige Veränderungen erzielen will, sondern daß die meisten Begriffe der klinischen Theorie Freuds (v. a. die der Strukturtheorie und der zentralen, ob-

---

[6] „Borderline: Identity diffusion: contradictory aspects of self and others are poorly integrated and kept apart. Defensive operations: Mainly splitting and low-level defenses: primitive idealization, projective identification, denial, omnipotence, devaluation. Reality testing: Alterations occur in relationship with reality and in feelings of reality" (Auszug aus der Tabelle von Kernberg 1984, S. 20).

wohl nicht ausschließlichen Rolle der ödipalen Konflikte in der Pathogenese der Neurosen) und die von Anna Freud gegebenen Empfehlungen für die Behandlung sehr wohl brauchbar sind;

5) daß bei allen Fällen ödipale und präödipale Konflikte so miteinander verflochten sind, daß es nicht ratsam erscheint, diese „schweren Neurosen" als vorwiegend präödipal verstehen zu wollen; manches, was bei den schweren Neurosen als präödipal erscheint, dient der Abwehr durch Regression oder resultiert vom temporären Zusammenbruch gewisser Ich-Funktionen infolge der Schwere von innerem Konflikt und Affektsturm, und umgekehrt sind auch die ödipalen Konflikte in den weniger schweren Fällen Erbstücke aus präödipaler Zeit, nämlich von früheren Störungen, namentlich solche affektiver Art (Affektregulierungsstörungen), oder es mag sich um orale und analsadistische Elemente im Über-Ich handeln;

6) daß andererseits einige grundsätzliche Annahmen der Metapsychologie namentlich aufgrund der Säuglingsforschung einer radikalen und sich mehr und mehr aufdrängenden Neuformulierung bedürfen: z. B. was die Natur des Wiederholungszwanges und die der Triebe, die theoretische Stellung der Affekte und viele Aspekte der Über-Ich-Bildung und -Struktur sowie das gesamte theoretische Erfassen der ersten 2 Lebensjahre anbetrifft;

7) daß schwere Neurose besonders intensive Konflikte und damit besonders starke Angst bedeutet;

8) daß es bei diesen Fällen gewöhnlich der Kombination der Psychoanalyse mit andern Therapieformen wie Medikamenten, Verhaltenstherapie und Familieninterventionen bedarf, freilich in einer Weise, die nicht die analytische Situation zu sehr kompromittieren darf.

Die Gegenhypothesen (rival hypotheses) sind aus der Verneinung dieser 8 Postulate zu gewinnen und lassen sich auf den einfachen Nenner bringen, daß diese Fälle entweder überhaupt nicht analysierbar seien, oder, wenn analytisch angegangen, nur durch das Verständnis von „Spaltung" als grundlegendem Vorgang und durch die Konzentration auf wenige andere, ebenfalls als archaisch bezeichnete Abwehrvorgänge sowie auf die unabhängige Natur des Narzißmus behandelbar seien. Dabei spielt manchmal die Auffassung mit, daß das strukturelle Modell und die Rolle der ödipalen Konflikte als unwesentlich betrachtet werden.

Damit setzt dies Buch die Arbeit meiner beiden früheren Hauptwerke – *The Hidden Dimension* und *The Mask of Shame* – fort und baut auf den dort gegebenen Einsichten auf. Wie jene Werke ist auch dieses eine Art Rechenschaftsbericht, in dem ein Analytiker über seine Erfolge und Mißerfolge, besonders über seine als entscheidend erlebten Interventionen und Verstehensversuche wie auch über sein Versagen innerhalb der gleichen Therapie sich Rechenschaft zu geben versucht. Die hier dargestellten Beispiele stammen von Patienten, die in den letzten Jahren von mir behandelt wurden. Im Verlaufe der Arbeit (in einem unabhängig von diesem Band geplanten Forschungsbericht) werde ich auch eine Aufstellung all meiner Patienten geben, die ich in den letzten 4 Jahren in der seither ausschließlich der Privatpraxis gewidmeten Arbeit in Evaluation, Psychotherapie und Psychoanalyse gesehen habe. Es war auch für mich überraschend zu sehen, wieviele der angeführten Patienten durch das hier dargestellte Vorgehen erfolgreich behandelt wurden. Dies

Ergebnis hält keiner strengen Methodenkritik stand. Doch scheint es mir nichtsdestoweniger für den Wert einer so breit angewendeten psychoanalytischen Behandlung zu sprechen, daß *die meisten* derart behandelten Patienten hervorragende Ergebnisse zeigten, nachdem sie alle zuvor andere Methoden ausprobiert hatten und die einzelnen neurotischen Symptome wie die gesamte neurotische Charakterkonstellation unverändert geblieben waren. Das soll nicht heißen, daß andere Methoden unwirksam wären, sondern nur dies, daß bei schweren Fällen das hier geschilderte flexible Vorgehen weitgehend erfolgreich war.

Es stimmt zwar, daß man dabei sehr viel Zeit in den Einzelfall investiert; aber „unbehandelt oder ungenügend behandelt oder inkompetent behandelt" kostet mehr. Dies wird besonders im Fall der Drogensüchtigen klar. Die richtige Investierung von Zeit und Energie im rechten Moment und in der rechten Weise kann lebensrettend sein oder immense andere Ausgaben sparen. So wird mir berichtet (von Dr. Jack Matteson, Charleston, W. Va.), daß die Durchschnittskosten bei einem erfolgreichen Suizidversuch $ 45 000 betragen: Feuerwehr, Ambulanz, Notfalldienst, „intensive care unit", Beerdigung, Unmittelbarbetreuung der Überlebenden – nicht zu erwähnen die langfristigen Folgen für diese. Nicht geringer dürften die Kosten ernsthafter, aber nicht erfolgreicher Suizidversuche und deren Folgen sein. Demgegenüber belaufen sich die Kosten einer erfolgreichen Psychoanalyse solcher schwerer Fälle wie hier dargestellt auf $ 50–75 000.

1.5 Hauptthemen

Die Anordnung der Themen wird die folgende sein:

Zunächst stelle ich die Voraussetzungen dar, die der Arbeit mit den Patienten zugrunde gelegt worden waren. Sie befinden sich in der erwähnten beständigen Spannung zwischen Einsicht und Suggestion. Aus dieser Problematik heraus werde ich die von mir als am brauchbarsten befundenen technischen Richtlinien beschreiben und deren Anwendung auf 2 „mikroskopische" Beispiele, die einleuchtende Sequenzen gewisser Abwehrvorgänge zeigen, anführen.

Die erfolgreiche Analyse eines Falles – Vera – mit schwerer masochistisch-depressiver Erkrankung und einer tiefen Persönlichkeitsspaltung stellt in dramatischer Weise einige der bei schweren Neurosen regelmäßig zu beobachtenden dynamischen Zusammenhänge dar. Zudem hat die Behandlung zu einer besonders interessanten und wohl für manche anderen Fälle fruchtbaren Modifizierung der Technik geführt. Die bei ihr markante, die Identitätsspaltung begleitende Verleugnung und die schweren Über-Ich-Störungen, die diese Spaltung bedingen, eignen sich dazu, einige allgemeinere Betrachtungen zu den wesentlichen Themen des Buches einzufügen.

Das Studium eines Falles mit schwer phobischer Persönlichkeitseinengung – Jakob – kann Gelegenheit geben, den Vorgang der Veränderung und weitgehenden Heilung während der Behandlung zu untersuchen.

Eine Reihe von Patienten, die als „narzißtisch" diagnostiziert wurden, erlauben zunächst eine klinische Prüfung der von der Diagnose eher verhüllten als erhellten vielfältigen und faszinierenden Dynamik. Die Untersuchung soll die zentrale Stellung der Über-Ich-Konflikte gerade bei den narzißtischen Charakterproblemen und die Beziehung der Absolutheitsansprüche des Gewissens und der Identitätsspaltung zur ursprünglichen Traumatisierung aufweisen.

Hernach folgt die Beschreibung eines Falles – Dilecta –, bei dem die von der Abwehrseite erfolgende Analyse des Ausagierens und Verleugnens, des „Trotzes gegen das Gewissen", schließlich zur Aufdeckung des ursprünglichen „Bruches" in der Wirklichkeit und der Natur des verleugneten Geheimnisses geführt hat. Bei dieser Patientin scheint in Momenten das tiefe Ressentiment gegen die Mutter auf, die die Macht hatte, ihre resolute Aburteilung der Individualität des Kindes zur absoluten Gültigkeit zu erheben, in diesem damit das Gefühl erweckte, durchaus unannehmbar und schambetroffen zu sein, und gleichzeitig Zorn und Rachsucht hervorrief. In der Stille ist diese Sequenz das Hauptmotiv für die Impulshandlungen.

Diesem sind mehrere Abschnitte, die der bei Drogensüchtigen zu beobachtenden „Flucht vor dem Gewissen" und der auf diesen Einsichten beruhenden Behandlung gewidmet sind, angereiht. Unter den schweren Neurosen spielen die Suchtkranken eine besonders interessante Rolle, da sie Lösungsversuche, Kompromißbildungen neurotischer Konflikte zeigen, die erheblich von denen abweichen, die wir bei den Neurotikern üblicherweise antreffen.

Gerade bei diesen die Gegenübertragung so machtvoll herausfordernden Patienten erweist es sich als notwendig, auf die in der Psychiatrie und Psychoanalyse implizit wirksamen Verurteilungen zu achten. Diagnostische Kategorien („Borderlines" und „Narzißmus") und manche dynamischen Begriffe (z.B. „Spaltung", „Ich–Schwäche", „Über-Ich-Lakunae", „manipulativ") bieten sich für solch pejorative Abgrenzungen an. Wie nützlich auch manche dieser Kategorien sein mögen, so bedeuten sie doch eine Macht, die sowohl zum Guten wie auch zum Schaden ausgeübt werden kann. Jahrzehntelange Erfahrung in der Psychiatrie hat mich gelehrt, daß das letztere nicht selten geschieht, und zwar ganz besonders, wenn diese Begriffe übermäßig angewendet werden. Zwar hat es auch immer wieder Gegenströmungen gegeben, und gelegentlich haben diese einen allzu anklagenden, ja paranoiden Ton angenommen (z.B. in den antipsychiatrischen Bewegungen, die mit den Alcoholics Anonymous oder mit den Methadonprogrammen verknüpft waren). Auch diese haben es sich zur Pflicht gemacht, den Richterstuhl zu ihrem permanenten Thron zu erklären. Ihren Anspruch und Titel werde ich hier geflissentlich vermeiden.

Nicht alle der von mir behandelten Fälle können als „schwere Neurosen" (alias „Borderlines" oder „narzißtische Neurosen") bezeichnet werden. Gelegentlich werde ich auch illustratives Material von leichteren Neurosen, die auch nur mit Analyse allein zu behandeln waren, einflechten; doch werde ich darauf gesondert aufmerksam machen und nicht einfach derartiges Material, das die Schlußfolgerungen in Richtung der Bestätigung der aufgestellten Hypothesen umbiegen könnte, hereinschmuggeln.

Die Frage, ob die großen Entwürfe und spektakulären Ordnungsversuche immer so wertvoll oder nicht oft eher irreführend seien und dem Einzelfall Gewalt antun, zieht sich durch manche dieser Kapitel. Dennoch werde ich in einem Schlußkapitel versuchen, das Fazit aus dem Dargestellten zu ziehen und einige Verallgemeinerungen als Beitrag zur Neurosentheorie und zur Behandlung dieser schwerer Kranken zu geben.

Der 2. Band – *Die zerbrochene Wirklichkeit. Verblendung und tragische Wahrheit* – wird auf diesen klinischen Teil aufbauen.

In einem erkenntniskritischen Teil werde ich von der schon mehrfach erwähnten neuen Kritik an der Psychoanalyse, nämlich der Grünbaums, ausgehen, ihr nun eingehender zu entgegnen versuchen und von ihr aus zu einer umfassenderen philosophischen Betrachtung gelangen.

In literarischen Vorbildern kann die klinisch immer wieder beobachtete Sequenz von Scham, Ressentiment und der darauf folgenden Usurpation des Gewissens, wie anschließend abgehandelt, dann zum manifesten Hauptmotiv avancieren. Diese selbst sind Spiegelungen politischer Realität: nämlich des Charakterbildes von Leitern politischen Terrors, die sich erfolgreich zu Wort- und Tatführern allgemeinen Ressentiments zu machen vermochten.

Die hauptsächlichen Themen des Buches werden schließlich in mehreren kulturphilosophischen Kapiteln nochmals, doch in neuer Sicht, aufgenommen. Die tragische Weltanschauung, die zu uns aus einigen altgriechischen Werken spricht, einige fundamentale Polaritäten, die von spezifischen Verleugnungen begleitet werden, in der jüdischen, der chinesischen und der modernen amerikanisch–europäischen Kultur werden Anlaß bieten, einige Verbindungen zwischen der klinischen Menschenkenntnis und der allgemeineren menschlichen Erfahrung herzustellen.

Diese Besinnung auf das Allgemeine soll den Rahmen für die direkte Erfahrung und für deren Methodik abgeben.

1.6   Der Kampf mit dem Dämon

Ich kehre zum Ausgangspunkt, zu unserer vordringlichsten Aufgabe zurück:

„Ich hatte einen furchtbaren Angsttraum letzte Nacht", berichtet Vera. „Es war in einem alten viktorianischen Haus. Eine Frau lag auf einer eisernen Bettstatt. Dann ging ich ins Badezimmer und saß auf der Toilette. Es war eine unheimliche Stimmung, eine Drohung hing in der Luft, als ob ich verrückt würde. Plötzlich erblickte ich eine Spinne, die über den Boden auf mich zu kroch. Ich fühlte mich gezwungen, Spinnenbewegungen mit der Hand zu machen. Ich spürte etwas Dämonisches in mir – daß ich wahnsinnig war. Es war dunkel, und ich erblickte die Schatten von Spinnen, die an der Türe hochstiegen. Dann vernahm ich einen erstickten Laut, als ob jemandem in den Magen getreten würde. Ich ging zurück durch das Schlafzimmer. Die Frau lag nicht mehr dort. Ich ging die Treppe hinunter. Der beige Teppich war naß von Blut. Wie ich mich umdrehte, fiel ein Körper über das Geländer hinunter, bis ans Ende der Treppe, und ich hörte ein dämonisches La-

chen vom obersten Stock. Dann fiel ein Gesicht auf den Boden, nicht ein Kopf, sondern ein ausgerissenes (evulsed) Gesicht, ein Kindergesicht. Es lag auf dem Boden,
ausdruckslos und ganz klebrig von Blut. Es schaute mehr wie das Gesicht meiner
Schwester als das meines Bruders aus. Dann erwachte ich in kaltem Schweiß."

Daß es sich hier beim „Dämonischen" um etwas Aggressives handelt, ist zwar
wahr und beinahe selbstverständlich, sagt uns aber fast nichts über die wirklichen
dynamischen Bedeutungen, die in diesem und zahllosen anderen, ebenso schrecker-
regenden Träumen dieser Patientin Ausdruck suchen – überwältigende Gefühle
und Wünsche, die sich Symbole von oft bezwingender Ausdrucksgewalt schaffen.
Spezifischer ist es eine Art des sie von innen her gleichsam verfolgenden Ressentiments, und zwar in zwiefacher Form, eines Ressentiments des Neides und der Eifersucht gegen andere, die scheinbar mehr erhalten haben als sie oder die sie angeblich betrogen haben, und eines Ressentiments, das aus der erbarmungslosen
Stimme ihres Gewissens spricht, das ihr eine jede Freude vergällt und jede Leistung
mit hämischem Hohn zu besudeln scheint. Das abgerissene Kindergesicht ist nicht
einfach nur ihre brennende Eifersucht auf ihre (jüngeren) Geschwister, sondern es
ist auch die verzehrende Scham, die sie immer wieder „ihr Gesicht verlieren" läßt
und mit der sie dadurch zu Schlag kommen sucht, daß sie sie „umkehrt", daß sie
nämlich andere ebenso sehr erniedrigen möchte, wie sie sich selbst schämt, es sich
aber gewöhnlich nicht zugesteht. Doch was ist das Dämonische, das sie ganz unter
seine Gewalt und zu so verheerenden Handlungen zwingt und dessen Folgen sie
bedauert und fürchtet und doch nicht zu vermeiden vermag? Und ganz besonders:
Wie ist es möglich, die unwiderstehliche Macht dieses Willens zur Wiederholung zu
brechen und der Gegenkraft, dem Wunsch und dem Bewußtsein einer tieferen Freiheit, zur Geltung zu verhelfen?

Der Beantwortung dieser Doppelfrage wende ich mich jetzt zu.

2 „Die Verknüpfungen zu entdecken – das Passende gehörig zusammenzubinden" Einige vorgängige Bemerkungen zur Technik der Abwehr- und Über-Ich-Analyse

Ehe ich mit der Darstellung der Fälle beginne, geziemt es sich, eingehender die Methode der Behandlung zu beschreiben, die zu den Befunden und Schlußfolgerungen geführt haben.

Auch der Analytiker ist in mancher Weise ein Wanderer zwischen zwei Welten – als Botschafter der Innenwelt gegenüber den ungestümen und oft unvernünftigen Geboten der Anpassung, aber auch als Botschafter der Vernunft gegen die ebenso drängenden Begehren der Irrationalität. Hier aber möchte ich auf eine besondere Form der Doppelheit zu sprechen kommen, ein Dilemma, das wir, wie ich eingangs erwähnt habe, nie ganz vermeiden und auch nie endgültig lösen können.

2.1 Die Vorentscheidung

Spricht man über die Technik der Psychoanalyse und der Psychotherapie, so ist es unausweichlich, daß dabei ein Werturteil mitschwingt: Was dient dem Ziel besser, in einem gegebenen Fall zu jener tiefen inneren Veränderung zu führen, die den Patienten auf lange Sicht hin glücklicher und erfüllter sein läßt? Was stört und was hilft solcher Bemühung? Das heißt aber: Was ist gut, was ist schlecht? Und damit: Was sind die Eingriffe und die allgemeineren Behandlungsstrategien, die für bestimmte Patienten taugen, wann und in welcher Form, bei welchen Therapeuten? Was ist im gegebenen Fall eigentlich das spezifische Behandlungsziel? Damit kompliziert sich jedoch die Diskussion und mag auch affektgeladen und nicht selten polemisch werden. Überdies führt sie zu wichtigen Problemen für die Erkenntniskritik der Psychoanalyse. Ich werde später (in Bd. 2) auf die gegenwärtige Diskussion über Grünbaums philosophische Kritik an den Grundlagen der Psychoanalyse zu sprechen und dabei auf das hier Dargelegte zurückkommen. Diese Fragen fordern aber v. a. auch zur systematisch-empirischen Erforschung des psychoanalytischen Prozesses heraus. Hier werde ich mich auf die durchaus praktische Frage beschränken, welcher Behandlungszugang sich in meiner langfristigen Arbeit bei Fällen mit schwerer Neurose am besten bewährt hat. Dazu erwiesen sich bestimmte Regeln allmählich als besonders hilfreich und die Vermeidung gewisser „Fehler" als besonders notwendig.

Die allem anderen vorausgehende Entscheidung, die ein solches Werturteil mit einschließt, ist dann die: Welche Behandlungsstrategie ist besser geeignet, diesem Patienten zu helfen? Soll sie daraufhin ausgerichtet sein, ihm zu helfen, innere, vorzugsweise unbewußte *Konflikte zu lösen*, Konflikte vor allem, die sein natürliches inneres Wachstum und Sichverändern, seine Beziehungen und seine Fähigkeit, Befriedigungen mannigfacher Art zu finden, in stereotype, starre Verhaltensweisen einengen und einzwängen? Oder soll sie eher darin bestehen, daß wir ihm *direkt helfen*, äußere Aufgaben besser zu bewältigen, sein Verhalten zu ändern, innere Defizite zu begleichen, Fehlurteile in Frage zu stellen, Selbstverurteilung zu mildern oder zu verstärken – was immer vonnöten sein möge? Das erste ist ein *vertikales* Vorgehen, das zweite ein *horizontales*. Wählen wir die erste Antwort, so fällt die Wahl auf die Psychoanalyse, bei der zweiten aber auf vorwiegend erziehende, beratende, v.a. auf das Verhalten gerichtete Psychotherapie. Zielsetzung und Ergebnis sind bei beiden Paradigmen drastisch verschieden. Ich werde später in diesem Kapitel auf diese grundlegende Unterscheidung und Komplementarität, die unsere ganze Arbeit bestimmt, noch eingehender zu sprechen kommen.

Damit kann das durch die Fragen der Technik angesprochene Werturteil nur die Gestalt haben: Welche der beiden Methoden – oder wohl eher der beiden Methodengruppen – ist einer bestimmten Situation und Pathologie eher angemessen? Nicht: Ist die eine an sich besser und von größerer Würde? In manchen Situationen ist das Pochen auf ein rigoros-analytisches Vorgehen unangemessen und kann sogar sehr schädlich sein; ebenso gilt das Umgekehrte.

Das besonders Faszinierende besteht freilich gerade in der sich allmählich aufdrängenden Erfahrung, daß bei schweren Formen der Neurose, z.B. bei Suchtkranken, Phobischen und Masochistisch-Depressiven, erst eine *Kombination der Methoden* zu wirklicher Besserung führt, daß spezifisch einzig und allein die gleichzeitige Anwendung der vertikalen und horizontalen Zugangsweisen zu Besserung und Dauererfolg führt. Eine solche Kombination ist natürlich nicht vom gleichen Therapeuten auszuführen. Ich werde später, im Zusammenhang mit der Behandlung der Süchtigen, darüber ausführlich berichten.

Im folgenden beschränke ich mich zunächst völlig auf die analytische Zielsetzung, d.h. auf die Frage: Welches ist die Technik, die uns die Lösung unbewußter innerer Konflikte gestattet, ein Vorgehen mithin, zu dem wir uns entschließen, falls wir nicht nur eine kurzfristige Verhaltensänderung, sondern eine tiefe innere Veränderung für möglich halten und diese anstreben, eine Änderung also, die in bezug auf die zu lösenden Probleme (die neurotischen Schwierigkeiten) dauerhaft und mit vertiefter Selbstachtung und Selbsterfüllung des Patienten verbunden sein soll? Was sind die Richtlinien, die für eine solche Technik brauchbar sind?

In der Beantwortung dieser Frage stütze ich mich ganz auf meine eigenen klinischen Erfahrungen, die sich vorwiegend bei der analytischen Behandlung oft sehr schwerer, von manchen heute als der Psychoanalyse nicht zugänglichen Störungen herausgebildet haben. Im Laufe der letzten 15 Jahre fand ich das abwehranalytische Modell, das ich v.a. bei 2 Supervisoren, Jenny Wälder-Hall und Paul Gray, lernen konnte, weit brauchbarer als die mir von anderen angebotenen oder von mir selbst zu verschiedenen Zeiten meiner Praxis befolgten technischen Vorbilder.

2.2 Richtlinien zur Abwehranalyse

Eine unerläßliche Vorbedingung für die psychoanalytische Behandlung dieser schweren Neurosen ist die Grundentscheidung auf seiten des Patienten, ehrlich und offen zu sein. Zuweilen bemerke ich vor Beginn der Therapie: „Sie haben mich um Hilfe bei Problemen ersucht, deren Ursprung und Natur Sie nicht kennen, die also gleichsam von einem Vorhang verhüllt sind. Um Ihnen zu helfen, hinter diesen Vorhang zu sehen, ist es notwendig, daß Sie es vermeiden, einen zweiten Vorhang davor zuzuziehen – in Form von Drogen oder Lügen und bewußtem Verhehlen. Mit dem ersten kann ich Ihnen wohl helfen, mit dem zweiten bräuchten Sie einen Detektiv, nicht einen Analytiker. Doch beide Aufgaben zusammen könnte ich nicht erfüllen."

Modifikationen der nun zu gebenden Richtlinien, wie sie gerade bei Sonderformen schwerer Neurosenproblematik erforderlich werden können, werden im Verlauf der nächsten Kapitel anhand von Einzelfällen klarer werden.

1) Die erste und vielleicht wichtigste Richtlinie besteht in der von Fenichel besonders empfohlenen Regel, *von der jeweiligen Oberfläche auszugehen* – d. h. immer darauf zu achten, was im Moment für den Patienten von größter emotioneller Wichtigkeit ist. Das heißt nicht unbedingt, daß er in dem Augenblick gerade darüber spricht, sondern eher daß man dabei, wie er sich verhält oder redet, spürt, daß etwas, was ihn plagt, ausgelassen, umgangen oder nur am Rande angesprochen wird. „Oberfläche" heißt demnach nicht notwendigerweise das, worum sich Wort und Rede der Stunde drehen, sondern worüber er sprechen möchte, aber sich fürchtet, es zu tun.

Häufig dienen dabei Träume, äußere Beschäftigungen oder Kindheitserinnerungen seitens des Patienten dazu, von diesem „Streit in seiner Seele", der heute aktuell wäre, abzulenken. Dabei ist es die Hauptaufgabe des Analytikers – und eigentlich ist es diese jederzeit –, sich selbst zu fragen: *Was ist der Konflikt gerade jetzt?* Was vermeidet der Patient gerade jetzt? Demnach: Wovor fürchtet er sich gerade jetzt?

Dabei ist es wohl unbestritten, daß man einen hauptsächlichen Leitfaden, solch tieferen Zusammenhang aufzuspüren, in der *Kontiguität* findet. Der tiefere Sinnzusammenhang läßt sich eben eher in einer regelmäßigen *Abfolge*, in der wiederkehrenden *Sequenz* gewisser Bilder, Phantasiewünsche, Erinnerungsfragmente, Gefühle und Gedanken finden als im logischen Oberflächenzusammenhang. Warum jetzt? Warum in diesem Zusammenhang? – muß man sich eigentlich ständig fragen. Solche Abfolge läßt, wie besonders Arlow (z. B. 1979) oft betont hat, die tiefere, versteckte Bedeutung, die jetzt aktuell ist, erahnen. Es ist diese Abfolge, die wohl ganz vordringlich mit dem Begriff der „Oberfläche" gemeint wird.

Der Deutungsprozeß ist v. a. ein gemeinsames Suchen nach Antworten, und zwar eine sehr schwierige Suche, die in erster Linie darauf zielt, zerrissene Verbindungen wieder anzuknüpfen, wie es Anna Freud genannt hat, viel mehr als die dramatische Entdeckung irgendwelcher verdrängter Erinnerungen. Ein großer Teil meiner Arbeit besteht in solcher Wiederanknüpfung zerrissener Bedeutungsfäden und im Wiederantreffen verborgener innerer Sequenzen und Phantasien, „an der Grenze der Wahrnehmung", wie es einer meiner Patienten genannt hat. Solche versteckten Sequenzen von Gefühlen und Bildern, die hinter den Oberflächenthemen des mehr oder weniger ununterbrochenen Sprechens auf des Patienten Seite liegen, lassen sich recht leicht in ihrer momentspezifischen Form bemerken, wenn man z. B. die Hauptinhalte einer Periode von 20 oder 30 Minuten oder von einer Serie von Stunden zusammenfassend überblickt – Revue passieren läßt – und dem Patienten zu seiner „Begutachtung" vorlegt.

Träume können einen besonders leicht dazu verführen, zu tief zu gehen. Wann immer ein Traum berichtet wird, frage man sich daher vor allem anderen: Warum kommt dieser Traum eben jetzt? – in diesem Zusammenhang in der Stunde, aber auch in diesem Zusammenhang in seinem Leben; d. h. warum wurde er gerade letzte (oder jene) Nacht geträumt? Was hat er mit der unmittelbaren Gegenwart zu tun? Erst wenn seine Bedeutung sicher in der gefühlten, erlebten Gegenwart verankert scheint, ist es möglich, die tieferen Bedeutungen anzugehen. Übrigens meine ich damit keineswegs die Rolle der Träume zu schmälern, z. B. zugunsten der Übertragungsanalyse, wie das heutzutage häufig geschieht. Ich finde auch jetzt noch, daß der Traum die Via regia zum Unbewußten darstellt und daß er uns gerade beim Verstehen und bei der Behandlung von Abwehr- und Über-Ich-Akten innerhalb oder außerhalb der Übertragung vortrefflich helfen kann. Doch finde ich seinen größten Wert oft gerade darin, wo der „point of urgency" liegt, welcher Konflikt also im Moment aktuell ist.

2) Das zweite erprobte technische Prinzip ist, daß „Abwehranalyse der Triebanalyse vorausgehe". Das mag leicht so mißverstanden werden, als ob man zunächst während Jahren das erstere, hernach das letztere tue. Die angemessenere Formulierung ist daher die, daß man die Deutung eher *von der Seite der Abwehr aus* angehen solle: „Ich fürchte, daß...", „Ich möchte nicht, daß...", „Ich kann mir den Gedanken nicht erlauben...", „Ich vermeide es, daran zu denken...", „Es wäre besonders gefährlich, mich damit zu befassen, dies zu wünschen oder gerade jetzt das zu fühlen..."

Solch indirekte Deutungen treten an die Stelle direkter Triebdeutungen wie: „Sie wollen (oder wollten damals) Ihren Bruder umbringen", „Sie hassen mich wie Ihren Vater und wollen wirklich dadurch Rache an mir nehmen, daß Sie...", „Sie wollen mich in sich herein nehmen, mich verschlingen, um mich nie mehr zu verlieren", „Sie lieben mich oder sind jenem in masochistischer Bindung hörig, wie Sie sich gegenüber Ihrem Vater verhalten wollten." Vor allem bin ich sehr vorsichtig mit direkten Deutungen der Aggression, da jede solche Deutung leicht als Über-Ich-Eingriff erlebt wird.[1]

Zu Beginn unserer analytischen Praxis sind wir gewöhnlich so beeindruckt,

---

[1] Dieses indirekte Vorgehen gegenüber aggressiven Gefühlen, Wünschen und Phantasien stellt wirklich ein Hauptmerkmal der abwehranalytischen Methode dar und steht z. B. in schroffstem Gegensatz zu der von Melanie Klein, Wilhelm Reich oder Ferenczi beeinflußten Behandlungsformen. *Die klinischen Folgen dieser Methodendifferenz können*, wie es bei der Supervision oft leicht ersichtlich ist, m. E. *gar nicht überschätzt werden.*

plötzlich dank solch magischer *Triebdeutungen* Sinn im Sinnlosen und Verständnis aus dem Bizarr-Unverständlichen zu gewinnen, daß die Versuchung immer groß ist, dieses neugefundene Werkzeug gleich anzuwenden. Besonders Träume zeigen solch endlose Faszination dadurch, daß sie die sonst tief versteckten und archaischsten Wünsche ans Tageslicht fördern und so vieles schlagartig zu erklären scheinen. So befriedigend dies auf kurze Sicht auch sein mag und so oft man auch im Patienten einen willigen Mitspieler dabei finden mag, so enden solche triebbewußten Flitterwochen nur zu bald. Der Widerstand wird plötzlich um so größer werden, und nun fühlt man sich gezwungen, ihn zu „überwinden", d. h. ihn autoritativ wegzudisputieren oder wegzukommandieren: „Sie wollen dies nicht hören. Sie weigern sich dies anzunehmen. Sie fühlen sich in Ihrem Selbstrespekt verletzt, daß ich Ihnen sage..." etc. Man verfällt ins Belehren, ins Dozieren, ins Erklären – kurzum, man verbrämt Suggestion mit analytischem Jargon; aber wir haben ganz offenkundig den Weg, den wir mit der Wahl der Analyse als Behandlungsstrategie gewählt haben, verfehlt.

In meiner Erfahrung rettet einen die Abwehranalyse i. allg. vor solchem In-die-Irre-Gehen; und selbst wenn man den Weg verpaßt hat, ist es gewöhnlich nicht zu spät, sich zu fragen: Welche Form der Angst und damit welche Abwehrform habe ich übersehen? Was habe ich nicht verstanden? Wo bin ich zu tief gegangen und habe dadurch zu starke Kräfte der Selbstverurteilung, übermäßig störende Einflüsse von unbewußter Schuld oder Scham mobilisiert? Wie Fenichel sagte: „Wie hätte ich oberflächlicher deuten sollen?" (1941).

3) Eine besonders wichtige, auch von Anna Freud als wesentlich betonte Form solcher Abwehranalyse, eine Form jedoch, die wiederum oft in der Literatur und der Supervision übersehen wird, ist die Wahrnehmung und Deutung der *Affektabwehr*: Wut statt Angst oder Trauer; fröhliche Ausgelassenheit statt Trauer oder Zorn; Schmerz und Traurigkeit an der Stelle von Wut und natürlich Angst statt sexueller Erregung. Ganz allgemein erweist es sich, daß die Affekte für das Verständnis der Psychodynamik von allergrößter und von den Trieben unabhängiger Bedeutung sind und daß sie recht eigentlich den Ariadnefaden bilden, der in die früheste Kindheit zurückführt. Probleme und Störungen der Affektregulation zwischen Mutter und Kind, zwischen anderen Familienmitgliedern und Kind münden in die spätere konfliktzentrierte Psychologie ein, mit der die Psychoanalyse im eigentlichsten sich zu befassen befugt ist. Die beiden Zugangs- und Verstehensweisen – Regulation gegenüber innerem Konflikt – stehen, wie Joseph Lichtenberg (1986) ausgeführt, komplementär zueinander. Regulationsversuche gegenüber Affekten wandeln sich teilweise, mit zunehmender Symbolisierungsfähigkeit, in Abwehrvorgänge gegenüber Affekten um; in schwereren Formen der Neurose gelingt diese Umwandlung zu einem weit geringerem Grad als in den leichteren Fällen. Im übrigen muß, im Lichte der Erforschung der Frühkindheit, die Affekttheorie von der der Triebe abgetrennt werden (s. Kap. 10).

4) Eine weitere Verfeinerung der ersten 2 Prinzipien liegt in einem Punkt, der ebenfalls von Anna Freud beschrieben und während des letzten Jahrzehnts besonders von Paul Gray mit großer Sorgfalt beachtet wurde, in der Deutung der *Übertragung von Abwehr* und damit in der überhaupt nicht zu überschätzenden Rolle der

Analyse der „negativen" Übertragung. Wir alle wissen, daß Übertragungsdeutungen als wirksamer bevorzugt werden. Es wird aber häufig übersehen, daß diese Bevorzugung sich besonders auf die Abwehranalyse innerhalb der analytischen Situation bezieht: „Ich bemerke, wie Sie in dem Moment es vermieden haben, (weiter) davon zu sprechen..." Gewöhnlich ist es dabei die Angst, vom Analytiker ausgelacht, verurteilt, angegriffen zu werden. Der Analytiker erscheint dabei als drohende Über-Ich-Figur, die den sich in Form von Wünschen, Phantasien, Erinnerungen oder Gegenwartssorgen meldenden Affekten und Triebabkömmlingen feindselig gegenübersteht. „Sie fürchten sich hier, in meiner Gegenwart, diesem Thema... näher zu kommen", ist die übereinstimmende Bedeutung, obwohl es manche anderen und oft geeigneteren Formulierungen gibt, wie man den Patienten am besten darauf aufmerksam machen kann. In erster Linie muß man dabei feststellen, was die Natur der aktuellen Angst ist, in zweiter, mit welcher Form der Selbstverteidigung der Patient dieser Gefahr begegnet und erst in dritter Linie, an welche früheren Konflikte ihn dies erinnert – an welche frühere Drohung und Gefahr, an welche frühere Abwehrform und schließlich an welchen früheren Wunsch. Fast immer erscheint in der Neurose das Über-Ich die vordringlichste und zunächst auftauchende Quelle der Angst zu sein.

Dabei ist es aber ganz offenbar, daß man mit diesem Vorgehen weder die Vergangenheit noch Elemente außerhalb der Übertragung noch die Triebseite vernachläßigt; es ist lediglich die Frage: Von welcher Seite her werden die momentan stärkste, jedoch verborgene Angst – und andere Affekte der Unlust wie Schmerz, Scham, Schuld, Depression – und damit der Widerstand am besten angegangen, ohne daß sie noch mehr verstärkt werden, aber auch ohne daß wir dabei ins Unwesentliche, Konfliktferne, also von der „Oberfläche" abgleiten?

Vielleicht läßt sich dies noch besser so formulieren, daß eigentlich nicht die Analyse der Abwehr in der Übertragung das momentan Vordringlichste ist, sondern die *Analyse der momentanen Angst- und Gefahrenform* innerhalb der analytischen Situation. Wenn diese sich kundtun darf und sich damit als unbegründet erweist – falls ich „gute" analytische Arbeit leiste – fällt alles andere in seinen rechten Platz; denn ohne daß ich das aussprechen muß, lache ich den Patienten ja wirklich nicht aus, verurteile ihn nicht, nehme ihm nicht sein Selbst, seine Identität, seine Kreativität und sein eigenes Urteil weg noch belade ich ihn mit Schuld oder beschäme ihn. *Takt* ist also dabei absolut unerläßlich, tatsächlich von solch überwiegender Wichtigkeit, daß man, wenn man wirklich taktvoll vorgeht, gewöhnlich im Patienten mehr und mehr jenen unerläßlichen Mitarbeiter findet, den man braucht, wenn man ihm zumuten will, immer neue innere Unlusterlebnisse anzugehen. Es bedeutet aber auch, daß es gerade ein derartiges Vorgehen ist, welches manche Schwerkranken wieder analysierbar macht, die sonst einer solchen Behandlung unzugänglich bleiben müßten.

Die richtige Deutung soll daher kein aggressiver Eingriff sein – ein spöttisches oder sarkastisches Wort oder eine Bemerkung, die kritisch genommen werden kann –, solange man sich im strikteren Sinne analytisch und nicht eher führend-suggestiv-erzieherisch vorzugehen entscheidet, und auch im letzteren Falle erheben sich die ernsthaftesten Bedenken gegen derartige Eingriffe.

Dabei ist es oft besonders hilfreich, die Übertragungs- oder allgemeineren Konfliktbedeutungen von Erlebnissen oder Handlungen als „zusätzlich" zu den Alltagsbedeutungen, nicht als diese ersetzend zu bezeichnen („in addition, not instead", wie Paul Gray oft bemerkt).

Es ist auch offenkundig, wie zentral bei diesem Vorgehen die verschiedenen Schichten von *Scham- und Schuldgefühlen*, wie sie in der analytischen Situation wiederbelebt werden, sind. Das Über-Ich ist, wie Fenichel (1941) erwähnt hat, selbst auch eine besondere Abwehrstruktur, obwohl sie, wie wir sehen werden, nicht nur das ist (Brenner 1982).[2]

Meine Erfahrung stimmt sehr mit der von Anna Freud und Joseph Sandler überein, das Material nicht *„in die Übertragung hineinzuzwingen"*. Oft ist es besser, nur allmählich auf die Übertragungsbezüge hinzuweisen: „Die ursprüngliche Idee von der Übertragung ist die, sie sei etwas, das der Patient in sich vorgehen fühlt, nicht etwas, das durch den Analytiker hereingezerrt wird", sagt Anna Freud (Sandler 1985, S. 89).

Gerade bei schwerer Kranken mag es gelegentlich ratsam sein, selbst wenn man das psychoanalytische Modell aufrechterhält, von der Übertragung wegzukommen, statt sie durch Deutungen ins Bewußtsein zu bringen. In solchen Fällen kann die *Abwehr durch Intellektualisierung*, und zwar durch deren Benutzung, nicht durch ihre Deutung, hilfreich sein, nämlich wenn die Übertragung zu intensiv und zu handlungsnahe ist. Dies gilt besonders für Patienten, die unter Affektüberschwemmung, also unter Affektregulationsstörungen oft sehr frühen Ursprungs leiden oder für solche mit ausgesprochen paranoiden Tendenzen. Eine Deutung wie: „Das bezieht sich nicht auf mich, sondern auf diese oder jene frühere Figur", also eine „Deutung nach unten", kann zu einer therapeutisch notwendigen Beruhigung führen. Was ich meine, ist dies: In solchen Fällen ist es auch auf lange Sicht hin eventuell besser, während Zeiten solcher Affektstürme nicht in und durch die Übertragungsphantasien, sondern so rasch wie möglich von ihnen weg zur fernen Vergangenheit zu gehen. Das mag „schlechte" analytische Technik sein; doch ist es „gute" psychotherapeutische Technik: weg von der Konfliktlösung, hin zur autoritätsbeglaubigten Belehrung, mithin zur Intellektualisierung, die von der sonst unerträglichen Angst oder von Formen paranoider Scham und Kränkung und der darin begründeten Wut wegführt.

So schädlich die Intellektualisierung bei Zwangsneurotikern als Widerstand sein mag, so glücklich ist man, sie dann zu Hilfe zu rufen, wenn die Regression zu bedrohlich werden könnte, also als zeitweiliges Hilfsmittel oder sogar zu dauernder Dienstleistung als Sublimierung.

5) Ganz besonders wichtig, delikat und mühsam ist die Analyse der *Abwehr gegen Über-Ich-Funktionen*, sowohl innerhalb wie außerhalb der Übertragung. Manchmal greife ich hier zu einer knappen Erklärung, daß manchmal das Gewissen und die Ideale als Hauptfeind betrachtet und abgewehrt werden, genau wie in anderen Zusammenhängen gewisse Gefühle oder Wünsche. *Trotz* ist ein besonders wichtiger

---

[2] Mein Buch über die Analyse der Schamgefühle stellt daher im Grunde die Behandlung einer Sonderform der Abwehranalyse dar.

Ausdruck solcher Abwehr dagegen, sich einer als verhaßt erlebten inneren und äußeren Autorität unterwerfen zu müssen – Trotz, ein so verpönter und doch ungemein wichtiger Affekt, der oft wesentlichster Selbstverteidigung dient. Ich füge deshalb gewöhnlich hinzu, daß solches Widerstreben, solches Sichaufbäumen, diese trotzige Auflehnung eine Waffe der Verzweiflung, also ein Selbstschutz bei Schwäche und Demütigung sei; sie sei es wert, ebenso ernstgenommen und verstanden zu werden wie alle andern Gefühle und Wünsche.

Der „*Rebell gegen das Gewissen*" ist ein häufiger und nicht leicht behandelbarer, aber doch nicht immer der Analyse unzugänglicher Charaktertyp. Dazu gehört das Problem der Sucht, die zum guten Teil als „Flucht vor dem Gewissen", als Abwehr gegen verschiedene Über-Ich-Aspekte zu verstehen ist.

Paul Gray betont die Möglichkeit, das Über-Ich zu analysieren, statt, wie das gemeinhin geschehe, die Über-Ich-Übertragung für Zwecke der Therapie auszunützen: „Ich vertrete die Einstellung, daß die optimale Analyse des Über-Ich, wie die des Widerstandes überhaupt, am besten dadurch erreicht werden kann, wenn man Über-Ich-Manifestationen wahrnimmt und sie als Teil der hierarchischen Abwehrtätigkeiten des Ich, die *während der analytischen Situation* mobilisiert werden, deutet... Dieses technische Vorgehen richtet sich darauf, Gelegenheit für ein Höchstmaß an neuen, bewußten Ich-Lösungen zu schaffen und ein Minimum an Lösungen, die neue Internalisierungen [einer äußeren Autorität] enthalten" (Gray 1987).

6) Äußere Realität und Fragen von Werten und Gewissen werden gelegentlich als außerhalb guten Analysierens liegend angeschaut und entweder vernachlässigt oder durch Umschwenken auf psychotherapeutische Maßnahmen wie Konfrontierung, Belehrung, Grenzsetzung angegangen. Besonders bei schwerer Kranken kann es unvermeidlich werden, gelegentlich solche Maßnahmen anzuwenden; doch selbst bei diesen ist es in manchen Situationen möglich, bei abwehranalytischem Vorgehen zu bleiben und es auf diese Weise zu vermeiden, die Übertragung durch massive Autoritätsausübung und Beeinflussung zu sehr zu strapazieren.

Insbesondere sehen wir uns alle immer wieder vor das Problem gestellt, was wir mit Patienten tun sollen, die wir zwar in Analyse haben, die aber sich selbst oder die Behandlung ernsthaft in Gefahr bringen. Wieder und wieder muß man sich dann die Frage stellen, ob die Analyse einfach so weitergehen könne und man duldend zusehen dürfe oder ob man als Über-Ich-Figur eingreifen solle und damit den weiteren Fortgang der Behandlung vom analytischen Standpunkt aus kompromittiere. In extremen Fällen ist die Antwort gewöhnlich klar, aber es gibt einen breiten Spielraum, wo sie schwierig ist.

Dies bringt mich zum so überaus wichtigen Problem des *(Aus)agierens*. Da seit Freuds Arbeit von 1914 das Agieren als ein wichtiger Widerstand behandelt wird, hat i. allg. die Neigung bestanden, solches Ausagieren eben als das zu bezeichnen und dem Patienten im wesentlichen zu bedeuten, daß es schwierig, wenn nicht gar unmöglich sei, einen Konflikt zu analysieren, solange ein Teil davon – der Triebteil – ausagiert, befriedigt, entladen werde, daß nämlich die Analyse in der Abstinenz durchgeführt werden müsse. Das habe ich sowohl sehr oft vernommen wie auch selbst den Patienten sinngemäß mitgeteilt.

Mehr und mehr ist mir aber dabei aufgefallen, daß gerade das sog. Agieren nicht nur wertvolles Material für die Analyse enthalten, sondern daß in gewissen Fällen die Analyse recht eigentlich darauf angewiesen sein kann, der Wiederholung solcher oft gefährlicher Handlungen beizuwohnen, um entscheidenden Fortschritt zu erzielen. Mit anderen Worten: Was nicht in Handlungen erlebt wird, bleibt intellektuell und kann nicht wirksam gedeutet werden. Das Handeln ist in solchen Fällen *sowohl Widerstand gegen die Einsicht wie auch Vehikel für die Einsicht*. Damit meine ich keineswegs, daß das Agieren gefördert werden sollte, aber es sollte auch nicht als Gegner behandelt, sondern als ebenso wertvolles Untersuchungsmaterial wie alle andern Formen der Abwehr gewürdigt werden.

Eine knappe definitorische Unterscheidung: Rangell bezeichnet das Agieren als einen Spezialtyp des neurotischen Handelns, der sich gegen das Erreichen wirksamer Einsicht, v. a. in der Analyse, richtet, aber nicht notwendigerweise auf diese beschränkt ist. Dem stehen die neurotischen Handlungen außerhalb der Analyse gegenüber. Agieren und neurotische Handlungen verhalten sich zueinander wie Widerstände und Abwehrformen, oder wie Übertragung in der Analyse und übertragungsähnliche Verschiebungen allgemeiner Natur (Rangell 1968).

Brenner (1976) postuliert, daß, wenn der Analytiker sich angesichts analytisch unkontrollierbarer („unmanageable") Handlungen befindet, dies wohl darauf zurückzuführen sei, daß er es versäumt habe, rechtzeitig einen wesentlichen Aspekt der Übertragung zu deuten.

Ich glaube, hier wird die Möglichkeit übersehen, daß wir eben zuweilen diese Übertragungsphänomene gar nicht recht zu verstehen vermögen, ehe sie sich in Handlungen dargestellt haben, in Handlungen freilich, die dann von beträchtlicher Gefährlichkeit sein können. Ich werde durch das Buch hindurch oft auf solche Probleme hinzuweisen Gelegenheit haben.

Manches schwere und gefährliche Ausagieren läßt sich nämlich darauf zurückführen, daß der Patient, wie gesagt, „den Spieß umdreht": „Statt daß ich angelogen und übergangen werde und mich gekränkt und beschämt fühle, füge ich dies nun jedem anderen zu, wenn ich ihm nahe genug gekommen bin." Es sind also wiederum die bedeutende Abwehr der *Wendung ins Gegenteil*, insbesondere die von der passiven zur aktiven Form und die Rollenvertauschung sowie die damit einhergehende archaische Identifizierung, die manches Agieren verständlich und analytisch behandelbar machen.

Oft ist damit die Abwehr durch *Verleugnung* der Wirklichkeit in ganz dramatischer Weise verbunden. Manche Therapeuten mögen deshalb, deutend oder konfrontierend, auf den ausgelebten „Größenwahn" und auf tiefe „narzißtische Störungen" hinweisen, etwa im Sinne von: „Mir wird dabei nichts passieren, ich bin gegen Gefahren gefeit, da ich ja so besonderer Natur bin und Spezialrechte für mich beanspruchen darf." Aber dies gleitet m. E. rasch in ein selbstgerechtes Moralisieren seitens des Analytikers ab, führt also zur Einnahme einer der weiteren Zusammenarbeit abträglichen Über-Ich-Rolle des Analytikers. Statt dessen finde ich es gewöhnlich weit besser, solche narzißtischen Voraussetzungen als Schutzphantasien zu behandeln, die eben, kraft der vordringlichen Verleugnungen, die tieferliegenden eigentlichen Ängste abzuwehren haben. Diese Staffelung der Abwehrlinien kann sich beispielsweise in der folgenden Sequenz darbieten: „Ich verhalte mich in solch gefährlicher – oder rücksichtsloser, frecher, gesetzbrechender oder widerborstiger – Weise, da ich Wesentliches an der Wirklichkeit verkennen kann, ja mir anmaßen darf, diese unwirksam zu machen. Dies ist so, da ich spezielle Ansprüche und Rechte besitze und mich letztlich als unverletzbar und unbesiegbar ansehen möchte. Dieser Anspruch stützt sich darauf, daß ich mich nur auf diese Weise gegen tiefste Hilflosigkeit oder Einsamkeit, gegen Scham oder Schuld zu wehren vermag." Eine solche dynamische Sequenz läßt sich wieder ganz besonders in der Übertragung in scheinbar antianalytischen Trotzhandlungen und die Analyse gefährdenden Verhaltensweisen auffinden.

7) Was ist über die verdrängte Vergangenheit selbst zu sagen? Beide Extremhaltungen sind vertreten, deren Unter- wie auch deren Überbewertung. Das Wesentliche ist, was auf lange Sicht hin hilft und zu dauerhaft wirksamer Einsicht zu werden vermag. Auch da scheinen die detaillierten Abwehrmaßnahmen ebenso wichtig, wenn nicht noch bedeutsamer zu sein als das Abgewehrte selbst und besonders die Abwehr in bezug auf die Erinnerungen, wie sie sich in der Stunde selbst beobachten und dem Patienten vorzeigen läßt. Ich finde, *Konstruktionen* haben keineswegs ihren Wert als therapeutische Mittel eingebüßt. Aufgrund der mikroskopischen Detailanalysen von Sequenzen, den ungezählten Varianten und komplexen Abfolgen von Angst –› Abwehrform –› Wunsch sind makroskopische Deutungen und genetische Rekonstruktionen der ursprünglichen Hauptkonflikte und deren Schichtung möglich. Ich halte diese genetischen Konstruktionen nach wie vor für einen wesentlichen Teil jeder lege artis durchgeführten Analyse, aber eben im Zusammenhang mit den anderen hier angeführten Gesichtspunkten. Einzig wenn eine solche *Zusammenfassung der ursprünglichen Konflikte* aus der sorgfältigen Konfliktanalyse in der Gegenwart, besonders in der Übertragung, herauswächst, hat sie den erhofften psychoanalytischen Wert.

Paul Gray macht auf eine zuerst von Anna Freud erwähnte Sonderform der Konstruktion aufmerksam: die Konstruktion der Abwehrtätigkeit des Ich *damals*, wie sie sich *jetzt* wieder unbemerkt herstellt. Dabei sei es besonders wichtig, dessen eingedenk zu sein, was Freud selbst als „Widerstand gegen die Aufdeckung von Widerständen" bezeichnet hat (1937). Wie das diesem Kapitel beigefügte 2. Fallbeispiel demonstrieren wird, erlaubt es eine solche Form der Konstruktion, der Patientin die richtige Reihenfolge, die passende Schichtung solcher Abwehrformen anhand des gegenwärtigen Materiales vorzuweisen. Solche Abwehr*serien* scheinen mir überhaupt besonders wertvollen Einblick in das Innenleben zu gewähren.

8) Gelegentlich sind auch direkte *Triebdeutungen* fruchtbar. Einerseits mögen Angst und Abwehr so erfolgreich analysiert worden sein, daß es der Patient beinahe selber hätte sagen können. In dem Falle glaube ich freilich, man tut besser daran, es nicht selber zu deuten, sondern dies dem Patienten zu überlassen. Anderseits – und dies ist der bei weitem wichtigere Fall – dienen Triebabkömmlinge selbst der Abwehr gegen viel bedrohlichere Affekte oder andere Wünsche (vgl. dazu auch neuerdings Brenner 1982). Diese Dynamik ist ein besonders wichtiger und häufiger Fall der Prominenz und Priorität der Abwehranalyse.

Sadistische Phantasien an der Oberfläche schützen gegen gefährlichere masochistische Strebungen, und diese wiederum gegen lange unzugängliche, tief verdrängte, ursprünglich sadistische aus der Kindheit. Oberflächenexhibitionismus mag gegen viel tiefere Scham oder gegen den gegensätzlichen Schautrieb schützen. Dies alles hat Fenichel (1945) mit dem berühmten Begriff der „Dreischichtigkeit" („threefold stratification") eingehend beschrieben. Es ist dann wesentlich, sich auf diese Abwehrform, nicht auf die allfällige Triebbefriedigung zu konzentrieren, da die Deutung der letzteren unverzüglich als Verurteilung erlebt wird.

9) Ich stimme mit Leo Stone (1984) und Samuel Lipton (1977) darin überein, daß sich nicht die ganze Beziehung auf das Technische reduzieren läßt. Ganz im Gegenteil besteht auch eine *nichttechnische, persönliche Beziehung* zwischen Analytiker und Analysand, analog derjenigen, die auch sonst zwischen Arzt und Patient besteht; diese läßt sich wohl am ehesten durch das persönliche Interesse am Wohlergehen des anderen beschreiben und kann mit „beruflichem Takt" umschrieben werden, innerhalb dessen man sich der gemeinsamen Aufgabe, wie man am besten unbewußte Konflikte lösen könne, widmet. Da für diese Aufgabe die Analyse der Abwehr *in der Übertragung* besonders wichtig ist, soll die umgreifende Beziehung nicht der Art sein, daß sie dieser Aufgabe im Wege steht. Für sie gilt wiederum, was Anna Freud (1936) für den Standpunkt des Analytikers allgemein gefordert hat: „von Es, Ich und Über-Ich gleichmäßig distanziert" zu sein. Analytische „Neutralität" und „Abstinenz" sollen nicht, wie das leider nicht selten zu geschehen scheint, in Gefühllosigkeit, Teilnahmslosigkeit oder Unfreundlichkeit übergehen.

Ich bin mit Thomäs u. Kächeles Plädoyer für eine flexible und warme therapeutische Haltung einverstanden (1985): Die Therapie bestehe sehr wesentlich darin, „wie der Therapeut *ist"*, nicht nur darin, wie er im Lichte der Vergangenheit gesehen werde. Die realistischen Wahrnehmungen durch den Patienten müssen anerkannt, nicht einfach genetisch gedeutet werden. Damit stelle sich aber auch das Ideal der Auflösung der Übertragung am Ende der Therapie als utopisch heraus. Ich halte es dabei für besonders wichtig, daß die Autoren betonen, die Abstinenzregel habe „eindeutig ungünstige Auswirkungen auf die Entwicklung der psychoanalytischen Technik gehabt"; „die Vorstellung der notwendigen Frustration als Motor für Veränderung ist mehr als fragwürdig geworden und hat v.a. den Blick verstellt für die ungünstigen Auswirkungen einer übertriebenen Neutralität des Analytikers auf den therapeutischen Prozeß" (S. 227). Die Abstinenzregel in ihrer radikalen Form sei sowohl praktisch wie theoretisch eher schädlich als nützlich.

Ebenso werden die autoritäre Formulierung der Grundregel und die stereotype Nichtbeantwortung von Fragen, die als Zurückweisung und Kränkung empfunden werde, kritisiert (S. 233). Jede derartige Rigidität erhöhe die Gefahr maligner Regression. Damit stimmt auch überein, daß, „angesichts der praktischen Notwendigkeit, mit dem Schweigen ebenso behutsam umzugehen wie mit dem gesprochenen Wort, [es bedenklich ist], wenn das Schweigen zum Stereotyp wird" (S. 303). „Hand in Hand mit der Hochsteigerung der Deutung als möglichst einziger verbaler Mitteilung des Analytikers ist es auch zu einer besonderen Hochschätzung, ja zu einer Mystifizierung des Schweigens gekommen" (S. 304). Statt dessen sollen alle technischen Schritte daraufhin ausgerichtet werden, die für das Ich günstigsten Bedingungen zu schaffen (S. 305).

Ich finde, daß *die emotionelle „responsiveness"*, die *affektive Resonanz* des Analytikers gerade bei diesen Patienten eine unerhört starke therapeutische Wirkung hat, da sie gewöhnlich aus einem Milieu stammen, in dem die meisten Gefühle verbannt, ignoriert, unterdrückt werden mußten und man „nicht sich selber sein durfte" und sich am meisten der eigenen Gefühlswelt zu schämen hatte. Dies ist mehr als Empathie, ist mehr als Unterstützung, ist nicht Suggestion noch ist es Einsicht; aber es ist unerhört wichtig.

Was immer wieder nachweisbar versagt hat und wogegen man scharf Stellung nehmen muß, ist eine Grundeinstellung auf seiten des Analytikers, die kalt, unpersönlich und eine Art personifiziertes Nein sein will. Das treibt die Leute aus der Analyse oder schadet ihnen. Wer könnte das Peinliche und Schreckenerregende im Schicksal angehen, wenn ihm nicht eine Atmosphäre von Vertrauen geboten und ein rationales Bündnis ermöglicht wird?

Ich glaube nicht nur, daß – je nach Situation – ein ziemlich breiter Spielraum dafür besteht, was sich noch mit guter Analyse vereinbaren läßt – Jenny Wälder-Hall pflegte zu sagen: „Man darf alles tun, wenn man wirklich weiß, weshalb man es tut", und in Fenichels Technikbuch (1941, S. 24) finden wir dasselbe: „Everything is permissible if only one knows why" – sondern auch daß die schwereren Neurosen der Analyse nur dann zugänglich sind, wenn Takt, Freundlichkeit und aktives *Interesse* gerade für das *ganz Besondere jedes einzelnen Patienten* einen wesentlichen Anteil an der therapeutischen Beziehung haben dürfen.

10) In meinem „Schambuch" *(The Mask of Shame)* habe ich auf die Wichtigkeit, die richtige Form und die richtige Zeit – den *Kairos* – zu wählen, sowie auf die große Bedeutung der Spezifität hingewiesen. Im eigentlichsten ist Psychoanalyse die *Kunst des Spezifischen.* Vage, allgemeine Bemerkungen über Aggressionen, Ängste, Abhängigkeitswünsche, sexuelle Gefühle stellen noch keine wirksamen Deutungen dar, sondern bereiten diese höchstens vor. Ganz allgemein gilt: *Je spezifischer, um so wirksamer,* und der rechte Moment soll dabei nicht verpaßt werden. Zuviel Passivität ist ebenso schädlich wie aufdringliches Überdeuten. Und die Form soll kurz und einprägsam, nicht langwindig und intellektuell sein, soll aber wiederum auch kein autoritatives Besserwissen werden. Ich finde es denn auch meist ratsam, die Deutungen vorsichtig als Fragen zu formulieren: „Ist es nicht so, daß. . .?", „Wäre es zu gesucht, darin. . .zu sehen?", „Ich frage mich, ob. . ." oder: „Wir können uns fragen, ob. . ." oder „. . .sodaß Sie dann dies und dies fühlten?" als Ergänzung einer Aussage des Patienten. Sehr häufig wiederhole ich auch die Hauptpunkte der Assoziationen der Stunde bis zu dem Moment oder einige hauptsächliche Bemerkungen des Patienten aus den letzten Stunden im Sinne einer Vorlegung möglicher Sequenzen, die es dann ihrerseits dem Patienten selbst erlauben können, die Deutung zu vollziehen. Je mehr der Patient selber deutet, um so mehr entwickelt er seine Fähigkeit zur analytischen Selbstbeobachtung und damit seine Bereitschaft, später die Therapie selber weiterzuführen.

11) Da Psychoanalyse im Grunde eine Ausbildung in *Selbstbeobachtung* (Gray 1973) sein soll und der bleibende Gewinn in der Fortsetzung der analytischen Arbeit durch den Patienten selbst besteht, sind all die Maßnahmen, die das beobachtende Ich verstärken, von besonderer Hilfe und Bedeutung. Sehr oft bemerke ich:

„Dies ist ein guter (oder: wichtiger) Punkt (oder: Idee o. ä.); was denken Sie darüber?", oder: „Dies ist eine ausgezeichnete Frage; vielleicht finden Sie die Antwort
darauf." Oft fasse ich, wie gesagt, hauptsächliche Assoziationen des Patienten zusammen und frage direkt: „Wie würden Sie dies selber deuten?" Oder: „Welchen
Sinn können wir da herausfinden?" Oder: „Haben Sie eine Idee, wo das hinaus will
(hinzielt)?" – gewöhnlich mit dem klaren Verstehen, daß ich selbst nicht klar weiß,
wo es hinführt oder welchen Sinn das schon Gegebene hat. Oft kann das Denken in
geschichtlichen Zusammenhängen ermutigt werden: „Das muß eine lange (Vor)ge-
schichte haben. Können wir mehr darüber hören?" – ein spezifischer Vorschlag von
Jenny Wälder-Hall. Ebenso ist ihr Gleichnis: „Wir sind wie Kunde und Bankange-
stellte, die ein Banksafe öffnen wollen: Sie haben einen Schlüssel, und ich habe einen Schlüssel, und nur wir beide zusammen können es aufschließen."

Auch bei den Deutungen ist das Wichtige das Lernen der Selbstbeobachtung
und damit der Fähigkeit, zu den Einsichten selber zu gelangen. Der Inhalt der Deutung ist der weniger wichtige Anteil; der wichtigere ist der andere Teil der Einsicht:
das eigene Erleben der inneren Zusammenhänge und der dabei auftauchenden Gefühle.

2.3 Wesentliche Abwehrformen

An dieser Stelle soll mehrerer *spezifischer Abwehrformen* gedacht werden, deren
Handhabung oder tieferes Verständnis sich mir als oft sehr dienlich erwiesen haben,
die aber nicht so oft gewürdigt werden, wie sie es verdienten.

2.3.1 Verleugnung und Verdrängung

Zunächst möchte ich kurz angeben, wie ich die in diesem Zusammenhange wichtigen Abwehrformen verstehe: *Verdrängung* bedeutet das unbewußte Nein gegenüber
gewissen *Wünschen* (Triebbedürfnissen) und mit diesen verknüpften *Erinnerungen*;
die der Verdrängung im bewußten Erleben entsprechende Ablehnung ist der *Verzicht. Verleugnung* ist das unbewußte Nein gegenüber gewissen *Wahrnehmungen* –
entweder, wie es Freud (1927, 1940) ursprünglich gemeint hat, gegenüber der Wahrnehmung bestimmter äußerer Tatsachen oder, wie es heute viel üblicher gemeint ist,
gegenüber der Wahrnehmung der *Bedeutung* solcher Tatsachen, ihrer gefühlsbeton-
ten Wichtigkeit (Basch 1974, 1983). Die bewußten Entsprechungen zur Verleugnung
im ersteren Sinne – der von Tatsachen – sind wohl das Abstreiten und Lügen, aber
auch die bewußte Vermeidung schmerzlicher Wahrheiten – im Sinne von: „Daran
kann ich einfach nicht denken". Dem letzteren, der Verleugnung der gefühlhaften
Bedeutung, entspricht das, was Freud (1925) als *Verneinung* beschrieben hat: die bewußte, intellektuelle Form des Nein gegenüber der Wichtigkeit einer Wahrnehmung. *Affektblockierung*, oft auch mit der Verdrängung gleichgesetzt, ist das unbe-

wußte Nein bestimmten *Gefühlen* gegenüber; die bewußte Entsprechung dazu ist die Unterdrückung gewisser Emotionen. *Isolierung* ist das unbewußte Nein gegenüber den *Verbindungen* von Affekten und Gedanken, von Wünschen und Erinnerungs- oder Vorstellungsbildern; deren Entsprechung im Bewußten ist, wie es Eissler (1959) dargelegt hat, die bewußte Abspaltung von allem, das einen bedrängt, in der *Konzentration*.

Wegen der großen Bedeutung der Verleugnung für den Rest dieses Buches, behandle ich deren Bedeutung noch etwas eingehender. Sie wird von Trunnell u. Holt (1974) wie folgt definiert: „...ein Sichweigern, die Bedeutung und die Folgen dessen, was wahrgenommen wird, zu würdigen". Sie ist mit anderen Worten ein Abwehrmechanismus, der die *emotionelle Bedeutsamkeit von Wahrnehmungen* unbewußt macht.

Man bemerkt, wie überaus nahe dies der Verdrängung steht, und zwar so nahe, daß ich mich zuweilen frage, ob die Abtrennung als besondere Abwehrform sich wirklich rechtfertigen läßt. Freud selber trennt die beiden nur mit Vorbehalt: „Will man in ihm [dem pathologischen Vorgang beim Fetischismus] das Schicksal der Vorstellung von dem des Affekts schärfer trennen, den Ausdruck ‚Verdrängung' für den Affekt reservieren, so wäre für das Schicksal der Vorstellung ‚Verleugnung' die richtige deutsche Bezeichnung" (GW 14, S. 313).

Dabei fragen wir uns: Was ist es wirklich, das wir mit der Bedeutung oder Sinnhaftigkeit, die z. B. besonders in Entfremdungszuständen so markant verloren geht, meinen? Es ist klar, daß es sich dabei nicht um logische oder semantische Bedeutung handelt, sondern um den *Wert*, den diese Wahrnehmungen für uns besitzen. Es darf uns daher nicht überraschen, daß wohl die innere bewertende und wertgebende Instanz, also das Über-Ich maßgeblich mit im Spiele ist, wenn solche massiven Verleugnungszustände – Zustände der Sinnesentleerung – auftreten. Dies gilt aber nicht nur für die Außen-, sondern auch für die Selbstwahrnehmung: Wir können z. B. klar unterscheiden zwischen Gefühlen, die wir voll fühlen, und anderen, die wir zwar registrieren, aber nicht voll zu empfinden vermögen. Der Grund für diesen Unterschied scheint mir in der An- oder Abwesenheit der Gewährleistung, einer Art Annahme und Verbürgung, zu liegen, die das Gewissen solchen Wahrnehmungen verleiht; es ist eine Art Genehmigung von oben: „Du darfst – oder darfst nicht – den Sinn und Wert für dich annehmen." Nichts anderes ist dabei blockiert – weder der Affekt selbst noch die Wahrnehmung selbst –, sondern einzig und allein deren persönliche Werthaftigkeit.

Die Verleugnung im Sinne einer Abwehr wird von einer Ich-Spaltung begleitet. Was ist dies – die *Ich-Spaltung*? Da dieser Begriff (oder einfach „Spaltung") heute oft über Gebühren gebraucht wird, möchte ich ihn schärfer umgrenzen. Freud schrieb 1938 (1940, GW 17, S. 59 f.): „Es [das Kind] antwortet auf den Konflikt mit zwei entgegengesetzten Reaktionen, beide giltig und wirksam. Einerseits weist es mit Hilfe bestimmter Mechanismen die Realität ab und läßt sich nichts verbieten, andererseits anerkennt es im gleichen Atem die Gefahr der Realität... Der Erfolg wurde erreicht auf Kosten eines Einrisses im Ich, der nie wieder verheilen, aber sich mit der Zeit vergrößern wird. Die beiden entgegengesetzten Reaktionen auf den Konflikt bleiben als Kern einer Ich-Spaltung bestehen." Er beschrieb diese Verdop-

pelung auch in Hinsicht auf die Entfremdung (GW 16, S. 255). Bei solcher „Verleugnung der Wahrnehmungen", die „sehr häufig nicht nur bei Fetischisten" vorkommt, kommt es zu „halben Maßregeln, unvollkommenen Versuchen zur
Ablösung von der Realität": *„Die Ablehnung wird jedesmal durch eine Anerkennung
ergänzt,* es stellen sich immer zwei gegensätzliche voneinander abhängige Einstellungen her, die den Tatbestand einer Ich-Spaltung ergeben"(GW 17, S. 134 f.).

2.3.2 Wendung ins Gegenteil

Es gibt eine ganze Anzahl von Triebumkehrungen, die als Abwehrformen von viel
größerer Bedeutsamkeit sind, als man von der Literatur her annähme: Wendung
vom Aktiven ins Passive, Wendung vom Passiven ins Aktive, Wendung gegen sich
selbst. Die letztere Abwehr, die Wendung gegen die eigene Person, ist, wie bekannt,
besonders bedeutsam bei Depressionen. Wir werden ein gutes Beispiel im Ausschnitt aus der Analyse von Anne, einer depressiven Frau mit stark masochisti-
schem Charakter, später in diesem Kapitel sehen. Die erstere, die Wendung vom
Aktiven ins Passive, ist typisch für den masochistischen Charakter. Der in Kap. 5 geschilderte phobische Patient Jakob zeigt diese Abwehr in ständig neuen Varianten.
    Es scheint mir jedoch immer wahrscheinlicher, in der mittleren Art der Umkeh-
rung, der *Wendung vom Passiven ins Aktive,* den Kardinaltyp der Abwehr in schwerer Psychopathologie zu sehen, und ganz besonders als wichtige Abwehr gegen die
von außen erlebte, also erlittene Aggression. Sie ist demnach eine Abwehrform, die
entschieden mitmenschlich (gegen das, was als Angriff oder Bedrohung von außen
erlebt wird), nicht nur intrapsychisch (gegen die gleichzeitig und als unerträglich erlebte Angst) wirksam ist. Damit ist sie nicht im gleichen Sinne eine Abwehr gegen
die Aggression, wie die Verdrängung als eine Abwehr, die vor allem gegen die Libido gerichtet ist, betrachtet wird. Im Gegensatz zu dieser ist sie eine *interpersonelle*
Abwehrform.
    Je schwerer die Pathologie, um so wertvoller hat sich für mein Verstehen wie
auch für meine Deutungsarbeit gerade diese Art der Abwehr erwiesen. Das meiste
Agieren besteht zum mindesten teilweise daraus. Für die Arbeit mit Toxikomanen
wie mit schwer „narzißtischen" und sogar manchen masochistisch-depressiven Patienten finde ich deren Verständnis und Handhabung schlechthin unabdingbar. Allgemein formuliert bedeutet diese Abwehr: „Statt passiv zu erleiden, was ich stetsfort fürchte, bin *ich* es ja, der es aktiv dem Anderen zufügt." „Statt daß ich mich
plötzlich passiv von einem Unheil überraschen lasse, führe ich es lieber aktiv herbei." Soviel an Rache, an Täuschung und Lüge, an selbstgerechtem Aufbrausen läßt
sich auf diese Abwehr des „Umdrehens des Spießes", des „turning the tables", zurückführen und wird erst dadurch behandelbar. Deren Verständnis bewirkt auch
ganz besonders eine Verminderung der Gegenübertragung.

2.3.3 Identifizierung

Hand in Hand mit solcher Umkehrung geht gewöhnlich die Identifizierung als Abwehr, namentlich die „Identifizierung mit dem Angreifer", besonders dem Angreifer als Ankläger, als tadelnde, verurteilende, beschämende Autorität: Nun ist es der Patient, der zum Ankläger wird und den Therapeuten oder die Umwelt sich schuldig oder beschämt fühlen läßt. Alles wird nun darauf angelegt, daß sich der Andere als zutiefst im Unrecht befindlich empfinden soll. Der Patient ist zur Stimme des anklagenden Gewissens geworden. Besonders depressive Patienten entwickeln eine große Begabung, den Anderen vorwurfsvoll zu behandeln und, ausgesprochen oder implizit, zum schuldbeladenen Sünder zu machen. Dies geschieht durch die Kombination dieser 2 Abwehrvorgänge und läßt sich überaus häufig beobachten. Die „negative therapeutische Reaktion" läßt sich zum guten Teil dadurch verstehen.

Leider kann ich mit dem Begriff der *projektiven Identifizierung* nichts anfangen. Bedeutet er, daß man beim Anderen *provoziert*, was man in sich selbst zutiefst fürchtet? In dem Fall sähe ich darin wieder eine Sonderform jener Wendung vom Passiven ins Aktive, und als diese leicht und elegant deutbar: „Statt die Strafe unerwartet und ohne Kontrolle plötzlich zu erleiden – oder die Erniedrigung oder Kränkung oder Verlassenheit —, führe ich sie ja selbst herbei, bin ich es wenigstens selbst, der den Zeitpunkt bestimmt." Oft wird, wie Abend et al. (1983) jüngst ausgeführt haben, der Ausdruck „projektive Identifizierung" gebraucht, wenn es sich ganz einfach um Projektionen handelt.

Im Rahmen der Analyse masochistischer Pathologie steht die zur Identifizierung mit dem Angreifer spiegelbildliche Abwehr der *Identifizierung mit dem Opfer* und damit der *Wendung gegen die eigene Person* (oder der Wendung vom Aktiven ins Passive) ganz im Vordergrund: Ihr Leben scheint die Betreffenden immer wieder in Situationen zu führen, wo sie zum Opfer werden. Es sind gequälte, unglückliche Menschen, die der Zivilisation mehr Opfer gebracht haben als es ihrem Glück zuträglich ist. Was darunter als besonders schambeladenes Geheimnis lauert, ist die Verquickung fast aller sexuellen Gefühle mit Leiden. Es ist, wie es später in diesem Kapitel der „Fall Anne" illustrieren wird, als ob sie, ohne diesen Eintrittspreis in Form physischer und psychischer Qual und Erniedrigung bezahlt zu haben, sich kein Glück, keine Freude, kein Geschenk gönnen dürften. Es sind gewöhnlich Leute, die als Kinder großer Brutalität oder anderen schweren Traumata ausgesetzt waren und nun, in Form jener Identifizierung mit dem Opfer und mit Hilfe mannigfacher *Affektumkehrungen*, zu sagen scheinen: „Ich fürchte mich nicht mehr vor dem Leiden, ich suche es sogar auf; ich leide nicht mehr unter der Gewalt, ich genieße sie sogar als Opfer; ich bin nicht mehr erniedrigt als ein hilfloses Geschöpf, sondern ich bin im Gegenteil ein gottbegnadeter Märtyrer, von höherem Wert als meine Quäler; ich bin nicht mehr hilflos, sondern nun bin ich in Kontrolle, denn ich bringe ja das Unglück selbst herbei" (s. auch in Kap. 6 der Patient Elasar).

Therapeutisch ist es aber nicht nur die Umkehrung von Affekt, sondern ganz besonders die der aggressiven Wünsche, die von überragender Bedeutsamkeit wird: alles Angreifen-, Rachenehmen-, Quälen- und Tötenwollen wird vom Schwachen und Ohnmächtigen gegen sich selbst gerichtet. Diese Wendung gegen die eigene

Person ist der Archimedische Punkt: Von eben dieser Abwehrseite aus läßt sich das masochistische Phantasiesystem aus den Angeln heben.

2.3.4 Regression, Polarisierung und Übertreibung

Einer besonderen Abwehrform wurde meines Wissens überhaupt keine Beachtung in systematischer Weise geschenkt: der Abwehr durch *Übertreibung*, durch Amplifizierung oder Hyperbolé. Gerade die Traumanalyse mit der ihr innewohnenden Verdichtung oder Kompression (es „kann die Intensität eines ganzen Gedankenzuges schließlich in einem einzigen Vorstellungselement *gesammelt* sein", heißt es in der *Traumdeutung*, GW 2/3, S. 600) mag dann auch den daraus gewonnenen Deutungen solche Überkraft verleihen. Aus Ärger wird gleich Mord und Totschlag, aus Enttäuschung verzweifelte Raserei, aus verletztem Selbstgefühl Größenwahn, aus Anmut und Freundlichkeit Liebedienerei und Unterwürfigkeit. Während solche Übersteigerung oft dem tatsächlich Hintergründigen und Verdrängten entspricht, mag sie selbst nur zu leicht der Abwehr dienen: durch Übersteigerung entwertet man das wirkliche Gefühl und macht überdies den Zuhörer insgeheim lächerlich. Es ist ja meist viel leichter, von Mord und Totschlag gegenüber dem Analytiker zu sprechen – „das wird ja von mir erwartet" – als ganz schlicht zu sagen: „Sie haben mich gestern durch Ihr Vorgehen – durch Ihr Schweigen, durch Ihre taktlose Bemerkung – geärgert (oder verletzt)." Die „Deutung nach oben" ist, wie so oft, auch hier eine wirksamere, der psychischen Oberfläche nähere Maßnahme. Ist es umgekehrt der Analytiker, der, besonders aufgrund von Träumen, solche Verstärkung in die Deutung hineinbringt – „Sie wollen Ihre Frau umbringen", „Sie wollen mit mir schlafen" –, läuft man selbst Gefahr, die Angst und damit den Widerstand zu verstärken und den gegenwärtigen Konflikt ad absurdum zu steigern und dadurch zu entwerten, ganz abgesehen von der Fragwürdigkeit der direkten Triebdeutung. Dies Caveat gilt natürlich weit mehr für die früheren als für die Spätphasen der Analyse.

Vermutlich ist diese Abwehr durch Übersteigerung eine Sonderform der Abwehr durch *Regression*. Für einen andern Ausdruck der letzteren halte ich die Abwehr durch *Polarisierung* oder, wie viele dies heute vorziehen, der *„Spaltung"*. Im ganzen glaube ich, daß es sich dabei weniger um eine besondere und dabei noch besonders archaische Abwehrform handle, sondern viel eher, wie wir bei den meisten in diesem Band dargestellten Fällen feststellen werden, um ein phänomenologisch überaus wichtiges *Resultat* mehrerer Abwehrvorgänge: Regression, Verdichtung, Verschiebung, Verdrängung, Reaktionsbildung. Je schwerer die Neurose, um so ausgedehnter dies Phänomen.

„Die Mutter bleibt das geliebte Objekt. Neben ihr aber gibt es von da an im Leben des Mädchens immer eine zweite wichtige weibliche Person, die intensiv gehaßt wird."

„Ein intimer Freund und ein gehaßter Feind waren mir immer notwendige Erfordernisse meines Gefühlslebens; ich wußte beide mir immer von neuem zu verschaffen. . ." Borderline und Spaltung? Das erste Zitat bezieht sich auf einen der klassischen, von Anna Freud in *Das Ich und die Abwehrmechanismen* beschriebenen Fälle

(S. 53), das zweite auf eines der ungezählten autobiographischen Elemente in Freuds *Traumdeutung* (S. 487).

Wie ich in Kap. 10 ausführen werde, betrachte ich die „Spaltung" als ein beschreibendes, nicht als ein erklärendes Konzept. Ein Unterschied meiner Betrachtungsweise von der Melanie Kleins oder Kernbergs läge in dieser Beziehung eben darin, daß für diese Autoren solche Polarisierung ein letztes Element, den nicht weiter reduzierbaren Felsengrund darstellt, während für mich damit die Deutungsarbeit erst beginnt. Ein weiterer besteht in der spezifisch pathognomonischen Bedeutung, nämlich für eine Sonderkategorie von Patienten, die der „Borderlines", einer Bedeutung, die für mich nicht existiert, außer daß diese Phänomene der Polarisierung, wenn sehr prominent, auf eine schwerere Natur der jeweils vorliegenden neurotischen Störung hinwiesen, aber an und für sich noch keine Änderung der Technik bedingen.

Im übrigen scheint es mir, daß alle Arten von Spaltung, von Dissoziation, besonders typisch für die Hysterie sind. Alle Verdrängung ist ja selbst nichts anderes als eine Art von solch phänomenologischer „Spaltung", wie Fingarette in seinem Buch *Selbsttäuschung* ausgeführt hat (1969).

2.3.5 Externalisierung

Dieser Abwehrmechanismus ist m. E. gerade so ein Gegenstück zur Verleugnung, wie es Wälder für die von der Externalisierung nicht klar abgegrenzte Projektion annahm. Vermöge ihrer wird „das gesamte innere Schlachtfeld in ein äußeres verwandelt" (A. Freud 1965, S. 223). Mit anderen Worten ist die *Externalisierung* die Abwehrart, bei der man *äußerliche Handlungen benutzt, um einen innern Konflikt zu verleugnen;* d. h. ein innerer Konflikt wird in einen äußeren (zurück)verwandelt.

Unter ihrem Einfluß treten die Handlungen draußen und v. a. deren Wiedererzählen und Durchleben in der Stunde der Beobachtung innerer Konflikte in den Weg. Die Außengeschehnisse spiegeln innere Konflikte wider, wie sie sich *jetzt* in der therapeutischen Situation und spezifisch in der Übertragung abspielen. Sie dienen der Abwehr in der Übertragung.

Zum Beispiel werden die innerlich erlebten, vom eigenen Gewissen erlittenen Aggressionen wie das Auslachen, die Abweisung und Bestrafung nun nicht allein, wie bei der Projektion, auch von außen her erwartet, befürchtet und vermutet noch einfach den anderen „zurückgegeben", wie bei der Wendung vom Passiven ins Aktive, sondern sie werden provoziert und gleichsam auf der Bühne des Lebens neuinszeniert. Oder man verlangt Grenzsetzungen von außen und lädt sie auch ein, wie es ja das eigene Gewissen unablässig fordert, kämpft dann aber gegen diese mit aller Verbissenheit an. Oder man sucht Annahme und Billigung und Unterstützung, in Form „oraler" und „narzißtischer" Zufuhr in ganz konkreter Weise, schlägt sie dann aber, scheinbar verächtlich, doch in Wirklichkeit am ehesten als unverdient, als einem durchaus nicht zukommend, ab, während man gleichzeitig auf jegliche Beschränkung derselben mit Neid und Wut reagiert – die Gegenseite desselben Konflikts.

Manches „Agieren", viele Impulshandlungen dienen solcher Abwehr durch Aktivität, durch Handlungen, die das Ziel haben, magische, allmächtige Kontrolle über das Unkontrollierbare zu erzielen. Man wagt das Äußerste, läuft das Risiko von Trennung, Erniedrigung, Körperverletzung, um die Angst vor diesen Gefahren „gegenphobisch" als unbegründet zu beweisen. Darin ist natürlich wieder die vorher beschriebene Wendung ins Aktive mitenthalten, aber das wesentlich Andere, Zusätzliche, ist dies: „Statt innerer Gefahr, statt Triebangst, Über-Ich-Angst und unbewußt-archaischer Kastrationsangst begegne ich wirklicher, handgreiflicher Realangst – und besiege jene dadurch, daß ich über diese Realgefahr auch wirklich triumphiere."

Manche anderen Abwehrformen – Projektion, Verschiebung, Isolierung, Intellektualisierung, Sublimierung, Verleugnung und Verdrängung – bedürfen keiner besondern Hervorhebung; sie sind ja allgemein anerkannt und gehandhabt.

2.4 Beispiele für Sequenzen und Rekonstruktionen der Ich-Vorgänge[3]

2.4.1 Ein Fall von Pseudostupidität

Eines der Symptome, die diesen 35jährigen Arzt, Thomas, in die Behandlung gebracht haben, besteht in sehr gefährlichen Handlungen erstaunlich getrübten Urteils. Um nur einige wenige von Dutzenden solcher geringeren oder bedeutenderen Handlungen zu erwähnen: Er geht in der karibischen See „snorkling", versieht sich dabei aber nur mit der halben Ausrüstung und wird mit knapper Not vor dem Ertrinken bewahrt; er übersieht bei einer Patientin das Wiederauftreten von ventrikulärer Fibrillation und verzögert ihre Hospitalisierung, bis es zu spät ist; er übergibt seine Schecks einer Angestellten, die ihn schon mehrfach betrogen hat; er schreibt sich in eine neue Versicherung ein, ohne die entsprechenden Formulare zu lesen und verliert damit die schon bestehende Kassendeckung für eine viel weniger günstige. Solchen Episoden gewöhnlich sehr schädlicher Urteilstrübung folgen Stunden und Tage, in denen er sich deswegen verbissen angreift und verwünscht und tief traurig ist. Dabei ist er ein gewissenhafter und ehrlicher Mann. Diese Episoden beginnen oft schon mit einem ähnlichen Zustand hilfloser Wut, Wut gewöhnlich über eine Erniedrigung; dies wird verständlicher durch ein bestimmtes historisches Element: Seine Eltern bezeugten eine erschreckende Blindheit gegenüber der Individualität ihrer 5 Kinder. So forcierten sie ihn und seine 3 Brüder in einer einseitigen und blinden Weise von früher Kindheit an dazu, Ärzte zu werden. Zum Beispiel: „Beschäftige dich nicht mit diesen Spielzeugen; das hilft dir nicht, später ein Doktor zu werden. Du brauchst nicht Aufsätze zu schreiben; das ist nicht wichtig für ei-

---

[3] Beide im folgenden wiedergegebenen Ausschnitte stammen von Fällen, die ich *nicht* zu den „schweren Neurosen" zähle. Ich füge die Vignetten lediglich als Beispiele für einige Aspekte der Abwehranalyse ein. In beiden knapp zu schildernden Fällen gibt die mikroskopische Sequenz Hinweise auf die Konfliktlösungen, die die gesamte Charakterpathologie bestimmen.

nen Arzt. Warum beobachtest du nicht besser? Als künftiger Arzt solltest du das
können. Warum interessiert du dich denn für die Mathematik? Wozu wirst du das
denn je benötigen? Du wirst ja ohnehin deinen eigenen Steuerberater haben, und
noch viel Geld obendrein. . ." Die Einseitigkeit, mit der diese Berufswahl und andere Vorurteile und Besessenheiten von beiden Eltern den Söhnen aufgezwungen
wurden, wirkte beinahe wahnhaft und hatte für alle jüngeren Brüder und die einzige (nächstjüngere) Schwester katastrophale Folgen; Thomas scheint als der älteste
noch am glimpflichsten davongekommen zu sein.

Nun zu einer genaueren Analyse der Abfolge: „Ich finde mich eingezwängt zwischen Wut und Schuld. Jedesmal, wenn ich zu Hause mich sträubte oder nicht einverstanden war, begann meine Mutter zu schreien und zu weinen: ‚Nach allem, was
ich für dich getan habe, ist das der Dank, den ich dafür bekomme? Du Taugenichts,
du schlechter Mensch!' Und dann fiel mein Vater ein mit Schreien: ‚Du tötest deine
Mutter. An ihrem Grabe wirst du stehen und das Totengebet sagen. Religiös willst
du ja doch immer sein, nicht wahr, du Heuchler!'"

Eine ähnliche Mischung von Zorn und Selbstverurteilung überkommt ihn heute,
wenn er sich erniedrigt und ohnmächtig sieht. Dann aber verschwinden alle bösen
Gedanken und Wünsche. An nichts mehr denke er dann und fühle sich ganz leer.
Dieser Bewußtseinszustand der Leere und Gedankeneinschränkung kann sich auch
zum Gefühl der Verwirrung und Verworrenheit steigern; dann erscheint alles um
ihn herum einfach bedeutungslos und unverständlich; Gespräche werden sinnloses
Geräusch. Bei geringeren Zuständen solcher Art mag es lediglich zu abgetrennten
Gefühlen von Angst, Zorn und namentlich Trauer oder zu seltsamen Vorstellungen
kommen, die ihm lächerlich oder absurd vorkommen: z. B. daß er beim Geschlechtsverkehr das Bein seiner Frau mit seinem Beine abschneide oder daß er bei
einer Vorlesung oder Theateraufführung die sich im Mittelpunkt des Interesses befindliche Person mit seinem Zeigefinger erschieße.

All das ist aber Nebensache verglichen mit der eigentlichen Impulshandlung, die
ihm zum Verhängnis wird. Diese wird so beschrieben: „Wenn ich z. B. mit meinem
Vater oder meinem Bruder Schach spielte, kam es immer so, daß ich alles genau
vorausplante und voraussah und grübelte über jeden Zug von mir, alles was ich tun
würde, um nicht überwältigt zu werden, aber ich plante es in einer sehr repetitiven,
stereotypen Weise, die *seinen* nächsten Zug völlig außer acht ließ, und plötzlich sah
ich mich geschlagen." Dasselbe war der Fall, wenn er von ihnen gekitzelt wurde
oder sich mit ihnen schlug, im Spiel oder im Ernst: Unerwartet wurde er überwältigt, da die anderen seine Verletzlichkeit auszunutzen verstanden: „Ich war unfähig,
die Katastrophe vorauszusehen." Dabei ist es eine Einengung seines Bewußtseins,
die ihn in solchen kompetitiven oder Kampfsituationen zu überfallen pflegt. Diese
Einengung des Bewußtseins und *Isolierung der Affekte* geht nun mit einer radikalen
Form der *Verleugnung der Wahrnehmungen* einher. Besonders wenn er sich hilflos
und erniedrigt fühlt, erscheint plötzlich alles sinnlos, es verliert seine affektive Bedeutung. Es geschieht in diesem Zustande, daß dann die dümmsten Entscheidungen gefällt werden, die sowohl Aggressionen gegen andere wie auch die damit verbundene Selbstbestrafung in die Wirklichkeit umsetzen. Darauf folgen dann Trauer
und Weinen.

Wie wir darüber zum ersten Mal so genau sprechen, erinnert er sich an sein Weinen, wenn seine Mutter jeweils am Abend weg zur Arbeit ging und er vom Vater ins Bett gebracht wurde. Nach solchen Erinnerungen an Trennungsangst und Trennungstrauer kommen Erinnerungen an Wünsche und tatsächliche Spiele, bei denen Puppen – ob von ihm selbst, ist unklar – ins Feuer geworfen wurden, nämlich in eine unheimliche, im Wohngebäude befindliche Verbrennungsanlage. Wiederum werden die klaren Bezüge auf Babys ohne weiteres, aber ohne Emotionen (außer etwas Belustigung) erinnert. Diese affektlosen Erinnerungsbilder verhüllen die Mordwünsche; der Deckaffekt der Trauer dient der Abwehr gegen die unannehmbaren Gefühle der Eifersucht, Wut, Schuld und Scham. Bilder wie Affekte sind verschoben.

Die *Sequenz* erscheint also in der folgenden, ziemlich regelmäßigen Form: 1) das Gefühl von Verlust, Erniedrigung oder Bedrohung; 2) Ärger oder hilflose Wut; 3) Schuld oder Scham über solche bösen Gefühle und Wünsche; 4) Versuche, diese ungeschehen oder unschädlich zu machen – durch Abtrennung und Verschiebung, durch Entleerung und Verwirrung des Bewußtseins; 5) als Teil davon oder als Begleitung dazu: Einengung des Bewußtseins mit massiver Ausschaltung und Blockierung der Wahrnehmungen, also Verleugnung; 6) Entscheidungen und Handlungen der Pseudostupidität; und schließlich 7) Wiederkehr der ursprünglichen Affekte, aber in veränderter Form, v. a. als Trauer, Beschämtheit und Wut auf sich selbst, oder Rückkehr der ursprünglichen Aggressionen in bleicher, ungefühlter Form. Was aber besonders charakteristisch ist in dieser Abfolge, ist die *Verleugnung der Gefahren*: Entweder werden sie überhaupt nicht wahrgenommen oder einfach ungenügend beachtet, und dadurch wird dann eben die Bestrafung am Ende von innen oder von außen herbeigeführt.

Dieser 1. Fall zeigt uns aber noch etwas anderes, das von theoretisch weit größerer Bedeutung ist: Mehrere Autoren haben erwähnt, daß die bei der Verleugnung typische *Ich-Spaltung* (s. oben) – die Parallelität von Ablehnung und Annahme der Wahrnehmung – oft nicht darauf beschränkt bleibt, sondern viel umfassender ist und, wie sowohl Lichtenberg u. Slap (1973) wie auch Wangh (1985) beschrieben haben, Komplexe von Es-, Ich- und Über-Ich-Anteilen in stabilen Kombinationen einander gegenüberstellt. Es ist immer wieder eindrücklich, dieses seltsame Oszillieren zwischen 2 gegensätzlichen Teilidentitäten zu beobachten; eine solche Doppelheit tritt immer dann auf, wenn es sich um umgreifende Verleugnungsvorgänge, wie namentlich auch bei Entfremdungszuständen, handelt. Die *Anerkennung der einen Teilidentität* schließt notwendigerweise die *Verleugnung der anderen Teilidentität* mit ein – und damit eine mehr oder weniger radikale Verfälschung oder doch Einengung der Wahrnehmung. Das Wesentliche ist dabei nicht nur, daß diese 2 Teilidentitäten im Konflikt miteinander stehen, sondern daß dabei das Über-Ich eine ganz zentrale Rolle spielt. Es sind verschiedene Über-Ich-Teile, die im Kampf gegen einander stehen und sich in diesen Identitätskonflikten widerspiegeln. In dem Fall, den ich eben kurz geschildert habe, begegnen wir einer Art „falscher", d. h. *depersonalisierter Teilidentität*, einer aufgezwungenen Zahmheit, Bravheit und unterwürfigen Annahme aller Diktate von Eltern und Beruf, gleichgültig wie unvernünftig diese auch sein mögen. Dieser gegenüber finden wir *das „böse" rebellische Kind*. In einem

Traum treten diese beiden Selbstfiguren nicht sehr verhüllt auf – auf der einen Seite
spielt ein unschuldiges Kind, das aber auf Leute in Fahrzeugen schießt und sie auch
trifft, und auf der andern Seite schaut sein Traum-Ich zu, zwingt das Kind nieder
und bindet es. Oder es treten heulende Löwen, Tiger, wilde Hunde und Schlangen
auf, die ihn als Opfer in Panik aus dem Schlaf jagen. Oder er spielt in einer interessanten Umkehrung dumme Späße, wie daß er sich im Wandschrank versteckt und
plötzlich heraus und auf seine Frau springt – in einer Umkehrung wohl v. a. seiner
aggressiven Wünsche gegenüber der schwangeren Mutter, wie übrigens auch im
Schießen auf das Auto. Ganz und gar zum Vorschein kommt aber diese zweite Teilidentität in Wutanfällen, in denen er einem 3 jährigen schreienden und weinenden
Kinde gleicht.

Seinem eigenen Doppelleben entspricht die gespaltene Wirklichkeit in der Familie seiner Kindheit; hinter einer Fassade von Jovialität und Freundlichkeit verbergen
sich Hader, Gewalt und Unglück. Noch anders formuliert: Entweder übernahmen
die Kinder ihre stereotype Rolle – die des Arztes – und nahmen mit den Eltern an
der massiven Verleugnung ihrer eigenen Individualität, ihrer Wünsche und Gefühle
teil, oder sie bäumten sich in kurzen, aber erfolglosen Revolten, in verzweifeltem
Zorn und mit Trotz dagegen auf, um aber bald wieder der Schuld zu erliegen und
brav zu werden. Interessant ist es, wie diese ganze Abfolge nun im wesentlichen unbewußt verläuft und sich eben jener schwersten Verleugnung der *Bedeutung* der
Tatsachen – deren Gefahren – bedient, die zu den dümmsten Urteilen führt.

Es zeigt sich hier übrigens auch, daß eine markante und von ihm auch als solche
erlebte Persönlichkeitsspaltung keineswegs schon als „Borderlinepathologie" bezeichnet werden muß. Anzufügen wäre auch noch, daß die Analyse, die bis jetzt
4 Jahre gedauert hat, erfolgreich verläuft; die Vorfälle von Selbstsabotage, Pseudostupidität und Wutausbrüchen sowie die Symptome der Entfremdung sind verschwunden, nicht aber die unterliegende Depression und Neigung zur Passivität
und damit zum „Blaming" (den Fehler bei den andern suchen, Vorwürfe machen).

2.4.2 Rekonstruktion der Abwehrsequenz in einem Fall von neurotischer Depression und masochistischem Charakter

Die 2. Patientin, aus deren Analyse ich einen kleinen Ausschnitt darstelle, ist die etwa 30 jährige verheiratete Frau, die in meinem Buch *The Mask of Shame* als Anne
eingehender geschildert wurde. Ihre Analyse wurde 1981, nach 5½ jähriger Dauer
(971 Stunden), erfolgreich abgeschlossen. Sie war wegen chronisch depressiver, aber
auch angst- oder wuterfüllter Verstimmungen, allgemeiner Sozialangst und
schmerzlicher Gehemmtheit, Selbstsabotage und Unglücklichkeit zur Behandlung
gekommen. Sie war die älteste von 4 Geschwistern; der nächste Bruder, Stephan,
wurde geboren, als sie 5 Jahre alt war. Ihre Mutter war selbst depressiv, scheu, zurückgezogen, ihr Vater ein brutal explosiver, hoch paranoider Mann. So strafte er
Anne und die ganze Familie für eine kleinere Unart von ihr mit mehrmonatigem
Schweigen und ließ sie auf diese Weise sich als die Ursache des Unglücks der ganzen Familie ansehen. Sie idealisierte ihre Mutter, war aber unbewußt sehr bitter auf

sie, da sie die Kinder nicht gegen die schrecklichen Zornausbrüche des Vaters zu schützen vermochte. Die Eifersucht gegen ihre Geschwister und damit eine sehr starke Rivalität mit meinen anderen Patienten und Aufgaben und mit meiner Familie war ein wichtiges Thema in der Analyse.

Hier bringe ich lediglich einen „mikroskopischen" Auszug, der gewisse Sequenzen und deren teilweise von der Patientin selber erbrachte Deutung zeigen soll.

Die 618. Stunde eröffnet sie so:

„Wie ich hereinkam, war ich verstimmt (angry). Ich bin nicht sicher, ob wegen Ihnen, aber ich war es nicht zuvor. Ich hatte die Phantasie über das Wochenende – ich wollte mit meiner Schwägerin und ihrem Baby in den Zoo gehen –, und die Phantasie war, daß ich Sie dort sähe, und Sie hätten Ihre Frau und Ihre Enkelkinder bei sich, und Sie wären sehr stolz auf sie und zeigten viel Liebe. Und wenn ich Sie sähe, wäre meine Reaktion die, daß ich sehr verletzt wäre und weinte und dann nicht zur nächsten Stunde käme. Ich weiß, es ist so unvernünftig – daß Sie Gefühle für jemand anderen hätten (cared for), und zwar für kleine Kinder – und daß ich mich wie ein Außenseiter fühlte –, da ich nicht mit Ihnen verwandt bin und Sie niemals so für mich wie für Ihre Familie fühlen können. Ich sage mir: Du stupider Idiot! Wie könnte er solche Gefühle für dich haben, sich mehr um dich als um seine Familie kümmern?!"

„So daß Sie vermuten, es habe einen andern Ursprung – daß es viel mehr bedeute, als es sagt?"

„Ja, ich denke schon. Ich bin an Vaters Ausspruch erinnert: Die Welt schuldet niemandem etwas – wohl da ich handelte, als ob sie mir etwas schuldete. Oder ob es einfach einen anderen Anlaß für meinen Vater darstellte, worüber er schreien konnte?" Sie kommentiert über den Ausdruck ihres Ressentiments als Wiederholung und damit auch als Übertragungsphänomen, ohne jedoch schon auf deren unbewußte Wurzel hinzudeuten.

„Ist es nicht eher so, daß Sie es [das Zusammengehörigkeitsgefühl] hatten und dann verloren? Und es ist dieses Verlieren, das Sie so schmerzlich mit mir wieder erleben?" In meinem Kommentar verschiebe ich die Aufmerksamkeit von einem Affekttyp – dem des Ressentiments und der Eifersucht, beides aggressiv getönte und innerlich stark verpönte Gefühle – zu dem des Schmerzes und der Trauer, die sowohl in der Vergangenheit überragend wichtig waren wie jetzt in der Übertragung aktuell sind, zu einer Art des Affektes also, der in diesem Sinnzusammenhang traumatische Bedeutung und damit kausale Wirksamkeit beigemessen wird. Die vorwiegend aggressiven Affekte werden implizit als abwehrbedingt behandelt und der *Affektumkehrung* zugeschrieben.

Daraufhin beschreibt sie die zeitweilige Abwesenheit ihrer Mutter wegen einer Operation während ihrer späteren Kindheit und erwähnt, niemand habe sich dabei um des Kindes Gefühle geschert. Ich erinnere sie daran, wie sie sich zu der Zeit, als ihre Mutter zur Entbindung von Stephan im Spital weilte, geweigert habe, bei einer Nachbarin zu Mittag zu essen; sie war damals 5 Jahre alt. Sie führt daraufhin aus, wie wichtig es für sie war, gerade das Essen von ihrer Mutter selbst zu bekommen: „Es war ein Akt der Liebe, der Zärtlichkeit. Hätte ich mein Schulbrot, das ich von ihr hatte, für das meiner Freundin ausgetauscht, wäre es mir wie eine Verwerfung und Entehrung meiner Mutter vorgekommen. Ich hatte oft das Gefühl, daß sie besser als jede andere Mutter war und den perfekten Imbiß vorbereitete. Ihr Mittagsbrot war gleichsam wie ihre Gegenwart. Wie kann jemand eine gute Mutter sein, der das nicht machte? Zum Beispiel meine Schwiegermutter!" Hier klingen sowohl ihre Identifizierung mit dem Opfer (der Mutter) wie neuerdings ihre bewußte und ausgesprochene Eifersucht (der Schwiegermutter und Schwägerin gegenüber) an, beides Elemente der „Oberfläche", nämlich in Fortsetzung des Themas zu Beginn der Stunde.

„Und Sie fürchteten sich sehr, von ihr weg zu sein?"

„Ich dachte eben, als ob diese Vorbereitung des Imbisses ein so großes Ding wäre, und daß ich so sein möchte wie sie." (Die Patientin ist zur Zeit dieses Therapieausschnitts noch kinderlos.)

„Daß Sie die Trennung von der Mutter dadurch ungeschehen zu machen suchen, daß Sie sich mit ihr identifizieren." Angst, Wunsch und Abwehr sind hier zusammengedeutet.

Sie fährt fort, über ihr Gefühl des Ausgeschlossenseins von ihrer Mutter zu klagen, unterbricht sich dann aber: „Die Phantasie, mit der all dies begann, betraf Sie und Ihre Enkel. Warum würde ich mich aber mit solchen Gedanken bestrafen – oder ihnen frönen?" Sie bemerkt den klar selbstquälerischen, also masochistischen Charakter dieser Gedanken.

„Ja – was denken Sie (what about it)?"

„Sie erwähnen die Wiederholung (reenactment) früheren Verlusts. Das Wiederholen würde es nicht auflösen, aber das Verstehen könnte das tun." Damit drückt sie selbst die den analytischen Prozeß begleitende Grunderwartung, den sokratischen Glauben aus, daß Einsicht heilt. Es ist eine A-priori-Voraussetzung, die z.B. von Grünbaum als Placebofaktor angesehen wird.

„Die Wiederholung mag doch auch eine tiefere Bedeutung haben", wende ich ein: „Das Ergebnis könnte jetzt anders sein, und überdies gäbe es Ihnen den Grund und Anlaß, sich zu bedauern; und wir wissen, wie wichtig das ist." Obwohl nicht als solche gemeint, hat dieser Kommentar – eine direkte Triebdeutung ihres Masochismus – den Unterton der Verurteilung oder Kritik, was sie denn auch sogleich, im Einklang mit dem Inhalt der Deutung selbst (in bezug auf die masochistische Einstellung) aufgreift: „Dies scheint wichtig, die Freude (enjoyment) daran [am Leiden], obwohl es keinen Wert hat." Man bemerkt dabei ihre eigene, doch von mir angeregte selbstkritische Triebdeutung. Statt der Abwehr- und Über-Ich-Analyse wähle ich an diesem Punkt die Bekräftigung der Deutung, wohl in der Annahme, daß dieser Aspekt der Dynamik schon weitgehend bekannt, wenngleich bei weitem noch nicht voll durchgearbeitet ist: „Daß es masochistisch heißt: Schau, ich bin wieder das häßliche Entlein – und die geheime Lust (pleasure) dabei." (Heute würde ich vermutlich eher denselben Aspekt von der Seite der Selbstkritik innerhalb der Übertragung aus beleuchten, z.B.: „Was ich eben gesagt habe, hatte einen kritischen Beiklang, der gleich von der Seite in Ihnen aufgegriffen wurde, die Sie kritisiert: Jetzt verbindest du wieder Leiden mit Lust ....")

Sie stimmt meiner Triebdeutung zu: „Ich verstehe, was Sie sagen, und stimme dem bei. Ich wünschte, ich könnte es ändern, aber in *der* Beziehung habe ich mich nicht geändert. Das ist freilich nun nicht ganz richtig. Ich merke, wenn ich jetzt Streit mit meinem Mann habe, daß ich es nicht mehr so ‚genieße' wie zuvor."

„Wir sehen aber noch mehr: daß dieser masochistische Genuß nur der letzte Schritt in einer Sequenz ist."

„Ich sehe das nicht."

„Die Phantasie – sie hat mehrere Stationen. Daß Sie sich bedauern, ist doch nur deren Endpunkt."

„Ich denke, dies ist zu schwierig für mich zu enträtseln (figure out). Als ob ich dächte: Wie können Sie von mir erwarten, das zu verstehen?"

„Daß diese Art von Pseudostupidität die Phantasie intakt hielte?" (eine indirekte, aber emphatische Abwehrdeutung: Wendung der Aggression gegen sich selbst, die Infragestellung ihrer unerbittlichen Selbstverdammung, also der tyrannischen Gewalt, die sie ihrem Gewissen zuteilt).

„Ich denke nicht, daß dies Pseudostupidität ist."

„Daß es *wirklich* so wäre?" (nicht „pseudo").

„Richtig."

„So wenden Sie es gegen sich selbst – denn die Phantasie sagt einfach – ?"

„Jetzt richte ich die Wut auf Sie – daß *Sie* es wissen und nicht ich!"

An diesem Punkt wiederhole ich, statt ihr sogleich mit einer Deutung zu antworten, die von ihr zu Beginn der Stunde ausgeführte Phantasie und füge dann bei: „Sie wollen Liebe und Aufmerksamkeit von mir, sind dann verletzt und verstimmt darüber, daß Sie sie nicht in der Form erhalten, und dann wenden Sie den Zorn gegen sich selbst: Ich bin ja so dumm und kann gar nichts verstehen." Ich halte dies nicht für eine Deutung, sondern lediglich für eine klarere (explizitere) Darstellung („clarification") der von ihr schon angedeuteten Wunschsequenz, werde aber gleich eines Besseren belehrt:

„Teil davon war", sagt sie, „ich wollte nicht, daß die Phantasie dadurch entzweigerissen werde, daß Sie sie analysieren. Und jetzt denke ich, *daß Sie wütend auf mich sind und daß ich das möchte.*" Jeder meiner Kommentare und namentlich die, die sich auf ihre Wünsche beziehen, gleichgültig, wie sehr sie diese schon selbst ausgesprochen hatte, werden folgerichtig als Tadel erlebt; die masochistische Grundeinstellung wird dabei in der Übertragung wiederholt, und zwar ganz spezifisch in Form der bei ihr ubiquitären, vorwiegend sich des Schamgefühls bedienenden Über-Ich-Übertragung.

„Daß es Ihre masochistische Einstellung bestätigte – und dies, mitsamt der Pseudostupidität, dem Nichtverstehen und dem Selbstbedauern, als *Abwehr gegen Ihre Verstimmung* (anger) auf mich und gegen die *Eifersucht*: Diese hält die eifersüchtigen Erinnerungen weg (repress, ein Wort, das sowohl spezifisch Verdrängen bedeutet wie auch die weniger bestimmte Bedeutung des Beseitigens hat) –, die, die sich gegen kleine Kinder richten."

„Ich dachte das eben jetzt: Ich schäme mich sehr über meine Eifersucht in der Phantasie."

„Daß die *Scham* die Kraft dahinter ist, warum Sie es *verdrängen* (repress) wollen."

„Ich kann das sehen, aber ich fühle noch immer den Ärger und die Eifersucht, bevor sie sich in Selbstmitleid verwandeln. Warum?"

Heute würde ich darauf eher mit der Gegenfrage antworten: „Was denken Sie?"
Oder: „Was wirklich verdrängt ist, sind die Erinnerungen – woran. . .?" Doch erwi-
dere ich hier mit einer direkten Abwehrdeutung: „Es ist *verschoben* auf meine Kinder. Was wirklich verdrängt ist, sind die Erinnerungen an die Eifersucht auf die Kinder in *Ihrer* Familie. Und es ist wohl auch nicht ohne Bedeutung, daß sich die
Phantasie im Zoo abspielte."[4] Sie versteht die Anspielung nicht, und ich fahre fort:
„Ich dachte an Ihr Spiel mit Tieren in der Kindheit" – sie quälte und tötete im Spiel
Tier- und Menschenpuppen und hegt im übrigen auch viele Folter- und KZ-Phanta-
sien mir gegenüber – „als ob es hieße: Wirf diese Spitzbuben vor die Tiere! Und wir
dürfen auch nicht vergessen, daß Sie große Angst hatten, ein Tier werde Sie anfal-
len." Ich gebe ihr hier ein Andeutung bezüglich der mörderischen Wünsche ihren
Geschwistern gegenüber, aber auch jetzt noch von der Seite der Angst (Bestrafung)
und Abwehr (Verdrängung, Triebumkehrung, Projektion, Verschiebung) her.

„Es ist der *Wunsch*, daß das Tier sie (meine Geschwister) entführen würde und
wir sie nie mehr sähen." Sie gibt die Triebdeutung, obgleich noch in projizierter
Fassung.

„So daß, was *verdrängt* wird, der sehr spezifische Inhalt dieser eifersüchtigen Erinnerungen ist, nämlich daß die Tiere die andern Kinder beseitigten."

Zur folgenden Stunde kommt sie „in einer der schlimmsten Launen", die sie je
gehabt habe – aus vielen Gründen, Mißhelligkeiten zu Hause und an der Arbeitstel-
le. Dann fügt sie bei, ihr Mann habe Fellatio gewünscht; sie habe sich zuerst geweigert, habe aber dann gefühlt, sie könne es ihm doch nicht abschlagen; nun sei er jedoch böse auf sie, da er von ihr den Vorwurf spüre, sie sei von ihm dazu
gezwungen worden; das sei aber ganz lächerlich. Er beklage sich darüber, daß sie
ihn ständig mit Vorwürfen angreife; er werde das nicht mehr lange ertragen. Sie
fühlt sich sehr schuldbeladen. An einem Punkt habe er behauptet, es sei sehr
schwierig, mit ihr zusammenzuleben. Sie möchte ihm das ins Gesicht zurückschleu-
dern, habe aber Angst, sie würde dann nie mehr das Ende davon vernehmen. Sie
beginnt dann über seine finanzielle Unordentlichkeit und seine Anschuldigungen
ihr gegenüber zu weinen. Unter Tränen klagt sie darüber, wie sie an ihrer Arbeitsstelle etwas, das ihr Chef eingebrockt habe, auslöffeln müsse. Ich verknüpfe die beiden Situationen durch das ihnen gemeinsame Gefühl der Erniedrigung. Unvermittelt kommt sie wieder auf ihre Eifersucht gegenüber Schwester und Mutter ihres
Mannes zu sprechen; er schenke ihnen mehr Zeit, Blumen und Aufmerksamkeit als
ihr. Auf ihre Gefühle nehme er keine Rücksicht. Er lasse sie sich schlecht über sich
selbst fühlen, sage ihr, sie sei ein Zimperling; sie müsse ihm da auch Recht geben,
sie sei das ja. So daß es dann immer so ende, sage ich, daß sie ihm die Kritik erspa-
re und sich selbst angreife und erniedrige. Sie wendet ein, sie habe mir davon wohl
ein einseitiges Bild gegeben: „Greife ich ihn denn nicht wirklich auch an?"

„Das mag wohl so sein – doch v. a. um Bestrafung von ihm zu erfahren (to invite
punishment from him)."

---

[4] Kritisch würde ich hier überdies den Gebrauch der technischen Bezeichnungen – „verdrängen" (repress), „verschieben" (displace) – anmerken. Es gäbe wohl gefühlsnähere, erlebnisfähi-
gere Ausdrücke dafür, die vorzuziehen wären.

Zur folgenden Stunde (620) fühlt sie sich viel besser; doch versteht sie den völligen Stimmungsumschlag nicht.

„Eine Sache aber stört mich. Wir sprachen früher in der Woche über meine masochistische Neigung."

" – als eine Abwehr –"

„Richtig – aber ich schaue darauf als etwas für sich: daß ich es zu genießen (enjoy) scheine und daß ich nicht die Motivierung dafür habe, mich zu ändern; in einer krankhaften Weise genoß ich das Leiden auch gestern." Die Deutung ihrer masochistischen Einstellung als Abwehr wird von ihr dadurch zum Anlaß des Selbsttadels gemacht, daß sie diese bewußt zur Triebdeutung umformt.

Ich stelle diese durch den Hinweis auf die ursprüngliche Sequenz in Frage: „Doch in welchem Zusammenhang erschien diese masochistische Form der sexuellen Lust? Worauf bezog sie sich im jetzigen Zusammenhang?"

„Meine Gedanken begannen wegzuwandern. Ich habe ein neues Kleid. Ich wundere mich, ob Sie es bemerkt haben. Ich habe Gefühle, ich möchte für Sie attraktiv aussehen."

„Und die masochistische ‚Orgie‘ begann eben damit, daß wir der Zoophantasie in die Tiefe folgten, und die hatte auch damit zu tun, daß Sie attraktiv für mich sein wollten."

" – die Phantasie, Sie mit Ihren Enkeln zu sehen, und dann, daß wir über meine Gefühle meinen Geschwistern gegenüber sprachen, und mein Gefühl, daß ich die Vergangenheit nicht mehr ändern könne und ich nicht wisse, wie ich damit zurecht kommen könne."

„Aber es gab dabei etwas viel Spezifischeres, wovon wir zuvor noch nichts gehört hatten."

„Ich verstehe nicht, worüber Sie sprechen. Außer dem Teil, daß ich sie den Tieren hinwerfe oder daß die Tiere sie wegnehmen."

„Ja – was denken Sie (what about it)?"

„Ich habe jetzt einen Gedanken. Es ist schwer zu verstehen, was das mit dem [üblen] Gefühl von gestern zu tun hat: nämlich daß ich Ihnen vertrauen solle. Aber ich glaube nicht, daß dies eine wichtige Verbindung ist."

„Sie ließen etwas aus, was einen Teil der Brücke dazu ausmachte."

„Ich erinnere mich nicht daran. Am Ende war‘s nur darüber, daß die Tiere sie wegnehmen."

„Sie *richteten es gegen sich selbst* – schon in der Tierphantasie, schon damals." Die Abwehr ist nicht nur in der gegenwärtigen Sequenz innerhalb der Stunde beobachtbar, sondern läßt sich auch bei den frischen Erinnerungen wie auch an denen aus der Kindheit ersehen.

„Ich verstehe Sie nicht. Ich erinnere mich nicht, worum sich das handelte."

„Ihre Phobie – daß ein Tier Sie angreife und auffresse."

Nach längerem Schweigen erweitert und vertieft sie die Deutung in bedeutsamer Weise: „Ich erinnere mich an etwas: Als ich klein war, pflegten verschiedene Freunde meiner Eltern mich in den Zoo mitzunehmen. Sehr wenige von ihnen hatten schon ihre eigenen Kinder. So ‚borgten‘ sie mich. Einmal war ich so lange auf der Schaukel, bis ich kaum mehr zu gehen vermochte. Ich war damals etwa 3 Jahre alt.

So setzten sie mich in einen Kinderwagen (stroller). Ich war aufgebracht darüber. Sonst weiß ich nichts über jenen Besuch. Doch etwas anderes, das ich eben jetzt realisiere: Sie bekamen ein Kind, im selben Jahr, in dem mein Bruder geboren wurde. Damit büßte ich auch ihr Interesse an mir ein."

„Sie erwähnen dies im Zusammenhang von. . .", und ich wiederhole meine beiden letzten Bemerkungen. Wieder längeres Schweigen.

„Ich dachte an den Traum, den ich als Kind hatte – über den *Bären*, der mir nachjagte. Ich denke an ein Haus in der Nähe des Ortes in den Bergen von Appalachia, wo meine Großeltern wohnten. Es war isoliert. Eine alte Frau lebte dort. Sie war die Mutter jenes Ehepaares, von dem ich eben gesprochen habe. In der Stube hatte sie ein Bild von einer Indianerfamilie – einem tapferen Indianer, seiner Frau und seinem Kind; sie wurden von einem Bären in den Bergen verfolgt und auf einer Felsleiste in die Enge getrieben. Der Held versuchte seine Familie nur mit Pfeil und Bogen zu schützen. Jetzt erinnere ich mich auch wieder an jenen Traum: Es war im Garten des Hauses, und ich spazierte herum. Alle anderen waren im Haus; und plötzlich erblickte ich diesen Bären, und ich begann zu rennen. Aber – es fällt mir eben jetzt ein, daß ich vom Hause weg rannte, anstatt gegen das Haus hin und zur Sicherheit. Der Bär holte mich ein, fing mich und biß mich in die Schulter. Ich dachte, es würde wehtun, aber ich spürte es als etwas Warmes, fast in einer sexuellen Weise."

„So daß die Brücke vollständig ist."

„Ich kann die Ähnlichkeit sehen."

„*Zuerst die Aggression: daß das Tier die Geschwister, die Familie wegnehme; dann, zweitens, daß Sie diese gegen sich selbst wenden und das mit Angst erleben und daß schließlich drittens diese Angst und dieser Angriff gegen Sie mit sexuellen Gefühlen erlebt werden.*" Dies ist die *Rekonstruktion* der Abwehrsequenz, die sowohl die in der Stunde selbst gemachten Beobachtungen wie auch den im 8. Lebensjahr erfolgten Traum zusammenfassend, obwohl, wie sogleich ersichtlich wird, noch nicht vollständig, deutet.

„Ich sehe das, aber ich versuche zu verstehen, was das mit gestern zu tun habe."

„Der Ball ist auf Ihrer Seite. Das ist eine gute Frage."

„Ich nehme es buchstäblich – die Geschwister und die Familie loszuwerden – und gestern der Wunsch, meinen Mann loszuwerden."

„Jenen Bären, den Sie nicht ertragen können (that bear that you could not bear)" – sie lacht über das Wortspiel – „und dann, um die Erklärung zu vervollständigen –"

„ – wie ich es gegen mich selbst richtete."

„Sie fühlten sich von ihm verfolgt."

„Richtig."

„Und Sie hatten Lustgefühle dabei (enjoyed it)."

„Richtig. Immer und immer wieder alles, was ich nicht gern an ihm habe, was er falsch macht: Ich frage mich, ob er es mir zuleide tue, werde ich von ihm verfolgt? Ich will nicht zugeben, daß jeder Verdacht wie dieser falsch und ungültig ist." Sie erkennt und deutet selber die in ihren Befürchtungen steckende Projektion. „Das heißt nicht, daß ich nicht auch berechtigte Beschwerden gegen ihn habe; und in gewissen Hinsichten habe ich falsch gehandelt, und *er* hat berechtigte Klagen gegen mich."

Ich versuche diese Einsicht zu vertiefen: „Sie sagen: ‚Werde ich von ihm verfolgt?‘, d. h. daß alle Aggressionen gegen Sie gerichtet sind – wenn der Bär Sie einholt und packt (catches)."

„Ja – ich dachte auch daran – daß ich mich dafür *schämte*, wie ich mich gestern verhielt. Meine Verfolgungsgefühle helfen meiner Glaubwürdigkeit bei meinem Mann bestimmt nicht."

Hier ist auch die Facette der masochistischen Übertragung, spezifisch der durchgängigen Über-Ich-Übertragung besonders ersichtlich; sie hätte in diesem Zusammenhang wohl ohne Schwierigkeiten gedeutet werden können und wohl auch sollen. Statt dessen sage ich: „Ihre Wirklichkeit ist jetzt nach der Gußform jenes Traumes gestaltet: Der Bär ist jetzt da, neugeschaffen und aufrechterhalten in der Wirklichkeit."

„Ich denke eben, wie stark gestern meine Gefühle waren, verfolgt zu werden – als ob ein Schalter angedreht worden wäre und ich ihn nicht mehr abdrehen könnte. Und als er mir sagte, es sei meine üble Stimmung, nahm ich auch das als Zeichen von weiterer Verfolgung. Wenn ich darin stecke, finde ich nicht mehr heraus."

„Es war am Tag zuvor, hier in der Stunde, aufgestört worden." Auch hier wäre es wohl schon vorteilhaft gewesen, die spezifische Übertragungsbedeutung (ich meine nicht die der Eifersucht, sondern der Verurteilung) mit anzumerken. „Dann hatten Sie wohl in der Nacht einen Traum, der sich darauf bezog, und als Sie verstimmt erwachten, war es wie eine gebrochene Platte, und alles paßte während des Tages zu dieser Verfolgungsphantasie und der masochistischen Einstellung."

„Das erinnert mich daran, daß seine Schwester jede Nacht mit meinem Mann telefoniert und wie eifersüchtig mich das macht."

„So daß sich die Bärenphantasie an die Schwägerin anknüpft und dann im Zoo auf mich verschoben wurde?"

Längeres Schweigen. „Ich schäme mich sehr für diese Gefühle und darüber, wie ich mich gestern verhielt."

„Ich glaube, das ist ein sehr wichtiges Gefühl auch hier – *daß Sie sich fürchten, ich würde Sie wegen dieser masochistischen Gefühle auslachen und beschämen*. Wir können dies als *vierten* Schritt in diese ganze Abfolge einfügen und wohl auch schon für damals annehmen: daß Sie sich nämlich lächerlich gemacht fühlten und sich schämten. Wann war der Traum?"

„Zwischen 6 und 8."

„Was so wichtig ist dabei, ist dies: wie die gleiche Abfolge, die Sie jetzt so quält, schon damals in genau der gleichen Form vorhanden war."

„Das erinnert mich an etwas anderes. Ich war 10 oder 12. Jeden Sommer gingen wir ins Schwimmbad, ich und 2 Freundinnen. Gelegentlich fühlte ich mich gekränkt. Dann versteckte ich mich unter Wasser und weinte dort und fühlte mich tief traurig. Es war wie ein Spiel. Und wenn ich aus dem Wasser kam, gab ich vor, als ob mich nichts plagen würde."

„Wie der masochistische Teil der jetzigen Phantasie und die Scham dafür?"

„Das ist wahr. Ich vergleiche es damit, daß ich soviel weinte und mich fast krank damit machte, immer im Geheimen, nachdem ich zu Bett gegangen war."

„Und ich nehme an, daß es dabei auch viel Genuß gab."

„Das ist wahr. Ich erinnere mich: Als ich soviel weinte, hatte ich die Phantasie, daß mich die Eltern halbtot fänden und daß ihnen was sie mir angetan hatten leid täte. Und ich hatte letzte Nacht den Gedanken, ich wäre so aufgeregt und traumatisiert, daß ich wie ein Zombie, ohne Emotionen und Antwort, herumginge und sehr krank würde und Sie mich zu einem Arzt brächten. Es erinnert mich an Vaters Schweigeperioden. Er selbst muß es genossen haben, uns wissen zu lassen, daß er die Macht besaß zu sprechen und doch nicht sprach. In meiner Phantasie würde ich auch nicht sprechen können."

„Das ist ein wichtiger Zusatz. Wenn auch dies ein Teil der *Wendung gegen Sie selbst* ist, wie würde es lauten – ich meine die Rückversetzung ins Aggressive?"

„Dem Vater anzutun, was er mir getan."

„Das auch – aber mehr: Das Schweigen heißt Totsein. In der Phantasie spielen Sie einen Leichnam; *Sie wenden den Todeswunsch gegen sich selbst*." Auch hier versäume ich es, die schon von ihr ausgesprochene Übertragungsbedeutung mit in die Abwehrdeutung hineinzunehmen: daß sie mich durch ihr Leiden dazu zwingen möchte, mich ihrer tatkräftig als verzeihende Macht, also als gutes Über-Ich, anzunehmen und sie, trotz ihrer Tötungsphantasien, zu beschützen, zu heilen und zu lieben.

Schweigen. „Ich denke eben dran, wieviel besser ich mich heute fühle; und ich wundere mich, wie ich aus dieser masochistischen Orgie herauskam. Ich kann es nur so verstehen, daß es der Traum war, der den Konflikt gelöst hat."

„Wie Sie es sich hier gestatten können, in Gedanken und Gefühlen, in Phantasien und im Traum aggressiv, wütend, zu sein, ohne dies gegen sich selbst zu richten, wird der Bruch in der Platte übersprungen." Hier wird nun das eben Versäumte wenigstens indirekterweise nachgeholt.

„Das erinnert mich an die letzten Worte gestern vor dem Einschlafen: Mein Mann bemerkte, ich könne keine Kompromisse machen. Worauf ich ihm erwiderte: ‚Nur wenn auch du etwas tust, das du nicht willst. Dann werden wir uns auf halbem Weg treffen.' Es war die erste vernünftige Bemerkung, die ich machte."

„Sie wiesen ihm seinen Platz zu und wurden vom Bären nicht in die Enge getrieben, in die masochistische Stellung. Und das kann die Antwort auf Ihre Frage sein."

Ich habe diese 2 Vignetten namentlich darum gewählt, um die Mehrschichtigkeit der Abwehrformen, wie sie sich in den Beziehungen zur gegenwärtigen Außenwelt, in der Übertragung und in neuauftauchenden Kindheitserinnerungen zeigen, darzustellen und es auch zu beschreiben, wie diese Art kombinierter Rekonstruktion der Ich- und Über-Ich-Vorgänge sich im kleinen (wie auch im ganzen überhaupt) als dramatisch erfolgreich erweisen kann. Trotz der angemerkten Versäumnisse wurde die entsprechende Dynamik, wie ich in *The Mask of Shame* ausgeführt habe, soweit durchgearbeitet, daß eine dauerhafte und tiefe Charakterveränderung eintrat und bestehen blieb.

2.5 Suggestive Psychotherapie und psychoanalytische Technik

Freilich mag nun aber manches, was ich in den 11 Punkten des technischen Teiles ausgeführt habe, nicht möglich und dessen Gegenteil wünschbar sein. Hier kommen wir auf unser erstes Dilemma zurück, d. h. auf die Wahl der Behandlungsstrategie.

In manchen Situationen mögen verhaltensbezogene psychotherapeutische psychoanalytischen Eingriffen vorzuziehen sein.

Es handelt sich, wie ich in der Einführung dieses Kapitels erwähnt habe, um 2 grundlegende Paradigmata, das eine psychoanalytisch, das andere erzieherisch; ersteres befreit das innere Wachstum, letzteres führt, leitet, steuert es. Beide ergänzen sich. Wo Konflikt das führende Problem ist, ist die Psychoanalyse das bessere Modell. Wo irgend etwas, auf welcher Ebene auch immer, zu fehlen scheint, wo es ein Defizit oder einen Defekt gibt, mag Erziehung vorzuziehen sein. Diese *Komplementarität*, dieses Sicherergänzen, reicht jedoch tiefer: Es gibt wahrscheinlich keine psychoanalytische Behandlung, in der solche erzieherischen Elemente, solche psychagogischen Beimischungen völlig fehlen: „. . .und auch bei den meisten andern wird sich hie und da eine Gelegenheit ergeben, wo der Arzt als Erzieher und Ratgeber aufzutreten genötigt ist" (Freud 1918). Charakteristischerweise fügt er aber gleich hinzu: „Aber dies soll jedesmal mit großer Schonung geschehen, und der Kranke soll nicht zur Ähnlichkeit mit uns, sondern zur Befreiung und Vollendung seines eignen Wesens erzogen werden." Wenig später setzt er das berühmte Wort von der Nötigung hinzu, „das reine Gold der Analyse reichlich mit dem Kupfer der direkten Suggestion zu legieren". Umgekehrt gibt es wohl auch keine wirksame Erziehung in jenem tiefen und umfassenden Sinne der „Bildung" – ob als psychotherapeutische oder als eine andere –, die wahrhaft psychoanalytischer Beimischungen gänzlich entbehren könnte und ohne eine tiefe Einsicht in die während der Entwicklung unablässig entstehenden Konflikte auskäme.

Dies erfordert eine eingehendere Darstellung des Gegensatzes dieser 2 Grundtypen. Worauf kommt es denn bei diesen 2 einander gegenüberstehenden und doch fast unlöslich mit einander verwobenen Paradigmata an? „Brich das Eis deiner Zweifel; überwinde dich; das ist doch alles Einbildung, alles Gewohnheit, alles Sache des Willens. Durch die Erfahrung wirst du lernen, mit der Unvernunft, die in deiner Neurose haust, fertig zu werden. Belohnung und Strafe regieren die Welt, und wenn du mir in all dem folgst, wird es schon recht herauskommen. Was ich dir gebe, ist gut und wird dich heilen; was die Wirklichkeit dir sagt, wird dir helfen. Folge diesen zwei Lehrmeistern." Das ist Pädagogik; es ist Suggestion, mehr oder weniger subtile Seelenführung und Anleitung, mehr oder minder naive oder weise Psychagogie.

Aber inwiefern ist dies denn verschieden von dem spezifisch psychoanalytischen, konfliktverarbeitenden, konfliktlösenden Vorgehen? Schließlich arbeitet man ja dort auch mit der Übertragung – also dem Vehikel der Suggestion; man überwindet ebenfalls den Widerstand, braucht demnach seine Autorität, und man appelliert, zumindest implizit, daher auch an den Glauben. Und um noch moderner zu sein:

Kommt es denn in der Ich-Analyse nicht letztlich einfach darauf an, die Diskrepanz der jetzigen mit der damaligen Angstsituation aufzuweisen – und reduziert man demnach nicht die ganze Prozedur doch auf „Einbildung" und auf einen Appell zur Einsichtigkeit der jetzt gegenstandslos gewordenen Angst? Ist also das analytische Vorbild nicht einfach ein Sonderfall des anderen, des suggestiv-erzieherischen Paradigmas, eine Art des Lernens?

Die Antwort fällt nicht leicht. Ist es nicht so, daß Übertragung und Widerstand als Mittel der Einsicht und nicht der Einflußnahme benutzt werden? Ja, aber was bedeutet denn das? Es bedeutet vor allem, daß die Abwehrformen und Angstsituationen ernstgenommen, ganz von der von Moment zu Moment wandelnden Oberfläche her studiert, auf ihre Ursprünge zurückgeführt und in der Regression schöpferisch wieder erlebt (Loewald 1980), nicht als mehr oder weniger absurd abgetan werden. Es ist eine Technik von Takt und Intuition. Es ist „Erlauben der Selbstständigkeit", nicht Überredung. Dabei liegt der Anker im inneren Erleben, der Fokus auf dem inneren Konflikt und nicht auf dem Ziel, wie er etwa zu lösen sei. Die Deutungen dienen dazu, diese fokale Aufmerksamkeit zu schärfen, die Selbstreflexion zu klären, nicht darin, ihr eine Lösung vorzulegen oder aufzudrängen. Parallel dazu wird die Übertragung nicht benutzt, um Widerstände zu brechen, sondern sie dient als mikroskopische Linse, jene Angst- und Abwehrformen zu studieren. Man bemerkt die Gleichnisse – hier ist es Erforschung, Schauen, Suchen, dort ist es Bewältigung, Macht, Überwindung. Beide sind durchaus vollwertige, gültige, vornehme Formen der Hilfeleistung.

Zugestanden, aber ist denn das letztere nicht etwas recht Intellektuelles, in die dünne Atmosphäre hoher Rationalität Entschwindendes?

In der Tat mag es dazu kommen – als Karikatur, wie jenes andere zu brutaler Bemächtigung entarten mag.

Besinnen wir uns aber! In beiden wird eine Art Konversion, eine Form tief gefühlter Bekehrung erstrebt. *Wie* aber solche Wandlung zu erzielen sei, darin liegt der Unterschied. Es handelt sich um eine Verschiebung des Brennpunktes *vom Glauben an eine richtungweisende Autorität* zur *selbsttätigen* und sich selbst wiederholenden, *sich selbst überzeugenden Einsicht.* Was ist aber dabei der entscheidende Unterschied? Er liegt darin, daß das, was durch den Abwehrvorgang, namentlich durch die *Verdrängung, auseinander gerissen* und in seiner Verbundenheit unbewußt gemacht worden ist, wieder zusammengebracht wird. Es ist ganz ähnlich dem, was Goethe von der Kunst forderte: „. . .der Geist ist es, der *Verknüpfungen zu entdecken* und dadurch Kunstwerke hervorzubringen hat. . . Er lernt denken, *das Passende gehörig zusammenzubinden*. . ." („Betrachtungen im Sinne der Wanderer", *Gesamtausgabe* Bd. 18, S. 41).

Vielleicht etwas überspitzt gesagt, *zwingt* die Autorität zusammen, was die Einsicht ins eigene Erleben zusammen*bringt* und zusammenwachsen läßt. Was der Glaube an die Autorität zusammenbindet, hält nur solange, als jener Glaube oder sein Abkömmling fortbesteht. Solcher Glaube ist zwar auch nicht zu verachten, aber was die immer wieder vollziehbare Einsicht zusammenfügt, wächst mehr und mehr zusammen. *Die Synthese* wird mit anderen Worten *erstrebt, nicht gemacht.* Der Zusammenhang wandelt sich von einem nicht mehr gewußten zu einem, der mehr und mehr von innen her vertraut, nicht von außen her eingeredet und auf Überzeugung angewiesen ist. Was solche strikte psychoanalytische Einsicht, die wirklich zutiefst auf lange Sicht und haltbar verändernd wirken soll, zustande bringt, wird im folgenden einzeln ausgeführt.

Umgekehrt ist es vielleicht das Wichtigste im Erzieherisch-Psychagogischen, eine gute Über-Ich- Figur zu sein und in taktvoller Weise dem Patienten zu helfen, innerhalb der Grenzen der Realität zu handeln. Intellektualisierung mag begrüßenswert, Übertragungsdeutungen mögen oft unwillkommen sein. Und doch scheint mir auch eine gute Kenntnis der Abwehrvorgänge unerläßlich für gute Psychotherapie zu sein.

Der Fokus liegt, glaube ich, dabei mehr auf dem Erreichen des *Zieles*, nämlich auf der Übernahme bestimmter Werte und auf der Anpassung an die äußere Wirklichkeit.

Wir haben gesehen, was die im eigentlichen Sinne psychoanalytische Einsichtsgewinnung, die wirklich zutiefst über Zeit verändernd wirken soll, ausmacht. Sie läßt sich in folgende Schlagwörter zusammenfassen: 1) von der jeweiligen Oberfläche auszugehen, mit der besonderen Wichtigkeit der Kontiguität: „Warum jetzt? Warum in diesen Zusammenhang?"; 2) das Vorausgehen der Abwehranalyse vor der Triebanalyse; die detaillierte, komplizierte Kenntnis der Abwehrvorgänge, Moment für Moment; 3) die so oft vernachlässigte und schwierige Deutung der Übertragung von Abwehr; 4) die sorgfältige, zurückhaltende und doch entscheidend wichtige Rolle der Rekonstruktionen; 5) die Rolle der nichttechnischen, persönlichen Beziehung mit Beibehaltung der Neutralität und Enthaltung; und 6) das Prinzip: „Je spezifischer, um so wirksamer" – und damit die Bedeutsamkeit des rechten Moments, des Kairos.

Ich wende mich nun im Konkreten den suggestiv-psychotherapeutischen Maßnahmen zu, die sich auch in der psychoanalytischen Behandlung schwieriger Fälle hie und da als nötig erweisen:

Die Vergangenheit mag als Schutz gegen eine zu stark konfliktbeladene und noch nicht bewältigbare Gegenwart und gegen Übertragungsaspekte dienen und daher für Deutungen vorzuziehen sein. „Vorzeitige" genetische Deutungen können Ordnung in ein Chaos bringen und so zum mindesten ein Gefühl der wieder erlangten Meisterung und Bewältigung vermitteln, ob dies nun illusorisch sei oder nicht; auf diese Weise können sie auch das Vertrauen in den wissenden Therapeuten zu einer Zeit der Hilflosigkeit und Verzweiflung stärken.

Wie schon erwähnt und von Anna Freud betont wurde, vermag Intellektualisierung eine kräftige und bitter notwendige Abwehr gegen akute innere und äußere Gefahren sein. Übertragungsdeutungen sind oft verfrüht, unangebracht, dem Analytiker, aber nicht dem Patienten einsichtig. So können Zwangsneurotiker und andere vorwiegend narzißtisch eingestellte Charakterformen eine zu starke Abwehr gegen das Erkennen der Übertragungsseite haben. In anderen schwerer Kranken würde die Neigung zur Regression dadurch vertieft (Gray 1986).

Kommentare über die Außenwelt zeigen zwar häufig eine Über-Ich-Qualität und werden entweder als kritisierend oder als ratend-beschützend empfunden. Je kränker der Patient oder je verzwickter seine Situation jedoch ist, um so notwendiger wird solches Verlassen der Äquidistanz, aber desto weiter entfernt man sich gewöhnlich auch vom Modell der Psychoanalyse. Die Frage stellt sich dann immer dringlicher, ob man nicht eher zur eingangs erwähnten Kombination von vertikalem und horizontalem Vorgehen greifen soll. Überschreitet solch schützendes oder warnend-verurteilendes Autoritätsverhalten ein gewisses Maß, wird es schwierig, wieder zum analytischen Vorgehen zurückzufinden. Was Freud über die verfehlte Terminsetzung gesagt hat, gilt ganz allgemein für Eingriffe, die, wie jene, als „erpresserisch" oder als „Drohung" erlebt werden können: „Ein Mißgriff ist nicht mehr gutzumachen" (1937).

Zuviel Autorität und Suggestion ist nicht einmal gute Erziehung, und gute Psychotherapie folgt (im Gegensatz zum psychoanalytischen Modell) wohl im wesentlichen dem erzieherischen Paradigma: Sie bezweckt das Hereinnehmen eines besseren, wohlwollenderen, vernünftigeren Über-Ich und damit das Lernen besserer äußerer Anpassung. Wo man es mit Störungen der Affektregulation und damit mit Impulsproblemen zu tun hat, sind oft solche äußeren Maßnahmen im Sinne der Affektkontrolle (z. B. Drogen) oder Grenzsetzung (gemeinsames Einsetzen zusätzlicher Therapiestrukturen wie Alcoholics Anonymous oder Antabus oder Eheberatung etc.) unerläßlich und müssen, wenn sehr schonend, taktvoll und nicht autoritär angewendet, nicht unbedingt der analytischen Methode grundsätzlich entgegengesetzt, sondern können mit ihr synergistisch sein.

Soweit das Konkret-Empirische dieser beiden Typen, die von Fall zu Fall sich in der Behandlung in verschiedenem Gleichgewicht befinden, dieselbe Würde besitzen und, wenn sie gut sein wollen, größter Kunst und Bedachtsamkeit bedürfen.

2.6 Theorie und Technik

Noch ein Nachwort zu diesem Abschnitt: Technik kommt bekanntlich von *techne* – Kunst, Geschicklichkeit, Kunstfertigkeit. Man nimmt gewöhnlich an, daß die Theorie weitgehend die Technik bestimmt. Das stimmt wohl zum Teil. Aber die gegenläufige Behauptung mag mindestens ebensoviel für sich haben: daß die *Technik zu bestimmten theoretischen Folgerungen führen muß*. Da meiner Ansicht nach die psychoanalytische Technik außerordentlich schwierig ist und man sich oft von unausgesprochenen, vielleicht sogar unbewußten Faktoren in der Entwicklung solchen Stiles leiten läßt – v. a. der Idealisierung eines oder mehrerer Lehrer oder des eigenen Analytikers, oder auch von deren Gegenstück, der Annahme einer Gegenidentität –, ist es oft so, daß die technischen Begrenzungen und Beschränkungen solche der Theorie mit sich führen. *Mangelhafte Technik führt zu mangelhafter Theorie, die dann zirkulär wiederum jene bestätigt.* Beide werden hernach mit großem Affekt und dogmatischer Überzeugung als gut und allein seligmachend erlebt.

Dabei ist es ersichtlich, daß nicht einfach jede mit guter Überzeugung gehandhabte Technik auch schon gut ist. Hier hat ein Kritiker der Psychoanalyse wie Adolf Grünbaum durchaus Recht, wenn er den Einfluß unspezifischer Elemente wie die der Suggestion und der Placebowirkung sowohl auf die Theoriebildung wie auf die therapeutische Wirksamkeit betont. Die entscheidende Frage der Wissenschaftlichkeit der Analyse wie der *spezifischen* Wirksamkeit bestimmter Deutungen bezieht sich genau auf dies Problem der Qualität der Technik und läßt sich nur beantworten, wenn man genau der Frage nachgeht, was denn eine „gute" Intervention, eine „gute" Stunde, eine „gute" Therapie von einer „schlechten" unterscheide. Es ist doch wohl so, daß von Fall zu Fall, von Moment zu Moment, nur ganz wenige Interventionen seitens des Analytikers oder Psychotherapeuten optimal, manche aber auf kurze und andere eher auf lange Sicht hin schädlich sind. (Dabei erscheint mir übrigens die analytisch orientierte Psychotherapie im ganzen technisch noch schwieriger und anspruchsvoller als die Analyse.)

Vieles im heutigen theoretischen Babel mag sich auf solche technischen Unklarheiten zurückführen und durch deren Klärung auch lösen lassen. Da sich gewöhnlich die Falldarstellungen auf überaus verdichtete und in abstrakten Ausdrücken gehaltene Zusammenfassungen beschränken, ist es wirklich unmöglich, die Stichhaltigkeit der theoretischen und praktischen Behauptungen zu überprüfen oder oft sogar auf die eigenen Fälle anzuwenden. Das übereilte und abrupte Überspringen von klinischer Beobachtung zugunsten von Verallgemeinerung[5] und metapsychologischer Formulierung widerspricht Elementarforderungen wissenschaftlicher Etikette (vgl. Slap u. Levine 1978; S. Brody 1982).

Obwohl es nicht einfach ist, das Wesen der therapeutischen Arbeit beschreibend wie erklärend wiederzugeben, ist eine solche Forschungsarbeit unerläßlich, wenn sowohl der Lehr- wie der Wissenschaftsbetrieb der Analyse auf eine befriedigendere wissenschaftliche Grundlage gestellt werden sollen. Die philosophische Kritik und unser eigenes erkenntniskritisches Gewissen zwingen uns dazu, die Faktoren der Suggestion und anderer unspezifischer Faktoren sorgfältig von denen der spezifischen Wirkung, die angeblich durch *wahre Einsicht* erzielt wird, abzutrennen. Dies kann am besten durch die genaue Beobachtung des Wechselspiels in der Analyse geschehen, sei es durch Tonbandaufnahmen und deren genaue Untersuchung, sei es, wie ich es hier versuchen werde, durch stenographische Aufzeichnungen *während* der Stunden und den post hoc gemachten Beobachtungen und kritischen Erwägungen.

Dabei wird von der schon eingangs erwähnten Annahme ausgegangen, daß es sogenannte „gute" Stunden gibt, die gewisse Vorgänge mit besonderer Klarheit zeigen, zu vertiefter Einsicht bei beiden Teilnehmern führen und denen eine spürbare klinische Besserung folgt – die also das illustrieren können, was von Grünbaum (1984) als „Freuds Übereinstimmungsprinzip" („tally argument") bezeichnet wurde: daß nämlich die Deutungen, die einer inneren Wahrheit im Patienten entsprechen, ihrer Wirksamkeit und Einleuchtungskraft wegen beibehalten werden, während die, die diese vermissen lassen, wegfallen.

In all dem ist das Wichtige freilich, sich klinisch nicht einzuengen. Eine später vorgestellte Patientin – Dilecta (Kap. 7) – sagte jüngst, gegen Ende ihrer Analyse:

---

[5] Rubinstein (1983) belegt eindrücklich ähnliche voreilige oder ungenügend fundierte Verallgemeinerungen bei Freud.

„Ich fürchtete mich davor, daß Analytiker ihre kleine Theorie haben, in die sie ihre Patienten hineinpassen. Das fühlte ich nicht bei Ihnen. Sie versuchten mich nicht in ein Modell zu zwängen. Ich hätte nicht alle diese Jahre mit Ihnen überlebt, wenn Sie ein inflexibler Analytiker gewesen wären. Dann hätte ich wohl rebelliert und hätte die Analyse längst verlassen."

Jeder Patient ist ein neues Rätsel. Was ich hier dargestellt habe, sind lediglich Wegweiser ins Unbekannte. Oft mögen sie ein Stück weiter helfen, aber andere Male zeigen sie ins Unwegsame oder Weglose. Hält man sich dann weiterhin an sie, versteigt man sich.

Wie sich aber die hier im Abriß dargestellte analytische Einstellung bei der Behandlung schwerer Neurosen in praktischer Weise zeigt und zu welchen Befunden und Ergebnissen sie führt, möchte ich nun anhand einer Reihe von eingehend geschilderten Fällen darlegen.

3 „Bestellt, uns selbst zu richten" Ressentiment und Agieren

> „Die ‚Sünde' – denn so lautet die priesterliche Umdeutung des tieri-
> schen ‚schlechten Gewissens' (der rückwärts gewendeten Grausam-
> keit) – ist bisher das größte Ereignis in der Geschichte der kranken
> Seele gewesen: in ihr haben wir das gefährlichste und verhängnis-
> vollste Kunststück der religiösen Interpretation."
> (Nietzsche, *Zur Genealogie der Moral*, 3.20, S. 387)

Der Hauptgrund, warum Vera, eine damals 26 jährige Assistenzärztin, zur Analyse kam, war ihr verzweifeltes Dilemma in ihrem Liebesleben: Sie fühlte sich tief einem Manne verbunden, mit dem sie in allen Beziehungen ideal zusammenzupassen schien, außer in der Sexualität – sie fühlte sich mehr und mehr von ihm körperlich abgestoßen; während des Verkehrs war ihre untere Körperhälfte wie betäubt. Dieser Freund und Verlobte, Felix, den sie sehr gerne geheiratet hätte und mit dem auch beide Elternpaare die eheliche Verbindung herbeiwünschten, war ein feinsinniger, kluger und großzügiger Mann. Sein einziger Fehler war, daß sie mit ihm nicht „die Wand, von der ich abprallen könnte (the wall I could bounce off)" zu erleben vermochte. Solche Wände fand sie dann in einer Reihe von zunehmend gröberen, kalten, egoistischen Kollegen, die in jeder Hinsicht weit unter ihr standen. Es waren rohe, unfühlende, weit weniger intelligente Figuren, die alle aber die gleichen hervorstechenden Merkmale besaßen: Sie mußten sehr muskulös sein und waren auch gewöhnlich massiv, groß und schwer, sogar fett, langsam in Bewegungen und Denken. Mehrere dieser Olympier hatten auch ernsthafte Probleme mit Alkohol und mißhandelten die Patientin körperlich wie seelisch. Sie ließ sich mehrfach in sehr leidenschaftliche Liaisons mit ihnen ein; auch ihre sexuelle Ansprechbarkeit war dabei sehr intensiv. Einer dieser Erwählten war gewöhnlich, dick, betrunken und stank nach Knoblauch, ein anderer war ungebildet, ein dritter ließ sie sitzen, wann immer sie auf ihn wartete.

Ihren Freund Felix, den sie als so gut und vornehm schilderte und dessen sie sich als so zutiefst unwürdig erwiesen hatte, veranlaßte sie mit den Bekenntnissen ihrer Eskapaden, sie ans Bett zu binden und mit einem Gürtel zu züchtigen, eine sexuell sehr befriedigende Szene, die sie in manch abgewandelter Form auch später noch als Phantasie für den Orgasmus benötigte.

Ein Jahr nach Beginn der Analyse begann sie ein weiteres solches Verhältnis, das 3 Jahre andauern sollte. Diesmal informierte sie ihren Verlobten davon, um ein offenes und ehrliches Leben führen zu können, und löste die Bindung zu ihm. Innerhalb von Wochen stellte es sich heraus, daß der neue Geliebte ihrer Liebe nicht würdig war. Wann immer sie sich ihm eröffnete, wandte er sich mit Kälte und Unfreundlichkeit von ihr ab. Oft war er betrunken, zerstörte ihr Auto, schlug sie, trampelte auf ihrem Bauch herum, ging wieder mit seiner früheren Geliebten aus und belog sie. Aber trennen konnte sie sich nicht von ihm. Sie bemutterte ihn, badete ihn, kleidete ihn an und aus, flehte ihn um seine Liebe an, schwor, ihre Liebe werde nie enden, was auch immer kommen werde. Trotz solcher Gelübde entschied sie sich etwa alle 2–4 Wochen, die Liaison abzubrechen. Wenn er aber winselnd zurückkam, fing das ganze wieder von neuem an. Ihren früheren Verlobten und ihren Vater, einen Gelehrten, behandelte sie als Freunde und Vertraute, denen sie ihr Leiden schilderte und von denen sie Kritik, Mitleid und Verzeihung erhoffte und auch immer wieder erhielt. Dasselbe spielte sich in subtiler Form mir gegenüber ab.

Ihre Freunde und Freundinnen konnten es nicht verstehen, warum sie ihren gebildeten, übrigens auch athletisch ausgezeichneten Verlobten für eine solche „dumme Muskelmasse, die nur mit Grunzen antworten könne und deren Handschrift und Orthographie unverständlich seien" – wie eine Freundin ihren derzeitigen Geliebten apostrophierte – austauschen konnte. Sie selbst nannte diesen Favoriten einen „Knollen an einem Baumstamm" oder eine „Waldschnecke", und sie vermochte es sich gewiß nicht vorzustellen, wie sie den Rest ihres Lebens an der Seite eines Mannes verbringen könne, dessen höchste Freizeitbefriedigung darin bestand, mit einem Bierhumpen vor dem Fernsehapparat zu hocken und der sie ihrer hohen Bildung wegen beneidete und drangsalierte.

Sie pflegte ihn zu warnen, daß er mit 50 Jahren infolge seines Rauchens beide Beine unter dem Knie amputiert haben werde. Trotz all dem, trotz Dutzender von Mißhandlungen und Verstoßungen und trotz mehrerer gefährlicher alkoholbedingten Autounfälle mit ihm kehrte sie immer wieder zu ihm zurück. Erst im späteren Verlauf der Analyse und nach der Abtreibung der von ihr ziemlich bewußt herbeigeführten Schwangerschaft gelang es ihr schließlich, die Beziehung mit ihm abzubrechen.

Übrigens ist Vera eine recht große, schlanke, sportliche Frau mit langen braunen Haaren, großen, ausdrucksvollen Augen, markanten Zügen, einem entschlossen gesetzten Kinn. Ihre Bewegungen sind flink und entschieden, ihr Lachen und ihr Zorn rasch und nahe der Oberfläche, ihre Reaktionen überhaupt unmittelbar, und ihr Redestil klar, oft poetisch, gelegentlich vulgär, fast immer pointiert.

Im folgenden werde ich mich bemühen, ausführliche, fast wörtliche Ausschnitte aus dieser wie auch aus mehreren anderen Behandlungen zu geben, damit der Leser bei sich selber Schritt für Schritt deren Fortgang, die Vertiefung von Einsicht und Erfolg wie auch Verpassen von Gelegenheiten zu erwägen und zu untersuchen vermag. Wie ich später, im Zusammenhang mit den Fragen der Erkenntniskritik (Bd. 2), ausführen werde, glaube ich, daß diese von der üblichen Falldarstellung in psychoanalytischen Schriften erheblich abweichende Form den wissenschaftlichen wie auch didaktischen Ansprüchen besser genügen kann.

In bezug auf diese Auszüge muß man im Auge behalten, daß es sich dabei gewöhnlich um besonders intensive Episoden der Erkenntnisgewinnung handelt, daß daher das Maß *meiner* Aktivität wesentlich größer ist als im Durchschnitt. Dennoch finde ich im ganzen, daß gerade bei diesen schweren Neurosen eine recht aktive Form der Analyse am Platz ist. Das Suchen nach tieferer Einsicht ist ein intensiver und aktiver Prozeß. Ich hatte übrigens denselben Eindruck von meinen Gesprächen mit Jenny Wälder-Hall: daß nämlich auch ihr Vorgehen ganz allgemein weit aktiver war als es der stereotypen Vorstellung von der „Passivität" des Analytikers entspricht.

Ehe ich ein paar längere Auszüge aus der Arbeit mit Vera und die bis heute erreichte Lösung wiedergebe, erwähne ich, daß sie die älteste von 4 Geschwistern ist, daß ihr Vater ein hervorragender Gelehrter ist, der aber völlig unter dem Pantoffel seiner Frau stehe; diese wird als versagend, emotionell knauserig und in ihren Affekten unberechenbar beschrieben. Vor allem sei sie ständig bereit, aufs schärfste moralisch zu verurteilen: „Du darfst das ja nicht tun! Wie kannst du deinem Vater solch einen Schmerz zufügen!" Auch habe sie sich sehr negativ gegenüber der erwachenden Sexualität ihrer Tochter verhalten und deren Suche nach Nähe abgewiesen. Sie sei eine strenge und harte Frau, die gerne alle um sie herum sich schuldig fühlen lasse.

Ihr Vater schien weich und verständnisvoll, aber im ganzen eher verführerisch. Trotzdem neigte er zu Körperstrafen, die sie als großes Unrecht und tiefe Schmach empfand. Sie war ein sehr aktives, zeitweise bubenhaftes Kind, litt aber seit früher Kindheit unter schweren Depressions- und Angstzuständen, die von einer Art Semihalluzination begleitet waren. Sie sprach selbst von einer *Spaltung*: Ihre Eltern waren, so dachte sie in früher Kindheit, heilig und gut während des Tages, aber Räuber und Diebe während der Nacht, schlichen in der Dunkelheit herum und stahlen Silberwaren.

Dabei sei sie selbst aber auch ein besonders rebellisches Kind gewesen. Schon mit 2 oder 3 Jahren habe sie den Vater von sich gestoßen und mit ihren Füßen weggetrampelt, wenn er sie aufheben und küssen wollte. Sie hatte viele schreckliche Streitigkeiten mit ihrer Mutter, die sie immer ganz elend und zerknirscht hinterließen. Sie sah sich dann als „absolut böse, völlig allein, häßlich, schmutzig, verstoßen und ungeliebt – in der Finsternis wimmernd und in der Kälte kauernd, verhaßt und hassenswert, ein untermenschliches, kleines, rotznäsiges Wesen" (149). Mit 14 brachte sie es dazu, daß sie aus der Mittelschule hinausgeworfen wurde, da sie mit anderen in der Schulzeitung Obszönitäten in Morsekode als Rißlinie gedruckt hatte.

Neben der Einstellung und den Handlungen impulsiver Rebellion und dem oft hohen Preis, den sie dafür zu entrichten hatte, zeigte sie zeitlebens mannigfaltige Manifestationen phobischer wie ungebundener Ängste. Auf besonders wichtige Phänomene dieser Art in früher Kindheit werde ich später zu sprechen kommen.

Nach dem Geschlechtsverkehr, namentlich mit ihrem Verlobten, saß sie im dunklen Badzimmer, seines Angriffs mit einem Metzgermesser gewärtig. Sie fühlte sich gezwungen, ihm zuzurufen, um sicher zu sein, daß er noch im Bett lag und nicht bewaffnet auf sie lauerte und sie umbringen wollte. In der Verzweiflung war sie davon überzeugt, daß nur die Analyse ihr noch zu funktionieren erlaube und sie sich sonst bestimmt umbrächte. Jedoch schon eine Woche später, wenn sie wieder mehr Distanz gewonnen hatte, war die Intensität dieser Affektstürme wie weggeblasen – obwohl sie noch im Stillen weinen mochte. Wichtiger: es schien ihr dann, als ob jenes Gefühl gar nicht Teil ihrer Persönlichkeit, jenes Ich (self) nicht identisch mit diesem Ich wäre, also als ob sie *in 2 Persönlichkeiten gespalten* sei.

Sie selbst erklärte diese Spaltung etwa 11 Monate nach Beginn (149) in der folgenden faszinierenden Weise, nachdem wir diese Spaltung auf Ausmaß und Stärke der Ängste zurückgeführt hatten: „ – daß ich sie nicht zu *einer* Person machen kann, daß ich sie trennen muß, um sie gegeneinander zu schützen. Der böse Teil ist

so böse, daß er den guten Teil töten könnte und daß ich beide nicht zusammen verstehen kann. Sie sind nur zu verstehen, wenn ich sie trenne. Es ist so leicht zu verleugnen (deny), daß der eine existiert, wenn er gegenüber dem anderen zurücktritt.
Wie ich heute nicht glauben kann, daß ich je solche Verzweiflung gespürt habe, wie
ich sie erlebt habe. Wenn der eine regiert, ist es, als ob der andere nicht existierte.
So ist es mit meiner Mutter: Wut und Liebe sind voneinander gespalten, ebenso die
guten von den Räubereltern. Die einzige Zeit, in der die Räubereltern gegenwärtig
sind, ist die, wenn die guten schlafen. Die 2 sind verschiedene Eltern, schwarz und
weiß. Das gleiche geschieht mit Felix: der Felix, der mich liebt und sich meiner annimmt (cares) ist ein guter Mann – gegenüber dem schlechten, der mich schlägt
und sich gemein benimmt, in einer Rolle, die ich ihm aufgezwungen habe."

„– die wir sogar hier beobachten können – daß ich Sie plötzlich angreifen könnte oder total verwerten würde."

„Andererseits fällt es mir sehr schwer, wütend auf Sie zu sein –"

„– genau deswegen –"

„Sie sind der Gute (the good you), erhaben über jeden Tadel."

„Es ist notwendig, denn jeder Fehler (crack, Spalte) würde den völligen Zusammenbruch bedeuten. Wenn Sie mich nicht idealisierten, wäre die Wut überwältigend."

„Es ist sicherer, sie zu verleugnen –"

„– und sie gegen die Arbeit und ihren Vater und Felix zu richten."

Man bemerkt, wie diese „Spaltung" in absolut gute und absolut böse Teile ihrer
und der anderen Identität einen komplexen Prozeß darstellt, aus Angst vor der Intensität der Wut und anderer aggressiver Impulse erfolgt und mit Verleugnung und
Idealisierung einhergeht. Sie ist emotionell ganz real, doch intellektuell korrigiert.
Im weiteren Verlauf ergibt es sich, daß mit der Bewußtwerdung der Hauptkonflikte
und der gesamten Abwehr- und Affektstruktur dieses Phänomen allmählich abnimmt.

Ich bin geneigt, in der „*Spaltung*" selbst nicht eine elementare Abwehrform zu
sehen, sondern eher das Ergebnis von mehrfachen Abwehrvorgängen in schweren
Konflikten. Im übrigen gibt es mannigfache Formen solcher „Spaltungen", die nicht
von dieser Art der Antithese von gut und böse sind. Zum Beispiel beschreibt sie 2
Monate später, wie sie in gleicher Weise sexuelle Erregung vom Geschlechtsverkehr
dissoziiere: „Ich konnte mich davon distanzieren; das Sexuelle war getrennt und geheim, es existierte nicht außerhalb jenes Raumes. Jetzt ist es aber, als ob ich die
sexuelle Erregung hier verspüre, die ich gestern nacht [mit einem Kollegen, mit dem
sie den Notfalldienst teilte] hätte fühlen sollen, wo sie sofort aufhörte" (174). Diese
Dissoziation geschah, „um in Kontrolle zu bleiben": „Ich teile das Geschlechtserle-
ben auf (compartmentalize), da es etwas Böses und Gefährliches ist" (175). So
bricht sie das Sexuelle im folgenden Sinn entzwei (als Quasizitat): „Wenn ich Verkehr habe, ist es nichts Sexuelles, da ja ich nichts fühle. Wenn ich einen Orgasmus
habe, ist es nicht sexuell, da es nicht bei der Penetrierung und außerhalb des Verkehrs selbst geschieht. Statt dessen erscheint das Monstrum mit einem Messer: Es
ist Angst und Aggression statt Sexualität."

Diese Art der „Spaltung" ist wirklich v. a. Form und Ausdruck massiver *Verdrän-*

gung, teilweise mit Gebrauch der Gewalttätigkeit, um sexuelle Wünsche und Gefühle abzuwehren (244), also mit Benutzung der einen Triebart als Abwehr gegen die andere (Brenner 1982). Dies bezieht sich daher auch auf die Spaltung zwischen den 2 Männern: „Die Phantasie des Wegnehmens und Abschneidens ist möglich in einem Gelegenheitsverhältnis, aber unmöglich mit Felix [dem Verlobten]. Die Angst ist zu groß" (262).

Und als Rudolf erschien, wurde diese Spaltung komplett: „Zwei Männer und zwei Ich (selves). Nur der starke Mann kann mich gegen die Aggression schützen. Er wird stark genug sein, mich zu kontrollieren. Damit ist er ungefährlich (safe)" (273).

Sie braucht, zusammen mit der radikalen Verleugnung, die äußere Autorität, ihr bei der Kontrolle überwältigender Gefühle und Impulse, die namentlich bei der physischen Intimität angeregt werden, zu helfen. Sie sucht *äußere Bändigung und Bindung* als Antwort auf spezifische Konflikte. Welche diese spezifischen Konflikte sind, enthüllte sich erst allmählich.

Eine andere Version der Spaltung ist die ihre Analyse begleitende *Depersonalisierung*. „Es ist ein schreckliches Gefühl der Leere und des Totseins: daß ich nicht fühlen kann" (149). Schon früh in der Analyse beschreibt sie, wie sie aus sich heraus trete: „Dies bin ich nicht, das ist eine andere Person." Sie fürchtet sich, sie könnte sich an mich und meine hypnotische Kraft verlieren und wäre unfähig, sich wiederzugewinnen (44). Die Frigidität ist selbst eine Form der Depersonalisierung; sie fühlt sich unempfindlich in den Lenden und wie tot, als Abwehr gegen die Phantasie, daß der Mann wie das Spinnenmännchen zwischen ihren Beinen sterbe (54). In Zuständen der Angst und Scham geschieht es bis heute, daß sie sich in einen von außen beobachtenden und einen erlebenden Teil spaltet.

Eine Art von Dämmerzuständen kommt ebenfalls öfters vor – auch diese von einem Erleben der Doppelheit begleitet. Nach einem Telephonzwist mit ihrem wiederum als selbstgerecht und selbstgefällig erlebten Vater, dessen intellektuelle Arroganz sie subtil angegriffen und der ihr, nun gereizt, Beschämung mit Beschämung zurückgezahlt habe, erwacht sie um 1 Uhr in der Frühe, überzeugt, ihre Zimmerdecke sei von Spinnweben verhüllt. Wie sie nach dem Besen greift, um sie abzustauben, erkennt sie, daß es sich dabei um bloße Phantasmen handelt. Überwältigt von Panik liegt sie für Stunden wach.

In diesen Ängsten sieht sie z.B. auch ihre Mutter, nicht nur ihren Verlobten, ihr mit einem Messer auflauern, bereit, sie zu erstechen, oder sie nimmt rote Spinnen und Ameisen wahr, die aus Wandspalten eindringen. Unfähig, das Licht anzuzünden, empfindet sie oft die Dunkelheit als ein auf ihr lastendes Ungeheuer – ein oft wiederkehrender Alptraum, der sich indes mit ihrem Wirklichkeitserleben vermischt.

Solche Panikanfälle ereigneten sich über weite Strecken der Analyse, doch verschwanden sie während der manifest masochistischen Beziehungen zu ihrem Geliebten Rudolf zeitweilig fast ganz, um nach dem Bruch mit ihm wieder aufzutreten und erst mit den hier später gegebenen Lösungen allmählich abzulassen.

Ihre chronische Haltung zeigt tiefes *Ressentiment*: „Ich bin übervorteilt (cheated) und betrogen worden." Gleichzeitig kämpft sie gegen alles Unrecht an und ist eine Vorkämpferin für Unterdrückte und gegen Inkompetenz. Wenn ein Konflikt zwi-

schen der Analyse und ihren Verpflichtungen als Assistenzärztin bestand, gab sie
meistens der Analyse den Vorzug und setzte es durch, daß man ohne sie durchzu-
kommen hatte. Dies trug nicht wenig dazu bei, daß sie am Ende des 3. Jahres aus
ihrem Ausbildungsfach eliminiert und schließlich nur mit Mühe als Assistentin in
einer neugegründeten medizinischen Disziplin aufgenommen wurde, einer Fach-
richtung, die sie im späteren Verlauf wenig erfüllte. Dabei war und blieb sie aber
anscheinend eine ganz hervorragende Ärztin und Lehrerin und entwickelte im Verlaufe der Jahre eine besondere Sensitivität für die Behandlung psychiatrischer Not-
fallsituationen und Probleme.

In diesem Kapitel (3) soll die für die Abwehranalyse so bedeutsame Frage, wie
das „Agieren" anzugehen sei, behandelt werden. In einem zweiten Teil – im nächsten Kapitel (4) – versuche ich, den faszinierenden Spaltungsphänomenen ihrer
Identität und Objektbeziehungen nachzugehen. In einem Schlußabschnitt (4.5) soll
versucht werden, den Kern der Neurose, wie wir ihn in der Schlußphase der Analyse sehen, darzustellen.

Es wird nicht überraschen, daß zu Beginn der Analyse und noch für lange Zeit
die Übertragung ebenso *gespalten* erschien wie die anderen nahen Beziehungen:
Sie idealisierte mich und wagte sich im ganzen ihre aggressiven Ängste und Impulse nur in Form von Träumen, in denen ich sie sexuell bedrängte und sie mich mit
Schelten und Zorn zurechtstellte oder ganz und gar erledigte, einzugestehen. Viel
deutlicher griff sie dagegen ihre Vorgesetzten an oder provozierte diese dazu, sie
herabzusetzen, indem sie wiederum so ihre Feindseligkeit und sadomasochistische
Beziehung von mir auf jene bösen Außenkräfte verschoben und mich so wirkungsvoll vor ihnen verschont hatte. Statt aggressiver Phantasien auf der Gefühlsebene
hatte sie aber in der Stunde plötzliche wahrheitsnahe Schreckbilder von der Art jener Semihalluzinationen, in denen ich ihr meinen Bleistift ins Auge steckte oder
mich über sie neigte und sie sexuell zu belästigen begann.

In welchem Sinne die dissoziierten Erlebniseinheiten nicht nur Konflikte, sondern die mit diesen zusammenhängenden und sie begründenden Traumata darstellen, wird sich im Laufe der Darstellung noch klarer zeigen. Doch das Hauptproblem
stellte über Jahre das masochistische *Agieren* dar. Dem wende ich mich jetzt eingehender zu und wähle dafür eine Reihe besonders aufschlußreicher Stunden aus der
Mittelphase der Analyse, etwa 2½ Jahre nach Beginn.

Das stete Hin und Her in ihrem Liebesverhältnis mit Rudolf bedrohte sie auch in
ihrem täglichen Funktionieren. Sie hatte mehrere ernsthafte Autounfälle und riskierte auch in anderer Weise ihre Fahrbewilligung, was umgekehrt wieder ihre Be-
rufstellung und selbst die Weiterführung der Analyse bedrohte.

Ich war daher mehr und mehr durch das Ausmaß ihrer klinischen Regression erschreckt. Die Analysestunden waren angefüllt mit den Beschreibungen solch regressiver Geschehnisse und Affektstürme. Nicht selten fühlte sie sich so von Depression
und Selbsthaß überwältigt, daß sie bekannte, es sei einzig ihre intellektuelle Überzeugung, es werde wieder vorübergehen, die sie vom Selbstmord abhalte. Zuweilen,
nach einem neuen Kälteeinbruch auf der Seite ihres Freundes, schrie sie in ihrer
Entrüstung oder Verzweiflung in der Stunde und hämmerte mit Füßen und Händen
gegen Couch und Wand.

Ich versuchte, das selbstzerstörerische Handeln mit der Übertragung in Verbindung zu setzen – ihren Versuch, mich zur Hilfe und zur tatkräftig-starken Intervention zu bewegen (the wall to bounce off), daß ich also meine Stärke angesichts ihrer Aggression wirksam zeigen konnte –, und im Gegensatz dazu schien in dessen ständiger Fortsetzung etwas wie eine unbewußte Absicht zu liegen, mich als unfähig und die Analyse als wirkungslos und ohnmächtig hinzustellen. Wir sprachen über ihre „analytische Frigidität", die der sexuellen analog war. Sie erwähnte selbst ihre masochistische Übertragung – wie sie massive Überzeit arbeiten müsse, um die Analyse bezahlen zu können, und wie sie denke, ich verlange von ihr, daß sie sowohl Rudolf wie auch Felix nicht mehr sehen solle, „Ich weiß, es verhält sich nicht wirklich so, aber ich sehe Sie als einen grausamen Vogt (task master), der will, daß ich gänzlich einsam dahinlebe, um die Analyse zu retten. Jede Facette meines Lebens wandelt sich in etwas Masochistisches, wo ich mich quäle und zerstöre" (441). Dies ist übrigens ein gutes Beispiel dafür, wie die Übertragung selbst zum inhaltlichen Thema wird und es nicht braucht, „par force" hereingezerrt zu werden.[1]

Die folgende Stunde schalt Vera sich heftig, daß sie tags zuvor Geld für einen Kleiderstoff ausgegeben habe, den sie dann haßte; sie spare an dem, werfe aber mehr hinaus für die Analyse als sie vermöge. Mit Rudolf sei sie frigide gewesen: „Ich wurde eisig (I just froze)". Sie erwähnte ihre Mutter, die sie oft wütend wegen der Vergeudung einiger Dollars angeschrien habe. Ich bemerkte: „Um sich nicht mehr so den überraschenden Angriffen Ihrer Mutter ausgesetzt zu fühlen, übernehmen Sie die Kontrolle, indem Sie sich zuerst selbst angreifen: ‚Es ist besser, wenn ich mir das selbst antue, ehe sie es mir antun kann‘." Diese *vorbeugende Identifizierung mit der verurteilenden Mutter* ist eine eminent wichtige Sonderform der Identifizierung mit dem Angreifer. Sie fungiert als Zwischenstufe bei der Verinnerlichung der Über-Ich-Autorität.

Sie kehrte zur Beschreibung des Geschlechtsverkehrs zurück, zu ihrem Wunsch, schwanger zu werden, und zu dem ihr sehr peinlichen Verlangen, während der Fellatio oder während des Verkehrs selbst dem Partner den Penis wegzunehmen. Das war aus manchen ziemlich expliziten Träumen, in denen sie Bilder von „einem abgelösten Penis" oder vom „Abschneiden des Penis" gesehen hatte, wie angedeutet, schon früher oft ersichtlich geworden, ohne daß es freilich möglich gewesen wäre, dies in den umfassenderen Konfliktzusammenhang einzuordnen. Ja, sie finde Rudolfs Penis sehr schön und habe ihm das auch gesagt. Sie fühle viel mehr eine Art „Penisverehrung" (*penis awe*) – einen Begriff, den sie selbst schon im College geprägt habe – als Penisneid. Ich fragte sie, ob es nicht eher die vom Penis gefühlte Lust als der Penis selbst sei, wessen sie sich mit so überwältigendem Verlangen während des Verkehrs zu bemächtigen wünsche und was sie in der Phantasie auch erlebe, wenn sie sage: „Ich will ‚es‘ nehmen! Ich will ‚es‘ behalten! ‚Es‘ gehört mir!"

---

[1] Ich meine dies im Zusammenhang mit den Bemerkungen von Anna Freud über die abwehranalytische Technik (in Sandler u. Freud 1985, S. 65 f.): „... it is quite different from the technique of not waiting for transference, but rather of forcing everything into the transference, which is interpreted immediately", und wo sie warnt: „Don't interpret transference before it *is* transference."

Dies Verlangen war nämlich gerade dann besonders stark, wenn der Mann seinen Orgasmus hatte, während sie selbst nie orgastisch zu sein vermochte, solange er in ihr war, sondern nur wenn er ihre Klitoris oder Brustwarzen stimulierte, gewöhnlich *vor* seinem Eintreten. Ihren eigenen Orgasmus erlebte sie oft als eine Art des Zerberstens (bursting) und des gewaltsamen Todes.

Sie stimmte dem zu und erwähnte wieder ihre Unfähigkeit, letzte Nacht etwas zu fühlen, unterbrach sich aber dann: „Als ich mich eben daran erinnerte, wie ich mich völlig tot fühlte, hatte ich eine Verstümmelungsphantasie: Ich stach mich ins Abdomen, wie um meinen Uterus herauszuschneiden. Das Totsein und die Frustration waren so entsetzlich – meine Unfähigkeit, mich zu eröffnen, immer so tot zu sein."

„Der verbotene und angstvolle Wunsch, es dem Mann wegzunehmen, es abzuschneiden – nun gegen Sie selbst gerichtet,"

„Statt ihn zu kastrieren, ersteche ich mich."

„Und die ganze masochistische Einstellung erscheint wie eine verallgemeinerte Erstechungsphantasie. Je mehr Sie einen Mann verachten und hassen, desto mehr können Sie es sich erlauben, jenen Wunsch ganz bewußt zu verspüren, es abzuschneiden; und dann ist es nicht nötig, frigide zu sein. Anderseits mußten Sie Ihren Verlobten, den Sie als Persönlichkeit so bewunderten, gegen solche Wünsche beschützen."

Die Sequenz war damit klar die folgende, und ich legte sie ihr als eine Art *Rekonstruktion* der Abwehrvorgänge vor: „1) Ich will ‚es' wegnehmen, das heißt die Lust, die allein der Penis empfinden darf, das bedeutet aber auch den Penis selbst. 2) Wenn ich den Mann wirklich liebe und respektiere, ist dieser Kastrationswunsch absolut verboten. Ich muß ihn völlig verdrängen. Ich bin frigide, ich bin tot; ich fühle überhaupt nichts mehr. 3) Die verdrängte Aggression taucht wieder auf, und zwar in gegen mich selbst gerichteter Form als Erstechungs- und Verstümmlungsphantasie, wie in dem fast unwiderstehlichen Zwangsgedanken, die Abdominalaorta mit einem Messer anzustechen. 4) Diese Phantasie wird dann verallgemeinert in die masochistische Einstellung und zeigt sich in einer Fülle von Symptomhandlungen, in denen ich das leidende Opfer von Mißhandlungen bin. Im Gegensatz dazu, wenn ich mich dazu berechtigt fühle, Ärger, Feindseligkeit und besonders Verachtung dem Mann gegenüber zu fühlen, kann ich mir diese Phantasie, ‚es' an mich zu reißen, erlauben; damit werden die Schritte 2), 3) und 4) unnötig, und damit bin ich auch symptomfrei, außer daß ich den Partner zu ebensoviel Grausamkeit mir gegenüber zu provozieren versuche wie notwendig ist, um meinen eigenen Haß und meine Verachtung zu rechtfertigen; z.B.: ‚Wenn du weiter rauchst, wirst du ganz bestimmt in 20 Jahren beide Beine gerade unter den Knien abgesägt bekommen'; oder: ‚Wie kann ich einen Gesellen wie dich je heiraten, der kein anderes Interesse hat, als Bier zu saufen und das Fußballmatch am Fernsehen anzustarren – einen Mann mit einem solchen Schneckenpotential!'" Damit war es unnötig, ihn gegen ihre Impulse zu schützen; das vollbrachte er schon sehr kraftvoll für sie beide (442).

In analoger Weise benahm sie sich in der Übertragung: Wenn sie mich idealisierte, mußte sie mich ebenso gegen alle ihre aggressiven („kastrierenden") Impulse schützen und bedurfte statt dessen ihrer „ausagierten masochistischen Orgie". So benutzte sie ihr Liebesverhältnis mit dem Quäler, 1) um mich dazu zu provozieren, sie zu kritisieren und zu tadeln, damit sie sich dann um so freier fühlen könnte, ihr Ressentiment mir gegenüber zu bekennen und gegen mich als nun etablierte Über-Ich-Figur zu rebellieren; 2) um mich dazu zu veranlassen, mit Rat und Tat gegen einen mehr und mehr gefährlichen und brutalen Mann einzuschreiten und zu ihrem Schützer zu avancieren, also die schützende Funktion des Über-Ich zu übernehmen; und 3) vielleicht am prominentesten, um mich als unwirksam, unsere Einsichten als großartige Blindgänger und damit all mein Können und Wissen als lächerliche Prätention zu entlarven – in einer Umkehrung des Über-Ich-Verhältnisses: Nun wäre ich der klägliche Versager, nicht sie.

Hinter dem Geliebten und mir stand der unaufmerksame, zerstreute, sowohl abweisende wie verführerische Vater: Sie mußte etwas Falsches getan haben; nur so konnte sie sich erklären, daß er ihr so gar keine Aufmerksamkeit schenkte und sie von sich wies. Obwohl seine Schläge sie zutiefst gedemütigt hatten und dabei ihre Ohnmacht und Rachsucht sich zu einem nagenden Ressentiment zusammengeballt hatten, spürte sie auch Lust dabei: „Wenigstens zeigt er mir jetzt Aufmerksamkeit, und unter der Verhüllung durch Gewalt darf ich Lust empfinden" (445).

All diese Verbindungen wurden gemeinsam und mit ihrer sehr aktiven und interessierten Zusammenarbeit entwickelt, doch wurden sie weder voll miteinander integriert noch schienen sie eine (positive) Wirkung auf ihre Handlungen auszuüben.

Zur nächsten Sitzung (446) erschien sie nicht, aber etwa 20 Minuten nach deren Anfang rief sie mich an: sie habe einen schweren Unfall gehabt, ihr Auto sei dabei völlig beschädigt („totaled") worden. Nein, sie sei nicht verletzt worden.

Das Sichtfeld erweiterte sich: Es waren nicht nur kastrierende Impulse, die ihr in die Quere kamen, sondern Haß, Verachtung, Wünsche zu töten, Eifersucht und Hohn. All diese aggressiven Affekte und Impulse – gefühlte, gefürchtete und verbannte Impulse – benötigten jenen unerbittlichen inneren Richter, der so viel von dem, was sie aufgebaut hatte, niederzureißen befahl. Die nicht zum Schweigen zu bringende Stimme dieses dämonischen Richters konnte nur dann besänftigt werden, wenn sie einen äußeren Tröster und Beschwichtiger fand. So war denn ihre Strategie mit ihrem Geliebten (wie auch mit mir) dieselbe, die sie bei ihrer Mutter vergeblich anzuwenden versucht hatte und die darauf angelegt war, eine böse und verurteilende Mutter zur guten zu verwandeln, die herbe, lieblose Gestalt durch ihre Unterwerfung und durch ihr Leiden in eine annehmende und umsorgende zu machen – was sie, ihrer eigenen Rivalität wegen und „wegen ihrer Vertrotztheit", in Realität nicht hatte vollbringen können. So war denn ihr Geliebter: groß, schwer, fett, lieblos, kalt, egoistisch, ein Konterfei dieser Mutterfigur, die sie hätte besänftigen sollen. Ihn wirklich zu lieben, müßte doch die Wirkung haben, ihn zu verändern und so auch ihrer schmerzlichen Unfähigkeit, die wirkliche, unbedingte Liebe ihrer Mutter zu erringen, endlich Herr zu werden (449).

Dies war also wiederum ein Stück wichtiger Einsicht, doch ließ sich auch diese nicht ohne weiteres mit dem vorausgehenden „Komplex" verknüpfen. Sie bestand in einer Dynamik, die mit beiden Männern, Felix und Rudolf, ausgespielt wurde, mit dem guten, der nicht schlecht genug war, und dem schlechten, der nicht gut genug war, und mit mir, der nett und gut in ihrer Wahrnehmung war, aber in ihrer

Phantasie sie aufs schärfste dafür verurteilte, daß sie all die Dinge wollte, auf die sie doch kein Recht hatte. Dieser zweite größere Komplex zeigte wieder eine innere Spaltung zwischen 2 beinahe symmetrischen Beziehungen, wie der, den wir zuvor auf der Ebene des Kastrationskonflikts festgestellt hatten.

Doch gerade so, wie sie jene parallelen Beziehungen – die mit dem idealisierten, aber asexuellen Verlobten und die mit dem sadistischen und verachteten, aber sexuell anziehenden Geliebten, die mit dem billigenden und die mit dem abweisenden Mann – nicht miteinander integrieren konnte, war es weder ihr noch mir möglich, diese beiden Ebenen zu verbinden. Unser Verständnis blieb fragmenthaft und lag in großen Stücken vor uns, die voneinander isoliert blieben.

Zu der Zeit suchte sie ein Refugium bei der Mutter ihres vorigen Verlobten – bei einer Frau, die sie wohl vorbehaltloser (undividedly) als irgend jemanden sonst liebt –, ein Refugium von ihrer vergiftenden Ambivalenz gegenüber jedermann.

Doch die selbstzerstörerischen Handlungen setzten sich fort. Rudolf nahm offen seine Liaison mit einer früheren Freundin wieder auf und verbrachte das Wochenende jeweils mit jener, doch hielt er sein Verhältnis mit Vera aufrecht, abwechselnd gebend und verweigernd, sie aufsuchend und sie abweisend, sie anflehend und sie mit seinem Hohn zerfetzend. Sie fühlte sich von ihm in die Tiefe gezogen. „Die Abweisung ist das, was sich wiederholt. Wenn er kalt ist und mir den Rücken zuwendet, schnappe ich über (I flip out). Die kalte Zurückhaltung (withholding) ist genau das, was meine Mutter zu tun pflegte. Dabei fühle ich mich gezwungen, ihm zu schwören, daß ich ihn liebe, obwohl ich ihm wirklich zürne – es ist dasselbe wie mit meiner Mutter: sie zurückzugewinnen trotz meines Zorns. Ich muß meinen Zorn bagatellisieren und verleugnen. Sie konnte ihn nicht ertragen, noch kann er es jetzt."

„Doch warum halten Sie noch immer an ihm fest" (453)? Warum diese Notwendigkeit der Impulssequenz und der Verleugnung? Das war in der Tat die Frage!

Sie gab sich entschlossen und schrieb für sich, während sie mit ihm am Telefon sprach: „Ich habe mich doch entschieden – ich muß nun festbleiben, ich werde nicht nachgeben. Ich kann nicht so weitermachen. Und es wird recht herauskommen." Doch dann das Besessenheitsgefühl: „Ich will sterben. Ich werde mich ins Herz oder in die Aorta oder in die Vena cava stechen." Das wäre eine Handlung des Zornes, nicht nur gegen den treulosen Geliebten, sondern ebenfalls gegen mich und ihre Familie. Ich sagte ihr das auch: wie hilflos sie mich zu machen versuche (455).

Anhand ihrer gegen sich selbst gerichteten Aggressionen versuchten wir abzulesen, was deren ursprüngliche Bedeutung gewesen sein mochte. Ein Bild: ein Autounfall, in dem ihr Becken zerschmettert und ihre Gebärmutter vernichtet würde.

„Ist es nicht möglich, daß, gerade wie Ihr Selbststechen an die Stelle des Abschneidens des Penis trat, in diesem Zusammenhang dieser Wunsch so zu übersetzen ist: Ich wollte die Gebärmutter meiner Mutter angreifen, ihre Fähigkeit Kinder zu haben? Ein solcher Wunsch wäre aber viel zu beängstigend gewesen und mußte daher gegen Sie selbst gerichtet werden."

„Und dazu kommt meine Überzeugung, daß ich betrogen (cheated) worden war. Ihre Liebe war begrenzt (a limited amount). Was sie meinem Bruder gab, war mir entrissen worden. Und mit der Ankunft der beiden anderen wurde sie noch mehr aufgeteilt." (Die Geschwister kamen, als Vera 22 Monate, 4 und 8 Jahre alt war.)

„So daß der Neid und Ihr Gefühl, betrogen worden zu sein, dies bedeuten würde: ‚Ich will die Schwangerschaft zerstören und später die Brust meinem Bruder
wegnehmen.‘ Und vielleicht auch: ‚Wie leicht es wäre, den Bruder, solange er noch
so klein ist, umzubringen!‘ Und dann, als Schutz gegen diese erschreckenden Wünsche, müssen Sie beteuern: ‚Ich brauche einen starken, großen, mächtigen Mann,
der mich umfassen und halten kann. Mein Verlobter war einfach nicht stark genug.
Ich hatte keine Wand zum Abprallen bei ihm.‘ Das heißt: ‚Er konnte mir nicht genügend Sicherheit gegen jene beängstigenden Verlangen bieten – gegen beide Formen der Aggression, die der Entmannung und die der Tötung des brüderlichen Rivalen.‘"

„Dazu paßt es vollkommen, daß ich so von dem Film *Amarcord* fasziniert war, in
dem ein Kind den Kopf seines kleinen Bruders mit einem Stein zu zerschmettern
versuchte" (456).

Selbstverständlich durfte jemand, der so aggressive Gefühle und mörderische
Wünsche hegte, an nichts Freude haben, sondern mußte pausenlos leiden und sich
jenem harten inneren Richter, den brutalen und entsetzenverbreitenden Sturmtrup-
pen ihrer Träume und den äußeren Quälern beugen. Die sollten doch als Gegenkräfte und Absicherungen gegen ihre eigenen so gefährlichen Aggressionen dienen.
„Ich bin mein eigenes Opfer, und ich hasse mich zutiefst. Sobald ich eine innere
Stille fühle oder ein Vergnügen, ergeht der Ruf: ‚Warum leidest du nicht?‘" Absicherungen? „Ich brauche jemanden, der stärker als ich ist, damit er mich beschützen kann, mich vom Auseinanderbersten abhalten, mich gegen meine Wut sichern
kann – jemand, der eine zugleich zurückhaltende und doch liebende Mutter wäre"
(460).

Sie unterhielt sich mit ihrer Mutter: „Ich fand etwas Interessantes heraus, das alles bestätigte, was wir gefunden haben. Mein Bruder war viel umgänglicher und erhielt viel mehr Aufmerksamkeit. Einmal, als sie ihn stillte, schmiß (hurled) ich einen
Becher (mug) voll Milch durch das Zimmer. Sie bemerkte, daß etwas nicht richtig
war mit mir und sagte zu ihrer Mutter, daß sie sich sehr wegen mir sorge."

Sie wiederholte, wie oft ihre Mutter zornig und deprimiert gewesen sei, und noch
jetzt, wenn sie sie müde sehe, frage sie sich immer: „Das ist wieder mein Fehler;
was habe ich denn jetzt wieder getan?" Die Unbeständigkeit der mütterlichen Zuneigung müsse die Wurzel für Veras starke Eifersucht und jene „*Ökonomie des Neides*" gebildet haben: „Die Liebe, die er, der Bruder, bekommt, wurde mir vorenthalten. Oder gestern – wie bedingt die Liebe meiner Mutter wirklich ist: Sie hat
mich nur gern, wenn die Bratpfanne sauber ist."

Sie dachte wieder über die tiefe Ähnlichkeit zwischen Mutter und Rudolf nach;
wie bedingt auch seine Liebe sei, und wie herabwürdigend und „schneidend" (cutting down) sie beide seien. Ich wunderte mich, ob sie dies nicht ihrerseits auch tue
– ihm, Felix und mir gegenüber –, und ich fuhr fort: „Mag sich nicht jetzt wiederholen, wie Sie *mit* Ihrem Bruder *für* die Liebe Ihrer Mutter im Wettstreit standen?
Wird es nicht jetzt mit Felix und seiner Mutter wieder ausgespielt: Sie schnitten ihn
klein (cut down) und schnitten ihn aus Ihrem Leben (cut out) heraus und haben
nun seine Mutter für sich als Ihre Vertraute? Und bei Rudolf ist es der laute Protest:
‚Ich habe ihn doch so gern und sorge mich für ihn so unbedingt, da ich mich fürch-

te, ich möchte ihm auch antun, was ich gegen meinen Bruder im Sinn hatte'?" Sie
bestätigte, wie sehr sie mit ihrem Bruder rivalisiert habe (competitive), wie sie immer wieder ihre Überlegenheit über ihn habe beweisen müssen und von ihrer Mutter Versicherungen verlangt habe, daß auch ihr Penis so groß wachsen werde wie
der seine. „Habe ich mir nun jemanden ausgesucht, der offensichtlich dümmer als
ich ist?", bei dem sie also klar ihre Überlegenheit auskosten konnte (als Beispiel für
das Kaliber dieses Geisteshelden sei erwähnt, daß er, immerhin ein Doktor der Me-
dizin, fest und steif behauptete, der längste Tag des Jahres sei im August) (463).

Mit all diesen sich an manchen Fronten vertiefenden Einsichten, die ich auch immer wieder, wenn es ohne Forcieren möglich war, mit der Übertragung zu verknüpfen versuchte, wurde hingegen das „Agieren" nur um so schwerwiegender. Mehr
und mehr sah sie in ihrem emotionell versagenden (unavailable) und kalt sich von
ihr zurückziehenden Partner eine Neuauflage ihrer Mutter, die sie als „emotionell
geizig" bezeichnete. Sie erging sich mehr über jene „Ökonomie des Neides": Liebe
und Aufmerksamkeit der Mutter seien um so weniger geworden, je mehr sie diese
mit jemand anderem, namentlich mit ihren Geschwistern, zu teilen hatte.

Ihre Haßliebe gegenüber der unzuverlässigen Mutter, wie sie sich bei ihrem Geliebten wiederholte, trat für eine Weile in den Vordergrund. Das „Agieren" ging
weiter. Es war klar, daß sie die Mutter speziell aus *Eifersucht* haßte und daß sie
ganz besonders auf die Brust eifersüchtig gewesen war, die die Mutter dem jüngern
Bruder gegeben hatte.

Bei ihrem gegenwärtigen Freund hatte sie nun freilich Grund genug, eifersüchtig
zu sein, aber das war nicht immer so gewesen, und bei ihrem Verlobten hatte sie
sich erst den Grund geschaffen (und auch sehr darunter gelitten): als er sich nämlich dasselbe Recht der Untreue nahm, das sie sich zuvor genommen. Obwohl ihre
Eifersucht v. a. auf die Mutter gerichtet schien, mußte sie doch wohl auch Wünsche
gehegt haben, den Rivalen zu beseitigen, oder doch zumindest Angst vor derartigen
Wünschen haben. Solche kastrierenden und zerstörenden Impulse zeigten sich Rudolf gegenüber nicht nur in Redewendungen und Handlungen, sondern auch in der
Abwehr durch Reaktionsbildung, wenn sie zwischen den Zänkereien ihn in über-
triebener und infantilisierender Weise zu bemuttern und zu verwöhnen trachtete. Es
war ihr intellektuell klar, wie sie ihn erniedrigte und ihn recht eigentlich seiner
Männlichkeit, seines Stolzes und Erfolgs beraubte – de facto, nicht als bewußtseins-
fähiger Wunsch.

Was daraufhin als eine Art von Crescendo im Agieren geschah, erregte tiefe Besorgnis und stellte mir schwierige technische Probleme: In einer Reihe subtiler
Handlungen erregte sie die Eifersucht ihres Geliebten dermaßen, daß er sie wiederholt physisch mißhandelte. Ich befürchtete das Herannahen einer Katastrophe.

Es zeigte sich, daß dies eine der Formen war, in denen sie sich mit einem bestimmten Bild ihrer Mutter identifiziert hatte: Nun war es nämlich nicht mehr sie,
Vera, die eifersüchtig war, sondern Rudolf spielte das eifersüchtige Kleinkind. Sie
reizte ihn zur blinden Wut, als sie ihm sagte: „Hör doch schon auf, ein Baby zu
sein. Sei ein Mann!" Sie war es, die seine Eifersucht anstachelte, indem sie Interesse
an einem anderen Mann bezeugte, ihre Analysestunden betonte, ihn enttäuschte
und ihr kühles Detachement ihm gegenüber zeigte, aber auch dadurch, daß sie ihm

Gelegenheit bot, sie zur Bekenntnis ihrer Verfehlungen und zur Entschuldigung dafür zu zwingen.

Nachdem sie Freund Rudolf endlich ihren Eltern vorgestellt hatte, die freundlich, aber weniger als enthusiastisch erschienen, wurde etwas, was mir bis anhin entgangen war, plötzlich sonnenklar: wie viel sie selbst dazu beitrug, ihren Geliebten eifersüchtig zu machen – oder vielleicht eher, wie sie jemanden gewählt hatte, der sich zu Taten rasender und fast wahnhafter Eifersucht hinreißen ließ. Er versuchte, ihr nicht nur das Gespräch mit ihren früheren Freunden zu verbieten, sondern auch ihre Weiterführung der Analyse zu unterbinden. Als sie sich weigerte, warf er sie durch das Zimmer und drohte, sie zu schlagen. Fortan versuchte sie es vor ihm zu verhehlen, wenn sie zur Analyse kam. Doch schämte sie sich über das Doppelspiel und entschloß sich, ihm klaren Wein einzuschenken. Doch fürchtete sie sich dabei sehr, von ihm verletzt, vielleicht für immer beschädigt zu werden. Sie war auch durchaus und stets bereit zuzugestehen, wie sehr dieses „Agieren" die Analyse störe und zunichte mache. Ich hatte wiederholt meiner sich vertiefenden Besorgnis Ausdruck verliehen.

Was ich übrigens noch nicht erkannte, war, daß genau dasselbe auch auf mich zutreffen könnte: daß sie seit langem durch diese herabwürdigenden Verhältnisse *meine Eifersucht zu erregen* versucht hatte. Dies mag wohl auch ein wichtiger Faktor in der übertragungsähnlichen Beziehung zu Felix, ihrem früheren Verlobten, gewesen sein: das zwanghafte Durchspielen eines Szenarios, in dem *sie die treulose, eifersuchterweckende Mutter spielen mußte.*

Ihre Abwehr gegen ihre eigene Eifersucht während der für sie traumatischen Szene, als sie ihren Bruder an der Brust der sonst so verweigernden (ungiving) Mutter sah, war also nicht nur die der *Verdrängung* und die der *Identifizierung mit der traumatisierenden Mutter*, sondern erfolgte durch ihr Handeln, als *Externalisierung* und *Umkehrung.* Jedes Stück der Erinnerung spielte sich als Teil der wiederholten Szene ab. Ihr Leben folgte einem unsichtbaren Drehbuch, in endlosen Variationen über das gleiche Thema. Und dies Thema war vor allem: *statt eifersüchtig zu sein, mußte sie jemand anderen eifersüchtig machen.* Dies war die Abwehr durch *Umkehrung.*

Diese zentrale Bedeutung ihres Szenarios war natürlich vollkommen unbewußt, und so war dessen Anknüpfung an die ursprüngliche Szene. Doch waren abgeleitete Erinnerungen, Deckerinnerungen, von Anfang an bekannt gewesen: wie sie mit 5 Jahren den Vornamen ihrer Mutter annahm, auch deren Beruf annehmen wollte, ihre Teddybären stillte, später die Wut darüber, daß ihre Katze Junge bekam und sie säugte, während sie selber zu der Zeit noch immer keine Brüste hatte, ihre lebenslange Karriere selbstzerstörerischer Handlungen und der trotzigen Rebellion gegen ihre Eltern und nun mehr und mehr auch gegen mich, doch auch, in unklar verbundener Weise, ihre Rettungs- und Hilfsphantasien, das Bedürfnis für ein geheimes Verhältnis und schließlich und vor allem ihre masochistische Selbstauslieferung (surrender). Doch wieder und wieder, damals wie jetzt, ihre Abwehr durch Handlung, oder genauer, *ihre Abwehr durch Externalisierung*, „die Wiederholung innerer, intersystemischer Konflikte als äußere Kämpfe – re-staging his internal (intersystemic) conflicts as external battles", wie es Anna Freud beschrieb (1965, S. 42).

Das folgende kritische Material stammt von einer Doppelstunde (einem nicht selten notwendigen Ausweg aus der Schwierigkeit, die Stundenpläne von uns beiden zu koordinieren: 477/478): Sie sprach des langen und breiten über ihr eigenes verführerisch-provokatives Verhalten gegenüber Rudolf und seinem neuen gewalttätigen Ausbruch, dem sogleich ihre unterwürfige Sühne durch tränenreiche Entschuldigungen und sexuelle Unterwerfung folgte. Gleichsam als Beschwichtigung für mich verglich sie ganz richtig diesen Ablauf mit dem, was sich mit ihrer Mutter und neuerdings mit mir abspielte. Ich unterbrach sie jedoch: „Ich befürchte, Sie spielen mit dem Feuer (inviting a catastrophe): Wir wissen, wie gewalttätig Ihr Freund sein kann; wir kennen sein Problem mit dem Alkohol. Ich denke, daß Sie ihn anführen (leading him on). Alles was ich sage und was immer wir hier herausfinden scheint es nur zu verschlimmern, und Ihre Einsichten dienen als Rationalisierungen zur Fortsetzung dieses sehr gefährlichen Spieles."

„Je mehr ich weiß, desto mehr tue ich es. Es ist eine Trotzhandlung. Ich schreibe Ihnen die Rolle der Autorität zu, um selbst fein heraus zu sein (to be out of the affair)."

„Sie fordern eine erstrangige Bestrafung heraus."

„Von ihm, aber auch von Ihnen – daß Sie sagen: die Analyse ist vorbei, sie ist zerstört, daß ich hinausgeworfen werde. Dies ist es, was ich zu provozieren versuche. Ich werde wieder aus der Schule geworfen. Es ist dieselbe Wiederholung."

Ich bestätigte den einen Teil ihrer Befürchtung: „Sie riskieren Körperverletzung. Wir haben gehört, wie er Sie geschlagen, gepufft (punched), herumgeworfen und getreten hat und wie er Sie schon in Unfälle verwickelt hat. Was ich z. B. befürchte ist, daß Sie ihn dazu provozieren, Sie heftig ins Gesicht zu schlagen, wenn Sie seine wilde Eifersucht noch mehr anstacheln, und auf diese Weise Ihr Leben ruinieren könnten. Oder noch Schlimmeres."

Ich fühlte, daß dieses Ausarbeiten ihrer eigenen Befürchtungen über die Folgen ihrer Externalisierungen ein wesentlicher Teil meiner Arbeit sein mußte; denn alle Deutungen, und ganz besonders auch alle Deutungen der Übertragung, so weit ich sie zu dem Zeitpunkt geben konnte, hatten sich als unzureichend erwiesen, da ich die *Gründe* für ihre manifeste Rebellion und Provokation der Bestrafung, also für die *masochistische Übertragung*, noch nicht erkannte. Der Wiederholungszwang dieser Vorgänge war ihr evident und völlig unheimlich.

„Provoziere ich also körperliche Gewalttätigkeit als Bestrafung? Ist es eine Wiederholung? Woher kommt sie? Denn es ist unzweifelhaft ein krankhafter Zwang in mir."

„Genau!"

„Tat ich das mit meinen Eltern? Die Prügel zu provozieren? Dann aus der Schule geworfen zu werden – das war eine direkte Provokation, eine Rebellion, eine indirekte Trotzhandlung gegen meine Eltern."

„Und ebenfalls sehr destruktiv."

„Es begann nicht erst, als ich 14 war." Sie erging sich in Spekulationen darüber, wie sie ihren Bruder schlagen oder töten wollte und es dann gegen sich gerichtet habe. Ich fand, sie verteidige sich gegen die unmittelbare Gegenwart durch eine solche intellektuelle „Deutung nach unten", ein Ausweichen in die ferne Vergangenheit, und unterbrach sie wiederum: „Was jetzt geschieht, ist eine von Ihnen eingesetzte Rivalität zwischen Rudolf und mir. Einerseits versuchen Sie ihn zu zerstören und werden von mir bestraft; andererseits versuchen Sie die Analyse zu zerstören und werden von Rudolf bestraft. Was verdrängt wird, ist die überaus beängstigende Macht des Angreifens und Zerstörens in all dem. Was jedoch dabei bewußt wird, ist die Notwendigkeit der Bestrafung."

„Daß er mich verprügelt, das ist die Sühne."

„Sie benutzen die Analyse, um ihm die Stirne zu bieten, und dann erhalten Sie die Bestrafung von ihm."

„Das ist etwas, worauf ich nicht schauen möchte."

„Ich habe den Eindruck, daß das gegenwärtige Erlebnis wieder etwas zuzudecken hat, das wir bereits herausgefunden haben."

Sie stimmte dem bei: „Die Liebesszene verdeckt meinen Wunsch, *den Rivalen zu zerstören* – meinen Bruder und meinen Vater und in gewisser Weise auch meine Mutter. Ich war im Wettstreit (competing) mit ihr, und ich vermochte sie nicht zu erreichen (not measuring up). Ich besaß weder Brüste noch einen Penis. Ich war ihr so weit unterlegen."

„Was sich gerade jetzt wiederholt, ist das Ausspielen der Rivalen gegeneinander und der Versuch ihrer Zerstörung."

„Und die Bestrafung für diese Wünsche, dadurch daß ich *mich selbst zerstöre.*"

„Und zwar indem Sie eine schreckliche Vergeltung herausfordern. Und drittens: die *Identifizierung mit Ihrer Mutter* – als einer, die sich mütterlich Ihrer annahm, aber auch als einer, die Sie entbehren ließ und Ihre bittere Eifersucht erregte."

„Ich spiele es aus mit Rudolf: eine gute, liebevolle Person zu sein, so selbstlos und besorgt wie eine gute Mutter."

„Drei Lösungen zum selben Konflikt."

„Und alle drei gleichzeitig oder in rascher Abfolge."

„Alle drei spielen den ursprünglichen Konflikt aus – den Wunsch, die Abwehr durch Selbstbestrafung und die Abwehr dadurch, daß Sie der Mutter gleich werden."

„Den Eifersuchtskonflikt mit meinem Bruder –"

„Spezifisch darüber, daß er gestillt wurde."

„Und was damals unerträglich war, war dieses Gefühl der Entbehrung (deprivation), betrogen (cheated) zu werden, daß mir etwas gestohlen wurde. Es ist die Ungewißheit: Liebt mich meine Mutter?"

Zwar hatte sie sich beraubt gefühlt, doch waren es wohl noch mehr ihre eigenen Wünsche des Wegnehmens, der Berichtigung eines schweren, doch stetsfort unklaren Unrechts, die bedrohlich gewirkt und projiziert worden waren: „Sie erinnern sich an Ihre Phantasie oder Ihren Glauben, daß sich Ihre Eltern in der Nacht in Räuber verwandelten und Silberwaren stehlen gingen."

„Richtig! Richtig! Ich konnte es mir nicht eingestehen, daß ich beraubt worden war, so änderte ich es in diese Phantasie."

„Sie fühlten sich betrogen und protestierten dagegen durch Trotzhandlungen, und jetzt bin ich der Räuber –"

„– der mir meinen Geliebten wegnehmen will und gegen den ich mich auflehne. Das ist das große Problem."

„Jede Deutung von mir wird dabei dem ursprünglichen Raub gleichgesetzt" –
nämlich als eine Intervention gegen ihr Liebesverhältnis.
„Gerade wie im Schwimmbad."
Es muß kurze Zeit nach der Geburt ihres Bruders gewesen sein, daß sie sich im
Schwimmbad von ihrer Mutter entfernte, als diese ihre Aufmerksamkeit einer Nachbarin zuwandte. Sie marschierte – wohl in einer Protesthandlung der Eifersucht –
schnurstracks in das ihr strikt verbotene Erwachsenenschwimmbad und versank im
tiefen Wasser. Nur dank der sofortigen Hilfe durch einen Bademeister (lifeguard)
wurde sie gerettet. Diese Szene zeigte nicht nur bereits zu dieser sehr frühen Zeit
den ihr auch heute noch eigentümlichen Zirkel von Eifersucht, Trotz und Selbstzerstörung, sondern mag vielleicht auch einen Hinweis auf die Einstellung der Mutter
geben. Überdies ist es interessant, daß sich diese übrigens angstfreie und eher lust-
betonte Erinnerung im Gedächtnis der Patientin so verändert hat, daß es nicht der
Bademeister war, der sie rettete, sondern ihr Onkel, der Schwager der Mutter, ein
Mann, von dem sie als Mädchen träumte, er werde sie eines Tages heiraten – wohl
eine Verhüllung der ödipalen Phantasie, daß ihr Vater sie von ihrem Haß und ihrer
Rachsucht befreien, eben retten könne und so seinerseits endlich zur „wall to
bounce off" werde.
Nun fuhr sie fort: „Ich fühle mich betrogen, wenn ich an den Bruch mit diesen
beiden Männern denke – als ob Sie mich dazu zwängen, allein zu sein." Sie erging
sich in Selbstlob darüber, daß sie Rudolf nicht gestattet habe, sie ganz aus der Analyse herauszulocken – ihr diese wegzunehmen.
„Doch ist es nicht auch so, daß, zusätzlich zu all den vernünftigen Gründen, warum Sie in der Analyse bleiben, auch dies eine Rolle spielt, *daß ich der Räuber* bin,
dem Sie *den Erfolg wegnehmen (rob)*, den Sie des Erfolges berauben möchten – dadurch, daß Sie krank blieben, dadurch, daß Sie dieses Szenario wiederholten, und
dadurch, daß Sie bei einem Mann blieben, der Ihre Sicherheit so offenkundig bedroht?"
„– mich oder Sie berauben: Gäbe ich die Analyse auf, beraubte ich mich selbst
des Fortschritts."
„Wenn wir jene 3 Lösungen betrachten, können wir demnach die erste modifizieren; sie ist spezifischer als einfach die Zerstörung des Rivalen: Sie besteht vielmehr
in der *Beraubung (robbing) des Rivalen*, im Wegnehmen vom Nebenbuhler. Und das
bezieht sich ebenfalls auf mich!"
„Und auf Felix! Ich ‚beraubte‘ (stole from) ihn, ich nahm ihm seine Männlichkeit
weg (emasculated), ich betrog (cheated) und täuschte (deceived) und beraubte (de-
prived) ihn." Sie wiederholte die Verbindung mit der frühkindlichen Konstellation
und fuhr fort: „Und hinter all dem befand sich ein tief unsicheres Kind, das danach
suchte, worauf es die Schuld (blame) abwälzen könnte. Bei all dem war auch mein
Wunsch, mich selbst gern haben zu können. Ich verstehe nicht alle die Elemente
meiner Unsicherheit, doch war es bestimmt irgendwo ein Teil davon, daß *ich mich
meiner selbst beraubt* (robbed of myself) fühlte, meiner Selbstannahme, meiner
Selbstliebe (self nurture). Ich habe noch kein richtiges Gespür (a good feel) dafür;
doch sehe ich ein kleines Kind, das im schwarzen Raum steht, in der Stille, wie auf
einer schwarzen Bühne, in einem leeren Theater dasteht – das ist der Teil, den ich

nicht verstehe. Ich war kein dummes Kind; ich war nicht schwer von Begriff; aber es war ein schreckliches Gefühl, nicht zu wissen, was zu tun sei, keine Richtung zu haben, dort zu stehen ohne Manuskript (script), ohne Direktor, ohne Publikum, und nur mit dem Gefühl des Ungenügens – etwas tun zu müssen, ohne zu wissen was, unfähig, das Richtige zu tun. Es betäubt mich. Ich gerate ins Stocken. Es schaudert mir, und ich kritisiere mich aufs heftigste."

„Mag dies nun nicht mit Ihren frühesten Erinnerungen zusammenpassen?" Ich spielte dabei auf ihre frühkindlichen Phobien, auf den *phobischen Kern des Wiederholungszwangs* an.

„Als ich 4 oder 5 Jahre alt war, verlor ich meine ganze Einbildungskraft (imagination). Mein Bruder besaß all seine eingebildeten Freunde; er erfand die Figuren; und ich wollte ganz einfach deren große Schwester haben, konnte aber nicht einmal einen Namen für sie erfinden. Die Nähmaschine hatte einen großen Knauf, so wurde der einfach die ältere Schwester mit einem Riesennabel, aber eben ohne Namen. Ich hatte meine Einbildungskraft ermordet. Früher hatte der Türknauf den Namen ‚Essiggurke' (pickles) gehabt. Doch nun war es zu einer Verkrüppelung der Einbildungskraft gekommen."

Ich wurde deutlicher: „Was waren doch wieder Ihre frühesten Befürchtungen?"

„Die Spalten in der Decke und daß ein Kaninchen dort herauskäme und mir nachrennen würde und daß dann das Kaninchen von der Katze getötet würde und ich es wieder zum Leben zurückzubringen versuchte. Das Kaninchen bezieht sich eindeutig auf die Geburt meines kleinen Bruders."

„Und demnach das tote Kaninchen?"

Zunächst nahm sie es wörtlich, dann aber entwickelte sie die Deutung selber: „Ich sah seine Knöchelchen unter dem Auto, nachdem die Katze es getötet hatte. Ich hatte mich ja nicht immer vor Kaninchen gefürchtet. Zuerst war es mein Freund gewesen. Aber dann bat ich Papa, die Wandspalten mit Papier zu überkleben, damit es nicht herausspränge und mich erwischte. Es war ähnlich der Angst, daß Felix plötzlich oben auf der Treppe erscheinen und drohen könnte, mich zu erstechen. Die *Bestrafung für meinen Wunsch, das Kaninchen zu töten.* Und dasselbe mit Felix."

Dies war das Ende der Doppelstunde.

Sie erahnte die sich steigernde Gefahr. In der folgenden Stunde (479) brachte sie wieder einen ihrer sich wiederholenden Angstträume, wo sie sich in ihrer Wohnung herumtastet und überall vergeblich versucht, das Licht anzumachen. Sie hatte ein langes Gespräch mit Rudolf gehabt, über die Analyse und über ihre Angst vor seiner Gewalttätigkeit und vor seinem Trinken. Nichts ließ sich beilegen. Er beschuldigte sie, sie verrate ihn, sie stehe ihm nicht bei. Er nannte verächtlich die Analyse Kurpfuscherei und Geldvergeudung. Sie verteidigte sie und beschrieb ihm deren Wesen, aber er beharrte darauf, mich als seinen Nebenbuhler zu sehen, der sie ihm zu entreißen versuche, daß ich mit ihr gegen ihn verschworen sei und sie durch diese Art der Gedankenkontrolle gegen ihn einnehme.

Sie erkannte deutlich ihre eigene Rolle in diesem ganzen Ablauf, wie sie ihn provozierte und seine wütende Eifersucht aufreizte. Sie war dabei die Regisseurin (dieser Ausdruck wurde später, nicht damals gebraucht).

Sie wiederholte die „Kaninchen = Bruder"-Gleichung mit der ihr innewohnenden Ambivalenz, und ich verband das Überkleistern der Spalten mit dem Vorgang der schon damals sich abspielenden Verdrängung[2] und dem Traum der letzten Nacht: „Ich habe Angst zu sehen; ich will nicht sehen." „Was hat es mit dem dunklen Raum auf sich (what about. .)?" fragte ich.

„Ich weiß, es ist nicht der Mutterleib (womb) selbst, sondern davon ausgeschlossen zu sein." Sie zitierte die schöne Strophe von George Eliots Middlemarch: „A child forsaken, waking suddenly,/ Whose gaze afeard on all things round doth rove,/ And seeth only that it cannot see/ The meeting eyes of love." (Ein verlassenes Kind, das plötzlich erwacht/ und voll Angst um sich schaut/ doch einzig sieht, daß es nicht die Augen erblickt,/ die ihm liebevoll entgegenschauen. Motto über dem 20. Kapitel.)

Sie fuhr fort: „Es ist das Gefühl des Ungenügens und der Scham, ausgeschlossen zu sein, daß ich irgendwie unwürdig war. Ich mochte nicht allein für mich essen, als ich ein Kind (in der Schule) war, als ob jeder auf mich zeigte: ‚Die hat keine Freundinnen; niemand will mit ihr zusammensein. Sie ist eine Verworfene.' Denn ich war die Ausgeschlossene – wie wir jetzt wissen: von der Brust."

„Und er war vereinigt mit der Mutter, er ‚aß' von ihr, während Sie allein waren."

Doch die Bedrohung nahm zu, die Krise spitzte sich zu. In der folgenden Stunde (480) berichtete sie ihr neuestes Dilemma: Ein anderer Kollege habe sie zum Abendessen und zu einem Konzert eingeladen und sie sei im Ungewissen darüber, wie sie sich mit dieser doppelten Einladung gegenüber Rudolf verhalten solle – ob sie ihn anlügen oder sich seinem eifersüchtigen Befehl fügen solle. Sie sah sich selbst als femme fatale und als gefangenes und gebundenes Opfer. Sie erkannte, daß sie, falls er es herausfände, sich in schrecklicher Gefahr befände. „Jedes Mal befürchte ich, daß ich unheilbaren Schaden nehme." Veranlaßt, das genauer zu erklären, fügte sie hinzu: „Daß er mich verstümmeln (maim) würde." Sie sprach über ihre lustvolle Phantasie, festgebunden und geschlagen zu werden, und darüber, wie Rudolf sie bisweilen gegen ihren Wunsch gezwungen habe, mit ihm Verkehr zu haben, wie er sie also gleichsam vergewaltigt habe.

Ich warf ein: „Es scheint mir, daß dies Bedürfnis auch in bezug auf mich stark mit im Spiel sei."

„Richtig! Ich machte es dazu. Ich fühle mich immer festgebunden und geschlagen, wobei die Affäre die Analyse zerstört. Ich könnte es ausagieren. Es ist so komplex." Wehrlos fühlte sie sich dem dämonischen Geschehen ausgeliefert.

Am Tage nach dem Beschluß, dem Geliebten reinen Wein einzuschenken, erschien sie nicht zu ihrer Stunde. So etwas war zuvor kaum je geschehen; daß sie mich aber auch nicht anrief, war noch nie da gewesen und widersprach sehr ihrem gewissenhaften Charakter. Ich dachte an ihre Befürchtungen und daran, in welchem Ausmaß diese in der – obwohl selbst geschaffenen – Wirklichkeit begründet waren. Ich war deshalb sehr alarmiert und wurde es noch mehr, als ihr Telefonanschluß während Stunden besetzt blieb. Ich rief ihre Arbeitsstelle im Notfalldienst an. Sie

---

[2] Erinnert es nicht an Strindbergs Traumspiel, an Kristins Refrain: „Jag klistrar, jag klistrar – ich überkleistere, ich überkleistere"?

war, obwohl erwartet, nicht zur Arbeit erschienen, was noch mehr ihrem großen Verantwortungsbewußtsein widersprach.

Ich war ratlos. Es schien mir durchaus möglich, daß ihr etwas Ernstes zugestoßen sein konnte, daß ihr Telefon abgehängt war, daß sie vergebens um Hilfe zu rufen versucht hatte oder daß das Telefon vom Angreifer absichtlich so belassen worden war. Ich gedachte mich bei ihrer Freundin, der einzigen Person, die außer mir mit der gesamten Geschichte, die Möglichkeit einer Gewalttat mit eingeschlossen, vertraut war, zu erkundigen.

Gleichzeitig war ich mir darüber bewußt, daß jede derartige Intervention ganz unanalytisch wäre und ein sehr ernsthaftes Problem für die Weiterführung unserer Arbeit darstellen würde. Wäre es nicht eine Art von Gegenagieren meinerseits?

Als ich sie endlich zu Hause erreichte, sagte sie mit erstickter Stimme: „Ich kann jetzt nicht sprechen, aber ich habe wirklich etwas Schreckliches angerichtet (made a real mess)."

In der folgenden Stunde (482/483) wurde klar, daß es zu einer schrecklichen Auseinandersetzung mit ihrem Freund gekommen war: Vor der rasenden Eifersucht des Freundes und seinen wilden Drohungen habe sie sich nicht anders zu helfen gewußt, als sich kriecherisch (grovel) in Scham, Schuld und Selbstanklagen zu ergehen.

Ich ließ sie aussprechen; doch dann legte ich ihr dar, wie sehr die Gefahren, die sie mir selbst geschildert hatte, und die Fortsetzung einer Bindung, in der sie sich solchen Risiken aussetzte, mit der Fortsetzung der Analyse selbst in Konflikt stünden. Ich schlug ihr vor, daß wir entweder die Analyse sitzend und mehr in psychotherapeutischer Richtung fortführen sollten oder daß sie eine Kollegin von mir zur Konsultation für diese Realitätsfragen aufsuchen sollte.

Sie sah ein, daß meine Besorgnis wohl begründet sei; sie wisse, daß es so nicht weitergehen könne. Sie wählte den zweiten Vorschlag. Gleichzeitig sehe sie ein, wie sie ihr Verhältnis mit dem Geliebten gegen die Analyse ausspiele und wie sie das eine mittels des anderen zu zerstören im Begriff sei: „Ich fühle mich vergiftet, und ich habe es ganz allein selbst herbeigeführt. Ich war nicht einmal in diesen Kerl verliebt, aber es war wie eine *Sucht*."

„War?"

„Ich dachte heute früh, nun muß es vorüber sein, schon damit ich meine Identität beibehalten kann –"

„Haben wir dies nicht schon manche Male zuvor vernommen?"

„Oh ja, ich weiß schon."

Ich stellte ihr eingehend dar, wie ich selbst von ihr in eine Art Rettungsmission eingeschaltet worden sei, und fügte hinzu, man könne einwenden, es sei schließlich meine eigene Phantasie gewesen (was ihr zugestoßen sei), doch unterbrach sie mich: „Es war immerhin auf der Grundlage dessen, was ich Ihnen erzählt hatte. Ich verwandelte die Analyse in eine masochistische Bindung. . . Mein Vater sagte mir in bezug auf Rudolf: ‚Du möchtest doch ein richtiges Kind haben, nicht einen 28 jährigen Buben?' – nicht jemanden, der mit meinen Kindern im Wettstreit stünde. . . Ich wollte so sehr, daß es recht herauskomme, dies Verhältnis mit Rudolf, daß ich immer wieder all die üblen Dinge vergaß. Ich *ignorierte die Wirklichkeit*, denn ich wollte so sehr, daß *sich die Phantasie bewahrheite, wo ich von der zürnenden Mutter geliebt würde*. . . Es ist offenkundig, die Analyse ist zu einer Pro-forma-Angelegenheit geworden – mein Widerstand gegen die Lösung des Problems – Wiederholen und Wiederholen. . ."

Wie sie zu Recht betonte, spielte die *Verleugnung*, das Ignorieren der Wirklichkeit in dieser Impulssequenz eine ganz entscheidende Rolle. Ich wunderte mich in bezug auf den Teil des komplizierten Komplotts (plot), wo ich als ihr Retter eingesetzt worden war: „Ich frage mich, ob dies nicht auch Teil der allgemeinen *Umkehrung* war, gerade wie jene Identifizierung mit der eifersuchterregenden Mutter. Mit ihrem Geliebten scheint ein unablässiger Wechselvorgang von Zerstörung und *Wiederbelebung, von Tod und Auferstehung* stattzufinden –"

„Ich denke, dies ist sehr bedeutsam."

„Es mag das 4. Element darstellen."

„Es paßt sinngemäß mit dem zusammen, was ich über mich selbst weiß. Es ist wie damals, als ich die Kaninchenknöchelchen unter dem Auto mit dem Stock anstieß und sie bewegen wollte, damit sie nicht mehr tot wären. Und ich tötete die Beziehung zu Felix, und dann rettete ich sie in gleichsam magischer Weise wieder. Dies ist bedeutsam."

„Und im jetzigen Geschehen können wir von neuem die Macht der Umkehrung beobachten: Statt daß Sie zerstören und wieder beleben, zeichnen Sie sich selbst als *das Opfer der Gewalttätigkeit von Männern*. Nun sind es diese, die töten und die auferstehen lassen. Genau wie mit der Eifersucht ist das ganze umgedreht."

„Oh Bruder!"

„Buchstäblich!"

„Ich verstehe das jetzt viel besser."

Der Hase bedeutete natürlich, wie sie selbst erkannte, den aus dem Dunkeln erschienenen Bruder, den sie wieder durch die Spalte und hinter die Wand zurück verbannen wollte. Die Verfolgungsängste ganz allgemein, die heutige Reprise der frühkindlichen Phobie schienen auf ihren Wunsch, diesen Rivalen zu beseitigen, zurückzugehen, und dasselbe galt wohl auch für das gegen ihren eigenen Uterus gerichtete Messer und für ihre Berufswahl. Auch die Hintergründe von Phobie und Verfolgungsideen – ihre eigene projizierte Aggression – waren zum guten Teil klar geworden.

An diesem Punkt bemerkte ich jedoch noch nicht, wie diese hervorgelockte Rettungsmission einen andern Teil des frühen Eifersuchtsdramas wiederholte – ihren Spaziergang in das Schwimmbad und wie sie vom Ertrinkungstod errettet worden war.

Ich nahm den Faden wieder auf: „Ich würde auch etwas revidieren, was ich früher gesagt habe. Diese Wiederholungen in Wirklichkeit (enactments) sind vielleicht *nicht* so sehr nur ein *Widerstand* gegen die Analyse, sondern auch *eine große Hilfe für unser Verständnis*."

„Mein Vater sagte mir, es könne mich begreifen lassen, was für mein Leben und meine Persönlichkeit dabei nun auf dem Spiele stehe. Ich fühlte mich nicht durch das, was Sie mir sagten, aus der Analyse hinausgeworfen, noch daß ich eine schlechte Analysandin sei. Ich sagte meinem Vater, daß Sie nur Ihre Berufspflicht ausübten, wenn Sie mich auf die Gefahr aufmerksam machten, und daß ich es nicht als Bestrafung ansehe –"

„– sondern als Schutz. Trotzdem war es unanalytisch."

„Es ist sehr wichtig, daß ich mit Dr. V. sprechen werde."

Sie erwähnte daraufhin (487) einen wiederholten Traum ihrer Kindheit, in dem sie ihre Geschwister an der Hand auf der Flucht vor Verfolgern durch einen Tunnel führte. Wie sie endlich glaubte, Sicherheit erreicht zu haben, befand sie sich vor einer Mauer, hinter der sie die Stimmen von Konstruktionsarbeitern hören konnte. Also war ihre Rettungsmission, in ihrer eigenen Wortwahl, „abortiert". Sie erwachte davon jeweils in großer Angst.

„Dort waren Sie die Retterin."

„Doch war die Rettung abortiv. Der wirkliche Wunsch war – ich blockiere es –"

„Ihre Mutter zu abortieren – die Schwangerschaften zu eliminieren?"

„Ganz bestimmt mit dem 2. Bruder. Wir sagten beide, wir wollten kein weiteres Geschwisterchen haben; 2 genügen vollauf und 3 seien zuviel. So wäre der Tunnel die Vagina."

„Die Angst über Ihren Wunsch, jene zurückzuspedieren?"

„Und mein Wegrennen davor, vor meinem Wunsch, sie zu zerstören. Ist das nicht erstaunlich! Und dieser Traum hat mich seit Jahren verfolgt! Und mit 30 Jahren entdecke ich, was er bedeutete. Und das Wort, das mich darüber stolpern ließ, war ‚abortiert'."

„Und Ihr eigener zwingender Wunsch, Kinder zu haben?"

„Gleichsam als Sühne für den Wunsch, meine Geschwister zu beseitigen."

„Nicht nur als Sühne. ‚Ich bin in Sicherheit, wenn ich selber Mutter sein und eigene Kinder haben werde. Dann brauche ich nicht mehr eifersüchtig zu sein.' Ich frage mich auch, ob nicht die schwarze Bühne ein Abkömmling jenes Tunnels ist."

„Der Mutterleib (the womb)? Es klingt verrückt – als ob es schon im Mutterleib begonnen hätte. Und mein Ausschlagen (thrashing out) gegen Felix – daß es keine Wand bei ihm gab, nur den leeren Raum des Nichts – von Winden hin und hergeworfen zu werden, wie Paolo und Francesca –"

„Wieder das Dreieck!"

„Der Wunsch abzuprallen – im Mutterleib zu sein –, geborgen, immer ein Kind zu sein, immer zu nehmen, die Mutter völlig in Anspruch zu nehmen, bestimmt zum Ausschluß des Vaters."

„Dies ist nicht eine Erinnerung an die Fötalzeit, sondern eine zentrale und frühe Phantasie über die Schwangerschaft Ihrer Mutter."

„Über den Ausschluß aller Nebenbuhler! Das Gefühl: Weshalb soll ich nicht gut genug sein? Warum will die Mutter mich nicht allein haben? Weshalb braucht sie all diese anderen Kinder? Und im Traum die Bauarbeiter: Die Gebärmutter ist ja der Ort, wo der ‚Bau' des Kindes erfolgt. Haben Sie die Umstandshemden mit dem Aufdruck ‚Baustelle!' (under construction) und mit Pfeil gesehen?"

Dieser erste Ausschnitt der Analyse von Vera ist deshalb, glaube ich, so instruktiv, da er zeigt, welch wertvolle analytische Möglichkeiten sich gerade daraus ergeben, wenn man schwere und bedrohliche Formen des Ausagierens *innerhalb* der

Übertragung und der neurotischen Handlungen *außerhalb* davon in Gestalt der Externalisierung und deren unlösbare Verbindung analytisch durcharbeitet. Sicher war ich nicht immer imstande zu vermeiden, eine Autoritätshaltung einzunehmen – „Über-Ich zu spielen". Gewisse Bemerkungen mögen kritisch oder beschützend geklungen haben, und es ist nicht einfach, im nachhinein zu wissen, ob es bessere Wege gegeben hätte, damit umzugehen, was sich abspielte. Immerhin waren wir imstande, das Bewegungsmoment des analytischen Prozesses beizubehalten.

Eine andere Kritik mag darin bestehen, daß manche meiner Bemerkungen entweder recht intellektuell waren oder das Material zu sehr von der Triebseite her angesprochen haben. Das mag wohl so sein, wenn man auf Einzelbemerkungen schaut; doch meine ich, daß das Vorgehen im großen und ganzen ausbalanciert war und die Arbeit zwischen Trieb und Abwehr, Affekt und Abwehr, direktem Erleben und intellektuellem Erfassen von sehr schwierigem, regressivem Material hin und her pendelte.

Vor allem wurde dabei ganz klar, daß die hauptsächliche Übertragung – das hauptsächliche Agieren in der Analyse – eben darin bestand, daß sie mich eifersüchtig zu machen suchte, genau wie die neurotische Handlung außerhalb der Analyse die Bedeutung hatte, in jedem Manne Eifersucht zu wecken. Das Ziel vieler ihrer so selbstzerstörerischen Handlungen bestand demnach darin: *jemanden eifersüchtig zu machen, um selbst nicht mehr eifersüchtig zu sein*, also die *Identifizierung mit der Eifersucht weckenden Mutter* und damit die *Umkehrung* der ganzen traumatischen Situation (inklusive Wendung vom Passiven ins Aktive). Die Zentralität dieses besonderen phantasiegenährten Handlungsschemas, das eben auch zu ihrem Aufsuchen der analytischen Therapie geführt hatte, wurde erst im Verlauf des Agierens selbst einsichtig. Dessen Hauptkomponenten waren: 1) *den Mann ihrer Liebe ebenso eifersüchtig auf sie zu machen wie sie selbst eifersüchtig gewesen war;* 2) sie führt dies dadurch aus, daß sie sich *mit dem Nebenbuhler* in derselben Weise *vereinigt* wie es ihre Mutter mit dem Bruder getan hatte, nämlich an der Brust; 3) sie sieht sich gezwungen, den Rivalen (den Bruder, den einen der beiden Männer, mit denen sie ein Dreiecksverhältnis hergestellt hat) zu *berauben*, zu *zerstören* und dann wieder *auferstehen* zu lassen; 4) sie muß danach für diese Aggressionen dadurch *büßen*, daß sie das ganze Spektrum aggressiver Akte in Form all ihrer masochistischen, selbstbestrafenden Bemühungen *gegen sich selbst richtet;* 5) Teil dieser Gesamtumkehr ist, daß auch sie an deren Ende *gerettet* wird, also *aufersteht*. Das war das eine.

Das zweite war, daß in ihr aber auch weiterhin jene frühere Selbstfigur – *das ressentimentgeladene Ich* – weiterlebte, die den Rivalen zu berauben und schließlich zu beseitigen suchte und die Rache an der treulosen Mutter nehmen wollte. Denn mit jenem Drama der Eifersuchtserregung geht die Überzeugung einher, daß sie eben zutiefst phallisch wie auch oral betrogen worden sei: „Ich wurde sowohl *des Penis wie der Ernährung beraubt*. Deshalb werde ich, wenn ich nur einmal die eifersuchtweckende Mutter sein kann, auch Penis und Nahrung, also die Substanz von Befriedigung und von Liebe, besitzen." Eine dabei wesentliche Grundgleichung ist diese: *„Lust = Penis = Brust = Liebe"*. Da sie sich aller vier beraubt fühlt, doch sich immer ohnmächtig gefühlt hat, diese zu reklamieren, ist ihr *Ressentiment* überwältigend.

Ihr früher rebellisch-trotzig-eifersüchtiger Selbstteil, der immer zur Strafe und Beschämung einlädt, zwingt sie, fast alle ihrer oft hervorragenden Leistungen zu zerstören und die Entwicklung ihrer großen Gaben immer wieder abzubrechen. Genau wie sie als Kind fest daran geglaubt hatte, daß ihre Eltern in der Nacht als Räuber ausgingen und Silberwaren stahlen, sah sie meine Bemerkungen als daraufhin angelegt, sie ihrer Liebe zu ihrem Freund und jeglichen Verhältnisses mit einem Manne zu berauben. War damit nicht jede Aggression, jeder *Trotz* gerechtfertigt: nämlich als Rache für den einen großen Schaden, der ihr zugefügt worden war? Ihr Penisneid und ihre Penisehrfurcht waren eigentlich nie ganz unbewußt geworden, und sie erinnerte sich wohl, wie sie sich bitter darüber beklagt hatte, daß ihr Bruder einen Penis habe und der ihre nicht wachsen wolle. Doch brauchte sie eine starke Außengestalt, eben die *Wand, an der sie abprallen könnte*, um diesen übermächtigen Rache-, Trotz- und Ressentimentwünschen Einhalt zu gebieten.

Dieses Nehmen und Rauben hatte sie bei Felix, ihrem frühern Verlobten, den sie geliebt und bewundert hatte, völlig verdrängen müssen (und dies war oft auch der Fall bei ihrem jetzigen Geliebten, nämlich wenn die positiven Gefühle ihm gegenüber ganz überwogen). Die Folge der Verdrängung war aber, daß sie sich „wie tot" fühlte. Gleichzeitig erschienen die aggressiven Impulse wieder, nun aber gegen sie selbst gerichtet: Sie hatte die starke Versuchung, mit dem Messer ihre Bauchgefäße und den Uterus anzugreifen, oder sie erwartete, wie schon erwähnt, solche Stechereien von ihrem Verlobten oder von irgendeinem Mann. Diese gegen sie selbst gerichteten Angriffe wurden dann verallgemeinert in ihre gesamte Leidens- und Opferbereitschaft – in ihren Masochismus, besonders auch ihren moralischen Masochismus.

Letztlich mag dann eben auch die Identifizierung mit dieser Eifersucht erweckenden Mutter nicht nur dem Gefühl entgegenwirken, daß sie betrogen, beraubt und ausgeschlossen worden war, sondern auch ihrem starken *Schuldgefühl* dafür, daß sie sich so mörderisch rachsüchtig der Mutter gegenüber gefühlt – und gebärdet hatte. Es ist daher die Wiederholung dieser Rolle als betrogenes und rebellisches Kind, das seine Bestrafung eben gerade durch jene ersten 3 Schritte – Eifersüchtigmachen, Vereinigung mit dem Rivalen und Beraubung und Zerstörung des Rivalen – schließlich wirksam zu provozieren gelernt hat.

Das dritte war, daß sie sich auch mit *beiden Opfern* ihrer Eifersucht und Rachsucht *identifizierte* – mit Mutter und Bruder. Sie war in einem solchen Ausmaß das Opfer provozierter oder gegen sich selbst gerichteter Aggressionen – in Phantasie wie in Wirklichkeit –, daß man aus diesen fast direkt die ursprünglichen Impulse selbst ablesen konnte. Ihr Masochismus war nicht so sehr eine Selbstbestrafung als vielmehr darauf angelegt, daß sie die Stellung des Opfers zu teilen trachtete, um so die beängstigende Aggression zu verteilen – vielleicht in dem Sinn: „Nur wenn ich selbst leide und mir gegenüber ebenso grausam und rachsüchtig bin, kann ich es mir leisten, auch dem anderen gegenüber feindselig zu sein." Gleichzeitig kann sie nur als Opfer Verzeihung und Rettung erlangen.

In bezug auf den diesen Ausschnitt abschließenden Traum läßt sich damit auch etwas wesentliches deutend hinzufügen: Der Wunsch, die Geschwister zurück in den Mutterleib zu spedieren, war klar, aber wohl wichtiger war ihre *masochistische*

Abwehr: Nur dadurch, daß sie das Schicksal ihrer Geschwister teilte, konnte sie diese überaus beängstigenden und gefährlichen Impulse der Eifersucht, und zwar nur in abgewehrter, verzerrter Form – nämlich eben in der Identifizierung mit dem Opfer –, erleben. Sie erlaubte es sich selbst auch nicht, das Licht am Ende des Tunnels zu sehen. Sie mußte sich selbst mit einmauern.

Gleichzeitig war sie aber in dieser (masochistischen) Lösung auch gegen jenes andere Eifersuchtsdrama geschützt, das mit der Szene hinter der Mauer, wo sie hören, aber nicht sehen konnte, angedeutet wurde. Ihre Assoziation ging zu einem Umstandskleid – einem „T-shirt" – auf dem mit einem Pfeil auf den Bauch gedeutet und „under construction" geschrieben wurde. Es bezog sich wohl auf den Verkehr der Eltern. Doch behauptete sie oft, aller fast unwiderlegbaren analytischen Evidenz zum Trotz, daß sie niemals bis spät in ihrer Jugend der geschlechtlichen Aktivitäten ihrer Eltern gewahr geworden sei.

In dem Zusammenhang fällt die wiederkehrende Metaphorik der Wand auf: die Wand zum Abprallen, die Wand, aus deren Spalten Angst erregende Tiere (Hasen und Ungeziefer) hervorkommen, die Wand, die sie vor der Rettung abschließt, die Wand, hinter der sich geheimnisvolle und ominöse Geschehnisse abspielen. Dazu wird später noch mehr zu sagen zu sein.

Das Entscheidende ist also diese archaische, widersprüchliche Doppelidentifizierung. Die Identifizierung mit der Eifersucht provozierenden Mutter spiegelt sich in dem ständigen Schaffen von solchen Dreiecksverhältnissen, die sie zwar zur Analyse geführt, aber gerade die Analyse nahezu zum Scheitern gebracht haben. Die Identifizierung mit dem Opfer läßt sie nicht nur leiden, sondern stets auf einen Retter harren, der sie für ihre guten Handlungen von dem Zwang der tödlichen Eifersucht erlösen würde.

Um was es in all diesem Aufruhr, dem ausagierten, selbstzerstörerischen und sadomasochistischen Tumult ging, war nicht eine „Borderlinestörung", obwohl dies an diesem Punkt die meisten, die die heutige Literatur ernst nehmen, kaum mehr bezweifeln würden – besonders wenn ich hinzufüge, daß sowohl das Agieren wie auch die Pseudohalluzinationen während der Panikanfälle, die Phobien („Spalten in der Wand"), dazu beschwörende Formeln („Mama, Mama") und intensive Depersonalisationserlebnisse weit in die Kindheit zurückreichen und daß ihr ganzes Erleben als Erwachsene viele chaotische Züge und manchen Kontrollverlust aufweist.

Nein, ich glaube vielmehr, daß wir eine typische, recht schwere *hysterische* Charakterstörung mit stark *masochistisch*-perversen Zügen und klinisch tiefen *Depressions*- und *Depersonalisierungs*zuständen vor uns haben. Was manifest als „Spaltung" erscheint und als solche ein durchaus bewußtseinsgerechtes Phänomen ist, entpuppt sich als das Ergebnis komplizierter Abwehrvorgänge, bei der Verdrängung und Verleugnung, Projektion, Kondensierung und Verschiebung sowie Wendung gegen das Selbst eine wesentliche und sorgfältig im einzelnen zu analysierende Rolle spielen. Weitaus am wichtigsten scheint mir in einem solchen Falle die Rolle der *Regression* und die Funktion der Abwehr durch *Umkehrung* in dieser Regression zu sein. Inwieweit es Regression als Abwehr ist, wird später diskutiert werden. Statt über mich enttäuscht zu sein, erlebt sie massive Wut und Rachsucht, die sie nun aber als von mir kommend voll Angst abweist. Ein Trieb muß der Abwehr gegen den anderen dienen; v. a. böse, gewaltsam schändende Grausamkeit, die auf sie scheinbar von außen heranstürmt, soll sie gegen ihre eigene Zärtlichkeit, gegen ihre eigenen Gefühle von Vertrauen, Liebe und sexueller Anziehung beschützen. Wohl wegen des verführerischen Verhaltens ihres Vaters und der allgemein sexualfeindlichen Einstellung ihrer Mutter erscheinen ihr sexuelle Wünsche als weit gefährlicher als alles sadomasochistische Wüten und Kämpfen, und dies aus mehreren Gründen: Über-Ich-Sanktion, Triebgefahr wegen der Überreizung, v. a. wegen der Wahrnehmung der Wirklichkeit: „Er schläft mit *ihr*, nicht mit mir, und *sie* hat ein Kind nach dem andern, sie, und nicht ich! Ich möchte alle Rivalen beseitigen!"

In ihrem Fall ließen sich die dissoziativen Elemente – das plötzliche Rücken in große Ferne und Fremde, die Drohfiguren mit stechenden Messern oder blendenden Kugelschreibern – auf *einen* Bedeutungskreis zurückführen, als ob sie damit sagen möchte: „Wegen meiner kastrierenden Wünsche gegenüber dem Mann fühle ich mich schuldig. Alle neid- und schammotivierten Aggressionen werden gegen mich selbst gewendet und in Form einer *masochistischen Orgie* der Selbsterniedrigung, Selbstquälung, religiösen Zerknirschung und beruflichen Selbstsabotage ausgetobt. Für die damit bewirkte Erniedrigung schäme ich mich aber furchtbar. Diese Scham jedoch, dieses Gefühl, von stechenden Augen voller Verachtung durchbohrt zu werden, wird verdrängt und zeigt sich einerseits als allgemeines Gefühl der Wertlosigkeit und Kränkbarkeit, anderseits eben als jene Semihalluzinationen, wo ich mich durchbohrt fühle." Die durchbohrenden Angriffe sind mithin Ausdruck verdrängter Schamangst, die v. a. auf die wütenden Strafaugen ihrer Mutter zurückweisen.

Diese mannigfache Regression verhüllt also die stürmische *ödipale* Konfliktproblematik; das Präödipale dient der Abwehr gegen komplizierte ödipale Konflikte von Rivalität, Neid, Eifersucht, Machtgier und sinnlicher Sehnsucht, Schuld und Scham.

Die Abwehr durch Umkehrung und die Prozesse der Regression zeigen sich mikroskopisch auch in der Übertragung – entweder durch Amplifikation: „Anstelle von Enttäuschung spreche ich über mörderische Angriffe"; oder durch Abwehr eines Triebes durch einen anderen: „Statt über Sexualität spreche ich über sadistische Aggression"; oder durch Ich-Veränderungen: „Ich entfremde, polarisiere, vergesse, habe Semihalluzinationen und vorübergehende Bewußtseinstrübungen". Das ist alles durch sorgfältige Abwehr- und Über-Ich-Analyse recht gut behandelbar. Statt zu sagen: „Sie sind wütend auf *mich* statt auf Ihren Verlobten oder Ihren Vater" oder „Sie haben mörderische Gefühle und Absichten gegen ihn oder mich und richten diese gegen sich selbst", erwies es sich im ganzen als besser, gerade auch im Hinblick auf die Vordringlichkeit der Abwehr durch Regression, die dämpfende „Deutung nach oben" vorzunehmen: „Sie sind enttäuscht und verletzt – und der Gefühlssturm verdeckt das, was sie eigentlich jetzt spüren: das Gefühl der Erniedrigung darüber, diese sadomasochistischen Verwicklungen hier aufgedeckt zu sehen." Oder: „Die Wut dient dazu, sich nicht mehr so verletzlich zu fühlen – als Abwehr."

Um diesen Abschnitt zusammenzufassen: Ihre Abwehr in diesem Stück des Agierens besteht v. a. darin, daß sie jedermann eifersüchtig zu machen versucht. Der dadurch abgewehrte Inhalt ist: „Ich war im Wettstreit mit meinem Bruder für die Liebe einer geizigen Mutter. Ihn an der Brust zu erblicken war eine unerträgliche Kränkung, voll von Schmerz und Scham und maßloser, eifersüchtiger Wut. Ich wollte ‚es' (Brust, Liebe usw.) ihm entreißen (rob) und umgekehrt ihn von ihr wegnehmen und eliminieren. Als Bestrafung wird all dies jetzt auf mich abgeladen. Doch zum Schluß werde ich gerettet und mir wird verziehen, wenn ich selbst ein Kind habe. Dann bin ich an der Reihe, andere eifersüchtig zu machen, und muß es selbst nicht mehr sein. Dann bin ich die Mutter." Die auf dieses Ergebnis hinzielenden Abwehrvorgänge sind v.a. Verdrängung, Umkehrung, Identifizierung, Verleugnung und Externalisierung.

In bezug auf die Handhabung des Agierens ist der in Kap. 2 erwähnte Ratschlag von Brenner, die Übertragungsvorgänge frühzeitig zu deuten, ganz wunderbar angemessen, und bestimmt hätte ich das meiste dieses Ausagierens dadurch mit viel Schneid und Aplomb verhindern können – hätte ich von vornherein schon all das erkannt und gewußt und deutungsbereit gehabt, was mir eben erst das Agieren selbst langsam und mühsam aufzeigte. Sowohl Vera wie die später zu schildernde Patientin Dilecta drückten während der Mittelphase ihrer Analysen in verschiedener Weise ihre Überzeugung aus, daß die entscheidenden Einsichten ihrer Analysen nur durch Handlungen sowohl innerhalb wie außerhalb der Analyse gewonnen werden konnten – Handlungen neurotischer Art, die große Gefahren sowohl für ihre Gesundheit, ja für ihr Leben, wie auch für die Fortführung der Analyse mit sich brachten. Diese Handlungen wurden von mir lange Zeit als analysefeindliche Widerstandsformen angesehen und auch mehr und mehr als solche bezeichnet, als sie immer deutlicher mit der Weiterführung der Therapie im Konflikt zu stehen schienen. Erst als die entscheidende Übertragungsbedeutung aufleuchtete – in Veras Fall das Doppelspiel der Identifizierung mit der Eifersucht erregenden und als grausam und verurteilend erlebten Mutter und mit dem schuldbewußten Opfer des in der Familie kultivierten Ressentiments –, wurde es klar, daß das Agieren in der Analyse und die neurotischen Symptomhandlungen außerhalb ein unerläßliches Mittel für vertiefte Einsicht bedeuteten. Ihr Unterbinden hätte die Analyse unmöglich gemacht (und wohl ebenfalls die Psychotherapie), doch der Verzicht mußte auf ihre Initiative und zu ihrer Zeit erfolgen.

Umgekehrt war es mir unmöglich, jene spezifischen Übertragungsbedeutungen früher zu erkennen und durch frühzeitige und angemessene Übertragungsdeutungen jenen bedrohlichen Inszenierungen vorzubeugen.

Das einzige, das ich beizutragen vermochte, war, die Verbindungen herzustellen, die immer wieder zerrissen wurden, sie auf das „Ignorierte" in undoktrinärer Weise aufmerksam zu machen und *mit ihr* Wege zu suchen, wie sie die klar werdenden Konflikte in einer weniger für sie selbst grausamen und verderblichen Weise lösen könnte.

Unser Verständnis ist sehr beschränkt; im Chaos des unermeßlich reichen Materials braucht es oft lange, bis wir Hauptverbindungen zu erkennen vermögen, und sogar dann müssen wir uns fragen, wie gewiß wir sein können. „Wir wissen nichts mit Gewißheit, denn die Wahrheit ist am Boden eines Abgrunds verborgen" (Diogenes Laertius).

Es war und ist doch gleich einer Geheimschrift, die sich nur allmählich und zögernd unserem Verstehen preisgibt, und erst nachdem wir beide manche Gelegenheit gehabt haben, einem Schauspiel beizuwohnen, das nicht selten die Sicherheit und das Vertrauen von uns beiden erschütterte.

Die Arbeit war aber damit keineswegs zu Ende, noch hörte Veras bedrohliches Agieren ganz auf. So wesentlich auch die errungenen Einsichten waren, bedeuteten sie nur einen Teil dessen, was erkannt, durchlebt und schließlich aufgelöst werden mußte.

„Der Sklavenaufstand in der Moral beginnt damit, daß das *Ressentiment* selbst schöpferisch wird und Werte gebiert: das Ressentiment solcher Wesen, denen die eigentliche Reaktion, die der Tat, versagt ist, die sich nur durch eine imaginäre Rache schadlos halten. Während alle vornehme Moral aus einem triumphierenden Ja-Sagen zu sich selber herauswächst, sagt die Sklaven-Moral von vornherein nein zu einem ‚Außerhalb', zu einem ‚Anders', zu einem ‚Nicht-Selbst': und *dies* Nein ist ihre schöpferische Tat. Diese Umkehrung des werte-setzenden Blicks – diese *notwendige* Richtung nach außen statt zurück auf sich selber – gehört eben zum Ressentiment. . ." (Nietzsche, *Zur Genealogie der Moral*, 1.10, S. 263).

Es waren erst die Abwendung vom Handeln und die Rückwendung auf sich selbst, die Erkenntnis der ganzen Tiefe ihrer Bitterkeit und des Ressentiments, die es ihr schließlich, viel später, erlaubten, die Ohnmachtshaltung gegenüber der Gewissensfigur zu erkennen und zu überwinden. Zuvor mußten wir uns aber fragen: Was lag dieser rätselhaften, ominösen Doppelidentifizierung zugrunde? Ging damit nicht nur eine Spaltung ihrer Identität, sondern auch ihres Über-Ich einher? Und wie ist diese mit der sehr frühen Phobiebildung vereinbar? Über den Fortgang dieser aufschlußreichen Behandlung möchte ich im folgenden Kapitel weiter berichten.

4 „Einsam in die Wüste tragen" Masochistische Impulshandlung und die Quellen des Ressentiments

> „. . . mais l'envie resta cachée dans le fond du coeur, comme un germe de peste qui peut éclore et ravager une ville, si l'on ouvre le fatal ballot de laine où il est comprimé."
>
> (. . . aber der Neid blieb im Grunde ihres Herzens verborgen, wie ein Pestbazillus, der ausbrechen und eine Stadt verheeren kann, wenn man das gefährliche Wollknäuel, in dem es zusammengepreßt ist, öffnet.)
>
> (Balzac, *La Cousine Bette*, S. 82)

4.1 Abwehranalyse der doppelten Identität

Weiterhin gab es jedoch, parallel zur Spaltung in Veras Liebesleben, einen Riß in ihrem Selbstbild: Zumeist fühlte sie sich abgelöst, fast gefühllos, emotionell wie betäubt – in einem klaren Zustand der *Depersonalisierung*. Dabei funktionierte sie aber beruflich ausgezeichnet und tatkräftig. Ihre Urteilskraft und Kompetenz, ihre Ruhe in schwersten Notfällen erregten berechtigte Bewunderung und verhalfen ihr zu Positionen immer größerer klinischer Verantwortlichkeit. Demgegenüber, wenn sie ihrem Geliebten Rudolf nachjagte oder mit ihm zusammen war – was nach wie vor, obzwar etwas seltener und weit vorsichtiger, zu geschehen pflegte –, wandelte sich ihr vermindertes Wirklichkeitsempfinden zu dem einer schmerzhaften oder ekstatischen Intensität. Ebenso übersteigert war es aber auch in Panikanfällen, während derer sie weiterhin halluzinierte, daß ein Mann in einem Schrank auf sie lauere, bereit, sie zu erstechen. Oft schienen denn auch ihre Angstträume wirklicher als das Wachsein: Die Dunkelheit lastete wie ein Eindringling auf ihr, oder ein Mann lag auf ihr und versuchte sie zu erdrosseln oder jagte ihr mit einem Messer nach. Bis vor kurzem war sie daher unfähig, nachts ohne Licht zu schlafen.

Ich glaube, daß für das Verständnis dieser Zustände v. a. 3 Abwehrmechanismen, die in mannigfachen Formen aufzutreten pflegten, bedeutsam sind: die Identifizierung, die Projektion und die Verleugnung. Im Verlauf der weiteren Analyse wurde es allmählich klar, wie Entfremdung und masochistisch-sexuelle Verstrickung 2 gegensätzliche, aber einander komplementäre Zustände waren, wobei ersterer der Abwehr gegen den letzteren zu dienen hatte. Schon ganz von der Oberfläche her gesehen erwies sich der Zustand der *Depersonalisierung* als beherrscht von den Abwehrvorgängen der Verleugnung und Affektblockierung: Die meisten Wahrnehmungen wurden ihrer emotionellen Bedeutsamkeit beraubt, waren dabei funktionell aber völlig intakt. Der 2. Zustand, der der manifesten *masochistischen Perversion*, der selbstgefährlichen Handlungen und der Depression, wurde oft von Handlungen impulsiver Rücksichtslosigkeit gegen sich selbst eingeleitet und begleitet.

Sie beschreibt das Motiv für ihre *Impulshandlungen*, verschiedene Formen der Wiederaufnahme der Beziehung zu ihrem Geliebten, so: „Es kam immer von einer inneren Getriebenheit und Erregung. Ich fühlte mich äußerst unbehaglich; ich mußte dieser Spannung ein Ende machen. Alles wurde mir unerträglich, und ich mußte etwas tun, um das zu ändern, und zwar sofort! 24 Stunden wären mir unendlich

vorgekommen. Etwas schien in mir zu hämmern und zu nagen." Was? „Es war die
Angst, verlassen zu werden, seine Liebe, seine Billigung, seinen Körper zu verlieren." Dabei schien es das Wesentliche zu sein, daß die Rückkehr zu ihm es ihr erlaubte, mit jemandem zu verschmelzen, ganz mit ihm eins zu werden, der alles besaß, was ihr versagt oder verboten war. Damit wurden sowohl ihr Ausgeschlossensein wie all die tiefen Verbote außer Kraft gesetzt. Solches Überwinden der
Wirklichkeit und deren Schranken und Verbote führten in rascher Folge jedoch zur
Bestrafung von außen, zu Zweifeln und zu Reue; sie endeten in vertieften Gefühlen
der Beschämtheit.

Ich war, wie im vorigen Kapitel ausgeführt, immer wieder vom Ausmaß ihrer klinischen Regression erschreckt. Während langer Perioden blieben die Analysestunden angefüllt mit Beschreibungen solch regressiver Geschehnisse und Affektstürme.
Trotz ihrer oft bedrohlichen Depression, ihres Selbsthasses und Selbstekels blieb sie
zumeist fähig, ihren Aufgaben als Ärztin nachzukommen.

Aus dem bereits Geschilderten ist wohl ersichtlich geworden, wie die *Verdrängung* der aggressiven Wünsche während des Geschlechtsverkehrs – der Wünsche
des *Wegnehmens*, d.h. den Partner jener gleichgesetzten Vierheit von Lust, Penis,
Brust und Liebe zu berauben – von der *Verleugnung* eines großen Teils ihrer Selbstwahrnehmung begleitet werden mußte: „Dies bin ich nicht; ich bin nicht neidisch,
wütend, grausam rachsüchtig! Lieber bin ich tot – ohne Gefühle und Lust." Warum? Da alle Lust, alle Sexualität an eine solche Befriedigung ihrer unbewußten
Scheel- und Rachsucht gebunden schien und daher von ihrem Gewissen auf das
strikteste verpönt und unterdrückt werden mußte. Und dies war wohl nötig wegen
der ursprünglichen intensivsten Ambivalenz besonders ihrer Mutter, nicht einmal
primär ihrem Vater gegenüber; Sexualität war daher nur unter ganz bestimmten Bedingungen erlaubt, auf die ich noch zurückkommen werde. Es war diese Sanktion
durch das Über-Ich, die solch breite Verleugnung wie auch die ihr zugrundeliegende Verdrängung bedingte und aufrechterhielt.

So haben wir, wie wir schon zuvor beobachtet haben, ihr Nein zu ihren Wünschen, v.a. zu solchen der grausam-rachsüchtig- eifersüchtigen Aggression; dies ist
die *Verdrängung*. Dann ist das Nein gerichtet gegen Gefühle ganz allgemein – Lust,
Neid, Scham, Wut und Eifersucht im besonderen; dies ist die *Affektblockierung*. Sodann richtet sich das Nein dagegen, sich selbst als böse, trotzig oder neidisch zu *sehen* – die *Verleugnung* der Wahrnehmung eines entscheidenden Teils ihrer Persönlichkeit.

Umgekehrt, wenn der Mann stark genug war, ihre Aggression zu ertragen und
ihr mit größerer Gegenkraft zu widerstehen, konnte sie sich gestatten, diesem 3 fachen Nein mit einem 3 fachen Ja entgegenzutreten – in einem Rausch der Liebe,
der Hingabe und orgastischen Lust oder aber der hohnvollen Wut und bissigen Verachtung und schließlich der verzweifelten und intensivsten Sehnsucht. Diesem ganzen rauschhaften, Penthesilea-ähnlichen Ablauf folgte dann in der Abgespaltenheit
wieder das ursprüngliche 3 fache Nein.

Was bedeutete aber die überwältigende Anziehungskraft dieses Mannes und ihre
oft mit einer Sucht verglichene und, wie schon beschrieben, potentiell gefährliche
Abhängigkeit von ihm? Es war, als ob sie sagte: „Ich fühle mich bei ihm mit jenen

bedrohlichen Raubwünschen sicher – den Wünschen, mir seinen Penis und seine Macht, seine trotzige Selbstbewußtheit und Stärke anzueignen, und was ich derart in Besitz nehme, muß ich ihm, nach der ‚Ökonomie des Neides‘, natürlich wegnehmen. Ich fühle mich sicher dabei, da er so stark und groß und muskulös aussieht, eine Wand zum Abprallen: Von ihm kann ich nehmen, und doch wird er dadurch nicht geschwächt werden. Gleichzeitig und eben deswegen, da er zumeist so abweisend und aberkennend ist, würde mir seine Liebe und Anerkennung endlich bestätigen, daß ich nicht defektiv und schlecht bin, sondern all das nun besitze, was mir seinerzeit abging – Lust, Macht, Penis, Brust.“

Knapp 4 Jahre nach Beginn der Analyse und nachdem sie sich endlich von Rudolf zu lösen vermocht hatte, kam es während des Weihnachtsfestes zu einer heftigen Auseinandersetzung mit ihrer schmollenden und verdrossenen Mutter und dem „geziert-schwächlichen und besänftigenden“ Vater (673). Dabei wurde ihr klar: „Man kann nicht zornig auf sie werden; man kann ihnen nichts sagen. Es wird als Generalangriff genommen: Du tust mir weh. Und ich spielte umgekehrt das gleiche Spiel mit Rudolf: Du tust mir weh, wenn du mich verläßt. Jetzt, nach der Schlacht mit meinen Eltern, fühle ich mich völlig unannehmbar, unfruchtbar und geschlechtslos – leer und wütend, ein fettes, häßliches Schwein. Aber eine Sache ist mir so klar geworden – der Rückzug meiner Mutter. Es war deswegen, daß mein Zorn immer so etwas Schreckliches war: nämlich weil er sie zerstörte. *Er tötet sie; sie löst sich auf* (desintegrates). Es ist vernichtend für sie. Daher sind meine Impulse so destruktiv: Sie könnten sie umbringen. Und ich habe das noch nie zuvor so klar gesehen – wie schreckerregend und machtvoll meine Impulse sind, daß sie sie vernichten – mein Zorn, mein Trotz, meine Kritik – ganz einfach, *meine Wünsche, ich selbst zu sein.* Ganz gewiß hat das meine Liebe für sie abgetötet. Sie hat den Mutterinstinkt eines mandschurischen Kriegsherrn (warlord). Als ich mit ihr über meinen Schmerz wegen der Abtreibung meines Kindes sprechen wollte, war das einzige, was sie zu sagen wußte: ‚Beschäftige dich einfach nicht mehr damit, dann kommst du darüber hinweg.‘ Sie wendet dem einfach ihren Rücken zu. Und dagegen wehrte ich mich als Kind, aber ich kehrte es gegen mich selbst, anstatt es ihr zu sagen. Das war sicherer – mir statt ihrer Schmerz zuzufügen.“ Es ist die von der Mutter ihr so angelegentlich empfohlene Strategie der Verleugnung, gegen die sie sich so heftig auflehnt und der sie sich oft unbewußt doch selbst mit solcher Verve ergeben hat.

Die ganze Sequenz wiederholte sich immer wieder mit Rudolf, doch in der Hoffnung, das Gegenteil zu erreichen – die Sequenz, bestehend 1) aus dem durch Unterwerfung, Selbstaufgabe und „Blindheit“ gekennzeichneten Suchen von Liebe und Annahme; 2) aus Erniedrigung, Schmerz und Enttäuschung, die 3) zu Haß, wütender Eifersucht und Verachtung führen; 4) der Strafe in Form von Körperschädigung, Erkrankung, Mißhandlung; 5) überwältigenden Scham- oder Schuldgefühlen und selbstmordnahen Handlungen.

Diese ganze Sequenz führte immer wieder zur scheinbaren Verwirklichung der Phantasie zurück mit dem ersehnten Ergebnis: „Jetzt billigt er mich, seine Gutheißung meiner Person ist vollständig, auch jener Teile meiner selbst, die ich bei meinen Eltern verleugnen mußte. Ja, ich kann so aggressiv und männlich und stark sein, so zürnend und trotzig wie meine Mutter, und er ist noch immer stärker als ich und billigt es, wie ich bin." Wie sie es nennt: Es ist „das Wunder der Billigung" („the miracle of approval"), das sie suchte: „Ich bin *wie* meine Mutter, und doch erreiche ich Verzeihung und Billigung *von* meiner Mutter."

In dieser zentral erlebten und immer wieder aufgesuchten Phantasie folgt der *Identifizierung mit dem Angreifer* demnach die *Gutheißung durch das aggressive Über-Ich*: „Jetzt kann all dies als gut bestätigt werden, da er es billigt. Ich brauche mich dafür nicht mehr zu verurteilen; jetzt bin ich gut."

Dabei kann sie all das Ressentiment, ihre ganze Grausamkeit, die ganze Macht der Absolutheit und der Verdammung *stellvertretend* durch ihn erleben, sich mit ihm als Angreifer ganz bewußt identifizieren. Auf diese Weise erlaubt er es ihr, sich ganz konkret mit ihrem eigenen Über-Ich – diesem grausamen Henker in ihr – zu vereinigen und zu versöhnen – und damit natürlich auch mit der ursprünglichen Autoritätsfigur in der Außenwelt. Entscheidend sind dabei aber diese *Passage durch ihr Über-Ich* und die Intensität der Gefühle und Wünsche, die von ihr selbst beigetragen werden.

Doch die Versöhnung mit diesem sadistischen Über-Ich kann nicht von Dauer sein: Die Wirklichkeit bricht immer wieder ein, und die *Verleugnung* wird weggefegt: „Gleichgültig, was immer ich tue, so nimmt er mich doch nicht an und behandelt mich gleich schäbig und lieblos und ebenso gefühlskalt wie meine Mutter." Bei diesem Endpunkt, der als *depressive Identifizierung mit dem Opfer* zu kennzeichnen ist, sieht sie sich als verächtlichen, kastrierten Schwächling – ganz ihrem von der Mutter völlig eingeschüchterten und entmachteten Vater gleichend: „ohne Selbstwert, ohne Persönlichkeit (self), ohne Kompetenz, ohne Selbstbehauptung – keine Freude und kein Glück, ein Erdulden ohne Würde"(673). Doch kann sie dank dieser Identifizierung mit dem Opfer-Vater ein gewisses Maß an Normalität erreichen und sogar tatsächlich Hervorragendes leisten. Dies bedeutet nicht nur *seine Zustimmung*, sondern die Gutheißung ihrer eigenen oft brillianten Fähigkeiten und ethisch sensitiven Entscheidungen durch *den* Teil ihres eigenen Gewissens, der gerechter und also weit weniger vernichtend und absolut als dessen erste Form ist.

Damit haben wir die sie zutiefst markierende *Identitätsspaltung* aufgewiesen.

1) Vor allem gleicht sie ihrer ressentimentgeladenen, eifersüchtigen und eifersuchterweckenden Mutter; in mancher Hinsicht hat sie deren Identität angenommen: aggressiv, selbstgerecht, explosiv. Diese Gestalt ist jedoch zugleich auch die Personifizierung eines unerbittlichen, rachsüchtigen Gewissens und behauptet in Veras unbarmherziger Selbstkasteiung ihre verheerende Gegenwart. Das Ressentiment triumphiert in der Verinnerlichung der Muttergestalt. Damit sieht sie sich aber als „gross, foul and disgusting" („fett, schmutzig und ekelhaft"), Attribute, mit denen sie auch ihre Mutter versieht.

In *terminis technicis* ausgedrückt heißt dies:

a) Es besteht eine *archaische, globale Identifizierung* mit der als *sadistisch*-verweigernd und kalt empfundenen und *gefürchteten* Mutter: Sie selbst erlebt sich teilweise als kalt und herrschsüchtig, übt in sozial annehmbaren Formen sadistische Neigungen aus, z.B. in einer sarkastischen Metaphorik, die sie beinahe zu einer Kunst entwickelt hat, und weiß sich bei Freund und Feind gefürchtet zu machen. Das Interessante und besonders Bedeutsame und Schicksalhafte besteht darin, daß dieses Identifikationsbild auch ihr *Ideal* geworden ist, das sie immer wieder in einem Mann sucht.

b) Gleichzeitig hat sie, in ebenso globaler, *absoluter* Form, die verurteilende, ressentimentgeladene Stimme ihrer Mutter *introjiziert*. Diese Primitivfigur wurde freilich auch die Trägerin aller aggressiven, frühkindlichen Wünsche, namentlich solche oral- und *anal-sadistischer* Art, die auf die Mutter *projiziert* worden waren. Andere Primitivwünsche, die nun Teil gerade dieser Figur bilden, betreffen ihr nach diesem Mutterbild geschaffenes Idealbild: das einer *selbstgenügsamen, kalten, unberührbaren Machtfigur*, einer unbeugsamen, haßvoll-spöttischen Autorität. Diese *globale Introjektion* lebt nun in der Gestalt des „inneren Richters", also der Urteilsgewalt ihres Über-Ich, die mit erbarmungsloser Strenge ausgeübt wird, weiter.

c) Überdies sieht sie sich als schwaches, wertloses, schmutziges Kleinkind, besitzt also teilweise ein extrem herabgesetztes Bild von sich selbst, das aber seinerseits auf eine *archaische Identifizierung* mit der *verachteten, gehaßten* Mutter, also mit dem Opfer ihrer eigenen intensiven Aggression gegen diese, zurückgeht; diese Identifizierung mit der verachteten Mutterfigur dürfte ebenso primitiv und absolut sein wie die Identifizierung mit der gefürchteten Muttergestalt.

Man kann diese 3 fache Verinnerlichung der Mutterfigur, die wohl sehr früh begonnen hat (vermutlich während der „Separations-Individuations-Phase", also im späten 2. und frühen 3. Lebensjahr), aber eigentlich durch Aktualerlebnisse seither immer wieder und bis in die Gegenwart bestätigt und verstärkt wurde, auch so beschreiben, daß das *Selbstbild* infolge der *Doppelidentifizierung* in ein dominierend-sadistisches und ein verachtet-masochistisches *gespalten* wurde und daß die *Introjektion*, in Gestalt des Über-Ich, die *sadomasochistische Objektbeziehung* selbst mit den primitivsten Triebhandlungen und Affektstürmen verinnerlicht hat und nun verewigt. Die Idealisierung der Macht ist selbst eine Art der Umkehrung: „Ich will nun so stark wie die gefürchtete, böse Mutter werden. Eigne ich mir ihre Macht an, brauche ich fortan nie mehr Angst zu haben. Ich bewundere diese Größe und Stärke und finde Schutz und Trost in dem Gedanken, daß ich selbst ihrer teilhaftig werden könnte."

Diese archaische Über-Ich-Figur ist damit das direkte Erbe der *Traumata*, eine Verdichtung vieler traumatischer Erlebnisse, unter deren Einfluß sich jene Selbstangleichung und Selbstspaltung ergeben hat und immer wieder bekräftigt. Die innerliche und immer wieder veräußerlichte Wiederholung der Traumatisierung in Form der Rabiatheit des Gewissens läßt sich am ehesten als Versuch nachträglicher Meisterung verstehen.

In dieser inneren und wieder veräußerlichten Polarität handelt es sich um die zwischen *Henker und Opfer* – zwischen allmächtig- grausamem Tyrannen und verachtungswürdigem Schwächling, ein *Selbstgemälde äußerster Scham*. Es steht unter der Dominanz des archaischen Über-Ich. Dies ist ihre *masochistische Teilidentität*.

2) Andererseits kann sie ihrem intellektuellen, sich gewissenhaft fügenden und bewundernden Vater gleichen und dessen Pflichtbewußtsein und ethische Geradheit vertiefen und weiterentwickeln, sieht sich aber immer wieder in ihrer Schwäche

als kastrierten *„wimp"*, genau so, wie sie ihn in seiner Unterwürfigkeit gegenüber seiner Frau erlebt hatte. Diese letzte Form fürchtet sie ungeheuer und überkompensiert dafür mit der Betonung der Idealfigur, seiner Ehrlichkeit, seinem Gerechtigkeitsgefühl und seiner Brillanz, weit mehr aber dem ihrer Mutter nachgebildeten Ideal der unbeugsamen, rigiden Macht und Unberührbarkeit. Auch die Verinnerlichung ihres Vaters ist also 3facher Natur, besitzt aber weit weniger die archaisch-globalen Qualitäten, die die Identifizierungen und Introjektion des Bildes der Mutter auszeichnen.

Diese zweite innere Polarität ist die zwischen erfolgreicher Kompetenz und Kompetition und dem Unbehagen über das Verlangen, ihre Nebenbuhler zu beseitigen – eine Spannung, die in *tiefer Schuld* resultieren muß. Dies ist ihre *depersonalisierte Teilidentität.* Die Impulssequenz bildet den Übergang von der zweiten zur ersten, von der ödipalen Dreiecksproblematik zur präödipalen, anal-sadistischen, dyadischen Problematik gegenüber der Mutter.

Es ist auch interessant, diese Mehrschichtigkeit der Identifizierungen auf die anderen Abwehrfunktionen auszudehnen. Die Wendung vom Passiven ins Aktive und die Verleugnung sowie die Vordringlichkeit des „blaming", des Anklagens, also am ehesten einer Form der Projektion eines primitiven Über-Ich, scheinen, neben schwerer Verdrängung, die wesentlichen Abwehrvorgänge bei der Mutter, einer vorwiegend hysterisch-depressiven Frau, zu sein, und sie kennzeichnen nun auch die ihr nachgebildete Teilidentität Veras. Ich vermute, daß es die beiden gemeinsame Verurteilung und damit die *Verdrängung* großer Teile der kindlichen Sexualität (v. a. der ödipalen Anteile) und, damit eng verknüpft, die Verdrängung aller Rivalität (competition) ist, die bei Vera den Hauptgrund für die Neurosebildung und für deren Aufrechterhaltung ausgemacht haben.

Der Vater erscheint von der Schilderung her als ein durchaus ängstlicher, überaus gewissenhafter Mann, mit stark zwangsneurotischen und weniger ausgeprägt hypochondrisch-phobischen Zügen; seine Sublimationsfähigkeit ist ganz besonders ausgeprägt. Die angepaßte, effektive, obzwar oft als unwirklich erlebte Teilidentität Veras dürfte weitgehend dieser Identifikations- und Introjektionsgruppe Ausdruck verleihen. In der Übertragung hofft sie, daß ich die väterliche Form von Gewissen und Ideal verkörpere, fürchtet jedoch ständig, daß ich zur mütterlichen Form werde. Ich habe in mancher Hinsicht dieselbe Doppelheit angenommen wie die, die ihr Selbstbild betrifft.

Diese beiden Identitäts- und Über-Ich-Formen bedürfen für ihre Herrschaft der *Verleugnung* ihres Gegenstücks. Eifert sie der Zustimmung durch den dem mütterlichen Über-Ich entsprechenden Rudolf nach, muß sie ihre Identifizierung mit dem Vater mit Hohn belegen. Sie schämt sich dafür, daß sie vor Rudolfs kalter Geringschätzung trotz all ihren Bemühungen immer nur zu schwach, zu dick, zu unathletisch, zu intellektuell erscheint.

Sucht sie demgegenüber die Freundschaft von Felix, dem Mann, der ihrem väterlichen Ideal entspricht, kann sie ihre Erniedrigung unter Rudolfs Despotie und ihre eigene süchtige Hörigkeit diesem gegenüber nur mit Grauen betrachten und kaum glauben. Dann schaut sie diese als eine Art dämonischer Besessenheit an, ähnlich der einer multiplen Persönlichkeit, obwohl keine Amnesie besteht. Doch fürchtet sie die übersteigerten Erwartungen von Felix. Seine Idealisierung ihrer Person läßt ihn schwach, sie selbst aber schlecht und schuldvoll erscheinen.

„Tout pouvoir sans contrepoids, sans entraves, autocratique, mène à l'abus, à la folie. L'arbitraire, c'est la démence du pouvoir." (Alle Macht, die ohne Gegengewicht, ohne Fesseln, autokratisch ist, führt zum Mißbrauch, zur Verrücktheit. Willkür ist der Wahnsinn der Macht.) (Balzac, *La Cousine Bette*, S. 233)

Was ist die Lösung dieser inneren und äußeren Doppelheit, dieser gespaltenen Identität?

Während der sie sexuell anziehende Geliebte Rudolf in vielen Eigenschaften sehr ihrer Mutter glich, nahmen wir doch an, daß sie in ihm eher eine Art schützenden Supervater suchte, eine machtvoll-erlösende Figur, die in jeder Hinsicht stärker und aggressiver als ihre Mutter war und so gegen deren übermächtige Gegenwart ebenso wie gegen ihre eigenen wütenden und rachsüchtigen Impulse Schutz zu bieten versprach. Er hätte, im Gegensatz zu ihrem Vater, die Stärke, ihren destruktiven Impulsen Halt zu gebieten (contain) und ihr dafür zu verzeihen (687). Ganz besonders mag aber der Schlüssel in einem spezifischen Teil der Transaktion – die manche als „projektive Identifikation" erklären oder beschreiben würden – liegen: Was wirklich abgeleugnet und entäußert worden war, war ihr Sadismus, besonders ihre phallisch-eindringende, lustvolle Aggression. Während sie sich dem „Gorilla" hingab, starb sie gleichsam eines gewaltsamen Todes, ihr Körper schien entzweizubrechen, zu bersten, in Stücke zu zerfallen, und sie verwandelte sich in ihn, identifizierte sich ganz mit ihm und genoß durch ihn sein Eindringen, seinen Orgasmus, sein Plagen und Schlagen. In der *Identifizierung mit dem sadistischen Partner*, die ihr mehr oder weniger bewußt war, vermochte sie *stellvertretend* das zu genießen, was sie sich selbst verwehrte – ihre sadistische Sexualität; in diesem „*Hervorrufen eines Stellvertreters*" (Wangh 1962) hatte sie ganz ausdrücklich und teilweise bewußt diese Seite ihrer Persönlichkeit auf einen Mann *projiziert*, der schon durch sein Geburtsrecht unverhohlene sadistische Neigungen gezeigt und ohne Skrupel ihnen gefrönt hatte: „Ich lebe das aus durch ihn. Es ist seine Lust, die ich suche und erlebe. Und dadurch, daß ich mehr und mehr ihm gleich werde, kalt, trotzig, unbekümmert darum, was andere denken, rücksichtslos, fühle ich, wie ich stärker und gesünder werde", sagt sie später. Damit geht eine Umkehrung in die *Passivität* während der sexuellen Handlungen einher: Jetzt ist sie zur Zielscheibe seiner Gewalttätigkeit geworden. Da er es auf sich nimmt, das zu tun, und sie es durch ihn erlebt, kann sie sich gut und frei und angenommen fühlen: Ihr ist ja verziehen worden, da sie es nicht selbst getan und da sie noch überdies die Strafe auf sich genommen und die Absolution erhalten hatte von einer Gestalt, die ihrer anklagenden – „guiltthrowing" – Mutter weit überlegen schien.

So vermochte sie in ihrem Geliebten gleichzeitig 2 *Teile ihrer Persönlichkeit*, die unterdrückt worden waren, zu erleben, zu akzeptieren und zu lieben: den *Triebteil*, d. h. ihre sadistische Sexualität, und den *Über-Ich-Teil*, eine Art idealen, überstarken Vaters, der ihr verzeihen und sie gegen die Rache der Mutter schützen könnte – Feuer gegen Feuer, Trotz gegen Trotz, Gewalt gegen Gewalt.

Die Identifizierung mit dem Geliebten erfolgte in 2 gegensätzlichen Formen: entweder durch den stellvertretenden Genuß seiner (sadistischen) Macht während des Geschlechtsverkehrs oder, nach dem Bruch mit ihm, durch ihre bewußte Selbstangleichung an ihn in manchen von ihr als positiv bewerteten Hinsichten: in trotziger Unabhängigkeit und Selbstgenügsamkeit, in Entschiedenheit, nur in abgeschwächter und entstellter Weise auch in bezug auf seinen sexuellen Sadismus.

Doch war es auch notwendig zu erkennen, daß die Ursache von soviel verdrängtem Sadismus nicht etwa nur in den beschriebenen Identifizierungen und Projektionen, also in Abwehrvorgängen zu suchen war. Vielmehr mußte ihrer starken Haßliebe ganz besonders der machtvollen, scharf strafenden, zu zornigem Schmollen geneigten Mutter gegenüber, die alle um sich herum sich schuldig und klein fühlen ließ, gedacht werden, eines Hasses, der noch massiv verschärft wurde durch die Schwangerschaften und die Ankunft der Geschwister. Diese Verschärfung hatte sich schon damals in kaum verhüllten Wünschen kundgetan, die treulose Mutter und die verhaßten (männlichen!) Eindringlinge umzubringen. Da ihr dies aber verwehrt war und solche üblen Absichten ihr Gefühl des Ausgeschlossenseins nur noch vertieften, war das Nächstbeste die Identifizierung mit den Figuren, die Macht und Spezialvergünstigung und -ausstattung genossen – das Sichgleichfühlen und Sichgleichmachen, sei es mit der phallischen, bestimmenden, ressentimentgeladenen Mutter, sei es mit einem Phantasievater und Helden, sei es mit dem mehr begünstigten Bruder. Im Geliebten waren alle drei zu einer Gestalt verdichtet.

Damit ließ sich aber nun die Doppelheit ihres Lebens und ihrer Selbstvorstellung wie folgt verstehen: Einerseits war sie jemand, der selber nichtsexuelle Macht besaß und ausübte, jemand, der detachiert, unpersönlich, tatkräftig war, dabei aber auch behutsam und schonend, sicher auch weiblich, rücksichtsvoll und mitleidig sein konnte – ihre *depersonalisierte* Teilidentität (self) oder *Pseudoidentität*. Andererseits hatte ihre 2. Identität den sexuellen Sadismus entäußert und konnte ihn in Sicherheit und ohne viele Gewissensbisse durch den Geliebten und unter der Maske ihres sexuellen Masochismus erleben – ihre *masochistische* Identität. In der 1. Teilidentität verleugnete sie jegliches Zeichen der Schwäche; in der 2. verleugnete sie, daß sie es war, die Sexualität und Sadismus gleichsetzte und beide zugleich auslebte: „Nicht ich, sondern er!"

Da sie in Wirklichkeit alles andere als eine schwache Persönlichkeit war, dienten im 1. Zustand ihre ausdrückliche Betonung männlicher Macht und ihre Identifizierung mit dem trotzig-harten Freund einer viel bedeutsameren Verleugnung, nämlich der jenes Teils ihres Selbstbilds, dessen sie sich am tiefsten schämte: der Teilidentität eines *betrogenen* Mädchens, das sich *rächen* möchte und dafür *bestraft* würde – betrogen, da es sich von der Einheit zwischen Mutter und Bruder ausgeschlossen gesehen hatte, zu kurz gekommen, da es kein Knabe war und keinen Penis besaß; hintangesetzt auch deswegen, da es sich immer von der Mutter ungeliebt und vom Vater verraten gefühlt hatte, geschmälert, da das Kind eben weit hinter der Mutter hatte zurückzustehen müssen; und ganz besonders auch gekränkt, da ihre Individualität so oft angegriffen und unterdrückt worden war – in der Form der Verleugnung, die Schottländer als „Blendung durch Bilder" bezeichnete.

Die 1. Form zeigte die Verleugnung ihrer *Identifizierung mit dem Opfer*, die 2. die Verleugnung ihrer *Identifizierung mit dem Angreifer*.

Der Konflikt war derselbe in beiden Zuständen, wurde aber in grundsätzlich verschiedener Form gelöst: Es scheint mir, daß der 1. Zustand weit mehr durch die Abwehr gegen die *Wahrnehmung* im allgemeinen, also durch Verleugnung geprägt war, während der 2. Zustand v. a. von der Kombination der *Trieb*abwehr in Form von Verdrängung und Projektion bestimmt war, am spezifischsten der Verdrängung des Sadismus gegen die schwangere Mutter in Gestalt des „schweren Mannes".

Von besonderem Interesse ist die Parallelität im Über-Ich: Von Anfang an war ja offenkundig gewesen, wie sehr sie unter dessen verurteilender, verbietender und massivst bestrafender Gewalt gelitten hatte. Es war ein innerer Quäler, mit dem sie nun das alte masochistische Verhältnis zu ihren Eltern weiterführte. Die 3 Hauptängste der frühen Kindheit waren alle Teil des Über-Ich geworden und wiederholten sich nun als Angst von innen: verlassen zu werden, Liebe und Respekt zu verlieren (als Abweisung, Beschämung und Ausgeschlossenwerden) und verstümmelt zu werden (Ängste wie Drohungen, erstochen zu werden, oder sich selbst zu erstechen). Die Liebe für ihren Vater, der Wunsch, ihre Mutter zu beseitigen, und später die Begehren, die Geschwister im Mutterleib oder in der Krippe zu beseitigen, führten alle zu tiefer Angst vor diesen von innen her auf sie gerichteten Drohungen. In wieder entäußerter (projizierter) Form zeigten sie sich als Alpträume und Semihalluzinationen der Vergeltung.

Im 1. Zustand war es bestimmend, daß die Gefühle der Erniedrigung – der *Scham* – darüber, daß sie sich als schwach und zu kurz gekommen empfand, dadurch ausgelöscht, eben verleugnet, wurden, daß sie emotionell unbeeinflußt von der Welt und mithin unverletzlich dastand, im Gegensatz zu dem hilflos-häßlichen Mädchen von damals – stark, männlich, wenngleich subjektiv gefühllos.

Demgegenüber war es im 2. Zustand die *Schuld* – nämlich für ihre mörderischen Wünsche gegenüber Bruder und Mutter und für ihre Kastrationsimpulse gegen jeden Mann –, die nun dadurch ausgelöscht wurde, daß sie als Opfer büßte und Vergebung erlangte. Die Bedeutung ihrer masochistischen Impulshandlung wäre also die: „Ich bin nicht aggressiv, er ist es. Ich bin nicht die, die verletzen oder den andern berauben möchte; im Gegenteil, ich bin die Verwundete, und ich bin sogar gerne bereit, mich solcher Verletzung zu unterwerfen. Er ist ja trotzig und grausam, nicht ich; so brauche ich mich doch nicht mehr schuldig zu fühlen." Hier verleugnet die Sequenz den *Schuldteil des Über-Ich*. Dabei ist aber der Endpunkt der Abfolge faktische Erniedrigung und das Gefühl der Beschämung.

Die Verleugnung ist die Waffe, die die eine Teilidentität gegen die andere benützt, und zwar im Dienste des einen Über-Ich-Teils gegen den anderen.

Je breiter und tiefer die Verleugnung, um so stärker das Ausmaß der Depersonalisierung im Intervall zwischen den Impulshandlungen, gewöhnlich dem Zustand der angepaßten, äußerlich funktionierenden Persönlichkeit: Dabei übte sie ihre Macht durch ihre scharfe Intelligenz und praktische Tatkräftigkeit aus, doch vermißte sie es dabei, daß diese sie der Liebe und Intimität unfähig machte. Immer wieder fand sie sich in der Rolle einer Frau, die den Mann mit ihrer Stacheligkeit und Spöttischkeit von sich stieß, ganz so wie sie sich im 3. Lebensjahr ihrem Vater gegenüber verhalten hatte.

Die *Objektrepräsentierung* stellte sich im 1. Zustand so dar, daß sie ihren Geliebten als entwertetes Stück der phallischen Ausrüstung erleben konnte, ein Objekt seltsamer Wichtigkeit, aber von geringem Wert für sie. Im 2. Zustand war er derjenige, der ihr Wirklichkeit, Wert, und Billigung zu gewährleisten schien – der Träger des hauptsächlichen Sinnes in ihrem Leben; dann bedeutete einzig seine Annahme ihrer Person überhaupt etwas, und nur in der Vereinigung mit ihm konnte sie sich selbst als wirkliche Person, frei von Angst und Aggression erleben. Wenn sie sich von ihm angenommen wußte, war sie gut.

Seine überragende Wichtigkeit bestand aber, wie wir erst im Laufe langer und äußerst schwieriger Arbeit entdeckten, daß der Mann eben jene „Abprallwand" sein mußte: jemand, der sie „durchdringen" (penetrate) konnte, ohne selbst aber „durchdringlich" zu sein. Und eine der wichtigsten und gefährlichsten „Durchdringungen" war die durch Gefühle – die Gefühlsansteckung und deren Abwehr, namentlich diejenige gegen die Angst. Daher sollte der Mann, den sie zu besitzen wünschte, doch sich nicht zu behalten erlaubte, mit dem sie sich aber zutiefst identifizierte, jemand sein, der unbeteiligt, kalt und ihrer eigenen Angst und ihren anderen wilden Affektstürmen unbeeinflußt gegenüber stünde. Er sollte ihre Gefühle berühren, ohne von ihnen selber berührt zu werden. Er mußte emotionell *unberührbar* sein. Nur so konnte er ihre so oft überwältigenden Emotionen und damit, so hoffte es wenigstens Vera, auch sie als Ganzes, als integrierte Persönlichkeit, mit seiner Stärke umfassen und halten.

Die *Impulshandlung* bedeutete Schaltung und Übergang vom 1. zum 2. Zustand. Es ist schwierig, es im allgemeinen festzustellen, wodurch diese gewöhnlich ausgelöst wurde – Einsamkeit, Erniedrigung und Tadel, hormonelle Schwankungen, Übermüdung von der häufigen Nachtarbeit und enormen Überarbeitung (manchmal mußte sie mehrere Tage nacheinander ohne Schlaf durcharbeiten) – alle spielten jeweils eine Rolle im steigenden Pegel ängstlicher Gespanntheit, die der Impulshandlung voranging. Ich glaube, daß alles, was an die tiefe Gleichung „ich bin *betrogen = ausgeschlossen = kastriert = erniedrigt = zu kurz gekommen*" rührte, als Auslöser wirken und zu einer Zunahme der unbewußten Aggression führen mochte, mithin zu verstärkter Selbstverurteilung und damit zu zunehmender Angst und depressivem Affekt beitrug, wobei sich dann der 2. Zustand als Alternativkompromiß einstellte.

Auch die *Übertragung* zeigte die beiden Bilder: Im 1. Zustand bedeutete ich (angeblich) wenig für sie; alles war verleugnet, was nicht zum Bild eines ästhetischidealen, gebildeten, gütigen, doch persönlich etwas schwachen und kastrierten Vaters paßte. Was mit mir zu tun hatte, war unpersönlich und intellektuell, während sie aber die Analyse selbst als etwas, das ihr Leben gerettet habe, und als die gegenwärtig allerhöchste Priorität ihres Lebens behandelte. Sie brachte ihr nicht nur beruflich große Opfer, sondern veranlaßte auch eine Reihe ihrer Freunde dazu, in Analyse zu gehen. Die Analyse als etwas, das von meiner konkreten Wirklichkeit abstrahiert war, war ungefährlich, ebenso wie ihr Beruf als Ärztin. Die Verdrängung der sadomasochistischen Phantasie war dabei der hauptsächliche Zug dieses Übertragungsbildes, das im ganzen vorherrschte. Damit ging die Verleugnung der emotionellen Bedeutung der Einsichten einher, ihre charakteristische Depersonalisierung der therapeutischen Beziehung.

Im 2. Zustand hingegen, dem der überwiegenden Projektion, wandelte ich mich plötzlich in einen Sadisten, der sich in der Stunde nach vorne neigen und ihr ins Auge stechen würde oder sie sexuell angriffe oder aber, und das war das Häufigste, der sie aufs schärfste verurteilen und aus der Behandlung werfen würde. Wie schon geschildert, hatte ihr impulsives Ausagieren u. a. auch den Zweck, mich zu veranlassen, als Autorität einzuschreiten und sie sowohl zu bestrafen wie auch ihr zu verzeihen, sie zu warnen wie auch ihr die Erlaubnis zu erteilen, sie zu verurteilen wie auch sie anzunehmen. Damit schrieb sie mir im Grunde dieselbe Rolle wie ihrem Geliebten. Die Struktur der Analyse machte mich unberührbar und unbeteiligt (unaffected), sogar gefühllos, während andererseits meine Deutungen sie berühren und bewegen (affect) konnten. Ich war damit jene „Abprallwand", selbst wenn dies zeitweilig bedeutete, daß sie das „Opfer", nämlich v. a. meiner kaltherzigen Verurteilung und Verhöhnung, sein mußte – ein Bild, das sie emotionell so sah, während sie es intellektuell klar als Verzerrung empfand. Ich befand mich demnach, gleich ihrem Geliebten, in der machtvollen Rolle ihres *sadistischen*, aber *ihr Struktur und Halt verleihenden Über-Ich.*

Felix, ihr ehemaliger Verlobter, mit dem sie weiterhin ein freundschaftliches Verhältnis aufrechtzuerhalten versuchte, war ideal dafür geeignet, als Pendant zum 1. Zustand zu wirken: als asexueller Freund, Bewunderer, Unterstützer und Vertrauter, der sie sich ihrer Stärke bewußt, obzwar auch schuldig werden ließ. Er war jedoch ungeeignet für die Ziele ihrer sadistischen Seite, „zu schwach, um sie in Schranken zu halten", d. h. unfähig, diese Seite für sie, mit ihr und gegen sie auszuleben.

Genau das Gegenteil galt für Rudolf, ihren Geliebten: Ihm konnte sie in Sicherheit ihren Sadismus sozusagen zur Verwaltung anvertrauen, dadurch daß sie ihn stellvertretend durch ihn befriedigen konnte; stark fühlte sie sich dabei freilich nicht. Schuldig mußte sie bei ihm natürlich auch viel weniger sein, eher im Gegenteil, denn dafür sorgte er schon selbst; statt dessen sah sie sich früher oder später durch ihn erniedrigt und beschämt.

Vom Gesichtspunkt dieser Identitäts- und Objektspaltung aus gesehen lag die Lösung ihrer Neurose einerseits in ihrer Annahme der verleugneten Schwäche und Scham des 1. Zustands, dem Gefühl also, zurückgesetzt, verkürzt und kastriert zu sein, andererseits in der Bewußtwerdung der verdrängten ödipalen Rivalität und damit auch in der Anerkennung der verleugneten Grausamkeit, der neiderfüllten Rachsucht und der Schuld des 2. Zustands, in dem sie das wegnehmen und sich wiederaneignen wollte, worauf sie Ansprüche stellte, also kastrierend und mörderisch war. Sie mußte in der Integrierung der beiden Teilidentitäten bestehen. Und die eben dargestellte und ins Theoretische transformierte Abwehranalyse nahm die 2 Jahre oder mehr als 400 Stunden in Anspruch, die zwischen der Detailbeschreibung im letzten Kapitel und dem Endteil der Analyse standen. Erst jetzt fühlte sie sich allmählich dazu befähigt, den Hauptkonflikt anzugehen.

4.2 Durcharbeitung der ödipalen Konstellation und des Ressentiments

Ein grundlegendes Trauma, das zuerst nur erschlossen, dann aber mit intensiven Affektstürmen auch erinnert werden konnte, war die v.a. akustisch erlebte Urszene, der sie während der ersten 2 Jahre, allen späteren Verneinungen und Verleugnungen zum Trotz, häufig ausgesetzt war.

Als sie während ihres Ferienaufenthalts zu Hause Geräusche und andere Evidenz für den Verkehr zwischen ihren Eltern bemerkte, reagierte sie mit nahezu psychotischer Panik und verzehrender Wut. „Ich sagte meiner Mutter, daß ich das durch meine Kindheit hindurch gehört habe und daß es mich mit Panik und Übelsein erfülle. Ich sei nicht fähig, bei ihnen länger zu bleiben" (773). Das Ergebnis des Auftauchens dieser intensivst erlebten Erinnerungen war die folgende Einsicht: Sie fühlte sich erregt über das Bild des aggressiven, vergewaltigenden, großen Mannes: „Ich wollte meinen Vater von meiner Mutter wegnehmen, aber ich konnte das nicht. Ich war inadäquat, da ich keine Brüste hatte und nicht schwanger werden konnte" – wohl spätere Phantasien, um ihr Ausgeschlossensein und ihr Zurückgesetztwerden zu erklären. Sein verführerisches Gebaren, von dem wir seit Beginn der Analyse gehört hatten, „muß mir bedeutet haben, daß ich ihn für mich gewinnen könnte. Ich fühlte mich von ihm angereizt (led on), meine Erwartung war angestachelt – und dann verschwand das alles ganz plötzlich wieder. Es muß eine schreckliche Enttäuschung gewesen sein, und am allermeisten eine furchtbare Erniedrigung, die Zurückweisung nach all der Vorwegnahme und Erregung." Viel später fügte sie hinzu: „Der Konflikt des kleinen Mädchens: etwas haben zu wollen und es nicht haben zu können – er zeigte mir etwas, was ich verzweifelt haben wollte: Schau, was du nicht haben kannst! Wir können es haben, aber du kannst nicht"(950).

Ein wichtiger Teil dieses Konflikts mag eben darin gelegen haben, daß sie gerade wegen der vermutlich irreführenden und sicherlich von ihr als Verführungsversuche gedeuteten Signale seitens ihres Vaters den Schild der Verdrängung sowohl zu seinem wie zu ihrem Schutz brauchte. Und dieser Schutz lag in der doppelten Verleugnung: „Er würde mich ohnehin nicht wollen; und er ist ohnehin nicht männlich genug."

Dabei muß der Vater ursprünglich als sadistische Figur erlebt und begehrt worden sein. Die Verdrängung zeigte sich v.a. darin, daß sie ihren Vater (und die ihn ersetzenden Männer) immer wieder sowohl suchte wie auch mit Verachtung und Angst von sich stieß. Wenn er sie berührte, stieß sie ihn von sich; noch heute „gefriert" sie, wenn er sich ihr zu sehr nähert, und wendet sich von ihm ab, wenn er sie zu umarmen versucht. Sie mußte überdies die Männlichkeit des Vaters entwerten. Sie sah ihn einfach als eine „weinerliche, zimperliche Figur, einen ‚wimp'" (Schlappschwanz), der ihre ganze Verachtung verdiente. Sie teilte infolgedessen auch die ganze Menschheit in diese 2 Kategorien von „wimps" und „wads" (Penis) ein – also „Schwächlinge" und „Kraftprotzern". Die gegen den Mann gerichtete *Entwertung*, eine Form der Abwehr nach dem Vorbild „die Trauben sind mir zu sauer", war ganz entscheidend als Teil jener Verdrängung. Je mehr sie ihn idealisiert hatte, um so stärker mußte sie sich nun durch diese Entwertung schützen. Wie brachte sie dies zustande? Ich glaube, durch die *Regression als Abwehr*, und zwar durch eine Form der Regression, die ihr Idealbild betraf: das der undurchdringlichen Panzerung, einer Machtfigur, die der spaltenlosen Wand glich, kalt und abweisend, trotzig und selbstgenügsam – *die Regression auf das Ideal der traumatisierenden Mutter*, ein *Ideal der Macht und Unverletzlichkeit*. Dieses Ideal selbst schützte sie, wie wir zuvor gesehen haben, durch Umkehrung gegen das durchdringende Gefühl der Schwäche und Hilflosigkeit, das sie auch heute noch oft vor ihrer Mutter empfindet.

Sie versuchte natürlich, selbst auch ein „wad" zu werden. Die kastrierende Bedeutung dieser *Teilidentität* war noch betont durch ihre Virtuosität und Stärke, mit der sie das Messer zu schwingen wußte. Ihr ohnehin üppiger Sarkasmus war zudem ein passendes symbolisches Äquivalent.

Das war natürlich nur die eine Teilidentität; denn sie war und blieb ja auch das abgewiesene Mädchen – also eben ein „verächtlicher Wimp" – in ihrer Rolle als masochistisches Opfer.

Wie ich schon dargestellt habe, war es nicht so, daß die 1., die männlich-sadistische Teilidentität, den Identifizierungen mit dem Vater und die 2., die masochistische und entwertete, etwa den Identifizierungen mit der Mutter entsprochen hätte, noch daß es einfach umgekehrt gewesen wäre; auch war es nicht einfach eine Identifizierung mit den Phantasie- und Projektionsbildern von beiden. Vielmehr erfolgte die 1. Identifizierung mit den aggressiven Aspekten *beider* Eltern und so auch die 2. mit deren schwachen, nachgebenden, „wimpish" Aspekten. „Mein Vater war sowohl ein wortgewaltiger Mann wie ein jämmerlicher Waschlappen; und meine Mutter war aggressiv und stark, aber auch hysterisch ohne Selbstkontrolle und inkompetent als Mutter" (802).

Überdies spielten Identifizierung und Introjektion eine besonders wichtige Rolle als Abwehr in diesem Konflikt: Die ursprüngliche traumatische Szene und der chronische Konflikt mit ihrer Mutter wurden beide durch die sadomasochistische Identifizierung und Doppelverleugnung unablässig wiederholt, und zwar diesmal unter ihrer *aktiven* Regie, statt daß sie ihr passiv ausgeliefert gewesen wäre. Ihr Über-Ich zeigte die Figur des (introjizierten) grausamen Richters, des Erben beider Eltern, die sie haßte und begehrte.

Es war die Regression, durch die sie sich gegen die 3 Rivalitätskonflikte, also gegen den Ödipuskomplex im weiteren Sinne verteidigte: Es war 1) die Rivalität um ihren Vater gegen die Mutter – der *frühödipale Konflikt*, der wohl auf die erlebte Urszene und deren Phantasiebearbeitung zurückzuführen ist; 2) die Rivalität um ihre Mutter gegen ihren Bruder – den wir direkt in der frühen Phobie antrafen und mit *Brustneid* und Geschwister*eifersucht* zusammenfassen können; 3) die Rivalität um Macht und Penis gegen ihren Vater, also der Konflikt zwischen ihren *Kastrationswünschen und dem Penisneid*, dem wir z.B. in ihrer Frigidität und in der Berufswahl begegnen.

Sie hatte mit beiden früheren Geliebten gebrochen, das von Rudolf gezeugte Kind abgetrieben, doch dieses verlorene Kind betrauert, als ob es ihr Glück und ihre ganze Zukunft bedeutet hätte. Ihr Leben bestand im wesentlichen aus Arbeit und Analyse. Von ihrem Sozialleben hatte sie sich weitgehend, von aller Intimbeziehung vollständig zurückgezogen. Sie fühlte sich „tief suizidal": „Die Hoffnungslosigkeit – warum weiter machen? Ich nahm Codein und hatte unglaubliche Halluzinationen – Haifische nagten an meiner Seite, und ich wurde zerstückelt. Ich war gelähmt. Ich fand mich in der Mitte des Zimmers, unfähig mich zu rühren, und alles wirbelte um mich herum. Ich dachte, vom Balkon herunterzuspringen" (817).

Sie begann schließlich, nachdem die schwere, zeitweise suizidale Depression, die wieder von schmerzhafter Überintensität von Reizen und halluzinationsähnlichen Angstszenen und -visionen begleitet war, mehrere Monate angedauert hatte, ein Antidepressivum, Doxepin (Sinequan), in Dosen zwischen 25 und 80 mg zu nehmen.

„Ich bemerkte im Gespräch mit einer Freundin, wie sehr ich mich davor scheue, Sie als eine lebendige, atmende Person zu sehen, daß ich Sie wie Felix als stärker anschauen muß als mich, ohne menschliche Schwäche, unberührbar und undurchdringlich. Ich hatte es ganz außer Acht gelassen, daß auch Sie enttäuscht sein könnten." Sie bezog sich dabei auf eine berufliche Änderung in meinem Leben, die sich dann zerschlagen hatte. Später in derselben Stunde – knapp 5 Jahre nach Beginn unserer Arbeit – kam sie auf dieses Bedürfnis zurück, mich stark und unverletzlich zu erleben, im früher bemerkten Gegensatz zu ihrer eigenen tiefen Enttäuschung an ihrem Vater, der Wut darüber und der Abwehr durch seine *Entwertung*. All das war nun ganz gegen sie selbst gewendet, und ich mußte davor beschützt bleiben. „Um mich also gegen die Entwertung zu schützen", erwiderte ich.

„Das ist absolut richtig, und das Problem mit Felix war, daß er sich nicht schützen konnte. Und Rudolf ist durch sein abweisendes Verhalten (withholdingness) beschützt."

„Doch wesentlich ist dabei das Bedürfnis, das Ideal zu entwerten –"

„– wenn ich ihn nicht haben kann, ist er nichts wert. Wie mein Vater: Er ist gar nicht so großartig, wie er gerühmt wird (cracked up to be). Ich konnte ihn nicht für mich haben, wie stark ich auch versuchte, meiner Mutter ähnlich zu werden. Die Erniedrigung (embarrassment) darüber kann überhaupt nicht überschätzt werden: so sehr erwachsen sein zu wollen, ohne es zu sein, und dabei als Kind in eigenem Recht vernachlässigt und nicht ernstgenommen zu werden. Es war Rache an meiner Mutter: ‚So hast du ihn? Er ist ja gar nichts wert!'"

Ich wiederholte die von ihr festgestellte Sequenz und fügte hinzu: „Neid und Eifersucht führten demnach zu dem Bedürfnis, ihn zu *entwerten*, das Sie danach *gegen sich selbst* richteten."

Sie sprach mehr über diese Zusammenhänge in bezug auf die 2 Parallelgeliebten: „Mit Rudolf hieß es: ‚Ich kann dich nicht festhalten; so kannst du nichts wert sein.' Und mit Felix: ‚Ich bin so ungenügend, so unwert, ich hasse mich derart, daß, wenn du dieses Stück Abfall liebst, auch du nichts wert sein kannst.'"

„So war es doch auch mit Rudolf: er war nur solange annehmbar, wie er Sie nicht annahm. Der Mann ist also nur attraktiv, wenn er Sie verwirft; sonst müssen Sie ihn entwerten und verwerfen ... Doch ist es dabei entscheidend", fuhr ich nach einiger Zeit fort, nachdem sie bildhaft beschrieben hatte, wie es mit ihm zum Nullgewinn ihrer endlosen Investierung gekommen sei, „daß Sie unablässig den Mann auf die Probe stellen wollen (test), ob er stark genug sei, Ihren Entwertungsversuchen standzuhalten. Felix hat die Probe nicht bestanden, Rudolf läßt Sie hängen, die Probe bleibt bei ihm unentschieden, und mich haben Sie gegen diesen Test geschützt. Gelingt es Ihnen, wenigstens vorübergehend, die Stärke des Erprobten zu beweisen, möchten Sie sich diese durch Ihre Vereinigung mit ihm aneignen."

„Das war schon meine Phantasie mit 14: Ich konnte nicht darauf warten zu heiraten, damit der Mann sich all meiner Probleme annehmen (take care of) könne und ich keine Unsicherheit mehr zu fühlen hätte."

„Doch ist dabei das Zentralstück dies: Ihr Bedürfnis, ihn zu entwerten, und die Probe darauf, ob er *stärker als diese Kraft der Entwertung* sei."

„Und die Annahme, daß mein Vater nicht so stark war, daß er unzulänglich, eine tiefe Enttäuschung war, ein Dieb in der Nacht, der mich getäuscht hatte."

„Dies ist eine mögliche Erklärung. Doch mag es nicht eben darum gewesen sein, daß er so anziehend und gerade seine Unerreichbarkeit Ihnen zu schmerzhaft war?"

„Beides zusammen. Es war so beschämend, etwas zu wollen, was ich nicht haben konnte. Die gleiche Erniedrigung wie jene, als ich nicht vom Kommunionsteller essen und den Wein nicht berühren durfte."

Sie hatte es oft betont, wie es in manchen schallenden Varianten der entrüstete Ausruf ihrer Mutter zu sein pflegte und sogar noch heute nicht selten ist: „Nein, das kannst du nicht haben!! Wie kannst du so etwas tun!! Ein pflichtgetreues Kind würde so etwas überhaupt nicht in Betracht ziehen! Wie kannst du uns, die wir uns für euch aufopfern, so etwas antun?!" Immer wieder der jedes Wort betonende Refrain: *„How can you do this!!"*

Ein Kind zu sein war selbst eine Quelle der Verachtung. „Ich hatte keinen Grund, ein Kind sein zu wollen."

Ich faßte die Abfolge nun zusammen: „1) der *Konflikt* bezüglich des Mannes – damals wie jetzt – des Mannes, der sowohl anziehend wie enttäuschend wie untersagt war, und die Gefühle der Scham, der Eifersucht und des Neides, die diesen Konflikt begleiten; 2) die Notwendigkeit der *Abwehr durch Entwertung*; 3) die *Wendung dieser Entwertung gegen sich selbst* – wie sie sich als total unwert und unzulänglich behandle; 4) der ständig wiederholte Versuch, den Mann auf die *Probe* zu stellen, ob er stark genug sei, ihren Versuchen der Entwertung auch standzuhalten; und 5) sich mit dem starken Mann zu *vereinigen*, um durch diese Verschmelzung mit ihm, in einer Art *magischer Identifizierung*, seiner Stärke teilhaftig zu werden. Was wir zuvor in Begriffen von phallischer Macht und Kastrierung festgestellt haben, verstehen wir nun in Begriffen von Ideal und Entwertung."

Sie fand diese Zusammenstellung eine wirkliche Erleuchtung und fügte noch manche Ergänzung oder Bestätigungen hinzu, u.a. auch die wichtige Erweiterung, daß die Enttäuschung nicht nur ihren Vater betroffen habe, sondern daß auch die Mutter, nach der sie sich als Ideal richten wollte, eine frigide und inkompetente Frau gewesen sei, die keine Kontrolle über ihre Gefühle gezeigt habe. So müsse sie auch mich sowohl entwerten wie auch gegen diese Tendenz der Entwertung schützen (837). Auch sei der Ausgangspunkt dieser Sequenz der erfolglose Wettstreit (competition) und die zwanghaft wiederholte Bekräftigung: „Ich kann und darf weder für noch mit dem Mann konkurrieren" und die mit der dahinterstehenden Niederlage verbundenen Gefühle der Demütigung (845).

Diese führte nicht lange danach zur Wiederaufnahme einer früheren, in ihrer Bedeutsamkeit bisher übersehenen Einsicht. Jahre zuvor hatte sie erklärt: „Ich begann über meine Mutter nachzudenken. Ich habe sie nicht gern, und ich habe die Teile, die mich an sie erinnern, nicht gern. Und wenn ich wütend auf Rudolf bin, ist es wirklich die Wut auf sie. Und es ist Teil meines Selbsthasses, daß ich mich selbst für die Ambivalenz meiner Mutter verantwortlich fühle: Wenn sie mich nicht gern hat, muß das meine Schuld sein – daß es etwas war, das ich getan hatte. Und ich setze dies mit Rudolf fort: daß ich für das Versagen der Beziehung verantwortlich bin, nämlich da ich ein derart begehrendes Weibsbild (such a demanding bitch) bin."

Das Entscheidende war dabei, daß sie sich mit der verhaßten Mutter identifizieren mußte, und zwar pointierterweise gerade in der Gestalt der gefährlichen *Klytämnestra*, in der sie sie auch wirklich auf der Bühne gesehen und erlebt hatte. Diese *Identifizierung mit der ressentimentgeladenen Mutter* diente der Abwehr ihres eigenen, zeitweise bewußt mörderischen Hasses gegen diese (515). Es ist daher nicht überaschend, daß sie einmal in ganz anderem Zusammenhang sich selbst mit *Kassandra* verglich:" – einsam, niemand hört auf ihre Warnung, doch schreitet sie entschlossen und unbeugsam dem Abgrunde entgegen" (946). Ich werde auf diesen interessanten Bezug noch zurückkommen.

Jetzt war es weniger die mörderische als vielmehr die anklagende (blaming), entwertende, beständig kritische (judgmental) Mutter, mit der sie sich zutiefst identiziert hatte. So stand hinter ihrer Maske der erwachsenen und kompetenten Frau das ständige innere Duell zwischen Richter und Opfer, gleich dem zwischen anklagender Mutter und hilflosem Kind. Diese *doppelte Identität von Henker und Opfer* war nahezu absolut.

Dabei war der Ausgangspunkt der Versuch, sie selbst zu sein, ihre Individualität zu behaupten, aber dabei völlig die Annahme und Liebe durch ihre Mutter zu verlieren, und das mit einer solchen radikalen, absoluten, endgültigen Drohung (die sie auch heute noch wieder und wieder beobachten kann), daß die Angst vor Liebesverlust überwältigend ist. Liebe und Annahme können deshalb nur gewonnen werden, wenn sie sich mit dem verurteilenden Bild, der Richtergestalt ihrer Eltern, identifiziert. Sonst wäre die Angst einfach überwältigend, ebenso absolut wie jene Alternative. In anderen Worten: *die Absolutheit der inneren Forderung, dieses ständigen Entweder-Oder, ist die direkte Folge der doppelten Angst – der Angst vor dem Liebesverlust und, ihr entgegengesetzt, der Angst vor der Selbstaufgabe.* Je stärker die Angst, desto schriller die Forderung. Je stärker dieses Fordern, desto tiefer das Ressentiment. Ihr eigenes Ressentiment, das sich auf ihre persönlichen Bedürfnisse bezieht, spiegelt sich im Ressentiment ihres Gewissens; doch beide Versionen spiegeln das Ressentiment wider, das aus der ganzen Moralisierhaltung ihrer Eltern, namentlich der der Mutter, geradezu schreit.

So muß der innere Richter heute unablässig betonen: „Du kannst das nicht haben, du darfst das nicht sehen, du bist nicht stark genug, und du wirst versagen. Du bist nicht gut genug, etwas Gutes zu haben" (882, 890). Die Hauptsünde bestand darin, ihre Individualität zu behaupten; das aber bedeutete: Jeder Wettstreit war ebenso verboten wie die ursprüngliche Rivalität. Es war ihr untersagt zu gewinnen, aber es war ebenso verpönt zu verlieren; ersteres war mit Schuld, letzteres mit Scham verknüpft. Das war natürlich ein unlösbares Dilemma und wiederholte die puritanische Rigidität ihrer Eltern, besonders ihrer Mutter: Sowohl Freude und Erfolg wie Leiden und Niederlage erweckten in der Familie Angst und Verpönung. Alle 4 Kinder gehen tief unter dieser Doppellast gebeugt durchs Leben. „Alles Schöpferische und Unabhängige wurde uns ausgetrieben. Und mit jeder Freundschaft hieß es: ‚Du kannst das nicht tun, du wirst eine Hure sein, du bringst Schande über die Familie'" (894/895).

Auf einmal unterbrach sie sich: „Ich sollte ein Aufnahmegerät hier haben. Von mir aus könnte ich das nicht sagen. Es wäre mir unmöglich, das aufzuschreiben. Es ist einzig hier möglich, da ich frei spreche, wegen Ihrer nichtverurteilenden Gegenwart. Ich wünschte, ich könnte es tun: heimgehen und es einfach so fließen lassen." Ich antwortete gleichsam beiläufig: „Warum eigentlich nicht?"

Warum ist die Selbstbehauptung, warum ist die Konkurrenz und warum wäre der Erfolg darin so durchaus gefährlich? „Das hieße, ich würde sie beseitigen." Und damit waren wir endlich auf das bisher fehlende Stück des Zusammenhangs in der Einsicht gestoßen: „Ich identifiziere mich mit der Mutter als Anklägerin, um mich gegen den Wunsch zu verteidigen, sie zu eliminieren. Ich hasse sie gerade dafür, daß sie sexuell aktiv und verheiratet ist und Kinder hat, und deshalb müßte ich mich ebenso hassen, wenn ich so würde wie sie." Das heißt aber auch: „Ich selbst bin wie meine gehaßte, verachtete und entwertete, böse Mutter, und habe mich völlig mit ihrer verurteilenden und entwertenden Haltung einig erklärt. Ihre Billigung und Annahme ist mir mehr wert als mein Leben" (Quasizitat).

Sie hat also ihre tiefe Ambivalenz gegenüber der Mutter und den vielfachen Wettstreit mit ihr und um sie dadurch gelöst, daß sie, um der tiefen Angst zu begegnen, sich selbst *in Opfer und Henker gespalten* hat. Statt die Mutter zu töten, nahm ihr Gewissen alle Charakteristika der gehaßten Mutter an. Dies ist der Grund der *Spaltung*: „Ich fühle mich wie zwei verschiedene Leute" (920). Die *archaische, globale Identifizierung und Idealbildung* diente demnach v. a. der *Abwehr mörderischer Aggressionen*: „Jetzt kann sie mich nicht mehr verwunden oder vernichten; ich mache mich so stark wie sie." Und: „Vergib mir jetzt und liebe mich; ich hasse dich nicht mehr, sondern ich bewundere dich und unterwerfe mich deiner Macht in grenzenloser Hingabe."

Diese Spaltung und die darin enthaltene *Doppelform des Narzißmus* – als eigene Allmacht und als übersteigerte Idealisierung – sind demnach innig mit den beiden Hauptkonflikten verbunden: dem Konflikt der *Selbstwerdung* (Individuation) gegenüber der *Abhängigkeit* und dem *3schichtigen Wettstreit*: dem Kampf mit dem Bruder um die Mutter, mit der Mutter um den Vater und mit dem Vater, oder überhaupt dem Mann, um dessen Stärke und Penis. Diese Spaltung spiegelt sich v. a. auch in der seltsamen Gewissens- und Idealspaltung. In jedem dieser Konflikte spielen Scham, Neid und Eifersucht und damit das Gefühl des Ressentiments eine für die jeweilige Sonderform des Konflikts spezifische Rolle.

Aus dieser der vielfältigen Abwehr entsprungenen Identifizierung mit der gefürchteten und gehaßten Mutter ist ihr Über-Ich zum erbarmungslosen Henker, ihr

Ideal zur unverletzbaren, undurchdringlichen Muskelmasse und ihr Selbstbild zu dem einer erbärmlich inkompetenten, schrill schreienden und sexuell nichtswürdigen Karikatur geworden.

In den Wutausbrüchen und im sexuellen „Ausagieren" scheint ihr Gewissen entzweigebrochen zu sein – und zwar erstens in einen Teil, der ihrem eigenen Ressentiment nachgibt und in einer Handlung des trotzigen Sichaufbäumens und in der Verschmelzung mit dem starken Helden die Auslöschung aller Erniedrigung durch Gutheißung und Liebe sucht, also ihr Ressentiment durch Erreichen jenes primitiven Ideals der Macht und Unberührbarkeit auszulöschen unternimmmt; und zweitens in einen Teil, der unbeugsam und unerbittlich ihr die absolute Pflicht einredet und mit Hohn und bitterem Lachen auf ihr Verhalten schaut. Die 2 Teile sind jedoch Spiegelbilder; der zweite spricht mit *verhülltem* Ressentiment, der erste bezeugt es *offen*. Die Flucht vor dem Gewissen muß ihr mißlingen, da ihr das Ressentiment, die darin wohnende Scham, der nagende Neid und die Eifersucht wie dämonische Schatten folgen – jene Dämonen, die sie zu Beginn der Analyse in Traum auf Traum, in Angstbildern und Semihalluzinationen zum Problem der Analyse gemacht hatte.

Dabei scheint mir das Entscheidende *das im Über-Ich investierte Ressentiment* zu sein, eine mächtige Figur der Abwehr, die als solche die gesamte Familie, nicht nur das Individuum, heimsucht. „Der Dämon ist die archaische Identifizierung mit der Mutter", sagt sie (915). *Das Ressentiment ist wie ein Gespenst, das die Generationen in Scham und Haß aneinanderbindet.* Es ist der *Geist des rächenden inneren Richters, der das Absolute verlangt,* „la recherche de l'absolu" (Balzac).

„Wie kannst du dies sein, haben und tun?! Wie unterstehst du dich! Nein, du kannst dies nicht haben, nicht sein und nicht tun! Wenn du dich zu dir selbst bekennst, wirst du absolut verworfen und ausgeschlossen! Dadurch, daß du ein Individuum bist, versäumst du deine Pflicht gegenüber der Familie" (926).

Doch auch dieses komplexe Erbstück ist nur ein Teil der Wahrheit. Daneben ist sie auch die neugierige Forscherin und die tüchtige, verantwortungsbewußte Ärztin, die therapeutische Mitarbeiterin in der Analyse und die vertrauenswürdige Freundin, die hochbegabte, wortgewandte, metaphernreiche Lehrerin, eine Frau, die sich mit großer Sensitivität und Geduld in andere zu versetzen vermag. „Felix sieht noch immer nur mein Wesen (Me), das ohne Selbstvertrauen, betrogen und gequält ist. Es gelingt mir nicht, ihn mein neues Wesen (the new Me) sehen zu lassen" (924).

Die Wandlung kommt nun dadurch zum Ausdruck, daß sie in der Tat in der auf die entscheidenden Einsichten folgenden Stunde (896) einen Kassettenrecorder mitbringt, fortan die meisten Stunden aufnimmt und sie nicht nur nochmals abhört, sondern auch selbst in den Word Processor umschreibt – eine neue *Identifizierung mit mir* als „Regulator und Moderator" (in ihren Worten) für ihre sonst so leicht aus der Hand geratenden Gefühle. Zugleich stellt diese erfinderische Form der Selbstbeobachtung und Durcharbeitung eine potenzierte Aneignung und Vertiefung der Einsicht dar, die, wie sie selbst sagt, von dramatisch verwandelnder Stärke geworden sei. Das war eben die Bedeutung jener von ihr in jedem Manne gesuchten „Abprallwand": die *Regulation* ihrer überwältigenden Gefühle ohne Verurteilung, die

Bändigung ihrer unbezähmbaren aggressiven und sexuellen Wünsche ohne Hohn und Demütigung. Sie suchte nach einem Gewissen, das stark, aber ohne Ressentiment war, verständnisvoll, aber fest und bestimmt.

Technisch ist es dabei für den Analytiker das Allerwichtigste, selber nicht verurteilend zu *sein*, aber es auch nicht einmal zu *scheinen*: Auch das Schweigen und jede technische Rigidität, jede Affektkälte würde als Verurteilung erlebt. Die theoretischen Folgerungen dieser Einsichten in bezug auf das Primat der Affektstörungen und die neue Ansicht über die Natur der „Spaltung" werden im Verlauf der folgenden Kapitel noch eingehender aufgegriffen werden.

Sie bittet mich nun, mit ihr die wichtigsten Stunden der gesamten Analyse, eben die Höhepunkte unserer Arbeit, noch einmal, Schritt für Schritt, Revue passieren zu lassen – was in Anbetracht der stenographischen Notizen leicht fällt. „Es ist zum ersten Mal, daß ich von der Höhe des Berges hinunter schaue und das Ende des Weges sehe. Lange schien es mir, daß ich wie Lots Weib nicht zurückschauen sollte. Jetzt macht es Sinn, solange ich mich davon nicht lähmen lasse, sondern es als Hilfe sehe, mich von der Vergangenheit zu befreien. Es ist selbst ein wunderbares Gleichnis für die Analyse"(907).

Sie fühlt sich jetzt „intakt, voll von Mut und Selbstvertrauen, willens, die Kontrolle über mein Leben auszuüben"; sie ist zufrieden mit sich selbst und fühlt sich attraktiv: sie hat begonnen, mit Männern auszugehen, ohne mehr in die masochistische Verstricktheit zu verfallen, und bemüht sich auch, das Verhältnis mit Felix auf einer reiferen Basis neu aufzubauen. „Ich bin nicht mehr so von den Details meiner Konflikte absorbiert; viele sind gelöst oder komfortabler. Das Leben bewegt sich auf einer anderen Ebene voran. Ich fühle mich fähig zu experimentieren. Dies ist für mich eine wundervolle Periode der Neuentdeckung" (970). „Ich stehe auf der Schwelle einer neuen Phase meines Lebens. Es ist zum ersten Mal, daß ich meine eigene Seele (mind) kenne und weiß, was ich will, und daß ich mich nicht mehr in die Bahnen der Wiederholung gebannt fühle (trapped in the pattern of repetition). Meine intellektuelle Meugier ist wieder erwacht, und ich denke viel mehr und freue mich am Leben." Trotz der Schwere und der langen Dauer der Erkrankung erwuchs aus dem intakten Kern ihrer Ehrlichkeit, aus ihrem Wunsch, sie selbst zu sein, und aus ihrer Neugier eine gesündere und integrierte Persönlichkeit: „Diese mußten aus den Fesseln von Verboten und Verstricktheit (preoccupation), ‚the mind-forged manacles of fear' (den seelisch geschmiedeten Handschellen der Furcht), gelöst werden" (975).

Damit ist aus der Identifizierung mit der verhaßten Nebenbuhlerin und Richterin allmählich die mit dem Analytiker als einem nicht verurteilenden Beobachter und einem haltgewährenden, den Gefühlsstürmen einhaltgebietenden Bürgen geworden. Und solche Bürgschaft, solche tiefste Gewährleistung des inneren Wachstums, ist ja der tiefe Sinn des Wortes „auctoritas" (Autorität), mithin eine der Hauptaufgaben, die nicht nur dem Analytiker, sondern auch unserem Gewissen gesetzt sind.

4.3 Ressentiment und Loyalität

Im Verlauf der Fallbeschreibung ist es wohl klar geworden, wie tief Veras Ressentiment war – ihr Gefühl, übervorteilt, betrogen, ungerecht behandelt worden zu sein. Die in Kap.1 erwähnten Merkmale (nach Scheler) – Neid, Eifersucht und Hilflosigkeit und die dadurch bewirkte Rachsucht – waren bestimmt vorhanden, aber ich glaube, daß wir nun darüber hinausgehen können und etwas ganz Spezifisches dieser Analyse hinzufügen müssen.

Ich frage sie nach dem Ursprung des Ressentiments (969): „Es ist fast so, als ob man angeführt (teased) würde, und dabei ist die Frage der Loyalität so wichtig: es wurde von mir verlangt, loyal zu sein, und ich war es denn auch, eine pflichtgetreue Tochter, doch statt die erwartete Belohnung zu erhalten, wurde ich weggestoßen (put out) und ausgeschlossen (excluded): ich erhielt nicht, was mein Recht war (my due). Jemand hatte etwas, was mir gehören sollte, und doch mir nicht zugestanden wurde. Und dann erklärte ich es im Nachhinein damit, daß ich eben so inadäquat war und es deshalb nicht verdiente. Das aber war schon nachträglich."

„Und was erlebten Sie als Weggestoßenwerden?"

„Zunächst muß es das gewesen sein, daß ich im Schlafzimmer der Eltern war [also ihrem Geschlechtsverkehr beiwohnte und die *ausgeschlossene Dritte* war]: dann kam die Geburt meines Bruders, und plötzlich war ich nicht mehr der Augapfel meiner Mutter, sondern war von diesem schrecklichen Eindringling verdrängt worden. Und meine Reaktion war das Ressentiment gegen seine Gegenwart und dagegen, daß meine Mutter ihm nun all ihre Aufmerksamkeit schenkte. Und meine Erklärung dafür wurde es mit der Zeit, daß ich eben so ungenügend war und er so viel besser, so viel imaginativer war und er sie besser als ich zu unterhalten vermochte."

„Und das Ressentiment war mithin ein Gefühl der Ungerechtigkeit (the sense of unfairness)?"

„Das hat mir mein Vater wieder und wieder gesagt: daß ich als Kind einen überentwickelten Sinn für Gerechtigkeit und Ungerechtigkeit gezeigt habe, immer von Recht und Unrecht (right and wrong) gesprochen habe."

Zu Recht bezieht sie dies Gefühl des Ressentiments auf das Gewissen, auf Probleme, die mit Loyalität und Gerechtigkeit zu tun hatten. Wie bei den anderen hier zu schildernden Patienten bestand auch bei Vera eine wichtige Form von Über-Ich-Konflikten in *Loyalitätskonflikten* – ob nun in solchen zwischen mir und ihrem Geliebten, ob in solchen zwischen den verschiedenen Männern oder, zu früherer Zeit, zwischen der Loyalität gegenüber ihren Eltern und der Treue sich selbst gegenüber wie z. B. anläßlich ihrer impulsiven Akte der Rebellion, die zu ihrem Ausschluß aus der Highschool führten.

Namentlich war es der intensive Konflikt zwischen der Loyalität den Eltern gegenüber und dem Widerstand dagegen, von den elterlichen Affekten übermannt und gesteuert zu werden, was zu ihrem verzehrenden Ressentiment führen mußte: „Ich fühlte das Bedürfnis, ihnen gegenüber loyal zu sein, spürte aber gleichzeitig, wie meine Loyalität verraten wurde. Ich war das pflichtgetreue Kind, das zur Belohnung von ihnen ausgeschlossen und vom Vater ausgenützt wurde. Fein! Ihr schließt mich also aus? So handle ich denn auch als eine trotzige Außenseiterin! Es gab einerseits ein überwältigendes Kommando, loyal zu sein; aber alles Selbstbewußtsein wurde zersetzt, es gab keine Möglichkeit, mir selbst gegenüber die Treue zu wahren. Erfolg selbst wurde zu einem Akt der Disloyalität; sich selbst gegenüber wahr zu sein bedeutete, jemand anderem gegenüber illoyal zu sein" (967).

Darüber hinaus ist es auch offenbar geworden, wie jeder Ödipuskonflikt schon eo ipso auch einen Loyalitätskonflikt mit einschließt: Man ist dem einen treu und verrät den anderen – oder man fühlt sich von ihnen beiden verraten.

Es ist also nicht einfach ein Synonym für Enttäuschung oder Zurücksetzung, für Scham oder Neid, für brennende Eifersucht und Rachgier – obwohl alle diese in das Ressentiment hineinspielen und ihm wohl auch als breite Basis zugrunde liegen –, sondern es ist das Ungerechtigkeitsgefühl (the sense of unfairness), was mir dabei als ganz unerläßlich vorkommt. Damit ist das Ressentiment wirklich gleichsam ein Gegenstück zur Loyalität, und zwar das Gefühl der verratenen Loyalität: „Ich habe meinen Teil geleistet, und du hast mir den deinen vorenthalten."

Es ist ein Affekt, der sich wie die Schuld und die Scham auf eine Sonderform der Spannung zwischen einer Über-Ich-Funktion und einer Ich-Funktion beziehen dürfte: zwischen dem Verlangen nach Gerechtigkeit aufgrund der eigenen Pflichterfüllung gegenüber dem Anderen und der Beobachtung und der Deutung einer Ungerechtigkeit einem selbst gegenüber, also einer Art des Verrates durch den Anderen.

Je stärker der Gerechtigkeitsanspruch, desto höher die Ansprüche, wenigstens ursprünglich, auch sich selbst gegenüber, damit aber auch das Rechtsverlangen gegenüber dem Anderen. Damit ist auch das Tadeln, das „blaming", ein integraler Teil des Ressentiments. Der Umschlag ins Krankhafte kommt, wenn sich die Rachsucht zu dieser Forderung nach dem Recht gesellt.

 . Natürlich hat damit das Ressentiment eine starke narzißtische Komponente (eben dies: „Mir ist Unrecht zugefügt worden"), aber man kann es nicht einfach als eine narzißtische Verletzung abtun; der Sachverhalt ist viel komplexer, und der „Objektbeziehungscharakter", der Wunsch nach Liebe und Annahme, ist dabei ebenfalls unverkennbar.

Eine andere narzißtische Komponente fügt sich dazu, wenn das Ressentiment sich zu Maßlosigkeit der aus dieser Benachteiligung heraus erhobenen Rechtsforderung steigert – eben wie es z. B. bei Balzacs *Cousine Bette* und bei Lagerkvists *Dvärgen* (Zwerg) zu beobachten ist. „Men ingen är stor inför sin dvärg", sagt der Zwerg bei Lagerkvist (Niemand ist vor seinem Zwerg groß.; S. 10). „Alla dvärgars frälsare, må din eld förtära hela världen!" (Erlöser aller Zwerge, möge dein Feuer die ganze Welt verzehren!; S. 28).

Ich werde in Kap. 10 und in Bd. 2 mehr über dieses wichtige Thema der Loyalitätskonflikte und das Ressentiment zu sagen haben.

4.4 Die Natur der Regression

Nun noch einige allgemeinere Gedanken zum Grundthema dieses Buches.

„Zur Wut ward ihnen jegliche Begier,/ Und grenzenlos drang ihre Wut umher", sagt Iphigenie über das Geschlecht der Atreiden (*Iphigenie auf Tauris*, 1. Akt, 3. Szene; Goethe, Bd. 10, S. 89).

Worum handelt es sich denn bei diesen dämonisch-überwältigenden, unkontrollierbaren, sich immer wiederholenden Impuls- und Triebdurchbrüchen?

Was Vera, wie alle anderen hier beschriebenen Patienten, besonders stark zeigt, ist die ausgeprägte Neigung zur *klinischen Regression*. Diese betrifft sowohl die Ich- wie die Es- und die Über-Ich-Funktionen und zeigt sich vielleicht am hervorstechendsten in bezug auf die Affekte. Dabei stellt sich die Frage, ob die Regression hier selbst eine Abwehr ist, oder ob sie nicht eher eines der Resultate der massiven Konflikte und Abwehrfunktionen darstellt, ganz besonders die durch die Verdrängung bewirkte massive Dissoziierung von Bewußtseinsinhalten und Zuständen.

Zum Teil handelt es sich dabei, wie erwähnt, um eine echte *Abwehr durch Regression*, und zwar denke ich v. a. an die Vermeidung der Rivalität (des „3fachen Wettstreits") durch die Regression auf die Stufe eines anal-sadistischen Ideals, das durch die „rücksichtslose Muskelmasse" verkörpert wurde. Überhaupt verwandelten sich damit alle Lebensbezüge in Begriffe von Macht und Ohnmacht, also solche des vorwiegend *analen Narzißmus*. Untersuchten wir demgegenüber die *Impulsabläufe* und die diese begleitenden *klinischen* Regressionen, dürften wir zu einem weiteren Schluß kommen: Diese pauschale Regression ist eher ein Erfolg anderer Abwehrvorgänge als selbst eine Form der Abwehr – eher eine Wiederbelebung früherer Funktionsweisen im Sinne von Anna Freuds „more a revival than a regression": „Ich würde dies eine Überwältigung der Ich-Kontrolle durch die Stärke der Emotionen nennen... An einem gewissen Punkt kann die Leidenschaft das Individuum überwältigen, und die Ich-Kontrolle geht verloren. Ich denke, daß dies im Grunde eine Sache der Quantität ist; es handelt sich dabei darum, daß Affekt und Impuls momentan stärker als alle die gewöhnlichen Schranken (restraints) sind... Ein Leidenschaftsverbrechen ist eine Entfesselung, nicht eine Regression (a release, not a regression)" (Sandler 1985, S. 118 und 123).

Bei Vera und den anderen hier vorgestellten Fällen schwerer Neurosen handelt es sich zwar nicht um Leidenschaftsverbrechen, sondern um häufig sich einstellende Bewußtseinsveränderungen und suchtähnliche, oft perverse Handlungen, die allen Vorsätzen zum Trotz sich immer wieder durchsetzen. Was ist es also, das hier regelmäßig „entfesselnd" wirkt? Die direkte Antwort läßt sich in der Schwere des Über-Ich-Drucks finden, wie sie sich in der Intensität der Gefühle der Selbstverurteilung und Selbstüberforderung zeigt. Dieser innere Druck wird unter bestimmten Umständen, nämlich solchen, die von außen eine zusätzliche Verschärfung der Selbstkritik (also des Über-Ich-Drucks) bewirken, unerträglich; die besonders wichtige Funktion der Loyalitätskonflikte dabei wurde schon erwähnt.

Damit ist es aber eben auch eine „Sache der *Quantität*", bedarf also der Anwendung gewisser „ökonomischer" Annahmen, so verpönt und unannehmbar das ökonomische Modell als ein übergeordnetes erklärendes Prinzip heute auch erscheinen mag. Solange es jedoch beschreibungsnah bleibt, ist es unentbehrlich. Ein überwältigendes Gefühl, das stärker als die bewußte Absicht und Willensentscheidung ist, ist eine phänomenologische Tatsache. Doch warum dies geschieht, also die Erklärung dafür, weshalb die hier geschilderten Patienten diese Affektstürme zeigen, geht über das Ökonomisch Beschreibende hinaus und mündet in die Frage ein: Warum zeigen diese Patienten die Wiederholung solch dämonischer Inbesitznahme – Besessenheit – durch intensivste Emotionen und damit durch andere Bewußtseinszustände? Und umgekehrt: Warum bricht die Ich-Kontrolle unter dem Ansturm dieser Affekte bei ihnen zusammen? Die sorgfältige Beschreibung der in der Behandlung oft dramatisch eintretenden Veränderungen vermag uns vielleicht einer Antwort auf diese Fragen näher zu führen.

Gewöhnlich wäre es übereilt und unzulässig, sogleich auf einen Ich-Defekt zu schließen. Das Wesentliche ist dabei, daß wir nicht so sehr eine „Schwäche des Ich", sondern eine besondere Intensität der Konflikte beobachten können. Wenn diese sich vermindern, verstärken sich ganz automatisch die Kontrollen.

Überdies läßt sich bezweifeln, daß es sich bei diesen Impulsdurchbrüchen wirklich, wie Anna Freud in diesem Zusammenhang vorgeschlagen hat, um die „Auflösung des Über-Ich" handelt und nicht eher um eine Über-Ich-Regression, wie es Sandler in der Diskussion aufgeworfen hat. Damit steht freilich in Zusammenhang, von welchem Punkt in der Entwicklung an man überhaupt vom Über-Ich sprechen solle – erst in der Spätzeit, nach der „Auflösung des Ödipuskomplexes", oder schon in den Frühstadien der Verinnerlichung äußerer Autorität? Ich selbst neige der letzteren Ansicht zu.

Ganz gewiß ist es aber gerade die Verminderung des Über-Ich-Drucks in der Therapie, die von den Patienten als *unspezifische* Hilfe erlebt wird. „Endlich werde ich nicht nur nicht verurteilt, sondern manche der geheimsten und schrecklichsten Geheimnisse um mich und meine Familie können auch endlich ausgesprochen und durchgedacht werden, ohne daß ich dabei die Bestätigung und Billigung durch die Autorität einbüße. Vielleicht gibt das auch mir die Erlaubnis, mich selbst gerade dort duldsamer und nachsichtiger zu behandeln, wo ich in der Vergangenheit unnachsichtig sein mußte, und damit auf die wilden Durchbrüche zu verzichten, die meinen Begierden scheinbar freien Lauf ließen." Vera drückt sich diesbezüglich so aus: „Ich sprach lange mit meinem Vater, als ich ihn in den Ferien in den Bergen besuchte. Er wollte Unmengen (loads) über die Analyse wissen. Ich sagte ihm, wie sein ganzes Leben durch lähmende Angst gekennzeichnet gewesen sei und daß ihm seine eigene Mutter damit nicht geholfen habe, wenn sie von Anfang an ihre ganze Lebenslast ihm aufgebürdet und ihn wie einen Vater behandelt habe. Er vermochte einzusehen, daß er und meine Mutter gegenseitig ihre Ängste verstärkt haben; doch übersah er völlig, wie das gleiche zwischen ihnen und mir sich ereignet hatte: wie stark wir Kinder an *ihrer* Angst teilgenommen haben."

„Nun fanden Sie sich selbst in einer elterlichen Rolle ihm gegenüber", bemerkte ich.

„Das ist schon recht. Ich habe die Analyse gehabt und habe meine sicheren Eltern in Ihnen und in Mrs. . . (der Mutter von Felix) gefunden. Ich fühle mich bereit voranzuschreiten. Ich habe den Schutz und die Sicherheit bekommen, die ich bei meinen Eltern vermißt habe, so daß ich mich jetzt stärker fühle als er. Ich brauche meinen Vater nicht mehr als meine Quelle des Schutzes gegen die Angst … Er ist ein wundervoller Mann, und dem, daß er in gewissen Hinsichten inadäquat ist, kann er auch nicht abhelfen. Er selbst denkt jetzt daran, [trotz seines vorgerückten Alters] in Analyse zu gehen" (949).

Aber dies ist wirklich das Unspezifische, die allgemein-psychotherapeutische Wirksamkeit, nicht die angeblich spezifische Wirkung der Psychoanalyse. Es beruht auf einer Art Suggestiveinwirkung, indem ein enorm harsches, regressives durch ein milderes Über-Ich ersetzt wird, und zwar, wie Vera zu Recht anklingen läßt, im Laufe einer Art „Nacherziehung" durch duldsamere und die Eigenständigkeit stärker fördernde Eltern.

Demgegenüber liegt das angeblich *Spezifische* in der genauen Beobachtung der Abwehrvorgänge, der verdrängten Wünsche und all der Emotionen, die in diesem Widerstreit in so überwältigender Form auftreten. Diese Aspekte lassen sich am besten in der Verfolgung einzelner wiederkehrender Sequenzen beobachten.

Und dabei läßt sich überraschenderweise festellen, daß diese schweren Neurosen mehr oder weniger deutlich einen *phobischen Kern* aufweisen. Jeder dieser Fälle hatte frühe phobische Symptome oder Einstellungen der Vermeidung. Es erinnert an das Wilhelm Reich zugeschriebene Postulat, daß hinter jedem Charakterzug eine Phobie, der Zwang, etwas zu vermeiden, liege, solche Phobien also Teil der Normalpsychologie seien (vgl. die Diskussion von Joseph Sandler mit Anna Freud in Sandler 1985, S. 213 – 215). In den meisten hier beschriebenen Fällen war indes die Intensität der frühkindlichen Phobien von alarmierender Stärke.

Später wird diese Vermeidung Teil der beobachtbaren Sequenzen. Die Doppelheit von *Angst*objekt und -situation und *Schutz*objekt und -situation, die kategorische, absolute Natur dieser beiden – deren mythische Qualität und Intensität sind es, die weitgehend das ganze Erleben dieser Patienten bestimmen und ihr Schicksal prägen. Der *Wiederholungszwang* besteht im Vermeiden der Angst und im Suchen des Schutzes, und zwar in einer Reihe von zwangsmäßig sich folgenden Gefühlen und Handlungen.

So fliehen sie vom mythischen Reich des Furchtbaren in das Schutzgebiet des ungestüm Ersehnten. Diese gehetzte Flucht, die sie als dämonische Getriebenheit erleben, ist aber nur eine erste Annäherung daran, was uns dieser Fall auch in bezug auf allgemeinere Interessen lehren kann.

4.5 Ein neuer dynamischer „Komplex"

Je mehr man sich in die komplexe und schwierige Dynamik von Fällen wie dem Veras vertieft, desto mehr tritt ein bestimmtes Muster aus der verwirrenden Vielfalt der Erscheinungen hervor, die sich dann auch bei anderen wiederfinden läßt, eine Konstellation archaischer Elemente:

1) Es baut sich auf den eben erwähnten Beobachtungen des *phobischen Kerns* auf: In Veras Fall waren es in früher Kindheit (im 3. Lebensjahr) das Kaninchen, das zum Angsttier geworden war, und damit auch die Wandspalten, die ihr große Furcht einflößten. Im späteren Verlauf verlagerte sich die phobische Angst auf die Wand selbst: Jedes Eingeschlossensein, ob nun in physischer Form oder, viel bedeutender, als Nähe, als intime Beziehungen und Gefühle oder als berufliche Verpflichtungen, erregte in ihr eine rastlose Spannung, der sie durch Akte des Ausbrechens und Rebellierens – oft zu ihrem großen Schaden – Herr zu werden versuchte. Diese Klaustrophobie fand oft plötzlich ganz konkreten Ausdruck in der wahnhaften Gestalt des aus Schrank oder Wand hervorbrechenden Verfolgers. Dieses Hinüberspielen ins Paranoide kann aber nicht über den im Grunde andauernden phobischen Grundcharakter der Störung hinwegtäuschen. Im phobischen Kern sind die Trieb-, Realitäts- und Über-Ich-Gefahren zu einem äußeren Objekt *verdichtet* worden. Die eigenen Triebwünsche und Affekte werden als von außen her kommend erlebt, und zwar in umgekehrter Richtung (ihre Todeswünsche gegen den Bruder, nun auf sie selbst gerichtet), werden also *projiziert*. Die Angst vor den traumatischen Geschehnissen in der Außenwelt, und damit die Realangst, *verschiebt* sich von den Objekten und Situationen der Traumatisierung (dem Geschlechtsleben der Eltern, erlebt auf dem Hintergrund der tiefen Ambivalenz, besonders der Mutter gegenüber) auf anstoßende Objekte, die sich aber eher vermeiden oder verändern lassen: die Dunkelheit und die Wandspalten. Zugleich dienen die phobischen Objekte und Situationen der symbolischen Darstellung der Über-Ich-Angst.

2) Angstobjekten und Angstsituationen stehen immer solche gegenüber, die *Schutz* und Erlösung zu versprechen scheinen. Die Geliebten wie auch die Analyse werden als schutzgewährende Figuren zwanghaft – eben „süchtig" (ihr Vergleich) – gesucht, drohen aber immer in ihr Gegenteil umzuschlagen. Die Schutzfiguren weisen eine ebenso *totale und mythische* Qualität auf wie sie im Grund auch die Angstobjekte besitzen. Ihnen eignet die Macht des Beschützens nur dadurch, daß sie auch der Gewalttätigkeit und Grausamkeit fähig sind. Wie die numinosen Mächte der Religionen zeigen sie noch die deutlichen Spuren des Hasses und der Angst. Freud spricht von der *gefährlichen Heiligkeit* (*Totem und Tabu*, 1913, S. 53).

3) Beide Aspekte setzen sich mit besonderer Mächtigkeit in *archaischen Über-Ich-Konstellationen*, die neben angepaßteren, milderen, weiterbestehen, fort. Dies muß notgedrungen zu massiven *Über-Ich-Spaltungen* und *-Konflikten* führen, d. h. zu Wert- und Idealkonflikten oft tragischer Dimension, gerade wegen der überwältigenden Intensität der darin enthaltenen Gefühle. Unter dem Einfluß dieser massiven Widersprüche im Über-Ich kommt es zu den typischen *Identitätsspaltungen*, den Doppelheiten in Selbst- und Welterleben. Ganz besonders charakteristisch ist dabei das Nebeneinander und das Gegeneinander von Schuld- und Schamkonflikten. In Veras Fall waren es die väterlichen Ideale der Kompetenz, der ethischen Sensitivität und der Kultiviertheit und Bildung, die immer wieder in schroffem Gegensatz zu dem archaischen Bild der Unberührbarkeit und Undurchdringlichkeit, der emotionellen Kälte und Unverwundbarkeit standen, den Werten und dem Ideal der mütterlichen Macht: „Da stehn sie da, die schweren granitnen Katzen, die Werte der Urzeiten: wehe, wie willst du *die* umwerfen?... Kratzkatzen mit gebundenen

Pfoten, da sitzen sie und blicken Gift" (Nietzsche, „Bruchstücke" in *Götzendämme-rung* [1]1882).

Bei diesen fundamentalen Über-Ich-Konflikten ist es unvermeidlich, daß es zu schweren Formen des Ressentimentgefühls kommen muß, sei es als Ausdruck der eigenen Überzeugung, sei es als Eigenschaft des Über-Ich selbst – als „das Ressen-timent im Aufbau der Moralen".

4) Der Wiederholungszwang tut sich in dämonischen Einbrüchen gewisser Ver-haltenssequenzen kund. Das Vermeiden der Angstobjekte und das oft getriebene Suchen nach den Beschützern bedingt Handlungsabfolgen, die gewöhnlich impulsi-ver Natur sind und auch dem Außenstehenden den Eindruck einer plötzlichen mas-siven Persönlichkeitsveränderung, eben der *dämonischen Besessenheit*, vermitteln. Diese *Impulshandlungen* – das Jagen nach dem Geliebten, in andern Fällen nach Drogen, nach Rache, nach Macht – tragen in sich den Keim der Vereitelung gerade dessen, was am meisten erstrebt wird – der Erlösung von dem Angstdruck. Es ist ein integraler Teil des Impulsablaufs, daß er zur Niederlage führen muß. Wie der Ausdruck *Wiederholungszwang* besagt, haben diese Impulshandlungen einen beson-ders zwangsmäßigen Charakter und Ablauf; die Attribute der Stereotypie, Unange-messenheit und Unwiderstehbarkeit, die den neurotischen Prozeß überhaupt aus-zeichnen (Kubie 1978), sind bei diesen besonders markant.

5) Ein ganz wesentlicher äußerer Ausdruck der Selbst- und Weltspaltung besteht in der Vordringlichkeit der Abwehrfunktionen („Mechanismen") der Externalisie-rung bzw. Projektion, der Wendung vom Passiven ins Aktive und ganz besonders der *Verleugnung*, der „Blendung" gegenüber der emotionellen Bedeutsamkeit wei-ter Anteile der Wirklichkeit. Verleugnung und Wendung vom Passiven ins Aktive wurden auch schon als Vorstufen der Abwehr oder als gegen die Außenwelt, nicht gegen die Triebe oder das Über-Ich gerichtete Abwehrformen bezeichnet (Sandler u. A. Freud [1]1972/73, 1985).

Oft beschreibt sie aber auch die eklatante Verleugnung der Wirklichkeit durch beide Eltern, besonders durch ihren Vater: „Er macht blöde Witze darüber, daß ich eines Tages verheiratet von einem Berg heruntersteige. Er kann nicht sehen, daß ich allein und 33 und unverheiratet bin und darunter leide und depressiv und suizidal bin. Er verleugnet es einfach, es ist nicht wahr. Statt zuzuhören hält er mir eine Pre-digt. Ich bin das Ergebnis ihrer Verleugnung. Es gab und gibt keine annehmbare Form, sich zu beschweren: Das Ergebnis war immer, abgeschnitten und verurteilt zu werden und sich völlig ohnmächtig und erniedrigt zu fühlen – allein mit meiner ohnmächtigen Wut und voller Scham" (953/954).

Damit ist es aber auch wichtig, daß ihr eigenes Pochen auf die düstere Wirklich-keit von den anderen nicht gehört, also verleugnet wird: „Das Wichtigste war, daß sie mich *nie hören konnten*"(955).

Die Betonung dieser Abwehrvorgänge soll in keiner Weise der zentralen Bedeu-tung und Macht der *Verdrängung*, die dem ganzen Prozeß zugrunde liegt, Abbruch tun.

6) Die verdrängten Konflikte sind sowohl ödipaler wie präödipaler Natur. Sie ha-ben immer mit *Rivalität*, nicht nur im Dreiecksverhältnis mit den Eltern, sondern ganz besonders auch mit Geschwistern (und Ersatzfiguren für diese), zu tun – erin-

nern also nicht nur an die Tragödie von Ödipus, sondern ganz wesentlich auch an die Kains. Doch ist, wie ich in der Fallgeschichte wenigstens kurz angesprochen habe, der Konflikt zwischen dem Wunsch nach Selbstbehauptung und *Individuation* und dem Wunsch nach Liebe und *Abhängigkeit* ebenso bedeutsam. Er wird oft im Zusammenhang mit der Separations- und Individuationsphase dargestellt und umschließt natürlich die Konflikte der Analität um Macht und Unterwerfung, Trotz und Reinlichkeit. Er gibt mit seiner Schärfe erst den Rivalitäten ihre volle Brisanz. In einigen der Fälle konnte die Störung anamnestisch weiter ins Präverbale zurückverfolgt werden. Die so charakteristischen *Affektstürme* scheinen die Erben dieser frühesten (oralen) Zeit zu sein und für die mangelhafte Affektregulierung zwischen Kind und Umwelt zu sprechen (Stern 1985; Lichtenberg 1986), obwohl sich dies natürlich nicht zwingend beweisen läßt.

Bestimmt sind aber ödipale und präödipale Konflikte miteinander verschlungen und lassen sich nicht sauber voneinander trennen. Die Pathogenese scheint eher *panphasisch* als nur der Regression von ödipalen Konflikten zuschreibbar zu sein, wie die Anwesenheit oraler, analer und phallischer Konflikte in der Neurosenstruktur und die frühe Symptomgeschichte bezeugen.

7) Gegen diese 6 Faktoren und namentlich gegen die dämonischen Einbrüche schützt oft eine im übrigen *rigide Charakterstruktur*, die den Patienten in umschränkten Bereichen des Lebens gut, manchmal sogar hervorragend zu funktionieren erlaubt. Diese Charakterstruktur mag zwangsneurotisch, hysterisch, depressiv oder phobisch sein und entspricht den 6 Faktoren in spezifischer Weise. Es besteht keine Kluft dazwischen. Es ist eine Weiterentwicklung derselben Schutzstrukturen, derselben Abwehrformen, derselben Ängste und derselben Konflikte, die jeweils der veränderten Entwicklungsphase und Umwelt Rechnung trägt. Doch diese Charakterstrukturen brechen in den Situationen, die als klinische Regression zuvor beschrieben wurden, zusammen. Das *Doppelleben* zwischen den Episoden dämonischer Getriebenheit und einem Dasein der Ordnung und Angepaßtheit, das alle diese Patienten auszeichnet, ist es eben, was ich mit dem Titel des Buches in erster Linie vorwegzunehmen trachtete – obwohl ich damit zusätzlich auf andere Formen der Doppelheit und Komplementarität, auf die ich später zu sprechen kommen werde, anspielte.

Wenn man nun diese eben dargestellten 6 Hauptfaktoren, die dem normalen Leben als dem 7. gegenüberstehen, noch einmal überschaut, fällt einem deren wiederkehrende Natur von Patient zu Patient auf:

1) phobischer Kern mit Affektstürmen und Tabuobjekten,

2) mythisches Schutzsystem und mythischer Schutzglauben,

3) radikale und unversöhnliche Wertkonflikte und gespaltene Identität,

4) Impulshandlungen oft nahezu ritueller Art,

5) Verleugnung (Blendung) und Umkehrung (besonders vom Passiven ins Aktive),

6) Mehrschichtigkeit der Kernkonflikte.

Diese 6 wiederkehrenden Faktoren scheinen damit recht eigentlich einen weitgehend unbewußt motivierten und motivierenden „Komplex" auszumachen, der mit dem Ödipuskomplex zwar nicht völlig identisch ist, aber auch nicht klar von ihm abgetrennt werden kann. Beide „Komplexe" überschneiden sich. Im Gegensatz zum Ödipuskomplex handelt es sich dabei eher um ein formales Ordnungsprinzip, das in schweren Neurosen wiederkehrt und, wenigstens in der hier dargestellten Form, nicht universell sein muß. Jeder Teil ist selbst eine Kompromißbildung, das Ganze eine Reihe von Lösungen einer zusammengehörigen Konfliktgruppe.

Ich fragte mich, ob dieser wichtige und immer wieder anzutreffende „Komplex" sich mit einem treffenden Begriff kennzeichnen ließe. Zunächst ist einmal schon der Begriff des „Komplexes" unklar, historisch befrachtet und wohl auch zu eng gefaßt, ganz abgesehen von der Rivalität mit dem „Ödipuskomplex" und dem „Minderwertigkeitskomplex". „Syndrom" ist zu sehr diagnostisch und phänomenologisch, nicht genügend dynamisch. Es wäre darum vielleicht besser, von *Konfiguration* oder *Konstellation* zu sprechen. Um diese nun aber auch spezifisch zu kennzeichnen, sind die bisher von mir benutzten Begriffe wie „phobischer Kern" oder „dämonische Besessenheit" oder „Impulssequenz" ungenügend, da sie immer wieder nur einen Teil des Ganzen herausgreifen und ihn beschreiben, ohne ihn dabei zu erklären. Ich dachte an übergreifende mythische Symbole, die zwar auch nicht erklären, aber doch in einer bedeutungträchtigen Idee auf diese wiederkehrenden Zusammenhänge deuten können: Ich dachte an Kain, an die Gestalt des Philoktetes, an die Figur des dämonischen Doppelgängers, an den biblischen Begriff der Havdala, der Trennung von Rein und Unrein, Heilig und Alltäglich, Gut und Böse, Schutz und Gefahr – oder eben, wie Freud, an Totem und Tabu. Doch dünkte es mich schließlich, daß die von meiner Patientin selbst aufgeworfene Idee viel für sich hat und daß die Figur der *Kassandra* in der machtvollen Ausgestaltung von Aischylos und von Schiller die meisten der erwähnten Elemente in sich vereinigt.

Kassandra, die Tochter des trojanischen Königs Priamos weigerte sich, sich von Apollo schwängern zu lassen, und zur Strafe veränderte sich die ihr vom Gott zuvor verliehene prophetische Gabe so, daß sie alles Verderben voraussah, doch niemand ihr Glauben schenken konnte – „den furchtbaren Schmerz der richtigen Voraussage" (δεινὸς ὁπομαντείας πόνος) (Aischylos, *Agamemnon*, 1212/15).

„Und sie schelten meine Klagen, und sie höhnen meinen Schmerz, einsam in die Wüste tragen muß ich mein gequältes Herz, von den Glücklichen gemieden und den Fröhlichen ein Spott! Schweres hast du mir beschieden, Pythischer, du arger Gott! Dein Orakel zu verkünden, warum warfest du mich hin in die Stadt der ewig Blinden, mit dem aufgeschloßnen Sinn? Warum gabst du mir zu sehen, was ich doch nicht wenden kann? Das Verhängte muß geschehen, das Gefürchtete muß nahn" (Schiller).

Sie flieht vom Freudenfest ihrer Schwester Polyxene (der „Gastfreien"), die neidlos glücklich die Freiung durch Achilles feiert. Doch wie kann Glück möglich sein? „Wer erfreute sich des Lebens, der in seine Tiefen blickt!" „Wo ich wandre, wo ich walle, stehen mir die Geister da." Ihr Bruder Paris wird es sein, der heimtückisch das Unheil über ihre Familie und ihre Welt bringen wird, sie selbst, die Schwester wie den künftigen Schwager ins Verderben stürzen wird. „Und den Mordstahl seh ich blinken und das Mörderauge glühn, nicht zur Rechten, nicht zur Linken kann ich vor dem Schrecknis fliehn; nicht die Blicke darf ich wenden, wissend, schauend, unverwandt muß ich mein Geschick vollenden, fallend in dem fremden Land."

Troja fällt, und Kassandra selbst wird als Agamemnons gefangene Konkubine nach Mykene verschleppt. Bei Aischylos erscheint sie als fremde Sklavin und „erlesene Blüte" (954/955). In wortlosem Schrecken, in einem unartikulierten Gestammel und Aufschrei des Jammers ὀτοτοτοτοῖ πόποι δᾶ - (Otototoi popoi da) sieht sie das bevorstehende Grauen, erblickt sie die auf dem Dache tanzenden Rachegeister über dem Palaste Atreus'. Sie sträubt sich, ins Haus der „tödlichen Netze" zu gehen, und beklagt die kleinen Kinder, die geschlachtet und geröstet ihrem eigenen Vater Thyestes vorgesetzt worden waren. Sie weiß, sie selbst wird nun, im Todesnetz von der Mörderin gefangen, mit ihrem Herrn abgeschlachtet werden. „Schmerz überflutet meinen Leidgesang" (1137).

„Frommt's, den Schleier aufzuheben, wo das nahe Schrecknis droht? Nur der Irrtum ist das Leben, und das Wissen ist der Tod. Nimm, o nimm die traur'ge Klarheit, mir vom Aug' den blut'gen Schein! Schrecklich ist es, deiner Wahrheit sterbliches Gefäß zu sein. Meine Blindheit gib mir wieder und den fröhlich dunkeln Sinn! Nimmer sang ich freud'ge Lieder, seit ich *deine* Stimme bin. Zukunft hast du mir gegeben, doch du nahmst den Augenblick, nahmst der Stunde fröhlich Leben - nimm dein falsch Geschenk zurück."

Hier haben wir alle die Elemente beisammen: den Kern der Angst und die überflutende Qualität von Schmerz und Grauen, die Sehnsucht nach dem Beschützer, Idealisierung und Entwertung des Verboten-Heiligen, die Gottheit, die sich zu Fluch und Schrecknis wandelt, die Doppelheit von Wissen und Weigerung, dem Verkündeten Glauben zu schenken, und damit die Doppelheit der Wirklichkeit, also die Verleugnung der dunklen Prophezeiung durch die anderen, aber auch ihre eigene Unfähigkeit, das Gute in der Gegenwart zu sehen und zu erleben, die den Depressiven eigene Form der Verleugnung; das Sichaufbäumen in einer Handlung des trotzigen Abschüttelns der Macht von Wissen und Gewissen („und sie warf die Priesterbinde zu der Erde zürnend hin") und die Mehrschichtigkeit der zugrundeliegenden Konflikte: Gatte und Geliebter, Mutterschaft und Prophetie, Verderben der Familie und Mitopfer bei der Schlachtung des Schlächters ihrer Familie.

Dabei scheint aber ein ganz besonderes Motiv aus dem Dunkel hervorzuleuchten: die *Schlachtung der Kinder*. Es ist die Tötung der Geschwister, die als ein Hauptmotiv sowohl in der trojanischen wie in der mykenischen Szene mehrfach anklingt - Polyxene, Paris, Thyestes und Atreus, Iphigeneia.

Das Erstaunliche ist nun, daß dasselbe Motiv auch bei der Patientin in ihrer Urphobie auftaucht: in der Gestalt des Kaninchens, das sie verfolgt. Die *Tötung der Kinder* durch Geschwister oder Eltern ist ein Motiv, das wir auch bei mehreren der späteren Fälle antreffen werden. Obwohl dieses Motiv eng verbunden ist mit dem Ödipuskomplex (tatsächlich Teil des Ödipusmotivs, wurde doch Ödipus selbst von seinem Vater verstümmelt und in der Wildnis ausgesetzt), scheint es nicht ganz auf diesen reduzierbar zu sein und seine eigene Würde und Wichtigkeit zu besitzen. Ich meine damit v. a. den Wunsch, eines der Geschwister, besonders eines, das jünger ist, zu töten, um dadurch Liebe, Macht und Sonderstellung als Kind (zurück)zugewinnen, und die Furcht, dafür umgekehrt von den Eltern getötet oder zumindest verschickt, ausgestoßen zu werden. Mit diesem Motiv ist aber der Affekt des Ressentiments ganz besonders stark verbunden.

Im Gegensatz zum Ödipuskonflikt hat es wohl weniger mit den Impulsen der kindlichen Sexualität zu tun als mit den Wünschen nach Selbstbehauptung, dem anderen starken Trieb, der in der späteren Theorie Freuds, m. E. zu Unrecht, ganz von dem der Aggression und dem Konzept des Narzißmus „geschluckt" wurde und erst jetzt, mit der Erforschung der Frühkindheit, wieder mehr sein Recht zurückerhalten dürfte.

Setzt man die hier beschriebene *Kassandrakonfiguration* in Beziehung mit dem Ödipuskomplex, so glaube ich, daß das EntwederOder, wie in so vielem, was ich später ausführen werde, verfehlt ist. Das eine ersetzt nicht das andere. Diese Konfiguration, die sich auf dem phobischen Kern aufbaut und häufig jenes Motiv der Kindstötung mit beinhaltet, ist ein wertvolles Modell und besitzt sein eigenes Recht. Damit will ich freilich nicht behaupten daß der phobische Kern sich immer auf Geschwister- und Kindsmord beziehen muß. Sehr häufig ist es der ödipale Konflikt, der den Inhalt der phobischen Angst ausmacht und damit auch die Schutzmaßnahmen und anderen Faktoren des Komplexes bestimmt. Man denke nur an die Geschichte des Kleinen Hans. Vielmehr ist es so, daß der phobische Kern *alle frühkindlichen Ängste* in sich sammeln kann. Es ist wohl typisch, daß alle 3 in diesem Fall beschriebenen Rivalitätskonflikte in den phobischen Kern eingegangen sind, und daß auch, wie bei ihr, frühere und früheste Konflikte mit einbezogen werden können.

Die Beobachtungen führten uns zu einem zweiten zentralen Konflikt, der auch bei dieser Patientin anklingt und der häufig unter dem der Separations- und Individuationsphase zusammengefaßt wird: „Wenn ich mich selbst behaupte und mich von der Mutter abwende, verliere ich ihre Liebe und die so nötige Zusammengehörigkeit. Wenn ich mich indes in die Geborgenheit mit ihr zurückziehe, laufe ich Gefahr, ganz in ihr aufzugehen, mich selbst in ihr wieder zu verlieren." Verschmelzung und trotzige Unabhängigkeit sind die beiden Pole, und mannigfache Schutz- und Lösungsversuche werden angewandt, um beiden so wesentlichen Bedürfnissen Genüge zu tun.

Wie die moderne Forschung der Frühkindheit aufzeigt, bestehen gute Gründe, diese Doppelheit (wenngleich nicht unbedingt in der Form von innerem Konflikt) von Individuation und Objektbeziehung als von Anfang an gegeben anzusehen und nicht erst gegen Ende des 2. Lebensjahrs anzusetzen (Stern 1985), obwohl eine Kulmination davon zu der Zeit zu beobachten ist.

Überdies bestehen jetzt Anhaltspunkte dafür, daß ausgesprochen neurotische Phobien schon bei Kindern unter 12 Monaten beobachtet werden können (Cramer, zit. in Stern 1985). Die früheren Konflikte lassen sich in der Analyse freilich nur in den aus späterer Zeit erinnerten Abkömmlingen, nicht in ihren Urformen erkennen – bei Vera etwa in der Form der Konflikte zwischen Wünschen primitiver Identifizierung und Verschmelzung und solchen der trotzigen Selbstabgrenzung oder der Konflikte zwischen globalen Affekten und Geboten der Unbedingtheit und absoluten Richtigkeit und solchen der vernünftigen Begrenztheit und menschlichen Beschränktheit – also Konflikte, die gemeinhin als „narzißtisch" bezeichnet werden.

Wie weit sich die hier geschilderte Kassandrakonfiguration bei weiteren Fällen nachweisen läßt und ob wir nicht auch andere wiederkehrende Konfigurationen entdecken können, werden uns die nächsten Falldarstellungen zeigen.

Wäre es z. B. nicht möglich, daß der andere überragende, lebensbestimmende Konflikt, der von Trennung und Individuation gegenüber Liebe, Abhängigkeit und Zugehörigkeit, zu eigenen, charakteristischen, sich wiederholenden Konfigurationen („Komplexen") führen könnte, die sich dann mit der „Kassandrakonfiguration" zu einer machtvollen und häufigen Kombination verbände? Die Erfahrung mit Vera läßt uns dies als wahrscheinlich annehmen, wenn wir an die gegensätzlichen Identifizierungen, die massiven und primitiven Introjektionen, die Rollenvertauschungen, an die radikale Antithese von archaischen Scham- und Schuldgefühlen und an die anal-narzißtische (nicht nur phallisch-narzißtische) Idealbildung denken. Doch wird uns der nächste Fall mehr Auskunft darüber geben können.

Dabei ist es freilich wichtig, nicht in voreilige Schematisierungen zu verfallen, die uns den Blick für das Neue verstellen. Jeder einzelne Patient kann uns, wenn er eingehend und mit genügender Vertiefung studiert wird, neue Zusammenhänge enthüllen. Der Respekt für den einzelnen, das Interesse an seiner Gegenwart wie an seiner Vergangenheit und das sich darin gründende Verständnis der ihn wie ein zweiter Schatten begleitenden Ängste und Schmerzen ist es vor allem, was ihm den verstellten Weg in die Zukunft wieder eröffnet: „Das Leben lehrt uns, weniger mit uns und andern strenge sein... Auch sind wir nicht bestellt, uns selbst zu richten" (*Iphigenie auf Tauris*, 4. Akt, 4. Szene; Goethe, Bd. 10, S. 123).

5 „Zweifel sind Verräter"
Über den Zwang, den Erfolg zu zerstören

„Our doubts are traitors/And make us lose the good we oft might win, by fearing to attempt."
(Zweifel sind Verräter, die oft ein Gut entziehn, das wir erreichten – weil den Versuch wir scheuten.)
(Shakespeare, *Measure for measure*, 1. Akt, 4. Szene)

Das folgende Kapitel beschreibt die Durchführung einer besonders schwierigen Behandlung, die manches illustriert, was ich in der Einleitung als von besonderem Interesse für die therapeutisch verändernde Einsicht und die dieser im Wege stehenden Hindernisse beschrieben habe – die Vielschichtigkeit der Affekte, insbesondere von Schuld und Scham, und damit die Schichtung der Konflikte und der Abwehrformen, die unschätzbare Bedeutung der Über-Ich-Analyse gerade auch bei Patienten, die heute gemeinhin als narzißtisch angesehen oder in den Sammeltopf der „Borderlines" geworfen werden, der große Wert der therapeutischen Flexibilität und die Notwendigkeit, mehrere Modalitäten zu kombinieren. Darüber hinaus gibt er uns besondere Gelegenheit, einen Charaktertypus genauer zu studieren, der in der Literatur kaum je erwähnt wurden, gerade aber unter den schwereren Neurosen häufig anzutreffen ist, doch oft übersehen wird, nämlich der des „phobischen Charakters". Schließlich gewährt er uns auch einen tieferen Einblick in die Natur der „negativen therapeutischen Reaktion".

Der Patient, aus dessen Analyse ich in meinem Buch *The mask of shame* mehrmals unter dem Namen „Jakob" Auszüge gebracht habe, war ein Geschäftsmann in seinen späten 20er Jahren, als er die Analyse begann. Er war der um 3 Jahre jüngere von 2 Söhnen. Er war ein großer, äußerst hagerer Mann, meist etwas ängstlich vornübergebeugt, mit schwarzen Haaren, seine Augen hinter Brillengläsern und gewöhnlich abgewandt, sein Mund völlig hinter einem dunklen Bart versteckt.

Er hatte schon mehrfach zuvor wegen seiner schweren, generalisierten Angst und Depression, psychosomatischen Magen-Darm-Krämpfen mit Brechdurchfall, einer fast völligen Blockierung seines Liebeslebens und tiefer Besorgnisse über seine homosexuellen Neigungen Behandlung gesucht; mehrere Behandlungsmodalitäten waren bei ihm erfolglos geblieben. Obwohl auf mehreren Gebieten hochbegabt, brach er jede Ausbildung ab.

Er lebte isoliert, hatte, außer den noch recht engen, obgleich tief ambivalenten Beziehungen mit seiner Familie kaum soziale Kontakte, mußte mehrere Studienversuche an auswärtigen Universitäten wegen überwältigenden Angstzuständen abbrechen, litt unter einer schweren Reisephobie, die es ihm unmöglich machte, auf Ferienreisen zu gehen. Abgesehen von einigen homosexuellen Experimenten im Alter von 15 und wenig später einigen „dates" mit Mädchen, bei denen die Erregung so groß gewesen war, daß er in seine Hosen ejakuliert hatte, war sein Geschlechtsleben ausschließlich auf die Phantasie beschränkt und fast völlig homosexuell orientiert, doch erregte diese Vorliebe sein tiefes Unbehagen.

Die Angst, wenn er sich in etwas Neues einläßt, war schlimmer als die Depression darüber, daß er sich in ein Leben mit wenig Freude und geringer Hoffnung in ein leeres, trübes Dasein eingeschlossen sah.

Zunächst werde ich die Rolle, die die verschiedenschichtigen Schamkonflikte in seiner phobischen Gehemmtheit gespielt haben, etwas eingehender darstellen, ehe ich mich der Schilderung der Auflösung seiner Neurose zuwende.

5.1 Schichtung der Schamkonflikte

Ich stelle diese Schichten von der Oberfläche ausgehend dar; einiges davon war dem Bewußtsein leicht zugänglich, anderes hat sich erst sehr zögernd entwickeln lassen. Ich werde sowohl Zitate wie Quasizitate und Kommentare dazu benutzen.

Erstens: „Ich schäme mich darüber, meine Gefühle und möglichen Wünsche auszudrücken. Ich könnte die Kontrolle über sie verlieren und dafür ausgelacht werden. Gefühlsausdruck und die Anmeldung von Interesse stellt mich bloß und setzt mich der Gefahr der Verachtung aus. Freudig erregt zu sein, könnte mit einer Erektion gleichbedeutend sein und setzt mich dem Gelächter aus." Alle Erregtheit ist daher bedrohlich; sie könnte rasch seiner Kontrolle entgleiten und muß vorbeugend verhindert werden.

Fast vom Anfang der Analyse an war seine Kastrationsangst prominent und bewußter Prüfung zugänglich. Sie drückte sich in seiner Allgemeinhaltung aus: „Bitte, demütige mich nicht. Ich will dich nicht herabsetzen. Ich habe mich ohnehin schon selbst zurückgestutzt." (In allen 3 Ausdrücken zeigt dasselbe englische Verbum „cut down" [(her)abschneiden, umhauen, herabsetzen] die Erlebniseinheit mit der Kastrationsangst an.) Diese *vorbeugende (Präemptiv)einstellung der Vermeidung* ist zum führenden Charakterzug geworden: „Wenn ich mich zurückziehe und in unbeteiligter und liebloser Ferne verharre, bin ich zwar einsam und unglücklich, doch wenigstens sicher vor all den gefährlichen Anreizen. Es ist schon so, daß ich von jeder Erregtheit von vornherein Enttäuschung und Schock erwarte; doch dadurch, daß ich diese Ernüchterung vorwegnehme, beuge ich gefährlicher Spannung und unmäßiger Erregung vor." So hatte sich die Furcht, von Eindrücken überwältigt zu werden oder in seiner Privatheit von Mann oder Frau verletzt zu werden, die allgemeine Furcht, daß sich ihm jemand emotionell aufdränge, daß er intellektuell stimuliert und sexuell erregt werde, bei ihm in einer *allgemeinen Gehemmtheit* fixiert. Obwohl musikalisch und intellektuell hochbegabt (u. a. hatte er im Klavierspiel das Niveau eines Konzertpianisten erreicht), waren seine Leistungen auf die Ebene der Mittelmäßigkeit und auf die eher untergeordneten Funktionen im Familiengeschäft, einer kleinen Fabrik, die Türen herstellt, gebannt. Seine generelle Passivität sollte ihn gegen seine gefährlichen aktiven Impulse schützen, worin die auch immer bestehen mochten.

Zweitens: „Ich zeige meine Schwäche und mein Versagen in Form dieser Passivität und klagenden Abhängigkeit, in Unterwürfigkeit und dem Rückzug vor aller

Konkurrenz. Ich habe ja von vornherein verloren. Ich bin ein geborener Versager (born loser)." All seine Beziehungen werfen ihn in die Rolle des Leidenden, des Opfers. Bitterlich bezichtigt er die andern und sich selbst – niemand habe ihm geholfen, alles sei wertlos. Oft läßt sich eine Sexualisierung dieser Opfer- und Anklagehaltung feststellen. Diese *masochistische* Grundeinstellung ist überhaupt, nicht nur bei diesem Patienten, ein häufiges und machtvolles Motiv für starke Schamgefühle. Sie besagt: „Ich drücke meinen Trotz dadurch aus, daß ich Sie und meine Eltern als Versager hinstelle. Ich versage, um Sie der völligen Machtlosigkeit und Lächerlichkeit überführen zu können. Was haben Sie schon vorzuzeigen nach mehr als 700 Analysenstunden? Mir geht's schlechter, der Abgrund, der mich vom Erfolg trennt, ist heute weiter denn als ich begann. Sie sind ein jämmerlicher Narr. Ich mache Sie zum Narren, dadurch daß ich mich selbst zum Narren mache. Alles endet mit Scham." Dies ist sein *masochistischer Triumph*: ein durch sein eigenes Leiden und Versagen durchgeführter Angriff und Sieg. Dieser wiederholt sich endlos im Leben; er zeigt sich in der Analyse als *negative therapeutische Reaktion*. Jeder Erfolg *muß* zu um so erbärmlicherem Versagen führen.

Drittens: Jedes Sichausdrücken wird mit Exkretion gleichgesetzt. „Was ich von mir zeige, könnte mich überfluten. Ich weiß nicht, ob ich es zurückhalten könnte, wenn ich einmal anfange." Es ist die *anale* oder urethrale Umdeutung der Ausdrucksfähigkeit und der Lockerung der Triebhemmung: „Es ist schmutzig, sich auszudrücken, seine Affekte kundzutun, seine Begehren mitzuteilen."

Viertens: „Mein Trotz und Rebellieren gegen meine Eltern ruft bei jedermann die gleichen Gefühle der Abscheu und Verurteilung hervor. Deshalb kann ich Sicherheit nur in der Zurückgezogenheit finden. Freilich heißt es, daß diese Gehemmtheit in Gefühlen und Handlungen mich ständig ,unauthentisch', *entfremdet*, betreten, verlegen macht. Ich bin kein wirkliches menschliches Wesen, sondern ein ekliges Insekt, ein Käfer, der in seinen Panzer der Fühllosigkeit und Unwirklichkeit eingezwängt ist." Er hat häufig Angstträume, eine Insektenphobie und vergleicht sich mit Gregor Samsa in Kafkas *Verwandlung*.

Fünftens: „Ich schäme mich für meine Eltern – für die gesellschaftliche Unfähigkeit meiner Mutter und ihren Aberglauben [sie versteckte ihre eigene phobische Natur hinter manchen Vermeidungszwängen] und für das wegwerfende Gebaren meines Vaters allem Ernste gegenüber. Ich schäme mich für ihre sexuellen Handlungen und alle Gefühle, die sie zeigen. Ich fürchte mich vor meiner Neugier im allgemeinen und schäme mich insbesondere darüber, was ich über sie herausfinden könnte – das, was sie in der Nacht tun." Das heißt, sich zu schämen und gehemmt zu sein, statt mit Neugier und Erregung zu beobachten.

5.2 Gespaltene Identität

Großer Schaden scheint seiner Entwicklung durch die ängstliche Zudringlichkeit
und herrische Befehlsgewalt von Mutter und Großmutter, besonders in bezug auf
seine Darmtätigkeit, zugefügt worden zu sein. Sein Selbstwert, seine Identität, seine
Autonomie wurden immer wieder verletzt. Diese *ängstliche Autorität* lebt in der
Stimme, die er den „inneren Feldwebel" nennt, weiter. Demzufolge wurden Sichzurückziehen und trotzige Ablehnung, vermutlich schon äußerst früh, als Selbstschutz
gewählt. Sie wiederholen sich denn auch endlos in der Übertragung als Schweigen
und als negative therapeutische Reaktion.

So lebt die Verinnerlichung seiner Mutter in ihm nach, und zwar in doppelter
Form, und spielt die Hauptrolle in seiner Charakterneurose – sowohl in seinem *ent-
werteten Selbstbild* wie in der unerbittlichen Gewalt seines Gewissens: „Ich bin so
schlecht, so wertlos und angstgejagt wie sie. Und ich bin gerade so inkompetent
und verachtenswürdig, so kastriert, wie ich sie sehe." So *identifiziert er sich* nicht
zum geringsten Teil auch *mit ihr als dem Opfer seiner eigenen feindseligen Wünsche*,
während er ihre Tabus gebietende Figur in sein Gewissen als den innern „Sergeant"
introjiziert hat.

Dieser lähmenden Identifizierung mit der ängstlichen, abergläubischen Mutter
steht eine Phantasie, eine großartige Schutzfigur gegenüber. „Gegen all dies habe
ich die *homosexuelle Phantasie*: dort haben wir beide, mein Partner und ich, einen
so großen und machtvoll spendenden Penis wie das Washington Monument (in einem Traum). Dies bedeutet unsere Sicherheit. Es ist Phallus, Phallus über alles."

Eine Folge dieser Lösung ist eine tiefe *Selbstspaltung*. Einerseits stellt er sich seiner nichtswürdigen Mutter gleich, ist also ebenso unwürdig und phobisch wie sie.
Andererseits schaut er zu seinem älteren Bruder auf, zu seinem Vater und zu mir in
der Hoffnung auf eine Antwort – die erhoffte idealisierte Identität. Wenn er sich
unwirklich, depersonalisiert fühlt, heißt das: „Ich will nicht das eine und kann nicht
das andere sein." Da Beisammensein und Draufschauen mit dem Dazuwerden
gleichgesetzt werden – also eine Art primitiver Identifizierung von *Zusammensein
= Einssein* darstellen, die auf der „Verschmelzung" durch die Augen: *Anschauen
und Angeschautwerden = Gleichwerden* basiert –, muß er es vermeiden, sich einer
Frau zu nähern, da er sonst gänzlich entmannt und entmächtigt würde – eine Phantasie, die keineswegs tief verdrängt, sondern recht bewußtseinsnahe war und schon
zu Beginn der Behandlung ausgedrückt wurde. Statt dessen versucht er, selber
stark, erfolgreich und trotzig-stolz zu werden, indem er sich Männern, besonders
auch seinem älteren Bruder und anderen, diesem in seinem Sportfanatismus glei-
chenden Gestalten annähert. Auch er selbst kann von Sportdarbietungen nicht genug bekommen, selbstverständlich fast ausschließlich in der passiven Beobachter-
rolle (das Golfspiel ausgenommen, das jedoch bald ähnlich dem Klavierspiel und
der Analyse seinem Zerstörungszwang gegenüber jeder Art des Erfolges, seiner
„Erfolgsphobie", zum Opfer fällt). „Dies erklärt die Unwirklichkeit meines Daseins," sagt er, „ich definiere mich durch die Identität des andern." (732)

Seine Depersonalisierung ist Ausdruck dieser Selbstspaltung, spezifisch der Verleugnung des schamerregenden Teils seiner Identität: „Ich bin das nicht, ich will das nicht sein. Doch wer bin ich? Ich kann nicht der sein, der ich sein möchte und zu werden versuche. Weshalb? Daher, weil Erregung und trotzige Selbstbehauptung, somit Erfolg als ein Mann, absolut untersagt sind und mir unerträgliche Schuld brächten." So laviert er zwischen der Skylla der Scham (in Unterwürfigkeit) und der Charybdis der Schuld (wie ein Mann aufzustehen und der Realität die Stirne zu bieten).

5.3 Ausschnitte aus der Behandlung

Wie erwähnt, war die Behandlung durch eine beinahe unerbittliche „negative therapeutische Reaktion" gekennzeichnet: jedem Erfolg in der Behandlung, jeder neuen Einsicht, jedem Fortschritt in seinem äußeren Leben folgte ein Rückschlag, eine zerschmetternde, zeitweise nahezu suizidale Depression und der heftige Protest dagegen, daß die Analyse ihm nicht nur nicht geholfen, sondern im Gegenteil sogar geschadet habe.

Seine oft dramatischen Einsichten in die tieferen Zusammenhänge blieben während der längsten Zeit abgelöst von gleich dramatischer Besserung, obwohl im ganzen eine allmähliche und auch von ihm gelegentlich zugestandene Abnahme der Angst, das Eröffnen gewisser neuer Aktivitäten, eine vermehrte Bereitschaft, sich mit anderen zu treffen und sich sogar auf kleinere Reisen zu wagen, zu beobachten war, so sehr er auch jegliche *wirkliche* Besserung bestritt. Gewöhnlich folgten jedem solchen Sichhinauswagen und allen bedeutenderen Einsichten starke Verzweiflungs- und Wutausbrüche gegen mich – daß nichts einen Unterschied mache und er ebenso schlecht daran sei wie eh und je.

Dabei war diese Isolierung, diese gegenseitige Abkapselung von Einsicht und tatsächlicher, sichtbarer Veränderung, weniger einer zwangsneurotischen Abwehr gegen „Berührung" (die zu einem gewissen Ausmaß auch bestand) als eben der phobischen Vermeidung des Erfolges und des „masochistischen Triumphes" zuzuschreiben. Trotz zwangsneurotischer Züge und der schweren und zähen Depressivität sowie der masochistischen Sexual- und Sozialeinstellung, die sich auch in der Übertragung manifestierte, kann der Patient am besten als phobischer Charakter bezeichnet werden: die *Vermeidung* war die den ganzen Charakter und sein Schicksal völlig bestimmende Form der Abwehr.

Ich gebe nun mehrere charakteristische Behandlungsauszüge, die die wichtigeren Rekonstruktionen, zuerst die der hauptsächlichen Ängste in ihrer Hierarchie und dann die der zugrundeliegenden Konflikte, darstellen sollen. Wie bei den übrigen aus dem Stenogramm rekonstruierten Stundenauszügen muß man auch bei den folgenden daran denken, daß sie kondensiert sind und daß daher, was als eine Aussage und wohlgeordnet erscheint, oft in Wirklichkeit zerstückelt und verteilt vorgebracht wurde, oft mit Wiederholungen, mit falschen Anfängen und von Zögern oder langem Schweigen unterbrochenen Satz- und Gedankenfragmenten.

5.3.1 Erster Ausschnitt: „Es gibt keinen Unterschied"

In den Wochen, die den zu schildernden Stunden vorausgingen, etwa $4\frac{1}{2}$ Jahre nach Anfang der Analyse, beschrieb er seine sehr häufige, doch nie ausgeführte Drohung, die Analyse abzubrechen. Er fühle sich wie eingeschlossen, er wolle fliehen. Es sei dasselbe gewesen mit dem Abbruch seiner Studien und seiner Freundschaften mit Mädchen. Es sei eine Art *Klaustrophobie.* Jede nahe Beziehung und jede Verpflichtung werde unmittelbar so beängstigend, daß er daraus ausbrechen brechen müsse; doch schränke diese Art der Befreiung jede andere Freiheit ein. Ich erwähnte, daß das „Freisein von etwas" so wichtig werde, daß vom „Freisein für etwas" kaum mehr etwas übrig bleibe (821). Er fragte sich, woher diese tiefe Angst stamme – besonders hier, in meiner Gegenwart. Ob es wohl das Ausgesetztsein (exposure) und damit das Schamgefühl sei? Er führte es aus: „Sie wissen ja wohl, wie schwer es mir fällt, Gefühle auszudrücken. Und wenn ich es versuche, bricht mein Sprechen entzwei. Sobald ich etwas Persönliches enthülle, folgt ihm das Schweigen. Oder ich wechsle das Thema. Ich fühle mich so unbehaglich, als ob es da gewisse dunkle Geheimnisse gäbe, und würden diese offenbart, änderte sich die Beziehung – daß ich betreten wäre, daß ich Ihnen so etwas erzählt habe und daß es mir leid täte, daß ich Sie eingeweiht habe: ‚Weshalb mußte ich Ihnen dies sagen?' Ich habe es nicht gerne, wenn Leute Sachen über mich wissen – mir näher kommen. Vielleicht enthüllt dies etwas: Ich habe mir oft gedacht, wenn ich eine Frau oder eine Freundin hätte, müßte ich mich ständig sorgen, daß ihr etwas zustieße; daß sie krank würde – morbide Gedanken also. Je weniger Bindungen (attachments), desto geringer ist das Risiko, Schmerz zu erleiden. Bindungen vermehren die Gelegenheit für Tragödien. Frei von solchen Bindungen zu sein, vermindert diese, aber auch die Gelegenheiten für geteiltes Glück." Es sei, als ob er eine solche Entscheidung bewußt getroffen habe und daß die *Angst vor Verlust* weit größer sei als die *Angst vor dem Alleinsein.* Es sei immer die Erwartung der Enttäuschung. Er verfiel in ein längeres Schweigen, das er plötzlich unterbrach, er habe öfters gedacht, daß mir etwas zustoßen könnte, ehe die Analyse zu Ende sei und daß es sowohl schrecklich wie auch eine Erleichterung für ihn wäre. Dies beziehe sich auch auf die Erfüllung seiner magischen Wünsche, denen wir oft zuvor begegnet seien, meinte ich, und daß die „Enthüllung", von der er zuvor gesprochen habe, vielleicht deswegen so beängstigend sei.

„Und meine wiederholten Erklärungen, die Analyse zu verlassen: die Panik dabei ist die Furcht vor meinen eigenen Wünschen... Und daß die Nähe zum andern die Furcht vor solcher Schädigung –" Er hielt inne.

„ – und diesen Wunsch enthüllte und zur Vergeltung führte," beendigte ich den Gedanken. Das Sichzurückziehen drückte sich ja auch in der Weise seines Sprechens aus.

Er fragte sich mehrfach nach der Herkunft dieses Wunsches und beantwortete dann nach einer Weile seine eigene Frage, mit der ihm eigenen mühsamen Geschraubtheit und in seinem zaudernd unterbrochenen Sprechstil: „Ich kann die Menge an Information nicht außer acht lassen in bezug auf die Gefühle gegenüber meiner Mutter – aufgrund meiner Wahrnehmung – mit jemandem, mit dem es so-

viel Intimität gab – körperliche Nähe in früher Kindheit – jemand, der widersprüchliche Botschaften aussendet: einerseits eine liebevolle Mutter, anderseits eine tyrannische, gewalttätige, hysterische, mißhandelnde Furie (hag) – die einen wünschen
ließ, daß sie wegginge – oder noch Heftigeres: daß ich sie töten wollte."
   „Und dann die Angst vor diesen Wünschen."
   „Und mit Frauen im allgemeinen. *Die Frau.*"
   „Und so mit jedermann, dem Sie näherkommen, wie mir."
   Man könne beinahe sagen, ergänzte er etwas später in derselben Stunde (822),
daß das Objekt seiner Gefühle von Liebe und Bindung einem *zweiköpfigen Unge-*
heuer gleiche – daß die gleiche Person Liebe, aber auch Haß hervorrufe und daß er
auch mich sowohl liebe wie auch hasse. Und daß sich dies ganz oder teilweise in
allen Intimbeziehungen wiederhole. „Daß ich immer beides erwarte und beides fühle und vom einen zum andern geworfen werde." Dabei sei von allem seine eigene
heftige Reaktion am meisten zu befürchten.
   Einige wenige Stunden später (825) bemerkte er, wie oft zuvor, wie böse er auf
mich sei, daß ich ihm die Hilfe vorenthalte und kalt sei; dem entgegenstehen Gefühle der Hoffnung und des Vertrauens darauf, daß ich an ihm interessiert sei (care)
– wieder der tiefe *Ambivalenz*konflikt, diesmal als Teil der Übertragung. Spräche er
über seine wirklichen Gefühle, sei die stärkste *Vergeltungsangst* die vor der *Ver-*
schickung. Es erinnere ihn an den Ausspruch seiner Großmutter: „Wenn du eine
Lüge sagst, wirst du in einem Handkörbchen in den Himmel geschickt." Er habe es
sich vorgestellt, wie er ohne Kontrolle davonfliege und nie mehr zurückkommen
könne oder wie er vom Banjee-Ungeheuer oder im Wagen mit dem enthaupteten
Reiter entführt werde. So richte er eben dann die Wut auf sich selbst und werde deprimiert, wütend auf sich selbst. Und das Symptom der Klaustrophobie drücke das
aus: „Ich möchte von meiner Wut auf die Person, der ich nahe bin, wegrennen."
   Er hatte daraufhin mehrere nette Tage mit seinen Eltern an der Meeresküste,
quälte sich aber bei seiner Rückkehr mit Selbstvorwürfen. Ich sagte: „Sie bemerken
wiederum diese Macht in Ihnen, die Ihnen die Freude vergällt. Sobald etwas gut
geht, erhebt sich diese Stimme in Ihnen, diese Kraft, die Ihnen sagt: ‚Du sollst dies
nicht haben und darfst dich nicht daran freuen.'"
   Er schwieg eine Weile, dann sagte er mit erstickter Stimme: „Es ist wieder das
Gefühl, daß ich noch immer solch ein Kind bin" und begann heftig zu weinen. Gestern, als er die Eltern verlassen hatte, habe er gedacht, wie schrecklich es wäre,
wenn ihnen etwas zustieße, wie von allem abgeschnitten er sich fühlte, unfähig, auf
seinen Füßen zu stehen. Dann kam er auf einen kürzlich angeschauten Film zu
sprechen, in dem 2 Studenten einen ihrer Freunde ermordeten, um ihre eigene
Überlegenheit zu beweisen. „Der eine der beiden fühlte sich unverzüglich schuldig
– das Bewußtsein der *Permanenz dieser Schuld*, daß es keine Möglichkeit gebe, diese auszulöschen, und daß er für den Rest seines Lebens dafür zu büßen habe. Und
ich *identifizierte* mich so stark *mit der Schuld*: ich wünschte, ich hätte es nicht getan, und daß es *keine Möglichkeit gebe, es ungeschehen zu machen.* Daß es perma-
nent sei und nicht ausgelöscht werden könne, gleichgültig was geschehe. Was mich
auf den Gedanken bringt, daß die Schuld, die so mein Leben beherrscht, die Bedeutung hat: *es kann nichts mehr gemacht werden.* Was immer es ist, es ist so entsetz-

lich, daß es nicht ungeschehen gemacht werden kann. Daß ich bis zum Ende meines Lebens damit leben muß."

„Und was ist diese Schuld?"

„Sie hat offenbar etwas mit *Mord* zu tun, mit etwas Unwiderruflichem, das nicht ungeschehen gemacht werden kann. Doch wenn ich es nur wünsche?"

„Warum wird es so stark als Tat erlebt?"

„Das ist es, was ich nicht verstehen kann," sagte dieser sonst äußerst verhaltene Mann unter heftigem Schluchzen – „und warum ich so weine (choked up), als ob jemand gestorben wäre." Der Eindruck ist so wirklich, daß der Patient sich über die Verwirrung von Phantasie und Realität wundert. Es sei das *Bewußtsein einer wirklichen Schuld.*

Er erwähnte den Zwischenfall, wo seine Mutter den Bruder schlagen wollte und sich dabei die Schulter ausrenkte und laut zu schreien begann; die ernsthafte Erkrankung seines Vaters, als Jakob 5 Jahre alt war, und wie er, Jakob, daraufhin in der Synagoge aufgestanden sei und das Kaddisch, das Gebet für die Toten, sagen wollte – zum Entsetzen seiner Familie!

„Ich strafe mich, als ob ich die Taten wirklich begangen hätte, während ich nie mehr als daran nur gedacht habe, oder sie scheinbar herbeigeführt habe, nur durch mein Wünschen."

„Das ist genau das, worum es sich handelt. Und Ihr ganzes phobisches Leben läßt sich dadurch erklären –"

„ – nämlich daß *ich mich davor fürchte zu handeln, da ich Angst habe, die zornigen Wünsche würden in die Wirklichkeit übersetzt werden, als ob ich fürchtete, ich würde jemanden töten.* Die Passivität ist ein Schutz dagegen, einen „anderen" Mord zu begehen, oder jemandem zu schaden. Es ist fortgesetzte Bestrafung, aber es ist auch eine fortwährende *Vorbeugungsmaßnahme* dagegen, daß ich meine aggressiven Wünsche verwirkliche."

„Und Sie erinnern sich an letzte Woche, als wir darüber sprachen, daß Sie die Phantasie haben, ich würde plötzlich sterben."

„Und die Passivität hier ist eine ähnliche Vorsichtsmaßnahme dagegen, daß ich verantwortlich wäre, wenn Ihnen etwas zustieße. Ich muß mich nicht beschuldigen, denn ich habe nie Zorn oder Wut ausgedrückt" (827). Doch nach diesen Einsichten übermannte ihn nur noch mehr Verzweiflung, und er protestierte eifrig: „Dies ist etwas, das so tief geht, daß es nie überwunden werden kann, daß ich für den Rest meines Lebens so sein muß. Fast 5 Jahre Analyse haben nur von der Oberfläche etwas abgebröckelt. In bezug auf Änderung hat sie kaum etwas vollbracht. Es braucht weitere 5 Jahre, um mehr zu erreichen, und das scheint es nicht wert zu sein." Er habe an Selbstmord gedacht: „Statt Sie zu töten, töte ich mich." Ganz konkret: „Sie helfen mir nicht, und ich wünsche Ihnen den Tod. Zum Teufel mit Ihnen!" Ich spreche es aus, was er meint. Denn noch fürchtet er sich, das in Worte zu fassen; er möchte mich nicht wegjagen, und noch sehne er sich auch nach Nähe und Liebe. Doch das sei auch wieder gefährlich wegen der homosexuellen Mitbedeutung. Ich betone dabei: „Die Hauptabwehr ist: dies nicht hier, in meiner Gegenwart, und jetzt zu fühlen."

Seine ganze Stimmung hatte sich dabei radikal und sichtbar verändert. Er sprach plötzlich frei und mit einem Lachen der Erleichterung: „Ich dachte eben zuvor, wie ich einem fühllosen Roboter gleiche oder jemandem, der unfähig ist zu fühlen, von aller Fähigkeit der Empfindung entfernt ist – obgleich ich ja all das Negative empfinde – die Verzweiflung, die Angst, die Trauer. Aber ich bin ganz unfähig, Lust, Freude oder Wärme zu empfinden. *Es ist die Unfähigkeit zu lieben...* Ich fühle mich sogar unbehaglich, wenn ich das Wort Liebe anwende; es scheint mir so fremd."

„Wiederum, was scheint so fremd, es hier, mit mir, mir gegenüber anzuwenden?"

„Verlegenheit... Abweisung, Enttäuschung, die Kälte zu Hause – alle haben Liebe zu etwas überaus Gefährlichem gemacht", fährt er fort. Wie sehr er wünsche, ich hätte einen Zauberstab, der magisch sein Leben umwandeln und angstfrei machen könne.

Wieder die Phantasie vom machtvollen Penis, dem Washington Monument...

Doch in der nächsten Stunde (830) war die Enttäuschung nur um so tiefer, wenn er wieder zu klagen und zu protestieren begann: „All die Mühsal hier ist für nichts. Fünf Jahre vertan! Alles ist Kampf und Widerstand. Die Analyse ist ein gräßliches Versagen. Das ist mein beständiges Gefühl, unter allem andern. Immer. Gleich, was wir hier tun, selbst wenn wir Fortschritte machen und neue Einsichten erreichen, fühle ich immer: *Aber welchen Unterschied macht das schon?"*

Hier vermochte ich nicht, mein eigenes Gefühl der Verletztheit und Gereiztheit zu unterdrücken: „Sie bemerken, wie schrecklich aggressiv, sogar sadistisch dies ist und wie Sie alles dran setzen, mich im Innersten zu verwunden."

„Es ist sehr zynisch, aber es macht mir oft große Mühe, es nicht so zu sehen. Ich weiß wirklich nicht, welchen Unterschied es schon macht. Es scheint keinen Unterschied zu machen."

„Sie fügen jetzt mir das zu, wovon Sie fühlen, es sei Ihnen angetan worden: daß ich mich äußerst machtlos, äußerst hilflos und grausam behandelt fühlen solle – wie Sie sich grausam behandelt und hilflos gefühlt haben."

Er zuckte die Schultern: „Die Neurose ist stärker als die Analyse."

„Was Sie jedoch auslassen, ist, daß Sie es *tun* – daß nicht Sie jetzt das Opfer sind, sondern daß ich es bin."

Ich fügte also der Triebdeutung, die sowohl als Verurteilung ausgesprochen wie auch von ihm als solche aufgefaßt wurde, die Deutung der Abwehr durch *Wendung vom Passiven ins Aktive* und *Rollenvertauschung* hinzu.

Zur nächsten Stunde (831) kam er entschlossen, die Analyse abzubrechen. Doch in einem Traume befand er sich allein in einem Haus, verlassen und traurig, und in einem andern Traum sah er sich allein in einem Kanu einen Strom hinunter treiben, von den Wellen mitgerissen, ohne Kontrolle und mit gefährlicher Geschwindigkeit. Dies gab mir die Gelegenheit, eine Doppeldeutung zu geben, wobei mir eine vorgängige Konsultation mit Paul Gray geholfen hatte, wieder die nötige Klarheit und innere Distanz zu gewinnen.

Das Schuldgefühl sei, wie er selbst gesagt hatte, präventiv, eine Abhaltung mit der Bedeutung: *„Als ob ich das wieder tun könnte!"* Es müsse eine Quelle für diese Überzeugung geben, die die Intensität dieses Bedürfnisses für Selbstverhinderung (restraint) rechtfertige, nämlich daß seine mörderischen Impulse so gefährlich wären. Diese Gefahr müsse sehr real sein. Und mit der Liebe sei es ähnlich. Würde er sich mir zu nahe fühlen und sich mir unterwerfen, sei das ebenfalls zu gefährlich, daß ich ihn verwunden und entmannen würde. Daher sein Protest: „Nichts ist anders. Nichts hat sich geändert. Wir bewegen uns nicht in *der* Richtung. Nicht in der Richtung solch einer gefährlichen Liebe. Es macht alles keinen Unterschied."

Seine Stimmung war umgeschlagen, von der der zornigen Verzweiflung zu der einer aktiven Zusammenarbeit und Neugier.

In den folgenden Stunden konzentrierten wir uns auf diese eine Furcht: „ – *als ob ich ‚es' wieder tun könnte – oder als ob ‚dies' wieder geschehen könnte"* – was immer dies sein mochte – und den verzweifelten Protest: „Nein, *nichts hat sich verändert, nichts ist anders; es gibt keinen Unterschied!"*

Die Notwendigkeit, etwas zu verbergen, zu verdecken, als ob es ein *tiefes dunkles Geheimnis* gäbe, eine Quelle der Scham und der Schuld – das war der Refrain.

Warum mußte sich jeder Wunsch für Macht, für Selbstbehauptung, für Triumph in eine Angst verkehren, die schlimmer als die vor dem Tode war, und jeder Beweis für einen Erfolg vernichtet werden? Warum wurde insbesondere jegliche Intimität mit Frauen so extrem gemieden?

Ein wichtiger neuer Teil der Lösung erfolgte in unerwarteter Form, obgleich nicht überraschend in bezug auf die Zeit des Auftauchens, da wir uns einer Aufklärung nahe fühlten (834).

Seine Eltern kehrten in die Stadt zurück, und sein Vater erkundigte sich, wie es ihm in der Analyse gehe: „Ich nahm die Gelegenheit wahr, die Frage aufzuwerfen, ob es etwas Besonderes, Traumatisches, Einflußreiches, Ernsthaftes, an das ich mich nicht mehr erinnerte, gegeben haben könnte. Sie erwähnten mehreres, und darunter eine Sache, die ich zuvor vergessen hatte: Als ich 4 oder 5 Jahre alt war, ging ich tagsüber ins Sommerlager und hatte keinerlei Probleme. Doch es ereignete sich unversehens, von einem Tag auf den andern, daß ich mich weigerte, mich zu entkleiden und die Schwimmhosen anzuziehen, und mich auch absolut weigerte, schwimmen zu gehen. Die Aufsichtspersonen (counselors) boten mir ein separates Zimmer an, aber ich sträubte mich gegen das Vorhaben selbst. Es hat den Anschein, daß etwas geschehen sein mußte. . .. Woran ich mich erinnere, ist das plötzliche Gewahrwerden der Scham. Wie Adam und Eva. Bestimmt mehr als nur über die Idee des Erfolges." Er fragte sich, ob es mit einem äußeren Geschehen zu tun gehabt hätte, daß ein Counselor ihm etwas angetan oder eine gedankenlose Bemerkung gemacht habe, was ihm einen solchen Schrecken eingejagt hatte. Er erwähnte gleich das Bewußtsein seiner eigenen Verantwortlichkeit dabei und daß es mit Nacktheit und Scham zu tun hätte. „Es erinnert mich auch an die späteren Ängste in der High School, wenn wir nackt schwimmen mußten: die Furcht vor einer Erektion."

„So daß Erfolg Sie an erfolgreiches Erregtwerden (arousal), wofür Sie sich ausgelacht fühlten, erinnern würde?"

„Eher, daß jemand älterer, vielleicht ein Counselor, etwas tat, das falsch und beschämend war, worüber ich aber erregt wurde (felt excitement). Und ich neige wirklich zu der Mutmaßung, daß es sich dabei um ein *äußeres* Ereignis handelte, nicht nur um ein inneres Geschehen – „

„Daß es keinen vorgängigen inneren Konflikt darüber gab?"

„Und darauf würde ich all die Zurückgezogenheit, meinen Mangel an Initiative, meine Hemmungen und die Furcht, positiv (assertive) zu sein, all das Heruntermachen von mir selbst, zurückführen."

„Sagen Sie deutlicher, wie Sie die Geschichte verstehen."

„Die sexuelle Erregung mit S. [einem Knaben, der ihn im Alter von 15 Jahren sexuell verführt hatte] – das war nur eine Wiederholung. Dasselbe gilt für das nackte Ringen mit meinem Bruder (mit 8 Jahren). Es muß etwas mit jemandem im Lager gewesen sein. Ich erinnere mich nur an meine Weigerung, die plötzliche Scham über den Penis, daß es dieser war, den ich nicht entblößen wollte, niemand sollte den sehen. Daß es plötzlich eine solche Verlegenheit darüber gab und daß ich deswegen weinte." Ich befragte ihn nach mehr Einzelheiten. „Es war nicht getrennt; Jungen und Mädchen entkleideten sich im selben Zimmer."

„Was bedeutet dies?"

„Sicher die Wahrnehmung des *Unterschiedes.*"

„Mit der Bedeutung –"

„Daß sie keinen Penis hatten."

„Dies wirft nun plötzlich ein neues Licht auf Ihren Protest hier: ,*Es gibt keinen Unterschied! Nichts hat sich geändert! Nichts ist anders!*'"

„Die *Verleugnung* des Unterschiedes."

„Mit der Bedeutung (entailing) –?"

„Es beinhaltet die Angst, daß mir dies geschehen würde, daß ich meinen verlöre. Und wenn dieses hypothetische Ereignis einer Mißhandlung (abuse) geschehen ist, daß ich wegen meiner Teilnahme und Erregung dadurch *bestraft* würde, daß auch ich ihn verlöre. Und damit wurde es plötzlich unerlaubt, mich auszuziehen und die Kleider zu wechseln. Die Strafe: verwundbar dafür zu sein, daß er abfallen oder abgeschnitten werden könnte. Ich würde mich nicht entkleiden, damit nichts Derartiges geschähe."

„Und weshalb würde es geschehen, wenn Sie sich entkleiden?"

„Wegen der Entblößung des Penis."

„Vielleicht des aufgerichteten Penis?" Er nickte. Nach längerem Schweigen versuchte er, sich weitere Einzelheiten vom Lager und den Counselors zu vergegenwärtigen, ohne dabei viel weiter zu kommen. Eine seiner Schweigeperioden unterbrach ich: „Ein Gedanke, der *mir* immer wieder in den Sinn kommt – und vielleicht ist das weithergeholt –, daß die Drohung Ihrer Großmutter über das Lügen und das Handkörbchen, ob nun dem Himmel zu oder an einen anderen Ort, damit verbunden ist."

„Daß man mir sagte: ,Sag es niemandem' – bedroht zu werden –?"

„Und als Gegenstück dazu: ,Lüge niemals, das Lügen ist gefährlich.' Und es mußte schließlich nicht ein Counselor sein. Es konnte ein Kind sein, Mädchen oder Junge, und dann hatten Sie dieses tiefe, dunkle Geheimnis, das Sie in direkten Konflikt mit dem Spruch Ihrer Großmutter versetzte" (Schweigen).

„Es gibt soviel Evidenz," sagte er schließlich; „für mich ist es klar, daß es einen Zwischenfall gegeben haben muß, der dieses Element der Geheimhaltung besaß – und diese ganze Mentalität, etwas zu verheimlichen, hat mehr und mehr so viele Seiten meines Lebens in Beschlag genommen. Es muß von einem Zwischenfall dieser Art herrühren."

„Ich stimme dem völlig bei."

„Und die *Gefahr des Erfolges* liegt darin, daß er die Aufmerksamkeit auf mich lenkt, was mit *Bloßstellung (exposure)* gleichgesetzt wird, und das ist gefährlich, weil dabei *das Geheimnis* bloßgestellt würde."

„Genau. Das ist ein sehr guter Punkt. Und nehmen Sie dazu die ‚Bestätigung' der Kastration als Bestrafung, als Sie die Mädchen nackt erblickten, so würde das auch dazu passen."

Die folgende Stunde (835): „Ich ruinierte die Anstrengung des ganzen Tages beim Golfspiel – ein völlig *verstümmeltes Loch* (mangled hole)... Es weist auf mein Problem hin: Du kannst dies nicht tun, du kannst nicht Erfolg haben, du taugst nichts, du bringst es doch immer durcheinander (mess up), und jede Anstrengung geht zum Teufel (down the drain)... Erfolg muß bestraft werden. Ich vergaß beinahe meinen Traum: ‚Ich war sehr jung – mit meinen Eltern – es gab einen Autounfall – ich oder jemand anderer brach sich den Arm oder das Bein – und er *brach sich den Penis*. Meine Eltern diskutierten, ob er geflickt werden könne oder amputiert werden müsse. Ich hatte Angst, daß sie sich über mich unterhielten... Ich protestiere, beteuere meine Unschuld: Es ist nicht mein Fehler, ich habe nichts getan!'"

Auf die teilweise Aufdeckung – oder eher Erahnung – all dieser bedeutenden Zusammenhänge folgte wiederum (837) die „resignierte" Depression: „Keine Änderung, ich gebe auf."

„Ich entnehme dem, daß *Ihr Bruder* zurück ist." Während dessen Abwesenheit infolge Krankheit hatte der Patient viel gelöster und weniger niedergeschlagen gewirkt – ein Zusammenhang, der auch schon früher gelegentlich aufgetaucht war.

Der Patient schwieg 6 Minuten lang, dann erwiderte er: „Sie sind sarkastisch und versuchen, mich verlegen zu machen und mich zu demütigen." ·

Ich bemerkte die Rollenvertauschung: „Durch die Herabsetzung der Analyse und von mir versuchen Sie mich hilflos, lächerlich und närrisch fühlen zu lassen, wie Sie sich selbst fühlen: ‚Nicht ich, sondern Sie!'"

In der folgenden Stunde (838) erwähnte er, daß diese Anfälle von „Resignation" und Protest wirklich eine flehentliche Bitte für Hilfe darstellen: „Tun Sie doch etwas, ein für allemal! Hören Sie mir zu! Vernehmen Sie mich!"

Im Zusammenhang mit dem vorangehenden Gespräch über das „tiefe, dunkle Geheimnis" und die „Strafdrohung für das Lügen" wunderte ich mich, ob diese Bitte jetzt nicht bedeutete: *„Vergib mir!"*

Er schoß gleich zurück: „Das ist es! *Mich vom Bewußtsein der Schuld oder der Scham* zu entlasten. Allerdings so, daß es zu gefährlich wäre, das Geheimnis zu enthüllen, und doch ebenso gefährlich zu lügen. Und in der Szene im Lager war das Nichtschwimmenwollen ein ähnliches Signal einer Bitte, das die Aufmerksamkeit darauf ziehen sollte, daß etwas nicht in Ordnung war, und ich konnte nicht sagen, was es war, und zeigte es durch jenes Verhalten."

„Und man kann vermuten, daß, je näher Sie dem tiefen, dunklen Geheimnis kommen, diesen verborgenen Impulsen, desto stärker müßten die Bitte um Verzeihung und der Protest werden: ‚Es geht mir nicht besser'."

Er erwiderte: „Ihre Bemerkung gestern über meinen Bruder weckte in mir plötzlich das Gefühl, daß meine Selbstherabsetzung und die Angriffe auf die Analyse auf

etwas, das ich buchstäblich von seiner Hand erlitten habe, zurückzuführen seien –
wie seine Überfälle auf mich durch das Kitzeln oder ein ähnlicher sexueller Angriff
oder Ausnützung von mir."

„Die Sie passiv erlitten und wofür Sie sich doch schuldig fühlten."

„Wegen der damit verbundenen Erregung."

„Und was so traumatisch im Sommerlager gewesen sein mag, war Ihr Anblick
der nackten Mädchen: ‚Ja, der Penis kann als Strafe wirklich weggenommen werden.' Und es ist vielleicht auch von Bedeutung, daß ein besonderes Tabu hier zu bestehen scheint, über ihren Bruder zu sprechen und sogar ihn beim Namen zu nennen oder ihn über Ihre Kindheit zu befragen."

„Das ganze Thema wird überdeckt," erwiderte Jakob, „es muß unbesprochen
bleiben, ignoriert werden. Und vielleicht besteht das Geheimnis nicht so sehr darin,
was er mir angetan hat, sondern in meinen Rachewünschen gegen ihn, die meine
Mutter für mich in Wirklichkeit umsetzte, wenn sie ihn schlug."

Der Bruder war in der Tat mehrfach von den Eltern verprügelt worden. Jakob war
aber auch seit jeher davon überzeugt, daß er ebenfalls einmal so mit dem Gürtel
verhauen worden sei, obgleich diese Erinnerung sowohl von den Eltern wie auch
vom Bruder aufs heftigste bestritten wurde. Er sei immer der Gute gewesen, der nie
Prügel verdient oder erhalten habe.

Ich antwortete: „Und all dies, alle 4 Aspekte, werden hier mit mir wieder erlebt,
in symbolischer Form als das Schweigen: das Geheimnis und das Bedürfnis, sich zu
verbergen, die Furcht vor dem Lügen, der untergetauchte Wunsch für die Rache
und die Bitte um Verzeihung, ausgedrückt in Ihrer Hilflosigkeit."

Die folgende Stunde (839) erbrachte ein weiteres Stück der Auflösung.

Ich stellte die Frage: „Nach dem, was wir über die von Hilflosigkeit begleitete Erregung, wenn Sie vom Bruder gekitzelt wurden, gehört haben, frage ich mich, ob
dabei nicht eine Erektion oder etwas Harnlassen erfolgt sein mag – oder daß Sie
das zumindest befürchtet haben. Das läßt sich ja bei intensivem Kitzeln kaum verhindern. Und ob Sie nicht Ihr Bruder dabei ausgelacht hat? Nicht nur ist das bei
solch erbarmungslosem Kitzeln wahrscheinlich, sondern sowohl das vom Wildbach
mitgerissene Kanu in jenem Traum (831) wie Ihre Weigerung zu schwimmen bezogen sich ja auf Wasser und Fragen der Kontrolle."

Nein, er konnte sich an kein solches Ereignis erinnern, aber fügte hinzu: „Was
dazu passen würde, ist die irrationale Furcht, die ich hatte, daß ich ins Bett machen
könnte; die war so stark, daß ich mich immer weigerte, auswärts in dem Haus eines
Freundes zu schlafen. Welch entsetzliche Demütigung das gewesen wäre! Obgleich
sich so etwas nie ereignet hat."

„All die Angst vor Erregung und Bloßstellung –"

„Und damit vor Ejakulation –", und er verwies auf die verschiedenen schamer-
füllten Erinnerungen, wo er in seiner Adoleszenz nächtliche Samenergüsse als Bettnässen erlebt und in der Gegenwart von Mädchen in die Hosen ejakuliert hatte,
„– und die Gefahr bei jeder erfolgreichen Begegnung mit einer Frau."

Ich faßte zusammen: „Was also gleichgesetzt wird, sind die folgenden Elemente:
*Erregung (excitement) und Erfolg = Erektion und Ejakulation = Urinieren und
Entblößung = Demütigung, Auslachen und Scham.* Wir entdecken diese Gleichset-

zung von Erregung mit Demütigung im Zusammenhang mit Körperspiel und -sport und dem Ringen mit Ihrem Bruder, wir hören darüber beim Golfspiel und Klavier-spielen, es geschieht mit dem Gewinnen von Einsicht während der Analyse und dem Erfolg bei einer Frau, bei Ihrem Studium im College und an der Universität. Überall geschieht es, daß *Erfolg als Sichaussetzen (exposure)* erlebt wird, welches ungeschehen gemacht und in etwas Beschämendes umgewandelt werden muß."

„Und wegen dieser Furcht mußte ich mich selbst von allem berauben – mich je-des Erfolges und jeder mich fördernden Erfahrung begeben. All dies wegen dieses zwingenden Schamgefühls – die Notwendigkeit, mich minderwertig zu halten."

„Als vorbeugende Zurückhaltung (preventive restraint), nicht so sehr als Bestra-fung."

An diesem Punkt entsann er sich eines komplizierten Traums in der Nacht zuvor, in dem ein Kunde sich weigerte, seine Rechnung zu bezahlen.

„Wo ist die Belohnung (pay-off)? Wo ist das Ergebnis? Es bezieht sich wieder auf die Analyse: nach all dem, was ich hineingesteckt, all der Anstrengung, die ich dar-auf verwendet habe!" sagte er.

„Das ist wahr, aber mag es sich nicht auch darauf beziehen, und zwar ziemlich direkt, woran wir arbeiten?"

„Ich habe Mühe, es darauf zu beziehen. Außer auf all die Verzögerungen, das Aufschieben von Gelegenheiten –?"

„Auf den Wunsch, endlich der Zurückhaltung (restraint) enthoben zu sein, all der Aufschübe, und all der Schuld und Scham, was es Ihnen ermöglichen würde, *li-quid* zu sein."

Er lachte heraus; er hatte das Wortspiel sofort erfaßt – die Gleichsetzung des Wortes vom Traumbild mit dem „Freiwerden in bezug auf Urinieren und Ejakula-tion". Ich fügte hinzu, daß der reklamierende Kunde im Traum sich nicht nur auf mich, sondern auf den Bruder als die Macht der Erniedrigung beziehen könnte und daß dieser ihn nun endlich freigäbe und ihn „auszahle".

Er kehrte zu den nächtlichen Samenergüssen („nassen Träumen") in der Früh-adoleszenz zurück und der seltsamen Mischung von Lust und Schrecken dabei: „Etwas stimmt nicht – es ist außer Kontrolle." Dies brachte ihn zurück zum Gekit-zeltwerden im Alter von 3 oder 4 Jahren: „Ich wurde beinahe bewußtlos, ich konnte nicht mehr atmen. Ich fühlte mich völlig ohnmächtig und hilflos. Es war zugleich lu-stig und schmerzhaft im Spiel – und angstvoll. Es war ein sehr erstickendes Gefühl. Ich bettelte um Gnade."

„Wie mir gegenüber, wenn Sie das Gefühl haben, daß ich Ihnen nicht geholfen habe. Und was vielleicht ausgelassen wird, ist nicht ein *Ereignis* des Urinierens, son-dern die *Befürchtung*, daß es geschehen könnte: ‚Es ist *beinahe* geschehen.' Und dann die Zurückhaltung (restraint): ‚Hüte dich davor, daß du der Gefahr wieder na-hekommst!'"

„Es erinnert mich auch daran, wie jedesmal, wenn ich Geschlechtsverkehr gehabt habe, ich gleich nach der Ejakulation fliehen und heimgehen mußte. Das war das Gefürchtete." (Er hatte im Laufe der Analyse mehrere kurzfristige Intimfreund-schaften angeknüpft; seine Furchtsamkeit und die von ihm eben beschriebene Fluchtneigung imponierten seinen Partnerinnen wenig und vertieften seine

Schrecksamkeit: ein Rendez-vous wurde oft einer bevorstehenden Hinrichtung gleichgesetzt – und gewöhnlich abgesagt.)

Ich erwiderte: „Und sogar das Sprechen hier gleicht einer Ejakulation, der sogleich das Schweigen folgt."

„Sobald ich fähig bin, einen Gedanken auszudrücken, muß ich – "

„ – es zustopfen (plug it)."

„Nach dem Herausplatzen damit. Sogar im Begriff: statt eines ständigen Strömens der Ideen –"

„ – oder dem fließenden Sprechen –".

„Ich würde gewiß niemals mein Reden hier so bezeichnen."

5.3.2 Zweiter Ausschnitt: „Kein Recht, mich zu freuen"

Es war einige Wochen später. Jakob kehrte aus den Sommerferien zurück, erneut entschlossen, die Analyse abzubrechen, da sie seine Erwartungen nicht erfüllt habe. Er begann, nach Alternativbehandlungen zu suchen. Ich erkannte, daß jegliche Ermutigung zum Weitermachen mit der Therapie nur das Gegenteil bewirken würde. Nach der 3. Stunde, in der es Schmähungen darüber hagelte, wie die Analyse bei ihm versagt habe, stimmte ich ihm kühl zu und sagte, daß es für uns beide wirklich sinnlos wäre, weiterzumachen, wenn dies sein Gefühl sei: „Wir haben dieses Urteil mit zunehmendem Nachdruck während eines Jahres nun vernommen, und es besteht kein Grund, nicht auf Ihre Entscheidung zu hören." Es scheine mir, daß die Macht, die Vergangenheit zu wiederholen, gegenwärtig weit stärker sei als die Macht der Einsicht, und daß diese es sei, die ihn daran hindere, etwas Gutes zu erleben und, von welcher Seite auch immer, Hilfe, Liebe oder Wärme zu empfangen (851/2).

Meine Erklärung schlug massiv ein: „Nicht das Recht zu haben, etwas Gutes zu besitzen?" Wirklich, warum nicht? Er schadet nicht *mir* durch den Abbruch der Analyse, sondern sich selbst. Er erinnerte sich jetzt an einen zuvor nie erwähnten Kindheitswunsch, von zu Hause wegzurennen; es war eine aggressive Phantasie, die sich gegen seine Mutter richtete. Er konnte ihr drohen, daß er weggehen werde. Das würde sie schrecklich aufregen und war denn auch sehr wirksam in diesem Sinn, als er mit 16 Jahren weg ins College ging. Nun wurde es wortwörtlich mit mir wiederholt: „Ich gehe weg, und es wird Ihnen leid tun."

„Ich sah dies endlich ein, als Sie mir mit einer Art Gleichgültigkeit antworteten. Da wurde es mir klar: ‚Wenn ich von ihm weggehe, macht ihm das wenig aus. Ich verletze ihn nicht. Er findet einfach jemand anderen für die Stunde, und ich stehe draußen in der Kälte und habe nicht einmal das Minimum vollbracht – nämlich die Autorität geschädigt zu haben, also Sie. Ich habe lediglich mich selbst um den Erfolg gebracht. Und wie ich über das Wochenende mir überlegte: ‚Er zeigt nicht einmal viel Interesse (a sense of caring)', so war das ein Deckmantel dafür: ‚Wenn er nur gezeigt hätte, daß ich eine Wirkung ausüben konnte, daß ich ihm Schmerz bereitete, ihm erfolgreich Schmerz zugefügt habe!'" Daß ich also wie seine Mutter reagiert hätte, die hysterisch wurde, wenn er zu spät zum Nachtessen kam (853).

So war es schließlich die Erfüllung seiner aggressiven Wünsche, im Sinne der erprobten Macht über seine Mutter (als Beispiel), welche die Striktheit seiner Selbstbestrafung diktierte – daß er sich nämlich überhaupt nichts Gutes gönnen konnte.

„So weit, so gut," wendete ich ein, „doch scheint es mir hier eine tiefere Dimension zu geben: daß das Interesse an diesen aggressiven Wünschen Sie gegen die tieferen Befürchtungen vor Liebe, Nähe und Selbstaufgabe zu schützen hatten."

Er stimmte sofort mit ein: „ – so daß diese Wünsche, jemanden anzugreifen, die selber schon so erschreckend sind, einen Ersatz für die sogar noch mehr Angst erregenden Gefühle der Liebe darstellen."

„Und ich begründe diese Vermutung damit, daß Sie relativ fähig geworden sind, über Haß und Zorn hier zu sprechen, aber fast niemals über Liebe. Und nicht nur zu sprechen, sondern auch zu fühlen."

„Das ist doch ein sehr starkes Zusammentreffen, denn letzte Nacht sang ich für mich die Worte eines Liedes: ‚Meine Liebe ist –‘ und ich unterbrach mich und sagte mir: ‚Dies ist doch so lächerlich, du fühlst ja gar keine Liebe, gegenüber niemandem.' Sie ist ohne Bedeutung für mich. Sie existiert nicht."

„Und daher kann von gar nichts etwas Gutes kommen, da das Leben ohne Liebe ist."

„Das ist völlig wahr, und selbst mit einer zeitweiligen Freude wie einem Konzertbesuch oder dem Besteigen eines Berges ist es so, daß sie gedämpft wird davon – von dieser überragenden Angelegenheit, der Abwesenheit der Liebe. Ich kann das nicht überwinden. Nichts vermag dafür zu kompensieren."

„Und alles Auflösen von so etwas wie Zorn oder Haß hilft deswegen nicht im geringsten."

Er erwähnte Oedipus Rex und die Bedeutung und Ausdeutung dieses Mythos; er sagte, er selbst sei sicherlich nicht ohne Liebe zu Hause aufgewachsen. Ich bemerkte: „Liebe war zu Hause wohl vorhanden, aber sie war gefährlich. Nein, Sie sind nicht ohne Liebe aufgewachsen, sondern mit der Furcht vor der Liebe."

„Und alle die Zeichen der Kälte waren dort – ich mußte die Liebe von mir weghalten."

„Deren Abwesenheit ist ein Schutz."

„Es ist Vermeidung, ein Wegrennen davon. Und ich habe sicher ein Talent bewiesen, die Gefühle der Liebe wegzuhalten und sie durch intensive Gefühle des Hasses zu ersetzen."

„Daß die Erfüllung der Liebeswünsche sogar noch mehr Angst machte als die der zornigen oder rachesüchtigen Wünsche."

„Ich möchte auf die sexuelle Erregung zurückkommen, die ich meinem Bruder gegenüber gefühlt habe. Dies ist wohl dokumentiert. Und die Furcht, die Kontrolle zu verlieren, das Bett zu nässen. Wo immer die *freudige Erregung über Liebe* erscheint, tritt auch sogleich stets *die Furcht vor irgendwelcher Beschämung* dazu – die Furcht, die *Kontrolle* nicht nur über das Urinieren, sondern auch emotionell zu *verlieren*" (855).

Warum wäre aber die Angst so besonders stark gegenüber Frauen?

„All die Feindseligkeit und Giftigkeit und Wut gegen meine Mutter. Die Kehrseite der Medaille – die intensiven Liebesbedürfnisse, die Abhängigkeit von ihr."

„Zudem, daß all Ihre feindseligen Phantasien durch die Beobachtung bestätigt wurden, daß die Frau ohne Penis sei, daß sie verstümmelt erschien."

„Daß mein Wunsch in Wirklichkeit umgesetzt worden war: der Schock der Entdeckung, daß die Mädchen ohne Penis waren. Also Ursache und Wirkung: ich wünschte den Frauen etwas Böses, und dann an einem gewissen Punkt die Entdeckung: so etwas ist wirklich passiert."

„Und der Punkt scheint im Sommerlager geschehen zu sein – wenigstens soweit wir die Evidenz dafür haben. Dort ereignete sich der Schock. Und auch die Bestätigung für Ihre Furcht: wenn Sie etwas Böses täten oder sagten oder wünschten, würden Sie weggeschickt und verlören die Liebe und den Penis. Wir wissen ja, wie tief es ging zu Hause mit der magischen Sicht – bei all dem Aberglauben" (857).

Danach bemerkte er, wie seine Gefühle der Furcht und Isolierung sich aufzulösen schienen und das Gefühl der Freiheit überhand nehme. Er fühlte sich mir näher, möchte mir die Hand ausstrecken „einen Wunsch für größere Intimität ohne Furcht".

„Daß die Macht, die Ihnen immer zuraunt: ‚Du verdienst nichts Gutes', schwächer geworden ist?"

Er fühlte sich viel freier im Sprechen und die Schweigeperioden waren zusammengeschrumpft.

„Die größere Freiheit in den Stunden führt zur Gefahr der sexuellen Intimität; sie scheint zum Verlust der Kontrolle zu führen."

„Das ist vielleicht nicht so sehr die eigentliche Gefahr," beharrte ich, vielleicht unzutreffend, „die Kontrolle zu verlieren, sondern eher die Angst davor, was daraufhin geschähe, wenn Sie die Kontrolle verlören."

„Die Furcht davor, den *Penis zu verlieren*."

„Und dort diente die Lagererfahrung als ein Symbol: es *kann* wirklich geschehen, ich könnte ein Mädchen werden, wenn ich diese Dinge mit meinem Bruder weiterhin zulasse. Dies ist eine Gefahr. – Und eine andere kennen wir auch ziemlich gut" (Schweigen.)

Dann sagte er: „Ich verknüpfe es damit, daß ich mir nichts gestatten kann, daß *ich mir nichts Gutes gönne*."

„Die Selbstbestrafung. Das ist die zweite Gefahr. Und wenn Sie an Ihre Reiseangst denken und was Sie gestern sagten –" Ich bezog mich auf von ihm erwähnte Bilder der Heimatlosigkeit nach einem Hurricane.

„Die Angst vor einer Katastrophe."

„Spezifisch: die Heimatlosigkeit! Daß die Eltern stürben, quasi als Antwort auf Ihre Drohung: ‚Ich gehe weg, und es wird euch leid tun.' Dies ist die dritte Angst, die immer wieder während der Abwesenheit auf einer Reise vorkommt: daß Sie die Leute *verlören*, denen Sie sich nahe fühlen. Und die vierte ist uns seit Anfang bekannt: die Angst vor dem *Ausgelachtwerden*."

Ich faßte diese *Hierarchie der Ängste* zusammen: „Die *Kastrationsangst*, die sich in der Furcht vor den Frauen wiederholt. Die *Angst vor der Lächerlichkeit*, ursprünglich wohl in den Episoden mit Ihrem Bruder, mit dem Kitzeln, der Erektion und dem befürchteten Urinieren; es wiederholt sich im Sichzurückziehen von aller Gesellschaft und der überall empfundenen Angst vor Demütigung. Die *Angst vor dem Verlust Ihrer Eltern*, [die von der Großmutter ausgedrückten Drohung,] daß Sie, wenn Sie lügen, ‚im Handkörbchen zum Himmel – oder zur Hölle? – reisen' werden; es wiederholt sich in Ihrer Furcht vor allem Reisen. Und die *Angst vor der inneren Verurteilung*, vor der *Selbstbestrafung*, die sich immer dann wiederholt, wenn es heißt: ‚Ich verdiene nichs Gutes, ich gönne es mir nicht.' Und die *Klaustrophobie* ist die alte Angst selbst, in konkreter Darstellung. So werden alle Formen der ursprünglichen Angst, die wir entdeckt haben, in den verschiedenen Symptomen der Neurose wiederholt. Und jede Angst hatte ihre Realität, hatte ihre Bestätigung, *damals*, und erzwingt das Bedürfnis zur Selbstbestrafung und Selbsteinschränkung in der *Gegenwart* von innen. Alles hatte seine Wirklichkeit: Ihre Mutter verletzte sich selbst, wenn sie den Bruder zu schlagen versuchte, Ihr Vater wurde schwer krank [an einer lebensgefährlichen Herzkrankheit, als Jakob 5 Jahre alt war]; der Bruder wurde wirklich böse bestraft; und es zeigte sich, daß, wie die Mädchen es bewiesen, auch der Penis abhanden kommen könne. Lächerlichkeit stellte sich – wegen Ihrer Zurückgezogenheit und Ängstlichkeit – immer wieder ein" (859).

Ein anderer Realitätsfaktor, der später hinzugefügt wurde, bestand in der Familientradition: „Es ist sehr gefährlich, sich zu trennen. *Trennung, Weggehen, ist schlecht und gefahrbringend*" (927).

Die Wirklichkeitsaspekte, die diesen Ängsten ihre virulente Stärke verliehen, bestanden v. a. in aggressiven Geschehnissen – Streitigkeiten zwischen den Eltern, mit der Drohung des Weggehens, tatsächlich ausgeteilte oder gedrohte sadistische Bestrafungen, die sadistische Natur des Sexualspiels mit dem Bruder („Erregung verbunden mit Schmerz"), und daraufhin, dem folgend, seine eigenen sadistischen Wünsche dem Bruder gegenüber.

Etwas fehlte, ein entscheidender praktischer Aspekt blieb aus: In seiner analytischen Arbeit machte der Patient große Fortschritte, wenngleich diese oft etwas intellektuell blieben. Doch schien er völlig unfähig, den Würgegriff der Ängste ganz abzuschütteln. Sein äußeres Leben schien beinahe so eingeengt und dürftig wie zu Beginn der Analyse. Nachdem er neuerlich eine größere Auslandsreise im letzten Augenblick aus äußerster Panik hatte absagen müssen, fühlte er sich von Verzweiflung so übermannt, daß er ernsthaft erwog, sich zu töten. Dann schlug er selbst (nach etwa 950 Analysenstunden) vor, in ein verhaltenstherapeutisch orientiertes Phobienprogramm, das auch, wenn nötig, medikamentöse Behandlung umfaßte, einzutreten, ohne dabei die Analyse abzubrechen. Zu seiner Überraschung entdeckte er, daß ich nicht nur nichts gegen diesen Vorschlag einzuwenden hatte, sondern im Gegenteil im Hinblick auf die Schwere und Widerspenstigkeit der manifesten Pathologie und bei der tiefen Entmutigung des Patienten diese Kombinationsbehandlung begrüßte und ihn dazu ermutigte.

5.3.3 Dritter Ausschnitt: Die archaischen Gleichungen und Sequenzen

Es gab weitere Faktoren, die die festgestellte Hierarchie der Ängste nun weiter spezifizierten:

Die Furcht vor der Trennung verbarg seinen *Eifersuchtskonflikt*, wie er spezifisch und am leichtesten zugänglich gegenüber seinem Bruder war. Jakob wollte diesen ausschließlich für sich besitzen: „Da war es die totale Eifersucht in dem Gefühl des Verratenseins, als ich von ihm weggeschickt wurde." Dies geschah, als sein Bruder mit seinen Alterskameraden spielen wollte (1047).

Zunächst sehen wir mehrere Linien, die in der massiven Selbstbestrafung, dem masochistisch-phobischen Endzustand und der „negativen therapeutischen Reaktion" zusammenkommen:

Die *erste* ist die, die von sexueller *Erregung* mit dem Bruder zur Furcht, die *Kontrolle zu verlieren*, z.B. in Form der Erektion, und damit zur Bloßstellung und *Beschämung* führt.

Eine *zweite* führt von Jakobs *Rachewünschen* dem Bruder gegenüber für dessen Überfälle und Herabsetzungen und von dem Gefühl seiner eigenen Hilflosigkeit und *Ohnmacht* dem Großen gegenüber zur gleichsam *magischen Erfüllung* dieser Wünsche durch die Mutter (die Verprügelung des Missetäters) und damit zum stellvertretend empfundenen *sadistischen Vergnügen*, mithin zur *Schuld* und der darauf erfolgenden *Wendung dieser Wünsche gegen das Selbst*.

Die *dritte* war die, die vom Wunsch, den Bruder allein für sich zu *besitzen* zur *Eifersucht* und dem Wunsch, sich *des Rivalen zu entledigen* führte, mithin zu dem Versuch, den verräterischen Geliebten selber von sich zu stoßen und zu verlassen, und zur Selbstbestrafung in der Gestalt seiner *Einsamkeit*, die jedoch von der Unfähigkeit, ein unabhängiges Leben zu führen, und der Verkümmerung all seiner Bestrebungen, es im Leben weiter zu bringen, begleitet war.

Das Verhältnis zum Bruder, das in der bisherigen Darstellung der Rekonstruktion zentral gewesen ist, verhüllt ein ähnlich strukturiertes, tieferes gegenüber dem Vater, und dieses verdeckt seinerseits das mit der Mutter: „*Die Gegenwart* (company) *der zwei Männer war ein Schutz gegenüber der Mutter*, aber selbst ganz mit Eifersucht erfüllt" (1049). Die Mutter war eine tief ängstliche Frau und konnte in „plötzliche hysterische Wut" oder in Panik ausbrechen. Von früh an hatte Jakob sich veranlaßt gesehen, sich in einer Art *feindseliger Abhängigkeit* an sie zu klammern, z.B. als er sich sehr fürchtete, sich von ihr zu trennen, um zur Schule zu gehen. „Dies Anklammern geschah nicht aus Loyalität, sondern deswegen, weil ich verzweifelt zu protestieren und den *Haß zu verleugnen* versuchte – die mörderischen Wünsche" (1054). Jeder *Erfolg* würde, neben dem oberflächlicheren Triumph im Eifersuchtskonflikt und der Beseitigung des Rivalen, *die Trennung von der Mutter* und damit nicht nur ihre zürnende Zurückziehung von ihm bedeuten, sondern auch die *mörderische Gleichsetzung von Trennung und Tod*, die ja im Aberglauben der Familie nie weit unter der Oberfläche lag. Damit schützte er sich und sie mit seiner Abhängigkeit und der Unfähigkeit, sich von ihr zu entfernen, vor seiner mörderischen Wut ihr gegenüber. Auf diese Weise verblieb er denn auch „loyal zu ihr und verriet sie nicht durch ein Verhältnis mit einer anderen Frau".

Jeder erfolgreiche Schritt, jede Bewegung der *Unabhängigkeit* entgegen hatte somit die Geheimbedeutung einer unzulässigen *Rebellion* und des *Triumphes*, im Sinne sowohl von: „Ich verwunde (hurt) meine Mutter = es ist eine tötende Abweisung" wie auch: „Ich entledige mich des Nebenbuhlers". Damit mußte jeder solche Akt notgedrungen zur *Schuld* führen.

Durch *Passivität* und Unterwerfung verteidigte er sich gegen seine wütende Eifersucht gegenüber Bruder und Vater, und durch die *Abhängigkeit* schützte er sich selbst gegen den gleich tiefen und, wenn möglich, noch bedrohlicheren Zorn und Groll gegen seine Mutter. Doch jeder Akt des Versagens, der mit dieser Grundeinstellung der Abhängigkeit und des Rückzugs einherging, führte ebenso notgedrungen zur *Scham*.

All diese Zusammenhänge ließen sich in endlosen Varianten in der Übertragung beobachten.

Es erschien wahrscheinlich, konnte aber nicht bestätigt werden, daß sich alle diese getrennten Fäden in frühkindlicher *Masturbation*, die wohl v. a. von (anal-)sadistischen Phantasien begleitet war, zusammenzuknüpfen waren; diese wäre dann von der zudringlichen Mutter oder Großmutter früh und kräftig unterbunden worden.

Er vermutete, daß die Trennungsangst wie auch die Furcht, verworfen und gedemütigt zu werden – die Schamangst – als Schutzschild gegen die Erkenntnis und das Erleben der Kastrationsangst als zentraler Angst im neurotogenen Konflikt wirkte, unbeschadet der Festellung, daß diese Ängste fast von Anfang an bewußtseinsfähig schienen. In seinen eigenen Worten: „Das wirkliche Problem ist nicht die Trennung selbst, sondern die Furcht vor der sexuellen Freiheit. Mein Zaudern, ob ich weggehen soll oder nicht, schirmt gegen den darunterliegenden Konflikt ab – den Wunsch für sexuelle Freiheit gegenüber der Furcht vor der Kastration" (1056).

Ich selbst bin heute nachträglich eher dazu geneigt, von der tiefen Wechselwirkung solcher Ängste zu sprechen. Die eine steht für die andere ein, verteidigt gegen die andere, verschlingt sich auf vielen Ebenen mit der anderen. Die Trennungsangst bei der Mutter und die allgemeine Sozialangst dienten der Abwehr gegen die sehr spezifische Kastrationsangst mit Bruder und Vater – und wohl auch umgekehrt, ohne daß die eine unbedingt entwicklungsgeschichtlich älter als die andere sein mußte. Und umgekehrt diente die Intensität dieser Konflikte selbst der masochistischen „Bezahlung": „Das Aufstellen eines solchen unlösbaren Dilemmas (no-win) ist selbst eine sehr selbstbestrafende Handlung" (1056).

Um nur ein Stück Evidenz für die Zentralität der Kastrationsangst zu wiederholen: „ – die Angst vor der Intimität mit Frauen (und dort ist es die Abwesenheit des Penis, die sehr störend ist) und auch die homosexuellen Wünsche, die mit der Versicherung zu tun haben, daß der Penis noch immer dort ist" (1057).

5.3.4 Vierter Ausschnitt: Der Abschied

Als Ergebnis der durch die Doppelbehandlung herbeigeführten tiefen Veränderung war der Patient (nach der 1068. Stunde) imstande, die lang geplante, doch nie zuvor zustandegebrachte Reise nach London zu unternehmen. Dies erlaubte es ihm, manche der zuvor gewonnenen Einsichten abzurunden.

Ein wesentlicher Zusatz bestand in der Aufdeckung des folgenden Zusammenhangs. Wenn die Eltern selber in seiner früheren Kindheit auf Reisen weggingen und ihn und seinen Bruder bei den von ihm gefürchteten und wenig geschätzten Großeltern ließen, hegte er ganz schlimme Wünsche gegen sie: „Sie sind von mir weggegangen, als Strafe für mich, da ich ein böser Bub war. Ich wünsche ihnen deshalb, daß sie auf der Reise mit dem Flugzeug abstürzen und hoffe, sie kommen nie mehr zurück."

Ihr Weggehen bedeutete aber auch, daß sie ihn mit dem Bruder allein ließen, und während ihre Abwesenheit zwar Sexualspiele und Erregtheit mit sich brachte, also viel Verbotenes und Lustvoll-Verstecktes, verursachte sie gleichzeitig das Gefühl, daß er ausgenutzt, verletzt und schwach war. Mit sich brachte sie auch Schuld über seinen Ärger, seine Rachsucht und seinen Neid dem Bruder gegenüber und Scham über seine Schwäche und Unterlegenheit dem Großen gegenüber (1083). Sein Ressentiment war sehr stark.

Jetzt war das Ganze in Form der einen Phobie umgedreht worden: „Ich gehe weg, um meine Familie zu bestrafen, doch jetzt werde ich getötet werden." Weggehen wurde als aggressive Erklärung aufgefaßt und mußte daher Aggression als Antwort auslösen – die magische Vergeltung durch ein ausgleichendes Schicksal (1069).

Es war ihm nun möglich geworden, mit Selbstvertrauen, nicht wie öfters zuvor, aus Trotz und Verzweiflung heraus, zu sagen: „Ich kann die Analyse jetzt beendigen. Ich habe genug gewonnen und kann selber von hier aus weitergehen und mit den Problemen fertig werden" (1071).

Die Einsichten über den Abschied beziehen sich auch auf die Beendigung der Analyse: mich zu verlassen, heißt, mich zu bestrafen und mich zu töten, doch dann wiederum die Wendung gegen die eigene Person und damit die so lähmende Schuld. Doch nun ist das alles erkannt und durchgearbeitet worden und führt nicht mehr zu dem Teufelskreis von Auflehnung, Verzweiflung und Selbstzerstörung.

Eine zweite dynamische Beziehung, die nun neu aufgenommen wird, ist diese: „Ich habe gehört, daß das sexuell belästigte (molested) Kind sich oft selbst anklagt. Das trifft zu (hits home). Ich empfinde bestimmt Schuld darüber, daß ich mich erregen ließ und mich in diese Spiele mit meinem Bruder einließ: ich meinte, es sei mein Fehler gewesen. Je größer die Erregung, desto größer der Tadel (blame) und die Furcht." Dies ist ganz besonders deshalb so, weil er seinen Bruder auch liebte: war dieser doch die einzige Quelle der Wärme und Zuneigung in einem Haus der Einsamkeit und Kälte, der Angst und des Streites, und der Bruder blieb auch da, würde nicht wegreisen. „Wen hätte ich, wenn die Eltern verschwunden wären?" (1074).

Jetzt, da dieser Konflikt über den Bruder gelöst, der Zorn freigesetzt und ausgesprochen und die Schuld unnötig geworden war, ist es ihm, als werde er davon nicht mehr eingeschränkt und gefesselt bleiben. „Ich fühle mich wirklich verwandelt. Die Kräfte des Fortschritts haben endlich die Oberhand über die ‚reaktionären' Kräfte, diesen faschistischen inneren Feldwebel, gewonnen!" (1080).

Wie offenkundig geworden, gehörte zu jener frühen sexuellen Aufreizung mit seinem Bruder eine stark sadomasochistische Note, und diese wies rückwärts auf die eine Form der „sexuellen" Beziehung mit seiner Mutter hin, die unserer Aufmerksamkeit bislang fast völlig entschlüpft war und gerade noch vor Torschluß erwischt werden konnte: die Wichtigkeit der *Klistiere* in jener Beziehung. Damit war die *Frau* zur *Ablagestelle analer Erregung* geworden, und es war diese Art der Erregung gewesen, die zu Furcht und Schrecken geworden und zur weitgehenden „Analisierung" des Bildes der Frau (das uns natürlich an sich schon längst sehr vertraut gewesen war) geführt hatte. Es war die *Projektion seiner eigenen analen Erregung* bei der Mutter auf diese und dann verwandelt in Bestrafung – als Ergebnis seiner *anal-masochistischen Liebe* zu ihr. Dies wurde dann später in der Prügelepisode wiederholt – die angeblich selbst erlebte Strafe hatte als Deckerinnerung zu dienen für das wirkliche Ereignis der häufigen „enemas"(Klistiere), und der dabei verspürten Gleichsetzung von *Erregung und Erfolg.* Die beim Bruder tatsächlich beobachtete Verprügelung erwies sich als symbolische Erfüllung seiner Rache, die magische Verwirklichung der Wünsche. Sie war ein Symbol für jenes doppelte Ressentiment: für sein Ressentiment in bezug auf seine Rachsucht und Ohnmacht und zugleich auch für das Ressentiment, das in dem inneren Racheengel und Feldwebel hauste. Und wieviel davon ·mag von der äußeren richterlichen Autorität gestammt haben? Im Innern wiederholte er damit das anal-masochistische „Lust und Leid", das er in den Klistierepisoden erlebt haben mußte.

In bezug auf die Wirksamkeit der Behandlung fügte er hinzu: „Es gibt die Einsicht, die ich von einer bestimmten Situation gewinne, dann etwas später von einer andern Situation. Allmählich wird es offenbar, daß dies mehr als nur eine Mutmaßung (conjecture) ist. Wenn ich mich in einer Situation befinde und Angst habe, kann ich es nicht bewußt sagen: ‚Dies ist einfach ein Beispiel von dem und dem'. Es ist eher ähnlich dem Lesen von Worten: man kann sie nicht in die einzelnen Buchstaben auseinanderbrechen. Es ist Teil von einem geworden: man kann nicht die Situation nehmen und sie in deren Komponenten auseinanderbrechen, aber die Einsicht ist Teil von einem geworden."

Ich: „Die falschen Verbindungen fallen auf die Seite, und die richtigen stehen mehr und mehr heraus."

Er: „Wenn sie falsch sind, kommen sie nicht mehr hoch, und die richtigen kommen wieder und wieder" (1071).

In der letzten Stunde (1092) schaut er zurück: „Die hauptsächliche Schwierigkeit lag darin, daß der Fortschritt ungleichmäßig (unbalanced) war. Die Einsichten waren dort, aber sie waren nicht von sichtbarer Veränderung begleitet. Sie waren im Intellekt verwurzelt, anstatt daß sie gefühlt wurden. Sie schienen zu den Tatsachen zu passen und Sinn zu machen, aber mehr als eine intellektuelle Abstraktion... Ohne Träume wäre es beinahe unmöglich gewesen, zu den unbewußten Faktoren zu gelangen. Die Einsichten schienen ihren Ort zu finden (fall into place) und Fuß zu fassen, sobald sie diesen geringen Anstoß vom Verhalten (der Verhaltenstherapie) her erhielten. Nach der Reise ist es mir klar geworden, daß ich diese Stärke in mir besaß. Da konnte es kein Kritteln mehr geben, das war solch felsenharte Evidenz: daß ich, allein, auf meine eigenen Füße gestellt, in einem fremden Land weilen konnte. Bei dieser Evidenz mußte ich es einräumen, daß ich gewisse Hindernisse überwunden hatte. Und niemand sonst hat es getan. Ich habe es selbst (on my own) zustande gebracht. Es war unwiderlegbar. Ich war endlich von der wirklichen Gültigkeit der Einsichten überzeugt und daß die Veränderung stattgefunden hatte."

Dies waren seine letzten Worte in der Analyse. In einem Brief einen Monat später bestätigte er, daß es ihm gut gehe und daß das Gewonnene beibehalten werde.

Übrigens hatte er auch eine heterosexuelle Beziehung angeknüpft, und seine homosexuellen Neigungen hatten weitgehend ihre Kraft verloren – „Von 9 : 1 ist es 3 : 7 geworden oder besser..."

5.4 Zusammenfassung der Dynamik

Wie bei den meisten anderen schweren Neurosen, die ich in diesem Buch darstelle, war es auch hier erst mit der Kombination mehrerer Behandlungsmodalitäten möglich, die erstrebte therapeutische Wandlung zu erzielen. Das Aufheben der Verdrängungen durch die Analyse wurde kombiniert mit einem disziplinierten Erlernen, der phobischen Angst die Stirne zu bieten und sie Schritt für Schritt zu überwinden, und einer zeitweiligen Dämpfung der überwältigenden Unlustaffekte durch das Antidepressivum Doxepin.

Dabei scheint es mir, daß die Verhaltenstherapie das ausführt, was Freud in den *Wegen der psychoanalytischen Therapie* 1918 der „Forderung des Arztes", also des Analytikers selbst, zumuten mußte – nämlich die Patienten aktiv dazu zu bewegen, der phobischen Vermeidung Einhalt zu gebieten. Die in diesem Fall geglückte „Arbeitsteilung" scheint mir vorteilhafter zu sein und erreichte für mich den Wert eines Paradigmas, das ich dann auch bei anderen Patienten, wenn nötig, bereithielt.

Die Aufmerksamkeit bei der analytischen Arbeit war vorwiegend auf die Ängste und die Abwehrformen gerichtet; unter den letzteren waren es v. a. Verdrängung, Triebumkehrungen mehrerer Art: Wendung vom Passiven ins Aktive, besonders in der Form der Rollenvertauschung, Wendung gegen die eigene Person und damit Wendung vom Aktiven ins Passive, sowie Reaktionsbildung und Isolierung.

Eine Abwehrtaktik, die bei Depressiven besonders beliebt, wenn nicht für sie typisch ist, besteht darin, daß man *den anderen so schuldig und demütig zu machen* versucht, wie man sich selbst fühlt. Wie wird das zustande gebracht? Durch offenes und verhülltes Anschuldigen (blaming). Es ist eine Art des Spießumdrehens (turning the tables), das die Abwehrformen der Projektion und der Wendung vom Passiven ins Aktive umfaßt sowie einen Übergang von der Identifizierung mit dem Opfer zur Identifizierung mit dem Ankläger bedeutet. Dies kann auch zu einer gewaltig starken Art des Übertragungswiderstands werden. Ich glaube, daß ein guter Teil der *negativen therapeutischen Reaktion* eben dieser *Spießumdrehung der Anklage* zuzuschreiben ist. Sie drückt aus: „Jetzt bist du es endlich, der die volle Gewalt meines Über-Ich, die mich mein ganzes Leben hindurch gepeinigt hat, zu spüren bekommt."

Diese sehr wichtige und häufige Art der Übertragung durch die Abwehr des Spießumdrehens, also des Rollenaustausches, bringt es mit sich, daß der Analytiker sich absolut machtlos fühlt, als jemand, der dem Patienten schlechter getan hat, als es die Abwesenheit der Behandlung hätte tun können. So lud Jakob seine ganze Bürde an Schuld und Scham und Ressentiment auf meine Schultern, und dies nun allerdings mit beträchtlichem Erfolg. Es ist also überaus wichtig, dieses Übertragungs-Gegenübertragungs-Muster in seiner Spezifizität zu erkennen und zu analysieren. Von ihrem Erkennen und Verstehen und Ertragen hängen recht eigentlich Erfolg und Mißerfolg der Behandlung solcher Fälle ab.

Sehr wesentlich hatten wir es mit 2 einander entgegengesetzten *Identifizierungen* zu tun – auf der einen Seite die abgewertete, abhängige, kastrierte, passive und anale Identität, die weitgehend der Mutter nachgebildet schien; auf der anderen Seite die aggressive, sadistische, kompetitiv-kompetente Identität, eine, die vor trotzigem Triumph und Rache nicht zurückschreckte und weitgehend der strafenden Gestalt des Vaters (der gewöhnlich die Strafen für die Mutter auszuführen hatte) und dem sexuell angreifenden Bruder nachgebildet war. Die erste Identifizierung war zumeist mit Scham verbunden, die zweite vorwiegend schuldbeladen.

Scham und Schuld waren führende Faktoren sowohl in der Symptombildung (dynamisch) wie auch in der schließlichen Kompromißbildung (phänomenologisch).

Jede Art des Erfolges und Triumphes war mit Schuld gleichgesetzt worden – *Erfolg = Schuld*. Diese beiden Endglieder waren zwar bewußt, aber alle Zwischenglieder, die diese beiden verbanden, waren unbewußt geworden. Diese waren die folgenden: seine Liebe für den Bruder und deren sexuelle Aspekte, v. a. diejenigen sadomasochistischer Natur, gegenüber den Rachewünschen gegen den Bruder und den damit verknüpften, diesem geltenden sadistischen Phantasien. Dann das Zustandekommen – der Erfolg oder Triumph – dieses rachsüchtig-sadistischen Verlangens in der Realität, nämlich durch die wiederholt schwere Bestrafung des Bruders. Darauf folgten die Schuld und die Wendung des Sadismus gegen die eigene Person, in Form der befürchteten Kastration zuerst, der Demütigung zweitens und des völligen Verlassenwerdens drittens, als eine Art der *regressiven Spirale der Bestrafung*.

Vielleicht war dabei aber doch die Grundsünde die der Trennung von der Mutter. Trennung und Individualwerdung waren bei dieser possessiven Frau und in der ganzen Familienmythologie Handlungen des Aufstands. Die tiefste Gleichung dabei war, wie wir gesehen haben: *Selbstbehauptung = Trennung = Tötung*. Und das war der hauptsächliche Geist, der den inneren Richter beseelte.

Die der ersten parallele Gleichung *Erregung = Scham* wurde ebenfalls im Detail ausgeführt. Ihre Zwischenglieder waren: Ejakulation, Kontrollverlust, Urinieren, Bloßstellung, Auslachen und Ausgeschlossenwerden.

Das Gekitzeltwerden war das Hauptbeispiel für diese Gleichsetzung von Lust mit Schmerz, Passivität und Unterlegenheit. „Alle Erregung wandelt sich rasch von dem, was ich *tue*, zu dem, was mir *geschieht*" (1067).

Passive Unterwerfung und Abhängigkeit wurden von etwas Lustvollem zu einer Quelle von Schrecken und Scham. Die Gleichung wird damit: *Liebe = Lust und Erregung = passive Unterwerfung = Niederlage = niedergezwungen und eingeschlossen zu sein*. Und diese Gleichung läßt sich weiter zurückverfolgen als nur zu den Ereignissen mit dem Bruder – den Ringkämpfen und dem Kitzeln –, nämlich zu den Klistieren, die ihm seine Mutter verabreicht und mit denen sie ihm immer wieder gedroht hatte – Zeichen liebender Zuwendung und Aufmerksamkeit, aber auch Zudringlichkeit, Wegnahme der Selbstbestimmung, Demütigung und Aufforderung zu passiver Hingabe. Sie wirkten gleichsam als Symbol für diese tiefe Ambivalenz ihr gegenüber.

Warum diese Gleichsetzung von Liebe und Passivität so intensiv verdrängt wurde, ist vermutlich durch die Hierarchie der Ängste, die ich hier nicht mehr wiederhole, zu erklären.

Doch frage ich mich, ob es nicht doch noch bei dem Schamgefühl eine tiefere Gleichung gebe, die der bei der Schuld gefundenen analog wäre. Wäre sie vielleicht darin zu suchen: *Überflutung durch die Gefühle = Entmachtung = Selbstaufgabe = Abhängigkeit = ‚Nichtswürdigkeit' = unwert zu sein, geliebt und geachtet zu werden?* Evidenz dafür wäre im Material des Falles freilich reichlich vorhanden, obwohl diese zusammenfassende Formulierung nicht während der Behandlung gemacht wurde. Auf dieser ans Präverbale reichenden Stufe wäre dann wie beim früheren „Fall Vera" sowohl der Masochismus wie auch der unbeugsame innere Richter und die phobische Einengung eine Form der *Affektregulation*, eine Art Struktur, die den überwältigenden Gefühlen Einhalt zu bieten und ihm selbst Halt in den Fluten zu gewähren vermochte.

5.5 Das tragische Dilemma

Ich möchte nun die Hauptelemente von einem allgemeineren Gesichtspunkt aus nochmals herausgreifen:

1) Es bestand eine tiefe Ambivalenz, v.a. der Mutter gegenüber, wobei *Trennung* mit *Verbrechen, Mord und Tod* gleichgesetzt erschienen. A.H. Modell sprach von der *Trennungsschuld* („separation guilt"): „Das Recht auf ein eigenes Leben ist vielleicht immer [bei den narzißtischen Patienten] von einer unbewußten Phantasie begleitet, daß nämlich die Trennung zum Tode oder zur Beschädigung des andern führe. ... Sie waren vom Grundglauben besessen, daß sie kein Recht auf ein besseres Leben hätten" (1984, S. 56 f.).

Die phobische Grundhaltung war selbst Ausdruck dieser Scheu, sich von der angsterfüllten Mutter abzugrenzen und zu lösen. Jeder Erfolg stellte eine symbolische Trennung dar und war ihm verwehrt. Er litt unter einem überaus intensiven, im Bewußtsein unbegründbaren Schuldgefühl – „als ob ich wirklich einen Mord begangen hätte." Die befürchtete Vergeltung muß dementsprechend massiv und allgegenwärtig sein.

2) Das Gegenstück zur Unfähigkeit der Trennung und Individuation auf jeder Stufe ist das Gefühl der *Ohnmacht* und des hilflosen Ausgeliefertseins und Ausgesetztseins, die weit über eine kindliche Abhängigkeit und Passivität hinausging. Dies war nicht einfach eine Regression, sondern schon selbst ein pathologisches Phänomen. Da jede Selbstbehauptung zutiefst gefährlich war, mußte es zur Nichtigkeit des Selbstgefühls und zu äußerster Selbstverachtung kommen. Dies bedingte selbst schon tiefe *Scham*.

Dazu kam aber, daß zu dieser Schwäche und dem Gefühl des Ausgeliefertseins noch ein besonderes, in der Analyse hie und da aufgetauchtes Motiv hinzukam – nämlich der Wunsch und auch die Furcht, durch das *Sehen* mit dem andern gleich zu werden und sich mit ihm zu verschmelzen – das *Motiv der „primären" Identifizierung*. Es spielt eine Rolle sowohl in der Phobie vor Frauen wie dem Wunsch für den männlichen Partner, aber auch in der Angst vor jeder mitmenschlichen Berührung und Liebe: Liebe ist Nähe, und Nähe ist Verschmelzung, ist Einswerden, ist völlige Auslöschung.

Da es aber besonders Sehen und Gesehenwerden und die Wahrnehmungsakte überhaupt waren, in deren Medium sowohl Verschmelzung wie auch Bemächtigung und Vernichtung erfolgen würden, mußten diese weitgehend abgesperrt werden. (Übrigens war in häufig sich wiederholenden Träumen dem Patienten die Sicht auf ein Schauspiel, eine Sportveranstaltung oder ein Konzert versperrt.) Das *Schamgefühl* ist der spezifische Schutzmechanismus gegen die Gefahren des Wahrnehmens und Wahrgenommenwerdens.

3) *Trotz und Negativismus* und ähnliche „anale" Attribute, die eine so hervorstechende Stellung in seinem Charakter einnehmen, sind Reste der ursprünglichen Selbstbehauptung, des Versuches, sich gegen das sonst völlige Ausgeliefertsein und die schamvolle Nichtigkeit zu schützen, ein Sichwehren des gesunden Teils im Kinde.

Der auch bei ihm natürlich anzutreffende phobische Kern umfaßte diese eben geschilderten Elemente und zusätzlich zu diesen, wie wir so dramatisch gesehen haben, alle die späteren, die mit den verschiedenen Schichten der Rivalitätskonflikte zu tun hatten. Dabei stand der Wettstreit für die Liebe des Bruders gegen Vater und Mutter und in zweiter Linie für die Liebe des Vaters gegen Mutter und Bruder viel mehr im Vordergrund als das Dreieckverhältnis des „positiven" Ödipus-Konflikts und die Rivalität für die Liebe der Mutter.

Die 3 aufgewiesenen Elemente von Trennungsschuld, von tiefer Scham für die hilflose Abhängigkeit und für die primitiven Verschmelzungsphantasien und von Trotz sind aber deutlich dyadischer Natur und beziehen sich ursprünglich ganz auf die Mutter. Sein Gewissen ist zum Exekutor dieser Schuld und Scham geworden, damit aber selbst zutiefst gespalten: Während im späteren Leben Schuld und Scham oft zusammenwirken – das gleiche Verhalten, die gleichen Handlungen oder Absichten können beide zugleich hervorrufen, je nach dem Gesichtspunkt, von dem aus das Urteil erfolgt –, sind die beiden ursprünglich antithetisch: Scham bezieht sich auf Schwäche und Ohnmacht, Schuld auf Stärke und Macht. *Trennungsschuld und Abhängigkeitsscham stehen zueinander im Gegensatz.* Dies bedingt die ganz wichtige und tiefe *Spaltung des Über-Ich*, die wir aus ganz ähnlichen Gründen schon bei Vera angetroffen haben. Und es ist eben diese *Dualität von Schuld und Scham in ihrer extremen Ausformung*, die über die Konfiguration hinausgeht, die ich in Kap. 4 beschrieben habe.

Das *Schuld-Scham-Dilemma* hat selbst eine gewaltige Bedeutung. In abgeschwächter Form ist es fast ubiquitär. Bei den schweren Neurosen wird es kaum je in dieser ausgeprägten Form vermißt. Das Faszinierende liegt aber darin, daß es den Kern der meisten Tragödien ausmacht. In besonders klarer Form sieht man dies in den athenischen Tragödien, wo es bei allen heroischen Figuren darauf hinausläuft, daß sie nicht schwach (treulos, ehrlos, falsch, verräterisch) erscheinen wollen, daher nicht nachgeben können, mit der beharrlichen Behauptung eines absoluten Wertes dann die Rechte von Mitmenschen oder Staat oder Natur verletzen, dabei gewisse unverletzliche Grenzen überschreiten und deswegen bestraft und vernichtet werden. Es gibt andere Elemente im „Phänomen des Tragischen": überwältigende Affekte und damit das tragische Pathos, die unwiderstehliche Zwangsmäßigkeit des Ablaufs, der Konflikt zwischen hohen Werten, wobei die Totalität in der Übersteigerung und Idealisierung solcher Werte jeden Wertkonflikt unlösbar machen muß, Hybris als die Aggression im Dienste solcher übersteigerten Ideale. Alle diese lassen sich ohne weiteres als Teile oder Folgen jenes Grunddilemmas auffassen.

Da, wie gesagt, dieses tragische Dilemma bei allen schweren Neurosen anzutreffen ist, kann man diese Patienten ganz allgemein der (literarischen) Kategorie des „tragischen Charakters" zuordnen. Die *Ananke* ihres Schicksals entspricht der Unerbittlichkeit des Wiederholungszwanges. In den Worten des „Gebundenen Prometheus": „Das Können ist so weit schwächer als der Zwang" (τέχνη δ' ἀνάγκης ἀσθενεστέρα μακρῷ) (514).

6 „Der unbarmherzige Zwerg"
Trauma, Gewissen und Narzißmus

> „Jeder tiefe Geist braucht eine Maske: mehr noch, um jeden tiefen
> Geist wächst fortwährend eine Maske, dank der beständig falschen,
> nämlich *flachen* Auslegung jedes Wortes, jedes Schrittes, jedes Le-
> benszeichens, das er gibt."
> (Nietzsche, *Jenseits von Gut und Böse*, 40, S. 51)

6.1 Das stillschweigende Versprechen

Ein 20 jähriger hochbegabter Mathematiker, der völlig vereinsamt, ohne Ziel, ohne
Interesse, ohne Freude, ohne ein Sinngefühl für irgendetwas dahinlebt, hat folgenden Traum: „Es waren keine Leute darin. Ich war in meiner Wohnung. Ich entdeckte eine geheime Türe, die zu 2 zusätzlichen Zimmern führte. Das erste war ein
Schlafzimmer mit einer kleinen Küche, kaum möbliert. Ein Herd stand in der Ecke,
und 2 oder 3 Air-conditioners waren aufeinander gestapelt. Die nächste Türe führte
in einen letzten Raum. Er war ähnlich dem ersten. Das Interessante dabei war, daß
der Herd angeschaltet war; eine Pfanne stand darauf, und eine Flamme brannte darunter. Ich dachte, wie wunderlich dies sei – denn niemand konnte seit langem dort
gewesen sein. Es war doch der geheime Teil meiner Wohnung. Ich verstand auch
nicht, wie ich diesen doppelten Raum in der Beschränktheit meines Reihengebäu-
des (row house) haben konnte. Ich dachte: Dies ist großartig, aber wie kann das
sein? Ich versuchte zu sehen, wie es gelegen war, und schaute zum Fenster hinaus.
Draußen war eine Straße mit vielen Bäumen, zwar immer noch städtisch, aber ganz
anders als wo ich lebe. Die einzigen Gedanken, außer Unglauben und Neugier, wie
das sein könnte ohne 5. Dimension, waren: Jetzt könnte ich mit jemandem die Wohnung und damit die Miete teilen. Und ob ich nicht auch die beiden zusätzlichen
Airconditioners brauchen könnte?"

Er habe am Abend vorher einen Telefonanruf seiner (4 Jahre älteren) Schwester
erhalten, sie wolle ihn mit ihrem Freund am kommenden Wochenende von New
York aus besuchen. Doch wolle er das nicht. Es sei ein Eindringen in sein Eingeschlossensein, in seine Isolierung, die ihm unerwünscht sei. Doch habe er ihr nicht
geradeswegs abgesagt, sondern seine Antwort auf Freitag aufgeschoben. „I burn
the bridge when I get to it – ich verbrenne die Brücke, wenn ich zu ihr komme." Er
kennt die Bedeutung der beiden Metaphern, die er hier in eine verdichtet (die Brük-
ke überqueren, wenn man zu ihr kommt, die Brücken hinter sich verbrennen).
„Niemand kann die Brücke zu mir überqueren." Er habe sich völlig auf sich selbst
zurückgezogen, in eine andere Welt, die nur er kenne, die vielleicht nur in seinem
Geiste existiere. Aus Furcht vor seiner Schwester, füge ich hinzu, habe er sich in eine andere Realität zurückgezogen. Er betont, wie ruhig er sich gefühlt habe im
Traum und wie er sich darin gefreut habe – ganz im Gegensatz zu seinem gewöhnlichen, von unbekannten Ängsten und Sinnarmut bestimmten Leben. Ich frage ihn,

ob er eine Idee habe, was die Flammen bedeuten könnten. Das sei eines der Rätsel im Traum, antwortet er. „Es war eine solch behagliche Stimmung (setting) [darin], doch sind es die Flammen der Wut (the flames of rage), die darin brennen. Aber das ist ein bloßes Raten (a stab in the dark – ein Stich ins Dunkle) . . . Es muß seit langem dort gebrannt haben – ein sehr lange brennendes, vergessenes Feuer. Das Ganze war friedlich. Das Pfännchen hatte den Deckel schief auf, und der Inhalt war längst weggesotten, es war leer. Jetzt habe ich einen ausgefallenen (whacky) Gedanken: Das Feuer und die Wärme und die Flamme könnten meine Gefühle gegenüber meiner Mutter bedeuten, und wie diese Gefühle meine Seele weggesotten haben (boiled away)."

„Welche Gefühle?"

„Die Wärme und die Liebe."

„Das Interesse, der Wunsch – Sie sagten die Mutter, ich denke auch Ihre Schwester."

„Ja."

„Warum ausgefallen?"

„Da ich mich schäme, etwas dazu zu sagen."

„Über Liebe und Wärme?"

„Überhaupt irgendwelche Initiative zu zeigen, wie ich auch in der Klasse nichts sage, aus Furcht vor dem Lächerlichwerden."

„Und noch mehr: die Scham über irgendein persönliches Gefühl. Und das Brennen kam auch in der Metapher vor, wie im Traum –"

„– Über die Brücken. So daß die Wärme und die Liebe sehr angenehm, aber auch sehr zerstörerisch sein können."

„Und gefährlich."

„Ich denke wieder an den Traum: Es besteht ein interessanter Kontrast zwischen der Hitze der Flamme im einen Zimmer und den Air-conditioners im andern, in 2 verschiedenen Räumen . . . Ich sehe es als Kontrast zur Wärme der Flamme, die Kälte."

„Was machen Sie damit?" Langes Schweigen. Ich sage abschließend: „Der gewaltige Konflikt gegenüber Mutter und Schwester. Wir sprachen gerade gestern darüber wie gegensätzlich Ihre Gefühle besonders diesen beiden gegenüber waren und sind." Er antwortete: „Die Ambivalenz." Es war das Ende der Stunde (95).

Reuben ist ein hochaufgeschossener, meist verlegen lächelnder Jüngling, nahezu ausgemergelt und etwas vornübergebeugt. In seinen Studien ist er dank hervorragender Intelligenz ohne große Anstrengung bis jetzt erfolgreich geblieben und hat eben seine „undergraduate studies" mit Auszeichnung abgeschlossen.

Nach einer schweren, lange nicht verwundenen Enttäuschung mit einem Mädchen hat er sich von den Sexualinteressen weitgehend abgekehrt; es kam nur zu gelegentlichem Masturbieren, das auch Versuche umfaßte, Fellatio an sich selbst zu vollziehen, Versuche übrigens, die mehrfach in schmerzhaften und mit tiefer Beschämung eingestandenen „Rückenverrenkungen" resultierten.

Von Kollegen, denen ich einiges über ihn mitgeteilt habe, wurde er als schizophren angesehen. Dies ist sicher möglich, aber ich selbst glaube das nicht, da ich

keine eindeutigen Zeichen für eigentliche Denkstörungen oder für die Sekundär-
symptome erkenne. Trotz der schweren, lebenslangen Isolierung, der faktischen
Freundlosigkeit durch seine ganze Jugend, dem fast völligen Desinteresse an irgendwelcher Arbeit, seiner Ziellosigkeit und dem Rückgang der Libido, der ganz
tiefen Ambivalenz gegenüber den 3 Personen seiner unmittelbaren Familie und mir,
hätte ich große Bedenken, ihn als schizophren zu diagnostizieren.

Doch handelt es sich unzweifelhaft um das klinische Bild eines ganz schweren
Narzißmus – im Sinne eines weitgehenden „Zurückziehens der Besetzung von der
Objektwelt" und einer verachtungsvollen, selbstbezogenen (uncaring) Einstellung.

Er war und ist überaus gewissenhaft, doch erwartet er ständig, daß alles, was immer er tut, in Enttäuschung münden müsse. „Ich mache mir nichts aus allem, da ich
mir zuviel aus allem mache (behind the attitude of ‚I don't care, it doesn't matter', I
care too much)."

Sein Leben steht unter der Erwartung, „dem stillschweigenden Versprechen, daß
ich, wenn ich alles tue, was von mir erwartet wird, belohnt werde, selbst wenn ich
lange dafür leiden muß, und daß die, die sich vergehen und in Lust ergehen, früher
oder später dafür büßen müssen." Obwohl er die Falschheit dieser Prämisse erkennt und damit die Sinnlosigkeit eines ausschließlich auf dieser Erwartung aufgebauten Lebens einsieht, beherrscht ihn eine „absolute Gewissenhaftigkeit": „Wenn
ich nur gut genug bin, werde ich am Schluß doch noch belohnt werden, und wenn
ich es nicht werde, hat das mit mir zu tun; entweder ist es mein Fehler, oder nichts
hat mehr einen Sinn" (98). Seine Angst, nicht die Pflicht und die Erwartung zu erfüllen, ist und bleibt daher überwältigend – auch in der Übertragung –, und sein
Desinteresse, seine Zurückgezogenheit und seine Verachtung, also all die narziß-
schen Stigmata, dienen der *Abwehr durch Entwertung* dagegen, daß er neuerdings
und immer wieder zu bitter und zu überraschend in seiner vertrauensvollen Erwartung und Hoffnung enttäuscht werden könnte. Dies ist das Grundthema seines Lebens.

Tatsächlich gehen seine Ängste (bewußt) auf das 3. oder 4. Lebensjahr zurück, als
er den Stuhl zurückhielt aus der Furcht heraus, daß Ratten in der Toilettenschale
seien, die ihn beißen würden, und daß mit dem Stuhl sein Herz und andere Organe
herausfallen könnten und weggespült würden. Etwas später glaubte er seiner
Schwester, wenn sie behauptete, Eltern hätten Kinder, um sie zu töten.

„Die Theorie hatte freilich eine Lücke: daß andere nicht getötet würden; wie
konnte man sonst überleben? So revidierte ich sie: daß es nur meine Eltern und einige andere waren, die ihre Kinder töteten, nur meine Schwester nicht. Es war ideal
für die Schwester, sich auf diese Weise an mir zu rächen, daß die Eltern sie liebten
und mich umbringen wollten."

Er war immer ein überaus ängstliches Kind, das in der Schule viel verlacht und
auch mißhandelt wurde. Erst allmählich stellte sich in der Analyse heraus, daß er
unter mannigfachen Zwängen leidet – Blinkzwänge, Hin- und Herbewegen des Un-
terkiefers, Zurechtrücken des Penis, Öffnen des Mundes, um die Gaumenbögen zu
spannen – alles Zwänge, die ihm unsinnig vorkommen, denen er sich aber hilflos
ausgeliefert fühlt. Diese Zwänge können, wie die Phobien, bis ins 4. Lebensjahr zurückverfolgt werden.

Entsprechend der zwangsneurotischen Abwehrstruktur zeigt er sehr ausgeprägtes *Isolieren*: z. B. erklärt er nach langem Schweigen, das ich schließlich unterbrochen habe, daß er gleichzeitig 3 Dinge wie auf 3 getrennten Fernsehschirmen gesehen habe: wie er im Park seiner frühen Jugend an einem Bächlein gespielt habe, wie er die Hausaufgaben im Phobienprogramm ungern mache und diese versäume, wie ihm überhaupt das ganze Programm dort unlieb sei und wie wütend er auf die Fortbildungsschule sei, die billige Noten und Abschlußzeugnisse verteile; wenn ich hören sollte, daß jemand sie in die Luft gejagt habe, sei er der Hauptverdächtige. Lust an Erkundungsstreifzügen in seiner Kindheit, Unlust an Aufgaben und Verpflichtungen und massive Wut stehen unverbunden, völlig getrennt, doch gleichzeitig nebeneinander, beziehen sich wohl direkt auf die analytische Situation und zeigen die gespaltenen Gefühle gegenüber demselben Objekt (112). Ein Traum folgt in der nächsten Nacht, worin er sich selbst in 3 Gestalten erlebt: als Reuben 1, der aus einem Flugzeug springt und dessen Fallschirm sich öffnet, als Reuben 2, der neben dem andern herausspringt, dessen Fallschirm sich aber zunächst nicht öffnet und dessen freiem Fall Reuben 3 als Beobachter mit Entsetzen beiwohnt. Schließlich öffnet sich der Fallschirm 500 Fuß über dem Boden; Reuben 2 stürzt durch das Dach eines Bootes in dessen Inneres, wird schwer verletzt und wird von Reuben 1 durch künstliche Beatmung wiederbelebt. Reuben, der Erzähler, findet den Traum verrückt, doch ergibt es sich bald, daß es sich dabei um dieselbe 3 fache Selbstaufspaltung wie auf den 3 Bildschirmen handelt: seine Identität als Beobachter und Erkunder, seine aktive Seite, mit der er sich wehrt, aber auch zur Rettung kommt, und seine passive, lebensgefährlich verletzte Seite. Seine Passivität erscheint wirklich wie ein freier Fall dem Tode entgegen. Auf diese Weise symbolisiert er seinen gegenwärtigen Konflikt bezüglich seiner unmittelbaren Zukunft: Soll er in die Graduate School für Mathematik eintreten, einige Monate weiter in seinem völligen Nichtstun verharren oder nach einer subalternen Anstellung suchen? Alle 3 Möglichkeiten ekeln ihn ungefähr gleich an, doch scheint er immer wieder die 2. als die sicherste zu wählen (113).

Ähnlich dieser Aufspaltung in seinem Traum hatte er in seiner Kindheit (im Alter von 4–9 Jahren) die folgende Phantasie: „Ich wollte eine andere Person sein. Wie wäre es, den Platz der anderen Person einzunehmen, ohne ihre Gedanken und Erinnerungen, sondern die meinen zu haben? In ihr Haus zu gehen und niemanden und nichts zu erkennen, aber vorzutäuschen, daß ich jene Person bin, ohne sie wirklich zu sein. Wie könnte ich Informationen sammeln, damit ich mir keine Blöße gebe?" Ich glaube, daß beide Formen der *Depersonalisierung und Identitätsspaltung* – die im Traum und die in der Kindheitsphantasie – mit schweren *Schamkonflikten* zu tun haben.

Sein Gefühl der Scham über seine Erscheinung, über alles, was er in sich hat und auszudrücken versucht, ist verheerend und erinnert an seine frühkindliche Toilettenphobie.

„Ich sah mich immer als sonderlich (odd ball), entfremdet, als einen Außenseiter, ich hielt mich ferne, ein Eigener (special) im üblen Sinne, seit dem Kindergarten, einzigartig in einer negativen Wiese. Ich fühlte immer die Verachtung und die Ungunst der andern und wurde auch immer geplagt und verlacht." Entsprechend fühlt er sich auch ausgesetzt und ausgeliefert in der Analyse. Sein Kopftuch ist am Ende der Stunde regelmäßig schweißdurchtränkt.

In der Depersonalisierung scheint er sowohl das Sichverbergenwollen, wie das Sichzeigenwollen auszudrücken: „Ich zeige mich, aber als jemand ganz anderes, als ich bin." Und in der verinnerlichten Form des Schamgefühls: „Ich schaue auf mich von außen und wahre Distanz zu meiner gefährlichen aktiven Seite (die ja auch eine Schule in die Luft jagen möchte) wie zu meiner passiv-abhängigen Seite, die dem Tode entgegenzustürzen scheint. Und diese radikale *Selbstdistanzierung* wird von den anderen, auch von meinem Analytiker, als verrückt betrachtet und verachtet. Ich schütze mich durch meine Maske der Verachtung!" (Quasizitat).

In bezug auf seine von Zeit zu Zeit und trotz der resultierenden Nacken- und Rückenschmerzen immer wiederholte Masturbation durch *Selbstfellatio* berichtet er: „Ich lerne nie, daß es viel mehr Schmerzen als Lust bedeutet, und ich schäme mich sehr darüber ... Die Phantasie ist, daß ich am Penis eines Mannes sauge. Doch wenn ich an einen Mann denke, ist das nicht erregend. Das ist es nicht, was ich tun will. Aber wenn ich an einem Penis ohne Körper sauge (sucking a disembodied penis), das ist erregend. Ich identifiziere mich mit der Frau, die es ausführt, und die Selbstfellatio befriedigt dies. Wessen Penis ist besser als mein eigener? Denn ich will es nicht an jemand anderem ausführen. Es verwirklicht diese Phantasie. Ich kann niemandem trauen für Befriedigung. Niemand war dort, um mich zu befriedigen."

„„Ich kann nur mir selbst trauen in bezug auf Lust, alle andern sind enttäuschend"",bestätige ich (116). Ich glaube, daß dies einer wirklichen *narzißtischen Perversion* entspricht.

Das Dilemma ist dies: „Lust und Freude (fun and pleasure) erscheinen mir böse und falsch. Ich kann es vor mir selbst nicht zugeben, daß mein Verlangen, gut, also nicht hedonistisch, zu sein, falsch sein könnte; denn meine ganze Identität hing seit früher Jugend daran, nicht so wie die anderen zu sein. Wie könnte ich mich jetzt an Parties beteiligen, wo man sich betrinkt und mit halb bewußtlosen Mädchen Sex hat? Das will ich nicht, ich habe Angst davor, und ich würde zu meinem eigenen Feind werden, wenn ich meine eigenen Werte aufgäbe. Doch sehe ich, wie meine Schwester und meine Vettern und alten Kollegen, die den Weg der Drogen und des Alkohols und des Schulversagens und der Sexualität gegangen sind, jetzt glücklich, zufrieden und erfolgreich sind, während ich, der ich auf alles verzichtet habe, ein Leben ohne Ziel und Belohnung führe, stets ein guter kleiner Knabe bleibe, der nirgendwohin geht. Habe ich Unrecht gehabt und alle anderen Recht? Das kann ich mir schwer zugestehen oder überhaupt darüber nachdenken. Es ist so sehr ein Teil von mir, nein, das bin ich selbst, es ist mein Wesen (essence): ohne das existiere ich nicht. Es ist so schwer und schmerzlich für mich. Ich sah die anderen als dumm und als Idioten an und mich als überlegen, als ein Genie. Es ist schwer zuzugeben, daß jene Recht haben und ich fehl ging." Die Wahl ist also die zwischen 2 Extremen: einem resoluten Asketismus, der auf alle Freude und Triebbefriedigung verzichtet und diese als absolut schlecht (evil) betrachtet, und einem ebenso extremen und phantastischen Hedonismus. Doch ist die Wahl falsch: die Ideale und Werte sind nicht an und für sich verfehlt, aber die Absolutheit dieser Ideale und Werte ist es.

„Ich sehe vieles in Schwarz und Weiß, und das ist nicht so, wie es wirklich ist. Soweit ich mich zurückerinnere, sah ich die Welt in dieser Dichotomie: ich gegen die
Welt" – ohne zu erkennen, daß es auch Teil seiner selbst ist, was er so heftig verurteilt und verachtet (144).

Die Intensität seiner Selbstverurteilung ist überwältigend; die narzißtischen
Phantasien und die Maske der Verachtung sind Schutzwehren gegen die durch diese radikale Verdammung bewirkte Verzweiflung und Verödung seines ganzen Daseins. Hoffnung, Lust und Vertrauen wurden so früh und so radikal als etwas überaus Gefährliches erlebt, daß das Gewissen von Anfang an sie als etwas Böses
aburteilen mußte und sein Leben seither eine nicht endende Kette von Bestätigungen wurde, daß er nicht hoffen, sich nicht freuen und den anderen nicht trauen dürfe. Was war die chronische Traumatisierung, die sich in diesem „bösen Gewissen",
recht eigentlich einem „inneren Ungeheuer", niederschlug und verewigte und nun
sekundär in der narzißtischen Problematik und der schizoid-anankastisch-phobi-
schen Symptomatik zum manifesten Ausdruck kommt?

Zur äußeren Geschichte ist anzumerken, daß die Eltern sehr viel heftigen
Streit miteinander hatten, der in wilden Schrei- und Anklageanfällen seiner Mutter
gipfelten. Er haßte die häufigen Disziplinforderungen seines Vaters, dessen Eindringen in sein Zimmer, und bei den Streitigkeiten ergriff er die Partei seiner Mutter.

Eine wiederholte Episode aus früher Kindheit scheint wie ein Symbol für seine
ganze Lebensgeschichte: Seine Mutter legte sich immer mehrfach untertags nieder.
Er durfte neben ihr auf dem Bett liegen, unter der Bedingung, daß er sich absolut
still verhielte. Trotz großem Bemühen gelang ihm das nie, und er wurde weggeschickt: „Um bei meiner Mutter zu sein, mußte ich das Unmögliche tun. Das Erreichen dessen, was ich wollte, war unmöglich." Und der einzige Weg, auf dem er es
zu erreichen hoffen konnte, war völlige Passivität. Sie band ihren Sohn in intensiver
Weise an sich, überstimulierte ihn und frustrierte ihn dann aufs schwerste. „Sich an
etwas zu freuen ist böse (evil). Nach irgendeiner Lust oder Freude zu streben, wie
Geselligkeit oder Sexualität oder Trinken, hieße zu meinem eigenen Feind zu werden." Dabei wurde jedes Zeichen von Unmut und Ungeduld seinerseits stark bestraft. Schon sehr früh muß sich dieser ganze Konflikt in sein Inneres verlagert haben (120/121). Er erinnert sich, daß er sich auch selbst für die Kämpfe seiner Eltern
mit verantwortlich machte und wegen dieser Schuld sein Leben verwirkt wähnte:
„Etwas ganz Schlimmes muß ich getan haben, daß sie sich an mir rächen und
mich töten wollen." So muß er alle Wunschregungen auch sogleich ungeschehen
machen, und das Ergebnis ist das einer völligen Willensparalyse, einer psychoseähn-
lichen Maske und einer fast absoluten Anhedonie.

Er glaubt seiner Mutter auch, wenn sie und ihre Schwestern ihren verstorbenen
Vater als einen schrecklichen Bösewicht, der alle Mädchen in der Familie sexuell
mißhandelt habe, verschreien.

Als ich die Mutter bei einer der 2 Familiensitzungen, die wegen der ernsthaften
Lage mit dem Sohn anberaumt wurden, daraufhin befragte, schilderte sie all die
Untaten des Unholds, die sie und ihre Schwester und Nichten aus Träumen und frü-
hesten Kindheitserinnerungen ableiteten. Meine Vermutung ist, daß es sich dabei

um relativ milde pädophile Akte eines sehr scheuen alten Mannes, der von seiner herben Frau eingeschüchtert war, gehandelt hatte, Akte, die nachträglich sehr aufgebauscht und zu dämonischen Untaten übertrieben wurden, um sowohl die massive Wut und das Ressentiment dieser Frau – Reubens Mutter – ihrem Ehemanne gegenüber auf den toten Vater abzuschieben wie auch ihre eigenen Schuldgefühle, die sie bald eingestand, als sie über ihre die Kinder zutiefst erschreckenden Haßausbrüche sprach.

Unter der Maske eines ganz schweren *Narzißmus* sehe ich im Patienten selbst einen schwer *zwangsneurotischen* Charakter mit tiefsten *phobischen Ängsten*, intensiven *Scham*gefühlen und *Sozialängsten*, und nicht nur mit sehr schweren *Hemmungen*, sondern auch mit allgemeiner Ich-Einschränkung gegenüber ganzen Lebensbereichen. Ja, es ist dieser Zustand *schwerster Ich-Einschränkung*, der, zusammen mit der narzißtischen *Perversion*, v. a. den psychotischen Eindruck erweckt. Die Ängste und Vermeidungen, die Hemmungen und Ich-Einschränkungen entstammen den auch jetzt noch allgegenwärtigen Ambivalenzkonflikten und gehen auf die früheste, zugestandenerweise traumatische Kindheit zurück.

In der Übertragung erscheint er oft nicht erreichbar – in ein drückendes, angsterfülltes Schweigen gebannt, das er nicht zu brechen vermag; auch meine Fragen oder Bemerkungen verschärfen es eher. Es gab Stunden, in denen er nicht mehr als 5 Sätze sagte. In anderen Stunden spricht er recht frei. Mich sieht er, ähnlich wie seinen Vater, als eine verlangende, urteilende Autorität, die zudringlich ist, ihn mit Verachtung behandeln und auslachen könnte. Doch sind auch seine Verachtung und sein Sarkasmus mir gegenüber oft sehr ätzend – in einer Art der vorwegnehmenden Wendung ins Aktive: Besser tue ich es zuerst, ehe er es mir antut. Das sieht er auch bereitwillig ein.

Er kommt daher ungern zur Analyse, doch sei es seine einzige Hoffnung (er war etwa 5 mal zuvor in Behandlungen, doch nie in analytisch orientierter Therapie); er versäumt keine Stunde und kommt immer pünktlich. Übrigens hat er auf meinen Rat hin, wie mehrere andere der dargestellten Patienten mit schweren Neurosen, auch ein zeitbegrenztes verhaltenstherapeutisches Programm parallel zur Analyse aufgenommen, nachdem ich nach 7 Monaten das Gefühl hatte, daß die Analyse allein nicht imstande sein werde, seine nahezu totale, im Grunde genommen phobische Isolierung und Untätigkeit auf lange Sicht hin zu durchbrechen und durch die verstärkte Innenwendung sogar noch mehr zur Einkapselung führen könnte; ich denke, die beiden Vorgehensweisen ergänzen sich auch in diesem Fall vorzüglich.

Die Passivität ist sehr gefährlich, und die Gegenseite, die ebenso leicht zu Wut und Empörung wird, ist ebenso gefährlich; er weiß nicht, was er tun soll, außer ein Beobachter zu bleiben. Doch dies ist eine Scheinlösung; sie vertieft sein Gefühl des Unwerts und damit der Scham. Es ist genau diese Deutung, die ich ihm nun gebe, mit dem klaren Ausdruck: „So kann es nicht weitergehen. Dies ist zu gefährlich für Sie. Und der Horror, den Sie, wie Sie sagen, vor dem Weiterstudieren und ebenso vor der Arbeit haben, läßt mein Herz bluten, besonders nachdem ich mit Überlebenden aus Konzentrationslagern gearbeitet habe" (114).

Diese Intervention rechtfertigte ich seinerzeit vor mir selbst folgendermaßen: Mir scheint, daß ich der um sich greifenden Ich-Einschränkung und dem Nachgeben ge-

genüber den phobischen Ängsten hier Einhalt zu gebieten habe. Mag er es auch als
Über-Ich-Intervention empfinden, scheint es mir doch eine Warnung der Rationalität, also ein Appell an sein stellungnehmendes Ich, nicht eine Über-Ich-Forderung
zu sein. Ließe ich die von ihm selbst als gefährlich erlebte Passivität ohne Herausforderung weitergehen, glaube ich, ich würde zum Komplizen seiner Ängste und
gerade dadurch zum Mitverschwörer seiner extremen Selbstverurteilung.

Doch war die Form der Intervention mit ihrem sarkastischen Ton unwirksam und
trug wohl eher noch zur tiefen und überwältigenden Selbstverurteilung bei. In einem langen Traum zieht er sich vor Scham über die unerfüllbaren Selbsterwartun-
gen in ein Loch in den Boden zurück.

Seither hat der Patient einen Beruf ergriffen und trotz großer Ängste gehalten. In
der Analyse spricht er frei, fast ohne Schweigeperioden.

Damit stellt sich eine Frage, die auch schon mehrfach bei den vorherigen Fallbeschreibungen aufgetaucht ist: Worin besteht das, was gemeinhin heute als Narzißmus oder narzißtische Problematik oder Pathologie bezeichnet wird? Und wie wird
diese dynamisch wirklich verstanden und behandelt? Hier werde ich einfach meiner
eigenen Erfahrung weiter folgen und schauen, wohin sie mich führen wird. Es hat
sich mir auch da immer wieder gezeigt, daß die Schemata des Verstehens und die
Empfehlungen für das Vorgehen, die ich in der Literatur antraf, zu eng waren –
nicht falsch –, mir bei der Sichtung der Phänomene in der Behandlung nur unzureichend halfen und sich als zu einseitig und beschränkend erwiesen.

6.2 Die diagnostische Inflation

Im Laufe der letzten 20 Jahre rückten die Beschreibung, die Diagnostik und die Behandlung weiter Bereiche der Psychopathologie näher und näher an die der Psychosen. Mehr und mehr wurden Formen, die ehedem zum Kerngebiet der Neurosen zu
gehören schienen und als solche auch behandelt wurden, zu Grenzerscheinungen,
namentlich zur Schizophrenie, gestempelt und dementsprechend behandelt. In weiten Bereichen analytischen Theoretisierens wird überdies auf manische, depressive,
paranoide oder autistische Zustände oder Entwicklungsphasen als erklärenden Ele-
menten zurückgegriffen. Dabei bekommt man doch immer wieder den Eindruck,
daß man versucht, etwas Unbekanntes durch etwas noch Unbekannteres zu erklären – etwa in der gleichen Weise wie die Kritiker der Psychoanalyse (etwa Grünbaum) alle Einsicht und die durch sie bewirkten Änderungen der Suggestion unter-
schieben. Verstehen wir wirklich die Dynamik und Genese der Psychosen so gut,
daß wir sie zur Erklärung von Phänomenen bei Patienten heranziehen, die nach
scharfen psychiatrischen Kriterien nicht in diese Krankheitskategorien hineingehö-
ren? Wo man dann überall Psychotisches sieht, sieht man dann leicht auch bei vielen Neurosen „Grenzbedingungen".

In Diskussionen mit Studenten, Assistenten, analytischen Kandidaten und erfahreneren Kollegen wurde die Bemerkung „das ist eben ein Borderlinefall" häufiger und häufiger – in der Tat so üblich, daß diese Diagnose wohl alle anderen übertrifft und ihr höchstens noch die des Narzißmus den Rang abläuft. Beide oft gleichzeitigen Diagnosen beziehen sich auf eine besonders archaische, eben psychosenahe Pathologie, in der die vertraute Neurosenpsychologie durch dramatische Persönlichkeitsspaltungen ersetzt und die Psyche im mythischen Hin und Her von Projektionen und Introjektionen geschüttelt und in eine dem Irrsinn nahe Verstörtheit hineingetrieben wird.

Oder es wird dann im Alternativraum der Narzißten auf die verheerende Einbuße für die psychische Struktur, die der Mangel der elterlichen Einfühlung bedeutet, hingewiesen. Der Mangel, den solche Einfühllosigkeit gesetzt hat, soll eine ganz andere Pathologie bestimmen, eben die narzißtische, und einer ganz anderen, viel behutsameren, sachteren Psychotherapie und Psychoanalyse bedürfen als die grobschlächtigen Neurosen. Bei diesen sollen es die einfachen sexuellen und aggressiven Triebe sein, die in einem oft zwar üblen, aber eben doch klar strukturierten Widerstreit mit dem von den Eltern verinnerlichten Über-Ich stehen. Bei diesen richtigen Neurotikern sei es wohl so, daß das Über-Ich einem gehorsamen, analytisch geschmeidigen und mehr oder minder defektfreien Ich die bedeutende Aufgabe erteile, Kompromisse ödipaler Art zwischen Abwehr und Trieb zu erzielen. Doch gelte das nicht oder nur mit großen Einschränkungen bei den vorwiegend präödipal geschädigten Patienten. Bei diesen, eben den Narzißten und „Borderlines", sei das Ich zerklüftet, zerspalten und immer von Auflösung – oder, wie es nun genannt wird, von Fragmentierung – bedroht, oder es leide in anderen, leicht zu entziffernden Weisen unter dauerhaften Strukturschäden. Vielem kann man dabei zustimmen. Doch wird übersehen, daß so ziemlich alle Neurotiker unter einem ähnlichen Mangel gelitten haben und zudem eben oft auch noch schwer traumatisiert worden sind und daß bei den als narzißtisch beschriebenen Fällen die Konflikte schwerer, das Über-Ich strenger und die Abwehrvorgänge komplizierter sind als bei den als neurotisch anerkannten Fällen. Daß es dabei auch dauerhafte, schwer zu heilende, grundlegende Funktionsstörungen, also „Defekte", geben könnte, ist nicht zu bestreiten, aber diese zeigen sich doch üblicherweise erst im Laufe der langwierigen, sorgfältigen Konfliktanalyse, nicht schon a priori in einem Erstinterview.

Die Konsequenz einer solchen Verschiebung in Theorie und Praxis ist die, daß nach neuesten statistischen Angaben, auf die beim Winterkongreß der Amerikanischen Psychoanalytischen Gesellschaft 1983 hingewiesen wurde, zwischen 1/6 und 1/3 der Gesamtbevölkerung unter die nun weitgefaßte Borderlinekategorie fällt.

Diese Änderung der Diagnostik bringt erhebliche Folgen für die Behandlung mit sich. Robert Michels war einer der Diskussionsredner bei dem eben erwähnten Panel, und er bemerkte dabei, der Begriff „Borderline" sei schließlich für die Patienten geschaffen worden, die man in Analyse genommen hatte und die sich dann unerwarteterweise als unanalysierbar erwiesen. Anhand dieser Verlegenheitskategorie von überraschenden analytischen Mißerfolgen und therapeutischen Versagern, also von scheinbaren Fehldiagnosen und Fehlprognosen, wurden dann bestimmte Kriterien entwickelt. Diese hatten aber das wohl unbeabsichtigte Resultat, daß sie die Therapeuten entlasteten und die Patienten belasteten.

Ungeachtet immer scharfsinnigerer Definitionen zeigten sich indes diese Kriterien als so umfassend, daß immer weitere Kreise, weit über die der scheinbaren Fehldiagnosen und Fehlprognosen hinaus, von ihnen mit umfaßt wurden. Robert Michels enthielt sich zwar taktvollerweise einer darin implizierten Fragestellung, doch konnte ich diese, als ich ihm zuhörte, in meinem eigenen Sinn nicht ganz von mir weisen: „Ist all dies nicht eben eine Folge technischer Einschränkungen in der klassischen Psychoanalyse? Ist es nicht eben so, daß im Verlauf der letzten 3 Jahrzehnte sich eine fast abergläubische Hingabe an technische Regeln, an ausschließlich deutende Interventionen, an den Wert der Neutralität herausgebildet hat, und damit zu einer beinahe phobischen Vermeidung aller sogenannten Parameter geführt hat? Was sich infolge dessen nicht diesem Ideal fügt, ist eben nicht mehr neurotisch, also nicht analysierbar im klassischen Sinn. Läuft das nicht darauf hinaus, daß das, was im Grunde nicht mehr einem Idealbild des Lehranalysanden entspricht oder durch den Kandidaten als nicht mehr analysierbar angesehen wird, dann in der Folge überhaupt nicht mehr als analysierbar bezeichnet wird?" Gewiß übertreibe ich mit dieser rhetorischen Frage, aber etwas scheint mir doch daran zu sein. Etwa gleichzeitig damit geschah es auch, daß die eindrücklichen und die Beobachtungen selbst recht ausführlich darstellenden analytischen Fallbeschreibungen mehr oder weniger völlig aus der Literatur verschwanden, von überverkürzten, übermäßig verhüllten und zu sehr mit theoretischen Urteilen und Begriffen vermengten Vignetten etwa abgesehen. Das Ergebnis davon war, daß alle die Fälle, die wir aus der früheren analytischen Literatur her kennen, etwa von Freud bis zum Tode von Fenichel 1946, nun reklassifiziert werden müssen – eben als „Borderlines" oder als Narzißten.

Das Bedenkliche ist dabei vor allem, daß sich diese diagnostischen Begriffe i. allg. besonders dazu eignen, die „psychosenahen" Patienten von den üblichen Neurotikern (also von „uns") scharf zu trennen, ihnen eine gesonderte und übervereinfachte, überschematisierte Pathologie zuzuschreiben und damit das von Freud so wesentlich etablierte Kontinuum von Normalpsychologie und Neurosenverständnis wieder zu zerbrechen. Das Unbehagen wird verstärkt, wenn man dann sieht, wie diese Diagnostik ganz folgerichtig zur Kritik und Verurteilung der Patienten angewendet wird. „Er ist eben ein Borderline" oder „Sie ist halt eine Narzißtin" haben einen verunglimpfenden Ton: „Sie sind zu krank, um analysiert zu werden; Sie stehen am Rande der Geisteskrankheit. Ihre Urteile und alle Ihre Objektbeziehungen zeigen den Vorgang der Spaltung – Zeichen der primitivsten Persönlichkeitsstörung." Bei jeder fachlichen Auseinandersetzung heißt es dann, wie es die später in diesem Kapitel beschriebene Regula mehrfach erlebt hat: „Jetzt spalten Sie wieder!" Oder es heißt: „Sie leiden unter einem unheilbaren Defekt."

Um spezifischer zu sein: Es ist oft leicht, die Unterschiede zwischen phobischer Vermeidung, zwangsneurotischer Ambivalenz und Zurückgezogenheit und hysterisch-depressiver Introversion und Depersonalisierung zu verkennen und alle diese mehr oder weniger mit einem schizophrenen Bruch mit der Realität gleichzusetzen. Diese Verwischung der Diagnosen begibt sich der Einfühlbarkeit und Gemeinmenschlichkeit dort, wo sie im analytischen Dialog noch auffindbar wäre, und sucht sie, oft vergebens, auf dem viel schwierigeren Terrain der eigentlichen Psychosen.

Im letzteren Fall enträt man dann zu lange der oft soviel Mühsal und Leiden ersparenden Psychopharmakologie, während man im ersteren Falle viel zu rasch und unglaublich grobschlächtig mit solchen Drogen dreinfährt oder „Wunderheilungen" der Psychosen anpreist.

In diesem Kapitel möchte ich mich, wie im Rest dieses Buches, v.a. klinisch und therapeutisch, weniger theoretisch im Sinne der Metapsychologie, mit einigen Aspekten des Narzißmusproblems befassen. In bezug auf die theoretische Basis stütze ich mich weitgehend auf meine beiden früheren Bücher, *The Hidden Dimension* und *The Mask of Shame*, und füge hier die Ergänzungen und Erweiterungen an, die zur Gesamtabsicht dieses Buches notwendig sind.

Ich beginne mit einigen herausgelösten Sätzen, die ich Rangells 1982 erschienenem Artikel „Das Selbst in der psychoanalytischen Theorie" entnehme: „Narzißmus hat, wie das Selbst, keine Sonderbeziehung zu Borderlinezuständen und sollte aus dieser automatischen Verknüpfung herausgelöst werden ... Der Narzißmus an und für sich ist ebensowenig wie die Angst pathognomisch für eine Diagnosekategorie ... Die *Beziehung zwischen Narzißmus und Angst ist näher* als ich je in der Literatur gefunden habe ... Die *Fragmentierung des Selbst* ist Ausdruck *jeder psychischen Hilflosigkeit*, des traumatischen Zustands, der hinter allen schärfer bestimmten Ängsten steht ... Jede Angst, alle Abwehrformen haben ein narzißtisches Ziel, nämlich der Erschütterung des Selbstbewußtseins und der Auflösung der Selbstvorstellung zu steuern und den normalen Narzißmus und die Selbstliebe zu schützen ... Was als Allmachtsanspruch erscheint, ist kompensatorisch und *abwehrbedingt*."

Soweit Rangell. Narzißmus ist demnach ein *Aspekt* der psychischen Vorgänge, ob normal oder pathologisch, nicht eine separate Form von Dynamik und Pathologie. Er ist v.a. ein Gesichtspunkt und nicht eine von der übrigen Neurosepathologie zu trennende Diagnose. Er bezieht sich darauf, was man über sich selbst fühlt – genauer: wie man sich selbst bewertet. Im erweiterten Sinn bezieht er sich auf alle Vorgänge, die mit Überwertung und Übersteigerung zu tun haben. Das „gute Kennzeichen der Überschätzung" wurde schon von Freud das „narzißtische Stigma" genannt (GW 10, S. 157).

Man bemerkt sogleich den enormen Umfang dieses Begriffs; er ist so umfassend, daß sein allgemeiner Gebrauch ebenso fragwürdig wird wie etwa der der Aggression. Diese Abstraktionen nehmen nur zu leicht ein Eigenleben an und überwuchern gerne das, was erlebnisnahe und beobachtbar ist. „Denn eben, wo Begriffe fehlen, da stellt ein Wort zur rechten Zeit sich ein."

Überdies wird diese theoretische Bedeutung dann noch mehr in Frage gestellt, wenn man vom zweiteiligen Triebmodell des späten Freud und dem der Ich-Analyse von Hartmann oder Rapaport Abstand nimmt. Sind die meisten der als narzißtisch bezeichneten Phänomene vielleicht als Abwehr gegen Angst und andere Bedrohungen und Verletzungen der eigenen Person aufzufassen und damit eher mit dem, was Freud in seiner Mittelzeit als Ich- oder Selbsterhaltungstriebe bezeichnet hat, vereinbar?

Freud sagte spezifisch über diese Grundgedanken in seiner Arbeit *Zur Einführung des Narzißmus*: „Diese Ideen sind nämlich nicht das Fundament der Wissenschaft, auf dem alles ruht; dies ist vielmehr allein die Beobachtung. Sie sind nicht das Unterste, sondern das Oberste des ganzen Baues und können ohne Schaden ersetzt und abgetragen werden" (GW 10, S. 142). Und in *Triebe und Triebschicksale* sagt er spezifisch über seine damalige Triebtheorie: „Sie ist eine bloße Hilfskonstruktion, die nicht länger festgehalten werden soll, als sie sich nützlich erweist, und deren Ersetzung durch eine andere an den Ergebnissen unserer beschreibenden und ordnenden Arbeit wenig ändern wird" (GW 10, S. 217).

Erst wo die neurotischen Konflikte phänomenologisch, wie bei Reuben, zu einer besonders starken Ausprägung der Charakterzüge der *Entwertung* und der *Überbewertung* und zu den daraus folgenden Symptomen der Sinnentleerung des Daseins oder der Beziehungslosigkeit führen, scheint es mir berechtigt, von pathologischem Narzißmus und von einer narzißtischen Charakterstörung zu sprechen. Nur dann vermeidet man, alle typisch neurotischen Übersteigerungen und Verabsolutierungen schon als etwas eigenes, narzißtisches abzugrenzen und der übrigen Dynamik gegenüberzustellen. Alle ödipalen Konflikte gehen typischerweise mit solchen Überschätzungen einher, sind also narzißtisch imprägniert. Und umgekehrt ist Narzißmus ohne Über-Ich-Beteiligung undenkbar. Wo man von Werten spricht, denkt man notgedrungen ans Über-Ich, und wo man massive Entwertungen und Überbewertungen antrifft, handelt es sich immer um Urteile, die das Über-Ich miteinbeziehen. Entscheidend ist aber dabei, daß klinisch der Zugang zu den Problemen des Narzißmus immer am besten durch das Über-Ich erfolgt, durch den „inneren Richter", durch dessen diktatorische Machtansprüche oder durch übersteigerte, oft archaische Ich- Ideale, die mit massiven Selbstverurteilungen einhergehen.

Ich gebe nun einige Fallbeispiele, die Schritt für Schritt die Einbettung narzißtischer Probleme in die allgemeineren neurotischen Konflikte beschreiben sollen.

Vor einiger Zeit wurde mir ein Patient in einer Fallkonferenz vorgestellt. Er war ziemlich prominent in seiner Stadt, etwa 45 Jahre alt. Er war wenige Tage zuvor wegen schwerer Panikanfälle ins Spital eingewiesen worden. Seit ungefähr einem Jahrzehnt war er ein chronischer Trinker gewesen. Vor einigen Jahren hatte ihn seine Frau, die sich einer erfolgreichen Psychoanalyse unterzogen hatte und deren Lebensphilosophie und Interessen mehr und mehr von den seinen divergierten, verlassen. Der Patient hatte vor etwa einem halben Jahr sein Trinken aufgegeben, hatte sich dabei aber nicht imstande erwiesen, seine zunehmende Einsamkeit, die sexuelle Frustrierung und den beruflichen Abstieg zu meistern. Er hegte, ob zu Recht oder nicht, den Verdacht, daß seine ehemalige Frau bei seinen sozialen Rückschlägen und dem schmerzlichen Zerfall seines geschäftlichen Prestiges – bei all diesen „narzißtischen Verletzungen" – mit im Spiele war.

Der erste und massive Angstanfall erfolgte, als er zusammen mit ihr und der lokalen Prominenz an einem Bankett, von dem seine geschäftliche Zukunft wesentlich abhing, teilnahm. Der Anfall glich einer beginnenden Herzkrise und führte rasch zu seiner Hospitalisierung.

Was im Kurzinterview rasch zu Tage trat, war das Zusammenkommen mehrerer Affekte. Da war es zunächst die Hoffnung, daß er einen Weg zurück zu seiner Frau finden könne. Noch liebte er sie und fühlte sich einzig von ihr sexuell angezogen, und, soweit bekannt, vermied er andere Liaisons. Neben der körperlichen Anziehung fühlte er sich von ihr innerlich abhängig. Gleichzeitig bestand aber dabei tiefes Ressentiment, ein Groll und eine Wut, daß sie ihn überholt, fallengelassen und vielleicht gar verunglimpft habe. Liebe und Zorn bestanden, obgleich unvereinbar, nebeneinander. Drittens und chronischer regte sich in ihm der Neid, daß sie beruflich und psychisch mehr aus sich und ihrem Leben zu machen vermocht hatte, und dies nicht zuletzt eben dank der Psychoanalyse und ihrer anderen kulturellen Interessen, die er ja schließlich allein finanziert hatte. Sie hatte sich persönlich entwickkelt, während er höchstens stehengeblieben war.

Man erkennt sogleich mehrere theoretische Punkte. Fürs erste hat jedes dieser 3 mächtigen Gefühle – Liebe, Groll oder Ressentiment und Neid – einen wichtigen narzißtischen Anteil. Gerade das Ressentiment ist ja par excellence einer der Affekte des Narzißmus. Alle 3 beziehen sich nicht nur auf Mitmenschen, sondern besonders auch auf Aspekte und Konflikte über Selbstgefühl und Selbstbild. Keineswegs brauchen sie damit aber archaisch zu sein, und im vorliegenden Fall stammen sie aus der Gegenwart und sind teilweise bewußtseinsfähig.

Dann kennen wir die Beziehung machtvoller Affekte zur Angst in uns allen. Unterdrückter und namentlich verdrängter Affekt, ob nun verdrängte Liebe oder Eifersucht, verdrängter Ärger oder Neid oder verdrängtes Ressentiment, und die mit solchem Affekt verbundenen Triebe – im vorliegenden Fall rachevolle und sexuelle Wünsche – werden allesamt als Angst erlebt. Sie stehen miteinander in diesen Patienten im Konflikt; man kann nicht gleichzeitig lieben, hassen und beneiden, ohne daß diese gegensätzlichen Teile unserer Persönlichkeit einander widersprechen und z. T. ausgeschlossen werden müssen. Es war dieser akute innere Konflikt, der das plötzliche Auftreten der Panik bedingte. Und jede Angst ist, wie Rangell betonte, doch im Grunde immer narzißtisch, immer „fragmentierend".

Überdies hören wir, daß der Patient viele Jahre lang Alkohol mißbraucht hatte, um mit tieferen und chronischen Ängsten fertig zu werden. Es war gerade diese tiefe Strömung alter Ängste, die vom gegenwärtigen Konflikt aufgewühlt wurde. Und erst hier setzt die wirkliche und schwierige therapeutische Arbeit ein: den Weg vom momentanen Symptom, dem Panikanfall, über das chronische Symptom, dem Alkoholismus, zum zugrundeliegenden neurotischen Prozeß zurückzugehen. Narzißmus ist allgegenwärtig, aber als Teil der inneren Konflikte, als Teil der Abwehrvorgänge, als Teil der Affekte und namentlich der Angst.

6.3 Das verwirkte Recht auf ein Dasein

Eine dritte Vignette: Ein Rabbiner sucht Hilfe wegen chronischer Abhängigkeit von Schlafmitteln und Tranquilizern. Zwanzig Jahre lang ist er von Arzt zu Arzt, von Therapeut zu Therapeut gewandert und hat alle Arten und Unarten der Behandlung empfangen, inklusive Elektroschock. Was er zu sagen scheint, ist dies: „Niemand kann mir helfen. Auch Sie werden versagen. Die Sucht ist stärker als ich oder Sie." Es erfordert keine Expertise zu erkennen, daß seine Sucht lediglich Teil und Ausdruck einer schweren und chronischen Depression ist, einer Depression, die jeder Behandlung getrotzt hat. Emotionell lebt er, wie die meisten schwer Depressiven, unnahbar und in eintöniger Abgeschlossenheit – gleichsam hinter einer narzißtischen Wand.

Die Auslösung für die Depression bestand darin, daß er seine Gemeinde aufgeben mußte, da sie Kompromisse einging, die gegen das religiöse Gesetz verstießen. Als er nicht mehr seinen höchsten Wertmaßstäben genügen konnte, schien sein eigenes Lebensrecht verwirkt. Erniedrigungen, die daraufhin erfolgten, vertieften noch das durch die öffentliche Beschämung bewirkte Gefühl seines Ungenügens und Versagens. Von einem Tag auf den andern vernachlässigte er seine Aufgaben und Lebensfunktionen, war unfähig zu essen, zu schlafen und auszugehen. Er erhielt Rezept über Rezept und wurde sehr rasch drogenabhängig.

Etwa 5 Jahre nach Beginn wurde er in einer schwierigen Frage des religiösen Rechts konsultiert, denn er war ein berühmter Gelehrter. Er war imstande, das Problem zu lösen, und damit verschwanden sowohl die Depression wie die Sucht. Einige Jahre danach beabsichtigte er ein Gelübde zu erfüllen: nach Rußland zu fahren und seine alte und zerstörte Heimstätte zu besuchen. Das Gesuch wurde verweigert, und die neue Depression und Drogensucht setzten ein und blieben bis heute ungebrochen.

Was ist die Dynamik dahinter? Der Mann entstammte einer hochangesehenen und wohlhabenden Familie in Litauen. Kurz vor dem Krieg wurde er in weiser Voraussicht von seiner Familie nach Übersee geschickt, damit er hier seine Studien beende. Schon zu Hause war er als glänzender Gelehrter bekannt geworden. Als er nach Amerika kam, beschaffte er sofort die Affidavits für seine Familie, aber deren Ausreise wurde blockiert. Alle, seine ganze Gemeinde, wurden dann von den Nazis ermordet. Das tiefe Trauma war: „Ich habe versagt, ich habe ihnen nicht geholfen, Gott hat nicht geholfen." Seine entsetzliche Schuld und Scham, der Schmerz, der Zorn, die Trauer konnten solange verleugnet werden, wie er einem übersteigerten Ideal der Frömmigkeit und religiösen Vollkommenheit nachzustreben vermochte. Als dies erschüttert wurde, schien sein ganzes Recht, weiter zu leben, in Frage gestellt.

Der 2. und bis jetzt unheilbare Sturz erfolgte, als ihm verwehrt wurde, am Massengrab, in dem seine Eltern, seine Brüder und Schwestern und die 8000 anderen Opfer seiner Gemeinde begraben liegen, zu beten. Sein Lebensrecht schien von diesem letzten Ritus der Pietät, dem Gelübde gegenüber den Toten, abhängig zu sein – wie wir es auch von der Tragödie *Antigone* her kennen. Jetzt hieß es: „Ich habe meine Pflicht ihnen gegenüber nicht erfüllt. Wie kann ich mir je noch gestatten, glücklich zu sein? Es gibt keine Erleichterung; auch Sie müssen versagen in der Behandlung." Was bleibt, ist die Abstumpfung von Schmerz und Scham, der Versuch zu vergessen.

Das Ziel wäre es, den verdrängten und isolierten Gefühlen Ausdruck in der therapeutischen Beziehung zu verleihen. Aber auch dieser Versuch scheiterte.

Wiederum ist hier der offenkundige Narzißmus eine Schutzmauer gegen traumatische Hilflosigkeit. Auch zeigt sich bei ihm wieder die tragische Dimension, auf die ich im letzten Kapitel als allgemeines Merkmal dieser Patienten hingewiesen habe: das übersteigerte, eben „narzißtische" Verfolgen eines Ideals, die Aggression im Dienste solcher Überwertung und Einseitigkeit, eine Aggression, die dann in diesem Fall gegen die eigene Person gerichtet wird, die Größe des abgewehrten Schuldgefühls, das ihn zu Handlungen zwingt, die zwar dieses zeitweise auslöschen, ihn aber zu maßloser Selbsterniedrigung und Demütigung führen.

6.4 Narzißmus und Affekte

Es gibt mehrere Affekte, die von besonderer Bedeutung für das Verständnis des Narzißmus sind. Kohut hat eine treffliche Arbeit über die narzißtische Wut geschrieben.

Scham ist, wie ich anderswo eingehend ausgeführt habe, der narzißtische Affekt par excellence. Dies gibt mir die Gelegenheit, etwas eingehender über die Rolle der Scham im Zusammenhang von Narzißmus und Über-Ich-Problemen bei schweren Neurosen zu sprechen, einen kurzen Rückblick auf das in *Mask of Shame* Dargestellte.

Im Laufe der Jahre wurde ich immer wieder davon überrascht, wie wichtig bei uns allen die verschiedenen Schamaffekte sind, wie zentral sie in der Psychopathologie, v. a. auch bei den schweren Neurosen sind, welche Rolle sie im öffentlichen, sogar im internationalen Leben spielen. Andererseits werden wir von Artikeln, Vorträgen, Büchern und weisen Aussprüchen überschwemmt, die alle mit den Begriffen des Narzißmus prunken, während diese Gruppe von Gefühlen kaum je behandelt, höchstens beiläufig erwähnt wird. Andere Affekte – Angst, Schuld, Depression – füllen die Schriften; nicht so die sichtbare oder die verborgene Scham und ihre Schicksale – oder ihr Gegenstück in Form von Stolz, Ehre, Würde und Vornehmheit. So mancher persönliche oder soziale Konflikt wird unbefriedigend angepackt, da ein Schamproblem angegangen wird, als ob es ein Schuldproblem wäre, ein Problem, das das Rechtssystem und eine materielle Wiedergutmachung zu sühnen vermöchten.

In meiner intensiven Arbeit mit den hier dargestellten schweren Neurosen wie auch mit Schizophrenen ist es mir aufgefallen, wie es sogar noch mehr die *verborgene, verleugnete und unbewußte Scham* als die bewußte ist, die als wichtiger Faktor hinter vielen Symptomen lauert. Es gibt eine ganze Gruppe schwer verständlicher

Symptome, Charakterzüge und Widerstandsformen, die mit solch verhüllter Scham zu tun haben. Ich beschreibe hier einige dieser „Masken der Scham".

Da Scham eine Art Verachtung gegen sich selbst ist, versteht es sich, daß eine fixierte Haltung von Verachtung gegen andere eine häufig anzutreffende Abwehr durch Wendung ins Gegenteil darstellt. Wir konnten dies teilweise bei Reuben sehen. „Statt daß ich mich selbst verachte, richte ich beißenden Hohn und kalten Spott gegen andere." Man kennt ja solche, die auf alles mit zynischer Abwertung und Besserwissen antworten, die unfähig sind, zu lieben, da sie jedes Ideal herunterreißen wollen, die unvermutet mit Spott und fühlloser Mißachtung der Gefühle, der Würde und des Selbstrespekts der anderen durchbrechen. Es ist wahrscheinlich, daß, wenn man eine solch taktlose Person behandelt, man entdecken wird, wie tief ihre Selbstentwertung und Selbstverhöhnung geht – kurz, wie schmerzlich ihr Schamgefühl ist und wie durchdringend. Anmaßung, Hochmut und Verachtung lassen sich daher typischerweise als Maske versteckter Scham verstehen.

Etwas besser, obwohl noch ungenügend bekannt, ist es, wie oft Wut, z. B. in Ehezwisten, brennende Scham verstecken kann, wie oft sie eine Antwort ist auf das Auslachen und Frotzeln oder das kalt Abschätzige, das man vom anderen herkommen sieht, das man in seinem Blick, seiner Grimasse, seinem sarkastischen Ton zu empfinden glaubt.

Man wird also fragen: Was ist es wirklich, dieses Gefühl der Scham? Es ist das Gefühl von Angst und Schmerz, das man empfindet, wenn man sich in irgendeiner Art von Schwäche, von Versagen oder Beschmutzung den Blicken eines anderen (oder dem „inneren Auge" des eigenen Gewissens) preisgegeben sieht und die Antwort in Form von Mißachtung, Entwertung oder Hohn erwartet oder fühlt. Diese Empfindung wird von dem Wunsch begleitet, entweder den Schandfleck durch einen wütenden Gegenangriff zu beseitigen oder sich tatsächlich oder wenigstens symbolisch zu verstecken. Man möchte in ein Mauseloch verschwinden, oder man erstarrt wie gefroren oder versteinert, wie es unsere Mythen, etwa von Circe, Jorinde und Joringel, oder manche ähnlichen Metaphern beschreiben. Weniger bekannt ist es, daß Scham auch die Angst zu schauen bedeutet; man wünscht, nicht zu wissen, fürchtet sich neugierig zu sein und bedeckt seine Augen.

Chronische schwere *Entfremdung* ist eine andere Maske der Scham: „Ich beobachte mich und bin nicht mehr ich selbst, nicht dieses schwache, ekelhafte Ding." Von Gebsattels Patient sagte: „Das bin ich nicht, das ist ein anderer als ich" (1954, S. 37). Janet nannte die Depersonalisierung „une obsession qui rentre dans la catégorie des obsessions de la honte de soi" (1908, Bd. 1., S. 318). Die Beziehung von chronischer Entfremdung und Scham ist meiner Erfahrung nach so regelmäßig, daß ich behaupte, chronische schwere Depersonalisierungszustände spiegeln zugrundeliegende unbewußte Scham ganz genau so wie chronische Depression auf tiefe unbewußte Schuld bezogen ist. Trotz, paranoide Ängste, zwanghafte Versuche, mysteriös zu sein, andere zu verwirren und zu verblüffen, übersteigerter Ehrgeiz und Eitelkeit, das Verbergen aller Gefühle hinter einer starren Gesichtsmaske von Kälte, Unverfrorenheit und Ungerührtheit – diese alle mögen charakteristische Weisen sein, mit der versteckten Scham fertig zu werden, oder besser: ihrer Herr zu werden.

Auf ihr Gegenstück, die Verleugnung der Scham und die Reaktionsbildung dagegen in Form der Schamlosigkeit, werde ich in Bd. 2 zurückkommen.

Neben dem Schamgefühl sind Neid, Eifersucht und Trotz 3 andere Affekte, die als Ausdruck narzißtischer Verwundung von großer Wichtigkeit sind. Gerade wegen der moralisierenden Tradition gegenüber diesen Affekten und den darunterliegenden Bedürfnissen, respektiert und als etwas Besonderes behandelt zu werden, muß der Therapeut besonders behutsam sein, ohne Verurteilung einzugreifen und diese Affekte vielmehr als notwendige Folgen tiefer Konflikte zu behandeln.

Einerseits ist es das Bedürfnis, als Individuum respektiert zu werden, und nicht nur als Mittel zum Zweck, sondern v. a. auch als Selbstzweck behandelt zu werden. Dies klingt erhaben philosophisch – und ist es auch, aber in seinen Anfängen geht dieses Bedürfnis nach Autonomie und Selbstschutz, wie wir bei allen in den vorangehenden Kapiteln eingehend dargestellten Patienten wahrnehmen konnten, in die frühe Kindheit zurück. Auf der anderen Seite steht der Trieb, von anderen angenommen und geliebt zu werden und sich ganz mit dem Anderen in einer selbstlosen Einheit zu vereinigen. Ist dieser Grundkonflikt nicht gelöst worden – ist der Anspruch auf Macht und Autonomie übersteigert oder ist die Überschätzung des Anderen, der Wunsch sich ganz im Anderen aufzulösen, überwältigend, haben wir eben eine besondere Betonung der narzißtischen Seite innerer Konflikte.

Wir alle, die wir mit schwerer Kranken und namentlich auch mit Suchtkranken arbeiten, sind uns der Intensität dieser Konflikte und jener eben genannten Affekte, damit aber auch der Tiefe der Ängste in diesen Patienten besonders bewußt. Es fordert uns dazu heraus, die Frage der Technik in der Behandlung narzißtischer Probleme aufzuwerfen.

Manche plädieren für einen konfrontierenden, direkt deutenden, oft sogar sarkastischen Stil und folgen darin, meist ohne dessen gewahr zu sein, Wilhelm Reichs Vorbild. Andere sind von Kohut beeinflußt, sehen narzißtische Phänomene jeder Art als Zeichen eines Mangels an, der während der psychischen Entwicklung eingetreten ist: sie lassen dem Patienten Schutz und Geborgenheit angedeihen; die narzißtischen Bedürfnisse werden so weit wie möglich befriedigt. Das erste Vorgehen ist eine autoritäre, oft sogar aggressive Form suggestiver Beeinflussung, das zweite eine unterstützend-beschützende. Beide Vorgehensweisen können von großem Wert sein. Das erste dürfte mehr oder weniger mit dem „counseling" übereinstimmen, das zweite betont mehr die psychotherapeutischen, auf Internalisierung abzielenden Aspekte in der Analyse und kann gerade dadurch bei schweren Neurosen unabdingbar werden. Im ersten „spielt" der Therapeut ein warnendes, einschränkendes, zuweilen sogar ein bestrafendes Über-Ich, im zweiten übernimmt er mehr die Rolle des billigenden, freundlichen, belohnenden Über-Ich.

Es ist aber meine Erfahrung, daß eine große Zahl schwerer Neurosen, die heute als „Borderlines" oder als Störungen des Narzißmus angesehen werden, sehr wohl auf eine dritte Art des Vorgehens ansprechen: die folgerichtige Behandlung des Narzißmus als Abwehr gegen schwere Angst. Damit werden die spezifischen Manifestationen des Narzißmus als spezifische Abwehrformen gegen spezifische Ängste betrachtet und behandelt.

Manche haben die irrige Vorstellung, daß eine solche Abwehranalyse den Patienten angreife und seine Nöte entwerte. Ich bin überzeugt, daß dies einer falschen, rücksichts- und taktlosen Form der Abwehranalyse zuzuschreiben ist. Abwehrphänomene werden nicht kritisiert, nicht überwunden, nicht beseitigt, sondern als sehr wichtige Verhaltensweisen angesehen. Der Patient wird darauf aufmerksam gemacht, wie er diese Verhaltensweisen brauchte, um sich damals gegen übermäßige Gefahren zu schützen, und wie er sie auch heute noch braucht, um Drohungen abzuwehren, die er genau fühlt, deren Natur er aber nicht kennt – vielleicht gar nie recht gekannt hat. Diese Gefahren sind es, nach denen Patient und Therapeut zusammen suchen, deren Eigenschaften sie gemeinsam Moment für Moment nachspüren und allmählich indirekt herausfinden. Erst wenn diese Gefahren und die dazugehörenden Ängste genügend erkannt und vielleicht als verjährt überwunden werden können, mögen jene Abwehrformen entweder hinfällig oder als bewußt gewählte Kontrollmechanismen neu integriert werden –als eine Art von „erwirb es, um es zu besitzen."

Diese Konzentration auf die Gefahren vermeidet sowohl die großzügige Erfüllung narzißtischer Begehren wie auch ein destruktives Weghämmern durch Sarkasmus und Spott, also durch eine sadistische Abart der Gegenübertragung. Dies ist im engeren Sinne der psychoanalytische Zugang zu schwerer Psychopathologie, die immer auch eine narzißtische Konfliktproblematik mit einschließt. Wie gesagt, wir mögen nicht immer imstande sein, das Konfrontieren oder die Wunscherfüllung ganz zu vermeiden; und in manchen Fällen sind wir wohl gezwungen, uns auf dieses oder auf jenes zu beschränken, aber wann immer möglich, lohnt es sich sehr, den Weg solcher konsequenten und taktvollen Abwehranalyse zu beschreiten. Die Probleme, die z.B. der agierende Patient in der Analyse stellt, sind groß; ich bin darauf in den vorausgegangenen Kapiteln in verschiedenen Zusammenhängen schon eingegangen.

6.5 Die verhüllten Grabsteine

> „Sin dvärg har man alltid bruk för."
> (Seinen Zwerg braucht man immer.)
> (Pär Lagerkvist, *Dvärgen*, S.171)

Nun ein etwas ausführlicher geschilderter Fall. Seit 5 Jahren behandle ich eine nun über 50 jährige Ärztin in Analyse, die seit ihrer Jugend unter einer schweren Depression gelitten hat. Sie sieht weit älter aus, verfallen, totenblaß und kachektisch, mit scheuem Blick und oft ängstlich flackernden Augen.

Ihr Vater, ein Zahnarzt, war ein Alkoholiker gewesen, der schließlich an einer fulminanten Pankreatitis starb. Ihre Mutter war selbst eine chronische Trinkerin und mußte mehrfach wegen depressiver, manischer und unzweideutig paranoider Episoden hospitalisiert werden. Die Patientin war eigentlich das 2. Kind dieser Ehe, aber das 1. war während der Geburt gestorben. Die Mutter erholte sich nie von diesem

Verlust, und Regula, die Patientin, stand vor diesem unerreichbaren Idealbild; verglichen damit konnte sie immer nur die Zweitbeste sein: „Ich lebte unter ihrem Schatten. Die ganze Zeit mußte ich hören: ‚Wäre nur sie doch am Leben!'" Dabei hatte die Mutter große Angst, daß auch diese Tochter sterben könnte.

Regula litt von Anfang an denn auch an Darmkoliken. Ein Jahr nach ihr wurde ein weiteres Mädchen geboren. Die Ehe war schlecht und wurde, als die Patientin etwa 4 Jahre alt war, geschieden. Die neue Frau des Vaters wiederholte nicht nur den Alkoholismus der ersten, sondern war auch Epileptikerin. Sie mißhandelte sowohl ihre 2 Stiefkinder wie auch die beiden, die der neuen Ehe entsprossen; sie unternahm eine Reihe von Selbstmordversuchen und einmal, als sie während der Weihnachtszeit unentdeckt 3 Tage lang bewußtlos in einem Wandschrank auf dem Dachboden gelegen hatte, war es Regula, die ihren Vater anflehen mußte, doch einen Arzt zu rufen. Er wollte sie sterben lassen. Die Schwester, die die Stiefmutter entdeckt hatte, war in hysterischer Angst entflohen. Die beiden älteren Kinder mußten oft aus dem chaotischen Haushalt flüchten oder wurden, „dem Frieden zuliebe", für Monate und Jahre weggeschickt.

So wuchs die Patientin in ein dichtes Geflecht von Missionen hinein: Sie mußte für ihre Mutter das verlorene Kind ersetzen und sie trösten, sie sollte ihre eigenen Interessen dem Ehrgeiz ihres Vaters opfern, ohne ihn aber zu überflügeln, sie hatte eine brutale und irrationale Stiefmutter zu besänftigen, war Botschafterin für ihre gelähmte Großmutter, immer eine belächelte Außenseiterin verglichen mit ihrer sozial erfolgreicheren jüngeren Schwester und später die Beschützerin und einzige Fürsprecherin ihres 10 Jahre jüngeren Stiefbruders. Es verdeutlicht die Unerfüllbarkeit ihrer Aufgaben, daß sich dieser Stiefbruder während seiner Adoleszenz umbrachte. Auch heute noch findet sie sich zwischen unvereinbaren Aufgaben, gewöhnlich Rettungsmissionen, zerrissen, ist nie recht erfolgreich, steht beständig unter schärfster Selbstkritik und daher stets in einer depressiven Wut sich selbst gegenüber.

Warum spreche ich aber über sie in diesem Zusammenhang?

1) Sie versuchte ihre traumatische Kindheit v. a. durch ihre depressive Grundhaltung zu bewältigen; all ihre Wut, ihr Ärger, ihr Haß, ihre Verachtung, ihre Enttäuschung wurden in monotoner Weise gegen sie selbst gewendet. Der Psychotherapeut, den sie vor der Analyse während 7 Jahren aufgesucht hatte, versuchte der Depression dadurch beizukommen, daß er unablässig auf ihre versteckten Größenansprüche, ihre Allmacht, d.h. ihren „Narzißmus", und auf ihre große Lustbefriedigung durch das Leiden, also ihren an sich selbst befriedigten Sadismus, hinwies. Er verknüpfte diese Triebdeutungen pflichtgemäß mit der Übertragung und ahmte ihren Vater durch eine von dessen Lieblingsbemerkungen nach: „Es hat Ihr empfindsames Herzlein verletzt". Diese etwas spöttische Konfrontierung mit ihrem Narzißmus und Masochismus verstärkte zwar ihren Zorn und erlaubte dessen Rückwendung nach außen. Aber dies erfolgte wirklich weniger durch Rückgängigmachung der Abwehr und echte Bewußtwerdung als durch ein vorübergehendes Provozieren wirklichkeitsbegründeter Aggression ohne dauerhafte therapeutische Wirksamkeit – wohl gerade im Gegenteil. Ich werde bald auf eine bessere Methode zu sprechen kommen, aber zuerst muß ich die Vignette noch näher mit meinem Thema verknüpfen.

2) Die Patientin hatte nicht nur an einer schweren und oft sehr störenden Depression gelitten, sondern hatte auch zeitweise Symptome von Anorexia nervosa gezeigt. Typischerweise nannte sie diese ihre „Nahrungssucht"; es war eine Besessenheit von Gedanken über Gewicht, Essen und Ernährung. Es ist daher nicht überraschend, daß sie sich gegen solche Versuchungen während vieler Jahre auch mit Amphetaminen und Schilddrüsenhormonen zu schützen suchte. Nur so konnte sie ihrem asketischen Ideal der Reinheit und Selbstaufopferung, einem narzißtischen Ideal der Heiligkeit, etwas näher kommen, ohne es indes je zu erreichen.

3) Ihre anscheinend bevorzugte jüngere Schwester verfuhr mit den gestellten Problemen in gegensätzlicher Weise. Sie wurde selber eine chronische Alkoholikerin und vergiftete ihre eigene Familie mit ihrer nach außen gerichteten Feindseligkeit und Rücksichtslosigkeit. Alle Hilfsversuche von seiten Regulas wurden grob abgewehrt: „Das weiß ich doch schon. Du hast mir da nichts dreinzureden. Ich mache das beste, was ich kann. Und du warst ja schon seit eh und je eine Unheilsverkünderin (a herald of doom). Laß mich in Ruhe!" Sie suchte ihr Selbstvergessen nicht nur im Trinken, sondern in einer rastlosen sozialen Betriebsamkeit.

Was für meine Patientin ein dämonisch unbeugsames Gewissen geworden ist, das ihr Leben tyrannisch bedrückt, zeigt sich bei der Schwester als eine Haltung des Trotzes gegen alle ethischen Einschränkungen, als eine aufsässige Verhöhnung jeder inneren und äußeren Autorität und jedes Wertmaßstabes – das, was ich später als die für Toxikomane typische Abwehr gegen das Über-Ich beschreiben werde.

4) Wie manche anderen stark traumatisierten Menschen hat auch diese Frau, meine Patientin, besonders starke Angst vor intensiven Gefühlen – vor allen starken Emotionen, nicht nur vor Angst oder Haß, nicht nur vor Schmerz, Trauer oder Neid, sondern auch vor Freude, Hoffnung, Lust und Angeregtheit. Diese positiven Gefühle erscheinen womöglich noch gefährlicher, noch stärker überschwemmend als die negativen: „Ich fürchte, ich überwältige die Leute mit meinen Gefühlen. Sie sind ratlos, was sie mit mir anfangen sollen. Ich bin mir jederzeit gewärtig, daß mich jemand beim Nacken packt und mich anschreit: ,Zum Teufel, was denkst du denn, was du bist? Glaubst du, du bist alles? Halte doch dein Maul und schweige! Du denkst, du hast Recht! Unsinn! Beherrsche dich!" Man sieht, wie ihr erdrückendes Gewissen, dieser innere Obervogt mit seinen unmöglichen Befehlen und Erwartungen, doch auch als eine Art Wächter gegen jene überschwemmenden Gefühle und Wünsche zu dienen hatte.

5) „Wenn ich an Mitleid oder Liebe, an Gegenseitigkeit oder Freude zu denken oder darüber zu sprechen wage, fühle ich's wie einen Schlag gegen den Magen. Es ist, als ob ich mich bloßgestellt und tiefster Beschämung geöffnet hätte; ich muß wegrennen und mich verstecken. Liebe und offenes Interesse (caring) machen mich so verwundbar. Wenn Sie z.B. weggehen, fühle ich mich so verlassen, daß ich mich in mich selbst zurückziehen (curl up) möchte und vor Verzweiflung fast vergehe." So lag dann mehr Sicherheit in Ärger und starrer Selbstkontrolle, besonders im Dienste einer ihrer Rettungsversuche.

Solche namentlich gegen sie selbst gerichtete und daher vom Über-Ich gestattete Aggression dient als wertvolle Abwehr gegen die überwältigenden Gefühle und gegen die Triebwünsche nach Nähe und unzertrennlicher Vereinigung.

6) Ihre Idealisierung des Therapeuten, eine andere narzißtische Manifestation, ist ebenso betont wie die Radikalisierung des Ideals, dem sie, immer versagend, nachstrebt. In den meisten Stunden weint sie sehr, leise, aber mit einem steten Tränenstrom, in Verzweiflung über ihre Schlechtigkeit und Unverbesserlichkeit.

Das Wesentliche in ihrer Therapie ist nun, daß alle diese Formen und Aspekte des Narzißmus als Abwehr, als notwendige Schutzversuche, z. B. gegen ihre Enttäuschung, gegen die Angst wieder verletzt und verraten zu werden, gegen alle übermäßigen Gefühle und Wünsche, anzusehen sind. „Ich ziehe mich zurück und verschanze mich in meiner Abgeschlossenheit, da ich sonst wegen meiner Abhängigkeitsbedürfnisse weggestoßen und wegen des Unrats (mess) meiner überflutenden Gefühle verlacht und verjagt würde", bekennt sie immer wieder. „Mein Größenwahn (grandiosity) liegt in meinem aggressiv-grandiosen Gewissen, der Einstellung des ,Heiliger als du'", sagt sie spät in der Analyse (778). Es kämpfe gegen ihren „armseligen, schwächlichen (wimpy) Charakter". In Wirklichkeit dient ihr rabiates, unmäßig kritisches Über-Ich als Schutz (restraint) davor, von ihren intensiven Gefühlen überwältigt und von ihren ungestillten Wünschen überrumpelt zu werden.

Statt den Narzißmus direkt anzugehen, soll er als Ausdruck der Angst behandelt werden – der Angst, zu viel von sich und von den anderen zu erwarten, der Angst davor, wieder ohnmächtig nach innen und nach außen zu sein. *Narzißmus in seinen mannigfachen Manifestationen muß demnach als Schutz gegen massive Angst und gegen andere überwältigende, also traumatische Gefühle angesehen und behandelt werden*, und diese schließen ganz besonders auch die sexuellen Gefühle als sehr bedrohlich mit ein. Der Narzißmus ist als Schutz notwendig, solange die tiefen Ängste nicht spezifisch durchgearbeitet worden sind. Narzißmus also als Abwehr, und zwar gerade *im Dienste des Über-Ich*, nicht Narzißmus als Sünde noch als großartige Errungenschaft: Das ist das Schibboleth für die wirksame analytische Psychotherapie oder Analyse schwerer Neurosen, und damit auch jener Neurosen, die gewöhnlich dem Alkoholismus und der Drogensucht zugrunde liegen.

Während 1½ Jahren hörten wir fast unaufhörlich und in monotoner Wiederholung die Rezitation ihrer Aufgaben und deren mangelhafte Erfüllung, all die Selbstangriffe und -entwertungen. Nur zaghaft erlaubte sie sich, kritische Gedanken auch mir gegenüber zu äußern. Wie spezifisch die Arbeit aber sein muß, damit wir weiterkommen, möchte ich an einem kleinen Beispiel zeigen.

Während einer Stunde (243) wurden wir unterbrochen. In der folgenden Stunde äußerte sie den Unmut darüber, daß ich sie nicht gegen das Eindringen eines Fremden zu schützen vermocht und daß ich nicht wenigstens dafür die Stunde verlängert habe. Sie wurde sogleich ängstlich wegen dieser Gedanken und wollte sie magisch zum Verschwinden bringen. Außer der Reihe schwenkte sie darauf um, daß es ähnliches magisches Denken sei, wenn sie sich recht eigentlich davor fürchte, älter als ihr Vater zu werden, der im Alter von 53 Jahren verstorben sei, oder überhaupt ihm in irgendetwas überlegen zu sein. „Das aber hieße, ich könnte nicht mehr länger als 1 Jahr existieren. Das machte mich noch deprimierter." Nach längeren Ausführungen ihrerseits machte ich sie auf die *Sequenz* der Gedanken aufmerksam. Ich bemerkte, wie sie sich zuerst als Opfer gesehen (von mir benachteiligt worden zu

sein), dann aber, nach kurzem Protest gegen mich, beschrieben habe, wie sie wünsche, sowohl *für* den Vater wie auch *gegen* ihn zu „wetteifern" (compete) und namentlich durch ihre Leistungen und ihr Überleben über ihn zu triumphieren, wie
sie sich dann aber sofort für solch verpönte Regungen angstvoll zu beschuldigen
und herabzusetzen hatte und wie diese *doppelte Rivalität* (für jemandes Liebe und
gegen den Erfolg der gleichen Person) sich wohl auch auf mich richte, wie schwer
die beiden Gegenstrebungen zu versöhnen seien und durch ihre Selbsterniedrigung
abgelöst und zugedeckt wurden.

Sie sagte in der folgenden Stunde, das sei ein wirkliches Aha-Erlebnis gewesen,
sie habe das Gefühl von „heureka" gehabt. Aber dabei blieb es.

Einen Monat später ereigneten sich 2 kleine Episoden, die uns aber eine Wieder-
erwerbung der gewonnenen und dann verlorenen Einsicht und deren Vertiefung ge-
statteten. Ihre Tochter kam über die Feiertage von auswärts zu Besuch. Obwohl die
Patientin sich freigenommen hatte, konnte sie sich nicht ganz aller Pflichten entledigen. Wie sie zwischen einem Spitalbesuch und der Analysestunde heimeilte, damit ja ihre Tochter nicht böse auf sie sei wegen ihres Wegbleibens, stürzte sie, verletzte sich auf ebener Erde und fiel in eine Ohnmacht.

Tags darauf, als sie mit Tochter und Schwiegersohn einkaufen ging, ereignete es
sich, daß sie zufällig auf einem schmalen Gehsteig an mir vorbei schritt. Obwohl ich
direkt in ihr Gesicht schaute und sie zu grüßen versuchte, sah sie durch mich hindurch – erblickte mich einfach nicht. Als wir auch diesen kleinen Zwischenfall der
„Skotomisierung" untersuchten (260/261), war sie zunächst verblüfft und beinahe
zerknirscht; aber als sie den Ablauf genauer betrachtete, ergab es sich, daß sie große Angst hatte, ihre Tochter würde sie anschreien, wenn sie miteinander erst nach
halb vier vom Geschäft heimkämen und die Tochter deshalb ihre Zeit für das Laufen (jogging) verschieben müßte. Es war, als ob mit der Aufmerksamkeit *für* ihre
Tochter nichts anderes, keine andere Perzeption, rivalisieren dürfe. Zugleich fügte
sie selbst hinzu, wie sie auch Beispiele für die Rivalität *mit* ihrer Tochter kenne, so
gerne sie diese mit Protest von sich zu weisen wünsche. Dasselbe treffe auch auf die
Beziehung mit ihrer Schwester zu. Alle diese Beispiele hatten die Bedeutung: „I
don't want to compete" (Ich will nicht in Wettstreit stehen). Vor allem in dieser „Rivalität für jemanden" (jetzt namentlich für mich und die Tochter) wird das innere
Kommando diktatorisch: Du mußt dies oder das zu der und der Zeit tun. Die *Zeit*
wird damit zum unerbittlichen Arm der inneren Forderung, und die innere Forderung ist v. a. diese: „Ich kann nur geliebt werden, wenn ich nichts anderem und niemand anderem Aufmerksamkeit schenke. Die Person, die ich liebe, duldet keinen
Nebenbuhler; ich muß alles andere ausschalten, um ihre Eifersucht zu vermeiden –
gleichgültig wie sehr diese geforderte Ausschließlichkeit mich schädigen kann."
Dieser einen *Ausschließlichkeit und Absolutheit der Forderung* stehen natürlich andere gegenüber; ihr widersprechen aber auch ihre eigenen persönlichen Ansprüche.

Sie hat also ihrem eigenen imperativen Begehren, die einzige und ausschließliche
Empfängerin von Liebe und Schutz, von Aufmerksamkeit und Nahrung zu sein,
dem Verlangen also, über die Nebenbuhlerin endgültig und mit deren Ausschaltung
– eben „absolut" – zu triumphieren, eine ebenso absolute Über-Ich-Forderung entgegengestellt. Unter deren diktatorischer Gewalt hat sie sich zur völligen Aufgabe

aller kompetitiven Wünsche gezwungen gesehen. Auf diesen inneren Zwang antwortete sie dadurch, daß sie fast allen Triebansprüchen, die mit Konkurrenz zu tun hatten (und welche haben das schon nicht?!), entsagte und deren Befriedigung statt dessen bei anderen unterstützte – in der von Anna Freud beschriebenen *altruistischen Abtretung.*

Dies ist eben die Komplexität innerer Konflikte, die Komplexität des neurotischen Prozesses, auf die ich zuvor hingewiesen habe. Was ich damit sagen will: Hinter der schimmernden Fassade von „grandiose self" und Idealisierung des anderen spielt eine ganze Welt in dramatischer Bewegung, mit vielen inneren Spielern, in manchen Geschichten und Sagenspielen und in sich wiederholenden Szenen von innerem Widerstreit und Versöhnung.

Ich trage hier noch 2 andere kurze Ausschnitte ein, die ein Schlaglicht auf die Dynamik dieser Frau werfen sollen.

Es ist gegen das Ende des 2. Analysejahres: In den vorangegangenen Stunden hat sie auf sexuelle Gefühle in bezug auf mich während der Masturbation angespielt. „Oft taucht das Bild eines Kindes auf. Es streckt seine Arme aus (reaching out), doch niemand ist da. Ich bin so bedürftig und gierig. Ich schaue finster drein, um meine Tränen zurückzuhalten. Ich habe immer Angst, ich könnte jemanden mit meinen Bedürfnissen überwältigen, denn ich bin so besitzergreifend (possessive), so anklammernd (clinging); ich gebe dem Anderen keinen Raum ... Ein Teil von mir sagt mir, es sei gut, daß ich diese sexuellen Phantasien habe; aber der andere Teil sagt, das führe nur zu sehnsüchtigen Wünschen (longings), die nie erfüllt werden können, und am Ende würde ich wieder verwundet werden" (365). Übrigens erwähnt sie Masturbation nur höchst selten und verbietet sie sich auch; wenn sie sich gegen ihr Verbot versündigt, fühlt sie sich schrecklich beschämt. Im vorliegenden Zusammenhang habe ich eine Deutung in der Richtung gemacht, daß sie *mich* vor ihren sexuellen Wünschen zu schützen suche.

In der nächsten, einer Montagsstunde, fängt sie gleich an: „Ich hatte sehr interessante Erlebnisse. Sie waren so nervenaufreibend, daß ich nicht schlafen konnte. Als ich am Freitag von hier wegging, hatte ich mehrere Gedanken... Ich erwähnte das Pensionat [als sie etwa 10 Jahre alt war], wo ich von einer Nonne schwer für das Masturbieren bestraft wurde." Sie spricht in abgehackten Sätzen weiter, daß sie ein Gefühl, nicht eine wirkliche Einsicht gehabt habe, dann daß es verrückt sei und sie es verleugnen wolle, sie habe es nur erfunden, daß sie Schutz gegen außen und innen brauche, denn was ihr so plötzlich eingefallen sei, ist dies: „Ich wurde in eine Situation versetzt, wo ich völlig schutzlos gegenüber der Umwelt und meinen Gefühlen war ... Ich war ein Pflegekind auf einem Bauernhof, als ich 3½ Jahre alt war. Nach einem halben Jahr wurden wir von dort von meiner Mutter weggeholt, angeblich weil die Pflegemutter die Wolldecken entzweigeschnitten hatte und es überhaupt ein schmutziger Ort war. Doch alle die Gefühle – was scheinbar geschehen ist – daß ich dort ,geschändet' (violated) wurde – auf eine sehr penetrierende (intrusive) Art. Jedesmal, wenn ich masturbierte, nahm diese Frau eine Seife und steckte sie mir hoch in mein Rektum, so tief, daß ich sie nicht mehr herausbekommen konnte. Und dabei gab es schreckliche Schmerzen." Dabei weint sie nun so stark, daß sie nicht mehr weitersprechen kann.

Schließlich fährt sie fort: „Und ich dachte an meine masochistische Sexualität: Ich nehme die Bestrafung auf mich, damit ich masturbieren kann. Es war der Schmerz dabei und die überwältigende Hilflosigkeit und Schändung (violation). Die Gefühle sind alle da; die Angst in der [letzten] Nacht war so groß, daß ich kaum schlafen konnte." Sie fügt hinzu, wie sie sich von ihrem vorherigen Therapeuten in ähnlicher Weise vergewaltigt gefühlt habe, wenn er sie sarkastisch, höhnisch und insensitiv behandelt habe. Sie ergänzt, unter Tränen, daß es nicht der Gedanke, sondern das Gefühl gewesen sei, das in ihr aufgekommen sei – dann das Bild, wie sie dalag und die Pflegemutter über ihr. „Wie verwundbar ich gewesen sein muß, weh in mir, so allein, und niemand kümmerte sich um mich, und völlig ungeschützt. Meine brummige (growly) Einstellung, mein Stirnrunzeln – es war Abwehr. Als ich zu meiner Mutter zurückkehrte, schrie ich so sehr, daß mir der Hals schmerzte und ich an einem Waschlappen saugte – da sie mich nicht beschützt hatte. Jetzt kann ich wirklich meinen Zorn empfinden, aber nur, wenn ich all das zusammenstelle . . . Und von dort kommt all meine Wut" (366).

Es ist meine Deutung gewesen, die ihr die Versicherung gab: „Hier bin ich beschützt, ich kann vertrauen" und damit die Erinnerung an die traumatische Verletzung und Ungeschütztheit ermöglicht hat.

Der 2. Ausschnitt kommt vom Ende des 4. Jahres der Analyse. Sie fühlt sich weit mehr in Kontrolle ihrer Selbstverurteilung und ihrer selbstschädigenden Handlungen, namentlich des unvernünftigen Nachgebens, wenn andere Ansinnen an sie stellen; sie ist weit weniger depressiv. Nach einer Reihe kleinerer, aber doch bedenklicher Autounfälle und der Beobachtung der üblichen, stereotypen Sequenzen endloser Verhöhnung ihrer selbst mache ich sie darauf aufmerksam, daß diese höhnische Selbstkritik dann aufzutreten scheine, wenn sie einige mild-kritische Bemerkungen über ihre Tochter gewagt habe, und ob wir nicht den Inhalt der gegen sie selbst gerichteten Angriffe in solche gegen die sehr verlangende junge Dame übersetzen können? Statt einer direkten Antwort erwähnt sie ein bis jetzt (am Ende der Stunde) zurückgehaltenes Traumfragment: „Ich war auf einem Friedhof; ich stand auf einem Hügel und sah unter mir die Grabsteine von einem Tuch bedeckt." Todeswünsche? „Wahrscheinlich."

Sie beginnt die nächste Stunde in verbissener Wut, daß ich auf etwas in bezug auf ihre Tochter angespielt habe, von dem sie keine Ahnung habe. Sie habe keine derartigen Gefühle. Sie habe sich ganz paranoid gefühlt letzte Nacht; daß ich versuche, sie über den Rand eines Abgrunds hinunterzustoßen, und die Angst sei überwältigend gewesen. Sie habe oft gedacht, ich solle doch tot umfallen oder in den See springen, doch habe sie das nie zu sagen gewagt, da das doch so irrational sei, aber gestern nacht habe sie gefühlt, daß ich etwas wisse, was sie nicht wisse, etwas, das ihre Tochter betreffe. Es gelte nicht jener, sondern *mir* – ihre gegen sich selbst gerichteten Angriffe und Kritik. Ich stimme ihr völlig zu und sage, ich habe sie nur auf die gestern beobachtete Sequenz hinweisen wollen, um aus dem Augenblick heraus Zugang zu dieser stereotypen Selbstverurteilung zu gewinnen, aber daß sie völlig Recht damit habe, daß es sich auf mich beziehe. Sie hat sich beruhigt und fügt nun hinzu, sie habe sich eben so über ihre Todeswünsche mir gegenüber *ge-*

schämt, daß sie sie vor mir so lange versteckt habe – das Tuch, „the piece of cloth",
das die Grabsteine bedeckt habe. Sie habe mich immer so idealisiert, doch erkenne
sie, daß auch ich tönerne Füße habe (763).

„Ich fürchte mich immer, daß ich, wenn ich nicht dieses bestrafende, kontrollierende Gewissen hätte, ganz außer Kontrolle geriete. Es ist so, daß der Zorn sich
durch den Zorn vermehrt, er nährt sich aus sich selbst (feeds on itself). Es ist meine
Angst, daß die Wut mehr und mehr und mehr wird, und ich wäre nicht mehr fähig,
sie zu stoppen. Den Grund dafür weiß ich nicht, aber ich fürchte mich, daß ich den
Gefühlen nicht mehr Einhalt gebieten könnte" (765).

Wir haben ihr unerbittliches, hohnvolles und kleinliches Gewissen, diese innere
Gestalt des ätzenden Ressentiments, mit dem *Zwerg* von Pär Lagerkvist verglichen.
Dieser innere Zwerg war als *regulierende, kontrollierende* Macht nötig gewesen, um
die Affektstürme der frühen Kindheit zu fassen, zurückzuhalten, ihnen Einhalt zu
gebieten. Denn kein Elternteil hatte sich fähig gezeigt, eine „haltende Umwelt" (a
holding environment) zu bieten; im Gegenteil waren sie alle außer Rand und Band
gewesen.

Freilich, nicht nur den Affektstürmen hatte „der böse Zwerg" Einhalt zu gebieten, sondern auch den Wünschen macherlei Art. Wie konnte das anders sein, wenn
jede Selbstbehauptung und jedes Aufbegehren von der Mutter damit beantwortet
wurde: „Du wirst noch einmal meinen Tod bedeuten!" oder: „Du treibst mich in
den Wahnsinn!" – und das letztere auch wirklich eintraf und das erstere mehrfach
versucht wurde. Welche Magie der Zerstörungskraft: „Und schon früh im Kindesle-
ben zu sehen, wenn ohnehin noch soviel magisch ist, wie die Eltern vor den eigenen Augen total in die Brüche gehen. Die Macht meines Zornes und der Aggression
wird damit zum Teil der Wirklichkeit, und das wird zum Kernproblem. Und mich
dünn zu machen und schwächer, setzt diese Gefahr herab" (772).

So ist der Hauptangriffspunkt für den malignen Zwerg ihr Gewicht. Überschreitet sie die Grenze von 114 Pfund, fühlt sie sich zum Tode verurteilt. Unter keinen
Umständen lasse sie mich daran rühren! Das sei eine absolute Grenze, und wenn
daran die Analyse scheitere, so möge das halt so sein! Es stellt sich heraus, daß, obwohl es schon frühere Phasen der Eßstörung (inklusive solche mit Übergewicht) gegeben hatten, ihre erste ganz schwere Episode der Magersucht nach dem Selbstmord ihres Stiefbruders aufgetreten war; sie nahm bis auf 100 Pfund ab. „Ich
fürchte mich so vor dem Tod, daß ich mich bis an dessen Rand nehme und mit dem
Feuer spiele, um mich zu versichern, daß ich nicht verbrannt werde." Tatsächlich
hatte sie in ihrer Jugend ihre Hand ins Feuer halten und versengen wollen, um sich
so gegen den Schmerz abzuhärten und „eine dicke Haut zu bekommen." (Sie führte die Phantasie nicht aus.) „Wenn ich die Hand ins Feuer strecken kann und es
auszuhalten vermag, stärke ich mich; oder wenn ich über die brennenden Kohlen
gehen und unbeschädigt herauskommen kann, dann werde ich stark sein. So ist es
mit dem Gewicht. Auf 100 Pfund zu kommen, ist Spielen mit dem Tod." So sei ja
ihr letzter Unfall mit ihrem eben gekauften Auto auf dem Weg vom Friedhof geschehen, nachdem sie sich ihre Grabstätte gekauft habe. „Aus Angst vor dem Tod
lade ich den Tod ein." Es sei eine gegenphobische Haltung. „Ich bin überzeugt, daß
es eine Identifizierung mit dem Bruder war. Er selbst aß kaum und sah wie ein Kon-

zentrationslagergefangener aus. Ich wurde vom Vater zu seinem Beschützer bestimmt, und doch nahm er sich sein Leben. Ich war wütend auf ihn, und ich richtete den Zorn gegen mich selbst. Und schon zuvor umsorgte ich ihn, als ich viel Unmut hegte, den ich vor mir selbst nicht zugestehen konnte: daß er der vom Vater bevorzugte einzige Sohn und Erbe war. Die Bestimmung, ihn zu schützen, war undurchführbar" (770).

Die Identifizierung mit dem Bruder.diente, zusammen mit der Wendung gegen sich selbst und der vorgängigen und auch heute noch ganz vordringlichen Reaktionsbildung, der Abwehr gegen ihre starken Aggressionen. Diese *Identifizierung als Abwehr gegen mörderische Wut auf das Identizierungsvorbild*, die wir auch bei den anderen hier dargestellten Patienten vorfinden, dürfte ein Grundvorgang in ihrer Pathologie sein. Sie spielt auch eine entscheidende Rolle in der *Übertragung der Abwehr*: mit der mäßigen Milderung ihrer Selbstverurteilung, einer Identifizierung mit meiner Duldsamkeit, geht die störrische Weigerung einher, die Absolutheit ihrer Gewichtsgrenze in Frage zu stellen oder meistens überhaupt zu erwähnen. Die Nichtanalyse von Gewichts- und Essenskonflikt ist daher zu einer Frage eines Machtkampfes in der Übertragung geworden – und hinter der *Idealisierung* verborgen geblieben. Ich sollte es in wortloser Weise verstehen und billigen – und könne ich das nicht, sei es meine Schuld. „Für mich handelt es sich um eine Frage von Leben und Tod." Freilich ist es das: Ihre Identität liegt darin, nicht gefräßig wie ihr Vater, nicht übergewichtig wie ihre Mutter, nicht trunksüchtig wie alle Elternteile zu sein. Der Verlust dieser *Gegenidentität* wäre ein Selbstverrat, den sie nicht überleben könnte, eine Form tödlicher Scham: „Entweder werde ich schwer und stark und übergewichtig und kann mich nicht mehr stoppen. Ich muß mich töten, da ich mich so sehr schäme, oder ich lasse mich durch das Fasten zum Verschwinden bringen, in einer Art des passiven Sterbens. Eine Frau zu sein ist eine schamvolle Erniedrigung. Das wurde mir immer wieder eingetrichtert. Besser nichts zu sein, weder Frau noch Mann." Das Dilemma ist also: *absolute Kontrolle oder todeswürdige Scham*. Sie träumt davon, vor einem Füsilierkommando an der Wand zu stehen. Eine Frau richte das Gewehr auf sie, und sie bitte um Erbarmen.

Nun bin ich es wohl, der ihr die Waffe gegen den Kopf hält und sie zu lebensbedrohlicher Bloßstellung zwingt: Ich bin der Träger der Beschämung und Schändung geworden, da ich an ihrer starren Kontrolle über jene verbotenen Wünsche rüttle (771).

Dabei spielt bei ihr, wie erwähnt, die *altruistische Abtretung* eine beachtliche Rolle: „Ich schäme mich über meine eigene Gierigkeit. Ich mache das Essen für die anderen und nehme dann nur nachträglich, was übrigbleibt. Ich verdiene, nur die Abfälle und aus den Abfalleimern zu essen." In einem Traum stiehlt sie Nahrungsmittel für andere. Sie erinnert sich, daß sie ihrer Schwester die Flasche wegnehmen wollte. Das muß wohl ein so überwältigender Wunsch gewesen sein, daß er an andere abgetreten und bei ihnen erfüllt, bei ihr selber aber aufs rigoroseste verwehrt werden muß. Im Grunde folgen alle Triebbefriedigungen fortan diesem Muster und müssen verurteilt und verhindert werden.

Die wirkliche *Phobie* betrifft freilich mehr ihr *Gewicht* als das Essen selbst.

„Im Grunde handelt es sich dabei nicht so sehr um das Gewicht oder gar um das

Essen, sondern um die Angst vor dem Tode und um den Wunsch nach dem Tod. Das ist die Basis."

„Die verhüllten Grabsteine."

„Den Richter in mir zu füttern, ihn zu beschwichtigen, ihm sein Pfund Fleisch zu geben, damit er mir einen weiteren Tag zu leben gestattet." Das kann nur durch die strikteste Einhaltung der Gewichtsgrenze erzielt werden. „Habe ich nicht zugenommen, habe ich wieder einen Tag Aufschub gewonnen; wenn ja, dann habe ich kein Recht zu essen."

„Gab es auch frühkindliche Phobien?"

Gewiß, bestätigte sie nun: „ Es gab eine Falltüre unter meinem Bett, unter der ein Mann lauerte, der mich ergreifen und hinunterziehen würde. Darum mußte ich von der Türe aus ins Bett springen. Auch fürchtete ich mich davor, daß der schwarze Lumpensammler mich wegholen würde." Sie habe sehr große Angst vor großen Höhen „wegen der Verlockung, in die Tiefe zu springen und auf dem Pflaster zu zerschellen. Der Wunsch zu sterben und endlich von allem befreit zu sein, sagte jeweils meine Mutter, und das fühle auch ich." Also wieder die Identifizierung mit der gehaßt-gefürchtet-geliebten Mutter (775).

Doch ist es mehr: Das befürchtete *Fallen* aus großer Höhe ist eben, wie sie gerade erwähnt hat, ein Wunsch, sich hinunterzustürzen. Wir haben das schon vorher (bei Reuben und bei Vera) angetroffen. Die hinter der Akrophobie eruierbare Furcht vor dem Fallen und damit vor dem *Wunsch herunterzuspringen* deutet auf eine tiefe, vielleicht allgemein gültige Gleichung hin: *Sichfallenlassen = Sterben = Passivsein = Abhängigkeit = Abwehr gegen die gefährlichen Wünsche*, in ihrem Falle das Verlangen, von ihrer Schwester etwas wegzunehmen, und noch tiefer und weiter gefaßt: die *mörderische Wut*, vorerst gegen diesen Rivalen, hernach wohl gegen alle die Erwachsenen, die sich an ihrer Kindlichkeit so brutal vergangen hatten. Doch solche Tötungswünsche waren, ihrer magischen Potenz wegen, viel zu gefährlich. Die Abwehr durch Triebumkehrung, nämlich durch *Wendung vom Aktiven zum Passiven*, ist, ebenso wie ihr Gegenstück, eine der sehr frühen Formen der Abwehr (Fraiberg 1982; Sandler u. Freud 1985). Darum ist das *Fallen* zu einem der Hauptsymbole des klinischen Narzißmus geworden.

Übrigens hatte Regula andere Manifestationen dieser Gleichung: Zu Zeiten schweren Konflikts pflegt sie zu stürzen und sich dabei zu verletzen. Sie erleidet häufig Autounfälle. Wird sie von einem Schmerz überrascht – Magenkrämpfe oder eine plötzliche Armverletzung geringfügiger Natur –, fällt sie in Ohnmacht. Umgekehrt hat sie es durch Selbsthypnose dazu gebracht, auch tiefe Zahnbohrungen ohne Anästhetikum zu ertragen. Das Auftauchen aus einer Narkose erlebte sie als einen Zustand des absoluten Friedens und der seligmachenden Passivität.

In bezug auf diese Grundgleichung läßt sich auch wieder die von Fenichel beschriebene „dreifache Schichtung" (triple stratification) beobachten: „Ich muß durch meine rastlose Aktivität und Produktivität beweisen, daß ich nicht passiv bin, auch wenn ich dabei als aufdringlich, „pushy", angesehen werde. Denn mein Wunsch, passiv und abhängig zu sein, ist so stark. Doch gäbe ich dem nach, würde ich zu verwundbar sein. Ich würde aufgeben und sterben. Mein ganzes Leben hindurch mußte ich beweisen, daß ich ein Recht zu leben habe, indem ich immer beschäftigt bin und herumrenne. Und als kleines Kind hieß es, wenn ich mich gegen meine Schwester und ihre Provokationen wehrte: „Wie wagst du es, das arme Baby anzugreifen? Du ruchloses, großes Ungeheuer, du bist die Stärkste und Größte und Gemeinste!" (779).

Dies ist also die Forderung des „inneren Zwerges": hartnäckig einem Ideal nachzueifern, das von der schuldvollen Eifersucht, dem Neid und der magisch-gefährlichen, rachsüchtigen Wut entleert und von der schamvollen Ähnlichkeit ihres Körpers, seiner Bedürfnisse und der auf ihn bezogenen Affekte mit den verhaßten Eltern befreit und damit „rein" wäre . . .

Und damit ist das Wertzeichen der Gefährlichkeit vom gierigen und neidischen Ansichreißen des Vorenthaltenen – der Nahrung, der Liebe, der Sexualität – auf das Essen überhaupt und von da auf das Gewicht und schließlich auf den Tod *verschoben* worden. Und wer kann schon die Vernünftigkeit der Todesangst bestreiten? Doch kann damit die ursprüngliche Phobie und der zugrundeliegende Konflikt über das Wegnehmen nicht völlig bemäntelt werden.

Und die dabei notwendige *Verleugnung*?

„Ich versuchte, meinen Bruder zu beschützen, und es mißlang mir. Mein Vater hatte solch grandiose Ideen und verleugnete alle Probleme! Schließlich starrte ihm die Wirklichkeit ins Gesicht, und sie war so grimmig, daß auch er sie nicht ungeschehen machen konnte. Und er erlag ihr. Ich warnte und warnte ihn, und niemand wollte auf mich hören. Ich schaffe auch jetzt oft die Situation, wo ich jemanden zu warnen suche und man nicht auf mich hört. Was ich sage, wird wegwerfend behandelt und verleugnet."

„Wie Kassandra. Und was *Sie* verleugnen, ist das Gute in Ihnen, es ist das spiegelbildlich Andere zur Verleugnung ihres Vaters."

Es ist die Verleugnung, über die der maliziöse Zwerg ihrer Depression präsidiert. Wie diese Doppelheit von Zwerg und Opfer und jene andere Doppelheit von falschem Ich und dem „kleinen, wirklichen Ich" sich zu einem inneren Schauspiel zusammenfinden und „wie der böse Zwerg und das falsche, gesellschaftsgefällige Ich am Tore meiner selbst stehen und die Umwelt mich in ganz verzerrter Weise gewahr werden läßt, wie das wirkliche Ich gar nie erblickt werden kann" (789), darüber werde ich im Schlußkapitel (Kap. 10) dieses Bandes noch mehr zu sagen haben.

Zu dem, was wir in den vorigen 3 Kapiteln über die Dynamik der schweren Neurosen gefunden haben, läßt sich nun anhand des Materials dieser Patientin die folgende, noch vorläufige pathogenetische Sequenz hinzufügen, die ganz allgemein für die meisten schweren Neurosen gelten dürfte. Man wird sogleich bemerken, wie diese Schlußfolgerungen voll und ganz auch auf die beiden zuvor geschilderten Hauptfälle von Vera und Jakob zutreffen:

1) Eine Serie von *Traumata*, bestehend aus tatsächlicher Hilflosigkeit gegenüber schwersten Bedrohungen, gewöhnlich von außen.

2) Dadurch bewirkte *Gefühlsstürme*, Affekte wie Furcht, Panik, Wut, Verzweiflung, deren Kontrolle mißlingt, oder die Angst davor, daß alle Affekte, namentlich solche der Wut, und die damit verbundenen Triebimpulse schon bei geringem Anlaß außer Kontrolle geraten könnten.

3) Ein *archaisches, ressentimentgeladenes Über-Ich*, das der übermäßig strikten und absolut rigiden Kontrolle dieser Gefühlsstürme und Triebhandlungen zu dienen hat. Seine Forderungen sind ebenso *absolut*, wie die Gefahr der Hilflosigkeit bei den Affektstürmen *total* ist und die Gefahren der Vergeltung überwältigend erscheinen. Die Gefühle der Schuld, der Scham und der Verzweiflung sind daher radikalster Natur und können oft nur unter Aufopferung des eigenen Lebens befolgt werden. Ebenso ist die Sehnsucht nach einem Ideal, das einem Schutz gegen ein solch unbarmherziges Gewissen bieten könnte, überwältigend, die Notwendigkeit der Idealisierung zwingend, und die Enttäuschung kann nicht ausbleiben.

4) Die Abwehrmaßnahmen nach innen und außen sind dementsprechend gleichfalls rigoros, rücksichtslos und absolut, ob nun in Form der Wendung gegen die eigene Person, der Wendung vom Passiven ins Aktive, des Rückzugs und der Aufgabe alles Interesses. Die narzißtischen Phantasien, Ansprüche und Charakterhaltungen werden eingesetzt, um Schutz gegen diese unerträgliche Selbstverurteilung zu bieten. Der *klinische Narzißmus ist demnach eine vielfältige Abwehrstrategie gegen ein mit Absolutheit regierendes Über-Ich.*

6.6. Von Ithaka nach Golgatha

Das hier gestellte und für das Buch zentrale Thema kann durch die nächste Vignette vertieft werden. Es handelt sich um den Bericht aus der Analyse eines Falles mit *manifester masochistisch-fetischistischer Perversion.* Ich zögere etwas, den Fall unter die eingangs abgegrenzten schweren Neurosen zu zählen, doch illustriert er manche der eben beschriebenen dynamischen Aspekte besonders gut, obwohl in milderer Form.

Elasar war ein zu Beginn der Analyse 35jähriger mittelrangiger Beamter in der bundesstaatlichen Verwaltung. Er ist klein gewachsen, seine Augen sind hinter dikken Brillengläsern verborgen, er kommt immer sehr schlicht gekleidet und spricht im ganzen nüchtern und eher affektlos, doch oft über tiefe philosophische Fragestellungen und literarische Themen.

Er suchte die Analyse v.a. deswegen auf, weil seine Ehe mit einer phobisch-depressiv schwerstbehinderten Frau nicht gut war und er gelegentlich seinem adoleszenten Stiefsohn gegenüber seine Selbstkontrolle verlor. Die Frau beschuldigte ihn oft, an der ehelichen Malaise schuldig zu sein, und er nahm die Schuld eher unkritisch auf sich. Zudem fühlte er auch, daß seine schöpferischen und philosophischen Begabungen und Interessen durch neurotische Schwierigkeiten gehemmt würden. Er zeigte Symptome, die als typisch für eine narzißtische Charakterpathologie gelten: ungenügende Sensitivität gegenüber Frau und Kind, seine explosiven Wutausbrüche („narcissistic rage"), die Entfremdungsgefühle und -zustände, ein allgemeines Gefühl des Ungenügens und der Unerfülltheit, das Abgeschnittensein von seinem eigentlichen Wesen, von seinen Gefühlen und seiner Schöpferischkeit, die Gefühlskühle gegenüber anderen, Außenstehenden. Er hat wenige Freunde, aber besitzt ein großes Interesse an Kulturgeschichte und Literatur. In seiner Arbeit bewährt er sich vorzüglich und hat kaum je Schwierigkeiten dort.

Diagnostisch halte ich ihn v. a. für einen *zwangsneurotischen Charakter.*

Beiläufig erwähnte er jedoch auch, daß er masochistische Phantasien habe, die ihm viel Lust gäben: daß er angebunden würde, eine Frau mit schwarzen Stiefeln auf ihm herumtreten und sein Gesicht mit ihren Absätzen schlagen und beschmutzen würde, daß er gegeißelt und seine Genitalien mißhandelt, aber nicht abgerissen würden. Oft endete die Phantasie damit, daß er sich selbst in eine Frau transformiert sah. Teile der Phantasie lebt er auch häufig in Wirklichkeit mit seiner Frau aus – daß sie ihn anbindet und während des Verkehrs Lederschuhe und Handschuhe trägt.

Besonders lusterfüllt ist jedoch die folgende Version: „Zwei Frauen nagelten (staple) mein Skrotum an einen Tisch. Das machte es unmöglich, daß ich mich wegriß. Ich konnte die ‚staples' nicht herausreißen. Ich war gezwungen, dort mit meinen gespreizten Beinen auf dem Tisch zu sitzen, an einen Fleck angenagelt. Es wurde nicht in Zorn getan und bereitete mir keine Schmerzen. Sie wollten mich nur dort behalten, da sie mich gern hatten. Sie küßten und streichelten mich und spielten mit meinem Penis und reizten mich." Dabei sind aber diese lustvollen Phantasien von tiefster Scham begleitet. Ein wesentlicher Grund, warum er die Therapie aufsuchte, lag nicht darin, daß er sich von diesen Phantasien und Wünschen befreien wollte, sondern von der Scham darüber (483).

Der Patient war der jüngste von 3 Söhnen. Die Ehe seiner schon in seiner Kindheit recht betagten Eltern war schlecht, und es kam schließlich zur Scheidung. Der Vater, ein Jurist, der eine „brilliante Zukunft hinter sich" hatte, war ein passiver, depressiver Mann. In den letzten 1½ Jahrzehnten seines Lebens vermochte er kaum mehr zu arbeiten. Die Mutter, die einem prominenten Haus entstammte, behandelte ihren Mann mit offener Verachtung und die Söhne mit wenig Interesse. Es gab keine Zärtlichkeit und Wärme bei der rastlosen Mutter und keine eindrückliche Ersatzfigur bis recht viel später in seiner Kindheit. Elasar selbst hatte noch zudem das Unglück, mit kongenitalem Katarakt an beiden Augen geboren worden zu sein und war gezwungen, sich im Verlauf seiner Kindheit und Jugend insgesamt 4 Augenoperationen zu unterziehen – die erste im Alter von 5 Jahren.

Ich beschränke mich hier auf einige kurze Ausschnitte vom Ende des 3. Jahres der Analyse. Die folgende Sequenz läßt sich sowohl in bezug auf seine Frau jetzt wie auf seine Mutter seit frühen Zeiten nachweisen: „1) Sie ist deprimiert und ängstlich, und das ängstigt mich, da ich mich so abhängig von ihr fühle. 2) Ich habe es durch meinen Ärger verursacht, ich bin daran schuld. 3) Die Spaltung: Der andere ist der Angreifer" (z. B. klagt er mich an, daß ich seine Frau angreife, wenn ich den Konflikt über seine eigene Kritik an ihr aufgreife), „und ich selbst bin der Erretter und Erlöser der leidenden Frau. Ich brauche sie zum Überleben, da ich mich völlig von ihr abhängig weiß: ‚Laß deinen Zorn an mir aus, und du wirst dich besser fühlen.' Ich sehe mich als das Opfer, das die Depression und Scham seiner Mutter auf sich nimmt. 4) Ich habe versagt in der Rettungsmission –" (Form der Deutung) (457). Er vergleicht sich mit Christus, mit dem Lamm, das die Sünden der Welt auf sich nimmt, mit dem erniedrigten, gefolterten Opfer.

Dies mag die allgemeine masochistische Einstellung wenigstens teilweise erklären, besonders wenn man noch die intensive Wut und das Gefühl der Hilflosigkeit, die hinter der Sequenz lauert und ihr wirklich zugrunde liegt, dazu nimmt. Doch warum die seltsame sexuelle Perversion?

„Ich dachte an die masochistische Phantasie: daß ich darin so etwas wie einen Übergang mache von mir als Opfer zu mir als dem, der die Mißhandlung verübt, wobei ich mich in weiblicher Verkleidung befinde – daß ich mich meiner entledige, das schwache Ich wegschaffe (getting rid of the weak me) und mich mit dem Zorn [der mißhandelnden Frau] identifiziere. Daß ich das schwache, hilflose Kind, das ich war, loswerden und stark sein wollte wie meine Mutter" (468). „Der Kampf mit meiner Mutter konnte nicht gewonnen werden (no-win situation): Wenn ich mich durchsetzen wollte, riskierte ich ihren Ärger, und sie kehrte sich von mir ab; und wenn ich mich ihr unterwarf, ignorierte sie mich. Sich unter den Willen eines anderen zu beugen und sich zu unterwerfen und dann doch ignoriert zu werden, als Erde behandelt zu werden, das ist Erniedrigung. Und das wurde in der Phantasie transformiert: ich baute diese Phantasie, ich kontrollierte die Szene. Was vorgeht, ist unter meiner Kontrolle; ich habe den Schmerz daraus herausgefiltert (extracted), und ich baue es in etwas Lustvolles um – um es erträglich zu machen. Wie besiege ich meine Mutter, wie erringe ich Kontrolle über sie? Dadurch daß ich ihn [den Schmerz] in Lust umwandle" (473).

Dazu gibt es freilich einen noch viel spezifischeren Hintergrund: die Operation. Nicht nur findet er sich wieder zurückversetzt in die entsetzliche Angst davor, sondern er erlebt auch wieder die Verlassenheit, als ihn auch dann seine Eltern im Stich gelassen und nicht bei ihm geblieben waren. Es müsse eine Schwester gewesen sein, die sich als Schutzfigur vor und nach der Operation seiner angenommen habe.

Auch hier, sagt er, spiele dieselbe Umwandlung von Angst in Lust eine Rolle: daß er das schwere Trauma der Operation dadurch zu bewältigen versuchte, daß die der Operation unmittelbar vorausgehenden und folgenden Wahrnehmungen als Abwehr gegen die Panik mit Lust belegt wurden: „Diese machtvolle Gestalt, die mich anband und mir eine Injektion gab, wird nun diejenige sein, die mich beschützen wird. Statt der Angst und der Schrecken von damals empfinde ich nun sexuelle Anziehung und Lust" (432).

In manchen Träumen ist auch die Kastrationsangst fast unverhüllt vorhanden. Andere Male denkt er, daß die Mutter das invalide Kind loshaben wollte, vielleicht ihn abzutreiben versucht und so seine Augenschädigung verursacht habe. Dahinter befinde sich die „Angst vor einem vernichtungswütenden Chaos (a destructive angry chaos)"; es sei ein der Operation lange vorausgehendes Gefühl, „a very primordial feeling": „Teile werden durch den Raum auf mich geschleudert – ein explodierender Stern – mein Leben ist in Gefahr, meine Stabilität. Ich lebte mit einer Atombombe zu Hause, und die Atombombe war auch in mir." Es seien Gefühle, die nicht in Worte zu fassen seien, „gewaltsame Eruptionen der Gewalttätigkeit" (484).

Die masochistisch-perverse Phantasie ist Abwehr durch *Affektumkehrung* und *Sexualisierung*, verbunden mit intensiver *Verleugnung*. Dabei ist aber die *Doppelidentifizierung* mit Quäler und Opfer wiederum so besonders bemerkenswert. Übrigens schrieb Anna Freud in bezug auf die Affektumkehrung: „Ihr Ich bedient sich bei der Abwehr der Verwandlung ins Gegenteil, einer Art *Reaktionsbildung gegen den Affekt*, womit es gleichzeitig sein Verhalten gegen den Trieb als zwangsneuro-

tisch verrät" (1936, S. 48). Dies paßt sehr gut zu den Beobachtungen bei Elasar.
Er fährt fort: „Der Wunsch, mich mit der Mutter als der Quelle von Stärke und
Macht zu identifizieren. Und doch der Kampf mit ihr. Durch Unterwerfung gewinne
ich Kontrolle über sie... Eine gewalttätige, verstümmelnde Phantasie: daß ich an
ein Auto gebunden hinten nachgeschleppt werde. Selbsthaß, der Wunsch, mich loszuwerden. Meine Scham ist die meines Vaters. Ich bin sein Spiegelbild: Wie meine
Mutter ihn verachtete, so verachtete sie mich. Ich schämte mich über sie beide. Und
wir haben Recht: Ich brauche die Phantasie, um meinen Haß gegen mich selbst unter Kontrolle zu bekommen."

„Um die innere starke Frau dazu zu benützen."

„Und es zu meistern als etwas Sexuelles. Das ist die Crux. In der Phantasie führt
die Frau aus, was ich ihr befehle, was meine Mutter nie tat. Ich verinnerlichte alle
die wünschbaren Eigenschaften dieser machtvollen Frau und wandte sie zu meinen
Diensten an."

„Und veränderten dabei Ihre Angst und Zorn in Lust."

„Und jetzt muß ich selber zu dieser starken Frau werden" (474).

Aller Wert wurde in dieser weiblichen Gestalt gesehen, während er sich selbst als
schwach, verächtlich und schambeladen erlebte – das hilflose kleine Kind. Nun lag
die *traumatisierende Macht im Gewissen*, personifiziert durch die ihn erniedrigende
und quälende Frau, die ihn doch zum Schluß annehmen würde; und er sah sich
selbst als das traumatisierte Opfer. Das auf diese Weise in seinem Über-Ich verinnerlichte Trauma war sowohl die Kälte und Ferne und Unberührbarkeit seiner Mutter, ihre Depression und Zurückgezogenheit wie auch die die Operationen umge-
benden Schrecken und Schmerzen und die seine Jugend erfüllenden Kämpfe
zwischen den Eltern. Die Kastrationsfurcht war leichter zu ertragen als die wirklichen Traumatisierungen und das ohne konkrete Erinnerungen immer wieder direkt
in der Stunde erlebte Gefühl totaler Hilflosigkeit, Verwirrung und Angst. Und demgegenüber stellte sich die lustvolle Phantasie, von einem Mädchen festgebunden zu
werden, nachweislich kurz nach der 1. Operation, schon mit 5 Jahren, ein (475).

Wenn er sich in der Phantasie zur machtausübenden und demütigenden Frau
verwandelt und wenn er sich in Realität seinem Sohne gegenüber zur Autorität auf-
schwingt, hat er sich vom Opfer seines Gewissens zum „Verfolger" verwandelt, hat
die Passivität zur Aktivität gemacht. Doch damit kommt ein Tagtraum in der Stunde: „die Rückkehr des Odysseus nach Ithaka und der Wettstreit mit dem Bogen –
etwas Blutiges – blutige Pfeile."

„Die Abschlachtung der Freier?"

„Der blutige Umsturz meines Gewissens. Odysseus besiegt durch List, nicht
durch direkte Konfrontierung. Das ist der Weg der Analyse. Sie sucht keine Konfrontation mit dem Gewissen, sondern wiegt es in Sicherheit und erlaubt ihm, sich
zu enthüllen, so daß die Wachsamkeit abnimmt und es sich eine Blöße gibt; und so
kann es besiegt werden. Es ist ein trojanisches Pferd."

„Ob es nicht eher heißt, daß sich hinter dem Gewissenskonflikt ein blutiger
Wettkampf verbirgt? ... Es ist zu gefährlich, in einen Wettstreit zu treten (to com-
pete). Liebe und Aufmerksamkeit und Macht kann ich nur erringen, wenn ich das
Opfer bin und mich als Retter bezeige."

„Passiv statt aggressiv – da ich nicht gegen alle diesen andern aggressiven Leute aufkommen konnte."

„Doch die Phantasie war: die anderen wie Odysseus zu beseitigen. Das war hingegen zu gefährlich. Statt dessen sahen Sie sich als den Gekreuzigten. Der Weg führte von Ithaka nach Golgatha" (476).

Und hinter dem Gekreuzigten tauchte Barabbas, der Mörder, auf. Erst jetzt war er bereit, auf das Thema der Tiefe seiner Wut, wirklich seiner mörderischen Tobsucht, einzugehen. Einmal zuvor hatte er erwähnt, daß es sich bei diesen Episoden um einen veränderten Geisteszustand handle; er verliere teilweise sein Bewußtsein und den Bezug zur Realität, und es sei schwer, sich nachher noch daran zu erinnern. Gewiß wollte er töten, sei aber nie soweit gegangen, seinen Stiefsohn ernsthaft zu verletzen, doch habe sich seine Frau sehr davor gefürchtet.

Doch sei sein *Ressentiment* sehr tief: auch er fühlt sich chronisch betrogen (cheated) und unfair behandelt, mit Versagungen und Einschränkungen schmerzlich belastet, einem Gefühl der Ungerechtigkeit, dem er durch Wut sich Luft zu schaffen versucht. Nicht nur gehe das auf die Überstimulierung durch die Zudringlichkeit (intrusiveness) und die Mißachtung des Privatraums durch seine Mutter zurück, sondern auch auf die wirkliche und schwere Beeinträchtigung durch seine körperliche Behinderung (504). Welche Rolle dieses Gefühl und der dahinterstehende phallische Neid spielen, würde sich erst später erweisen.

So bestehen 3 ziemlich getrennte Selbstgestalten: der gekreuzigte Erlöser, die verächtliche, ihn mißhandelnde Frau und der tobsüchtige Rächer. Die 3 lassen sich als Teile einer inneren Sequenz verstehen: „Wenn ich meine mörderisch-eifersüchtige Seite zeige, muß ich mich zur Buße der bestrafenden, starken Mutter unterwerfen, und ich werde von ihr nur angenommen, wenn ich mich durch mein Leiden zu ihrem Retter mache. Doch die Strafe für die Wünsche, mich selbst zu behaupten, ist so beängstigend, die Vergeltung, wie ich sie ja auch erlebt habe, so bedrohlich und in Wirklichkeit so verstümmelnd, daß ich mich besser schon von vornherein zum Rächer an mir selbst mache und noch dazu die entsprechende intensive Angst dadurch zu entkräften versuche, daß ich nur im Leiden und in der Demütigung die Bedingung von Versöhnung und lustvoller Vereinigung erblicken kann" (Quasizitat, im Sinne der Zusammenfassung seiner Gedanken).

Doch, wie es sich bald zeigt, ist die ersehnte Schutzfigur nicht wirklich seine Mutter, sondern eine idealisierte Figur, die im *Gegensatz zur wirklichen Mutter* nicht erniedrigt, nicht macht- und hilflos, und nicht kastriert ist: „Ich schämte mich meiner schwachen, inkompetenten Eltern, und ich schämte mich über mich selbst in der Familie meiner Großeltern. Ich fühlte mich zutiefst inadäquat, das persönliche Schambewußtsein bedrohte meine Identität, und dazu kam noch mein physischer Defekt. Und die Wut richtete sich auf die Eltern, da sie mich nicht gegen die Demütigung, die man uns antat, zu schützen vermochten." Umgekehrt ist die Frau seiner Phantasie nicht die Gedemütigte, sondern die Demütigende, nicht kastriert und unbeholfen, sondern mit den phallischen Kennzeichen von Stiefeln und Stilettoabsätzen versehen. Sie stellt eine spezifische *Verleugnung von Scham und Kastration* dar. „Das macht Sinn. Ich habe es nie so gesehen, daß es keinen Penis in der Familie gab. Und metaphorisch war meine Rettungsmission eine Art, meiner Mutter meinen eigenen Penis zu geben. Es war die Gestalt nicht meiner Mutter, sondern der mich bei der Operation betreuenden Krankenschwester – die mich in einem Moment äußerster Panik machtvoll beschützende Frau." Dabei ist es die Grundhaltung: „Ich bin schon passiv und unterwerfe mich, ich verzichte auf alle Macht, auf alle Rache, auf alle Wut und Rivalität; doch verstümmle mich bitte nicht. Zu meiner Beruhigung bist du selbst im Gegensatz zu meinen Eltern weder machtlos noch verstümmelt. Wenn ich mich mit dir vereinigen kann, gelingt es auch mir, mir deine Stärke und deinen Stolz anzueignen" (Quasizitat).

Das Entscheidende ist dabei, daß diese Verbindung der auf mehreren Ebenen in Wirklichkeit erlebten Traumata mit seiner Wut und von dieser mit den dafür angedrohten unermeßlichen Konsequenzen (als Bestrafung auf allen Ebenen, nicht nur der der Verstümmelung) zerrissen ist: „Die Verbindungen sind sehr schwach zwischen den Gefühlen und den Geschehnissen." Es ist die Abwehr durch *Isolierung*, die seinen stark zwanghaften Charakterzügen entspricht (480).

Plötzlich wird nun, mit einem Traum von einer Krankenschwester, die ihn rektal untersucht und sich ihm dann in einer Mischung von Erotik und Erniedrigung (seiner Person) anschmiegt, alles sinnvoll: „– mich an diese Frau in einem Augenblick der Not und Panik anzuklammern, sie beruhigend und wohltuend zu empfinden, sie statt meiner Mutter zu haben, meine Mutter loszuwerden, deprimiert und ängstlich darüber zu sein und in all dem mich sehr hilflos zu fühlen. Das Wesentliche dabei ist, daß ich meine Mutter ersetzen will. Das ist das Fazit (bottomline). Ich strafe mich selbst für diese Gedanken, strafe mich, da sie mir Lust machen. Denn diese Frau war stark. Der Schmerz, den sie mir zufügte, kam aus Liebe. Der *Schmerz verwandelte sich in Liebe*. Ich gewinne (derive) Lust aus dem Schmerz. Das ist die gymnastische Tat: einen Akt des Schmerzes in einen Akt der Liebe zu verwandeln. Sie bringt die Beruhigung, die der männliche Doktor nicht bringt. Und die sexuelle Attraktion ist das Wesentliche daran, das mir die Transformierung [von Angst und Schmerz in sexuelle Lust] möglich macht."

„Und die sexuelle Attraktion kam, wie Sie vor einigen Wochen gesagt haben, ursprünglich von der Mutter; aber Sie wandten sich aus Enttäuschung von der Mutter ab und der Krankenschwester zu."

„. . . Sie war stark, ich fühlte mich sicher. Und das Zufügen von Schmerz war eine Bezeugung ihrer Stärke, eine Garantie, daß sie mich beschützen könnte . . . Das gibt mir das Gefühl großer Schwäche. Diese Phantasie taucht aus einem vollständigen Bewußtsein der Hilflosigkeit heraus auf . . . Auch Sie haben Züge der Krankenschwester angenommen . . ." (481). Ein Detail: das ihn sexuell besonders erregende Knallrot von Lippen und Fingernägeln dürfte selbst auf Verleugnung und Affektumkehrung hindeuten: aus der beängstigenden Farbe des Blutes wurde die lustvolle Farbe des Begehrens.

In bezug auf die eingangs erwähnte Phantasie von der Annagelung des Skrotums, die nun klar als eine solche verstanden werden kann, die der *Verleugnung des Schmerzes* und der *Verkehrung der Angst* in deren Gegenteil, nämlich *Lust*, zu dienen hatte (482), läßt sich noch nachtragen, daß sie im Zusammenhang mit seinem Ärger (anger) auf mich stand: „daß Sie nicht diese schützende, nährende Frau sind, die ich suche." Sie wurde in der Stunde meiner Rückkehr aus einer kurzen Ferienabwesenheit erwähnt. „Warum soll ich hierher kommen, wenn Sie mir nicht geben, was ich will?" Es ärgert ihn, daß diese Phantasien durch die Analyse ihm entfremdet und weggenommen würden. „Ich frage mich, warum ich mich so an diese Phantasie klammere. Sie gibt mir Lust als Flucht vor Schmerz und Angst. Sie wurde etwas sehr Wertvolles für mich. Mein Gefühl dabei ist: Dies ist das Allerheiligste, mein innerstes Leben. Sie hat mir Gesellschaft in der Einsamkeit geleistet, diese Phantasiefrau. Sie war eine männliche, selbstsichere, starke Frau." Sie zeigte, daß sie nicht verstümmelt werden konnte und vermochte, als phallische Gestalt, ihm ihre Stärke und Sicherheit einzuflößen, und zwar wiederum in der Phantasie einer *„primären" Identifizierung,* der *Verschmelzung* (merger) mit der Traumfrau. Auch hier ist, was primär und urtümlich erscheint, wirklich eine konflikt-, nämlich abwehrbedingte Erscheinung.

Das Wesentliche war eben dies: daß er durch das Zusammensein im Schmerz sie würde. „Ich fühle mich zu dieser Frau werden; ihre Stärke wächst aus meiner eigenen Stärke, es ist mein eigener Zorn, der diese Frau ins Leben bringt, es ist mein Zorn, der ihr die Stärke verleiht. Sie ist die aktive Seite meiner Wünsche –"

„– die entäußert worden sind –"

„Ich sollte diese aktiven Wünsche ohne die vermittelnde Figur der Frau selbst erleben können."

Dann geriet er in eine Art Traumzustand und fügte nach einigem Schweigen hinzu, er sehe seine Mutter nackt vor sich, sehe sie ohne Penis – „ihr Geheimnis zu entdecken, ihre Schwäche, und daß sie sich schämt darüber und daß ich mich schuldig dafür fühle, daß ich einen besitze. Und sie war wütend auf mich. Und ich wollte Liebe und Sicherheit und Erleichterung von der Angst, von dem konstanten Gefühl der Gefahr und Bedrohung. Die Frau in der Phantasie ist Erlösung und Erleichterung. Dies ist eine Strafphantasie, in der ich mich in lustvoller Weise bestrafe."

Meine volle Deutung: ‚Wenn ich wütend bin, dann werde ich durch Kastration bestraft.' Doch die Phantasie verleugnet dies: Du wirst nicht durch Kastration bestraft, so nahe es daran streifen mag, aber alles wird *ins Gegenteil verkehrt* – keine Schuld, kein Schmerz, keine Angst, keine verstümmelnden Eingriffe, sondern alles ist Lust und Liebe." Am Schluß der Stunde vergißt er seinen Schirm bei mir (481).

Doch hat die Perversion selbst auch einen narzißtischen Aspekt. In ganz konkreter Form sind Bestrafungsangst und narzißtische Phantasie spiegelbildlich: „Es ist klar, daß ich die Situation schaffe. Sie [die Frau in den masochistischen Phantasien] gibt mir die Bilder, die ich in sie projiziere."

„Wie im Spiegel."

„Das ist merkwürdig (funny), daß Sie das sagen. Ich hatte eben ein Bild von mir wie ich in den Spiegel blicke und daß ich eine Frau bin und ein starkes Begehren für diese Frau empfinde."

„Sie zu sein oder sie zu haben?"

„Es gab Elemente von beidem, doch stärker war das Begehren, sie zu haben und dabei der Passive zu sein; ich hasse (resent) es, aktiv zu sein und daß ich für die Liebe arbeiten mußte, die ich erhielt, und daß ich nicht einfach passiv sein konnte und geliebt würde" (488). Der narzißtische Aspekt in der Perversion wird dabei evident:

auch er steht im Dienste jener Umkehrung. Der Wünschende verschmilzt dabei mit der Idealfigur zu einer untrennbaren, unverwundbaren, „starken" Einheit, die nun gegen alle Gefahren geschützt ist. „Ich weiß nicht klar, wo die *Grenzen* sind. Das ist mein Problem: *Wo sind die Grenzen?*" Der Konflikt wird ganz klar: Will er stark werden, muß er mit der starken (Phantasie)figur verschmelzen, eins mit ihr werden; „doch widerstrebt dies meinem Bedürfnis, meine eigenen Grenzen zu bewahren – ich fühle mich herausgefordert, es ist sehr gefährlich, denn ich will mich nicht wirklich vereinen. Es muß immer unter meinen Bedingungen geschehen, ich definiere die Vereinigung (union), nicht jemand anders, und wenn die Dinge die klaren Grenzen verlieren, fühle ich mich verwirrt und verloren, und wenn meine Frau die Grenzen überschreitet, wird das sehr bedrohlich und macht mich überaus wütend" (494).

Das in Platons *Symposion* dem Eros zugeschriebene Urbegehren des Menschen, das als *primäre Identifizierung* bezeichnet wurde und wohl viel späteren Ursprungs ist als man früher angenommen hat (vgl. Stern 1985), dient hier der Abwehr gegen die traumatischen Ängste, Ängste, die zum guten Teil heute von seinem Über-Ich ausgehen und gegen die er die Schutzfigur der machtvollen, unkastrierten Phantasiefrau mobilisiert.

Erst nach Durcharbeiten dieser Verbindungen kommt es einerseits zur überraschenden Entdeckung, daß sich hinter jener Schutzfigur der machtvoll-phallisch-demütigenden Frau sein (9 Jahre älterer) Bruder als homosexuell begehrte Gestalt verbarg. Auch das ist wieder eine Form der Reaktionsbildung: „Ich habe überhaupt nie homosexuelle Gefühle verspürt; ich war immer nur von der sadistischen Frau angezogen" (508).

Andererseits erweist sich die volle Bedeutung jener Kernphantasie von Schuld und Entsühnung durch die Selbstaufopferung:

„Was ist die ursprüngliche Sünde, die ich immer wieder abzubüßen suche? die ganze Sache, von der Mutter Aufmerksamkeit zu verlangen, Liebe zu bekommen, das war wie eine Übertretung: daß ich existiere und Forderungen (demands) stellte, ich hatte kein Recht darauf" (515).

„. . . Ich erinnere mich, wie ich zusammen mit meiner Mutter in der Badewanne saß. Denken Sie, daß das ,Verbrechen' darin bestand, daß ich den Penis der Mutter ,weggenommen' hatte? . . . Ich erinnere mich an ihre Wut auf Männer, ihre Distanz und Kühle den Männern gegenüber, und daß ich mich schuldig und beschämt fühlte, selbst einen Penis zu besitzen. Meine Frau spricht auch ganz offen darüber, daß dies eine Quelle von Ressentiment und Wut für sie sei. Es macht den Mann verwundbar." Er wiederholt diesen Gedankengang in bezug auf seine Mutter und fügt hinzu: „Was unfair ist: daß sie meinen Penis möchte. Und dort spielt die verletzte Unschuld herein: Warum sollte ich derjenige sein, der meinen aufgeben sollte? Es ist doch nicht meine Schuld (fault)" (516). Doch ließ sich das Verständnis der Über-Ich-Angst weiter vertiefen.

In der folgenden Stunde: „Ich hatte eine merkwürdige masochistische Phantasie und hernach einen Traum, der die Szene wiederholte. Die Phantasie bestand darin, daß ich von einer Frau angebunden wurde: dann drohte sie mir, meinen Penis und

meine Hoden abzuschneiden. Ich fand das sehr erregend. Im Traum wurde ich zuerst von einem Mann mit einem Stock und dann von einer Amazonin mit einer
Ochsenpeitsche geschlagen. Ich hatte Angst, und doch wurde ich dabei auch erregt
... Das Nebeneinanderstellen von Kastration und Lust ist so absurd, so verrückt
und ‚verkehrt‘ [er gebraucht das deutsche Wort]. Ich muß dadurch für meinen Zorn
büßen, so kontrolliert sie ihn: es ist eine Sünde zu zürnen. Doch mit der Schuld ist
auch das Ressentiment: denn warum sollte ich dafür schuldig sein, daß meine Mutter keinen Penis hatte?" Er ruminiert eine Weile über diese seltsame Gruppe von
Phantasien, die ihm immer noch sehr rätselhaft vorkommen. Es sei nicht nur ihre
Wut und ihr Ressentiment gewesen, sondern überhaupt die ganze Zweideutigkeit
und Verwirrung, die ihn so beängstigt habe. Die masochistische Phantasie schaffe
wenigstens Klarheit, und so habe sein ganzes intellektualisierendes Bemühen, sein
Philosophieren, ihm die auch durch die Augen immer wieder verursachte Unklar-
heit vermindert. „Doch das erklärt das quälende Gefühl noch immer nicht: daß ich
etwas falsch gemacht habe – außer was wir gesagt haben: es deute auf ihre verhaltene Wut und ihr Ressentiment."
    Hier wage ich nun eine direkte Deutung: „- und die Streitigkeiten zwischen Ihren
Eltern, Ihr Loyalitätskonflikt zwischen Ihren beiden Eltern, ein Konflikt, der ja auch
hier des öfteren wieder aufgetreten ist, nämlich in Gestalt eines scheinbaren Loyalitätskonflikts zwischen Ihrer Frau und mir" (er hatte öfters bei meinen Kommenta-
ren über seine masochistische Einstellung seiner Frau gegenüber den Eindruck, daß
ich „gegen sie" sei). Er denkt eine Weile darüber nach und erwägt die Fragen der
widersprüchlichen Loyalitätsgefühle.
    „Und der Wunsch, mich zu kastrieren – daß dies das Problem lösen würde? Daß
es Frieden brächte? Wenn meine Mutter besänftigt würde, ließe sie meinen Vater in
Ruhe?"
    „Und daß dies durch ein derartiges archaisches Blutopfer zustande käme?"
    „Es könnte plausibel gewesen sein: dann wäre sie nicht mehr wütend, die Fami-
lie hätte Frieden, und es gäbe keine geteilte Loyalität mehr –"
    „– wenn magisch die ‚Ungerechtigkeit‘ aufgehoben worden wäre, ‚selbst wenn
ich dabei auf meine Männlichkeit verzichten müßte‘."
    „Dann wäre ich der Erlöser" (517).
    Die Familienatmosphäre versetzte ihn früh in einen Konflikt zwischen der Über-
zeugung: „Der einzige wertvolle und gute Mensch ist die Frau: der Mann ist ent-
würdigt und verachtenswert" und der Gegenrede: „Ich bin doch auch ein Mann
und habe genügend Liebe für Vater und Bruder, daß ich meine männliche Identität
auch nicht aufgeben möchte." Dazu kam, daß er seiner Sehstörung wegen den
Schutz der Frauen benötigte und ihnen im Grunde auch gleich sein wollte („mit ihnen sein heißt, wie sie werden") – ohne aber auf seine Männlichkeit (= seinen Penis) ganz verzichten zu müssen. Doch konnte er sich ja auch nicht mit seinen Schul-
freunden messen, und die Augenoperationen verschärften den Kastrationskonflikt
noch weiter: „Ich denke, das Problem liegt für mich darin, daß ich keine starke
männliche Identität habe" (541). Auch darin stellt die Phantasie eine Kompromißbildung dar, eben dank der uns nun schon ganz bekannten Umkehrung: „Wenn ich
mit der Frau zusammen bin, werde ich zur Frau, möchte ich besonders zur starken

(phallischen) Frau werden, ohne aber meine männliche Identität einzubüßen, d.h. ohne kastriert zu werden. In der Phantasie kann ich *wie* die Frau werden, ohne eine Frau zu sein. Den Penis verliere ich ja nicht. Es geht haarscharf daran vorbei, aber das doch nicht. Alles andere mag mir geschehen, aber es bedeutet nichts Gefährliches. Im Gegenteil, es ist ein Vergnügen und eine Stärkung" (540).

„Ich denke, was wir gestern besprochen haben über die Opferung des Penis, liegt im Zentrum (at the core). Es ist, als ob ich einer Bürde ledig geworden wäre – auf 2 Ebenen: der der Realisierung der Erkenntnis und der des Inhalts: der Scham darüber, ein Mann zu sein, und daß dies mein Fehler sei (my being at fault). Denn ich fühle, daß mir die Mutter aus demselben Grund böse ist wie dem Vater und daß es mein Wunsch ist, sie wieder zusammenzubringen, ihr zu zeigen, daß ich nicht gegen sie bin; sie sollte nicht automatisch annehmen, daß ich nur durch meine Männlichkeit schon gegen sie sei. *Gäbe ich diese auf, könnte ich ihr endlich beweisen, daß ich nicht gegen sie bin.*"

Dies ist die masochistische *Kernphantasie*, die ihn dazu zwingt, symbolisch seine Selbstkastrierung stets aufs neue zu wiederholen. „Es ist gleichsam ein Ritual: dies große Organ feierlich der Frau zu überreichen und dadurch Versöhnung und Liebe zu bewirken. Und das wiederholt sich dann bei meinem Bruder: als Wunsch, ihm gegenüber sanft und lieblich und weiblich zu sein . . .

Es war das Problem der Loyalität: Auf welcher Seite stehe ich? Wie kann ich das erklären? Ich möchte hier abbrechen, alles neu überdenken, die Einsichten integrieren . . ." (518).

„Bei meiner Frau jetzt, bei meiner Mutter damals, ist es doch so, daß ich ihr Unglücklichsein mir selbst direkt zuschreibe und mich deshalb opfere: Wenn ich meinen Penis hingeben könnte oder mich ihr ganz übergäbe, würde es sie glücklich machen. Ich will ihre Liebe, und das bedeutet mein Selbstopfer, Christus am Kreuz. Wie nahe das Leiden bei der masochistischen Phantasie an den Wunsch geknüpft ist, geliebt zu werden! Liebe und Harmonie durch Bestrafung: Wenn sie es mir nicht antut, werde ich mich selbst bestrafen – als Opfer, als ein Akt der Verzweiflung" (519).

Auch hier ist die masochistisch-fetischistische Perversion, die zum kleinen Teil in Wirklichkeit ausgelebt wird, aber einen großen Raum in seinem Innenleben einnimmt, von einer Außenfassade des Narzißmus verdeckt. Sowohl in den Phantasien wie in den Wutausbrüchen kommt jenes Dämonisch-Andere, Absolute, Globale, Primitive, das den Hauptinhalt dieses Buches ausmacht, zum Vorschein. In ihnen verewigen sich die *Absolutheit von Panik, Schmerz und Scham* seiner Kindheit, die Tiefe des *Ressentiments*, „eingeschränkt, gebunden und betrogen worden zu sein", die *Schuldbeladenheit* wegen des elterlichen Zwistes und der damit verbundenen *Loyalitätskonflikte* und die immer wieder erneuerten Versuche, dieser Gefühle und der äußeren Gefahren dadurch Herr zu werden, daß die Affekte abgespalten oder eben ins Gegenteil verkehrt werden. Diese Abwehr durch *Affektumkehrung* wird durch *Isolierung* und *Verleugnung* unterstützt. Die phobischen Elemente der Verdichtung, Projektion und Vermeidung, die wir bei den anderen Patienten angetroffen haben, treten in diesem Fall zurück. Zwar wissen wir von schweren Angstanfällen in der Kindheit, die sich auf Angstobjekte bezogen – auf einen ihn in einem

Traum verfolgenden Radreifen, auf Ungeheuer mit glühenden Augen – doch kann man bei ihm nicht eigentlich von einem phobischen Kern der Neurose sprechen. An dessen Stelle traten seit früher Kindheit die masochistischen Phantasien mit ihrer Affektumkehrung und Verleugnung der Außengefahren.

Nachtrag: Es zeigte sich erst später, daß der *Neid* gegenüber dem gesunden, starken Bruder, der mit seinem großen erekten Penis prahlte und dem Kleinen mit seinem verhaltenen Zorn Angst einflößte, eine der Grundkräfte war, die als *Triebangst* (also gegen innen) abgewehrt werden mußte. Die masochistische Unterwerfung unter die phallische Frau entpuppte sich dadurch als Maske, hinter der sich der *Penisneid* gegenüber dem homosexuell geliebten Bruder versteckte (615). Auch hier entdecken wir also wiederum die *Konvergenz von Realitätsangst und Triebangst in der Über-Ich-Angst.*

6.7 Gedanken über das Wesen des „Narzißmus"

Die in diesem Kapitel geschilderten Fälle erlauben die folgenden Schlußfolgerungen in bezug auf die dem manifesten „Narzißmus" zugrundeliegende Dynamik: Das *Trauma verewigt sich im Über-Ich* – die Grausamkeit des Schicksals wird zum inneren Henker und zum bösen, rachsüchtigen, grausamen Zwerg, gegenüber dem der Rest der Persönlichkeit ein hilfloses Opfer bleiben muß.

Es sind diese Erfahrung der inneren Doppelheit von Henker und Opfer und das trotzige Aufbäumen dagegen, die von den Patienten als das Dämonische erlebt und von uns als Wiederholungszwang beobachtet werden.

Der *Narzißmus ist nicht die Ursache, sondern die Folge globaler Affekte.* Alle überwältigenden Gefühle und Wünsche tragen das narzißtische Kennzeichen der Überwertung (oder Überschätzung) in sich; die sich daraus ergebenden Motivationssysteme übernehmen daher diese narzißtische Färbung und behalten sie zeitlebens.

Eines der sich darauf aufbauenden Motivationssysteme ist das Über-Ich. Die *Wertstruktur*, die dem Über-Ich als Idealsystem zugrunde liegt, und die Macht- und Aggressionstriebe, die ihm zur Verfügung stehen, weisen ebenfalls dies archaische Merkmal der Übersteigerung auf. Je mehr dieses Idealsystem auf absolut gesetzten Gefühlswertungen beruht, um so apodiktischer sind auch seine Forderungen und um so intensiver und maßloser werden seine Macht- und Aggressionsansprüche durchgesetzt. Je schärfer damit die Mißbilligung und Verurteilung ist, um so tiefer muß die Sehnsucht nach Annahme, Billigung und Verzeihung sein und um so stärker ist das Bedürfnis nach Schutzfiguren und Schutzsystemen. Mehr und mehr tritt der Wunsch nach Liebe in den Dienst dieses Bedürfnisses nach einer schützenden und vergebenden Machtfigur, die dem inneren Richter in die Arme fallen könnte und dem Henker sein immerfort drohendes Schwert entwinden würde.

Die *Furcht* vor jenem übersteigerten Verurteiler und Verächter, die Sehnsucht nach diesem übermäßig benötigten *Beschützer*, einer Art Verzeihung gewährender

Gottheit, die unmäßigen Gefühle, die mit Erwartung, Enttäuschung und Furcht verbunden sind, und die mannigfachen Weisen, wie diese Konflikte in oft verzweifelten Versuchen gemäßigt und versteckt werden, ergibt den Inhalt des klinischen Narzißmus. Dieser ist demnach eine Kompromißbildung zwischen jenen globalen Affekten, den von ihnen beeinflußten Trieben, der infolgedessen übersteigerten Über-Ich-Forderungen und -Idealsetzungen und der Abwehrvorgänge, hauptsächlich in Form von Wendung vom Passiven ins Aktive, Wendung gegen das Selbst und globaler Identifizierungen. Mir scheint, daß es ganz besonders diese *globalen Identifizierungen* sind, die dann zur charakteristischen *Doppelheit von Verleugnung und Idealisierung* führen (H. Müller-Pozzi 1985). Mit dieser Doppelheit sind regelmäßig ausgedehnte Abwehrvorgänge in Form von Verschiebung, Verdichtung und Projektion verbunden, die dann zusammen das bekannte Bild der *Polarisierung* von Selbst- und Objektbildern und die diese begleitenden intensiven Affekte bilden. Diese Polarisierung ist v. a. durch *das Denken und Werten in absoluten* Kategorien gekennzeichnet; sie ist das, was die von Melanie Klein beeinflußten Schulen als *„Spaltung"* bezeichnen.

Die charakteristische *Identitätsspaltung* (ein beschreibender Begriff), die bis zum Grad einer multiplen Persönlichkeit sich steigern kann, beruht auf der *Ich-Spaltung*, die mit überwältigenden, globalen Affekten einhergeht. Jede psychische Traumatisierung, die nach der Definition zu einem derartigen Affektsturm führt, bewirkt eine Neigung zur Wiederholung dieser oft sehr spezifischen überwältigenden Gefühlsreaktion und damit zur Wiederholung jener Ich- und Identitätsspaltung.

Die Ich-Spaltung besteht zwischen dem normalen, alltäglichen, scheinbar angepaßten Ich und dem von jenem überwältigenden Affekt erfüllten, beinahe steuerlos herumgeworfenen Ich. Alle überwältigenden Affekte, nicht nur die Angst, besitzen diese Wirkungskraft, zu einem Zerfall des gewohnten und vertrauten Selbstgefühls, also zur „Fragmentierung" zu führen.

Die *Identitätsspaltung* beruht also auf Affektzuständen, und zwar auf eben solchen *globalen* Affekten, die im Gegensatz zu Signalaffekten alle anderen Interessen völlig überschwemmen, d. h. das Ich überwältigen. Die Identitätsspaltung besteht demnach in einer ins Gesamtverhalten, namentlich auch in die Handlungen umgesetzten *Steuerung durch den Primitivaffekt* und in dadurch erzwungenen neuen Lösungen alter Konflikte. Sie wird immer durch die *Verschärfung massiver alter Konflikte* ausgelöst. Diese Konflikte sind eben darum so massiv, weil alle ihre Komponenten – Affekte, Triebsysteme, Über-Ich-Forderungen und -Ideale und die eingesetzten Abwehrvorgänge – die beschriebene Übersteigerung und Absolutheit aufweisen. Ebenso zeigen die erzielten Kompromißlösungen die Merkmale solcher Überwertung und Radikalisierung.

Diese Gedanken werden in Kap. 10 wieder aufgenommen und vertieft werden. Nun wende ich mich einer sich anders zeigenden Form einer schweren Neurose zu, die aber wiederum unter den (m. E. allzu)weiten Begriff einer narzißtischen Störung gefaßt werden könnte, doch eher unter das Banner der früher so benannten „Impulsneurose" (Fenichel) gehören dürfte.

7 „Dilectas Geheimnis"
Die Rache der ausgeschlossenen Dritten

Παθὼν δέ τε νήπιος ἔγνω.
(Erst nachdem er gelitten, erlangte der Narr Einsicht.)
(Hesiod, *Werke*, S. 218)

Bei einer Reihe von Patienten, die ich gegenwärtig in Analyse habe, nehmen Impulshandlungen eine besonders wichtige Stellung ein und erweisen sich sowohl praktisch wie auch theoretisch von großer Bedeutung – praktisch, da diese Episoden oft nicht leicht zu behandeln, ja besonders schwierig und risikoreich sein können, theoretisch, da sie für das Verständnis der ganzen Pathologie dieser Patienten besonders fruchtbar sind. Oft erweist sich gerade die innere Sequenz, die dynamische Abfolge, als Schlüssel für deren Verständnis und Auflösung. Dabei handelt es sich bei diesen Patienten keineswegs nur um die sog. Impulsneurosen, wie sie Fenichel (1945) genannt hat – Drogenabhängige, episodische Trinker, Patienten mit Bulimie und Anorexie; sondern es ist oft so, daß gerade auch Patienten mit hysterischen und masochistischen Charakterneurosen oder Depressionen solch klare und regelmäßige Impulsivsequenzen aufweisen.

In all diesen Fällen ist es so, als ob für kürzere Zeit – für Sekunden bis Stunden, gelegentlich Tage – eine andere Persönlichkeit, ein anderes Bewußtsein die Herrschaft an sich risse und alles Verhalten einer primitiven Wunscherfüllung zusteuerte. Manche Therapeuten sehen sich deshalb gezwungen, diesem anscheinenden Durchbruch wilder Triebe und narzißistischer Geltungs- und Begehrsucht resolut Schranken zu setzen und sich selbst dort als Über-Ich-Figuren einzuschalten, wo sich Über-Ich-Breschen zu zeigen scheinen (vgl. demgegenüber Abend et al. 1983).

Die folgende Patientin stellte durch die ganze Analyse hindurch schwere und schwerste technische Probleme, die zentral mit ihrer immer von neuem wiederholten Empörung gegen Aspekte des Über-Ich zu tun hatten. Diese Auflehnung manifestierte sich charakteristischerweise als Ausagieren innerhalb und außerhalb der Analyse. Ihre Impulsivhandlungen erwiesen sich als so waghalsig-gefährlich, daß sie nur mit massiver Verleugnung zustande kommen konnten. Verleugnung spielte in manchen Formen eine durch ihre Lebensgeschichte hindurchgehende Rolle. Da das Agieren mehrfach nicht nur die Fortsetzung der Analyse gefährdete, sondern auch lebensgefährliche Implikationen aufwies, verlangte die Durchführung der Analyse ein riskantes Lavieren meinerseits zwischen Konfrontieren und Analysieren, zwischen Suggestion und der Hilfe bei der wirklichen Aneignung von Einsicht.

Zugleich wird es ein gutes Beispiel für die Schwierigkeit sein, die tiefere Bedeutung – die „Wahrheit" – hinter einem scheinbar unwiderstehlichen lebenslangen Wiederholungszwang, der mit scheinbar großen Befriedigungen verbunden war, herauszufinden, und wie leicht das Bedürfnis nach Klarheit zu voreiligen Schlüssen führen kann.

7.1 Das Doppelspiel

Ich habe seit 7 Jahren (Ende 1979), mit längeren Unterbrechungen, eine zu Beginn 45 jährige Dame in Analyse, deren Hauptproblem angeblich darin lag, daß sie sich spät in ihrer Ehe in eine Reihe waghalsiger, z.T. wirklich gefährlicher außerehelicher Liaisons gestürzt hatte. Ihre Ehe mit einem 11 Jahre älteren Geschäftsmann erschien ihr langweilig, die Sexualität Routine, die emotionelle Beziehung mit ihm ermangelte der Tiefe und Sensibilität. Trotzig bekräftigte sie, sie habe doch auch das Recht, noch etwas Freude im Leben zu haben. Sie suchte die Behandlung wegen störender Gefühle des Unbehagens über diese Geheimaffären auf. Ihre Finanzlage erlaube ihr jedoch nur, zu stark erniedrigten Kosten die Analyse aufzunehmen. Dies schien mir recht und billig, da ihr Gehalt als Lehrerin, trotz ihrer gehobenen Stellung im Schulsystem, recht bescheiden war und ihr Gatte ernsthaft herzkrank, sein Einkommen stark reduziert und seine Behandlungskosten schon beträchtlich waren. Das Ehepaar hatte 2 Söhne, beide im College. Ich willigte daher ein, auf die Hälfte ihres von der Krankenkasse nicht getragenen Pflichtteils, also auf etwa 30% des üblichen Honorars, zu verzichten. Ihre äußere Erscheinung: Sie war eher untersetzt, schlank, sehr lebhaft, mit weißen Lockenhaaren. Oft kam sie in provokativ zurückgestutzten Kleidungsstücken, meist solchen in frohen, ja grellen Farben. Meist zeigte sie ein verstohlenes Lächeln, wenn sie hereinkam.

Ein Jahr nach Beginn der Therapie unterzog sich ihr Ehemann einer Herzoperation (Bypass). Diese war zwar erfolgreich; aber nicht lange danach wurde ein Kolonkarzinom entdeckt, das innerhalb von etwa 2 Jahren unter großen Qualen zu seinem Tode führte (im Frühling 1983). Die Patientin zeigte sich ihm gegenüber abwechslungweise liebe- und aufopferungsvoll und gehässig, streitsüchtig, rücksichtslos. Einmal ließ sie ihn sogar wissen, daß sie außereheliche Beziehungen unterhielt, auch daß ich eine Bemerkung über „ihren sterbenden Ehemann" gemacht habe. Sie verheimlichte ihm aber den Charakter ihrer Liaisons. Eine hatte sie mit einem lokal prominenten Politiker, der in vielerlei unlautere Geschäfte verwickelt war und dessen Frau angeblich drohte, die Geliebte ihres Mannes zu töten, eine andere mit einem 20 Jahre jüngern Lehrer – beide waren Neger –, eine dritte mit Fritz, dem Direktor einer großen Firma in einer anderen Stadt, dem besten Freund ihres Mannes. Überdies unterhielt sie gelegentliche Intimitäten mit Freunden aus ihrer Jugendzeit. Die anderen Affären erloschen allmählich während der Analyse, und 1½ Jahre vor der hier beschriebenen Episode änderte sie auch die Beziehung mit dem bedeutenden Geschäftsmann Fritz weitgehend in eine solche der finanziellen Beratung, nachdem ihr Freund sich zu sehr bizarren und gewagten Geschlechtspraktiken (u.a. Besuche in „türkischen" Badehäusern und Transvestismus) bekannt und an einer mysteriösen, AIDS-ähnlichen Infektion erkrankt war. Doch war ihre Abstinenz ihm gegenüber keineswegs absolut, und gegen ihr besseres Wissen ließ sie sich ein paar mal überreden, die alten sexuellen Praktiken mit ihm fortzuführen. Mit Fritzens Wissen beantwortete sie daraufhin mehrere Inserate, worin verheiratete Männer nach „Freundschaft" suchten. Unter diesen las sie sich einen aus, mit dem sie sich bald in eine sehr leidenschaftliche Beziehung einließ. Unter allerlei Täuschungen und Lügen ist es dem Partner Max, einem Familienvater und mäßig erfolgreichen Elektronikspezialisten, gelungen, 2–3 Tage oder Nächte wöchentlich mit der Patientin zu verbringen, besonders natürlich seit dem Tode ihres Gatten.

Nicht lange danach, knapp 4 Jahre nach Beginn der Analyse (Herbst 1983), wurde aber auch klar, daß ihre Vermögenslage weit günstiger lag, als es zuvor den Anschein gehabt hatte, und ich machte ihr etwa 4 Monate vor der zu schildernden Episode klar, daß sie durchaus imstande sei, die vollen Kosten zu tragen. Sie protestierte eifrig dagegen, wies darauf hin, daß das Geld hier und dort angelegt und nicht flüssig sei, daß alle Berater ihr versicherten, daß sie keineswegs sehr vermögend sei und mit den Verpflichtungen gegenüber ihrer kränklichen Mutter und den beiden Söhnen besser haushalten solle, nicht weniger. Nein, sie sei nicht, wie ich denke, eine reiche Dame, ihr Vermögen, ca. $ 300 000, sei nichts, eine Lappalie verglichen mit dem all ihrer Freunde; und wenn ich nicht damit zufrieden sei, was sie mir gebe, solle ich doch ihre Zeit mit jemandem, der es vermöge, voll zu zahlen, füllen. Sie könne allenfalls von 4 auf 2 oder eine Stunde zurückgehen oder auch ohne Therapie auskommen. Aber mehr zahlen, das werde sie nicht. Das sei ja überhaupt eine merkwürdige Geschichte, diese Analyse, mit all den kleinen Regeln und Steifheiten und Geheimnistuereien, eine Aktivität, die weder ärztliche Behandlung sein wolle noch aber auf die Krankenkassenbeiträge zu verzichten willens sei, ohne Versprechen auf Erfolg und von unabsehbarer Dauer. *„Was ist das kleine Geheimnis, das wir hier herausfinden sollen?"* war eine der Formeln, mit denen sie mich gerne herausforderte.

Ich entgegnete, daß ich ihre Haltung als etwas, das analysiert werden müsse, ansehe, daß ich ihr Urteil in bezug auf ihre Zahlungsfähigkeit nicht teile, ihr aber nicht ein Ultimatum – entweder- oder – stelle. Ich entschloß mich, weiter schweigend abzuwarten; ebenso war ich damit einverstanden, als sie erklärte, sie wolle die Analyse, komme was da wolle, wiederum aus finanziellen Erwägungen, nächsten Sommer abschließen. Für mich sah ich es aber als Teil ihrer allgemeinen Trotzhandlung gegenüber jeder äußeren Autorität und gegenüber ihrem Gewissen an – ihrer *Abwehr gegen das Über-Ich* – und damit auch als Teil ihrer Verächtlichmachung aller Ideale und tiefen Verpflichtungen. Ich betrachtete es als eine Umkehrung ihres Verhältnisses zum Vater: Er hatte sie lächerlich gemacht, nun mußte sie mich zum Narren halten und zum Narren machen. „Mein Ärger bedeutet, daß ich mich wirklich nicht verstehe", hatte sie früher in der Analyse einmal erklärt. „Wenn ich etwas nicht begreife, werde ich zornig, und dieser Zorn wurzelt in der Angst, daß die Leute etwas wissen, was ich nicht weiß und daß ich deshalb dumm bin. Das Bild, das mir dabei in den Sinn kommt, ist das, daß ich als kleines Mädchen vor dem Vater stand und wie er, dem ich mich nahe fühlte und den ich so sehr bewunderte, mich vor seinen Kumpanen zur Zielscheibe seiner Spöttereien machte. Sein Hauptwitz war: ‚Freud würde jetzt sagen –'. Ich verstand es nicht und fühlte mich so töricht, daß alle Erwachsene auf etwas anspielten, was mir rätselhaft war. Warum lachten sie über mich? Ich war der Schafskopf. Die Entwürdigung, die das war!

Ich habe diese Wut auch hier, wenn ich denke, daß Sie etwas wissen, was mir entgeht. Ich bin verlegen und habe Angst: ‚Was weiß er, das ich nicht weiß?' Aber gerade dann behandle ich Sie mit Verachtung: ‚Was für Narren doch diese Freudianer sind!' Und doch zögere ich, es mit meiner Verachtung zu weit zu treiben. Es wäre wirklich nett, endlich jemanden zu treffen, der alle Antworten hätte. Ich möchte so sehr jemanden bewundern, der alles weiß; aber wie wäre das möglich? Jetzt verstehe ich, was Sie mit *Umkehrung* meinen. Es ist, als ob ich Sie auf die Probe stellte: Ich dränge, dränge, dränge, wie ein Kind, um zu sehen, ob Sie Ihre Selbstkontrolle bewahren und die Fragen beantworten können... Was so beunruhigend ist dabei, ist, daß ich hier als erwachsene Frau aller Kontrolle verlustig gehe, wenn ich etwas nicht sofort bekommen kann. In meinen Liebeleien ist es etwas Ähnliches: Ich habe dieses schreckliche Ressentiment gegen den Liebhaber, der mit mir spielt und sich mir nicht unterwirft. Monatelang bin ich *blind gegenüber dem, was sich ereignet*, und dann erkenne ich es plötzlich und werde rasend darüber, wie er sich benommen hat. Es ist wie bei meinem Vater: Ich bin bereit, alles erlittene Unrecht beiseite zu schieben, nur um mit der Person zusammenzusein, und dann kommt ganz plötzlich diese Wut, mit der ich nicht fertig werden kann."

In der Analyse wiederholt sich die charakteristische *Wendung ins Gegenteil*: „Ich drehe den Spieß um: statt daß ich das vom Vater geneckte, mit Wärme verlockte und dann mit Kühle verlachte Kind bin, verwirrt und verlegen, sehe ich Sie und alle anderen Männer als verletzbar. Wenn ich nur beharrlich genug bin, muß ich imstande sein, jeden Mann zu verführen. Ich weiß, ich könnte auch Sie verführen, wenn ich's nur genug wollte. Ich möchte Sie zu meinem Sklaven machen und Sie dann, wenn ich Sie erobert habe, kühl fallen lassen. Dann wird die Beschämung bei Ihnen liegen, nicht bei mir. Sie sind in dieser Phantasie ein alter Lüstling mit schmutzigen Gedanken, statt daß ich das kleine Mädchen mit solchen Wünschen bin. Sie sind dann ein alberner Schüler von Freud, statt daß ich selbst als verkörperter Freudscher Witz dastehe. Ich bin die Zuschauerin, und Sie sind das Schauspiel."

Dergestalt ist der Schamaffekt in Übertragung und auch sonst im Leben umgekehrt worden – vermöge der Abwehr durch *Affektverkehrung*, nämlich von Scham in Verachtung oder Zorn und Wut. Ebenso ist der (exhibitionistische) Wunsch, angeschaut und bewundert zu werden, in Richtung und Vorzeichen in „Sehen mit Geringschätzung" verwandelt worden: *Verkehrung des Triebes in sein Gegenteil*.

Diese versuchte Umkehrung der Beschämung war eine der 3 hauptsächlichen Übertragungsrollen, die ich spielte: die anderen beiden waren die des idealistischen, guten Helfers und die eines bösen Richters und Verächters.

Am Ende einer Stunde (Ende Dezember 1983), etwa $3\frac{1}{2}$ Monate nach der früheren Auseinandersetzung, in der sie über einen Streit an der Arbeit berichtete, wo sie sich wütend gegen einen Beitrag gewehrt, aber dann schließlich nachgegeben hatte, machte ich einen weiteren Hinweis auf ihre Zahlungsfähigkeit, ohne Deutung. Sie erklärte wiederum, warum sie eher die Analyse aufgeben werde als mehr zu zahlen. Ich sagte, daß ich diese Lösung nicht mehr viel länger anzunehmen gewillt sei, aber daß ich auch nicht denke, sie brauche Psychotherapie, sondern die Durcharbeitung der Probleme in der Analyse. Ich erwähnte, daß sie mich in ein Dilemma versetze: Entweder toleriere ich etwas, was nicht fair sei, oder ich bestrafe sie für ein neurotisches Symptom, das sich als Agieren manifestiere. Sie anerkannte es großzügig als Ausdruck ihres Wunsches, daß ich ebenso idealistisch und freundlich sein solle wie ihr Vater, der sich nie ums Geld gekümmert habe. Es sei aber auch deswegen, da sie denken möchte, es geschehe aus dem Grund, daß *sie eben etwas Besonderes sei* und ich sie mehr brauche als sie mich; ihre Analyse sei in ihrer Phantasie so interessant, daß ich ihr alle Konzessionen machen müsse. Es war der klassische narzißtische Anspruch – das *„entitlement"* –, das sich in jeder Sparte ihres Lebens zeigte. Sie sprach dabei über den nicht nur von ihr selbst geglaubten Familienmythos, wonach ihr Vater eine Art Prinz gewesen sei und ihre Mutter eine Hexe, die die Karriere des Vaters ruiniert habe.

„Und hier wiederholt es sich", sagte ich, „daß ich in bezug auf das Geld den Prinzen und Sie die Hexe spielen sollen, aber Sie wollen mich auch dazu provozieren, daß ich mich selbst als ebenso geldgierig, kleinlich und eigensüchtig bezeige, wie Sie sich selbst sehen." Mit anderen Worten: daß nicht ich und überhaupt niemand sonst ein Prinz sei, daß also jedermann doch gleich enttäusche. Sie wunderte sich, was wohl die historische Wahrheit hinter all dem sein möge.

Ein paar Worte über diese historische Wahrheit. Sie war das Einzelkind eines eher untauglichen, spiel- und trinkfreudigen Arztes und einer verhätschelten Gesellschaftsschönen. Von früh an haßte sie ihre selbstgefällige und eigensüchtige Mutter. Der Vater spielte in oft sehr verführerischer Weise mit ihr, konnte dabei aber auch recht grausam sein. Sie schob alles auf die böse Mutter und dachte, wenn diese nur aus dem Weg geräumt wäre, hätten sie und ihr Vater ein herrliches Leben zusammen. Sie fühlte sich aber als Kind auch sehr einsam und war oft verlassen; die Leere und noch mehr die Angst versuchte sie, soweit sie sich zurückerinnern kann, durch Masturbation zu verscheuchen. Dabei gab es eine stereotype Phantasie: daß ein Mann und ein Monster oder 2 Männer sich um sie schlügen; wenn der eine besiegt und erlegt worden sei, erhalte der andere sie als Kampfpreis. Sie bezog das fast seit Beginn der Analyse auf das Dreieck zwischen ihr, Vater und Mutter. Auch war sie in allen Affären besonders darauf erpicht, einen Mann, der schon gebunden war, von seiner Partnerin wegzureißen – und bis zum Tode ihres Mannes war es ja auch ihrerseits so, daß sie ein Dreiecksverhältnis anzustreben suchte, wobei der Dritte, ihr Mann, im Dunkeln belassen und der Getäuschte war.

Sobald sie einen Mann ganz erobert hatte, verlor er viel von seinem Interesse. So tief und brennend auch ihre *Eifersucht* war und so sehr sie jeden Geliebten drängte, sich von seiner Frau loszusagen, so beängstigend wäre es für sie gewesen, wenn sie sich selbst an ihn hätte binden müssen.

Zurück zur Gegenwart: In der folgenden Stunde (626) erklärte sie sich bereit, nun den vollen Preis zu zahlen, kam aber die Stunde danach wieder darauf zurück und wollte den Ausbruch von Großzügigkeit etwas hinausschieben. Ich sagte einfach, daß sie wisse, was die angemessene Bezahlung sei, ob nun vor einigen Monaten oder in einigen Monaten, daß sie aber auch wisse, daß ich sie weder plötzlich aus der Behandlung entlassen habe noch dies tun werde. Sie versuchte mir wieder zu beweisen, daß es nicht billig sei, ihr gesamtes Kapital zu berücksichtigen, sondern nur die dafür vorgesehenen Konten. Sie sprach neuerdings mit großem Sarkasmus über die gesellschaftliche Stellung der Analyse und wies auf den Skandal des Freud-Archivs hin. Allmählich erwähnte sie aber auch, daß sie sich schäme, so zu sprechen. Sie wisse, sie sei besser fähig, für die Analyse aufzukommen, als die meisten meiner Patienten, und doch müsse sie sich als arm hinstellen (poor mouth). Ich bemerkte, daß es ein zentrales Stück ihrer Neurose sei, das dabei ausgespielt werde. Sie kam auf ihren jetzigen Geliebten Max zu sprechen und bemerkte beiläufig, daß er 4 oder 5 Monate jünger sei als sie: Auf meine Frage hin kam heraus, daß es 7 Monate waren. Ich wies auf ihr Spielen (juggling) mit den Zahlen hin, gleich wie in bezug auf die Finanzen. „Ich lasse sie unbestimmt", bestätigte sie, „als ob dies etwas Liebenswertes und Charmantes wäre, nicht rechnen zu können. Meine Mutter tut dasselbe. Wissen Sie: daß wir vor einigen Tagen über die Hexensache sprachen, war allein schon das Zutrittsbillet zur Analyse wert. Das war eine sehr wichtige Einsicht – wie ich mich gegen meine Kinder verhalte und wie ich meine Mutter sah. Niemand will eine Hexe sein, aber es geschah unbewußt. Ich dachte immer, welche Lügnerin meine Mutter war. Ich habe es so an ihr gehaßt, und doch tue ich's nun selbst. Ich schäme mich über diesen Teil in mir."

„Und sie versuchten auch mich heute zu Beginn nochmals dafür zu gewinnen, dieses Spiel mitzuspielen, in der Frage nach einem Aufschub der Vollbezahlung; und Sie haben ja auch lange damit Erfolg gehabt, mich hier mit einzubeziehen, indem ich damit einverstanden war. Als ich jedoch erkannte, was vorging, habe ich es noch eine Weile weiter angenommen, damit wir Gelegenheit hatten, herauszuarbeiten, was es bedeutet."

„Ich verstehe es ja auch jetzt noch nicht. Ich sollte doch besser noch nicht den vollen Preis zahlen. Wir würden der Einsicht verlustig gehen, wenn ich jetzt einwilligte."

„Es wäre eher darauf angelegt, daß Sie auch mich durch die Herausforderung als enttäuschenden und geldgierigen Vater überführen könnten."

„Ich möchte eher die Meinung behalten, daß Sie darüberstehen."

„Und doch mich zum Gegenteil provozieren."

„Ich hatte einen Mann geheiratet, der das Gegenteil dieses Ideals war, jemand, der sehr am Geld interessiert war."

„Wie er ja auch die Analyse nur bei stark reduziertem Preis zugelassen hat, obwohl er die richtige Finanzlage kannte."

„Er hätte es gar nicht anders erlaubt, das ist wahr."

„So wurde es von Anfang an so inszeniert, ohne daß Sie sich selbst darüber ganz im klaren waren, daß ich übervorteilt wurde. Und die Fiktion, daß sie unbemittelt waren und sich nichts leisten könnten, war nicht mehr aufrechtzuerhalten, als Sie selbst diesen Sommer Ihre Finanzverwaltung übernahmen."

„Und es wäre auch mir schon früher zugänglich gewesen, hätte ich es nur gewollt und darin Einsicht genommen. Aber es wäre zur Krise gekommen, wenn ich das getan hätte."

„Es frappiert mich, welches *Doppelspiel* sich da ergeben hat. Auf der einen Seite wußte Ihr Mann eine Hälfte der Geschichte nicht, die ich wußte – nämlich Ihre außerehelichen Beziehungen –, und darin wurde er zum Narren gehalten. Andererseits kannte er die korrekte Geldsituation, die mir unbekannt geblieben war, und worin ich zum Narren gehalten wurde. Sie bemerken die Parallelität."

„Wie können Sie noch mit mir arbeiten? Sie müssen großes Ressentiment haben."

„Als ob ein Chirurg nicht mehr operieren könnte, nachdem der Patient sich erbrochen hat. Gerade dies führt uns doch zum Kern der Neurose."

„Wie die Masturbationsphantasie, und dieses Doppelspiel ist jener auch sehr ähnlich. Alle meine Verrücktheit steckt darin. Sie haben so Recht. Wir haben hier wieder jenes Dreieck! *Ich allein wußte alles!* Sie beide kannten einige, aber nicht alle Geheimnisse. Wenigstens hätte ich Zugang dazu gehabt, doch entschloß ich mich, den Zugang nicht zu benützen. Es paßte zum Begriff, den ich von mir hatte: *Er* sollte sich allein um jene schmutzigen Gelddinge kümmern! Jetzt aber steht es unter meiner Kontrolle und in meinem Wissen. Aber ich habe überhaupt Mühe, mein Geld mit anderen zu teilen. Es geht auf jenen Familienmythos zurück. Meine Mutter klagte mich gerade gestern an, daß ich ihr nichts gebe, sie nie einlade und mich einfach nicht genug um sie kümmere."

Am nächsten Tag kam sie eher überraschenderweise zur Stunde, obwohl ein schwerer Eissturm den Verkehr fast völlig lahmlegte. Sie sprach darüber, wie sie oft an ihren Wahrnehmungen und Erinnerungen zweifle. Gestern habe ihre Mutter – nach jenen Vorwürfen – darüber gesprochen, wie viele Pelze sie besessen habe: „Alles Geld, das Dein Vater hatte, gab er mir", habe die Mutter gesagt. „Ich wurde so böse", fuhr die Patientin fort, „das paßte gerade dazu, wie ich die Situation damals beurteilte: Was es immer gab, bekam sie. Sie teilte es nicht mit mir. Was sie bekam, blieb bei ihr. Nicht viel ist von ihr zu mir heruntergesickert. Sie hat sich nie um mich bekümmert."

„Es scheint mir aber auch, daß Sie denselben Vorwurf an Ihren Vater richten können."

„Es fällt mir schwer, das zuzugeben. Er nahm wohl an, daß ich das erhalte, wozu ich berechtigt war. Es war aber, als ob ich eine böse Stiefmutter gehabt hätte. Es war eine Lage wie die Aschenbrödels, wo der Vater auch so unfähig war, die Tochter zu schützen. Es war wie im Märchen."

„Oder auch wie das Dreieck in der Masturbationsphantasie."

„Ich wollte mich von ihr befreien. Ich spielte mit dem Gedanken, daß ich in Wirklichkeit gar nicht ihr Kind, sondern adoptiert war. Aber sie erlaubte mir nie zu vergessen, wie krank sie in Folge meiner Geburt gewesen sei. So konnte ich sie nie wirklich als meine Stiefmutter anschauen. In der Masturbationsphantasie wurde immer jemand umgebracht."

„Diese hatte aber noch einen anderen Aspekt", fügte ich hinzu. „Statt daß Sie das Stiefkind waren, das an 3. Stelle kam, waren Sie der Kampfpreis, der an 1. Stelle stand."

Hernach sprach sie über eine Unterhaltung, die sie mit ihrer Freundin gehabt hatte, vor der sie aber ihre außerehelichen Aktivitäten sorgfältig verborgen hielt. Sie habe den Verdacht, daß der Mann jener Freundin diese auch hintergehe, und er habe ja auch alle Gelegenheit dazu. Er sei viel weg, immer unter Vorgabe der Arbeit. Ich sah noch nicht klar, wie das zum tieferen Thema gehörte; so fragte ich sie, wie sie das, dessen wir gestern gewahr worden waren, nämlich jenes Doppelspiel mit ihrem eigenen Mann und mir, verstehe.

Sie dachte an die Verheimlichung ihrer eigenen unguten Gefühle gegenüber ihrer Mutter. In der Hinsicht habe sie zeitlebens Geheimnisse gehabt und habe es immer so gehalten, daß niemand die ganze Wahrheit wisse. Ich sagte, so komme es zu einer Art *doppeltem Ich (self)* und damit wohl auch zu einer Doppelgesichtigkeit ihres Vaters. Schließlich seien es ja sozusagen 2 Väter gewesen, die dieses Szenenspiel von Analytiker und Gatten darstelle.

Sie erwähnte daraufhin eine andere Freundin, die von ihrem Sohn als Dr. Jekyll und Mr. Hyde gesprochen habe. Das sei ein „Steinbockzug" – und sie sei, was immer ich davon halten möge, eben doch auch ein Steinbock. „Das passiert mir die ganze Zeit, mit allen. Ich trage immer etwas mit mir herum, das sehr schamvoll ist und von dem ich nicht will, daß jemand etwas davon erfährt. Ich gebe mir die größte Mühe, es versteckt zu halten und der Welt eine ganz andere Fassade zuzuwenden."

Das war übrigens auch wahr in bezug auf die Analyse, wo sie lange vieles absichtlich weggelassen hatte. Sie fragte sich dann wieder in bezug auf ihren Vater: „Einerseits liebte er mich, auf der anderen Seite vernachlässigte er mich. Ich glaube nicht, daß er nicht sehen konnte, was sich abspielte. Aber wenn er es sah, warum griff er nicht ein?"

„Wir haben auch von seinen sadistischen Zügen gehört; er konnte recht grausam sein – eine Seite, die wir auch bei Ihnen kennen – z. B. bei dem Brillenzwischenfall."

Ich bezog mich dabei auf das folgende kleine, aber manches beleuchtende Ereignis aus der Spätadoleszenz. Sie verbrachte den Abend mit dem Geliebten ihrer Jugend; er war mit ihr in die Mitte eines kleinen Sees gerudert, als sie ihm plötzlich die Brille abnahm. Im Spaße ließ sie sie über dem Wasser baumeln. Er bat sie, er flehte sie an, ihm die Brille zurückzugeben. Nach einer Weile ließ sie sie aber ins Wasser fallen; es war natürlich unmöglich, sie wiederzufinden. Der Gute zog keine Lehre daraus. Nicht zu lange danach ließ sie ihn selbst fallen und heiratete den viel älteren Mann. Selbst das war noch nicht Lehre genug. Mehr als 20 Jahre später fing der nun Arzt gewordene Jugendfreund ein neues Verhältnis mit der Patientin an. Unlängst plante er, vom anderen Ende des Kontinents zu ihr zu fliegen, um mit ihr das Wochenende zu verbringen. Im letzten Moment ließ sie ihn wissen, das sie keineswegs beabsichtige, ihm die Nacht zu schenken. Mit ihm wie mit mir wie mit jedermann in ihrem Leben hatte sie eine spöttische Art, ihre Macht zu behaupten – ihre Macht gegenüber allen Formen emotioneller Verpflichtung. Diese *sarkastisch-ironische* Einstellung hatte denn auch in der Analyse einen Hauptwiderstand dargestellt, der nur allmählich schwand. Es war im wesentlichen eine Abwehr dagegen, sich selbst lächerlich zu finden, also, wie schon dargetellt, eine Form der *Abwehr gegen die Scham, nämlich durch Lächerlichmachen.* Mehr und mehr hat sich schließlich die zugrundeliegende Depression – eine schuld- und schamerfüllte Depression – durchzusetzen vermocht. Ich hatte ihren Spott nur sehr selten „konfrontiert". Gelegentlich vermochte sie mich zu sarkastisch-ärgerlichen Bemerkungen zu reizen. Ich betrachtete diese als technische Fehler, die in der Gegenübertragung wurzelten, und ich schreibe es ihrer relativen Seltenheit zu, daß die Therapie im ganzen doch erfolgreich verlaufen ist. Nun zurück zur Gegenwart:

„Ich weiß," antwortete sie, „daß ich grausam und herausfordernd (teasing) sein kann – auch mit meinem jetzigen Geliebten [Max]."

„Oder die Geldfrage mit mir, Ihr Sarkasmus, Ihr Verspotten meiner ‚analytischen Religion'."

„Dabei ist es so, daß ich den Sarkasmus gar nicht gut ausnutzen kann. Ich brauche ihn, wenn die Leute hilflos sind, aber z. B. nicht an der Arbeit, wo ich selbst
hilflos bin. Habe ich Ihnen meine Phantasie über meine Vorgesetzte erzählt? Sie
versucht, mich einzuschüchtern. So denke ich dran, eine Klagebeschwerde bei der
Gewerkschaft einzureichen. Sie sieht mich als eine schwache Person. Sie könnte das
nicht mit den anderen tun. Und dazu bin ich fast die einzige Weiße. So benützt sie
jede Gelegenheit, mich öffentlich zu demütigen." Sie erging sich in größeren Einzelheiten darüber, wie sie aber auch versuche, alle diese Gefühle der Hilflosigkeit
und der Wut zu verheimlichen. „Das Wichtige ist wieder die *Doppelheit*, die ‚Frak-
tionierung' (compartmentalizing) der Wahrheit", warf ich ein.

„Es war und ist immer so. Die Leute wissen manche Dinge über mich, aber alle
wissen etwas anderes. Außer Ihnen weiß niemand alles."

„Und auch ich brauchte 4 Jahre, bis ich jenes Geheimnis herausfand."

„Wie viele Geheimnisse konnte ich als kleines Mädchen denn gehabt haben?"

„Wir wissen noch nicht genau, was es wirklich bedeutet."

„Es gibt mir das Gefühl der Macht, wie das Ding mit meiner Chefin. Das ist sehr
interessant. Wissen Sie, eine Freundin von mir lebt in ihrer Nachbarschaft, und sie
erzählte mir, wie der Gatte meiner Chefin, ein bekannter Pädiater, eine Reihe von
Freundinnen habe und diese jeweils nach Hause bringe, wenn seine Frau weg sei.
Ich habe das immer gewußt."

„So kannten Sie also ein Geheimnis der Chefin –"

„– das ich nie mit jemandem geteilt habe. Es wäre verheerend. Nun hab' ich's
aber einer Freundin anvertraut, da ich so erzürnt war."

„Ich habe den Verdacht (hunch), daß Sie auch ein Geheimnis über Ihren Vater
oder vielleicht über Ihre Mutter hatten."

„Ein *Geheimnis zu hegen* gab mir das *Gefühl der Macht*, aber all das rührt auch
ans Thema des *Verrats*; sowie ich das Geheimnis öffentlich enthülle, büße ich die
Macht ein, und es führt zu Scham und Schuld."

„Ist es möglich, daß Sie ein Geheimnis hatten, das Sie verraten wollten oder ver-
rieten?"

„Ich erinnere mich an nichts der Art. Ich hatte nichts über meine Mutter. Es mag
nicht einmal ein Geheimnis von ihr gewesen sein, sondern mein Gedanke: Wenn
nur mein Vater das wüßte über meine Mutter; und ich hielt es als geheime Macht
bei mir: daß meine Mutter eine schreckliche Frau war; ich wußte es, aber er wußte
es nicht. Ich konnte es nicht sagen, aus Angst davor, was mir dann geschehen würde. Das war das größte Geheimnis: daß sie eine Hexe war, eine entsetzliche Person,
und daß ich sie haßte und verabscheute, aber mich so gab, als ob wir in schwester-
licher Eintracht lebten. Das Geheimnis war: Wenn er nur wüßte, wie schrecklich sie
ist, würde er sie wegschicken!" Sie erging sich weiter in dieser Phantasie. Es war zu
merken, daß das, wenigstens zu der Zeit, keine fündige Fährte war, aber ich wußte
das noch nicht mit Sicherheit. Doch welcher Tiefsinn sich darin versteckte, wurde
erst viel später offenbar.

Die folgende Stunde (628) begann sie mit Klagen über ihr gegenwärtiges Verhältnis. Sie wollte es wirklich aufgeben. Ihr Freund Max habe keine Absicht, seine Frau
und seine Kinder zu verlassen. Letzte Nacht habe sie die ganze Gewalt ihres Hoh-

nes auf ihn losgelassen, ihre ganze entfesselte sexuelle Eifersucht. Nachher fühlte sie sich dann schrecklich: „Ich bohrte in ihm, wann und wie er Geschlechtsverkehr mit seiner Frau habe, vor mir oder nach mir." Sie klagte über ihre häßliche Streitsucht und schämte sich darüber, wie sie sich benommen hatte. „Soll ich es abbrechen? Soll ich weiterfahren? All das Reden hier ist nutzlos; ich habe genug davon. Die Gefühle werden dadurch nicht aufgelöst. Es hilft mir nichts, daß ich so etwas wiederhole. Es ist alles ein Agieren."

„Von einem Geheimnis –"

„Sogar gegenüber meinem Geliebten. Es ist nicht die gleiche Leidenschaft, wie mit dem vorherigen Geliebten [Fritz]."

„Oder Ihre Absage der Stunde gestern, damit sie die Zeit mit ihm verbringen können."

„Oh, ich habe gedacht, Sie seien weg? Nicht? Wirklich nicht? Das hätte mir gepaßt. Es ist typisch dafür, was ich tue."

„Sie spielten es in der Wirklichkeit aus – als Schutz gegen die Erinnerung an etwas, das, wie ich vermute, sich ebenfalls in der Wirklichkeit abgespielt haben muß."

„Als Spiegelbild oder in veränderter Form? Da geht wirklich etwas Seltsames mit Geheimnissen vor. Gestern Abend war ich dabei, wie mein Freund seine Frau zu Hause anrief. Wir hatten die 2 Tage miteinander verbracht. Nun schilderte er ihr, wie er in Philadelphia für eine neue geschäftliche Anstellung Unterredungen geführt habe, aber vom Eissturm aufgehalten worden sei. Ich hörte ihm zu, wie er log und log. Ich stand vor mir selbst schäbig da – daß er so heucheln könne und ich selbst daran teilnahm! Alles Lug und Trug! Ich sagte ihm, daß dieses Doppelleben auch von ihm einen Preis verlange. Ich war empört, und ich ließ meinen Zorn an ihm aus. Ich war aufgeregt (mixed up) über meinen Teil an dem Lügengeflecht."

„Wenn ich höre, was Sie berichten, das wiederholte In-Szene-Setzen eines bestimmten Vorgangs, frage ich mich, ob Sie nicht ein Geheimnis sexueller Art Ihres Vaters oder Ihrer Mutter entdeckt haben mögen, und zwar in Wirklichkeit. Der Wirklichkeitscharakter der Inszenierung (reenactment) scheint mir sehr auf den ursprünglichen Wirklichkeitscharakter hinzudeuten. Man kann für beide Versionen des Szenarios plädieren, obwohl die innere Konstellation dabei verschieden wäre."

„Es ist durchaus möglich, daß ich meinen Vater mit jemandem gehört oder gesehen habe und daß ich wie üblich etwas als sexuell verstanden habe, was bestimmt sehr unschuldig und nur ein Spiel war; aber ich kann an niemand besonderen denken. Ich ärgere mich auch darüber, daß ich jetzt benutzt werde, mißbraucht, und in diese Sache hineingezogen werde und nicht viel davon habe. Ich helfe dem anderen, daß er bekommt, was er will, und ich ziehe den Kürzeren."

„Mein Verdacht ist, daß daran mehr war als Sie sagten. Sie versuchen den Vater zu schützen, wenn Sie von einem unschuldigen Spiel reden und die Schuld auf sich nehmen; es scheint mir wahrscheinlicher, daß Sie Ihren Vater tatsächlich bei einem Akt der Untreue entdeckten –"

„– und daß er mich als Deckfigur brauchte. Ich weiß, er nahm mich manchmal mit auf seine Hausbesuche."

„Vielleicht nicht nur zu Patienten – wir wissen wie unverläßlich und verspielt er war – und sein Trinken."

„Ich wußte immer, wie ähnlich er und mein vorheriger Geliebter [Fritz] waren. Ihre Ähnlichkeit besteht in ihrem unersättlichen Bedürfnis, daß man ihnen Aufmerksamkeit schenke. Es ist wirklich merkwürdig, daß ich selbst dies nie damit verbunden habe, daß sich diese Ähnlichkeit auch auf ihr Verhältnis zu Frauen erstrekken könne. Beide waren schwache Männer, deren Selbstgefühl ständig gestreichelt werden mußte. Aber ich habe nie jene so naheliegende Folgerung gezogen."

„Und doch weist alles in diese Richtung, und zwar als *Wiederholung in der Gegenwart* – das Doppelgeheimnis (zwischen Ihnen und Ihrem Mann bzw. mir), das Spiel mit Ihrer Chefin und nun das Doppelspiel gestern abend."

„Das ist eine gute Theorie" sagte sie gönnerhaft. „Ich muß sehr jung gewesen sein. Vielleicht las ich draußen im Auto."

„Es mag auch anderswo geschehen sein."

„Er mag mich in der Stube gelassen haben."

„Und Sie mit Kindern spielen lassen und Sie so anderweitig beschäftigt haben."

„Welch ein Geheimnis das gewesen sein muß! Wie schwer zu halten (unmanageable)! Ich erinnere mich, wie ich masturbierte, wenn ich Angst hatte. Wohl auch Angst davor, was mein Vater plante oder tat."

„Angst vor Ihren eigenen Gefühlen."

„Welche Last – mich als Kind zur Partnerin in der Täuschung zu machen. Wie letzte Nacht: Ich hatte Angst, mein Hund könnte bellen und uns verraten. Oder daß seine Frau mein Geschirrschlagen hören konnte, denn er war ja angeblich unterwegs. Und doch wollte ich es beinahe. Sie tat mir wirklich leid. Dann überkam mich die Wut. Ich nannte ihn Herrn Wunderbar, der alles für alle sein wolle."

„Eine Vermutung kam mir da in den Sinn, eine Vermutung, die vielleicht sehr ausgefallen ist. Haben Sie mir nicht einmal erzählt, wie Sie an einer Geburtstagseinladung plötzlich einem Kind, scheinbar grundlos, mit einem Hammer auf den Kopf geschlagen und es verletzt haben?"

„Oh ja, das war die Tochter der Krankenschwester meines Vaters" (sie nannte die beiden Namen).

„Ich wette, hier liegt die Lösung! Sie waren wütend auf die Tochter anstelle ihrer Mutter."

„Sie konnten daheim nie meine Wut und Verdrossenheit erklären. Im Grunde bin ich kein verdrossener Mensch, auch wenn ich launisch bin. Wenn dies so ist, frage ich mich, wie es praktisch möglich war? Meines Vaters Praxis war im selben Haus, in dem wir wohnten. War es möglich, ohne daß es meine Mutter wüßte? Ich weiß, daß ich mit der Tochter zu spielen pflegte und daß die Mutter eine sehr schöne, anziehende Frau war, grazil und blond. Ich bin sicher, daß sie für meinen Vater arbeitete oder seine Patientin war."

„Das Wichtige war, daß Sie Partnerin in der Täuschung gewesen wären."

„Richtig – eine unfreiwillige Teilnehmerin, und daß auch ich getäuscht war – daß er mich für so etwas brauchte. Er tat oft Ähnliches: daß er mir in Aussicht stellte, den ganzen Nachmittag mit mir und nur mit mir zu verbringen. Ich erinnere mich sehr wohl, wie er mich immer wieder enttäuschte und mich sitzen ließ. Und in dem, was sich jetzt abspielt (is reenacted), bin ich es, die eine andere Frau mit einem Mann hintergeht."

„Statt ein passives Opfer der Täuschung zu sein, sind Sie jetzt aktiv daran betei-ligt. Wir haben ja durch die Analyse hindurch immer wieder gesehen, wie wichtig es für Sie war, *eine passive Situation in eine aktive zu verwandeln."*

„Ich fühle mich besser als zu Beginn der Stunde, obwohl ich noch nicht weiß, was mit dem Verhältnis zu tun ist. Ich wäre ja doch auch einsam ohne ihn." In die-ser Stunde überreichte sie mir den vollen Scheck.

In der folgenden Stunde berichtete sie, ihre engste Freundin sei ihrem chroni-schen Krebsleiden erlegen. Sie weinte etwas und bemerkte, wie nun wirklich ein Hauptabschnitt ihres Lebens zu Ende gegangen sei – mit dem Tod ihres Mannes und nun ihrer Hauptvertrauten. Auch in dem Zusammenhang kamen Geheimnisse, Verheimlichungen, Betrügereien zur Sprache. Dann erwähnte sie, wie unsorgfältig (careless) ihre Mutter mit allem – Familienalbum, Erinnerungen, überhaupt aller Wahrheit – umgehe. Die Patientin habe sich bei ihrer Mutter beiläufig über jene Krankenschwester und ihre Tochter erkundigt; die Mutter habe alles, woran sie sich erinnert habe, bestätigt, später aber, scheinbar ohne Zusammenhang mit dem The-ma, hinzugefügt, daß sie beim Vater geblieben sei und sich einfach geweigert hätte, es zu bemerken, wenn er sich mit anderen Frauen eingelassen habe. „Das paßt zu dem, worüber wir gesprochen haben," sagte die Patientin. „Sie betonte, sie hätte einfach nicht darauf geachtet und ihre Augen geschlossen. Es ist so typisch für sie, für ihre ganze Unbekümmertheit und Nachlässigkeit."

Die Patientin sprach wieder darüber, wie plausibel ihr die Zusammenhänge er-schienen, die wir vermuteten, und nichts errege ihre Wut so sehr, wie wenn sie sich von einem Manne gebraucht fühle, und, noch genauer, mit ihm in eine Verschwö-rung verstrickt sei, und doch scheine sie gerade diese herauszusuchen und herbei-zuführen.

„Auch dabei beobachtet und ertappt zu werden", fügte ich hinzu.

„Oder belauscht zu werden; das ist immer die Phantasie beim Verkehr; ich bin fast davon überzeugt, daß jemand uns zuhört oder mich sieht. Das ist ein wichtiger Anteil an der sexuellen Erregung."

„Was wieder einer Wendung ins Aktive entspricht" (wohl eher einer „Vertau-schung der Rollen").

„Was mich am meisten beschäftigt, ist die Frage nach der historischen Wahrheit: Was ist wirklich geschehen? Wir haben *etwas sehr Plausibles konstruiert,* aber es läßt mich doch noch zweifeln. Alle Teile sind vorhanden, die Evidenz ist überzeu-gend; mein Instinkt sagt mir: Das ist es. Aber die ganze Geschichte, alles zusammen – ich bin noch immer nicht zufrieden. Ein Teil mag noch fehlen. Und inwiefern ist es mein eigenes Geschichtenmachen?" (Ich glaube, sie hatte mit beiden Vermutun-gen völlig Recht, und man sollte noch etwas Drittes, Verfälschendes hinzufügen: Meine eigene Neugier, mein Wunsch, einen umfassenden und abschließenden Sinn für die anscheinend große Mannigfalt der Wiederholungen, deren innere Einheit ich spürte, aber nicht klar sah, zu finden. Der Ödipuskomplex war offensichtlich und von jeher weitgehend bewußt gewesen. Was war es, das fehlte?)

„Die überzeugende Kraft liegt vielleicht mehr in Ihren Handlungen als in den Er-innerungen selbst."

„Es sind Theaterstücke, die ich geschaffen habe. Ich schrieb die Rollen, und es ist immer wieder die gleiche Szene."

„Mit soviel Einzelheiten, mit dem Sturm pathologischer Eifersucht – ob es nun jene Frau oder jemand anders gewesen sein mag, was immer die historische Wahrheit gewesen sein mag."

„Und ich weiß, wie eifersüchtig ich auf meinen Vater war. Ich habe ihn wohl ausspioniert. Die stärkste Evidenz ist die pathologische Eifersucht, das ist wahr – gegen meinen ganzen Allgemeinverstand."

„Oder Ihr Spott durch die ganze Analyse: ‚Was ist dieses kleine Geheimnis, dem wir hier auf die Spur kommen sollen?' Und Ihre Verhöhnung der Analyse –"

„– die ich übrigens auch vor allen Leuten zu einem lächerlichen Grad geheimgehalten habe."

Im späteren Verlauf fragten wir uns, in welchem Ausmaß ihre eigene, der mütterlichen so ähnliche Nachlässigkeit (carelessness), nicht zuletzt auch in Hinsicht auf ihre Ausbildung, ihre Berufsarbeit, den Gebrauch ihrer beachtlichen Fähigkeiten, Ausdruck jener Geheimnisträgerei – nämlich als eine Art der *Verleugnung* – sein könnten: „Ich will es nicht wissen; ich will mich um nichts kümmern."

„Dieser Mangel an Sorgfalt ist ein massives, alles beeinflussendes Verhalten. In allem, was ich tue, tritt diese Schludrigkeit auf. Ich höre nicht zu, meine Gedanken schweifen ab – wie damals, wenn mein Vater mir Gedichte vorlas. Sein Pathos machte mich verlegen und war mir sehr unangenehm. Alles, was ich höre, erinnere, weiß, wird für mich fragwürdig."

„Als ob Sie sich sagten: ‚Ich will nicht glauben, was ich gesehen habe. Es ist sicherer, in Frage zu stellen, was ich erblickt habe, als es anzunehmen. Ich will's nicht wissen.' Das bedeutete dann zugleich *Verleugnung* und *Anerkennung* einer schmerzlichen und gefährlichen Wahrheit, was eben zu der tiefen *Doppelheit* Ihres gesamten Daseins geführt hat, die uns seit Beginn der Analyse zu denken gegeben (puzzled) hat." (Hier hatte ich unzweifelhaft Recht.)

„Richtig. Und das ist es, was die Erwachsenen mir gegenüber immer wieder einwandten: daß bei ihnen alles in Ordnung sei und daß alles nur meiner Unartigkeit und meiner Einbildung zuzuschreiben sei – meine Unzufriedenheit, mein Unglücklichsein, meine Ängste. *Ich traue daher nichts, was ich gesehen oder gehört habe –*"

„– wie jetzt in bezug auf die Zahlen oder die Zeiten."

„Wissen Sie, es geht alles zurück auf die Enttäuschung und die Wut, benutzt zu werden – und die Depression deswegen. Ich hatte ihn auf ein Piedestal gestellt, und wieder und wieder hat er mich enttäuscht. Immer wieder die gespannte Erwartung und die Hoffnung, und immer wieder die Enttäuschung und der Sturz."

„Alles kristallisiert in dem Geheimnis und der Täuschung, in denen Sie eine Rolle spielten."

Es war nur eine Teileinsicht und in der Rekonstruktion des Inhalts des Geheimnisses wahrscheinlich sogar schief oder falsch (ein Fall dessen, was Spence (1983) „narrative persuasion" – erzählerische Überredung genannt hat), die, ihrem inneren Szenario getreu, bald von einem neuen Akt des Ausagierens gefolgt wurde.

Rückblickend sehe ich dies als ein gutes Beispiel dafür, wie durch subtil-suggestive Einflußnahme meinerseits eine Fährte verfolgt wurde, die zwar damals plausibel schien und auch zu ganz bedeutenden wirklichen Einsichten führte, aber dabei zu rasch, zu konkret mich zu Schlüssen veranlaßte, die mehr meinem Bedürfnis, ihr Geheimnis aufzuklären, und ihrem Bedürfnis, mir für die Honorarangelegenheit heimzuzahlen, zuzuschreiben waren als daß sie dem Auffinden der vollen Wahrheit dienten. Ich bin heute, 2½ Jahre später, davon überzeugt, daß dies ein – vielleicht notwendiger? – Umweg war. Es ist eben doch so, wie Freud 1917 geschrieben hat: „Die Lösung seiner Konflikte und die Überwindung seiner Widerstände glückt doch nur, wenn man ihm solche Erwartungsvorstellungen gegeben hat, die mit der Wirklichkeit in ihm übereinstimmen. Was an den Vermutungen des Arztes unzutreffend war, das fällt im Laufe der Analyse wieder heraus, muß zurückgezogen und durch Richtigeres ersetzt werden" (1917, S. 470). Wenn, wie wir später (in Bd. 2) noch sehen werden, Grünbaum dieses Argument – das von ihm so benannte „Tally-" oder Übereinstimmungsargument – ablehnt, begibt er sich der Untersuchung einer wirklich wertvollen klinischen Erfahrung, die weit interessanter ist als die Trivialität der Erklärung durch „Suggestion".

Die wirklichen Geschehnisse waren noch verwickelter und im Grunde genommen interessanter als das, was ich selbst vermutete und worüber die Patientin selbst ihre Skepsis bekundete.

7.2 Die verleugnete Wirklichkeit

Zwar zahlte sie nun voll, verwirklichte aber ihren ursprünglichen Vorsatz recht unvermittelt. Sie kündigte nämlich im Mai an, sie werde die Analyse Ende Juni (1984) abbrechen. Dies geschah eben zu der Zeit, als die wirkliche Natur jener Geheimnisse klarer wurde.

In ihrem frenetischen Handeln habe sie die tiefe Trauer über das Alleinsein zu übertönen versucht. Es sei, als ob ein Teil ihrer selbst fehle. In der Analyse hatte sie stets betont, daß sie immer gefühlt habe, etwas fehle, „something is missing", doch dabei von Penisneid zu sprechen, wäre lächerlich: Vielmehr handle es sich um eine tiefe innere Leere. Doch müsse sie diejenige sein, die den Abschied aktiv herbeiführe, ehe sie selbst verlassen werde. Ihre auch der Analyse gegenüber bezeugte Verachtung war das der Affektumkehrung zuzuschreibende Gegenstück zur Scham über ihre Verletzlichkeit, zu den tiefen Gefühlen von Enttäuschung, Trauer und Schmerz, die sich in plötzlichen Tränenausbrüchen kundtun konnten. Was das aber heiße? Wenn sie sie selbst wäre, würde sie von ihren Eltern verstoßen. Doch warum diese durch hektische Betriebsamkeit und Frivolität abgewehrte Trauer? Warum diese Überzeugung, sie würde von ihren Eltern verlassen? Warum dieses „falsche Selbst", für das sie sich schämte, dies Gefühl, ein Stück ihres Selbst fehle? War es die Verleugnung eines Teiles ihrer Individualität, um nicht von ihren Eltern abgewiesen und damit von Trennungsangst überwältigt zu werden? „Es war beängstigend, entlarvt zu werden, daß die Eltern herausfänden, wie ich wirklich fühlte, und was sie mir antäten. Daß ich verlassen würde für jemand anderen (dumped)? In der Kindheit hatte ich diese ständige Furcht: Wenn sie mich sähen als das, was ich wirklich war, würden sie mich nicht mehr haben wollen" (703). Dasselbe erwartete sie von mir.

In der letzten Stunde vor dem Abbruch (708) fragte sie sich wieder: „Warum reagiere ich so stark auf Trennungen? Es ist, als ob ein Stück von mir abbräche. Jedes Mal, wenn die Eltern mich verließen, war es, als ob sie nicht mehr zurückkämen. Ich führte dies unehrliche Leben: Ich verhielt mich auf eine Weise und fühlte etwas ganz anderes, und ich schämte mich darüber. Der Teil, der nicht ich war, wurde bewundert. Wie konnte ich mich gut über das wirkliche Ich (self) fühlen?"

Um von ihren Eltern geliebt zu werden, mußte sie *deren Mythen und deren Wahrnehmung der Realität annehmen*. Ihr Leiden, ihre Einsamkeit und ihre Angst wurden der Einbildung zugeschrieben. Dies kam dem Geheimnis näher, das wir vergeblich gesucht hatten, und damit auch dem Grund ihres Doppellebens. Doch was war das wirkliche und so gefährliche Ich (self), das verleugnet werden mußte? Das zeigte sich erst später.

Kurz nach dem Abbruch der Analyse nahm sie wieder geschlechtliche Beziehungen mit Fritz auf, neben ihrer Affäre mit Max, und dies obwohl sie nach wie vor beträchtliche und wohlbegründete Besorgnisse über Fritz' Gesundheitszustand hegte. Etwa 8 Monate nach Abbruch der Analyse (Frühjahr 1985) rief sie mich an, um mich um Rat zu fragen. Fritz sei nun mit einer schweren Erkrankung hospitalisiert, deren Natur noch immer mysteriös scheine. Ob sie seinem Arzt ihre Kenntnisse über seine Eskapaden mitteilen solle?

Dieser erwies sich als wohl informiert darüber, und als Fritz 2 Wochen später verschied, wurde das Geheimnis gelüftet, daß er in der Tat seit Jahren an AIDS gelitten habe. Die Patientin war entgeistert zu erfahren, daß sie scheinbar die einzige gewesen war, mit der er trotz seines Wissens um die Natur seiner Krankheit weiterhin intimen Kontakt gehabt hatte. Sie fühlte sich zutiefst betroffen, nicht nur wegen seiner charmanten Rücksichtslosigkeit ihr gegenüber – ihre ganze Sonderstellung hatte also nur darin bestanden, daß er mit *ihrem* Leben gespielt hatte –, sondern auch wegen ihres eigenen halsbrecherischen Leichtsinns, hatte sie doch nicht auf die Stimme ihres Verdachts und auf meine eigenen Warnungen vor der unzweifelhaften Gefahr gehört und sich weiter mit Fritz eingelassen. Auch hatte sie damit nicht nur sich selbst, sondern auch ihren anderen Partner, Max, gefährdet. Lag darin nicht noch mehr als Selbstgefährdung und Selbstbestrafung, sondern auch ein gehöriges Stück Rache an dem Mann, der sich nicht von seiner Frau trennen lassen wollte? Bediente sie sich jenes Geheimnisses als Dolch? Vor allem aber: Warum diese verheerend breite und tiefe *Verleugnung* der Wirklichkeit, *das Nichtsehenwollen der tödlichen Gefahren*? Sie entschloß sich, die Analyse bei mir wieder aufzunehmen.

Weitere Stücke des Zusammensetzspieles ließen nicht lange auf sich warten. Sie lagen zunächst in der Einsicht in die genaue Form und in die vollständige Deutung der *Masturbationsphantasie*: „1) Ich habe Anzeichen dafür, daß meine *Eltern Verkehr* miteinander haben (was bei den engen Wohnverhältnissen wahrscheinlich war); 2) es geht dabei nicht um Liebe, sondern sie *kämpfen um mich* (the struggle is for me); 3) ich bin nicht mehr die Ausgeschlossene und Verratene, sondern im Gegenteil, *ich bin der Kampfpreis*; 4) die Mutter ist die *böse Hexe*; sie will Rache an mir nehmen und mich für so schreckliche Wünsche durch Verstoßung und tödliche Einsamkeit bestrafen; 5) doch am Ende wird sie vom Vater überwunden, verstoßen und vielleicht *getötet*; 6) ich bin die *Prinzessin*, die der Vater will und die nun allein mit dem Vater zusammen ist. 7) Diese Phantasie kann nur dann erlebt werden, wenn die *Wirklichkeit verleugnet* wird. Teil dieser Verleugnung ist, daß ich nun allen Gefahren und Beschränkungen überlegen bin und daß dabei der Vater alle Gewissenschranken zerbrechen kann. Damit bin ich jenseits von Schuld und Scham – von den Schuldgefühlen wegen meiner Rachephantasie gegenüber meiner Mutter, von der Scham über mein verhülltes Selbst: meine Schwäche, meine Trauer, meine Masturbation. 8) Ich habe eine *Sonderstellung*, und der Beweis dafür liegt in einer Folgephantasie: daß ich in mir ein verstecktes, zerbrechliches Organ besitze, das kein anderer Mensch hat, *einen geheimen Penis, eine Quelle der Macht und Lust*, die nur ich kenne oder besitze. Und *dieses Geheimnis war mein Schutz* gegen die tiefe Selbstunsicherheit, Selbstverurteilung und Selbstverachtung" (753, 786).

Wozu sollte sie da noch die Knaben beneiden? Sie hatte ja, was niemand sonst hatte! Und die übesteigerte *Sexualisierung* aller Erlebnisse diente als Beweis dafür, daß diese komplexe Phantasie verwirklicht werden konnte: daß der Vater sie wirklich gegen die bedrohliche Mutter, von der sie sich nicht zu trennen vermochte, der sie ihre eigene Individualität aufzuopfern hatte und die sie doch zutiefst haßte und beneidete, zu schützen und damit auch ihrem eigenen so gefährlichen Gewissen entgegenzuwirken vermochte. Der *Bruch in ihrem Selbstbild* und damit die durchgehende Duplizität in ihrem Leben liegt in ihrer wohl sehr früh entstandenen *Ambivalenz* der Mutter gegenüber begründet: Sie wußte sich von einer affektiv unberechenbaren, egozentrischen Frau abhängig, deren bedingte Annahme sie nur dadurch zu erreichen vermochte, daß sie ihre Wut, ihren Haß und ihre Verachtung hinter der *Maske ihres „falschen Selbst"* verbarg, doch dabei weder sich noch der Mutter je trauen konnte und immer den Liebesverlust, den Prototyp des von ihr nun umgekehrt aktiv ausgeübten *Verrats*, zu befürchten hatte (vgl. Müller 1985).

Wir erreichen das Ende der analytischen Arbeit. In der 841. Stunde enthüllt sich ein weiteres Stück des „Geheimnisses".

„Meine Mutter war ebenso verräterisch, wie ich es oft bin. Nicht daß sie kalt war; es war die Veränderlichkeit ihrer Gefühle, ihre *Launenhaftigkeit*. Man konnte nicht voraussagen, wie sie reagieren würde, und noch heute ist sie so. Es war immer wie Quicksand, das Gefühl, ich würde einsinken. Von dort kommt diese Doppelheit in mir, daß ich bin wie sie: ‚Wer bin ich? Warum tue ich dies, wenn dies nicht das ist, was ich will?' Sie konnte mir nie ihre ungeteilte Aufmerksamkeit geben."

Sie spricht über ihre eigene Ablenkbarkeit oder eher über ihre Neigung, von einem Problem, einem Diskussionsgegenstand, einer Frage sehr rasch abzuschweifen (to deflect). Und plötzlich fragt sie sich: „Meine Mutter hatte als Kind den Veitstanz gehabt und galt immer als kränklich und schonungsbedürftig, was ich nie einsehen und annehmen wollte. Es ärgerte mich, wenn die Leute das behaupteten, mein Vater, meine Großmutter. Alle wußten, daß etwas mit ihr falsch war, daß etwas mit ihr nicht stimmte und daß sie sehr ‚special' war. Alle waren ihr gegenüber so besorgt, protektiv . . . Und doch ist es so: Wenn Eltern gestört sind, erkennen es gerade die Kinder nicht. Trotz meines Mangels an Ernst war meine Mutter die einzige Person, die ich ernst nahm – diese febrile, hyperaktive, flüchtige Frau, die unfähig war, sich auf irgend etwas zu konzentrieren (to focus)."

„Ist dies nicht ‚das kleine Geheimnis‘, dessen Enthüllung Sie immer [spöttisch] von der Analyse ‚erwarteten‘ und auf das wir nun endlich gestoßen sind: *Ihre Verleugnung der Krankheit*, vielleicht des Hirnschadens Ihrer Mutter?“

„Dies war das Geheimnis. Ich konnte nicht verstehen, warum sie so auf sie schauten; für mich sah sie blühend und gesund aus. Ich verstand nie die Spezialbehandlung. Ich wollte eine gesunde, normale Mutter, und ich machte sie dazu, aber sie war es nicht, und das war das Geheimnis. Und dies war es auch, was ich stets verleugnete. Sie war nicht normal. Ich aber nahm die Ansicht aller anderen nicht an. Ich wollte nicht, daß sie die Aufmerksamkeit und Schonung von den anderen erhielt. Ich nahm sie immer wieder ernst, und sie enttäuschte mich immer wieder. Doch daß sie krank sein könnte – das verleugnete ich bis heute.“

Sie suchte *Schutz* gegen die Mutter, der sie nie trauen konnte – „ich wußte nie, wann sie mich ganz verstoßen oder sogar vernichten würde“ – *in der stark erotisierten Beziehung zu ihrem Vater* und damit in der 1. Hauptphantasie, der des Kampfes. Doch wie tief sie sich dabei mit der Mutter, mit ihrer Unkonzentriertheit, ihrer Flüchtigkeit und Oberflächlichkeit identifiziert hatte, wie sehr sie diese Ähnlichkeit haßte und verachtete und wie sehr diese *Identifizierung mit der verachteten und gehaßten Mutter* eben der Abwehr gegen solchen Haß und doch auch gegen ihre Eifersucht dienten – all das wurde nun schlagartig klar und damit auch die Tiefe ihrer Selbstverachtung: Wie konnte sie sich achten, wenn sie der verachteten Mutter so ähnlich war? Als *Schutz gegen diese Identifizierung* brauchte sie die 2. Hauptphantasie, das *Bild des geheimen, magisch-machtvollen Penis*.

„Dies ist also die wirkliche Dualität!“ rief sie aus. „Sie [die Mutter] war geschädigt von Anfang an, und ich mußte es annehmen und was mit mir falsch war, da ich eine solche geschädigte (imperfect) Mutter hatte. Und doch konnte ich gerade das nicht annehmen! Dies war die Spaltung in mir.“

Es stellte sich überdies heraus, daß beide Eltern „ständig große Mengen an Schmerzmitteln“ eingenommen hatten, und daß die schwere Charakterstörung der Mutter nicht (oder doch nicht nur) als Folge der rheumatischen Erkrankung zu verstehen war, sondern eher als solche des auch schon früher gelegentlich erwähnten, doch nie in seiner bedenklichen und folgenschweren Natur erkannten Medikamentenmißbrauchs aufgefaßt werden konnte.

„Ich bin sehr zufrieden damit (pleased), worüber wir in den letzten Stunden gesprochen haben“, sagte die Patientin. „Es gab mir ein tiefes Gefühl der Erleichterung. Es war, als ob alles, was ich beobachtet und gefühlt hatte, sich unter einem Deckel (lid) befunden hätte. Es war ein Geheimnis. Ich sagte, es scheint von keinem Interesse für andere; aber es ist so machtvoll für mich, all diese Information. Und ich bin so beschämt (ashamed), ich meine nicht über mich selbst, sondern für meine Mutter, für meine Familie. Das war der Impetus dazu, es so lange als Geheimnis zu behandeln. Dazu kam auch noch etwas wie eine Verschwörung mit dem Vater. Ich wollte ihn beschützen ... Ob nicht seine Depression damit zu tun hatte, daß er einsah, welch kindliche Frau (girl woman, child woman) er geheiratet hatte?“

Ihre Beschreibung erinnert lebhaft an Dora in *David Copperfield* und Fanny in *Little Dorrit*, bemerkte ich.

„Ihr Mangel an Takt, ihre Grobheit und Ekzentrizität sind noch heute so peinlich. Auch *er lebte eine Doppelexistenz mit ihr, die auf Verleugnung aufgebaut* war. Welche Erleichterung es ist, daß ich endlich, nach all der Zeit, diese Geschichte erzählt habe und daß es alles herausgekommen ist und daß jemand, der objektiv ist, zu dem Schluß gelangt ist, was ich die ganze Zeit gefühlt habe: daß *etwas falsch war*, was nie ausdrücklich festgestellt wurde; es wurde immer nur in Parabeln und implizit bemerkt, und ich konnte es nie wirklich fassen (catch on). Nur daß sie krank war. Und es gab den Teil in mir, der fortwährend dies verleugnete, da es zu schmerzlich war, eine wirklich kranke Mutter zu haben. Das war der unerträgliche Gedanke, den ich verleugnen mußte. Und zeitweise handelte sie ja richtig, so daß es schwer war, sich ein Urteil zu bilden. Dazu war es ein Teil der Phantasie, daß *ich* daran schuld war (that it was my fault)! Daß ich ihre Unberechenbarkeit verursacht hatte. Die letzte Woche konnte ich es nicht ausstehen, um meine Mutter herum zu sein. Jetzt ist es vorbei. Ich kann Abstand dazu haben. Es hat keine Macht mehr über mich. Das Unding (stuff) zwischen ihr und mir ist vorbei. Seine Macht ist gebrochen (the spell is broken). Es ist wie im Märchen. Ich spreche zu ihr über Dinge, die mir etwas bedeuten, doch bin ich distanziert (removed) davon. Es war sehr gut letzte Woche und sehr nützlich. Es ließ alles andere zurechtrücken (it made everything else fall into place) . . . Es ist wie bei einem Zusammensetzspiel, und plötzlich sieht man das ganze Bild vor sich" (844/849).

Ist es nicht das, was wir als „gute Stunden" und als die Macht der Einsicht bezeichnen und beschreiben dürfen?

In der Durcharbeitung dieser Einsichten bemerkte sie wieder und wieder, wie ihr ganzes Leben von dieser *Verknüpfung von Geheimnis, Verleugnung und Verrat* geprägt worden sei: „Mein Ablenken (deflecting), das ich im Gespräch wie auch ganz allgemein in meinem Leben immer wieder beobachte, heißt, ich schaue irgendwo anders hin, um zu vermeiden, mich auf das zu konzentrieren, worauf ich sollte. Es schafft *Schichten und Schichten der Verleugnung*. Es ist mein Charakteristikum, abzulenken und nicht zu konfrontieren . . ."(846).

Ihre eigene „verrückte" Impulsivität gab ihr spät im Leben die Gelegenheit, sich mit ihrer Mutter gegen ihren Gatten zu verschwören und in diesem Bündnis all die wilden Sexualphantasien der Mutter in Wirklichkeit auszuleben und dann mit ihr zu teilen. „Daß mein Vater diese verrückte Frau behielt und liebte und mir vorzog, das, so erklärte ich mir, war ganz seiner sexuellen Bindung an sie zuzuschreiben. In die war ich nicht eingeweiht. Es war diese, mit der sie ihn an sich zu fesseln mochte und ihn zu ihrem Sklaven machte. Das versuchte ich zeitlebens mit der Sexualisierung von allem zu wiederholen – ich brauchte Sexualität wie ein klebriges Netz, um meine Fliegen zu fangen." Auch hier läßt sich übrigens gegenüber der Mutter wieder die Wendung ins Aktive beobachten: Sie reizt deren Neugier an und weidet sich an unerfüllbaren Gelüsten der alten Frau, während sie jetzt selbst die genüßliche Erzählerin geworden ist.

Etwas Ähnliches spielt sich in dem ab, was wir als „alliance for gossip" oder „*Klatschbündnis*" bezeichneten (852). Immer gelingt es ihr, mit einer Freundin über eine andere, mit einer Verwandten über ihre Mutter, mit der Mutter über ihren Geliebten und natürlich mit mir über jedermann sonst, und mit vielen über mich Schlechtes zu reden. Dieses Schwatzen und Verraten sei ein „alles verzehrendes

Verhalten" geworden – die „Zerhackung" des anderen. Es war eine Art Sicherheits-
ventil für ihr verzehrendes Ressentiment: „Wie kann das je gut gemacht werden,
was ich nie von meiner Mutter erhalten habe?"

Damit kommen wir wirklich zum Entscheidenden: Das dritte und wohl bedeut-
samste „Geheimnis" bestand im *Geheimleben ihrer Eltern, von dem sie sich ausgeschlossen wußte*, dem Intimleben der Eltern, das selbst zum Symbol ihrer eigenen
relativ nebensächlichen Stellung im Vergnügens- und Gesellschaftsbetrieb ihrer Eltern geworden war. Die Eltern besaßen das Geheimnis, und sie verleugneten die
Wirklichkeit – die Krankheit der Mutter, die Komplizität des Vaters, die Vergnü-
genssucht, die Erfordernisse der Arbeit, die Wirkungen der Medikamente, die er ihr
verschrieb, bis sie angeblich einen „Hirnschlag" und eine „Hirnhämorrhagie" erlitt
(wohl eher Folgen des chronischen Schmerzmittelabusus). Dazu trat der auch heute
angeblich noch aufrechterhaltene Anspruch in der Familie, daß das Kapriziöse ihrer
Mutter und die Unberechenbarkeit dem Kind gegenüber die Schuld des Kindes waren: „Es war mein Fehler. Ich war kein vollkommenes Mädchen, ich war mürrisch
und verstockt. Deshalb war sie so! Und diese Verleugnung des wirklichen Sachver-
halts bestätigten sie immer wieder, und noch heute stellt es meine Mutter so dar, als
ob sie die wundervollsten Eltern gewesen wären und ich ein schwieriges Kind war,
das mit nichts zufrieden war und immer seinen Kopf durchsetzen wollte" (859).
In bezug auf Wahrheit, Wert und Freude war sie die ausgeschlossene Dritte; und
diese Sachlage mußte *durch Handlung, Umdeutung und Ignorieren in ihr Gegenteil
verwandelt* werden.

Als sich dann im Laufe ihrer 30er Jahre etwas ganz ähnliches mit ihrem Gatten
einstellte, nämlich daß er seine Prioritäten klar als Arbeit – Kinder – Ehe ansah, sie
sich also von neuem an 3. Stelle befand, mußte sie handeln und ihrerseits eine Reihe
von Dreiecken mit vielfältigen Geheimnissen und der dramatischen Doppelheit, Du-
plizität, in allen ihren Verhältnissen herstellen. Es war der Triumph der Abwehr
durch die *Wendung vom Passiven ins Aktive*: Nun war sie es, die eine verborgene
Intimbeziehung unterhielt, jemand anderen ausschloß und eifersüchtig zu machen
versuchte und damit im Bewußtsein *der Macht des Geheimnisses* schwelgte. Nun
war sie es, die ein auf Lügen und Verleugnungen aufgebautes Doppelleben zu führen begann.

Sie bekannte, daß sie die vorige Nacht während des Verkehrs mit Max im Augenblick des Höhepunkts plötzlich an Max' Frau dachte: „Ich habe dich ausgestochen
(conquered), das bringt alles zusammen (that wraps things up). Es war mein Triumph über sie, der mir eine besondere Lust gab (adding extra excitement)." Endlich
hatte sie ihre Mutter überwunden (858).

Auch die Phantasie, einen geheimen Penis zu besitzen, nahm eine tiefere Bedeutung an: „Ich wußte, etwas war anders mit mir. Wenn mein Wert so damit verknüpft
war, daß ich eine normale Mutter haben sollte, und meine Sinne mir sagten, daß
dies nicht der Fall war, mußte das eine Reflexion auf mich bedeuten: daß ich selbst
nicht viel wert war. Meine Rückzugsposition war, daß etwas an mir speziell war.
Die Masturbation war das einzige, auf das ich mich verlassen konnte. Das war ein
sicheres Ding, das beruhigte mich, wenn ich gespannt war, darauf konnte ich immer

zählen, wenn ich einschlafen wollte und nicht konnte. Und wenn ich einen geheimen Penis hatte, war ich allen anderen Kindern ebenbürtig [nein, überlegen]. Ich
mag nicht eine normale Mutter haben, aber ich habe einen geheimen Penis! Mein
Selbstwert war davon bestimmt, daß ich keine gesunde (okay) Mutter hatte, daß
darum von Anbeginn an etwas mit mir selbst auch falsch war." Das läßt sich wohl
wiederum nicht allein mit dem Anderssein wegen der Abartigkeit ihrer Mutter, sondern wohl auch mit dem Ausgeschlossensein von der elterlichen Intimität begründen: Der geheime Penis symbolisierte doch *die Macht des Ungeschehenmachens* ihrer Ausschließung. Mit der Phantasie war sie *beides*, Mann und Frau, Vater und
Mutter, und unabhängig von der Rivalität mit dem einen gegen die andere. Und die
darin sich bekundende *Doppelidentifizierung* wäre dann das andere Substrat für ihre durchgängige Duplizität.

Eine verblaßte und nur einmal kurz erwähnte Erinnerung aus ihrem 4. oder
5. Jahr tauchte nun mit voller Kraft und mit nie zuvor angemerkten Einzelheiten auf:
Sie stand am offenen Fenster und entblößte vor einer neugierigen Kinderschar beiden Geschlechts ihre Geschlechtsteile und ihren Hintern. Sie öffnete sogar die
Schamlippen, um das dort Versteckte zu demonstrieren: „Seht, was ich habe! Ich
bin so gut wie jedermann! Ich habe etwas dort, wenn es auch kein Penis ist, und
das ist so gut und besser und mehr als was alle ihr anderen habt." Sie hatte durch
ihr Handeln zu bezeugen, daß sie nicht zu kurz gekommen war. Es war ein interessanter Kompromiß von Verleugnung und Anerkennung, der hier durch die Handlung, nicht nur durch eine Phantasie unterstützt wurde. Sie wußte, sie hatte keinen
Penis, aber sie protestierte und demonstrierte, daß sie etwas anderes, besseres habe,
das ihr bei der Masturbation als „geheimes, doch besonderes Werkzeug" diente.
„Die Phantasie entwickelte sich aus großem Schmerz (anguish) und Verdruß (anger) und Hilflosigkeit" (862). Zugleich war es eine bewußte Handlung von Trotz
und Empörung, das bewußte Überschreiten eines Verbots, womit sie diese ihre Verleugnung der Wahrnehmungen und ihre *neue Wahrheit* ad oculos demonstrierte.

„Ich traue nichts, was ich gesehen oder gehört habe", hatte sie vor langem ver-
kündet. Das bedeutet nun: „Ich will nichts mehr trauen und sehe fortan *alles* als
zweifelhaft an, um mir zu beweisen, daß das, was ich wirklich weiß und erinnere,
was ich gesehen und gehört habe – nämlich die Liebe meines Vaters zu dieser un-
beständigen Frau, die noch überdies in 2 Hinsichten defektiv war –, auch nicht
wahr sein kann. Wenn meine Verleugnung und meine Lügen angenommen werden
können, dann brauche ich auch nicht an die Wahrheit der traumatischen Beobachtungen zu glauben." Doch der Nettoeffekt davon war, daß alle ihre Wahrneh-
mungs- und Erinnerungsfähigkeiten dadurch kompromittiert wurden.

Nun habe sie das Gefühl, alle Stücke des Rätsels seien gefunden worden. Sie war
erstaunt, wie dramatisch das Gefühl der Zwanghaftigkeit („compulsiveness") gewi-
chen zu sein schien, daß die Besessenheit von sexuellen Wünschen stark abgenom-
men habe und sie sich viel freier fühle (857, 859). „Doch bin ich wirklich frei davon?
Kann ich nun mit diesem Wissen auch weiser handeln? Dessen bin ich nicht sicher
..." (857).

Die Einsichten bedingen freilich ein Neudurchdenken ihrer Handlungen. Konnte
sie weiterhin das Verhältnis mit Max beibehalten, das aus einem Teufelskreis be-

stand von Lügengespinsten, an denen auch sie mitzuweben hatte, von Hochgenuß
und harmonischem Beisammensein, von wilden Eifersuchtsszenen ihrerseits und
von ihr gestellten Ultimaten, er solle seine Frau verlassen, ansonsten werde sie sich
auch mit anderen Männern einlassen, von Unehrlichkeit seinerseits nun auch ihr,
der Geliebten und Mitverschworenen, gegenüber? Langsam erkannte sie, wie dieses
Verhältnis ziemlich genau die Masturbationsphantasie in der nun bekannten Voll-
form wiederholte und damit eben auf massiver Verleugnung aufgebaut war. „Der
griechische Chor meiner Freunde und Söhne warnt mich davor, wie ich meine eigene Enttäuschung immer wieder selbst herausfordere. Sie sehen es alle. Nur ich wei-
gere mich, es zu sehen und zu glauben. Das ist mein alter Eigensinn –“
„– der Wirklichkeit Trotz zu bieten.“
„Ich will es auf meine Weise haben, gleich was jeder sagt und tut, und so wird es
sein!“
„Und das muß zur Enttäuschung führen. Wie nannten das die Griechen?“
„*Hybris.*“
„Nicht die Grenzen dessen zu sehen, was möglich ist, und sie zu achten.“
Sie fügt hinzu, daß sie sich als Rechtfertigung für dieses Durchsetzen der Masturbationsphantasie ihre gebrechliche, inkontinente, oft verwirrte Mutter ins Haus genommen und nun seit über einem Jahr neben ihrem Beruf gepflegt habe, „um für
die Schuld in bezug auf die ausgelebte Masturbationsphantasie mit Max und dessen
Frau zu kompensieren. Und umgekehrt, da mich meine Mutter so frustriert, habe
ich die Berechtigung (I'm entitled) für alles.“ Es ist ihr klar, und sie nimmt es als
vernünftig an, daß die Analyse erst dann als völlig beendigt angesehen werden könne, wenn sie diese beiden Probleme – ihre Verstrickheit mit Max und die Frage der
Pflege ihrer Mutter – zu ihrer Befriedigung, also in einer rationalen, den erreichten
Einsichten entsprechenden Weise auch in der äußeren Wirklichkeit gelöst habe
(870).
Vor einer Weile hatte sie ihrem Ressentiment Ausdruck verliehen: „Die Leere,
das Fehlen, die kann man nie wieder gutmachen. Keine Einsicht hier kann das ersetzen.“
Die symbolische Welt könne einen eben nicht ernähren. Wirklich nicht? Ist es
nicht eben diese, die uns allen das Vorenthaltene ersetzen und uns über die Beschränktheit unserer Mitmenschen – deren Kleinheit, Wankelmütigkeit und Besitz-
gier – hinwegzutrösten vermag? Doch wie läßt sich das in dem Alter noch vermitteln?

In diesem Fall hat ein scheinbar begrenzter Teil des Agierens in der Analyse – die
Unterbezahlung – auf ein viel breiteres Feld hingeführt: das *Doppelspiel des Ge-
heimhaltens*. Dies leitete zu einer Serie paralleler Situationen in der Gegenwart außerhalb der Analyse über, und von diesen gelangten wir zu einer Konstruktion ihrer
vermutlichen Anteilnahme an einem ähnlichen Doppelspiel in ihrer Kindheit, aber
mit dem entscheidenden Unterschied, daß sie damals eine *passive* Teilnehmerin gewesen war, unfreiwillig gebraucht und voller Scham, Eifersucht und Ressentiment,
wogegen sie heute diese Situation *aktiv* inszeniert, auch in der Übertragung, wo jene Affekte wieder und wieder durchbrechen können. Das Wesentliche dabei ist der

Zusammenhang, daß eine wiederholte Inszenierung in der Wirklichkeit etwas, das wirklich geschehen ist, nicht nur widerspiegeln, sondern auch korrigieren soll, etwa mit der Bedeutung: „Ich *wiederhole* diese Szene, um mir die *Falschheit* der ursprünglich ‚gleichen' Szene zu *beweisen*." Es gibt manche Wege, jene Wirklichkeit in der gegenwärtigen Wiederholung Lügen zu strafen – die *Wendung ins Aktive* mit Rollenvertauschung ist wohl nur eine, aber sie ist eine wichtige Korrektur.

Hinter dieser Form des Agierens stand die doppelte Phantasie: einerseits im Dreieck mit den Eltern den Kampfpreis darzustellen und die Mutter zu beseitigen, andererseits als einziger Mensch einen versteckten Penis zu besitzen.

Die intensive ödipale Phantasie hatte selbst der Abwehr gegen den tiefen Ambivalenzkonflikt mit der Mutter zu dienen, mit der sie, wegen deren ständiger Unberechenbarkeit, in bezug auf Individuation und Trennungsangst in unlösbarem Konflikt stand.

Alle diese Rekonstruktionen führten auf das dreifache „Geheimnis" zurück – die (vielleicht durch Hirnschaden zu erklärende?) schwere Charakterpathologie der Mutter, die Intimität der Eltern und ihre eigene anatomische „Andersartigkeit" –, das von der Patientin zeitlebens sowohl *verleugnet* wie auch *erkannt* worden war. Die Doppelheit in der Beziehung zur Mutter führte einerseits zu ihrer eigenen Doppelidentität – als flüchtige, frivole Weltdame und als tiefsinnige, rebellische „Stänkerin" –, andererseits zu dem massiven Agieren, bei dem in Trotz, Ekstase, Verleugnung und Selbstbestrafung die verschiedenen Konfliktschichten blitzartig aufleuchteten.

Es ist anzunehmen, daß diesen scharfen Konfliktgruppen bedrohliche Störungen in der Affektregulation – ich denke v. a. an ihr Unvermögen, mit Angst, Trauer, Wut und Einsamkeit fertig zu werden – zugrunde liegen.

Übrigens ist die ganze Schilderung auch ein Beitrag zum Thema der Dynamik und Behandlung des Narzißmus. Die Patientin zeigte einen typisch narzißtischen Charakter und eine narzißtisch gefärbte Pathologie, was sie mit ihrer hervorragenden Intelligenz und Belesenheit auch selbst erkannte. Wie ich aber im vorigen Kapitel ausgeführt habe, halte ich solche Probleme des Narzißmus sämtlich für einen wesentlichen Teil der klassischen Konfliktanalyse, und die Technik selbst bleibt im wesentlichen die der sorgfältigen und taktvollen Anwendung der Abwehranalyse, wobei ich der vorsichtigen Ausübung der Autorität, also des *Ausnützens der Über-Ich-Übertragung*, besondere Wichtigkeit beimesse und diese nur unter extremen Umständen einsetze. Auch hier läuft es immer wieder darauf hinaus, die das Über-Ich betreffenden Konflikte und die gegen das Über-Ich angewendeten Abwehrformen, namentlich Verleugnung und Wendung ins Aktive, zu analysieren und nicht durch suggestives Fiat zu überwinden – aller Provokation zum Trotz.

Die narzißtischen Probleme werden dabei als Folgen, nicht als Ursache von Konflikten mit intensiver Über-Ich-Beteiligung betrachtet und behandelt.

7.3 Prometheus und Pandora

νόσημα γὰρ αἴσχιστον εἶναί φημι συνθέτους λόγους.
(Ich sage ja, daß die beschämendste Krankheit erlogene Worte seien.)
(Aischylos, *Prometheus Desmotes*, S. 685 f.)

Suchen wir nun aus dem bei ihr Gefundenen eine allgemeine Bedeutung zu gewinnen, beeindrucken uns v. a. die ihr Schicksal bestimmenden Konstanten der
Macht der Lüge wie auch des *Giftes der Lüge.* Diese steht aber im Dienste eines
Doppelwunsches: die *Wahrheit zu ändern* und die *Herrin des Geheimnisses* zu werden. Die Lüge ist damit die Waffe der *Geheimnismacht* und der Gewalt gegenüber
der Realität. Das Lügen, womit die Vorenthaltung der Wahrheit durch das Geheim-
spiel erreicht wird, ist ein Lügen gegen sich selbst wie auch ein Lügen gegenüber
den anderen.

Die Motivkraft hinter diesem Doppelwunsch ist natürlich v. a. jene Kombination
von Neid, Eifersucht und Rachsucht, die wir immer wieder als das *Ressentiment* angetroffen haben. Ich werde später (in Kap. 10) darauf zurückkommen.

Daß es sich dabei um eine besondere Formulierung der ödipalen Problematik
handelt, steht außer Zweifel. Doch zeigen sich Eigentümlichkeiten dabei, die stark
von dem abweichen, was wir gewöhnlich in den Analysen von Neurotikern beobachten oder was wir selbst bei den schweren Neurosen bisher vorgefunden haben.
Es ist die veränderte Stellung gegenüber der im Über-Ich niedergelegten Wertehier-
archie.

Das Über-Ich hat als wichtige Funktion, *Wächter über die Annahme der ödipalen
Wirklichkeit zu sein* – d. h. darüber, daß das Inzesttabu und das Mordverbot geachtet und gefürchtet werden.

Damit sind Lüge und geheimes Doppelspiel eine Form des *Aufstandes nicht nur
gegen die Eltern, sondern gegen das Über-Ich als Wächter der Grenzen.* Dieses Motiv
des Aufruhrs tritt somit an die Stelle des bei den bisherigen Patienten angetroffenen
phobischen Kerns. Nicht daß dieser ganz abwesend wäre, litt sie doch in der Kindheit und leidet sie auch heute noch unter vielen Ängsten, darunter auch solchen
deutlich (im metaphorischen Sinn) klaustrophober und hypochondrischer Art! In
der Kindheit scheint sie zeitweise Anzeichen von Schulphobie gehabt und überhaupt das Allein- und Verlassensein sehr gefürchtet zu haben. Oft braucht sie auch
heute, wie ihr Vater, Alkohol, um der Ängste für die Nacht Herr zu werden. Doch
wird der phobische Kern recht eigentlich außer Funktion gesetzt durch diese Phantasie der Wahrheitsüberwindung, wie sie sich z. B. in der Szene von Masturbation,
Kampf und Geheimorgan der Macht und Lust zeigt.

Dieser Aufstand gründet sich aber in der *„narzißtischen"* Phantasie, daß die Abwehr gegen die Angst und ganz besonders gegen die *Scham des Zurückgesetzt- und
Ausgeschlossenseins* in der *aktiven Übernahme der Elternrolle als geheimnismächtig
und verräterisch* bestehe, eben wie jene erlebt worden waren. Damit sucht sie das
Unmögliche eigenwillig durchzusetzen – à tout prix, selbst auf Kosten ihres eigenen wahrscheinlichen Sturzes. Das ist, wie sie zu Recht auf meine Frage hin erwi-

dert, *Hybris* und sehr wohl mit der des Protagonisten in der griechischen Tragödie vergleichbar.

Dabei kommt es aber auch charakteristischerweise zu einer anderen Folge: daß die Wahrheit entzweigebrochen, daß die Wirklichkeit in 2 Stücke zerrissen wird: in *eine Wirklichkeit, die durch die verändernde Macht der Lüge bestimmt wird*, und in eine andere *Wirklichkeit, in der sie die Schwache, Ausgestoßene, Beschämte und Getäuschte* ist. Es war diese doppelte Wirklichkeit, die ihr ganzes Schicksal bestimmt hat. Sie lebte immer in 2 Welten – der Welt der Allmachtsphantasie und der Welt der Hintansetzung und Impotenz.

Vielleicht können wir noch spezifischer sein: Es ist die *Angst vor der Schwäche*, also eine Form der Angst, bei der das Gefühl des Beschämtseins oder der „Schamwürdigkeit" stark mitschwingt. Ich glaube daher, daß das Lügen und Verleugnen eine ganz besondere Bedeutung als *Abwehr gegen die Scham* hat – nicht ausschließlich natürlich, aber doch mit besonderer Vorliebe. Es ist u.a. die Beschämtheit darüber, selbst zum Narren gehalten und mit Lügen oder doch mit Verleugnung getäuscht worden zu sein. Die *Kastrationsscham* – sich auch als anatomisch verkürzt anzusehen – spielt dabei eine Rolle als Konkretisierung des gesamten Lebensgefühls, und sowohl Dilectas hypochondrische Beschäftigungen wie ihr lebenslanges Exhibieren, ihr impulsives Einkaufen von Kleidern und Pelzmänteln, die ganze anzüglich-provokative Körperhaltung beziehen sich auf diese Konkretisierung.

Als Gegenstück zum phobischen Kern als dominantem Element und zu der darum gruppierten Kassandrakonfiguration, als Gegenstück aber auch zum tragischen Dilemma oder der anderen „narzißtischen" Konfiguration des Fliegens und des Fallens, steht hier ein Bild der eigensinnigen, eigenwilligen, empörerischen *Überschreitung der Grenze in Wahrheit, Wert und Handlung*. Ihrem Hinweis auf das griechische Vorbild folgend könnte man vielleicht dieses als die *Konfiguration des Prometheus* bezeichnen. Es ist Prometheus, der Vorausdenkende und Listige, der das den Menschen vorenthaltene und geheime Feuer stiehlt und in einem Fenchelstengel verborgen davonträgt, so der Anordnung Zeus listig trotzend. Trotzig behauptet er damit *seine* Wirklichkeit, die Wirklichkeit des Titanen, die Macht der eigenen Persönlichkeit, des „Gottes des Wollens", gegenüber der Wirklichkeit der traditionellen Autorität und äußeren Macht: „Freiwillig, freiwillig habe ich mich vergangen, ich werde es nicht verleugnen" (ἑκὼν ἑκὼν ἥμαρτον, οὐκ ἀρνήσομαι) (266). Damit bewirkt auch er einen Bruch in der Realität, eine Doppelheit der Wahrheit, der des Menschen gegenüber der des Gottes. Die Bestrafung durch die Entsendung des Mädchens Pandora mit ihren verhüllten Plagen bleibt nicht aus, und der Aufrührer und Verbrecher wird an den Felsen des Kaukasus „mit Ketten der Schmach" geschmiedet und seine Leber täglich vom Adler, „dem geflügelten Hund von Zeus", angenagt. Doch seine Strafe ist nicht nur Schmerz – sie ist vor allem Schande, die Strafe der Scham, „dieser Qual schmachvolles Los", „du trägst ein schmachvoll Leid, entraten alles Rats". Selbst dann weigert er sich, das Geheimnis der Zukunft preiszugeben – wer nämlich den Tyrannen Zeus selbst stürzen werde.

Doch was steht dahinter, hinter dieser Doppelheit der Wirklichkeit, die mit dem Werkzeug der Lüge und dem Kunstgriff der Geheimnisverwaltung herbeigezaubert wird? Es ist der Wunsch, sie selbst zu sein, der der Notwendigkeit der Unterwerfung unter die machtvolle Autorität und Willkür der Eltern entgegensteht. Doch wie gesagt ist das Lügen eine Abwehr gegen Angst und andere unliebsame Gefühle, und zwar im Sinne von: „Ihr könnt mich nun nicht mehr erschrecken, verletzen oder täuschen, sondern jetzt werde ich euch täuschen und überraschen, da ich es bin, der von nun an die Geheimnisse verwaltet! Ich werde die sein, die eine doppelte Wirklichkeit herbeiführt – eine verborgene und eine offenbare!" Zu Prometheus, dem Aufrührer, gehört eben die verräterisch gleißende Gestalt der Pandora, „ein Übel, das die Menschen zärtlich lieben", „das Mädchen mit einem hündisch-schamlosen Sinn und einem verräterischen Charakter", „lügnerisch und von schmeichlerischen Worten", wie sie Hesiod schildert.

Eine sublimierte Form dieser *Prometheus-Pandora-Konfiguration* ist die *Kunst* – und Prometheus selbst ist ja auch der Kunstfertige. Sie ist es, die uns eine zweite Wirklichkeit, die zum Schluß wirklicher wird als die Alltagsrealität, zu erschaffen erlaubt.

Ich werde im Besonderen auf die Natur gerade dieser doppelten Wirklichkeit des Kindes, des Lügners und des Künstlers in meinem Kapitel über Dickens (s. Bd. 2) zurückkommen.

Doch habe ich schon zitiert, was Prometheus bei Aischylos sagt – daß sich der Zwang doch immer wieder als stärker denn die Kunst erweise, daß die Grenzüberschreitungen also schließlich doch geahndet werden.

Die 4 vorgefundenen Konfigurationen schließen einander nicht aus, sondern erscheinen zumeist miteinander verwoben. Doch ist dabei gewöhnlich eine der 4 deutlicher sichtbar als die anderen. Und natürlich lassen sich wohl ebenfalls weitere solche Konstellationen auffinden. Es handelt sich bei ihnen um komplexe Konfigurationen, um *komplizierte Konfliktlösungen*. Es sind *paradigmatisch beschriebene, schicksalsbestimmende Kompromißbildungen*, die wiederkehren und sich zwangsmäßig und unbewußt immer wieder durchsetzen. Es sind diese Kompromißbildungen, die eben durch diese zwingende Wiederholungsmacht den Eindruck des *Dämonischen* erwecken.

Diese Sonderkonstellationen oder -komplexe sind, wie alle anderen Kompromißbildungen, durch antithetische Bedürfnisse, vielfältige Abwehrformen, manche Arten der Angst und anderer Affekte, Über-Ich-Strukturen und Phantasien bestimmt. Es ist ihre wiederkehrende Gestalt und die Macht, die sie durch den Wiederholungszwang ausüben, weshalb sie gesonderte Aufmerksamkeit verdienen.

Könnte es sein, daß damit schon die Antwort auf die Natur des Wiederholungszwangs gegeben ist?

8 „Die zusammenschlagende Falle"
Psychodynamik der Toxikomanie

λευκοῖσιν φάρεσσι καλυψαμένα, χρόα καλὸν ἀθανάτων με-
τὰ φῦλον ἴτον προλιπόντ' ἀνθρώπους Αἰδὼς καὶ Νέμεσις ...
(... ihre leuchtenden Gestalten in weiße Gewänder gehüllt, werden
Schamgefühl und Rechtsgefühl die Menschen verlassen und zum
Geschlecht der Unsterblichen gehen ...)
(Hesiod, *Werke*, 198/200)

Die im letzten Kapitel aufgewiesenen Hauptelemente des Aufstands gegen das Gewissen und dessen Wertprioritäten, sowie die Bedeutung, die „Grenzüberschreitung" und Verleugnung entscheidender Teile der eigenen und äußeren Wirklichkeit dabei haben, werden wir in noch weit ausgeprägterem Maß bei den nun zu beschreibenden Patienten antreffen.

Im folgenden werde ich keinen systematischen Überblick über Dynamik oder Behandlung der Suchtkrankheiten geben können, sondern über meine eigenen Erfahrungen der letzten Jahre (etwa seit der Niederschrift meines Buches *The Hidden Dimension*) berichten. Dabei werde ich weiterhin, wie im übrigen Text, sehr nahe an der Klinik bleiben. Ich beschränke mich auf die langdauernde Behandlung chronischer Patienten, nicht auf die Entziehungsphase der Behandlung oder die der Induktion.

8.1 Einführung

Wäre es wirklich so, daß Sucht eine Sache des zufälligen Zusammentreffens von Unschuld und Versuchung wäre, eine Frage harmloser Wißbegierde, die sich fehlleiten ließ, und kollegialer Verführung durch Freunde oder die ungeahnte Folge katastrophaler Macht gewisser Drogen, dann hätten wir als Psychologen und Psychoanalytiker nichts zu sagen. Wir müßten das Feld den Erziehern und Verhaltenstherapeuten räumen und deren Ergebnisse mit Spannung abwarten und dann mit Bewunderung bezeugen.

Nehmen wir aber dagegen an, daß wir mit einer besonderen *Bereitschaft* beim einzelnen rechnen müssen, daß *gerade er oder sie* solcher immer gegenwärtigen Gefahr zum Opfer fallen, dann wird es für uns alle zur vordringlichen Aufgabe, uns darüber Rechenschaft abzulegen, was denn *so spezifisch* die Persönlichkeit zu dieser und nicht zu einer anderen Manifestation disponiert.

Ich möchte nun eine Zusammenfassung dessen geben, was ich als die hauptsächlichen dynamischen Merkmale und als besonders hilfreich für das Verständnis dieser Patienten anzusehen gelernt habe.

Man könnte freilich schon a priori einwenden, daß die Patienten, die ich jetzt in meiner Privatpraxis behandle, eine ausgewählte Gruppe darstellen und daß es riskant sei, diese Erfahrungen zu verallgemeinern; insbesondere Patienten, die in ihrer Kindheit weit stärker traumatisiert wurden oder in äußerster Verwahrlosung und in Chaos aufgewachsen sind, seien leider mit dieser Methode kaum erfaßbar.

Darauf läßt sich antworten, daß ich in verschiedenen Behandlungsprogrammen auch mit Patienten mit ganz andersartigem Hintergrund und aus allen sozialen Klassen gearbeitet habe, wenngleich oft nicht in intensiver Therapie. Die Ergebnisse, die ich hier und in anderen psychoanalytischen Arbeiten vorlege, stammen im wesentlichen von individueller Tiefenbehandlung, aber jene Breitenbeobachtungen widersprechen, so weit ich dies zu beurteilen vermag, diesen nicht.

Freilich ist auch so das Bild nicht vollständig. Es dürfte daher vorsichtiger sein, die nachfolgende Schlußfolgerung dahingehend einzuschränken: Dies ist, was ich mit meiner Methode und der Art Patienten, die ich genauer studiert habe, gefunden habe; sie kommen vorwiegend aus einem amerikanischen Großstadtmilieu, gehören zumeist der Mittelklasse an und sind zumindest von durchschnittlicher Intelligenz. Take it for what it is worth!

In die Tiefe wie in die Breite ausgeführte therapeutische Arbeit, deren Erfahrungen und Beobachtungen sich von der psychoanalytischen Sichtweise aus ordnen lassen, gestattet uns, bestimmte Regelmäßigkeiten niedriger, mittlerer und hoher Spezifität abzugrenzen – Regelmäßigkeiten, die v.a. empirischer Natur sind und sich auf unsere westeuropäische und amerikanische Kultur und Gesellschaft beziehen. Diese werde ich im folgenden recht detailliert vorlegen. Im Anschluß an diese 3 Schichten mag es dann von Interesse sein, was den Hintergrund zur individuellen Pathologie bildet – nämlich die Familienpathologie.

Das Interesse bei einer solchen Persönlichkeitsstudie wird für uns weniger bei dem von Drogen bewirkten Lustgewinn, sondern eher bei der durch Drogen herbeigeführten Erleichterung und inneren Befriedung, also bei dem faszinierenden und praktisch überaus wichtigen Thema des Selbstschutzes und der Selbstbehandlung liegen – mithin bei der Funktion der Drogenwirkung im Rahmen des gesamten Abwehrsystems. Kurze klinische Skizzen werden in die theoretischen Ausführungen eingestreut sein.

Zunächst also die niedrigste Spezifität – ein Abriß der hauptsächlichen psychodynamischen Züge, die sich als mehr oder weniger sichtbar erweisen.

8.2 Abriß der individuellen Psychopathologie von Toxikomanen

1) Drogen dienen v.a. einer *„künstlichen" Affektabwehr* als *pharmakologisch massiv verstärkte Verleugnung von Gefühlen*, die das Ich sonst zu überwältigen drohen. Mithin stellt die Toxikomanie vordringlich einen Versuch dar, einer lästigen *inneren* Wirklichkeit ledig zu werden und so auch mittelbar dann die Wahrnehmung und das Erleben der Außenwelt radikal zu verändern. Dies setzt nicht nur eine Prädisposition für diese von manchen als besonders archaisch angesehenen Abwehrformen der *Verleugnung* und der *Affektblockierung* voraus, sondern auch eine besondere

Bereitschaft zur *Affektregression*, wie sie besonders Henry Krystal beschrieben hat. Zu dieser Affektregression gehört es, daß die Emotionen global und undifferenziert erlebt werden: Es ist nicht nur Ärger, sondern gleich überwältigende Wut, nicht nur eine mäßige Angst und Sorge, sondern gleich drohende Panik, nicht nur Sympathie und Liebe, sondern überwältigende Verschmelzung und Abhängigkeit, nicht Enttäuschung und Trauer, sondern Todesgrauen, Raserei gegen das Selbst oder absolute Leere, Lebensekel, Bezugslosigkeit und Sinnlosigkeit. Dazu gehört auch, daß die Gefühle kaum in Worten und anderen symbolischen Formen ausgedrückt werden können, sondern statt dessen teilweise somatisiert werden (viele Süchtige sind denn auch die heutigen Vertreter der Konversionshysterie).

Die Drogenwahl weist nun recht typische Korrelationen mit solchen sonst unkontrollierbaren Gefühlen auf. Narkotika und Sedativa (Hypnotika) richten sich v. a. gegen Wut, Scham, Eifersucht und namentlich gegen die Angst, die vor diesen Gefühlen warnt. Stimulanzien wie Amphetamine und Kokain sind hauptsächlich wirksam gegen Depression und Gefühle der Schwäche und der Apathie. Psychedelische Drogen wie Cannabis, LSD, Phencyclidine (PCP) oder Psilocybin sollen der Langweile und Leere und der Enttäuschung über Ideale, Werte und Sinngehalt und deren Verlust abhelfen. Euripides beschrieb Alkohol als „Tröstung mühbeladner Sterblicher im Grame" ('Ο παύει τοὺς ταλαιπώρους βροτοὺς λύπης)," ein einzigartiges Pharmakon gegen Mühsal" (οὐδ ἐστ' ἄλλο φάρμακον πόνων) (Bakchen, Verse 280–284). Wir können vielleicht etwas spezifischer sein und sagen, daß Alkohol sich namentlich gegen Schuld und Einsamkeitsgefühle und damit verbundene Angst richte.

Ganz allgemein läßt sich denn auch behaupten, daß übermächtige Angst, Verwundung und Verletzlichkeit den drohenden Hintergrund zur Drogensucht im allgemeinen, also für alle die kurz erwähnten Typen abgeben.

2) Mehr und mehr bin ich wenigstens bei manchen Süchtigen, ganz ähnlich wie bei manchen andern Fällen schwerer Neurose, vom *phobischen* Charakter, vom phobischen Kern ihrer Infantilneurose beeindruckt. Ganz besonders ist es die Klaustrophobie, die hervorsticht, die Angst, sich vor allem, das als Verpflichtung, Begrenzung und Struktur erlebt wird, beengt, eingeschlossen und umschnürt oder gefangen zu fühlen. Ganz besonders ist es jede Nähe – physische oder psychische – zu andern, die als Einengung und Gefangennahme erlebt wird und abgewehrt werden muß. Beziehung wird oft mit erstickender Abhängigkeit gleichgesetzt und gemieden. Ich werde auf dieses Thema eingehend im nächsten Kapitel zurückkommen.

3) Wo Phobien bestehen, gibt es auch immer *Schutzphantasien*, Phantasien von beschützenden Personen oder von unpersönlichen Schutzsystemen, die sich den Bedrohungen spezifisch entgegenstellen sollen. Diese Suche nach einem Beschützer gegen das phobische Objekt und die Angstsituation führt fast unvermeidlich zur zwingenden Abhängigkeit von einem solchen *antiphobischen* Faktor – zur Hörigkeit gegenüber einem geliebt-gehaßten Partner oder einem Fetisch, zur Unterwerfung unter eine Droge und die ganze damit verbundene Freundes- und Sozialgruppe und deren Ambiance oder zur Verhaftung an ein System magisch wirksamer Handlungen – oder eben an einen Therapeuten. Kurzum, die Sucht ist nur eine Sonderform einer solchen Schutzphantasie, die den phobischen Kern abzuschirmen

hat. Schutzobjekte und Schutzsysteme zeigen jedoch stets die „Rückkehr des Verdrängten". Manche der beängstigenden Züge finden sich, oft nur halbversteckt, im Beschützer wieder.

Ganz parallel sucht denn auch der Klaustrophobe Schutz und Schirm, die sich dann gleich zu neuen Claustra wandeln. Er befindet sich also in der paradoxen Situation, daß er sich aus seiner tiefen Angst zu einem Beschützer flüchtet, der sogleich zur neuen Bedrohung werden muß – ob es sich dabei nun um Freunde, eine Geliebte oder die Familie handle oder ob es die Droge selbst und alles Drum und Dran sei oder das Gefängnis mitsamt dem ganzen Rechtssystem oder selbstverständlich der Therapeut und die Behandlungsstruktur. Jedes Claustrum wird gesucht; von jedem Claustrum wird er abhängig; vor jedem Claustrum muß er fliehen.

4) Die Beschützer werden sehr überbewertet; d.h. es sind *narzißtisch überschätzte* Objekte. Der phobisch-süchtig Suchende erwartet und besteht darauf, daß sein Schützer und Erlöser allmächtig, allverzeihend, allduldsam und beschwichtigend und v.a. schrankenlos gebend sei. Gleichzeitig bangt er indes vor dem Gedanken, daß solch ein gottähnliches Wesen auch allzerstörerisch, total verurteilend, bissig und vernichtend böse sein könne, wie das ja typisch für jede „narzißtische" Objektwahl, nicht nur bei Toxikomanen, ist.

Parallel dazu wird das Gefühl der Ohnmacht und der Hilflosigkeit, das die Phobie und die allgemeine Angst begleitet, also das wiederholte Erlebnis, von unkontrollierbaren – „traumatischen" – Gefühlen übermannt zu werden, oft, obwohl keineswegs immer, von einer dicken Kruste *narzißtischer Abwehr* bedeckt. Hochmütige Arroganz, anmaßende Ansprüche (grandiosity), mehr oder weniger breiter und tiefer Rückzug der Gefühle von der schmerzlich bedrohlichen Umwelt („Aufgeben der Besetzungen") und daher Kälte und Rücksichtslosigkeit sind typische Merkmale für eine derartige narzißtische Abwehr. Diese mögen sich häufig hinter oberflächlicher Freundlichkeit, Umgänglichkeit und Nachgiebigkeit und hinter einem charmant-einnehmenden, ja „flirting" Verhalten verbergen; alles das kennen wir gut von den Leuten, die wiederum eher fragwürdigerweise als Soziopathen abgetan zu werden pflegen. Es ist eines der Anliegen dieses Buches zu zeigen, wie sich hinter diesen recht müßigen Klischees oft sehr viel Geheimnisvolles und Unbekanntes versteckt, das der sorgfältigen und verständnisvollen Erforschung harrt, sich aber bisher den voreiligen Verurteilungen verschlossen hat.

5) Hin und her schwankend zwischen der Angst vor den verurteilenden und spöttisch erniedrigenden Gewalten außen und den eben beschriebenen narzißtischen Ansprüchen von innen nehmen Identität und Gewissen einen sonderbar zwiespältigen, ungewissen Charakter an. Perioden anscheinend hoher Ehrlichkeit und Integrität schlagen ganz plötzlich in solche rücksichtsloser Brutalität und unberechenbarer, ja krimineller Verlogenheit und „Grenzverletzung" um. Diese oft extreme *Identitätsspaltung*, der wir auch bei manchen anderen schweren Neurosen begegnet sind, wird uns im folgenden noch wiederholt beschäftigen.

6) Akute *narzißtische Krisen* – befürchtete oder wirklich eingetretene Enttäuschungen bei andern und bei sich selbst – lösen gewöhnlich die beschriebenen überwältigenden Affekte aus und treiben hiermit die Patienten in die Sucht oder stoßen sie wieder hinein, wenn sie sich scheinbar davon befreit haben.

Nun ein paar Auszüge aus meinem Fallbeispiel:

Jason, ein 28jähriger Photograph, begab sich in intensive Behandlung, da schwere Angstzustände, verbunden mit Zittern und Übelkeit, ihn immer wieder zu schwerem Mißbrauch von Narkotika, Schlafmitteln und Kokain verleiteten. Er war ein Einzelkind. Das kritische Trauma seines Lebens war das Entzweibrechen der Ehe seiner Eltern, als er jünger als 5 Jahre war. Die Mutter hatte den Vater, einen netten, doch recht passiven Mann verlassen. Jason, der das einzige Kind aus dieser Ehe war und auch das einzige Kind seiner Mutter, die sich noch mehrmals nachher verheiratete, blieb, zeigte sich untröstlich über den Verlust seines Heimes und seines Vaters; und auch jetzt noch, wenn er darauf zu sprechen kommt, beginnt er zu weinen. In einer Anzahl destruktiver Handlungen übte er schon damals ziemlich wirksame Rache an seiner Mutter: Er zerschnitt seine neuen Hosen, stahl das Geld der Mutter, um damit Bonbons für seine Kameraden zu kaufen, und wollte späterhin nichts von seinem Stiefvater wissen; er weigerte sich, mit der Familie zu essen, und zog sich verdrossen und mürrisch in sein Zimmer zurück. Auch in der Schule ersann er immer wieder Streiche, die die Aufmerksamkeit auf ihn lenkten. Doch gelang es ihm trotz schwerer Rauschgiftsucht, dank der tatkräftigen und schuldbewußten Hilfe seiner Familie, nach Abschluß der High School eine Lehre zu machen und dann ein Photographiegeschäft zu übernehmen. So schlecht er mit Geld, Kräften und Gesundheit zu hausieren vermochte, war er als Photograph sehr fähig und hatte prominente Kunden.

Seine Angstanfälle und der folgende Heroingebrauch nahmen nach der Trennung von seiner ebenfalls toxikomanen Frau weiterhin zu.

Der Angstanfall wird sehr ähnlich wie eine Entziehungsreaktion beschrieben: „Hitze- und Kältewellen, ruheloses Drehen und Wenden". Er kann nicht schlafen und hämmert aus Wut mit der Hand gegen das Bettgestell. Er verbindet die Angst mit ähnlichen früheren Anfällen von extremer, fast mörderischer Wut, wenn er sich verraten geglaubt hatte. „Ich fühle mich wie angeschwollen, wie aufgebläht von Dampf und erhitzt. Ich habe Herzklopfen. Meine Augen schauen starr. Gefahr umgibt mich, als ob eine andere Macht die Herrschaft übernähme. Es ist das seltsamste Gefühl." Er erinnert sich an die vielen Male, wie er von seiner Mutter allein zu Hause gelassen wurde – von seiner Mutter, der er übermässig nahe gewesen, die aber unverläßlich war und oft am Abend erst sehr spät nach Hause kam. „Es war rasende Wut, zum Ersticken – und äußerste Ohnmacht, wenn ich nach ihr bis tief in die Nacht hinein aus dem Fenster schrie." Wie er dies wieder erzählt, fragt er sich: „Was mache ich mit all diesen Stücken und Fragmenten an Information?"

Er empfindet in seiner Wut, die sich in Panik verwandelt, eine *Auflösung der inneren Kontinuität* und Kohäsion. Was er als eine Art Ausnahmezustand beschreibt, ist offenkundig die *Wiederholung des traumatischen Zustands*, wobei sich nun die durch die Panik erzeugte Wut, also die Aggression, gegen ihn selbst, v. a. gegen sein Denken wendet. Die kritisch wichtige *Sequenz* wäre dabei: *Panik* → die die Angst begleitende Empfindung, daß die Persönlichkeit (self) in ihrem *Kern bedroht* wird → die durch solch maßlose Selbstbedrohung ausgelöste *ungezielte Wut* → der Konflikt zwischen verzweifeltem Schutzsuchen und gefährlicher Aggression, also ein *Schuldkonflikt* → Richten der *Aggression gegen die eigene Person* → Spaltung, ja

Zersplitterung des Denkens und der Identität → Versuch der *Beschwichtigung* von Wut und Panik durch das Narkotikum.

Überhaupt scheint es mir, daß das fragmentierte Denken häufig als konfliktbedingt, z. B. als wütend zerhacktes Denken, verstanden werden kann, also das Ergebnis der Abwehr durch Wenden der Aggression gegen das Selbst ist.

Die Droge vermag diesen Affektsturm zu besänftigen und deswegen fast augenblicklich die innere Kontinuität wiederherzustellen.

In bezug auf *Klaustrophobie* hören wir, daß er voll Furcht ist, in die Falle irgendwelcher Intimbeziehung oder Einschränkung zu geraten. In Träumen sieht er sich erstickt, von einem Ungeheuer in eine unterirdische Höhle oder unter Wasser gezogen; seinen erstickten Hilfeschrei hört niemand. Gechlechtsverkehr ist nur solange annehmbar, als er nicht an die Frau durch Freundschaft oder Ehe gebunden ist. Sogleich nach dem Akt muß er den Partner verlassen; er fühlt sich beengt und unbehaglich. (Es erinnert an die Stelle in *Wilhelm Meisters Lehrjahre* [2.10; Bd. 15, S. 108]: Er war „dem Gelübde treu geblieben, sich vor der zusammenschlagenden Falle einer weiblichen Umarmung zu hüten..." Ein solches „Gelübde" riecht mehr nach Angst und Zwang als nach Feierlichkeit.)

Auch in der Analyse tauchen immer wieder Bilder auf, in denen er von einem formlosen Ungeheuer umarmt, erdrosselt und verschlungen wird. Sein Gesetzebrechen dient auch dem Widerstand gegen die Therapie – gegen die Angst, von mir verschlungen zu werden.

Alle Begrenzungen müssen gesprengt, alle Regeln übertreten werden, ungeachtet der dabei existierenden Lebensgefahr oder sozialen Demütigung. Er springt mit dem Motorrad über Gräben, klettert hoch über der Straße an Fassaden herum, schwingt sich bei einem Auftrag von Dach zu Dach über einen Abgrund von vielen Stockwerken, setzt all sein Geld aufs Va-Banque-Spiel, und nimmt natürlich auch lebhaft am illegalen Drogenhandel teil.

Seine Angst, beschämt und erniedrigt zu werden, seine Provozierung solcher Schande und Strafe und dann sein Bemühen, durch eine zerknirschte Selbsterniedrigung Verzeihung zu erlangen, wiederholen sich immerfort und in zwanghafter Folge. Nach einem Drogengebrauch erwartet er zu vernehmen: „Du hast nun deine Chance gehabt und hast sie verspielt. Schäme dich, meine Geduld so mißbraucht zu haben. Scher dich zum Teufel!"

Ich sah Jason 3½ Jahre in Analyse – von seinem 27. bis zu seinem 30. Lebensjahr (1977–1980). Die Behandlung endete als schwerer Mißerfolg. Jeder scheinbaren Besserung folgte ein noch schwererer Rückschlag mit noch provokativeren und gefährlicheren Handlungen, noch alarmierenderen Verwicklungen in ernsthafte Kriminalität und im Verlust von allem Geld, das ihm seine Eltern und seine Freunde zuschoben oder vorschossen. Schließlich brach er die Analyse (über die ich anderswo ausführlicher berichtet habe) (1984, b) ab, führte während der folgenden 3 Jahre ein sehr stürmisches und schattenhaftes Dasein, begab sich mehrmals sowohl als Stationärpatient wie als Teilnehmer in verschiedenen therapeutischen Gemeinschaften in Behandlung. Auch diesen folgte immer wieder der Mißerfolg. Mehrfach kam es zu nahezu tödlichen Überdosierungen. Schließlich begab er sich Anfang 1984 in eine kürzere Spitalbehandlung an der Westküste, und die Behandlung stützte sich v. a.

auf die Pharmakotherapie mit einem Antidepressivum (Doxepin) und dem Narkotikaantagonisten Naltrexone. Nach seiner Entlassung von dort entschloß er sich, in
seine Heimatstadt zurückzukehren, und fragte mich, ob ich ihn wieder in Behandlung nehme.

Sogleich nach seiner Ankunft stellte er sich ein. Er hatte sich auch schon den Al-
coholics-Anonymous-Gruppen angeschlossen. Seinen früheren Beruf als Photograph nahm er, obwohl auf sehr untergeordneter Stufe, wieder auf. Er wünschte,
die Analyse wieder aufzunehmen, konnte aber seiner jetzt sehr beschränkten Mittel
wegen nur etwa alle 1–2 Wochen zur Therapie kommen.

Während eines Jahres ging es ihm hervorragend. Die in der Analyse zuvor erreichten Einsichten, die Unterstützung durch die Gruppentherapie, die beiden Medikamente und die Psychotherapie wirkten zusammen und gaben ihm ein zuneh-
mendes Gefühl der Stabilität und des Stolzes darüber, daß er sich mehr unter
Kontrolle hatte und sich gesünder als je zuvor in seinem Leben fühlte. Er heiratete
wieder, und bald wurde seine Frau schwanger. Sie war selbst eine frühere Drogensüchtige und eine von ihrem Vater während langer Zeit sexuell mißbrauchte, furchtsame und quengelige Frau. Ihre Klagen und Anklagen setzten ihn unter vermehrten
Druck, und es kam in der Zwischenzeit von über 2 Jahren seit Wiederaufnahme der
Therapie 2 mal zu kurzen Episoden von Narkotikaeinnahme und Verspielen von
Geld.

8.3 Abwehrstruktur

Die nächste, mittlere Schicht spezifischer Dynamik findet sich auf einer höheren
Ebene klinischer Abstraktion und bezieht sich auf die Art der vorwiegenden Abwehrformen. Ich wähle unter ihnen 4 aus, die mir besonders wichtig erscheinen.

8.3.1 Verleugnung

Bei allen bisher dargestellten Fällen schwerer Neurose habe ich den Vorgängen der
Verleugnung besondere Aufmerksamkeit geschenkt. Dies gilt natürlich mit besonderem Nachdruck auch für die Drogenabhängigen.

Berauschung ist, wie schon erwähnt, letztlich nur eine *pharmakologisch verstärkte* Form der *Abwehr durch Verleugnung*: ein Versuch, sich von unliebsamen Affekten
und damit von unerwünschter innerer und äußerer Realität zu befreien.

Nicht nur werden die peinlichen Affekte ganz allgemein verleugnet, sondern dasselbe ereignet sich vielleicht noch wichtiger mit dem Gewahrwerden inneren Konflikts: „Nichts ist wirklich mit mir falsch. Ich nehme einzig deshalb Drogen, um
mich zu vergnügen und zu entspannen und die Gesellschaft meiner Freunde zu ge-
niessen." So heißt es üblicherweise. Doch gelingt eine solche Behauptung, wirklich
ein Abstreiten, nur augenblicksweise, und man hört denn bald das Geständnis: „Sie
haben Recht; ich fühle mich nicht wohl. Etwas ist bei mir nicht in Ordnung."

So werden die Gefühle abgestritten und doch auch wahrgenommen. Die hier be-
obachtete Verleugnung wird daher notwendigerweise in derselben Weise von einer
Ich-Spaltung begleitet, wie sie Freud zunächst beim Fetischismus beschrieben hat
(G. W. XIV, S. 316).

Diese *Ich-Spaltung*, die der Identitätsspaltung zugrunde liegt, ist selbst keine Abwehr, sondern eine auf Grund der tiefen Konflikte und regressiven Abwehrformen
bestehende *funktionelle Widersprüchlichkeit* in der Persönlichkeit, namentlich infolge der Abwehr gegen das Über-Ich.

Soweit ich es zu erkennen vermag, ist es bei Toxikomanen nun so, daß das, was
sowohl wahrgenommen wie auch verleugnet wird – und zwar in wildem Hin und
Her –, nicht das Fehlen des Penis ist, wie im Fetischismus, sondern die Gegenwart
von mehr oder minder ausgedehnten Provinzen des *Innenlebens*, die sie an die
schweren *Traumata* erinnern, die sie doch zumeist erlitten haben. Insbesondere
kann man diese Provinzen auf bestimmte Affekte einengen, die allesamt etwas mit
dem Gewissen, mit Autorität, Verantwortung, Zeit- und Grenzbestimmung zu tun
haben. Entweder sind es direkt Affekte der Verurteilung durch das Über-Ich, also
Scham und Schuld, oder des Verlustes der Billigung von seiten dieser inneren Instanz, die man ja beinahe als gesonderte Person in sich zu empfinden pflegt, also
herabgesetztes Selbstwertgefühl, Traurigkeit und Leere, oder die des Idealverlusts,
also Enttäuschung, Entzauberung, Sinn- und Wertlosigkeitsgefühle. Oder es sind
Affekte und Strebungen, die umgekehrt eben zu solcher Verurteilung durch das Gewissen führen würden, namentlich Aggressionen.

Überdies sind solch eine ausgedehnte Verleugnung und die damit als Gegengewicht einhergehende *Idealisierung* auch gewöhnlich von ausgedehnten *Verschiebungen* begleitet, d. h. was vermieden und gefürchtet wie auch was ersehnt und gesucht
wird, wird verallgemeinert und in manchen Ablegern wiedergefunden. Ein typisches
Beispiel sind die „Entziehungsreaktion" und das süchtige Sich-Sehnen (craving) bei
Patienten, die gar nicht mehr psychologisch süchtig sind. Manche haben beobachtet, daß sie, wenn sie zu einer mit früherer Drogeneinnahme assoziierten Situation
zurückkehren, gleich in „akute Entziehung" geraten – mit Erbrechen, Zittern und
Krämpfen reagieren. Dies traf auch auf Jason zu. Die Angst wird dabei der Drogen-
abwesenheit gleichgesetzt. Dies kann noch nach vielen Jahren der Abstinenz geschehen, z. B. bei der Rückkehr aus dem Gefängnis in die alte Nachbarschaft. Die
Sehnsucht nach Befreiung von der Angst und die Ängste selbst waren von der ursprünglichen Krise auf die gesamte Umgebung wie auf die Drogenutensilien und
die Einspritzungsrituale *übertragen* worden. Die letzteren bringen nun die ersteren
herbei. Zittern, Gähnen und Übelkeit sind *Mikrokonversionen* aufgrund dieser Verschiebungen, alles Erscheinungen, die uns durchaus von der Psychopathologie der
Konversionshysterie wie auch vom Alltagsleben und der Traumanalyse vertraut sind.
In dieser Hinsicht ist denn auch die Toxikomanie der klassischen Hysterie in manchem ähnlich – und zwar ehe die Droge eingenommen wird. Sobald letzteres geschieht, kehrt sich alles um. Statt der Konversionsneurose, der Hauptabwehr der
Triebe in Form somatischer Symptome und schwerer Angst, stellt sich nun ein Gegenbild ein: die Abwehr *gegen* Gewissen und Außenwelt, namentlich durch Verleugnung, und das Bündnis *mit* den Trieben.

Eine andere Folge solch weit ausgedehnter Verleugnung ist die *Depersonalisierung* in mannigfachen Formen. Eine ganze Seite der Persönlichkeit, der schmutzige, der wütende, der exhibitionistische Teil, wird als abgelöst, unwirklich, ungefühlt empfunden, als nicht einem selbst zugehörig erlebt. Gefühle von Zärtlichkeit und Sorge werden als unziemlich und beschämend vermieden; sie werden als erniedrigend erlebt, einem Kontrollverlust gleichgestellt, etwa wie das Bettnässen oder der Verlust der Darmkontrolle, und müssen deshalb scharf abgelehnt und „abgespalten" werden. Sie werden hinter einer steinernen Maske steifer, „männlicher" Selbstkontrolle versteckt; doch brechen sie dann um so plötzlicher in Anfällen von Weinen, Angst oder Wut durch. So fühlt sich denn der Patient oft in ein gefügiges, freundliches, aber „falsches Selbst" und in ein grausames, rachsüchtiges, rücksichts- und schamloses, trotziges Selbst gespalten. Diese innere Dissoziierung, auf die ich später eingehender zurückkommen werde, kann dank der Drogen wieder zeitweise ausgewischt, gleichsam überkleistert werden.

Angesichts der Massivität der mobilisierten Affekte und deren regressiver Natur muß natürlich auch die Verleugnung entsprechend umfassend ausfallen. Mehr und mehr Gefühle fallen der Blockierung und „Erfrierung" anheim, mehr und mehr Ausdruck versteckt sich hinter einer Maske von Hohn und Arroganz, oder Mürrischkeit und Langweile etc. Damit erscheint die Verleugnung der affektiven Seite der Persönlichkeit recht eigentlich als die Begleiterin durchgreifender Schamkonflikte.

Spezifisch jetzt zur Abwehr durch Verleugnung bei Jason: „Ich lasse meine Rechnungen auflaufen, lasse alles geschehen. Ich verleugne einfach ihre Existenz und verschließe meine Augen vor ihnen. Es war dasselbe, als ich mit mehreren Pfund Marihuana im Auto herumfuhr und mich dabei ganz sicher fühlte, daß ich nicht gefaßt würde. Die Möglichkeit, daß ich je ins Gefängnis gehen müßte, war mir unfaßlich: ‚Irgendwie wird alles schon noch ins rechte Geleise kommen'. Das gleiche jetzt für meine Schulden: ‚Jemand wird mir schon wieder heraushelfen.'"

8.3.2 Wendung ins Gegenteil

Wie ich immer wieder betont habe, bilden auch die Wendung *vom Passiven ins Aktive* und die damit verbundene *Rollenvertauschung* und *Identifizierung mit dem Angreifer* eine besonders wichtige Abwehrform bei schweren Neurosen.

Ebenso wie es ein Leitmotiv seines Lebens ist, daß der Patient Enttäuschung und Hilflosigkeit erleidet und fürchtet, unternimmt er es, soweit es in seiner Macht steht, sich zuerst Hilfe zu verschaffen, aber dann den Spieß umzudrehen und den Therapeuten machtlos und besiegt erscheinen zu lassen. Er ist darauf aus, die andern dieselbe Hilflosigkeit, Niederlage und Erniedrigung fühlen lassen – den Therapeuten, seine Familie, ja sogar das Strafsystem und die ganze Gesellschaft –, die er selbst gefühlt hatte. Er will die andern die Niederlage ebenso fühlen lassen, wie er sich selbst unterlegen gefühlt hatte. Er läßt sie schwach und beschämt werden, denn so ist es, wie er sich fühlt. Er möchte ihnen ebensolche Angst einjagen, wie die Angst, die ihn beherrscht. Er versucht, die andern in die Enge zu treiben, denn er selbst fühlt sich beengt und eingeschränkt und möchte aus diesem Claustrum ausbrechen.

In Jasons Fall heißt das: „Jedermann, dem ich mich nahe fühle, wird mich früher oder später verraten; so muß ich ihn zuerst verraten." Sein Leben besteht ganz vordringlich aus solchen *Präemptivhandlungen des Verrats, der Täuschung, des Lügens*, des vorwegnehmenden Enttäuschens – aktiv statt passiv: „Statt daß ich passiv genarrt werde und mich dafür zu schämen habe, narre ich jedermann." Unter einer Maske freundlicher Gefügsamkeit und ängstlicher Unterwürfigkeit lebt er diese intensivste Aggression aus; aber diese Aggression selbst dient der Abwehr, nicht der Triebbefriedigung, Abwehr in dem Sinne: „Ich hatte meiner Mutter getraut, doch wie sehr hat sie mich betrogen und mich zum völligen Narren gemacht, zum lächerlichen Zwerg." Dies richtete sich besonders auf die Wiederverheiratung der Mutter, als er 7 oder 8 Jahre alt war. Doch gab es schon zuvor Getuschel, Geheimniskrämerei und endloses Warten zusammen mit seinem schmählich betrogenen Vater. Wie fühlte er sich zum Narren gehalten, in einem Netz von Lug und Trug eingefangen!

Obwohl Jason als Kind nicht schwer mißhandelt worden war, kann ich hier die allgemeine ätiologische Beobachtung einflechten, die ich später eingehender darlege: Die Mehrheit der Toxikomanen sind Opfer schwerer emotioneller wie körperlicher Kindsmißhandlung gewesen. Die archaische Abwehr durch Affekt- und Triebumkehrung (statt Angst: Wut und Verachtung; statt Leiden: aktives Täuschen und Angreifen) wird immer wieder und durchgehend von früh an benützt, um diese *panphasischen Traumata* zu bewältigen. Wegen der großen Wichtigkeit dieser Erkenntnis für das Verstehen dieser Patienten und der großen Bedeutung, die diese Form der Abwehr gerade auch für die *Gegenübertragung* besitzt, möchte ich hier noch eine zweite klinische Erfahrung, diesmal mit einer Patientin, einschalten.

Drancy, eine etwa gleich alte Computergehilfin, hatte mir 9 Monate lang erfolgreich ihren erneuten und zunehmenden Drogenmißbrauch und ihre allmähliche Abhängigkeit von Methadon verhehlt, obgleich ich sie täglich in Analyse sah. Als ihr Liebhaber, mit dem sie in einer äußerst possessiv-eifersüchtigen, beide Partner quälenden Abhängigkeit lebte, selbst wegen Sucht hospitalisiert werden mußte, gestand sie ihre eigene ein und kam ins Spital. Ich versuchte, ihr Bedürfnis, ebenso unehrlich, geheimnisvoll und lügnerisch mir gegenüber zu sein und mich ebenso hilflos fühlen zu lassen, wie sie selbst sich bei ihren trügerisch-undurchsichtigen Eltern gefühlt hatte, zu analysieren. Doch wurde sie mehr und mehr streitsüchtig in den Stunden. Eines Tages behauptete sie, sie habe 20 Minuten vor meiner verschlossenen Türe gewartet, obwohl ich wußte, daß diese leicht geöffnet gewesen und ich zudem 1- oder 2mal nach Drancy geschaut hatte.

Sie: „Ich schwöre, sie war geschlossen. Ich versuchte sie zu öffnen. Das empört mich. Ich will nicht, daß Sie denken, ich lüge." Sie sprach dann mit Bitterkeit und Zorn über eine „Familientherapie"-Stunde, die die 2 Abteilungsassistenten mit ihr und ihrem Liebhaber am Morgen gehalten hatten – wie die beiden Ärzte sie angeblich ausgelacht und alle Begehren abgelehnt hätten. Wegen des anklägerisch-streitsüchtigen Tones sei die Stunde abgebrochen worden. „Diese zwei suchten uns herabzusetzen. Sie wollten nicht auf uns hören. Sie schnitten uns ab. Sie wollen uns nur entwürdigen, nicht helfen. Die Ärzte werfen mir gemeine Blicke zu und wollen uns auseinanderreißen." Als ich etwas über die Atmosphäre – „jedermann ist gegen uns" – sagte und etwas später eine Bemerkung über ihre Fehlhandlung wegen der Türe machte („alle Türen werden vor uns zugeschlagen"), brach sie in Wut aus: „Sie stellen mich als verrückt hin. Ich weiß, die Türe war geschlossen!" Sie begann zu weinen. „Sie denken, Sie haben immer Recht. Ich weiß, sie war geschlossen. Und sagen Sie mir nicht etwa, daß ich unbewußt denke, alle Türen seien vor mir verschlossen! Sie machen zuviel aus einfachen Dingen. Es ist mir übel davon und ich verliere mein Vertrauen in andere. Man bittet um Hilfe, und man bekommt sie nicht; das regt mich auf."

In der nächsten Stunde nahm sie das Thema wieder auf: „Sie glauben mir nicht, und vieles, was Sie sagen, ist so ausgefallen, daß ich nichts damit anfangen mag. Ich kann nicht zu jemandem gehen, der Dinge sagt, die mir nichts bedeuten. Sicher fühlte ich, daß alles vor mir verschlossen ist, aber was sie sagten, war verrückt. Ich will nicht mehr hierher kommen. Ich habe nichts mit Ihnen gemein. Ich brauche jemanden, der mehr wirklichkeitsnah (down to earth) ist. Ich erfinde nichts. Sie denken, Sie machen keine Fehler. Sie sind so positiv, daß Sie die ganze Zeit Recht haben. Was gibt Ihnen das Gefühl, unfehlbar zu sein? Und Sie antworten mir nicht, wenn ich Sie frage. Ich will nicht ignoriert werden."

Hier kam mir meine eigene Gegenübertragung in den Weg, der Ärger darüber, daß sie mich belogen hatte und mich überdies jetzt desselben Verhaltens bezichtigte. Ich sagte mit einiger Schärfe im Ton, sie sei wütend auf mich und nehme diese Sache nur zum Vorwand. Sie unterbrach mich schreiend: „Sie war geschlossen! Sie glauben mir nicht, was ich sage. Ich will nicht, daß Sie mein Leben bestimmen, wenn Sie mir nicht zuhören wollen. Von zu vielen Sachen haben Sie überhaupt keine Ahnung." Ich: „Sie scheinen sehr interessiert daran zu sein, mir zu beweisen, daß ich im Unrecht bin." Sie: „Nein, ich will, daß Sie nachgeben (that you give something – etwas geben). Sie benehmen sich, als ob Sie auf einem Piedestal ständen. Sie sind immer *so* gewiß, daß Sie recht haben, so überlegen. Ich mag nicht mehr mit Ihnen reden. Sie haben mir überhaupt nicht geholfen. Ich fühle mich besser, aber das ist trotz dieser Therapie, nicht wegen ihr. Ich war ehrlich mit Ihnen, aber Sie waren nicht einmal ehrlich genug, mir es zu sagen, als Sie merkten, daß Sie mir nicht helfen konnten." Hier gestand ich, daß ich mich nicht imstande fühlte, ihr zu helfen. Sie: „Ich weiß nicht, wie wir all diese Zeit vergeudet haben. Ich wünsche, Sie wären ehrlicher gewesen, statt bis heute damit zu warten." Ich: „Wie konnten Sie Hilfe von jemandem bekommen, den Sie als unehrlich und lügenhaft sahen? Ich kann niemandem helfen, der mich anlügt und mich dann als Lügner behandelt." Sie: „Ich sehe keinen Sinn darin, hierzubleiben, nach dem, was Sie gesagt haben." Sie stand von der Couch auf und stürmte hinaus.

Was ich damals nicht klar erkannte, war ihre *Übertragung ihres anklagenden Über-Ich auf mich*: Sie schrieb mir ihre eigenen Selbstanklagen zu. Mit Erfolg reizte sie mich zu einer Antwort, die dann den völligen Rollenaustausch möglich machte: Nun *wurde sie zur Anklägerin und ich zum Lügner* – etwa nach dem Muster des Kinderspruchs: „Ich nicht, du auch!"

Ich merkte, daß ich selbst ihrem Bemühen nachgegeben hatte und dabei in die

Falle gegangen war: Ich hatte mitgespielt, ihr eigenes Gefühl der Scham darüber, daß sie gelogen hatte und unehrlich gewesen war, umzukehren. Diese Abwehr durch Umkehrung bestand ja eben darin, daß sie mich nicht nur in der Phantasie zum Lügner und Narren stempeln wollte, sondern daß sie dafür ein geschicktes und erfolgreiches Manöver in Gestalt der Provokation inszenierte.

Dieses Verhaltensmuster (pattern) war mir eigentlich von den allerersten Stunden mit ihr bekannt gewesen. So hatte sie mir vor etwa einem Jahr schon beschrieben, wie hilflos sie sich gefühlt hatte, als sie im Nebenzimmer ihren Vater darüber weinen hörte, daß er seine Stelle verloren hatte. Schon damals hatte sie erkannt: „Wenn ich nicht weiß, wie ich damit fertig werden kann, kehre ich es um und mache jemand anderen hilflos. Ich setzte viel daran, sehr unzuverlässig zu erscheinen, damit keine Erwartungen mehr in mich gesetzt würden."

Sie pflegte immer wieder ihre verzweifelte Niederlage zu zeigen, lahm und entmutigt einen möglichen Helfer herbeizurufen, damit er sie errette, und ihn dann zu enttäuschen, ja ihn töricht und völlig inkompetent und wirkungslos erscheinen zu lassen – ebenso, wie ihr Vater sich erwiesen hatte. Dieses grundlegende Muster der Umkehrung zeigte sich gut in einem ihrer ersten Träume in der Behandlung. Sie sah, wie ihre Katze sie kratzte und ihre Strümpfe zerriß. Es ging ihr auf die Nerven, und sie begann, sie zu mißhandeln und wegzuscheuchen. „Dann verwandelte sich die Katze in ein kleines Mädchen. Ich fragte es, ob es hungrig sei. Es sagte weinend und verängstigt: ‚Ja'. Aber ich lachte es aus; es werde nichts zu essen bekommen. Ich war eine Hexe, und es hatte Angst vor mir. Als ich klein war, hatte ich immer wieder diesen Traum, daß eine Hexe mir auf der Straße nachjagte. Ich fiel jeweils um, und sie war dran, mich zu erwischen, wenn ich erwachte. Ich verbinde diese 2 Träume miteinander." Ich: „Richtig – nämlich wie?" Sie: „Daß ich Schmerzen hatte und mich fürchtete – und daß ich jemand anderem wehzutun versuchte, so wie die Hexe mich verängstigt hatte."

Ähnlich war sie als kleines Kind jeden Abend davon überzeugt gewesen, daß sie in der folgenden Nacht sterben werde, ins Fegfeuer komme und für alle ihre Sünden bestraft werde. Sie verabschiedete sich daher immer förmlich von der Welt.

Sie brach die Behandlung mit mir ab, obwohl ich noch mehrmals versuchte, mit ihr das Geschehene zu untersuchen. Bestimmt hatte meine eigene Gegenübertragung in Form von Ärger, Ratlosigkeit, sogar Verlegenheit darüber, daß ich mich so hatte narren lassen, störend eingewirkt – mein eigener Versuch, sie zu beschämen. Dennoch war es weit mehr ihre eigene Scham darüber, daß sie mich betrogen und das „therapeutische Abkommen" gebrochen, meine Sympathie und Freundlichkeit hintergangen und mißbraucht hatte, die sie den Spieß umdrehen und nun mich beschämen und des Verrats und der Lüge bezichten ließ. Ich mußte nun als inkompetenter, ohnmächtiger Tor angesehen und behandelt werden, da ich sie nicht früher durchschaut hatte. Genau so war sie selbst von der geheimnisgeladenen, verhohlenen, verleugnenden Art der Familie geblendet worden.

Übrigens litt Drancy auch unter schwerer Depersonalisierung: Jeder Gedanke und jedes Gefühl wurde in der Stunde sogleich unwirklich, sobald sie ausgesprochen worden waren – als ob das Aussprechen, die Enthüllung sie falsch werden ließen. Diese Abwehr durch Umwendung von Passivität ins Aktive ist im Kampf gegen durchdringende Scham von ganz besonderer Wichtigkeit. Natürlich spielen auch Projektion des Über-Ich und Identifizierung mit dem Angreifer wesentlich mit, um diese Triebumkehr möglich zu machen. Kernberg weist in diesem Zusammenhang der Konfrontierung von Unehrlichkeit auf die dadurch bewirkte *„paranoide Regression in der Übertragung"* hin (1987).

Offenkundig sind die Folgen für die Gegenübertragung gewaltig und können, wie in diesen Fall, aller Kontrolle entgleiten. Für mich ist dies eben eines der Beispiele „schlechter Stunden" und „schlechter Therapie", die gegen die Überzahl der Darstellung von geglückten Interventionen (von „guten Stunden") hier in Rechnung gebracht werden sollen. Wie ich im Einleitungskapitel ausgeführt habe, ist diese Überzahl künstlich: Weit mehr Stunden sind eher mittelmäßig oder gar schlecht als hervorragend, aber das Interesse in der Abfassung dieses Buches ist eben die Hervorhebung *verändernder* Eingriffe, namentlich in Form von *dramatisch wirksamen Einsichten*, und diese Absicht bedingt die Auswahl der geglückten Therapieepisoden.

Die nächsten 2 Abwehrformen, denen ich mich nun noch kurz zuwende, sind der Verleugnung und der Umkehrung nahe verwandt.

8.3.3 Affektmobilisierung und Affektblockierung

Affekte können selbst auf verschiedene Art und Weise der Abwehr dienen. Einerseits kann eine lärmige Form der Angst als Deckaffekt zur Verhüllung (wohl wieder durch Verleugnung?) einer tieferen Angst dienen. Bei Jason wurde sehr vieles in Worten der Schamangst ausgedrückt, um die ganz massive Kastrationsangst zu verneinen. Viele pflegen über Einsamkeit und Trennungsangst zu sprechen, wenn die wirklich bedeutsame Angst sich auf masochistische Impulse richtet, auf sexuelle Gefühle bei den gegen die eigene Person gewendeten Quälereien; diese ist also letztlich Angst vor einer Form sadistischer Lust, die ursprünglich v. a. der Wiederherstellung des Macht- und Selbstgefühls zu dienen hatte. Eine zweite Version, wie Affekte der Abwehr dienen können, besteht in dem, was ich schon mehrmals als *Affektumkehrung* erwähnt habe: Wutausbrüche dienen, wie es Anna Freud mehrfach beschrieben hat, der Angstabwehr: „Ich habe keine Angst; im Gegenteil, schau, wie ich dreinhauen kann." Ähnlich können hektische „Aufgedrehtheit", Getriebenheit und Betriebsamkeit oder depressive Stimmungen solcher Affektabwehr dienen.

Eine gegenteilige Form der Affektveränderung ist das „Einfrieren" der Gefühle, die *Affektblockierung* – ein globales Abstumpfen und Vereisen der Gefühle, begleitet von massiven Formen der Verleugnung und Verdrängung, besonders unter der Herrschaft durchdringender Scham. Viele Drogen sind besonders nützlich, die Gefühle durchweg abzutöten. Ich glaube, daß das, was heute oft als Alexithymie bezeichnet wird, auf solch massiver schambedingter Affektblockierung beruht.

8.3.4 Externalisierung

Dieser früher erläuterten Form der Abwehr durch Handlung – die Verlegung eines inneren Konflikts in die Außenwelt – entspricht spiegelbildlich dies: Die innere Gefahr wird nach außen verlegt und dort in der Phobie vermieden, bei erfolgreicher Externalisierung durch die Handlung auch besiegt. Die Drogeneinnahme selbst dient genau dieser Abwehr: „Ich habe die Macht, mit Hilfe dieser magischen Substanz, das Unerträgliche erträglich zu machen."

Die allbeherrschende Spannung und Ruhelosigkeit läßt sich gerade dank solcher Externalisierung vorübergehend bezwingen. Man befreit sich dadurch von dem fast körperlich empfundenen Unbehagen und Druck. Sie wird als „Ausbrechen" aus der Gefangenheit in dieser Spannung erlebt.

Jede derartige Externalisierung hat etwas Dehumanisierendes an sich. Die Neuinszenierung und die Handlung sind dabei das Wichtige, nicht das Bedürfnis und die Attribute der Personen, die dafür als Statisten und Rollenspieler „gebraucht" werden.

Wenn wir uns nochmals auf das Wesen dieser Abwehr besinnen – daß nämlich etwas, das „innen" ist, „draußen" durch Handlung verändert werden soll – sehen wir, daß dem eine bestimmte Phantasie zugrunde liegt: die eines abgeschlossenen Innenraumes, der aufgebrochen, ja gesprengt werden soll. Damit sind wir bei dem Thema des *phobischen Kernes in der Sucht* und damit bei der Frage nach der spezifischen Konfliktlösung, der höchsten Ebene der Spezifizität, angelangt.

8.4 Die spezifische Konfliktlösung ·

In meinen Beobachtungen kann der Hauptaspekt der Dynamik in der Drogensucht in Episoden gefunden werden, während denen eine unbestimmte Spannung oder eine unerklärliche Angst, eine breite Depression oder Dysphorie, v. a. in bezug auf die eigenen Leistungen, überwältigend werden. Wut und andere aggressive Affekte und Impulse sind während dieser Krisenstimmung ebenfalls mit dabei. Zuvor habe ich von einer „narzißtischen Krise" gesprochen, um die Bedeutung der Konflikte über den Selbstwert und den Wert der andern zu betonen. Ich stimme auch damit überein, daß diese überwältigenden Affekte bestimmte Charakteristika aufweisen, wie sie Henry Krystal so eingehend beschrieben hat: nämlich daß diese Affekte nur mit Schwierigkeiten in Worten oder anderen Symbolen ausgedrückt werden können, daß sie gewöhnlich undifferenziert und global sind und daß sie oft nicht von Körperempfindungen und Befindlichkeiten zu trennen sind.

Wenn wir nun diesen Krisenzustand sorgfältiger untersuchen, so sind es natürlich ganz besonders verschiedene Formen ängstlicher und depressiver Affekte, die dabei im Vordergrund stehen, d. h. Affekte, die sich sowohl auf drohende Gefahren wie auf schon erfolgte Schädigung beziehen. Gewöhnlich sind sie gleichzeitig vorhanden und von großer Intensität. Unter diesen Angst- und Depressionsaffekten

treten mehrere als besonders häufig und wichtig hervor: schwere Minderwertig-
keitsgefühle gegenüber einem Ideal, daher Angst vor Bloßstellung oder die depressive Gewißheit, daß diese schon erfolgt sei, mithin das Gefühl bevorstehender oder
geschehener Erniedrigung – also *Scham*; tiefe Gefühle, nicht gut zu sein, nicht das
getan oder geleistet zu haben, was man hätte tun sollen, die Verantwortlichkeit versäumt und andere verwundet zu haben – *Schuld*. Gewöhnlich beziehen sich diese
bewußten ängstlich-depressiven Versionen von Scham und Schuld lediglich auf
Deckgeschehnisse (screen-events). Deren wirkliche Ursachen sind versteckt, unbewußt.

In anderen Worten scheinen während dieser Episoden eine hochfahrende innere
Autorität und die von ihr getragenen Ideale unerträglich, die Angst über den von
ihr ausgeübten Druck besonders bedrängend und die Gefühle von Schuld und
Scham darüber, daß man solch unerbittlich fordernden inneren Befehlen nicht Genüge getan habe, besonders harsch und bitter zu werden. Der Ursprung des übersteigerten und archaisch-rachsüchtigen Über-Ich-Drucks und die Gründe für diese
episodischen Exazerbationen lassen sich in der individuellen Geschichte finden. Sie
sind von großer Spezifizität und zeigen jene Komplexität symbolischer Gleichungen, die für alle neurotischen Konflikte typisch ist.

Während der *Ablaufssequenz der Impulshandlung* ist es nun charakteristisch, daß
es zu einem trotzigen Aufbäumen gegen einen besonders beschwerlichen und kriti-
sierenden Teil dieser inneren Autoritätsfigur und zu dessen kurzfristiger Absetzung
kommt. Dies geschieht in der Hoffnung, man erreiche auf diese Weise eine Phantasieidentität, die von diesem inneren Tyrannen befreit wäre. Dieses Abwerfen des
Jochs dauert nur so lange an, wie die Drogen bei der Abwehr durch Verleugnung
tatkräftig mitwirken. Was verleugnet, also nicht wahrgenommen wird, sind die Anteile der Wirklichkeit, die jener Phantasieidentität widersprechen. Die Drogen (einschließlich Alkohol) besitzen dadurch eine ganz besondere Kraft, solche Verleugnung zu erzielen, daß sie die allerintensivsten Unlustgefühle künstlich zu
unterdrücken vermögen. Sobald mit der Abnahme der Drogenwirkung diese Macht
der Affektblockierung und damit der teilweisen Verleugnung der Wahrnehmungen
schwindet, erheben sich natürlich wieder jene ursprünglichen Gegenkräfte mit er-
neuter Macht und verdoppelter Wut. Der „innere Richter" hat nun noch weit bessere Gründe, die Gesamtperson, das „Selbst" des Patienten zu verurteilen.

Blicken wir nochmals kurz zurück auf unseren Patienten: Wenn er sich abgewiesen oder auch nur milde getadelt fühlt, ist es, „als ob ein Messer mich getroffen hätte". Er fühlt sich erdrückt von Scham und Einsamkeit und sucht sein Refugium in
einem System von Phantasien, die *durch Lügen und Drogen zur Realität gemacht*
werden müssen. Wenn er dabei nicht bestraft wird, wenn er noch einmal und noch
einmal davon kommt, kostet er seinen Triumph über die Eltern (die, ihrer eignen
Schuldgefühle wegen, ihm immer und immer wieder nachgegeben haben und so
seiner Verleugnung ihrerseits Beihilfe geleistet haben), seinen Triumph über jegliche
Autorität, über jegliche Grenz- und Schrankensetzung, seinen *Triumph letztlich
über das Über-Ich* aus. „Es gibt keine Grenzen, die ich respektieren muß. Ich beweise, daß die Drohungen von außen unwirksam und die Gesetze und Schranken nicht
gültig sind. Damit beweise ich aber auch, daß das, was ich *damals* als etwas so

Grauenhaftes sah, was ich beobachtete, gar nicht wahr war." In Jasons Fall war es wahrscheinlich die Tatsache, daß die Mutter statt des Penis, wie er annahm, „ein blutendes Loch" hatte, wohl aber auch, daß er statt einer vertrauenswürdigen eine äußerst unbeständige, bald sexuell verführende, bald wieder kalt verstossende und abwesende frivole Frau zur Mutter hatte, die ihn aus ihrer Schuld heraus immer wieder verwöhnte und „davonkommen ließ". Dies wiederholt sich immer wieder in der Übertragung. Er will mir beweisen, daß er auch bei mir „noch einmal davon kommen könne" – daß er mir als Gewissensfigur wieder und wieder ein Schnippchen schlagen könne. Als ich dies endlich klarer sehe, sage ich ihm klipp und klar: „Solange Sie ein kriminelles Leben führen, behandle ich Sie nicht weiter und verfüge über Ihre Stunden."

Damit sind wir, um eine Antwort darauf zu finden, was denn am spezifischsten sei, gezwungen, die logische Ebene zu wechseln. Die größere Abstraktion wird uns

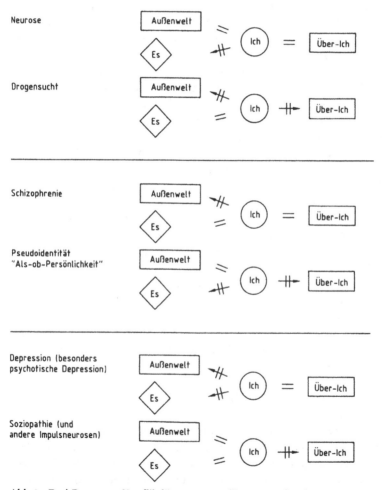

Abb. 1 Drei Paare von Konfliktlösung. ═══ Allianz, ⊬⊬ Abwehr gegen . . .

das zu finden erlauben, was bis jetzt den Forschern entgangen ist. Es liegt darin,
womit sich das Ich vorwiegend verbündet und wogegen es sich vorwiegend wehrt.
Hier ist die Synopsis, die ein zuerst von Freud gegebenes, dann von Wälder aufge-
griffenes und von Rangell in einem wesentlichen Punkt erweitertes Schema übernimmt und weiterentwickelt. In Abb. 1 symbolisiere ich Allianz mit dem Doppel-
strich (=), Abwehr mit dem durchgekreuzten Pfeil (→). Ich habe diese
Strukturverhältnisse in 3 Paaren angeordnet; jedes Paar umfaßt 2 spiegelbildliche
Konfigurationen.

Aus diesem Schema ist nun ohne weiteres ersichtlich, daß in der Neurose das Ich
sich auf die Seite des Über-Ich und der äußeren Realität stellt und seine Hauptabwehr gegen das Es richtet. In der schizophrenen Psychose alliiert es sich mit den archaischen Trieben und Gewissensansprüchen und richtet seine Abwehrbemühun-
gen in Form von Verleugnung und Rückzug von Investierung („decathexis") v. a.
gegen die Außenwelt.

Wenn Wälder in bezug auf die Psychose schreibt: „Das Ich löst sich von der Realität ab und schafft für sich eine neue Welt, die so beschaffen ist, daß sie mit den
Wünschen des Es im Einklang steht" (1951, S. 214), so ist dies meiner Ansicht nach
ungenau. Wie ich im Schambuch ausgeführt habe, spielt tatsächlich das archaische
Über-Ich in den Psychosen eine ganz überragende Rolle, und zwar schmiegt sich
das Ich ebensosehr dieser Macht wie der des Es an.

In schwerer Depression geht das Ich ganz ins Über-Ich ein. Deren Gegenbild ist
die „Soziopathie" (Asozialität; Rangells Syndrom der kompromittierten Integrität),
wo der Hauptkampf des Ich dem Über-Ich gilt. Bei der Toxikomanie schließlich
wehrt es sich sowohl gegen das Gewissen wie auch gegen die äußere Realität, namentlich sofern diese mit Grenzen und Zeit, mit Verantwortung und Verpflichtung,
aber auch allgemeiner wo sie mit Selbsterhaltung, mit Voraussehen der Folgen, mit
Aufschub und späterer Befriedigung zu tun hat. Was Wälder also für die Psychosen
entwarf, gilt in vorzüglicher Weise eher für die Sucht. Natürlich mag es im Grunde
immer noch die Trieb- und Affektwelt sein, die auch letztlich dieser Konfliktlösung
zugrunde liegt, aber es sind gerade die Triebe, besonders Formen der Aggression
und Selbstbehauptung, die nun in den Dienst der Abwehr gegen die als traumatisie-
rend erlebte Umwelt gestellt werden. Schon sehr früh werden Aggressionen als
Trotz im Kampf mit äußerlicher Struktur, im Sichaufbäumen gegen jede Autorität
ausgelebt. Das Über-Ich wird zum Hauptgegner, und alles in der Außenwelt, das
mit Autorität, mit Beschränkung und mit Zeit zu tun hat, muß mit überwunden
werden. Dabei werden große Teile des Es, und zwar nicht nur Aggressionen, sondern auch mannigfache Formen der Libido, in den Dienst dieser Abwehr gestellt. Es
ist nicht „Lust an sich", der Rausch nicht als Selbstzweck, der gesucht wird, sondern es ist Lust im Dienste der breitangelegten Abwehr gegen Über-Ich und Außenwelt. Übrigens mag, wie ich noch später kurz darstellen werde, etwas ganz Ähnliches für die Perversionen gelten, die ja alles andere als nur ein einfaches lustvolles
Negativ der Neurosen sind (vgl. hierzu auch den in Kap. 6 geschilderten Fall Elasar;
ebenso die Theorie der „dreifachen Schichtung" bei Fenichel).

Da wiederum in diesem Kampf gegen das Über-Ich die Abwehr in Form von Verleugnung die wesentliche Rolle spielt, sind *Gegenphantasien*, die diese Verleugnung

zu unterstützen haben – „countervailing fantasies" – notwendig, eben in Form der
Schutzsysteme.

Gewöhnlich sind derartige Konfliktlösungen nur temporär und verschieben sich
leicht. Wie Kubie zu sagen pflegte: Niemand ist 24 Stunden im Tag psychotisch
oder neurotisch. Es gibt ständige Wechsel des Gleichgewichts, des Bündnisses, der
Abwehr.

Es scheint mir nun bedeutsam, daß die meisten Gefühle, die ich zuvor als Impetus für die pharmakogene Affektabwehr beschrieben habe, die meisten Ängste und
depressiven Gefühle sich auf diese Konfliktlösung beziehen und sich entweder aus
dem Abwehrkampf gegen Über-Ich und Außenwelt ableiten lassen oder umgekehrt
diesen Kampf notwendig erscheinen lassen. Je heftiger z.B. Schuld und Scham zu
werden drohen, desto größer die Notwendigkeit, das Gewissen und seine äußeren
Repräsentanten zu unterdrücken und zu beseitigen.

Die mit dem Drogengebrauch erzielte Konfliktlösung ist, wie gesagt, prekär und
selbstzerstörerisch, self-defeating. Ihre Unhaltbarkeit erweist sich in der *„Rückkehr
des Verleugneten"* – dem Analogon zur „Rückkehr des Verdrängten" bei anderen
Formen der Neurose (der Begriff wurde von Robert Wälder in bezug auf die Dynamik des paranoiden Prozesses geprägt). Was bei dieser Lösung abgewehrt wird, erscheint zwar in verzerrter, aber um so machtvollerer und archaischerer Gestalt. Besteht die für die Toxikomanie typische Konfliktlösung namentlich darin, daß
wichtige Aspekte des Über-Ich und damit verbundener Anteile der äußeren Realität
– die nämlich mit Autorität, Begrenzungen und Beschränkungen, mit Gesetzen und
mit Zeit zu tun haben – abgewehrt werden, ist es zu erwarten, daß wir eine Rückkehr dieser abgelehnten Funktionen antreffen, obwohl in verzerrter und regressiver
Form. Bei dieser *Wiederkehr des Verleugneten* spielt der von Wälder vermutete *Iso-
morphismus von Abwehr und Abgewehrtem* eine Rolle: Als Gegenstück der Verleugnung müßte man eine Behauptung, eine Forderung, einen Anspruch erwarten. Dies
ist in der Tat so, wie es sich im einzelnen nachweisen läßt.

Was sind denn die Hauptfunktionen des Über-Ich, die nun abgewehrt, ungültig
gemacht werden? 1) Das Ich-Ideal, also das Idealbild, das man von sich hat, und eine Art innerer Kodex idealer Handlungen; 2) Selbstkritik und Selbstverurteilung; 3)
Selbstschutz und innere Billigung dessen, was man tut; 4) Stabilisierung von Stimmung, Affekt und Selbstbild; 5) Beschützung der inneren und äußern Grenzen und
Schranken; 6) bewertende und urteilende Selbstbeobachtung.

Wenn es nun stimmt, daß die Abwehr v.a. diesen Über-Ich-Funktionen und deren Vertretern in der äußeren Wirklichkeit gilt, müssen wir sowohl die Folgen solcher Abwehr wie auch die Rückkehr des Abgewehrten in der Dynamik erwarten. In
der Tat zeigt sich dies mit schlagender Regelmäßigkeit.

8.4.1 Rückkehr des abgewehrten Ich-Ideals

Dessen Rückkehr ist v.a. in Form des in die Ideale investierten Narzißmus zu erwarten, und zwar nun in Form von mannigfaltigen narzißtischen Ansprüchen und deren Befriedigung: „Ich fühle mich so gut und großartig, so voll, reich und stark, so

berechtigt zu allem, wie es meine Wünsche verlangen; denn ich bin ja beschützt; mein innerer Richter ist zum Schweigen gebracht. Ich bin nahe dem Idealzustand, vereinigt mit dem, was schützt und gewährt, nun da die Stimme von Gewissen und jeder grenzsetzenden und ein Versagen gebietenden Autorität verstummt ist."

8.4.2 Rückkehr der Selbstbestrafung

Die Rückkehr des verleugneten Über-Ich erscheint als Bestrafung von außen, als eine Bestrafung jedoch, ja als Verfolgung, die ständig provoziert wird und der man sich nicht einmal so unwillig unterwirft. Es ist oft überraschend, wie dumm sich diese Leute der herannahenden Gefahr der Bestrafung gegenüber verhalten und ihr geradezu entgegengehen, sie beinahe herbeilocken. Der Schützer selbst, v. a. die Drogensucht an sich, wandelt sich dann zur drückenden Bürde („the monkey on my back") und zum versklavenden Vogt. So erzwingt sich das Über-Ich trotz aller Verleugnung schließlich wieder Gehör und Gehorsam – lähmende, würgende Unterwerfung – und nicht selten Vernichtung.

8.4.3 Die billigende und schützende Funktion des Über-Ich

Man unterschätzt häufig, wie sehr das Über-Ich nicht nur Ich-Ideal, Selbstbeobachtung und Selbstverurteilung umfaßt, sondern wie sehr es selbst ganz zentral eine billigende und beschützende innere Instanz darstellt (vgl. Schafer 1960). Dem Kampf gegen das Über-Ich fallen also auch dessen schützende, besänftigende und verzeihende Seiten zum Opfer.

Dies hat, wie ich vermute, unmittelbar die wichtige Folge, daß bei dessen Abwehr ein ständiges Gefühl der Ungeborgenheit, der Verletzlichkeit, besteht. Damit ist der Patient immer auf der Suche nach „Beschützern und Verzeihern".

Im Zusammenhang damit steht denn auch das, was von einigen führenden Forschern in den letzten Jahren mehr und mehr ins Zentrum gerückt worden ist: der Mangel in der Funktion, „für sich selber zu sorgen oder sich in acht zu nehmen" („self-care function"; Khantzian, Krystal). Ich glaube, daß dabei oft als entwicklungsmäßiger Defekt aufgefaßt wird, was sich auf diese schützende, Sicherheit gewährende und billigende Seite des Über-Ich bezieht, die der allgemeinen Regression und der massiven abwehrbedingten Aufsplitterung zum Opfer gefallen ist. Immerhin sind die beiden Deutungen (Defekt und Konflikt) wie gewöhnlich komplementär und hängen vom therapeutischen Standpunkt ab. Die allen Konflikten vorausgehende und sie begleitende Regulationsstörung der Affekte ist in der Tat eine Art von Defekt; doch spiegelt sie sich, wie ich noch näher in Kap. 9 ausführen werde, gerade in der Massivität der Konflikte und in der archaischen und überwältigenden Natur des Über-Ich und seines Absolutheitsanspruchs wider.

Es ist klar, daß die Droge selbst ein hervorragender Teil dieses beschützenden, beschwichtigenden (antiphobischen) Systems ist.

Was ist aber letztlich dieser „Beschützer", der ebenso zwanghaft, ebenso süchtig *gesucht* wird wie das phobische Objekt *vermieden* wird? Es scheint mir mehr und mehr wahrscheinlich, daß phobisches und antiphobisches Objekt sehr, sehr nahe miteinander verwandt sind – daß *Wunschobjekt und Gefahrenobjekt im Grunde dasselbe sind, 2 Seiten des einen ambivalent erlebten ursprünglichen Objekts darstellen.*

Schutzobjekte und Schutzsysteme zeigen dabei stets die „Rückkehr des Abgewehrten". Manche der beängstigenden Züge finden sich, oft nur halbversteckt, im Beschützer wieder. Man erinnere sich an Anna Freuds Beispiel des zahmen Löwen als Beschützer eines 7 jährigen Knaben. Der Löwe ist Ersatz für den Vater. Die „Verwandlung der Aggression in Angst und die Verschiebung vom Vater auf das Tier" ist natürlich der typische phobische Vorgang. Aber der nächste Schritt des Buben ist *antiphobisch*: „Er verleugnet einfach ... eine peinliche Tatsache der Wirklichkeit und verkehrt sie in der Löwenphantasie in ihr lustvolles Gegenteil. Das Angsttier wird zum Freund ernannt; seine Stärke dient jetzt dem Knaben, anstatt ihn zu erschrecken" (A. Freud 1936, S. 87/88). In dieser und anderen *Verleugnungsphantasien* von „schützenden Tieren" wird es „ganz deutlich, daß die Macht des Vaters, die sich in den Tieren verkörpert, dem Schutz vor dem Vater selbst dient" (S. 90).

Im Falle des Süchtigen erscheinen die Schutzperson oder das Schutzsystem als eine reexternalisierte Version des archaischen Über-Ich, die eingesetzt wird, um Macht, Kontinuität und Kontrolle einem Ich zu gewährleisten, das von traumatischer Angst und Depression bedroht wird. Es ist nötig, um einer anderen Version des archaischen Über-Ich, der abgewehrten, entgegenzutreten, jener nämlich, die harsch verurteilt und leicht wieder als äußere Autorität angesehen und gefürchtet wird, einer Über-Ich-Gestalt also, die fast ausschließlich mit Scham, nicht mit Schuld droht und straft und die das weiterlebende Gespenst der in früher Kindheit erlittenen schweren Traumatisierung darstellt.

Dabei zeigt diese Über-Ich-Schutzfigur all die gefürchteten Elemente, die abgewehrt werden sollten, doch jetzt unter der magischen Herrschaft des Ich. Nur der kann schützen, der auch die volle Macht der Drohung und Bestrafung besitzt. Dieselbe Erkenntnis läßt sich, wie wir in Kap. 4 gesehen haben, auch auf die „Liebessucht", auf die masochistische Hörigkeit anwenden. Der machtvolle und sich immer wieder sadistisch gebärdende Geliebte übt die Strafgewalt aus, die der Sühne und endgültigen Vergebung zu dienen hat. Es gilt dabei wieder, daß nur der Mann, der diese Gewalt der Grausamkeit besitzt, auch die „rechtskräftige" Gewalt des Schutzes und der Versöhnung auszuüben vermag. Nur so kann er die Gewalttätigkeit der inneren Autorität entkräften. Der Versöhner und „Sühnepriester" im anderen ist damit ganz zum Verwalter der eigenen Machtgier und damit auch zum Träger all seiner Grausamkeit – der Grausamkeit des Ohnmächtigen und Verachteten! – geworden.

8.4.4 Innere Diskontinuität

Es stellt sich die Frage, ob es denn nicht gerade die Abwehr der vom Über-Ich verursachten Affekte ist, die für die merkwürdigen Umschlagsphänomene, für die abrupten Persönlichkeitswechsel von einem Extrem zum andern, für die äußerste emotionelle Unberechenbarkeit und Gespaltenheit dieser Persönlichkeiten verantwortlich ist. Bekanntlich wirkt ja das Über-Ich als Stimmungs- und Affektstabilisator (Jacobson 1971). Das Leben, das man ohne Über-Ich zu führen versucht, wird chaotisch und steuerlos herumgeworfen.

Wo es, wie es typisch für die schweren Neurosen i. allg. ist, vorwiegend archaische Konflikte mit ihren radikalen Angst- und Abwehrformen gibt, besonders Abwehr in Form der Umkehrung und Verleugnung, finden wir auch phänomenologisch eine bemerkenswerte Diskontinuität der Identität, des inneren Selbstsinnes wie auch der äußeren Manifestation der Persönlichkeit. Sie zeigen plötzliche Umwendungen, ein Umschlagen oder eine Peripetie, jene schockierende Unverläßlichkeit und Unberechenbarkeit, die oft so schwer zu ertragen ist. In einem Moment geben sie ehrliche Versprechen, machen großartige Pläne, stürzen sich in ehrgeizige, ja idealistische Unternehmungen, zeigen Liebe, Freundschaft und Rücksicht. Im nächsten Augenblick werden alle Versprechen gebrochen, die Pläne fallengelassen, die Verpflichtungen und Bindungen schnöde verraten; Verachtung und Arroganz beherrschen die Szene.

Diese Umschläge können so extrem sein, daß wir nicht selten von *multiplen Persönlichkeiten* sprechen können. Selbst in milderen Fällen lohnt es sich, die Phänomene in Begriffen der *Identitätsspaltung* zu erfassen: gegensätzliche Selbstanteile, die gegensätzlichen Teilen des Über-Ichs unterstehen und oft aus sehr archaischen Selbstbildern und Identifizierungen bestehen. Diese Spaltungsphänomene beruhen auf komplexen Abwehrvorgängen, namentlich denen der Verleugnung, der Unterdrückung unliebsamer Affekte, der Externalisierung und Wendung vom Passiven ins Aktive.

Ideale und Loyalitäten fallen wie Kegelfiguren bei leichtem Anstoß um. Zwar sollen die mannigfachen Mächte und Figuren des Schutzsystems – Freunde, Gruppen, Ideale, Schmeicheleien, Drohungen und Verlockungen, Drogen, was immer – dieser verwirrenden Diskontinuität und Fragmentierung Herr werden, sie überdecken und darüber hinwegtäuschen helfen, indem sie die globale Angstspannung und die anderen mit ihr verbundenen Affektstürme zeitweilig zum Verstummen bringen. Ersatzideale und Ersatzgewissen – wie Alcoholics Anonymous oder therapeutische Gemeinschaft – sind, selbst ohne pharmakologische Wirkung, schon machtvolle Dämpfer der Angst; um so mehr beruhigen sie diese, wenn sie überdies noch die magische Wirkung der Droge besitzen.

Auf die gestellte Frage werde ich in Kap. 9 und besonders in Kap. 10 noch eingehend zurückkommen.

8.4.5 Einschränkung und Grenzen

Mit dem folgenden Aspekt der Rückkehr des verleugneten oder verdrängten Über-Ich befasse ich mich nun etwas eingehender; wie gesagt, erscheint die zwanghafte Suche der Sucht beinahe wie ein Gegenbild der Phobie.

Tatsächlich stößt man in der Anamnese der meisten Süchtigen recht leicht auf *phobische* Züge, namentlich auf Befürchtungen, sich eingeschlossen, gefangen, eingeschränkt zu fühlen.

Es ist frappierend, wie die getriebene Suche des Süchtigen gleichsam ein Spiegelbild des ebenso unwiderstehlichen Vermeidungsdrangs des Phobikers darstellt. Während letzterer alle Gefahren in einer oder wenigen Arten von Objekten und in einer oder wenigen Situationsformen konzentriert und damit all seine Ängste auf diese Drohung richtet und sein Leben auf deren Meidung hin ausrichtet, scheint der Süchtige gerade das Gegenteil davon zu tun: Sein ganzer Lebensinhalt, all sein Interesse richtet sich, wenigstens während jener Episoden der Abhängigkeit, ebenfalls ganz konzentriert auf bestimmte Objekte und Situationen, und diese werden dann zum Ausschluß von allem anderen gesucht.

Was nun alle diese Beobachtungen miteinander verbindet, ist die Tatsache, daß die *Grenze*, die Schranke, die Einschließung eine wichtige Symbolgruppe darstellen, die für die innere Autorität, eben für das Über-Ich, steht. Die Furcht vor diesem *Claustrum* dehnt sich gewöhnlich auf metaphorische Einschränkungen und Einschließungen aus. Manche fühlen sich unangenehm beengt und gleichsam erstickt von menschlicher Wärme und von jeder körperlichen oder emotionellen Nähe. Sie ziehen sich zurück oder schlagen zornig aus, sobald man ihnen „zu nahe tritt" (vgl. close, lat. clausus). Jede Geste der Annäherung, wie ein Geschenk oder eine Berührung, mag von ihnen als die unvermutet konkrete Bedrohung empfunden werden, vom andern in Beschlag genommen und aufgesogen zu werden.

Eine andere symbolische Variante manifestiert sich als Saumseligkeit und Unentschlossenheit (procrastination): Jeder Termin, jede Aufgabe verwandelt sich in eine beengende Grenze und damit wiederum in ein Claustrum, das sowohl Furcht wie auch Ärger auslöst. Eine weitere Charaktervariante läßt sich als eine solche versteckte Klaustrophobie begreifen: Einengende Lebensverpflichtungen wie Ehe, Schule oder Beruf werden phobisch gemieden, das Durchhalten bei anderen Aufgaben ist gestört, und das Leben als Ganzes zeigt eine rastlose Bewegungssucht und Unstetheit.

Die orale Bedeutung des Claustrums wurde oft und leicht bemerkt: *Claustrum = Abhängigkeit = verschlingende Mutter*, und die Wiederholung der Furcht vor dieser der Autonomie und der Identität beraubenden Figur in der Übertragung. Doch scheint die schon kurz erwähnte Gleichsetzung eines solchen „verschlingenden Claustrums" mit dem Über-Ich und all dessen Vorstellungsrepräsentanzen und Vertretern in der Außenwelt dynamisch weit wichtiger zu sein. Das Elternbild der frühen Kindheit, das sowohl verbietet und einschränkt wie auch zum Träger der eigenen, *projizierten* oralen und analsadistischen Aggression, aber auch der Abhängigkeitswünsche geworden ist, besteht im Über-Ich ebenso weiter wie alle damit verknüpften Traumatisierungen. *Seine beschränkende Gewalt wird ebenso gesucht wie gefürchtet* und als *ebenso verschlingend und bedrohlich wie beschützend und Halt gewährend* erlebt, als *ebenso einengend wie bergend* empfunden.

Es zeigt sich, daß diese Gleichstellung nur einen Teil einer breiteren spezifischen Kernphantasie darstellt. Das Über-Ich ist eine Instanz der Beschränkung par excellence, daher erweist es sich als Hauptreferent für das Claustrum. Der Konflikt über die Gleichung „*Claustrum = Grenzen = Über-Ich = einengende Außenwelt*" ist deshalb ein grundlegender psychodynamischer Faktor, der keineswegs nur auf die Toxikomanen beschränkt ist.

Diesen beiden tiefen symbolischen Gleichsetzungen liegt eine noch archaischere zugrunde: „*Claustrum = Angst*". Das Angsterlebnis selbst schließt das Gefühl der Enge mit ein: „Oh Gott, wie schränkt sich Welt und Himmel ein,/ Wenn unser Herz in seinen Schranken banget!" heißt es in Goethes *Natürlicher Tochter*. Manche Sprachen bezeugen dieses Zusammenfallen von Engeerlebnis und Angstgefühl. Das lateinische Wort *angustiae* ist das Stammwort für die Worte Angst, Ängest, angoisse. Das hebräische Wort Zar bedeutet Enge, Bangigkeit und liegt dem Yiddischen „Zores", Sorgen, zugrunde. Die beiden chinesischen Schriftzeichen für Zhaoji, ängstlich, bedeuten ursprünglich „eingeholt und gefangen werden".

Es zeigt sich nun, daß die schwere Über-Ich-Angst in diesen Patienten die Urgleichung hervorruft. Rangell nannte daher zu Recht die Klaustrophobie die Primärphobie (persönliche Mitteilung).

„Jeder Angstzustand wird psychologisch von Gefühlen des Eingeschlossenseins begleitet; daher erleichtert eine äußerliche Einschließung (oder Nähe) oder schon deren Vorstellung die Mobilisierung des ganzen Angstsyndroms", schrieb Fenichel (1945, S. 283). Da i. allg. intensive Affekte, wenn verdrängt, sich als Angst im Bewußtsein melden, drohen alle solchen intensiven Gefühle in den Panikzustand, damit in das Gefühl des Eingeschlossenseins und damit zum Imperativ des Ausbrechens überzugehen. Rangell findet, daß „die *Idee des Klaustrum* hinter allen Phobien, vielleicht sogar *hinter allen Neurosen* stehe."

So wird die innere, allgemeine, aber unlokalisierte Angst zunächst auf den Körper (den „Brustkasten") als beengendes Gefüge projiziert und dann auf alle äußeren einschließenden Strukturen übertragen, von wo aus die Verschiebung auf sämtliche, auch metaphorische, Grenzen übergeht.

Auf allen Ebenen dieser Projektion des Claustrums und damit des angstvollen Zusammengeschnürtseins wird die Angst von Aggression begleitet; diese Aggressionen sollen einen von diesen konzentrischen Bindungen befreien, diese sprengen. Doch eben diese Befreiung, dieses Ausbrechen führt lediglich zu neuen Gefahren und neuen Ängsten: Verurteilung in Form von Schuld und Scham, Einsamkeit infolge der Trennung vom umschließend- beschützenden Claustrum, aber vielleicht auch, wie Jones und Rangell vermuten, zur Angst vor dem radikalen Bersten in kleine Stücke (Fragmentierung, Selbstauflösung, Aphanisis).

Damit ist aber immer noch nichts über den eigentlichen Ursprung dieser mehrere Glieder umfassenden Gleichung gesagt. Freud sah ihn im Geburtsakt; aber ich glaube, dies führt nur zur Spekulation. Die wesentliche fons et origo dieser bestimmten Kette liegt in der *massiven Überstimulierung*, zumeist aggressiver, gelegentlich libidinöser oder kombinierter Natur und in dem traumatischen affektiven „misattunement" (D.Stern 1985; Lichtenberg 1983, 1986) und damit auch in der Überschwemmung mit Affekten, deren Regulation wohl schon von früh an mißglückt ist.

Abhilfe gegen die 1.Hälfte jener Gleichung, die Angst, könnte nur von Beschützung und Sicherheit erhofft werden; doch diese würde wiederum in äußeren Strukturen zu finden sein, mithin in Kontrolle und Begrenzung von außen. Bei dieser Suche erwartet man, daß ein anderer eingreife und einen zurückhalte und auf diese Weise gegen den dunklen und übermächtigen inneren Dämon beschütze. Das tragische Paradox ist natürlich, daß jeder solche Schutz unverzüglich zu einem neuen Claustrum wird und daher zu einer erneuten Quelle der Furcht.

Es ist nun, wie gesagt, entscheidend, daß, wo es phobische Ängste gibt, sich auch *Schutzphantasien* vorfinden lassen: Phantasien beschützender Personen oder unpersönlicher Schutzsysteme, die spezifisch diesen Bedrohungen entgegengestellt werden. Die Suche nach einem Beschützer vor dem phobischen Objekt und der Angstsituation führt fast unweigerlich zur zwingenden Abhängigkeit, wenn einmal ein solcher Schutzfaktor entdeckt worden ist. Derartige Beschützer, ob nun Drogen, oder Rituale, oder Ideologien, Führer und Gruppen, werden deshalb sehr überbewertet und als absolut gut erlebt. Sie sind *"narzißtische" Objekte*, Selbstobjekte, von denen man erwartet, daß sie allmächtig, allverzeihend und grenzenlos gewährend seien. Enttäuschen sie jedoch, verwandeln sie sich rasch in vernichtende, verurteilende, versagende, also absolut böse Gestalten. Wiederum Gott und Teufel.

In anderen Worten: Die *Über-Ich-Spaltung* und die dadurch bedingte *Identitätsspaltung* beruht auf der *Abspaltung der Schutzfunktionen von den gefürchteten Aspekten der ursprünglichen Eltern*, mithin auf den frühen Ambivalenzkonflikten ihnen gegenüber und den dabei mitspielenden Abwehrvorgängen der *Triebumkehrung, der Verleugnung, der Externalisierung und Verschiebung* und natürlich auch da schon der *Verdrängung*. Diese Vorgänge sind erst möglich, wenn es zur Bildung der entsprechenden Symbolisierungsfähigkeiten gekommen ist, also frühestens gegen Ende des 2.Lebensjahres.

Damit kommen wir zu jenen wichtigen psychodynamischen Prozessen, die von Melanie Klein und den Neo-Kleinianern als „Spaltung" bezeichnet und als solche zu einem dynamischen Grundvorgang und zu einer speziellen archaischen Abwehr gestempelt werden, die aber in meiner Erfahrung besser in der hier geschilderten Weise zu organisieren und damit klinisch brauchbar sind. Ich werde auf die damit verbundenen, sowohl theoretisch wie auch praktisch überaus bedeutsamen Folgen in Kap.10 genauer eingehen.

Wie kommen wir aber von diesen Befunden zur Toxikomanie selbst? Nicht in einer einfachen Linie. Zwar dämpfen manche Drogen die *Angst und die Aggression*, mithin jene Überstimulierung und -spannung. Ich glaube aber, der Kampf gegen Claustrum = Grenzen = Über-Ich = einengende Außenwelt ist ein unerläßliches Zwischenglied – mithin auch der Kampf gegen all jene unbeherrschbaren Affekte, die mit dem Über-Ich-Konflikt zu tun haben.

Das darin erhaltene Paradox habe ich schon erwähnt: daß *der Schutz gegen die Angst* zur *Quelle neuer Angst wird*, daß das Schutzsystem selbst zum gefährlichen Gegner – zur „Einschließung", zum Claustrum – wird. Solch ein Selbstwiderspruch liegt aber in jeder Wiederkehr des Abgewehrten.

8.4.6 Scham und Schamlosigkeit

Schließlich ist es die Rückkehr des abgewehrten Gewissens in Form von Beschämung, von provozierter Entwürdigung und Entehrung und damit – in der typischen Abwehrweise durch Umkehrung, deren ich schon früher gedacht habe – von herausfordernder Schamlosigkeit und Frechheit.

Da ich mich sowohl in meinem Buch über das Schamgefühl wie auch in Kap. 6 eingehender mit diesem Thema befaßt habe, gehe ich hier nicht weiter darauf ein.

8.5 Verhöhnung und Versöhnung –
die Bedeutung der Symptomhandlungen Jasons

Ehe ich mich einer klassifizierenden Studie des Familienhintergrundes zuwende, möchte ich an dieser Stelle die Fallbeschreibung von Jason mit einer Skizze seiner persönlichen Dynamik, die sich mit der seiner Familie verwebt, abschließen.

Die *Handlungssequenz* selbst war die folgende: 1) ein Zustand überwältigender Angst, 2) der Durchbruch von etwas nahezu Dämonischem und wirklich Überwältigendem in Form von Handlungen, in denen gleichsam – symbolisch – die innere und die äußere Autorität herausgefordert, verhöhnt und außer Kraft gesetzt wurden, 3) hervorgerufene und herbeigeführte Bestrafung, 4) Wiederannahme und Vergebung – eine Sequenz, die ich mit geringen Variationen bei allen Fällen von Drogenmißbrauch, die ich sorgfältig in intensiver analytischer Behandlung nachprüfen konnte, wiederfand.

Der Zwang, Niederlage und Demütigung herbeizuführen, gewöhnlich im Anschluß an einen Erfolg oder ein großartiges, von allen geglaubtes Versprechen, besaß eine eminente Bedeutung: „Ihr – die Eltern – habt mich so erschreckt und verwundet – jetzt enttäusche, erschrecke und verletze ich euch. Doch am Ende sind wir drei wieder zusammen, und ich kann wieder Teil einer Familie sein." Die Demütigungen, die er auf sich geladen hatte, waren ein kleiner Preis, den es für den Erfolg der Wiedervereinigung seiner ursprünglichen Familie zu entrichten galt. Tatsächlich hatte jede neue Episode des Drogenmißbrauchs und jede neue finanzielle und rechtliche Katastrophe den Effekt, seine beiden Eltern wieder zusammenzuführen – diesmal zum Zweck seiner Rettung. Sein Agieren nahm also im doppelten Sinne den Charakter einer Rettungsmission an – seiner eigenen Rettung durch die von der Not des Augenblicks wiedervereinigten Eltern, aber auch verborgenerweise der von ihm wieder zustande gebrachten *Rettung der Familie*.

Er war hauptsächlich böse auf seine Mutter. Mitleid und Liebe galten weit mehr seinem Vater. Noch vor ihrer Trennung pflegte er in der Nacht in das Schlafzimmer seiner Eltern zu kommen, schlüpfte in ihr Bett, stieß seine Mutter hinaus, die dann in seinem Schlafzimmer nächtigte. Es war auch vor ihrer Scheidung, daß er in der Stube auf den Boden urinierte und sich dadurch Bestrafung und Erniedrigung zuzog – in einer Frühform der jetzigen Symptomhandlung.

Seine Kastrationsangst war zeitlebens massiv und blieb bewußt. Es geschah wiederholt, daß ihm beim Anblick oder schon im Gespräch übel wurde und er sich entweder erbrechen mußte oder ohnmächtig wurde, wenn es sich um das weibliche Genitale, namentlich um die Menstruation handelte. Es schien auch, daß das Provozieren von Beschämung und anderen Formen der Bestrafung als Abschirmung (screen) gegen diese massive Kastrationsangst zu dienen hatte: „Verstümmele mich nicht! Schau, ich biete mich ja schon als Opfer an. Ich erniedrige mich und schade mir selbst in jeder anderen Hinsicht. Was bin ich denn anderes als ein schwaches, hilfloses Kind, das alle Kontrollen aufgegeben hat und versagen muß."

Dies muß vor dem Hintergrund seines *doppelten ödipalen „Sieges"* gesehen werden: zuerst die erfolgreiche Ausstoßung seiner Mutter und das Schlafen bei seinem Vater, dann die Tatsache, daß er seine Mutter für eine Weile scheinbar für sich selbst haben konnte. Doch waren beide Siege nicht nur vorübergehend und unecht, sondern auch mit einem starken Schuldbewußtsein verknüpft, wofür er fortan zu büßen hatte.

Aus seiner langen, von mir direkt verfolgten Geschichte (von nun mehr als 10 Jahren) entsinne ich mich besonders lebhaft eines Zwischenfalls, der sich etwa 3 Jahre nach Beginn der analytischen Behandlung ereignete. Ich hatte ihn damals wegen eines der unzähligen und besonders schweren Rückfälle in die Heroinabhängigkeit und wegen der dabei drohenden Rechtsprobleme und geschäftlichen Kalamitäten wieder einmal, vielleicht zum 3. Mal, hospitalisiert. Da ich am selben Spital arbeitete, war ich imstande, ihn weiterhin intensiv analytisch zu behandeln. Nach einigen Wochen waren die Abteilungsärzte bereit, ihm einen Sonderurlaub zu gewähren, da er eine bedeutende und ehrenvolle Aufgabe in seinem Geschäft zu erfüllen hatte. Ein besonders bekannter US-Senator wollte sich von ihm portraitieren lassen. Während der Senator sich mit Gefolge in Jasons Studio befand, unterbrach dieser unter irgendeinem Vorwand die photographischen Arbeiten, beschaffte sich in einer in der Nachbarschaft befindlichen Telefonkabine einen vorher dort versteckten Umschlag mit Heroin, eilte zurück, injizierte sich etwas von der Droge und beendete daraufhin erfolgreich die Sitzung mit dem berühmten Mann. Er kehrte mit einem Teil der Beute ins Spital zurück, bot es einigen andern an, sprach auch offen mit mir darüber und im Laufe von 1 oder 2 Tagen kam das ganze natürlich heraus, um so mehr da sein Urin nach seiner Rückkehr ohnehin routinemäßig auf Drogen geprüft wurde. Natürlich wurde er aus dem Spital verwiesen, wobei er mich noch verzweifelt um Hilfe und Intervention bat. Das Gegeneinanderausspielen der Autoritäten und die so eklatant bewiesene Ohnmacht jeder Autorität, besonders auch der meinen, bildete in dieser Episode eine wesentliche Spezifizierung der Sequenz.

Doch auch heute noch, 7 Jahre später und nach einer unzweifelhaften und tiefgehenden Veränderung, spielt sich die Sequenz in abgeschwächter Form ab. Es läßt sich noch immer beobachten, wie es zu Perioden von unablässigen Sorgen und dem inneren Ruf nach Erleichterung kommt, die schließlich und plötzlich in den Impulshandlungen gipfeln. Diese jetzt zumeist abgebrochenen Wiederholungssequenzen haben deutlich den Sinn: „Nimm Drogen, mach den Einsatz. Tu schon etwas, das Scham über dich bringt!" Weshalb diese innere Stimme? Warum der Zwang, diesem inneren Verführer zu gehorchen? Neben den schon erwähnten Antworten lag eine weitere Bedeutung darin, daß er auf diese Weise seine Mutter für ihre frivole Verwerfung des Vaters strafen konnte und sich an ihr für alle ihre Handlungen rächen konnte, die ihn selbst einsam und verlassen sein ließen und ihn anders machten, als alle andern Kinder, die er kannte. Durch die auf sich gezogene Bestrafung und Schande wußte er sie zu bestrafen und zu entehren: Das traf sie mehr als alles andere.

Doch ging die unbewußte Schuld als Hauptmotiv für diese selbstdestruktiven Sequenzen tiefer. Was war der Ursprung des Crescendos von Schuld und Wut, das ihn immer wieder zu gefährlichen Handlungen bewegte? Nach einem anderen schweren Rückfall entschloß er sich, nahezu 10 Jahre nach dem ersten Versuch, die Analyse mit mir wieder aufzunehmen[1]. Bald war dies eine der ersten wichtigen Einsichten: „Warum die Notwendigkeit, jeden Erfolg zu zerstören?" fragt er sich. „Da ich es nicht verdiene. Doch warum? Ich fühlte mich schuldig, daß ich anders als die andern Kinder behandelt wurde. Beide Großeltern verwöhnten mich, steckten mir extra Geld und Geschenke zu, oder der Großvater holte mich jeden Tag aus der Schule für einen besondern Lunch. Es war schwer für mich, mich da zurechtzufinden. Ich fühlte mich anders als die andern Kinder, als ein Außenseiter: ich schämte mich vor ihnen. Und gleichzeitig wurde ich begünstigt und in eine Sonderstellung gesetzt und fühlte mich schuldig dafür." Es war ein Gewissenskonflikt – gegensätzliche Erwartungen, gegensätzliche Selbstbilder, gegensätzliche Formen der Selbstverurteilung (400).

Doch ging das eigentlich viel tiefer: Er gab sich die Schuld am Auseinanderbrechen der Ehe der Eltern – und zugleich war er überwältigt von Wut und Verzweiflung, wenn seine Mutter, die Nacht für Nacht ausging, sein Schreien am Fenster nicht vernahm und nicht heimkehrte.

Verbunden damit war eine machtvolle Phantasie, deren Aufdeckung viel zum Verständnis seiner schweren Kastrationsangst und seiner fast völligen Unfähigkeit, sexuelle Beziehungen zu haben, sobald er sich jemand verpflichtet fühlte, beitrug (auch in dieser Ehe kann er es kaum über sich bringen, mit seiner Frau zu schlafen): „Hier hat sich meine Wut in Wirklichkeit umgesetzt – sie hat wirklich ein blutiges Loch, sie ist verletzt. Ich will nicht dafür verantwortlich sein, doch meine Rachewünsche gegen die Mutter sind erfüllt worden." Seit dem Alter von 8 Jahren hat er einen sich wiederholenden Alptraum größten Grauens: daß ein pulsierendes Ding ihn verfolge, anschwelle, wieder kleiner werde und sich wieder vergrößere. Anderseits hatte er bis zum selben Alter fest geglaubt, daß seine Mutter einen Penis oder sogar mehrere besitze. Diese Phantasie, in der sich Aggression, Schuldangst und Reparation durch Verleugnung verwoben, war zentral und muß einen bedeutenden Einfluß auf seine Charakterbildung gehabt haben.

Später fand er sich ständig in Loyalitätskonflikten zwischen den beiden neuen Familien, die die beiden Eltern gegründet hatten, doch unwillkommen bei beiden.

---

[1] Auch hier wird nun die erneute Analyse mit anderen Behandlungsmodalitäten kombiniert: Der Patient nimmt täglich Antabus und alle 2 Tage Naltrexone (also je einen Antagonisten gegen Alkohol und gegen Narkotika); er wird mit seiner Frau von einer analytisch ausgebildeten Sozialarbeiterin in Eheberatung gesehen, und auch seine Frau hat eine Psychotherapie begonnen.

Auch heute ist es noch so, daß ihn die Mutter durch das Spielen der verwunde-
ten, leidenden und sich opfernden Frau dazu bringt, an ihren Machenschaften teilzunehmen („Tu das für mich!"), gerade diese Frau, die sowohl ihren Ehemännern
wie ihrem Kind gegenüber ein Muster der Illoyalität gewesen zu sein scheint. Recht
eigentlich ist es Jason auch gelungen, ein ähnliches Netz von Macht und Schuld,
von Liebesverlangen, Ressentiment und Wut mit seiner Frau zu weben. „Fast jede
nahe Beziehung ist von Schuld gefärbt (tinged with guilt)" (420), und auch heute
sind die Loyalitätskonflikte, die widersprüchlichen Verpflichtungen emotioneller
Art nicht an den Fingern beider Hände abzuzählen.

So erwächst denn seine Schuld in der Gegenwart aus dieser 4 fachen Wurzel *unbewußter Schuld*: aus der Schuld in bezug auf das jeweilige Weggehen der Mutter
und schließlich auf die Trennung der Eltern, aus der Schuld, die er wegen seiner
Wut und seiner Rachsucht gegen die vertrauensbrüchige Mutter empfand, Rachewünsche, die sich scheinbar in Form der „blutigen Verwundung" und der „Kastration" in Wirklichkeit umgewandelt hatten, aus der Schuld bezüglich der genosse-
nen Vorzugsbehandlung und des verwirklichten „entitlement", und schließlich aus
den Schuldgefühlen, wegen der unablässigen, doch miteinander unvereinbaren Verpflichtungen und Loyalitäten. So kann es denn nicht verwundern, daß er sich immer wieder eingesperrt oder gefangengenommen fühlt, in ein Netz verstrickt, das
kein Wutausbruch je zerreißen kann, und daß die Angst ihn die meiste Zeit wie ein
böser Schatten verfolgt.

Wenn diese 4 fache unbewußte Schuld durch eine Schuld in der Gegenwart aufgewühlt wird, überwältigt sie ihn sehr rasch wie eine unwiderstehliche Flut. Er versucht sich dagegen in Form besinnungsloser Wut zu wehren, in einem wilden
Dreinschlagen, einem katastrophalen Trotz und in oft verbrecherischen oder rücksichtslosen Handlungen, in deren Folge sich alle ihm Nahestehenden, auch sein
Therapeut, absolut machtlos und äußerst verraten fühlen.

Im Impulsablauf identifizierte er sich mit den traumatisch-schädlichen Seiten beider Eltern: „Wenn ich zusammenbreche (fall apart), spiele ich Vaters Rolle als
Schwächling, der aufgelesen (picked up) werden muß, und ich wiederhole die Rolle
meiner Mutter, deren Unehrlichkeit zur Gewohnheit geworden ist und süchtig
macht (is habit forming). Man braucht einen Computer, um mit ihren Lügen und
Täuschungen Schritt halten zu können" (403).

So erfüllte er in der zwanghaft und weitgehend unbewußt oder höchstens am
Rande des Bewußtseins und in bruchstückhafter Form ablaufenden Sequenz von
selbstzerstörerischen Handlungen mehrere Zwecke: Er zog die besorgte Aufmerksamkeit seiner Mutter und ihren ganzen Kummer auf sich, lenkte sie von ihren Geliebten oder Ehemännern ab; er bestrafte sie und fügte ihr indirekt, aber äußerst
wirkungsvoll Demütigungen zu, indem er für sich selbst Unheil und Schande provozierte: er konnte Sühne und Verzeihung durch die in der Handlungssequenz enthaltene Bestrafung erzielen; und schließlich gelang es ihm so, wenn auch nur für einen
kurzen Moment, wieder ein Zusammensein und eine Zusammenarbeit seiner geschiedenen Eltern herzustellen.

In allen Bedeutungsvarianten der Hauptsequenz ist es aber die Abwehr durch *die
Umkehrung vom Passiven ins Aktive*, also eine offensichtlich zwischenmenschliche,

nicht nur intrapsychische Form der Abwehr, die bei ihm, wie überhaupt beim Wiederholungszwang im ganzen, eine ganz entscheidende Rolle spielt. Dank dieser Umkehrung soll der *Wunsch nach Bewältigung eines schweren Traumas* und eines nie gelösten inneren und äußeren Konflikts erfüllt werden. Diese Abwehr im einzelnen und die Gesamtheit seiner Symptomhandlungen im ganzen bilden bei ihm gleichsam eine Brücke zur Familiendynamik.

Dies alles spielt sich hinter einer Fassade des narzißtischen Anspruchs („entitlement") ab, aber dies ist auch wirklich nicht mehr als eine Fassade.

So kommt es dann, daß seine Selbstbestrafung und die provozierten Sühnegeschehnisse sowohl die in der Schuld wie auch die in der Scham bestehenden Zielvorstellungen verwirklichen – die lebensgefährlichen Beschädigungen wie die endlosen Beschämungen. Ihr Ziel scheint aber letztlich darin zu bestehen, die ursprüngliche „Dreieinigkeit" wiederherzustellen, eine Dreiheit, wo er wieder das einzige und geliebte Kind sein könnte und wo es keine Rivalität und kein Ausgeschlossensein mehr gäbe. Dann und nur dann wäre seine Sehnsucht gestillt und alles verziehen.

Auch hier wird es wieder ganz klar, daß das, was als Wiederholungszwang beschrieben wird, sich jedesmal in eine komplizierte Konfliktlösung auflösen läßt, also nicht einfach einem übergeordneten Prinzip des Es zuzuschreiben ist. *Der Konflikt erzwingt sozusagen selbst seine Wiederholung*, um zu seiner Lösung zu führen. Mit anderen Worten: Alle inneren Kräfte, die am Konflikt beteiligt sind – die Triebe, die Affekte, die Abwehrfunktionen und die Über-Ich-Gebote und -Bestrafungen –, bewirken den Wiederholungszwang als Phänomen und drücken damit jene zwingende Kraft aus, der Freud eine metapsychologisch-erklärende Bedeutung verleihen wollte.

Schließlich obliegt mir nun noch, in einem kurzen Abschnitt auf die Familienpathologie, die allem bisher Beschriebenen zugrunde liegt, zu sprechen zu kommen.

8.6 *Der Familienhintergrund*

Wo wir so schwere individuelle Pathologie, und ganz besonders einen so durchgängigen Versuch haben, das Über-Ich auszuschalten, sind auch schwere Familienstörungen zu erwarten. Dies hat sich in all meinen Beobachtungen bestätigen lassen, mit Ausnahme der Fälle, wo sich die bis jetzt dargestellte individuelle Pathologie auf leichten Hirnschaden („minimal brain damage") zurückführen ließ. Die archaische Natur von Affekt, Abwehr und Konfliktlösung spiegelt Tiefe und Primitivität der Familienpathologie wider.

Wenden wir uns nun zum Schluß dem Thema der Familiendynamik im allgemeinen zu, so ist es möglich, v. a. im Blick durch das zugestandenermaßen recht trübe Glas der individuellen Geschichte 4 hauptsächliche Typen von Familien zu unterscheiden, die sich insbesondere durch massive Traumatisierung, Täuschung, Aufdringlichkeit und Inkonsequenz kennzeichnen lassen.

1) Der traumatischen Intensität der Ängste, einschließlich des phobischen Kerns,

entsprechend sollten wir zumindest bei manchen Patienten *schwere Traumatisierung* von außen erwarten. Dies bestätigt sich in manchen, jedoch nicht in allen Fällen. Sorgfältige systematische Studien fehlen leider, aber nach unserer Erfahrung sind es fast 60% der Heroinsüchtigen, die Opfer ernster Kindesmißhandlung waren.

Ein paar Beispiele: Dani, ein Mann in seinen 20er Jahren, gebraucht verschiedene Drogen, ist auch Alkoholiker und homosexuell. Seine Mutter war überbesorgt, zudringlich und wachte über alle seine Handlungen, aber sie bestand auch auf absoluten Gehorsam. Wenn er nicht genau das tat, was sie verlangte, bestrafte sie ihn schwer, schlug ihn z. B. mit einem Gürtel oder hielt seinen Kopf unter Wasser. Solche Strafen erfolgten, wenn er z. B. ein paar Minuten zu spät zum Essen kam oder nicht seine Klavierübungen machte. Wenn er sich nachts fürchtete, konnte er sich zu seinen Eltern ins Bett legen; sie waren immer völlig nackt.

Rosas Mutter hatte versucht, sich selbst umzubringen, als sie schwanger mit ihr war. Der Vater versuchte die Tochter mehrmals zu vergewaltigen; auch schlug er sie und die anderen Kinder mit Gürteln. Rosa hielt ein großes Metzgermesser in Bereitschaft, für den Fall, daß der Vater sich ihr wiederum näherte. Auch drohte die Mutter, ihren Mann zu erschießen. Sie warnte Rosa, wenn sie sich weiterhin sexuell betätige oder Drogen nehme, werde sie schließlich sie und sich selbst erschießen. Sex sei ein großes Übel. Sie zerschnitt Rosas Kleider, damit sie das Haus nicht verlassen könnte. Beiläufig wurde von Rosa erwähnt, daß die Mutter bereits 3 Grabstücke gekauft habe – für die Eltern selbst und für Rosa. Dies alles wurde mir von der Mutter bestätigt. Das Mädchen, das barbiturat- und rauschgiftsüchtig war, tötete sich kurz danach durch Überdosis.

Ein Kokain- und Heroinsüchtiger erzählte: „Als ich 12 oder 13 Jahre alt war, stahl ich etwas Geld von meinem Vater [übrigens einem Zahnarzt], und gab es Freunden. Als er es entdeckte, schlug er mich mit einem Stock und zwang mich, ein Zigarettenpäckchen zu essen. Meine Mutter [geschieden vom Vater] ist einfach verrückt. Sie stiehlt die Möbel meines Stiefvaters und seine Gemälde und verkauft sie. Die ganze Zeit schreien sie einander an. Entweder ist sie begeistert von jemandem oder sie fühlt sich von ihm verfolgt." Das meiste davon ließ sich wiederum bestätigen.

Ein anderer beschreibt zahlreiche Faustkämpfe zwischen den Eltern und zwischen Vater und Großvater. „Als ich 5 Jahre alt war, versuchte sich mein Vater mit einer Jodlösung zu töten. Ich mußte die Ambulanz rufen . . . Später, nach der Trennung der Eltern, hatte die Mutter einen Geliebten nach dem andern. Ich schlief im gleichen Bett wie sie und wurde oft von ihrem Geschlechtsverkehr mit einem ihrer Freunde geweckt. Oft schloß sie mich alleine im 2. Stockwerk ein, um mit einem Mann auszugehen. Ich erinnere mich, wie ich einmal aus dem Fenster stieg und auf das Autodach hinunter sprang. Sie brachten mich zurück, verprügelten mich und ließen mich dann erst recht allein."

Eine junge, hoffnungslos Süchtige beschrieb wie ihr Vater, ein Alkoholiker, betrunken heimkam und an ihr Cunnilingus zu machen versuchte. Einmal warf er der Mutter einen Wecker an die Stirn; die ganze Haut wurde aufgeschlitzt, so daß das strömende Blut ihr völlig die Sicht nahm und die 10jährige Tochter die Mutter in die Notambulanz begleiten mußte. Sie erinnert sich vieler anderer Mißhandlungen des Vaters gegen die Mutter.

Ehe ich zur nächsten Gruppe übergehe, möchte ich kurz abschweifen und etwas eingehender über dieses schwer vernachlässigte Problem der Kindesmißhandlung sprechen; ich halte es für ein Problem von allergrößter Wichtigkeit, ganz allgemein und wohl für jede Gesellschaft. Ich erinnere daran, wie Grausamkeit selbst typischerweise ausgeübt wird, um ein gestörtes psychologisches Gleichgewicht wiederherzustellen, wie ein öffentliches Beispiel zeigt – die Geschichte Adolf Hitlers, der ja selbst drogensüchtig wurde. Hitler war ein schwer mißhandeltes Kind gewesen, das täglich von seinem brutalen, alkoholabhängigen Vater mißhandelt und von seiner depressiven, scham- und schuldgeplagten Mutter verwöhnt, aber nicht mit Einfühlung behandelt worden war. Eine typische und sehr häufige Reaktion auf unablässiges Leiden und Hilflosigkeit in früher Kindheit ist, wie wir immer wieder gesehen haben, die Verkehrung ins Gegenteil, namentlich ins Aktive: aktiv nämlich jemand anderem gerade das zuzufügen, was man so lange passiv erlitten hat. Dies wird mit Vorliebe jemandem angetan, der ziemlich genau jenes Selbstbild verkörpert, das man um jeden Preis auszulöschen trachtet, nämlich das Bild eigener beschämender Hilflosigkeit und Schwäche. Mit anderen Worten ist es nicht einmal so sehr Rache an dem Quäler und an dessen Ersatz, also bei Hitler der Vaterfigur, obwohl dies auch hinzukommen mag. Vielmehr ist es gerade die Identifizierung mit dem Quäler und die Auswahl von solchen Opfern, die seine eigene, jetzt verabscheute Bedürftigkeit, Verletzlichkeit und Machtlosigkeit am besten darzustellen vermögen. Daher ist das Opfer zunächst ein wehrloses, aber zugleich gefürchtetes Kind – die bedürftige, schwache Kindesfigur als Teil der eigenen Persönlichkeit. Ich muß nicht darlegen, inwieweit Hitlers Wahl von Opfern diesem Muster entsprach.

Die andere typische Reaktion ist nicht Identifizierung mit dem Angreifer, sondern mit dem Opfer. Sich dem Unterdrückten anzuschließen und sich als den Retter derer aufzuspielen, die selbst mißhandelt worden waren, hilft einem, durch die Glorie einer solchen Erlösungsmission die eigenen schrecklichen Erniedrigungen und Schmerzen ungeschehen zu machen. Wir sahen das klar bei den meisten hier beschriebenen Fällen – in besonders ausgeprägter Form bei Regula in Kap. 6. Es gibt sogar Spuren davon in Hitlers Geschichte, aber 2 weit passendere Beispiele für solche Überwindung von Kindesmißhandlung sind Beethoven und Ibsen. Beide waren schwerer Gewalttätigkeit und Familienentehrung von seiten brutaler, alkoholsüchtiger Väter ausgesetzt. Beide versuchten sich ganz jeglicher Beziehung zu diesen Vätern zu enthalten, beide verhielten sich oft hart und gefühllos ihren Nächsten in Familie und Freundschaft gegenüber. Beethoven wurde selbst Alkoholiker und starb wahrscheinlich an den Folgen dieser Sucht. Ibsen hatte ebenfalls ein Problem mit dem Trinken und wurde mehrmals nachts im Straßengraben liegend aufgefunden. Beide jedoch retteten ihre eigene Integrität dadurch, daß sie Leidende und Unschuldige zu schützen und ihnen gegen die Verlogenheit und Brutalität einer gefühllosen Gesellschaft zu helfen versuchten – einer Gesellschaft, die für den lieb- und mitleidlosen Vater und die abgewandte, bedrückte Mutter einzustehen hatte.

Dieser Zusammenhang vermag nicht nur viel an Alkohol- und Drogensucht zu erklären, sondern auch viel an sinnloser Grausamkeit. Natürlich gibt es immer allgemeine ökonomische und soziale Konflikte, die zu Unbehagen, Unzufriedenheit und Verzweiflung führen. Natürlich gibt es Krisenzeiten, wo große Teile der Bevölkerung der Entwürdigung und Trostlosigkeit preisgegeben sind. Aber es sind dann die Männer und Frauen, die ihr eigenes persönliches Ressentiment in das der Massen umzuschmieden vermögen, die sich zu deren Führern, zu Terroristen und Demagogen aufschwingen. Häufig ist es dann die von ihnen selbst erlittene Kindesmißhandlung, die sie plötzlich auszuwischen versuchen, indem sie den Volksgroll zu ihrem eigenen machen und ihn tilgen wollen. Aber auch im Kleinen ist dies oft so: Sinnlose Gewaltakte gegen hilflose Opfer auf unsern Straßen werden häufig begangen, um ein derartiges *Konto des Schreckens zu begleichen – aktiv jemandem das antun, was man passiv erlitten* hat.

Oder es sind eben die Drogen, die die Gefühle von Schmerz, Hilflosigkeit, Scham und Terror ersticken sollen – v.a. Alkohol, Narkotika und Barbiturate. Ich bin heute davon überzeugt, daß die beste Chance, dem Substanzenmißbrauch wirkungsvoll vorzubeugen, darin läge, dieses Problem der Kindesmißhandlung systematisch anzugehen – nicht mit den zwar immer wieder von den Politikern und Massenmedien angepriesenen, doch letztlich oberflächlichen Versuchen der Massenerziehung über die Gefahren der Drogen.

Ich kehre jetzt zur Untersuchung des Familienhintergrundes zurück und beschreibe noch kurz die 3 anderen Kennzeichen.

2) In einer zweiten Familiengruppe sind die *Zudringlichkeit*, das Sich-den-Kindern-Aufdrängen das hervorstechende Merkmal. In manchem gleicht dieser Zug dem, was über die Familien von Schizophrenen geschrieben worden ist, und resultiert in derselben Mischung von *Pseudoidentität und alldurchdringender Scham* bei den Kindern. Es scheint sogar, daß der Einsatz der Kinder für die grandiosen Erwartungen der Eltern und die Mißachtung ihrer altersgemäßen Bedürfnisse oft noch ausgesprochener und krasser als bei Schizophrenen ist.

Solch aufdringliche Kontrolle über das Leben der Kinder, diese Ausbeutung und Geschäftigkeit rufen sowohl Groll wie Scham beim Kind hervor. Nach außen mag es sich zwar gefügig geben; geheim zuerst, später offenkundig bäumt es sich dann schließlich gegen die Übermacht auf.

Warum aber dieses Vorherrschen der Scham? Warum dies Gefühl stetsfort drohender Herabsetzung und Demütigung? Das ständige Eindringen in seine emotionelle und physische Intimsphäre beraubt das Kind der Kontrolle über seine privatesten Belange und beläßt es ausgeliefert und entblößt. Es gibt nichts, worüber es sich stolz fühlen oder worin es Selbstvertrauen gewinnen kann. Es muß die Maske einer falschen Identität, eine heuchlerische Rolle als Panzer tragen, um den Kern von etwas, das es selbst und das ganz sein eigen ist, gegen die herrschsüchtigen, gewaltsamen, possessiven Invasionen zu schützen. Diese Maske erlaubt gleichsam ein Asyl des Privaten hinter diesen Mauern der Scham. „Bei harten Menschen ist die Innigkeit eine Sache der Scham – und etwas Kostbares." (Nietzsche, *Jenseits von Gut und Böse*, S. 167). Darum handelt es sich bei denen, denen sonst keine Härte erlaubt ist – deren Schale sozusagen stets als durchgängig, als porös behandelt worden ist.

Die Drogentherapie der Scham wird dann die Methode der Wahl. Sie dämpft nicht nur die Schamangst selbst, sie verhüllt auch noch mit einem zusätzlichen Vorhang das „wirkliche Selbst", während sie doch gleichzeitig die Abhängigkeit an den bindenden Elternteil gewährleistet.

3) Die nächste Gruppe ist beinahe ein Gegenstück zur zweiten. Hier ist es nicht Zudringlichkeit, sondern Geheimnistuerei, *Verlogenheit* und emotionelle Ferne (unavailability) der Eltern. Sie sind es, die ihrer Scham frönen und eine Familienschande, ein *Familiengeheimnis* hinter einer Fassade verbergen und ein falsches, unechtes Leben führen. Sie leben diese ihre „Lebenslüge" hinter der falschen Fassade von Anständigkeit und Achtbarkeit – jenes falsche Leben, daß Ibsen so meisterhaft in seinen Dramen beschrieben hat.

Wie die zudringliche, so fördert auch die geheimtuerische Familie Depersonalisierung, ein durchdringendes Gefühl der Unwirklichkeit, Entfremdung und Falschheit – vertieft oder durchbrochen von den verschiedenen Drogen.

4) Der 4. Typus zeichnet sich durch äußerste *Inkonsequenz und Unverläßlichkeit* (inconsistency) aus. Jedes narzißtische Verlangen bestimmt, was wirklich sein soll und was als recht und anständig zu gelten hat. Was heute als Verbrechen geahndet wird, wird morgen als lobenswert unterstützt. Was die Mutter preist, bestraft der Vater. Kein Gesetz, keine Regel, keine hierarchische Struktur bleibt bestehen. Zwar läßt sich solche Auflösung von Hierarchie und damit von stabilen Über-Ich-Strukturen in einem gewissen Ausmaß bei allen Toxikomanen feststellen und mag wohl das spezifischste Familienmerkmal sein; dennoch glaube ich, wir dürfen eine solche 4. Gruppe, bei der die Auflösung der Schranken und Grenzen besonders hervorsticht, herausheben.

Aus dieser Übersicht der Familienpathologie sieht man einmal mehr, daß die Erkenntnis der Wichtigkeit der Scham und damit verbunden der Abwehr durch Verleugnung, namentlich im Dienste der Flucht vor dem Gewissen, große praktische Folgen haben kann. In welcher Weise dies der Fall ist, soll im nächsten Kapitel eingehender geschildert werden.

Ich weiß, daß große Gemälde – in Form theoretischer Behauptungen – nicht zu überzeugen vermögen wegen deren Allgemeinheit und daß umgekehrt mikroskopische Bilder der Kleinarbeit deswegen nicht dazu imstande sind, da sie nur Müsterchen darstellen. Ich habe beides vorgelegt – als Hinweis, nicht als Überzeugungsversuch.

Viel mehr noch wäre über Narzißmus und Familienpathologie, über Narzißmus bei den Therapeuten, in den Behandlungssystemen, den Institutionen, der akademischen und politischen Umwelt, in der sich sowohl Erkrankung wie Behandlung abspielen, zu sagen.

Wenn ich die beiden Themen von Sucht und Scham nun nochmals miteinander verbinde, möchte ich sagen, daß Schamanalyse immer wichtiger für mein Verständnis dieser Patienten geworden ist. Zudem sind es die Schamkonflikte in Familie und Gesellschaft, die anscheinend eine besondere Verwandtschaft zum Problem der Toxikomanie aufweisen. Ist es nicht vielleicht so, daß die gleichen Abwehrformen und Konfliktlösungen vom einzelnen Süchtigen mit seiner Familie und mit einer Gesellschaft geteilt werden, deren Autorität und Wertstrukturen in Ruinen zerfallen sind, einer Gesellschaft, die Scham, Scheu und Schuld mehr und mehr verleugnet und in deren Gegenteil verkehrt? Der Talmud sagte: „Jerusalem wurde zerstört, da seine Bevölkerung keine Scham mehr hatte."

9 „Das Schicksal ist ein vornehmer, aber teurer Hofmeister"
Der Aufstand gegen das Gewissen

> „And one man in his time plays many parts."
> (Ein Mensch spielt in seiner Zeit manche Rollen.)
> (Shakespeare, *As you like it*. 2. Akt, 7. Szene)

In diesem Kapitel möchte ich nun was ich im vorigen Kapitel ausgeführt habe vertiefen und v. a. durch einige eingehendere Fallbeschreibungen ergänzen.

Die Behandlung der Toxikomanie – „compulsive drug use" – bezieht sich immer gewissermaßen auf Fragen der Adoleszenz und des frühen Erwachsenenalters, selbst wenn sich der Patient chronologisch schon weit jenseits dieses Alters befindet. Zumeist hat der Drogenmißbrauch zwischen 14 und 18 angefangen, und dort ist denn auch die innere Entwicklung, blockiert von den Drogen, festgefahren. Wie andere schwere neurotische Erkrankungen bewirkt der zwangsmäßige Drogenmißbrauch eine Art Moratorium. Diese Dispensierung von den altersgemäßen Aufgaben und die damit einhergehende scheinbare Befreiung von den vordringlichsten Konflikten gewährt dem Jugendlichen ein Refugium vor Enttäuschung, Angst und Verzweiflung, einen durch Vermeidung und Aufschub geschaffenen schmerz- und furchtfreien Raum. Anderseits ist es leider auch so, daß schwer drogensüchtige oder Drogen mißbrauchende Jugendliche nur selten schon zur Zeit der Adoleszenz dazu bereit sind, sich in längerdauernde und wirksame Behandlung zu begeben. Wie ich bereits ausgeführt habe, ist der Schutz, den die Therapie anbieten könnte, selbst schon mit Angst verbunden. Er wird daher gerne zugunsten des Schutzversprechens eingetauscht, das die Drogen und der schmissige („cool") Lebensstil anzubieten scheinen. So verspricht das Leben reich an Handlung und von beängstigender Reflexion unbelastet zu werden, ein erregungserfülltes Jagen, das oft in der freudigen Gesellschaft anderer in rasender Fahrt (der „fast lane") dahinstürmt, weg von den Ängsten und Depressionen einer seelisch und geistig dürftigen Existenz und einem vagen Ziel der Sinnhaftigkeit und Erfüllung entgegen.

Die folgenden Ausführungen betreffen deshalb nicht nur die sich im Jugendlichenalter befindlichen Drogensüchtigen, sondern sind ganz allgemein auf ein tieferes Verständnis der Toxikomanen gerichtet.

Doch möchte ich damit nicht behaupten, daß man unbedingt *alle* Toxikomanen mit den Behandlungsmethoden und dem theoretischen Ansatz, so wie ich sie darstelle, erfassen könne. Ich selbst habe gegenwärtig Fälle in Behandlung, die, wenigstens prima facie, recht anders aussehen, Fälle, bei denen die Flucht vor der Langeweile und die rastlose Suche nach Befriedigung oder Erregung sich nicht – oder wenigstens noch nicht – auf diese dynamischen Beziehungen zurückführen lassen.

Das erste und wesentlichste, das, was ich im letzten Kapitel z. T. schon ausgeführt habe, bezieht sich auf die Intensität der Angst und der anderen Unlustaffekte, die sich hinter der Fassade der Kriminalität, der Soziopathie und der scheinbaren

Defektivität verbergen. Damit findet man, wie wichtig phobische Symptome und phobischer Charakter sind. In manchen Fällen lassen sich Rückschlüsse auf den Ursprung solcher *phobischer Kernstruktur* ziehen. Damit verknüpft sich die Beobachtung, daß gewöhnlich nicht ein Mangel an Über-Ich-Funktionen vorliegt, sondern daß es sich dabei eher um Episoden der *Abwehr* gegen gewisse Teile solch innerer Autorität und damit auch des Trotzes gegenüber mancher äußerer Autorität handelt.

Dazu kommt nun, daß die revolutionären Erkenntnisse der letzten Jahre über die frühesten Entwicklungsstadien der Kindheit ein neues begriffliches Verstehen und neue Deutungszugänge erlauben, die empirisch weit besser fundiert sind als manche der bislang so hochgeschätzten und für selbstverständlich gehaltenen retrospektiven Spekulationen. Namentlich stellt es sich auch wieder heraus, daß die Probleme der Affektregulierung, und damit eine von der Triebtheorie gesonderte Affekttheorie für das Verständnis dieser Formen der Pathologie hoch bedeutsam und der Konfliktbetrachtung komplementär sind. Diese Einsichten gestatten denn auch, solides analytisches Wissen mit radikal anderen Methoden, die oft sogar als der Psychoanalyse diametral entgegengesetzt angesehen werden, in neuen Behandlungsstrategien zu vereinigen.

Was ich damit meine, dürfte aus den folgenden Fallbeispielen ersichtlich werden.

9.1 Aufstand gegen das Über-Ich

Das 1. Beispiel stammt aus der Intensivtherapie eines seit 15 Jahren heroin-, kokain-, und alkoholabhängigen Toxikomanen, Markus. In der Therapie wurde es bald klar, daß es sich nicht so sehr um Abhängigkeit als vielmehr um episodisch-impulsives Auftreten des Drogenmißbrauches handelte, das dann jeweils entweder zum Ablassen oder zur Fortsetzung führen konnte. (Solche Episodizität ist wohl viel typischer für Toxikomane als die geradlinige Entwicklung der Abhängigkeit.) Dabei waren solche Episoden nicht nur von Drogenmißbrauch, sondern auch von explosiver Wut, hochmütiger Arroganz oder Wegrennen, Betrügereien, Entwenden und Drogenhandel gekennzeichnet.

Wie beginnt nun eine derartige, oft nur Stunden oder Tage – gelegentlich Wochen – während Episode? „Ich fühle mich kritisiert oder angriffen. Mein Selbstgefühl ist unglaublich zerbrechlich. Ich nehme dann Heroin, um mich gegen die Welt zu panzern – damit ich nicht so leicht verletzt werde. Dabei registriere und absorbiere ich den Schmerz zwar noch immer, und er brennt auch weiter, aber im Moment schere ich mich nicht mehr darum. Später bin ich dann freilich noch verletzlicher als zuvor. *Meine Grundeinstellung besteht darin, Gefühle zu vermeiden.* Ich fürchte mich vor Emotionen. Ich wappne mich immer dagegen. Wird eine Beziehung intensiv, wende ich mich den Drogen zu. Darum ziehe ich mich auch von anderen zurück oder werde arrogant und streitsüchtig. Wenn ich aber einmal intim werde, dann muß ich meine Unabhängigkeit und die vorübergehende Natur der

Liebe betonen. Ich bin unfähig zu sagen: Ich liebe dich. Ganz allgemein fürchte ich mich vor jeder Verpflichtung, denn ich würde mich eingeschlossen und gefangen fühlen." Dies kleine, ziemlich direkte Zitat zeigt sowohl die *narzißtische Verletzlichkeit* wie die ebenfalls für Toxikomane typische Klaustrophobie. Doch warum gestern? „Ich wußte nicht, ob L. – die neue Freundin – mich besuchen werde, und ich war so ungeduldig. Ich wollte, daß die Zeit rascher verginge. Statt daß sich die Stunden dahinschleppten, verflog im High die Zeit. Es ist *mein alter Feind, die Zeit.* Ich wollte nicht warten." Dann spricht er darüber, daß jede Abweisung sogleich das schreckliche Bild bestätige, das er von sich habe – er sei ein Niemand, dumm und unattraktiv. Die innere Stimme, die ihn ständig erniedrigt und verurteilt, ist die einzige, die dann gilt. Er hört in ihr die Worte seiner Mutter: „Es ist alles dein Fehler!" Immer habe es geheißen: Nein, nein, nein! „Es ist wie ein innerer Streit: Verbot und Selbstverurteilung gegenüber Trotz und Rebellion." Die *Zeit wurde zum Symbol des Über-Ich* und dessen Tyrannis. Er weigert sich, eine Uhr zu tragen, und kommt überallhin zur falschen Zeit. So steht es auch mit allen äußeren Aufgaben; er ist unfähig, sich irgendwelcher Disziplin in Arbeit oder Studium zu unterwerfen. Statt dessen begibt er sich in eine Welt der Phantasien und ergeht sich in Träumen von Bösewichtern, die er mit magischer Macht zu bezwingen vermag. Die Zeit steht für die puritanische Bitterkeit und Strenge seiner Mutter. Sein Brechen aller Versprechen, aller Verpflichtungen und aller Realitätsbezüge entspricht der tiefen Hypokrisie, der Rechtfertigung aller Lügen als „Notlügen" durch seine Mutter und dem schwachen Nachgeben seines Vaters. So hat er denn ganz den Spieß umgedreht und verschleudert nun mit rasanter Wirksamkeit das Familienvermögen.

Die Impulsivhandlung beginnt also so: „Was ich nicht hören will, ist, daß ich angegriffen werde. Ich schalte es aus mit Heroin." Weiter gefaßt: „Ich kann die Zeit ausschalten. Ich kann alle Verpflichtungen außer Kraft setzen und mich allen Bindungen entziehen. Ich kann mich in die Tagträume flüchten, in denen ich der Hilflosigkeit und Angst enthoben bin."

Die regelmäßige *Sequenz* ist hier demnach diese: 1) Schmerz über eine erlittene Abweisung, Kränkung und Beschämung oder die Furcht davor; 2) Wut über die Schwäche und Empörung dagegen; 3) solche manifeste Rebellion wird von einer 3 fachen Verleugnung unterstützt: a) daß diese unangenehmen Gefühle überhaupt etwas bedeuten; b) daß die Zeit in Kraft und von Bedeutung ist; und c) daß alle die Handlungen von Drogeneinnahme, Drogenhandel, Rechtsbruch und Vertrauensmißbrauch irgendwelche weitreichenden Folgen haben könnten. Parallel mit dieser 3 fachen Verleugnung gibt es 2 Vorgänge, die sich ihr nicht einfach unterordnen lassen: d) die pharmakologische Unterdrückung oder Blockierung störender Gefühle und e) die tatsächliche Veränderung des Zeiterlebens selbst. Dann erfolgt 4) der Absturz in Form von zerknirschter Reue und lahmen Bußversuchen und begleitet von übermäßig bereitwilliger Freundlichkeit und Selbsterniedrigung. Dieser folgen 5) Handlungen der Wiedergutmachung und Größenphantasien, in denen alle Mängel magisch beseitigt werden sollen. Wenn dieser Zeitpunkt erreicht ist, erscheint jene Teilidentität des trotzigen Selbst, die Aufbäumung gegen das beschämende Über-Ich, so weit in die Ferne gerückt, daß sie gleichsam einer anderen Persönlichkeit zuzugehören scheint. *Während der Impulsaktion ist das Gewissen verleugnet worden,*

*v. a. dessen Hohn und Verachtung; nun aber ist es wieder das böse, d. h. das trotzige
Selbst, das verleugnet wird.* Um was es im ganzen dabei geht, ist schärfer gefaßt ein
Aufbäumen gegen den Teil des Über-Ich, der ihn ständig als schwach und defektiv
verurteilt und mit Hohn überschüttet – gegen den *Schamanteil* des Gewissens. Diese Rebellion führt natürlich unweigerlich zur Vertiefung der Selbstverurteilung,
aber faktisch zu einer temporären Auslöschung der Scham- durch die Triumph- wie
auch durch die Schuldgefühle; zwar hat er manches verbrochen, aber die Gefühle
der Ohnmacht werden übertönt vom Gelingen der Revolte.

Übrigens brach Markus nach einer anderen schweren, fast tödlich verlaufenden
Kokainepisode, derentwegen ich ihn hospitalisieren mußte, die Therapie mit mir ab
und wird seither von Dr. Khantzian in Boston anscheinend mit wechselndem Erfolg
betreut. Nach letzter Information ist er an AIDS erkrankt.

In diesem Fall sehen wir, wie in der antisozialen Impulsabfolge nicht so sehr ein
Über-Ich-Mangel, eine Lücke, sondern ein schwerer Konflikt bezüglich Selbstverurteilung und Selbstbestrafung besteht und welche Rolle dabei die zeitweise Verleugnung des Über-Ich und der Sieg über dessen äußere Repräsentanzen spielen (Brenner 1982).

9.2 Die zwingende Macht des Dämons

9.2.1 Die Angst

Ich habe unlängst die analytische Arbeit mit einem 26 jährigen Druckereiarbeiter,
Ingmar, aufgenommen. Er ist sehr intelligent und ausdrucksbegabt, das 2. von fünf
Kindern (einem 2 Jahre älteren Bruder und drei 3, 6, und 8 Jahre jüngeren Schwestern). Der ältere Bruder ist vom Patienten immer sehr bewundert worden. Er ist
jetzt ein Computeringenieur und wird als überaus tüchtig geschildert. Doch soll er
sich als Babysitter sexuell an zweien der Schwestern vergangen haben, und zwar
v. a. mit Fellatio. Nichts der Art ist in bezug auf den Patienten bekannt, noch weiß
man etwas von einer Verführung des Bruders durch einen Erwachsenen.

Beide Eltern sind sehr tüchtige, prominente, erfolgreiche Leute, der Vater als
Pfarrer einer Gemeinde, die ihn als eine gottähnliche Figur verehre, die Mutter war
ursprünglich Krankenschwester und hat sich jetzt zu einer führenden Position in einem größeren Spital emporgearbeitet. Beide werden als nett, freundlich und für-
sorglich (caring) beschrieben; aber sie seien doch auch sehr zurückhaltend mit ihren
Gefühlen und ließen, so heißt es, offene Diskussionen daheim über Schwierigkeiten
und alles Negative, wie Mißerfolge, nicht zu. „Mein Vater ist ein Rätsel", sagt der
Patient im 1. Interview, „er weiß auf alles die Antwort und duldet keinen Widerspruch. Er behauptet zwar, unsere Meinung zähle, doch hört er uns überhaupt nicht
zu. Er hat mich immer sehr eingeschüchtert. In seiner Gegenwart bekomme ich einen mehligen Mund und eine trockene Zunge." Er verurteile jederman und finde
Fehler an jedem, doch enthalte er sich innerhalb der Familie der Kritik: „Wie kann
er uns aber damit verschonen, wenn er allen andern gegenüber so kritisch ist? Man

fühlt sich sehr unbehaglich ihm gegenüber, und ich rede ihm nach dem Mund." Die Mutter sei süß und freundlich, scheue aber vor jeder persönlichen Berührung zurück. „Wenn ich sie umarme oder ihr sage, daß ich sie liebe, weicht sie wortlos zurück."

Ingmar war fast durchweg ein schüchternes, ängstliches Kind, das Angst hatte, zum Kindergarten und zur Schule zu gehen. Er habe nie sein Potential auszuschöpfen vermocht. So hätten seine Lehrer immer gesagt: „Weshalb kannst du nicht mehr wie dein Bruder sein?"

Infolge der beruflichen Verpflichtungen des Vaters mußte die Familie häufig (13mal während der Jugend des Patienten) den Wohnort wechseln. Das bedeutete, daß er nie eine stabile Kameradengruppe haben konnte und in bezug auf Unterstützung und Kameradschaft sehr vom Bruder abhängig war.

In der Sekundarschule (etwa mit 15 Jahren) stahl er, nachdem er wieder einmal versagt hatte, das Notenbuch seines Lehrers. Er wurde erwischt und mußte für eine kurze Zeit zu einem Kinderpsychiater gehen.

Nach dem 1. Semester im College arbeitete er in einem Supermarkt. Da geschah es, daß er während mehrerer Nächte mit einem Freund in der Nachbarschaft herumfuhr und mit seinem Gewehr hier und dort die Fenster ausschoß – bei Autos, Lastwagen, in einem Armeerekrutierungsbüro und in dem Geschäft, wo er arbeitete. Dies tat er teilweise, um sich *für* seinen Freund zu rächen, der irgendwelche Demütigungen erlitten habe; teilweise handelte er aber erstaunlicherweise eben gerade deswegen so, um sich an Leuten dafür schadlos zu halten, daß sie sich ihm gegenüber als freundlich und hilfreich erwiesen hatten, nämlich da der Druck, deren Leistungserwartungen zu erfüllen, ihm unerträglich geworden sei: „Ich stand unter großem Druck, die Arbeit auszuführen. Ich erinnere mich, daß ich meinen ersten Panikanfall erlebte, als ich bei der Kasse mit dem Rücken gegen den Kunden stand und Fleisch abschnitt." Es soll erwähnt werden, daß er zur Zeit der Schießepisoden unter dem Einfluß sowohl von Alkohol wie auch von Amphetaminen stand. Er wurde verhaftet und war wieder für eine kurze Zeit in nichtintensiver psychiatrischer Behandlung. Er habe wenig Nutzen davon gehabt.

Während der darauf folgenden 7 Jahre trank er meist sehr viel Alkohol oder nahm Kokain. Er mied jedoch Marihuana und LSD, um nicht sein Gefühl, sich unter Kontrolle zu haben, einzubüßen. Um sich seine Drogen leisten zu können, sah er sich gezwungen, seine Waffensammlung, die er sich als eifriger Jäger angeschafft hatte, zu verkaufen.

Ab September 1985 war er ganz unfähig zu arbeiten. „Die Panikanfälle, das Minderwertigkeitsgefühl machen es mir unmöglich: ,Ich werde es ja ohnehin kaputtmachen. Warum soll ich's überhaupt versuchen?' Es ist so, als ob ich von innen heraus dazu gezwungen würde, als ob mein Körper mich daran hinderte. Ich habe immer die Phantasie, ich sei jemand anderer, jemand, den man respektieren könnte. Doch kann ich es nicht annehmen, wenn es mir wirklich gelingt, mir Respekt zu verschaffen. Ich mache mich selbst zum Versager."

Abgesehen vom Überwiegen der Angst in seiner Kindheit erinnert er sich an ein entsetzliches Gefühl der Erniedrigung, das er empfunden habe, als ihm 2mal im Alter von 5 Jahren der Vater seinen nackten Hintern verprügelt habe, das eine Mal,

nachdem er eine Spielzeugpistole in einem Geschäft entwendet habe, das andere
Mal, als er angeblich ein Mädchen gereizt oder geplagt habe.

Dieses *Gefühl der Erniedrigung* ist zentral: „Noch jetzt ist es die gleiche Empfindung: bloßgestellt zu werden, wenn ich vor andern stehe – bei der Arbeit, in der
Schule, in der Kirche, ja schon dann, wenn ich in der Schlange im Geschäft stehe
oder durch die Mall gehe, doch am stärksten, wenn ich mich zu einem Vorstellungs-
gespräch begebe. Es ist mir gleich peinlich, wenn ich der Mutter sage, was ich spüre, oder am Familientisch erwähne, daß es mir nicht so gut gehe. Bei all dem fühle
ich mich bloßgestellt, und ich empfinde Scham. Beginne ich zu reden, verliere ich
gleich den Faden. Ich habe Angst, ich könnte etwas Dummes sagen." Dies führt
dann zu einer Art Sekundärscham, Scham über die Scham: die Verlegenheit nämlich darüber, daß er nun unfähig ist, zu sprechen und zu denken. Dann helfe ihm
das Kokain, sich wieder in Kontrolle zu bekommen; das wirke wie ein machtvolles
Gegengift gegen das überwältigende Gefühl der Peinlichkeit. In paralleler Weise
wirke der Alkohol: „Wenn ich meine Aufgaben vernachlässige und verantwortungs-
los bin, erlaubt mir der Alkohol, es zu vergessen. Sonst würde die Schuld unerträglich." Kokain scheint spezifisch der Scham, Alkohol der Schuld entgegenzuwirken.
Es ist wohl keine billige Ausrede, wenn er hinzufügt, es sei eine schwere Bürde, ein
zu starkes Gewissen zu haben. Das Trinken sei eine *Flucht vor dem Gewissen*.

Seine Sozialphobien widerspiegeln diese Angst vor Erniedrigung: „Ich kann es
mit 1–2 Personen aushalten. Aber in einem Zimmer voller Leute verstärkt sich die
Furcht unglaublich." Er gibt den andern alle Autorität und Kontrolle und sucht dort
die Billigung und Annahme, die als Gegengewicht zur unablässigen Mißbilligung
von innen dienen soll.

Seine Angst vor diesen inneren und äußeren Richtern kann unermeßlich werden.
Überfällt sie ihn, fühlt er sich zur Flucht gezwungen. Etwa 1 Monat nach Beginn
der Therapie wurde er zu einem Einstellungsinterview ins Hauptquartier der Gesellschaft nach Delaware eingeladen, nachdem er schon von der lokalen Vertretung enthusiastisch angenommen worden war. Doch blieb er stundenlang wie gelähmt
draußen auf dem Parkplatz sitzen; er war unfähig, auszusteigen und das Gebäude
zu betreten. Schließlich mußte er umkehren und den ganzen mehrstündigen Weg
unverrichteterdinge zurückfahren. Zu Hause begann er trotz der Antabuseinnahme
zu trinken und log dann sowohl mir wie den Eltern gegenüber, was sich ereignet
habe. „Wenn ich in Panik bin, lüge ich. Hernach fühle ich mich schuldig für das Lügen. Ich würde lügen um des Lügens willen. Wenn ich zweifle, brauche ich Täuschung! Doch dann kommt die Angst darüber, entlarvt zu werden." Seine Täu-
schungsbereitschaft passe zur Geheimnistuerei innerhalb der Familie.

Auch während der therapeutischen Sitzung scheine es ihm, daß ich ihn auslache.
Er verlasse sie nachher mit dem Gefühl, seine Hosen seien heruntergelassen worden. Er brauche danach mehrere Minuten, um dieses Gefühl der Bloßstellung abzuschütteln. Umgekehrt begleitet seine Masturbation die Phantasie, daß er eine Frau
verprügle. (Soweit bekannt, hat er diese sadistische Phantasie nie verwirklicht. Eine
Zeitlang war er verheiratet, doch die Ehe ist seines schweren Alkoholismus wegen
in Brüche gegangen. Er hat eine gute Freundschaft mit seiner ehemaligen Frau aufrechtzuerhalten vermocht).

Hinter Scham und Angst erscheint der *Trotz*: Als kleines Kind kletterte er verbotenerweise auf das Garagendach und schrie von dort der Familie und der ganzen Nachbarschaft zu: „I defy you, I defy you – ich trotze euch!"

Als er in der 2. Klasse der Grundschule war, löste er mehrfach Feueralarm aus: Das Schulgebäude wurde evakuiert, und die Feuerwehr rückte an. Es gab ihm, dem Unentdeckten, das Gefühl der magischen Macht als Antidot gegen Scham und Ressentiment über seine Schwäche und Unterlegenheit [90].

Der Endpunkt mancher Sequenzen scheint darin zu bestehen, daß er seine Vergehen und Missetaten bekennen will, um dadurch dann Verzeihung zu erreichen: „Bitte nimm mich doch an, obwohl ich dir getrotzt habe."

Die meisten Träume sind angsterfüllt. In ihnen ist es, wie in den Panikanfällen, als ob die Wände sich um ihn schlössen oder er an die Oberfläche kommen müsse, um Luft zu schnappen oder verzweifelt wegzurennen. Sehr häufig wird er nachts aus dem Bett gescheucht: als ob Schlangen im Bett wären, Hunde ihn verfolgten oder Feinde ihm nachjagten. Im Wachleben fürchtet er sich vor Leuten, hat Angst im Aufzug, auf dem Rücksitz des Auto oder in der Höhe, vor Hunden; er denkt mit Sorge, er verliere seinen Verstand und müsse versorgt werden.

9.2.2 Die Sequenz der Flucht

Obwohl mehrere Versuche, einen Arbeitsplatz zu finden, wegen seiner Angst mißlingen, gelingt es ihm endlich doch. Enthusiastisch erklärt er, es gehe ihm nun phantastisch. Tatsächlich bewährt er sich während 2 Wochen vorzüglich, und es scheint sogar, daß er zum Aufseher ausersehen werde. Parallel zur Analyse und auf meinen Ratschlag hin hat er auch begonnen, an einem Phobienprogramm teilzunehmen. Seine Mutter gibt ihm nun täglich das Antabus, damit er es nicht wieder in einer neuen Krise umgehen kann.

So scheint denn alles nach etwa 2 Monaten der Behandlung ganz vorzüglich zu gehen. Die Familie denkt, ein Wunder sei geschehen. Er ist schließlich sogar an einem Sonntagabend imstande, mit seiner Beraterin im Phobienprogramm zu einem AA-Treffen zu gehen und dort auch öffentlich zu sprechen; er hat dies, seiner Ängste wegen, zuvor fast immer vermeiden müssen.

Doch am folgenden Morgen hat die Stimmung unerklärlicherweise völlig umgeschlagen. „Ich fühlte mich ganz anders, ich war nervös, voll Angst. Warum, weiß ich nicht. Es steigert sich dann, die Gedanken werden unklar. Es war nicht Angst davor, zur Arbeit zu gehen, es war einfach Angst, Panik." Alle seine Hoffnung stürzt ein: „Ich habe mein Bestes gegeben. Etwas ist in mir, das mir nicht erlaubt, erfolgreich zu sein." Es ist wie ein Dämon, der über ihn kommt. „Wenn der sich zeigt, scheint er ganz unkontrollierbar zu sein. Dann muß ich mich den Drogen oder dem Alkohol zuwenden. Ich bin außerstande, ihm die Stirne zu bieten. Wenn er anfängt, mich zu schieben, gehe ich mit."

Dann fügt er beschreibend ein wichtiges Detail hinzu: „Es fällt mir schwer, mich jetzt daran zu erinnern; die Gefühle waren so intensiv. Es sollte sehr offenkundig sein für mich, aber sogar noch jetzt werde ich verwirrt, wenn ich daran denke. Ich erinnere mich nicht daran, was die Gefühle dabei waren. Etwas hindert mich eben jetzt, daran zu denken. Die Hände werden gefühllos, und im Kopf hämmert es. Ich fühle, ich sollte wegrennen. Ich habe keine klaren Gedanken mehr. Ich weiß nicht, was zu tun, was falsch ist, und ich kann mich nicht beruhigen." Es ist ein Ausnahmezustand, ein *Zustand veränderten Bewußtseins*, der sich während der Stunde in der Erinnerung daran in geringerem Ausmaß wiederholt. „Diese Empfindungen verschlimmerten sich, als ich dann zur Arbeit fuhr. Ich entschied mich umzukehren. Ich mußte etwas tun, um der Empfindung ein Ende zu machen. Ich kann nicht dagegen ankämpfen. Die Angst wird viel intensiver, als wenn ich mich in einer Menschenmenge oder im Gedränge eines Einkaufszentrums befinde. Sie ist so stark, daß ich kaum mehr zu denken vermag. Ich muß mich retten, ich muß wegrennen. Dann ist es mir unmöglich, bei Ihnen oder bei meiner Schwester anzurufen und um Hilfe zu bitten. Ich fühle mich dann ganz allein." Statt dessen versucht er verzweifelt, telefonisch Kokain aufzutreiben. Es gelingt ihm, und er findet während mehrerer Tage Entlastung und Euphorie; doch sobald er das Kokain aufgibt, überfallen ihn Schrecken und Verzweiflung mit verdoppelter Wucht. Er versucht sie mit Riesenmengen von Bier zu ertränken. Am Sonntag schließlich, also 6 Tage nach Beginn der Episode, macht er Anstalten, sich in den Mund zu schießen, verliert aber den Mut, das Gewehr abzudrücken, und ruft schließlich seine Schwester und dann mich an. Die Familie berät sich mit mir, und der Patient erlaubt endlich seinem Vater, ihn aus seiner eigenen Wohnung ins Elternhaus zurückzuholen. Zum besseren Schutz und für die Wiederaufnahme der Therapie bleibt er fürs erste dort.

Wenn er so offen, wie ihm dies seine Erinnerung erlaubt, über diese Sequenz spricht, ist es ihm, als ob er sich auch in der Stunde in einem *Trancezustand* befände: „Es ist, als ob ich in einer andern Welt wäre. Ich vergesse, daß ich hier bin. Wenn ich aufstehe, bin ich momentan desorientiert – als ob ich mich in der Vergangenheit befände. Auch die Panik, daß ich die Kontrolle über mich verloren habe. Ich versuche mir dann einzureden: Jetzt bin ich anders, jetzt würde das nicht passieren. Ich will nicht verantwortlich dafür sein, wie ich damals war ... So muß ich mich die ganze Zeit *regulieren*. Ich kann mich nicht einfach gehenlassen. Wenn die Trance schwindet, habe ich eine solche Angst, daß ich mich nicht unter Kontrolle gehabt haben könnte – mein Denken oder mein Reden. Denn während der Trance wird alles andere gleichgültig, außer dem, was ich zu tun habe, um mir Erleichterung von dem Ding zu verschaffen, das mich so bedrängt." Was ist das Gefühl in jenem Zustand? „Einsamkeit, das Gefühl, nicht geliebt zu werden, mein ganzes Leben lang, und nicht viel wert zu sein." Kommt dann noch die Angst zu diesen 3 depressiven Wahrnehmungen, so übernimmt der innere Dämon die Herrschaft.

Was wir bis jetzt erkennen können, ist eine recht typische *Sequenz*:

1) Er steht chronisch unter einem schweren inneren Druck: „Ich bin kritischer als jeder andere mir gegenüber. Oft beginne ich schon gar nicht, etwas zu tun, da ich mir immer wieder sagen muß: Dir wird's ja ohnehin mißlingen."

2) Erzielt er irgend einen Erfolg, behauptet er, es gehe ihm phantastisch gut.

3) Plötzlich und unerklärlicherweise überfällt ihn dann die „Trance", ein radikal veränderter Stimmungs- und Bewußtseinszustand. Er fühlt sich vereinsamt, ungeliebt und erniedrigt und wird dabei von Scham- und Schuldgefühlen und immer auch von Panik überwältigt.

4) Nun sieht er sich zu der Impulshandlung gezwungen, sich um jeden Preis mit Hilfe von Alkohol oder Kokain Erleichterung zu schaffen.

5) Innerhalb weniger Tage führt dies indes zur suizidalen Depression, zu frenetischen Hilferufen und zur tiefen Reue und Zerknirschung.

6) Schließlich findet er in der so aktiv herbeigeführten Erniedrigung vorübergehende Erleichterung und Entspannung: „Mir ist verziehen worden, nun werde ich bestimmt wieder aufgenommen werden von der Mitwelt." Nun versucht er von neuem beflissen und mit großer Fügsamkeit „gut" und brav zu sein und den dämonischen Zustand ein für alle Mal zu besiegen. Wiederum unterwirft er sich dem „inneren Richter", jenem erbarmungslosen „inneren Diktator", und der Zyklus fängt von neuem an.

Dies ist offenkundig das Verlaufsmuster einer *multiplen Persönlichkeit*, und es paßt natürlich gut dazu, daß wir eine zumindest partielle Amnesie vorfinden. In den vorigen Kapiteln habe ich dieses Muster unter dem Begriff der *gespaltenen Identität* oder der *Identitätsspaltung* untersucht: Zu bestimmten Zeitpunkten übernehmen während des Ablaufs der Impulsivhandlung verschiedene, oft gegensätzliche Über-Ich-Anteile die Leitung, häufig solche, die Schamurteile fällen, gegenüber solchen, die zu Schuldurteilen führen. Diese gegensätzlichen Über-Ich-Instanzen beruhen auf archaischen Ich-Identifizierungen oder werden von solchen begleitet und bedürfen entsprechender und weitgehender Verleugnungsprozesse. In diesem Fallbeispiel nimmt die Verleugnung, die Ausschaltung der Wahrnehmungswirklichkeit, eine so bedeutende Stellung ein, daß wir mit Fug und Recht von einer *gespaltenen Persönlichkeit* sprechen dürfen. Es ist wirklich so, als ob der Patient besessen wäre: Im Ausnahmezustand übernimmt ein innerer Dämon die Herrschaft.

Es soll noch angemerkt werden, daß der Patient etwa 4 Monate nach Beginn der Analyse von Viktor, einem meiner anderen Patienten, der sehr ähnliche Probleme gehabt und diese in der Analyse weitgehend überwunden hatte, auf dessen Bauernhof angestellt wurde. Der neue Arbeitgeber ist vom Patienten völlig über seine Probleme unterrichtet worden, so daß die seither erfolgten Panikanfälle ohne Schwierigkeiten und ohne Drogenmißbrauch aufgefangen werden konnten.

9.2.3 Die Angst vor dem Erfolg

Das, was offenkundig diesen Ablauf auslöst, ist Erfolg. Doch warum ist dies der Fall? Das herauszufinden wird Aufgabe der Analyse sein. In diesem Frühstadium der Therapie kann die Antwort nicht mit Sicherheit gegeben werden; doch haben wir, namentlich infolge des letzten Zusammenbruchs, schon einige Hinweise darauf erhalten.

Das Rätsel, das wir in erster Linie zu lösen haben, ist dies: Woher stammt diese unglaubliche Gewissensbürde, diese innere Gewalt, die jede Absicht, jeglichen Plan in ein unerbittliches Kommando umwandelt und deren Absolutheit ihn erdrückt? „Ich kann nicht mit Leuten sprechen oder sie anschauen, es quält mich zu sehr. Ich ‚vergesse', ich schalte aus, was ich tun sollte. Sonst rede ich mir die ganze Zeit ein: Du mußt dies tun, du mußt dies tun. Es kommt so weit, daß ich Hitzewallungen verspüre und die Angst so stark wird, daß ich mit ihr nicht mehr fertigzuwerden vermag. Ich bin außerstande, mich zu beruhigen. Sie schiebt und schiebt mich voran." Er fügt hinzu, es sei infolge dieser Diktatur, die sein Innenleben beherrsche, daß das Kokain eine solche Anziehungskraft ausübe: „Wenn ich Kokain nehme, habe ich mich unter Kontrolle. Gewiß ist es nur zeitweilig und eingebildet, doch bringt es mir vorübergehende Erleichterung." Kein Plan und keine Aktivität entrinnen dem Schicksal, in einen solch rücksichtslosen Befehl des inneren Diktators umgewandelt zu werden. Er fragt sich deshalb: „Weshalb bin ich absolut schlecht, falls ich nicht dieses absolute innere Kommando ausführe? Warum wird jeder Vorsatz zu einem solchen Diktat?"

In der folgenden Stunde (41) versucht er sich einen Traum der vorangegangenen Nacht, der ihm besonders machtvoll erschienen war, ins Gedächtnis zurückzurufen. Doch gelingt es ihm nicht; er fühlt sich aufgebracht darüber und hilflos und versucht sich dazu zu zwingen. Er ist nahe am Weinen. Auch hier hatte sich die Empfehlung, den Träumen Aufmerksamkeit zu schenken, in einen autoritären Befehl verwandelt, und ich erscheine wiederum als der Vertreter solcher Herrschsucht.

Anstelle des Traumes tauchen jedoch Szenen aus der Grundschule auf, Szenen, in denen er bedroht war, von Mitschülern geschlagen zu werden. „Ich wurde viel herumgestoßen und erniedrigt, da ich sehr klein war. Mein Bruder beschützte mich sehr." Ich fragte ihn, ob er mir mehr über den Bruder erzählen könne. „Wann immer er konnte, setzte er sich für mich ein. Wir mußten uns überhaupt sehr aufeinander verlassen, da wir so oft umzogen. Wir machten viel zusammen, aber bisweilen stritten wir uns auch. Wie Sie mich eben nach meinem Bruder fragten, geriet ich für eine Sekunde aus der Fassung (got upset), ein Moment der Panik –"; dann: „Nun ist es wieder in Ordnung ... Da ist bestimmt etwas dran. Es gab viele böse Gefühle zwischen uns, als ich jünger war; daran lasse ich mich jetzt nicht mehr erinnern. Ich hatte ein heftiges Temperament. Jetzt lasse ich mich natürlich nie so gehen. Ich war viel kleiner als er; und er pflegte Dinge zu sagen, um mich aus der Fassung zu bringen, und ich verlor dann die Selbstbeherrschung, worauf er mich dann durch das ganze Zimmer warf. Es regt mich jetzt auf, daran zu denken, wenn ich versuche, mich daran zu erinnern ..." In der nächsten Stunde stellt es sich heraus, daß der Bruder demnächst von der Westküste zu Besuch kommen werde. Der Patient ist voll Angst über diese Ankündigung. Es ist nämlich gar nicht lange her, seit ihn der Bruder wegen seiner Arbeitslosigkeit tief gedemütigt und während Monaten gar nicht mehr mit ihm gesprochen hatte, obwohl sie zu der Zeit die Wohnung teilten. Dann kommt heraus, daß der Bruder auch die nächstjüngere Schwester „zu zerfetzen" (cut to shreds) und mit seinen unbarmherzigen Hänseleien zu erniedrigen pflegt. Diese Schwester weigert sich heute, mit ihm überhaupt zu sprechen, während sie dem Patienten ganz besonders nahe steht und dessen Vertraute ist. „Trotzdem mußte ich ihn beschützen und verteidigen", sagt der Patient. „Ich fühlte mich zerrissen zwischen meiner Liebe zu meinen Schwestern und meinen Gefühlen für ihn. Ich war ganz verwirrt, und ich fing an, mich selbst anzuschuldigen. Ich vermochte meinen Ärger auf ihn nicht auszudrücken und richtete ihn ganz nach innen. Und es war zu der Zeit, als ich so böse auf ihn war, nachdem ich vernommen hatte, was er den Schwestern sexuell angetan hatte, daß ich so stark zu trinken und die ganze Zeit Kokain zu nehmen begann."

Es ist klar: der innere Diktator war und ist notwendig, um *die Wahrheit zu unterdrücken*. Es ist für ihn viel zu gefährlich, seiner Wut auf seinen Bruder Ausdruck zu geben. Es ist sicherer, diese *gegen sich selbst zu richten*. Dies mag auch wenigstens teilweise erklären, warum er sich so sehr davor fürchtet, erfolgreich zu sein: Er kann es sich nicht gestatten, sich mit seinem älteren Bruder zu messen. Würde er sich dies anmaßen, so würde jener gewiß sadistische Rache an dem kleinen, hilflosen Knaben nehmen, als der sich der Patient auch heute noch fühlt, obgleich er ein athletischer, stämmiger Mann von weit über 90 kg ist. Statt dessen scheint er in Haltung und Handlung seinem Bruder verzweifelt zuzurufen: „Quäle mich nicht, liebe mich! Ich brauche deinen Schutz!"

Übrigens ist es wohl möglich, daß die gefürchtete und konfliktbeladene Beziehung zum Bruder nicht nur Szenen der Verhöhnung und Rache, sondern auch solche der sexuellen Entblößung und Verführung beinhaltet. Wir haben Hinweise darauf, aber noch nichts, das subjektiv und objektiv überzeugend wäre.

Allgemeiner läßt sich doch schon heute sagen, daß er in allen 3 Beziehungen – zu Bruder, Vater und Mutter – durch seine Demut wie durch die von ihm herbeigeführten Demütigungen laut zu verkünden bestrebt ist, daß er keineswegs gefährlich, daß er nicht mörderisch wütend, sondern ganz im Gegenteil hilflos und inkompetent sei.

Dabei wird aber in erster Linie das *trotzige Sichaufbäumen* verleugnet.

9.2.4 Globale Identifizierung und Verleugnung

Die sich wechselseitig selbst verstärkende Sequenz von Angst, Aggression und Abwehr wurde besonders klar in den Tagen vor meiner Abreise, als er sich plötzlich verlassen zu fühlen begann, da zufällig auch seine Mutter, seine Beraterin im Phobienprogramm und sein neuer Arbeitgeber verreist waren und seine Lieblingsschwester, die ihn ursprünglich zur Behandlung gebracht hatte, mit ihren Studien beschäftigt war. Er fühlte sich sehr einsam, und im Anschluß an einen Besuch in einem Waffengeschäft (wo er freilich nichts kaufen konnte) wurde er unversehens von einem Panikanfall ergriffen, und zwar so stark, daß er vor der Phobientherapie wieder umkehren mußte und dann für eine Weile so desorientiert war, daß er sein Auto abstellen mußte: „Es überwältigt mein Inneres total, und ich denke nicht mehr; nichts ist verzerrt, aber ich sehe die Dinge anders. Schließlich fand ich mich zurück in die Gegenwart." Es klang genau wie von einem Kind, das sich plötzlich von seiner Mutter verlassen sieht, ein Ereignis, das sich tatsächlich in seiner Kindheit zugetragen hatte (er verlor einmal seine Mutter im Supermarkt und fühlte sich von Panik überwältigt). Er wiederholt nun das Gefühl: „Niemand war da, um mir zu helfen; ich war ganz allein." Es ist genau dieses Gefühl, das sich nun wieder in den Panikanfällen einstellt. Dies führt uns zur Einsicht in eine tiefere *Sequenz* des Erlebens:

1) Er fühlt sich verlassen;
2) die Angst, die ihn bei solcher Trennung überfällt, erscheint überwältigend;
3) die Wut der Hilflosigkeit und Ohnmacht, die dadurch motivierten Wünsche

der Rache und der Rebellion, wie in Form seines Spielens mit Schießen, mit Schußwaffen und mit der Jagd;

4) Panik über diese mörderischen Phantasien und Wünsche, die Teil dieser Wut sind;

5) Abwehr dieser intensiven Aggression in 4 hauptsächlichen Modalitäten: a) Unterdrückung und Verdrängung dieser Impulse mit Hilfe des Aufbaus eben jenes unnachgiebigen inneren Tyrannen; b) Reaktionsbildung in Form der Unterwürfigkeit und Nachgiebigkeit; c) Triebumkehrung in Form der Wendung der Aggression gegen die eigene Person wie auch als eine Art der Wendung vom Passiven ins Aktive durch die durch sein Versagen herbeigeführte „Einladung" an die Umwelt, ihn zu demütigen; d) die Verleugnung großer Anteile seiner Selbstwahrnehmung, nämlich all derer, die mit Kompetenz, Selbstbewährung und Selbstbehauptung zu tun haben.

Mir scheint, daß diese 4 Formen der Abwehr sich alle auf ein Grundmuster der Abwehr zurückführen lassen, nämlich auf das einer *globalen, archaischen Identifizierung mit einer in seiner Familie vorherrschenden Grundeinstellung*: Es ist gefährlich, sich zu seinen eigenen Gefühlen zu bekennen; es ist gefährlich, sich selbst zu behaupten und sich zum Zweck der Selbstbestimmung trotzig aufzulehnen. Diese globale Identifizierung und die mit ihr einhergehenden Sekundärabwehrvorgänge bezeugen, wie es Heinz Müller-Pozzi jüngst dargestellt hat, die tiefe Schädigung der Individuation. Der radikale und tiefe Konflikt zwischen den Wünschen, vom andern ganz angenommen und geliebt zu werden, und denen, sich selbst zu entfalten und durchzusetzen, wird scheinbar ganz zu Gunsten der ersteren entschieden. Dies ist jedoch nur dadurch möglich, daß er sich hinter der Maske eines „falschen Selbst" zu verbergen sucht. *Jeder Erfolg ist eine Form der Selbständigkeit und ruft damit jene tiefe Trennungsangst hervor*; er muß vermieden oder ungültig gemacht werden.

Dies bedeutet nun aber v. a. auch, daß die ersten 2 Schritte in der eben erwähnten Sequenz mehr als nur die Trennungsangst wiederholen, sondern die 2. Grundgefahr, den Verlust der Liebe und des Respekts, mithin die Scham hervorrufen: Er spricht über die umfassende Verleugnung durch seine Mutter, ihr Ausschalten von Wahrnehmungen, die mit Gefühlen und Wünschen, namentlich mit der Aussprache von Problemen und von Unglück zu tun haben. Sie scheint oft außerstande anzuerkennen, wie ernsthaft die Schwierigkeiten aller 5 Kinder wirklich sind, ist z.B. schon jetzt willens, dem Patienten das Antabus nicht mehr zu geben, da er ja jetzt normal sei. Sie scheint die Individualität ihrer Kinder und deren Gefühle und Bedürfnisse nicht wahrzunehmen, in einer seltsamen Weise *auszublenden*.

„Die Familienstruktur ist krank", sagt er einige Zeit später, „jeder hat seine Geheimnisse und stirbt allmählich innerlich. Die Eltern wissen nicht, daß mein Bruder meine Schwester nicht nur belästigt hat, sondern mit ihr Geschlechtsverkehr gehabt und ihr dann das Schweigen mit der Drohung aufgezwungen hat, daß er den anderen Schwestern Pein zufügen werde, wenn sie darüber spräche" (86).

Ein anderes Gebiet der Geheimhaltung und Verleugnung ist das Vorleben des Vaters. Sehr wenig ist davon bekannt. Was mehr angedeutet als je klar durchgesprochen wurde, ist ein Kriegserlebnis. Er war in einer Kommandogruppe, die hinter Feindeslinien in Korea zu operieren hatte. Er sollte eine Brücke in die Luft jagen, was zunächst die Beseitigung der Wache nötig machte. Dies geschah – es war eine Frau, die er getötet hatte. Dies ist etwas Unausgesprochenes, an das nicht gerührt wird (92). Ein anderes Thema, das nicht berührt werden kann, ist die erst nach mehreren Monaten in der Analyse enthüllte und hernach kaum mehr erwähnte Tatsache, daß vor gar nicht langer Zeit, etwa ein halbes Jahr vor Beginn der Therapie, die Großmutter mütterlicherseits ermordet worden war, und zwar vom Freund der geistig zurückgebliebenen Schwester der Mutter. Es sei zu dieser Tötung gekommen, da die Großmutter sich angeblich geweigert habe, die der Tochter vom verstorbenen Großvater eigens zur Verfügung gestellten Beträge weiterhin zu überweisen oder diese zu erhöhen. Ein weiteres Thema, das dem Verschweigen anheimfällt, betrifft den verbreiteten, teilweise tödlichen Alkoholismus auf beiden Seiten der Familie. Man muß sich fragen, ob nicht solche *versteckten Themata von Schuld und Scham*, eine derartige *Verschwörung des Schweigens* die Familie vergiftet[1]. Auch fragt es sich, zu welchem Ausmaß der so verderbliche *innere Richter* in Ingmar selbst vor allem anderen durch ein derartiges *„entlehntes unbewußtes Schuldgefühl"* und eine solche *verhohlene Familienscham* überaus in seiner Macht und Willkür bestärkt wird.

Doch solche *Blindheit* ist wirklich auch eine der Grundursachen der Scham. „Ich öffnete mich nie, ich halte mich verborgen, ich schäme mich, mich auszudrücken, ich gebe nur Stücke von mir preis." Er identifizierte sich zu einem solchen Grad mit dem Bild, das seine Mutter von ihm hatte, daß er sich verwirrt und entfremdet fühlt, ungewiß, wer er wirklich sei und was er wirklich empfinde: „Ich bin mir selbst nicht treu." Es ist eine globale Identifizierung, die einer ständigen und weitgehenden Verleugnung innerer und äußerer Wirklichkeit und eben der Verdrängung all jener Impulse, die mit diesem Bild nicht übereinstimmen, bedarf. Unter dem Ansturm dieser 2 Grundängste, der Trennungsangst und der Schamangst, ist seine Identität entzweigebrochen – in die des furchtsamen, braven Kindes, das nach Vollkommenheit strebt, mithin nach Aggressionslosigkeit strebt, und die des trotzigen Rebellen, der zur Gewalt greift, um alle Autorität von sich abzuschütteln. *Sein Dämon ist das Gegenstück zur Verleugnung durch die Mutter.*

Es ist auch anzunehmen, daß die 3. Grundangst, die der Kastration, ebenfalls in jenen Anfang der Sequenz mit eingeht; dafür haben wir bislang erst indirekte Evidenz. Das Entscheidende liegt nun aber darin, daß diese 2 oder 3 Grundängste überaus massiv waren und geblieben sind und zum integralen Anteil der Gewissensangst geworden sind: Sein innerer Richter ist zum Verwalter schwerster Trennungsangst, schwersten Liebesverlusts und schwerster Beschämung, und vermutlich auch schwerster Bedrohung seiner Integrität und Schuldbeladenheit geworden.

---

[1] Man hat Gelegenheit, besonders schlagende Beispiele dafür in der Psychotherapie oder Analyse von Patienten zu beobachten, deren Väter in Nazikriegsverbrechen verwickelt waren. F.-W. Eickhoff hat eben 2 sehr eindrückliche Artikel über dieses wichtige Thema veröffentlicht (1986 a und b); er verweist darin auch auf die eher beiläufige, in einer Fußnote gemachte Bemerkung Freuds über das entlehnte unbewußte Schuldgefühl (1923, S. 279)

9.2.5 Abwehr gegen das Über-Ich

Die im vorigen Kapitel theoretisch beschriebenen Aspekte der Abwehr gegen das Über-Ich, namentlich durch Verleugnung, und der Rückkehr des Verleugneten lassen sich hier durchgehend aufweisen:

1) An die Stelle leitender und angestrebter Ideale in der Zukunft tritt das Ideal magischer Befriedigung und erfüllter Größenansprüche im Hier und Jetzt.

2) Anstelle der inneren Korrektur durch Selbstkritik und Selbstbestrafung provoziert er solche Buße und Strafe von außen.

3) Anstelle einer fein abgestimmten und funktionierenden Selbstbeobachtung besteht große Bereitschaft und oft immense Sensitivität für Scham und Erniedrigung.

4) Anstatt die Begrenzungen und Schranken der Wirklichkeit und ihrer Verpflichtungen anzunehmen, flüchtet er einerseits vor ihnen, anderseits sucht er sie doch wieder; ersteres zeigt sich in Form der auch bei ihm nicht fehlenden Klaustrophobie, letzteres im paradoxen Herbeiführen aller Arten von Einschränkung und Einsperrung.

5) Anstelle der Fähigkeit, sich selbst zu beschützen und für sich selbst zu sorgen, einer Fähigkeit, die wohl zu Recht dem Über-Ich zugeordnet wird, ist er in den Perioden der Impulshandlungen charakteristisch dreist und ohne Rücksicht auf seine eigene Sicherheit oder gar auf sein Überleben; und doch unternimmt er manches, um die Umgebung dazu zu veranlassen, die Verantwortung und Sorge für ihn zu übernehmen.

6) Anstelle der von jener inneren Instanz verliehenen inneren Stabilität gibt es plötzliche radikale Umschläge, jene äußerste emotionelle Unberechenbarkeit, die es den andern so schwer macht, mit ihm umzugehen; dabei sehnt er sich jedoch nach einer Person, der er vertrauen kann und die trotz all der Enttäuschungen und Verrätereien zu ihm steht.

Die Evidenz weist darauf hin, daß diese Umschläge und damit die Einleitung der Impulssequenzen besonders durch eine Verschärfung der Angst ausgelöst werden, nämlich spezifisch dann, wenn er sich vor unversöhnlich erscheinende Gewissenskonflikte gestellt sieht – zwischen der Unterwerfung unter eine Verpflichtung und seinem eigenen Stolz oder dem Wunsch, sich selbst gegenüber treu zu bleiben, z.B. zwischen der Dankbarkeit gegenüber seinem Arbeitgeber, Viktor, und der Empörung darüber, wie ungerecht und rüde dieser ihn und die andern Mitarbeiter behandle, oder zwischen der Verpflichtung, zur Analyse zu kommen, und der, an der Arbeit zu bleiben, oder zwischen dem Wunsch, sich dem Vater loyal unterzuordnen, und der inneren Notwendigkeit, sich selbst zu achten und solchen Respekt auch von anderen zu fordern. Es sind offensichtlich Widersprüche innerhalb des Über-Ich – unlösbare Gewissenskonflikte, Konflikte zwischen gegensätzlichen Verpflichtungen oder Loyalitäten – und die im Dienste eines Über-Ich-Anteils gegen den andern eingesetzten Abwehrvorgänge, die eine bestimmende Wirkung auf die Impulshandlungen ausüben. Damit stellt diese tyrannische innere Autorität auch immer wieder den Bruch in seiner Identität her. In andern Worten: Die beobachtbare *Spaltung seines Selbsterlebens* ist das Ergebnis unlösbarer Gewissenskonflikte, also einer „*Spaltung" in seinem Über-Ich*.

9.2.6 „Spaltung"

Auch bei ihm zeigen sich, wie bei allen schwereren Neurosen, die Phänomene der „Spaltung" von Selbst- und Objektbildern. Wegen der gegenwärtigen Kontroverse über deren Bedeutung und Deutung lohnt es sich, mikroskopisch die Dynamik ihres Auftretens zu studieren. Ich gebe hier ein kleines Beispiel, mehr als Demonstration dessen, was ich meine, denn als Beweis (weitere finden sich in den anderen Falldarstellungen, besonders bei Vera und bei Dilecta).

In der vorangegangenen Stunde (144) hatte er einen ihn mit Angst und Abscheu erfüllenden Traum über sein Zuschauen beim Geschlechtsverkehr eines Bauernmädchens mit ihrem Freund berichtet und sich gefragt, ob er wohl den seiner Eltern beobachtet habe. Die nächste Stunde eröffnet er mit einem anderen Angsttraum (Verfolger, Autofahrt mit einem streitsüchtig explosiven Nachbarn und dessen Freundin an einem Abgrund entlang, Absturz, Kampf), sagt dann, daß er sich am Abend zuvor sehr unbehaglich gefühlt habe, als er neben seinen Eltern hinten im Auto saß. „Ich hatte merkwürdige Gefühle, so nahe bei meiner Mutter zu sitzen, nachdem wir über sie gesprochen hatten. Es war sehr unbehaglich. Ich mußte gegen die Gedanken ankämpfen, damit sie mir nicht in den Sinn kämen. Daß ich [als Kind] etwas Sexuelles angehört (overheard) haben könnte, das kam mir in den Sinn. Es war leicht, hier darüber zu sprechen, aber als ich so dicht neben ihr saß, war es befremdend (strange). Ich habe nie an meine Mutter als an eine sexuelle Person gedacht, einfach nur als Mutter. Wir sprachen darüber, daß sie sexuell aktiv war oder ist – etwas, woran ich nie denke. Sie sagte zu den Schwestern etwas über Gynäkologen; ich denke von ihnen nicht in der Weise."

„Es war ein Konflikt zwischen den beiden Bildern?"

„Das ist es, genau. Ich bin damit viel mehr komfortabel bei den Schwestern als bei ihr. Es ist genau das, wenn ich mit meiner Mutter zusammensitze [daß die beiden Bilder unvereinbar sind]."

„Daß Sie gewissen Wünschen wehren müssen?"

„Welcher Art von Wünschen?"

„Wünschen, die es nötig machen, die zwei Bilder Ihrer Mutter auseinanderzuhalten."

„Ich habe früher schon gedacht, daß ich mit meinem Vater im Wettstreit um meine Mutter stehe, daß er weggehen solle – ich finde es sehr schwer, das in Worte zu fassen –."

„Sie sagten es sehr gut."

„Wegen des Wettstreits mit dem Vater, daß ich dabei verlieren würde – daß er etwas hat, was ich nicht habe, daß seine Beziehung zu ihr anders als die meine ist, daß er gesiegt hat und daß mich dies sehr wütend auf ihn machte, als Kind zu sehen, wie er zwischen mich und meine Mutter trat. Es war ein Keil der Wut zwischen ihm und mir. Das ist so schwer auszudrücken, und es klingt so pervers – zu realisieren, daß die Mutter ein sexuelles Wesen sei und daß ihre Beziehung zum Vater von der zu mir viel wegnimmt …"

„So daß der Traum bedeutet: ‚Es handelt sich bei dieser Szene mit uns dreien im Auto um etwas sehr Angsterregendes.' "

„Und der streitsüchtige T. symbolisiert meinen Kampf gegen den Vater und seinen Kampf gegen mich."

„Und wie gefährlich das ist."

Er berichtet, wie unbehaglich er sich danach, später am Abend, in Gegenwart des plötzlich völlig schweigsamen und abweisenden Vaters gefühlt habe: „Er machte mir Schuldgefühle, und ich verkroch mich gleich ins Bett."

Er fühlt sich nach dieser Einsicht sehr erleichtert; die durch den Traum geschaffene Spannung wie auch die ihn durch den Tag begleitende Angst haben sich gelöst.

Es ist klar, daß die hier beschriebene „Spaltung" in 2 gegensätzliche und von ihm als unversöhnlich erlebte „Bilder" seiner Mutter durch die Verdrängung des (positiven) Ödipuskonflikts verursacht wird. Im Prinzip sind auch die anderen, oft radikaleren Selbst- und Objektspaltungen bei ihm wie auch bei den übrigen hier dargestellten Fällen auf solche differenzierten, oft weit komplizierteren Abwehrvorgänge zurückzuführen. Was als aktiver Trennungsprozeß erscheint – das Auseinanderhalten der gegensätzlichen Bilder –, gehört zum Wesen der Abwehr überhaupt, und zwar hier der Abwehr der Verdrängung, die sich in dem diskutierten Moment sowohl direkt gegen die sexuellen wie auch mehr indirekt gegen die aggressiven Wünsche gerichtet hat. Ich werde später, in Kap. 10, noch eingehender auf dieses theoretisch wie praktisch wichtige Problem der „Spaltung" zurückkommen. Hier sei nur soviel gesagt, daß *alle Abwehr schon selbst Spaltung ist.* Deren quantitative und qualitative Eigenarten lassen sich am besten durch die verschiedenen Einzelvorgänge der Abwehr kennzeichnen. Je intensiver die Konflikte und je schwerer die Angst, um so ausgeprägter sind die zahlreichen Versionen solcher Spaltung des Selbst- und Objekterlebens.

Noch eine Epikrise:

Von Phantasien und Träumen erhielten wir mehr und mehr Evidenz für die folgende Rekonstruktion: daß er den Geschlechtsverkehr (der Eltern?) gesehen oder gehört, diesen als ein Ereignis des Sichschlagens gedeutet und die Prügel, die er vom Vater erhielt, als sexuell erregend erlebt hatte. Diese ja so häufige Gleichsetzung von Grausamkeit und Sexualität und damit auch die sexuellen Gefühle gegenüber beiden Eltern, die ihm jedoch so fremd und in starrem Schweigen gegenüberstanden und des Trostes unfähig erschienen, waren für ihn sehr erniedrigend, bedingten aber in seinem Leben eine endlose Wiederholung von Geschlagenwerden, Erniedrigung, Entmännlichung und besinnungsloser Wut. Die diese Abfolge begleitende Erregung wird als ungeheure Angst erlebt, die ihm das Leben zur Hölle und ihn selbst so „schwach" macht, daß jede Gelegenheit ergriffen wird, diese Gefühle zu dämpfen und die Wahrnehmungen zu vernebeln – mittels Alkohol und Drogen.

Etwa 10 Monate nach Beginn der Analyse (nach Stunde 172) eröffnete ihm die Mutter brüsk und ohne Vorwarnung, daß die Eltern von Monatsende an nicht mehr weiter für die Analyse aufkommen würden. „Alle Menschen haben Probleme; sie kämpfen (struggle) mit ihnen. Die Psychoanalyse ist ein Luxus." Jegliche Diskussion schien von vornherein aussichtslos. Da der junge Mann völlig ohne Versicherung ist, bedeutete dies den ganz plötzlich drohenden Abbruch der Analyse. Daraufhin begann, nicht überraschend, die Spirale der Regression, mit Alkohol, Verlust seines Arbeitsplatzes und den verschiedensten Drogen. Zur Zeit des Abschlusses dieses Berichts verpflichtete er sich, sich den Alcoholics Anonymous anzuschließen und sein Möglichstes durch Gelegenheitsarbeit zu leisten, um die Analyse (mit reduzierter Zahlung) fortzusetzen; doch ob uns dies gelingt, ist unglücklicherweise zu bezweifeln. (Bei Drucklegung des Buches hat er die Therapie bei mir, auf Druck seiner Familie, abgebrochen.)

9.2.7 Die Kombination der Behandlungsmodalitäten

Ich möchte noch etwas Allgemeineres zu diesem Fall hinzufügen:

Wie Freud 1905 beschrieb, wurde die Psychoanalyse „an dauernd existenzunfähigen Kranken und für solche geschaffen". Nur sehr wenige Therapeuten würden dem heute noch zustimmen. Die meisten sind im Gegenteil davon überzeugt, daß die Analyse bei Fällen, die so schwierig und schwer krank sind wie dieser junge Mann, ganz und gar unangebracht und unanwendbar sei. Das mag die Meinung der „kompakten Majorität" sein, wenigstens in den USA, aber meine Erfahrung steht im Widerspruch dazu. Psychoanalyse im klassischen Sinne v. a. der Abwehranalyse hat auch in solch verzweifelten Situationen viel zu bieten. Doch ist es auch so, ebenso wie in der Frühzeit der Analyse, daß wir oft den analytischen, aufdeckenden Zugang mit anderen Maßnahmen zu kombinieren haben. Es ist dann so, als ob der *vertikale* Zugang der Analyse durch einen *horizontalen* ergänzt werden müßte. In diesem Fallbeispiel wurden die Oberflächenprobleme, die von der phobischen Charakterstruktur und den phobischen Symptomen geschaffen werden, im Phobienprogramm mit verhaltenstherapeutischen Methoden angegangen. Zwei andere verhaltensorientierte horizontale Methoden, die mit eingesetzt wurden, waren Antabus und Alcoholics Anonymous. Um den überwältigenden Affektzustand, der dem Kokaingebrauch zugrunde lag, zu dämpfen, wurde vorübergehend ein antidepressives Medikament eingesetzt, zuerst Desipramin, das bekanntlich von beträchtlicher Wirksamkeit als Präventivum gegen Kokainmißbrauch ist, sowie hernach Sinequan (Doxepin). (Leider verusachten beide schwere allergische Reaktionen und mußten wieder abgesetzt werden.)

Er sah mich 4–5 Stunden in der Woche zur Psychoanalyse. Gelegentlich mußte die abwehranalytische Methode durch mehr suggestive Maßnahmen, wie z. B. Ratschläge, ergänzt werden; selbstverständlich wurde dies auf das notwendige Minimum beschränkt, aber ganz darauf zu verzichten war unmöglich. Überdies mußte, trotz der Konflikte, die dies bewirken könnte, die Familie als unterstützende Struktur miteingesetzt werden: In Momenten schwerer Krise mußte es Kontakt zwischen ihnen und mir geben.

Dies war sowohl ein verzweifelter wie ein vielversprechender Fall. Ich halte dafür, daß nur die vielleicht heroisch anmutende und an Polypragmasie erinnernde gleichzeitige Anwendung dieser 6 Behandlungsmaßnahmen sowohl eine gewisse Sicherheit wie auch eine Chance für den Patienten bot, zu den Ursprüngen seiner schweren phobisch-depressiven Neurose, die den Abläufen der Impulshandlungen und der Suchtkrankheit zugrunde liegen, zu gelangen.

Gelegentlich genügen in einem Fall 1 oder 2 dieser Methoden; aber dies ist eher die Ausnahme. Gewöhnlich bedarf es der Kombination mehrerer Modalitäten.

9.3 *„Im Saale der Vergangenheit"*

Manches von dem, was ich bis jetzt namentlich in bezug auf die *Rolle der Verleugnung* in der Psychodynamik der Drogensüchtigen beschrieben habe, muß vor dem Hintergrund einer Familienatmosphäre gesehen werden, die für die Dualität von Verleugnung, besonders die Blockierung gewisser Aspekte des Über-Ich, und impulsiver Handlung prädisponiert. Ich denke, daß dabei 2 Charakteristika besonders wichtig sind: Das eine ist schwere *Traumatisierung*, entweder in Form von Gewalt oder von sexuellem Mißbrauch. Wieder muß unter der Herrschaft des Über-Ich die Beobachtung ausgeschaltet werden: Was geschehen ist, kann nicht geschehen sein, da das Kind sich selbst sehr oft als den schuldigen Teil ansieht. Eine solche Überzeugung wird durch die Anklage, den Unglauben und die Verleugnung seitens der Erwachsenen vertieft. Beim Kind gibt es möglicherweise nicht volle Amnesie, sondern nur eine teilweise Verdrängung. Doch gibt es gleichzeitig ein Ausschalten der Wahrnehmungen – man hört nicht, antwortet nicht, hat eigentlich nichts bemerken wollen und will nicht über Einzelheiten sprechen –, nicht allein in bezug auf die traumatischen Erlebnisse selbst, sondern auf einen weiten und weitesten Kreis abgeleiteter Erfahrungen bis hin zum vollen Bild der Psychophobie. Doch ist es wiederum am meisten das Ausschneiden all dessen, was als Kritik, Verwerfung oder Lächerlichmachung angesehen werden oder dazu führen könnte.

Das andere Merkmal im Familienhintergrund ist die *Verleugnung der Individualität* des Kindes durch die Eltern – seiner persönlichen Bedürfnisse, Wünsche, Befürchtungen, seiner Autonomie – zugunsten unpersönlicher Kategorien.

In dem folgenden Fallbeispiel führte diese Familienatmosphäre zu einer Charaktereinstellung, die sich etwa so ausdrücken läßt: „Ich kann mir nicht gestatten, gewisse Teile der Familienwirklichkeit zu sehen, da dies unerträgliche Wut auslösen würde." Es handelte sich um einen damals 30 jährigen, wohlhabenden Farmer, der im Frühsommer 1983 von seiner Frau in meine Praxis gebracht wurde. Seit 15 Jahren hatte er Drogen aller Art genommen, während wenigstens 10 Jahren war er narkotikasüchtig gewesen – Heroin und Dilaudid –, episodisch ein Großverbraucher von Kokain und zeitweilig ebenfalls trunksüchtig. Wegen Kokainverkaufs war er einige Monate im Gefängnis gewesen. Er sah schrecklich aus – ausgemergelt, blaß, er zitterte stark, war unkontrolliert in Affekt und Stimmung, bald lachend, bald haltlos weinend. Er nahm zur Zeit mäßig hohe Dosen von Dilaudid und Kokain. Auch seine Frau, die er ein halbes Jahr zuvor geheiratet hatte, war eine Toxikomanin gewesen, hatte sich aber selber entwöhnt.

Victor war der jüngste von 3 Söhnen aus einer begüterten Familie, deren umfangreicher Grundbesitz auf einen Ahnen zurückging, der eine der großen Industrien mitbegründet hatte und zudem ein prominenter Politiker gewesen war. Victors Vater war ein schwerer Alkoholiker gewesen, war narkotikaabhängig und plötzlich im Alter von 42 Jahren gestorben, als der Patient 13 war. Der älteste Bruder starb 1977 an einer Heroinüberdosis,und kurz danach erlag Victor beinahe demselben Schicksal. Einzig dank dem raschen Eingreifen von Freunden und der zufällig dazukommenden Polizei gelang es, ihn wiederzubeleben. Der mittlere Bruder hat ein schweres Alkoholproblem. Der jüngere Bruder der Frau starb ebenfalls an einer Heroinüberdosis.

Das erste, was ich unternahm, war die Überweisung des jungen Mannes in Dr. Herbert Klebers Klinik in New Haven, Connecticut, zwecks Entziehung und Beginn der Behandlung mit Naltrexone, einem langwirkenden Narkotikaantagonisten. Er kehrte nach knapp 2 Wochen zu mir zurück, und nicht lange danach empfahl ich ihm, seines Interesses an intensiver Behandlung wegen, den Versuch der psychoanalytischen Behandlung – auf der Couch zuerst 5 Stunden pro Woche, später 4. Er stimmte sehr bereitwillig zu und fand sich bald, trotz einer beträchtlichen Beschäftigung mit äußeren Angelegenheiten, mit mehr und mehr Interesse dazu bereit, sich seinem Innenleben, seiner Vergangenheit, den gegensätzlichen Seiten seiner Persönlichkeit und dem Dialog zwischen diesen inneren Stimmen zuzuwenden.

Etwa 4 Monate nach Beginn, im Oktober 1983, entschloß er sich, allmählich das Naltrexone einzustellen. Abgesehen von einem einzelnen Rückfall im folgenden Frühjahr hat er sich seither völlig jeder Narkotikaeinnahme enthalten; einige wenige Male, im 1. Jahr der Behandlung, betrank er sich oder nahm Kokain. Er raucht auch heute noch gelegentlich in kleinen Mengen Marihuana.

Ein weiterer Schritt betraf seine Frau. Obgleich sie es gewesen war, die ihn in die Behandlung gelotst hatte, wurde sie mehr und mehr auf ihn neidisch, widmete sich anrüchigen spiritistischen Exerzitien, die in einem dusteren Lokal mit Massage kombiniert waren. Es kam deswegen bald zu hitzigen Gefechten zwischen den Ehepartnern, die sich noch verstärkten, als es Victor gelang, das Sorgerecht für seine Tochter aus 1. Ehe (mit einer ebenfalls schwer süchtigen Frau) zu erlangen. Ich riet mehrfach dazu, daß seine Frau sich ebenfalls in Behandlung begeben solle. Zunächst willigte sie ein, mit ihm einen psychologischen Eheberater aufzusuchen; diese Behandlung führte zwar zu einer vorübergehenden Beruhigung und Dämpfung, aber zu keiner wirklichen Entspannung. Auch die Ankunft eines Sohnes aus dieser 2. Ehe half nicht, und Ende 1984 entschloß sich die Ehefrau, sich ebenfalls in intensive individuelle Psychotherapie zu begeben.

Man sieht auch hier wieder die Kombination mehrerer Behandlungsmodalitäten – Psychotherapie, die in eigentliche Psychoanalyse überging, Narkotikaantagonist, Eheberatung, die zu intensiver Psychotherapie der Ehefrau führte.

Es fiel Victor, einem Mann, der sein Leben vorzüglich im Treiben der Außenwelt verbracht und allen inneren Problemen mit äußeren Mitteln – durch Handeln und durch Drogeneinnahme – Abhilfe zu schaffen versucht hatte, oft nicht leicht, seinen Gefühlen Worte zu geben, sich seine gegensätzlichen Bedürfnisse und Impulse einzugestehen und die Phantasien und Erinnerungen zu Wort kommen zu lassen. Doch gelang ihm dies besser und besser.

Auch in diesem Fall werde ich nun einige ziemlich wortgetreue Dialogausschnitte aus der Behandlung wiedergeben, die deren Verlauf dramatisch beleuchten mögen.

Er beschreibt seine Mutter als eine chronische Nörglerin, eine immerzu kritisierende, anschuldigende Frau voll Neid, Ressentiment und Bitterkeit, die sich selbst seit vielen Jahren mit Alkohol schadlos zu halten versuchte. Beide Frauen, die Victor sich zur Ehe erkoren, zeigten ebenfalls manche dieser Eigenschaften.

„Ich lernte, Leute, die Erfolg hatten und normal waren, mit Ressentiment anzusehen. Es war für meine beiden Eltern ganz in Ordnung, Alkoholiker oder erfolglos und ehebrecherisch zu sein. Leute hingegen, die fleißig waren, Gefühle zeigten und der Liebe und Treue fähig waren, wurden verlacht und herabgesetzt. Was mich schließlich verwandelte, was eine Identitätskrise herbeiführte, war mein Wunsch, die Sorge für meine Tochter zu übernehmen. Ich erblicke in einem dunkeln Zimmer ihr von einer Kerze beleuchtetes Gesicht. Ich empfand die Scheu (awe): Bemerkt jemand, daß ich hier bin, daß ich existiere? Ich brauche Liebe und Stabilität. Ich brauche einen Fels, und mein Kind ist dieser Fels für mich."

„Sie sehen Ihre eigene Einsamkeit und Furcht in ihr."

„Von meiner Kindheit. Und meine Besessenheit, das Kind zu haben – ist es mein Wunsch, ihr zu geben, was ich nicht hatte?" Wie oft sei er der Narr unangebrachten Vertrauens gewesen! (64)

„In meiner Jugend – mit 13, 14 – hatte ich Angst, ein Mädchen zu küssen. Ich fürchtete ständig, abgewiesen oder ausgelacht zu werden. Dann, mit 16, entdeckte ich Drogen und die Macht, die sie mir verliehen, eine oberflächliche Macht. Mit ihrer Hilfe konnte ich jene Gedanken der Nichtzugehörigkeit abstellen . . . Zurück zur Schüchternheit und Minderwertigkeit: Ich schämte mich für meine Familie und für mich selbst. Warum mußten mir diese Leute vorangehen? Wieder das kerzenerleuchtete Gesicht. Man ließ mich oft daheim, wenn man in die Ferien ging . . . Meine Mutter war eine Verreißerin (knocker), mein Vater war ein Verreißer, mein Bruder ist einer. Wenn wir uns minderwertig fühlen, müssen wir andere verreißen . . ." (69).

„Gefühle auszudrücken, scheint kitschig (corny). Ich habe das von meiner Mutter. Jegliche Bekundung von Herzlichkeit (affection) verabscheut sie. Es ist mir so eingetrichtert worden, daß auch ich davon abgestoßen werde . . . Diese Sache des Ausdrückens von Liebe, der Ablehnung dagegen – die hat viel mit meinem Wunsch, mich zu berauschen (get high), zu tun. Ich wollte nichts davon hören, daß jemand großzügig und fröhlich war. Ich mußte berauscht (stoned) und emotionslos werden, ehe ich mit solchen zusammentreffen und von ihren Gefühlen verführt würde."

„Daß die Droge dazu dient, starke Gefühle zu verhindern?"

„Ich meine nicht einen starken Wunsch [jetzt Drogen zu gebrauchen], aber es ging mir durch den Sinn. Es erinnert mich an die Unfähigkeit meiner Mutter, Gefühle anzunehmen oder sie auszudrücken. Ich möchte sie nicht fühlen, sondern das Gegenteil tun – mir etwas Abwegiges (devious) ausmalen." Wenn die Mutter über die Nähe in gewissen Familien spreche, füge sie hinzu: Wir tun das nicht, und wir glauben nicht daran. Sie werde davon abgestoßen (90).

„Ich führe die Versuchung, Drogen zu nehmen und zu trinken, darauf zurück, daß ich die *Gefühle verdrängen* möchte, bevor sie kommen – in Vorwegnahme der

Gefühle. Dazu denke ich: Ich verdiene es gar nicht, drogenfrei (clean) zu sein, ich *verdiene keinen Erfolg* ... Doch am allermeisten: die Gefühle wegzustoßen, ohne sie zu definieren. Ich bin nicht einmal sicher, was ich verbergen möchte – mich gegen herzliche Gefühle zu schützen, in Vorwegnahme all der Heuchelei, des verhaltenen Grolls (bag of grudges, ein Haufen Ressentiments)." Er wolle gegen die Herrschsucht seiner Frau und all die Einmischungen seiner Mutter rebellieren – „all dies Unter-dem-Pantoffel-Stehen (henpecking dominance)". Sein Trinken über Weihnachten sei ein Protest gewesen: „Hört doch einmal auf damit!" Auf diese Weise habe er zurückschlagen wollen (92).

Er kommt immer wieder auf seine Neigung zurück, einen Erfolg nicht „stehen zu lassen", es nicht zu verdienen, etwas Gutes zu haben. „Ich weiß nicht, warum ich es nicht annehmen kann, wenn ich mich gut fühle. Hier kommen Drogen und Alkohol ins Spiel: Eine gute Situation muß immer unterwühlt werden. Ich denke an alles, was ich in der Vergangenheit falsch gemacht, ich kann mir die Fehler nicht verzeihen. Ich versuche immer wieder zurückzugehen und es zu wiederholen, anstatt es zu ändern" (105).

Nachdem er sich darüber ausgesprochen hat, fühlt er sich sehr erleichtert: „Ich lerne, daß ich mir vergeben kann – daß ich hier sein darf" (106).

Weder als Teil der Familie und der Umgebung, in der er aufgewachsen war, noch als einen Außenseiter konnte er sich annehmen, weder als Snob noch als Rebellen: „Ich wollte weder das eine noch das andere sein. Da waren die Drogen – die Verneinung beider Seiten und das Zurückweichen in eine Welt, in der ich meine Anonymität wahren konnte, in einer Sicherheitszone als Mitglied der Gruppe derer, die Drogen nahmen. Zwischen diesen besteht eine enge Bindung, all die sozialen Stigmata sind ausgelöscht. Heute hingegen ist es so, daß ich selbst der einzige bin, dem ich Loyalität (allegiance) schulde – zum Teufel mit jener Zugehörigkeit [zu einer Gruppe]. Ehrlichkeit und Freundlichkeit sind das einzige, was nötig ist. Darin liegt nun meine Identität" (107).

Er spricht über seine Enttäuschung und über das Gefühl, verloren zu sein: „Es gab keine Moral, keinen Ehrenkodex. Wie mein Vater machte ich mich über solche Dinge lustig. Er lachte die Leute immer aus ... Belohnung dafür, wenn man etwas richtig gemacht hatte, und Disziplinierung, wenn nicht – dazwischen gab es kein Gleichgewicht. Alle Disziplin kam von jemandem, an den ich nicht glauben konnte – von meinem Vater oder von meiner Mutter" (120).

In ständigen Wiederholungen erwägt er die Frage, warum er diesen nagenden Zweifel an seinem Erfolg habe – vor dem Hintergrund einer Familie, in der jedermann ein Mißerfolg war und ist: „Ich sehe mich wie einen glänzenden Stern unter matten Glühlampen, und das ist die Schuld ... Und die Scham: ,Hier kommt ein anderer aus dieser Familie!' Und ich verkrieche mich. Ich versuche das *Doppelbild* von jedem einzelnen in meiner Familie zu sehen: Das *wirkliche Bild* – meine Mutter rachsüchtig, unfreundlich und negativ, mein Bruder grob und gemein, mein Vater ein Säufer, der andere Bruder ein Süchtiger und äußerst schwach, meine Großeltern unoffen, lieblos, ohne Bindungen. Doch demgegenüber das *Bild, das ich geschaffen habe.* Wie daß mein Bruder zur Gesellschaft Beiträge geleistet hat – daß ich die Familie annehmen soll. Ich versuche, ein rosiges Bild zu malen und sie zu entschuldi-

gen." Angesichts dieses Konflikts versucht er sich selbst zu behaupten, seine neue
Identität anzunehmen; doch ist er, wie er sagt, „von den Vorgängern gequält": „Ich
vermag den Konflikt in mir nicht zu lösen. Ich kann nicht ehrlich behaupten, daß
ich in ihre Fußstapfen treten möchte, noch kann ich es annehmen, daß ich zu mir
selbst stehen soll – meinen Selbstausdruck – daß ich nicht dem Mißerfolg verhaftet
bleiben muß." Er kann sich ihnen nicht unterwerfen, doch kann er es sich auch
nicht ganz gestatten, mit ihnen in einen Wettstreit zu treten und über sie zu triumphieren (129).

Er spricht mehr über Versagen und Verhängnis in seiner Familie: „Als ich mir
Drogen spritzte, wußte ich: Diese Injektion könnte mein Tod sein. Doch scherte ich
mich nie darum. Ich schritt die ganze Zeit mit der Todesgefahr neber mir einher.
Das gleiche nach der Überdosis: ‚Diese Weise des Abtretens ist gar nicht so übel.'
Der Wunsch zu sterben war recht bewußt, besonders nach dem Tod meines Bruders. Ich liebte und vermißte ihn. Ich konnte es mir nicht erlauben, stärker und gesünder zu werden als er oder mein Vater gewesen waren – daß es ihr *Bild schädigen* würde. Lieber tot und mit ihnen als lebendig mit meiner Mutter und meinem
anderen Bruder. Warum dieses Schuldgefühl, daß ich das Haus meines toten Bruders übernommen habe? Daß ich überlebte und er nicht? Gerade dadurch, daß ich
mich berauschte, gebot ich mir selbst Einhalt; ganz bestimmt, um nicht besser als er
zu sein. Dieses Bild in meinem Innern – diese Weigerung, einen prüfenden Blick
auf ihr hoffnungslos tragisches Leben zu werfen. Ich wollte ein gutes Bild von ihnen behalten; und besser zu werden, mehr Erfolg zu haben als sie, bedeutet, dieses
Bild zu verlieren. Erst jetzt, in jüngster Zeit, wird es mir so voll bewußt, welch
schreckliches Leben diese Leute geführt haben. Ihr Gebrechen war das meine geworden. Schuld durch Verbindung – guilt by association! Wenn ich es schaffe, entwerte ich sie und ihr Bild in meinem Geiste. Anderseits, wenn ich weniger leiste
und ihren Spuren folge, verletze ich mein eigenes Begehren, Erfolg zu haben, und
meinen Trieb, all das Düstere zu überwinden, und enttäusche das gute Bild, das ich
mir von ihnen geschaffen habe."

So sieht er sich in seiner eignen, von ihm erschaffenen Formulierung *zwischen 2
Gruppen von Bildern eingesperrt*. Ehrlich zu sein, geraden Sinnes, zielbewußt und
erfolgreich, das steht in heftigem Widerspruch zu seiner Identifizierung mit ihnen;
oder vielmehr: zu seiner Wertung der Familie, zu der er notgedrungen gelangt ist;
doch stimmt es mit der Identifizierung mit dem *Bild*, das er *von ihnen haben wollte*,
überein – „jenem guten Bild, an das ich mich klammerte" (131).

So erkennen wir einen *intensiven Konflikt zwischen 2 Formen der Identifizierung*
– beiden hat er zu verschiedenen Zeiten nachgelebt – mit ihrer und seiner eigenen
besseren Seite, nicht so sehr idealisiert als gut, und andererseits mit ihrer und seiner
enttäuschenden, versagenden, schlechten Seite. Wenn er sich bessert und besser
stellt, läßt es jene in einem schlechten Licht erscheinen und macht ihm Schuldgefühle. „Wenn ich mich hingegen wieder der von Drogen und Unzufriedenheit und
Orgien zusammengebundenen Gruppe anschließe und meinem rebellischen Zug
folge und all die Geradheit und Moralität und Produktivität aufgebe, würde ich
mich in Scham und Erniedrigung krümmen. Ich kann es nicht tun, trotz der Sehnsucht nach Freundschaft und Zugehörigkeit."

Betrachten wir nun das Dargestellte als eine Art übergeordnete innere Sequenz, so sehen wir zunächst die *verallgemeinerte Furcht vor Gefühlen* und damit eine Einstellung, die ich zuvor als *Psychophobie* bezeichnet habe; dann die Herausarbeitung der Drogensucht als *Abwehr* gegen alle Arten von *gefährlichen Gefühlen* – Liebe und Haß, Hoffnung und Enttäuschung, Vertrauen und Angst, Aufrührerisches und Scham, Triumph und Schuld – und zusammen mit diesen Gefühlen die aggressiven und liebenden Wünsche. Dann erweist es sich, wie die Drogen die Affekte der *Schuld und der Scham* in einer vollumfänglichen *Verleugnung der äußeren und inneren Autorität* auszulöschen vermögen – in dem Vorgang, den ich als *Abwehr gegen das Über-Ich* beschrieben habe. Damit betrifft sein tiefer Zweifel nicht allein Werte und Prinzipien, sondern auch die *Wahrnehmung der sozialen Wirklichkeit*. Allmählich schiebt sich dann aber der *Konflikt* zwischen entgegengesetzten Seiten der Persönlichkeit in den Mittelpunkt, der Konflikt zwischen gegensätzlichen Versionen von *Selbstbild, Identifizierungsmuster, Werten und Trieben.* Die Umschaltung vom einen zum andern kann sehr abrupt erfolgen und wird gewöhnlich durch seine Rebellion gegen eine unechte, aber um so anmaßendere Autorität ausgelöst.

Zusammen mit den sich vertiefenden Einsichten in diese Zusammenhänge und Gegensätze kommt der Mut, die zunehmende innere Freiheit und Sicherheit, den Teil seiner Persönlichkeit anzunehmen, der *nicht* so ist, wie seine Familie war, sondern wie er sie sich gewünscht hatte: aufrichtig und zuverlässig, warm und freundlich, fleißig und erfolgreich. Dieses Ideal kann er nur annehmen, wenn er sich *aktiv disidentifiziert*, wenn er sich von seiner Ähnlichkeit mit ihnen distanziert: „Dieser Teil von mir ist nicht mehr das, was ich sein will."

So erkennen wir ein verschlungenes Geflecht von Konflikten auf vielen Ebenen, einschließlich tiefer narzißtischer Konflikte, die bei oberflächlicher Betrachtung als Defekte angesehen werden können. Dies wird noch deutlicher, wenn wir uns einem weiteren Ausschnitt aus dem Behandlungsverlauf zuwenden.

Nachdem er einer Szene in seinem Zimmer beigewohnt hatte, in der sich seine Mutter seinem Freunde gegenüber sehr aufsässig und feindselig verhalten hatte, erklärte Victor: „Ich war mir dessen überhaupt nicht bewußt, bis der Freund und meine Frau mich darauf aufmerksam gemacht haben. Ich schaltete es aus. Ich hörte nicht zu. Erst später erfaßte ich es. Für mich war es so, daß es einfach nicht geschah. Ich verschloß mich davor. Ich erklärte mich neutral und unsichtbar. Ich habe keine Verbindung mit dieser Frau. Das Gefühl ist: ich verschwinde emotionell. Seit Jahren habe ich mir das angeeignet, diese Fähigkeit, mich zu verschließen. Vor langer Zeit schon schnitt ich mich ab" (226).

An der Stelle dieser Wahrnehmungen hatte er in sich eine unerklärliche Spannung und Unruhe bemerkt, eine getriebene Überaktivität und einen hektischen Druck, „als ob ich als Jäger dabei wäre, eine Beute zu verfolgen." Dahinter stand der Konflikt darüber, seine Mutter sowohl als die Beschützerin seiner Kindheit zu sehen wie als die bösartige, trunksüchtige Quälerin, die immer unfähig gewesen war, ihn als Individuum zu erkennen.

Die gegensätzlichen Empfindungen der Loyalität und Verbundenheit und die der Betretenheit und des Zornes ihr gegenüber wurden blockiert, als er die ganze Szene „abschaltete".

Verleugnung dieser Art, also die Ausschaltung der Wahrnehmung unliebsamer Aspekte der Wirklichkeit, bildet weiterhin, trotz seines großen Erfolgs mit der Abstinenz, einen wesentlichen Anteil seines Charakters und führt immer wieder zu Ungeschicklichkeiten und Unglücken bei der Arbeit. Es ist, als ob er sich daran gewöhnt hätte, sich zu sagen: „Ich muß einen Teil dessen, was ich sehe und höre, aussperren, denn sonst würde es mich zu sehr erzürnen oder ängstlich machen, zu sehr in Verlegenheit bringen oder mir Schmerz verursachen." *Verleugnung verhindert schmerzliche Affekte durch Abschneiden der Wahrnehmung.* Die Drogen spielten eine Rolle dabei: „Ich wurde von ihnen zu sehr geblendet, um die Wirklichkeit sehen zu können." Er bezog sich dabei auf die Vernachlässigung seiner Tochter aus 1. Ehe auf eine Art und Weise, die der geglichen hatte, wie er von seinen Eltern vernachlässigt worden war.

Er entwickelte das Thema weiter, wie er zwar das Lieblingskind seiner Eltern gewesen, sich aber nie gut dabei gefühlt habe. Er finde dies ebenso angsterregend wie jeden andern Erfolg. Allgemeiner sehe er jede Konkurrenz und Konfrontierung als etwas Gefährliches und Verbotenes an. „Meine Furcht ist ihre Macht." Das heißt seine Gegner hätten eine Verbündete in seiner Angst. „Es ist ein schattenhaftes Gefühl massiver Schuldhaftigkeit, das beinahe mythische Proportionen erreicht."

Ein anderes Symptom dieses Geistes ist seine Unruhe – eine impulsive Flucht vor der Einengung durch Verpflichtungen, wie z. B. unser Stundenplan in der Analyse: „Ich renne weg von meiner Schwäche, ich trete den Dingen nicht entgegen. Ich entrinne dem, was ich tun sollte." Seine *Schuld* ist in alle die Verpflichtungen *projiziert*, und diese sucht er nun in impulsiver Weise zu meiden oder zu brechen. Seine Klaustrophobie – „Ich fürchte mich davor, eingeschränkt zu werden" – beruht auf dieser *Projektion der Über-Ich-Einschränkungen.* Und sein Fliehen, sein Ausbrechen rühren von seinem tiefen Zorn her gegen jede solche innere und äußere Autorität. Unter anderem ist es sein tiefer Groll gegen seine schrecklich selbstsüchtigen, enttäuschenden, wirklich unzurechnungsfähigen Eltern – „diese Abwesenheit von Ideal und Vorbild. Ich verachtete sie, und doch sehnte ich mich nach ihrer Liebe."

Wie ich in Kap. 8 ausgeführt habe, können diese klaustrophobe Unruhe und die Gleichsetzung von Über-Ich und Claustrum weitgehend die Impulshandlungen von Drogensüchtigen und Alkoholikern erklären.

Während er also die Impulsivität in Form des Einnehmens von Rauschgift und der bedrohlichen Wutausbrüche überwunden hatte, setzte sich ein anderes Symptom an deren Stelle und schuf ernsthafte Probleme. Ich erwähnte schon, wie er alle Arten der Konfrontierung zu vermeiden suchte, aber dabei blieb er nicht stehen. Er hatte Mühe, die an ihn von Angestellten, Freunden, Verwandten und Vertragspartnern gerichteten Ansprüche abzuschlagen. Zu seiner Verdutztheit sah er sich plötzlich in einer durch seine Unfähigkeit, Prioritäten zu setzen, verursachten Unordnung und Desorganisation, wobei an einem schönen Wintertag nicht weniger als 28 Schecks von ihm ungedeckt zurückgestellt wurden (bounce) und sein Telefon ausgeschaltet wurde, während sich seine Frau weiterhin bitterlich darüber beklagte, daß er ihre Auslagen und Einkaufsucht einzudämmen suchte. Was auf diese Handlungen impulsiven Nachgebens hinsteuerte, entpuppte sich als die folgende Sequenz, wie er sie selbst enthüllte (258): „Es ist ein Mangel an Selbstdisziplin, an Kontrolle, und etwas in mir, das mich nicht erfolgreich sein läßt." Doch worin bestand dies? „Ich habe zuviel unter meinen Händen, mehr als ich bewältigen kann. Ich hätte meinem Freund sagen können: ‚Ich kann dir jetzt nicht helfen.' Aber ich fühlte, ich schuldete ihm das." Er konnte nicht nein sagen. Warum nicht? „Es ist immer das *Schuldgefühl* – Ärger und Schuld prallen aufeinander – dafür, daß ich überlebt habe, dafür, daß ich versuche, es zu schaffen – Zorn über meine Vorgänger, meine Familie, meine eigene Schwäche. Eine Stimme in mir: ‚Es darf dir nicht gelingen, oder du mußt einen solchen Preis dafür zahlen, die Kosten dafür werden so hoch sein, daß es nicht mehr wert sein wird.' Wenn ich einen entlassen muß, denke ich, ich sollte es sein, nicht er. Ich mache mir Vorwürfe." Es sei wie gegenüber seinem Bruder; er selbst hätte an seiner Statt sterben und jener wiederbelebt werden sollen. Es ist die *Schuld des Überlebenden*, das „Barabbas-Syndrom". Dabei war es natürlich so, daß das Gewähren und die wilde Freizügigkeit (bending over backwards), die Unfähigkeit, je nein zu sagen, sich als Gegenmacht gegen die Impulse, jemandem wehzutun, einstellte – als Abwehr durch Reaktionsbildung gegen seine intensiven Aggressionen.

Daraus ergibt sich die folgende *Sequenz:*

1) das Gefühl, ungeliebt, unbeachtet zu sein, in seiner Individualität unerkannt und ohne Respekt behandelt zu werden;

2) weitgehend unbewußte Rachewünsche, Neid und Eifersucht, das in andern so verabscheute und verhaßte Ressentiment;

3) Selbstverurteilung: „Du bist ein böser Bub, wenn du solche Wünsche hegst."

4) „Eine Stimme, die mir sagt: Entweder bist du gut oder du wirst verworfen und ausgeschlossen werden. Tu nichts dergleichen, sei ein guter Sohn und Bruder und Freund, und sag nie nein; werde nicht wie sie!"

5) „Die Verleugnung, daß in Realität dem Grenzen gesetzt sind, was ich zu tun vermag – besonders, wenn ein Hilferuf an mich ergeht."

6) Chaos.

„Im Grunde ist es die Furcht, nicht angenommen zu werden, die alle meine Entscheidungen bestimmt. Warum kann ich mich nicht selbst annehmen, sondern bedarf der Billigung jener alten Gespenster?"

Warum? Da es soviel Unerledigtes an Verwundung und Zorn, an Schuld und an Geheimgehaltenem, nicht Gesehenem gab. Darum!

„Ich will die Gefühle in bezug auf meine Eltern ausschließen. Es ist so, als ob alle die Gesichter in der Familie sich hinter einer Glaswand befänden. Ihre Lippen bewegen sich, aber nichts kommt heraus. Daß ich nicht einer von ihnen bin." Damit erweist sich also die Verleugnung als ein milderer und gedämpfter Abkömmling seines Wunsches, sie tot zu sehen.

Doch wie gesagt, die Psychoanalyse ist die Kunst des Spezifischen.

Ausgehend von einer Episode des Schlafwandelns seiner Tochter erinnert er sich an ähnliche Episoden aus seiner eigenen Kindheit. Diese waren verbunden mit Alpträumen oder dissoziativen Zuständen, in denen er sich von bedrohlichen weißen Riesenvögeln umgeben und verfolgt sah. Sie hackten mit ihren Schnäbeln auf ihn ein. „Hatten sie etwas mit Reinheit zu tun? Sie ängstigten mich so, daß ich nicht einmal sprechen konnte. Ich lag im Bett und sah einen Nadelkopf schrecklich vergrößert vor mir. Ich selbst war äußerst winzig, mikroskopisch, in einem Riesenbett in einem ungeheuren Zimmer. Auch das Gefühl von Gestalten, Schatten, Bewegung – verbietend und bedrohlich. Die Furcht, als ob ein Empfangskomitee käme, mich zu ergreifen, da ich so böse war. Speziell zu den Vögeln: Es waren ein großer Gänserich oder Schwan und eine kleinere Hausente und weiße Tauben, die im Zimmer herumflatterten." Er gab eine genauere Beschreibung und Erlebnisse auf dem Bauernhof mit diesen Vögeln, dann sagte er unvermittelt: „Es muß sich wohl auf Mutter und Vater beziehen, der eine dominiert über den andern. Doch warum bezichtigen sie mich? Und warum sind sie weiß? Sie waren gut, und ich war schlecht. Sie kamen, mich zu verhaften, mich zu ergreifen, mich wegzunehmen, um mich zu töten. Das war Jahre und Jahre vor meines Vaters Tod." Doch warum in weiß? Das Totenhemd? „Sie trugen immer weiße Seidenpyjamas. Ich erinnere mich, wie ich um Hilfe zu ihrem Schlafzimmer gehen wollte und nach ihnen schrie, doch nicht die Erlaubnis erhielt hineinzugehen. Ich durfte das nicht tun. Ich blieb oben an der Treppe stehen. Ob ich sie beim Geschlechtsverkehr überrascht hatte? Daß es mir Angst machte und ich mich wieder verkroch und alles für mich behielt? Es macht ‚weder Haut noch Schwanz' (neither hide nor tail)."

„Aber sicher!"

„Nur daß sie einander töteten; es war nichts Gutes. Ich bin mir plötzlich sehr bewußt darüber, daß ich dachte, er wolle sie töten, und daß ich eines Morgens die Mutter tot auffände. Daher dachte ich, ich müsse den Vater töten, um die Mutter zu schützen; daß ich plötzlich hineinstürmen würde. Ich kann fast wieder dort sein."

„Die Ente gegen den bösen Gänserich zu schützen."

„Und ich war sprachlos, so verängstigt, daß kein Wort herauskam. Fast kataton. Ich war gefroren, angstgelähmt. Ich erlebte das wieder bis in mein Erwachsenenalter, besonders während des Heroinentzugs. Ich war außerstande, mich zu bewegen, ans Bett angenagelt, ich konnte nur mit größter Gewalt meinen Kopf heben. Eine Kraft zwang meine Kehle gegen das Bett, ich versuchte aufzuschreien, mich zu wenden, mich dem Griff zu entwinden, doch umsonst, und ich erwachte schreiend oder rollte vom Bett oder sprang empor. Doch wenn ich im Schlafzimmer der Eltern Lärm hörte, wußte ich, daß es Streit und Gewalt gab. Das bringt es alles zusammen: Gewalt und Angst und Sexualität – die waren für mich immer miteinander verknüpft. Als ob die Frau dabei sehr viel Schmerz zu erdulden hätte. Meine mörderischen Wünsche gegen meinen Vater – und dann starb er ja. Das Gefühl, daß ich ihn umgebracht hatte. Als ob alles mein Fehler gewesen wäre. Es war kompliziert durch meinen Haß – ‚Ich hasse dich, und ich hasse mich dafür, daß ich die Ursache war' als ob es meine Macht, mein Fehler gewesen wäre – mein Haß, meine Frustration, mein Zorn. Dadurch daß ich nie das Kind war, das er haben wollte, daß er mich mit den besseren Nachbarskindern verglich. Sein Unverständnis. ‚Möge Gott dich mit Blindheit schlagen, dann mußt du mich nicht mehr sehen!'" (368).

Einige Stunden später kommt er auf die Erinnerung an den plötzlichen Tod seines Vaters im Alter von 42 Jahren zurück; er sei durch einen Hirnschlag verursacht worden. Der Vater habe zwar unter Hochdruck, kardialer Dekompensation und schwerer Leberzirrhose gelitten, doch sei der Tod ganz unerwartet erfolgt. Was merkwürdig gewesen sei dabei: Er, Victor, habe mit einem Freund bei einer Scheune in einigem Abstand vom Bauernhaus, wo sie lebten, gespielt, und seine Mutter sei vorbeigekommen und habe ihn gefragt, ob er seinen Vater irgendwo gesehen habe, sie könne ihn nicht finden. Er habe geantwortet: „Hast du im Badezimmer nachgeschaut?" Sie begab sich dorthin und fand ihren Ehemann auf dem Boden liegend und tot.

„Warum habe ich ihr das erzählt? Wie konnte ich das gewußt haben? Irgendwie *wußte* ich es!" Je mehr er sich dies überlegte, desto sicherer war er, daß er früher am Morgen von oben in seinem Schlafzimmer einen dumpfen Aufschlag unten vernommen habe; er sei darauf vielleicht hinuntergegangen, um nachzuschauen, und habe etwas Verdächtiges oder Ominöses wahrgenommen. Er wisse nicht, ob er ihn tatsächlich auf dem Boden habe liegen und Blut aus seinen Ohren habe fließen sehen, wie er es sich vorstellte, oder ob er lediglich etwas Furchterregendes gehört habe.

Anstatt dem weiter nachzugehen und etwas Aktives zu unternehmen, sei er hinaus- und vom Haus weggegangen, hinunter zur Scheune, um sich nicht damit abgeben (face) zu müssen, was sich ereignet hatte. Immerhin hatte er genug wahrgenommen, um seiner Mutter zu sagen, wo sie nach dem Vater schauen solle: „Ich wußte, etwas war nicht in Ordnung (amiss). Aber ich sperrte es in dem Augenblick aus, als ich es wahrnahm. Ich verleugnete es. Danach fühlte ich mich schuldig dafür, daß ich es nicht gesagt hatte. Vielleicht hätte man noch etwas für ihn tun können" (386).

Für die Wahrheit dieser Rekonstruktion spricht das starke subjektive Evidenzgefühl, aber sie ist weit davon entfernt, über jeden epistemologischen Zweifel erhaben zu sein: Inwiefern ist diese Einsicht der Suggestion zuzuschreiben? Wie sehr ist die erlebte Erleichterung nachher und die ganze Überzeugungskraft einfach auf die Tatsache zurückzuführen, daß in dem rekonstruierten Geschehnis und Erlebniszusammenhang eine *Schlüsselmetapher* gefunden worden ist, die einige Hauptkonflikte seines Lebens und die hauptsächlichen Fäden seiner Lebensgeschichte in einer Szene verknüpft?

Wie dem auch immer sei – ob es sich nun um eine der Phantasie entwachsene Hauptmetapher oder eine in der Analyse eruierte Erinnerung handle – es ist und bleibt ein machtvolles Bild und Beispiel für die *Verleugnung* und damit eine packende Illustrierung seiner ganzen Lebensgeschichte, die sich ja so weitgehend auf dieser einen Abwehrform aufbaut.

Nachdem dieses „Lebensgeheimnis" enthüllt und in Worte gefaßt worden war, fühlte er sich überaus entlastet – „als ob eine große Bürde von meinen Schultern genommen worden wäre." Nicht lange danach entschloß er sich, die Analyse zu unterbrechen, da die Ausgaben mit 3 Familienmitgliedern in Behandlung (Frau und Tochter) und in Anbetracht der schweren ökonomischen Lage der Agrikultur einfach zuviel seien und er, da er am meisten erreicht habe, die Analyse nun weniger benötige. Sie hatte zu der Zeit, Anfang Januar 1986, 2½ Jahre (400 Stunden) gedauert.

Seither sieht er mich ungefähr alle 1–2 Wochen. Es geht ihm sehr gut. Mehr als 2

Jahre ist er völlig drogenfrei gewesen und hat sich auch nie mehr betrunken, doch raucht er, zusammen mit seiner Frau, gelegentlich etwas Marihuana. Er führt allein seinen großen Bauernhof und ein ausgedehntes Gut mit über 200 Stück Großvieh und mannigfachem Getreideanbau mit beachtlichem Erfolg, obwohl die schwere Lage der amerikanischen Landwirtschaft und die diesjährige Dürre ihm so große Probleme stellen, daß er sich ernsthaft überlegt, ob er nicht seinen Beruf ganz wechseln solle.

Er kommt immer wieder auf jene entscheidende Einsicht zurück: „In meinem Geist lasse ich oft die Höhepunkte der Analyse wieder Revue passieren, ganz besonders die Szene im Badezimmer. Das ist die größte Erleichterung. Ich bin überzeugt, daß dort eine Verbindung liegt" (402).

Ungleich der einen Schwalbe, die noch keinen Sommer macht, kann eine einzelne Schlüsselmetapher oder ein enthülltes Geheimnis, um das sich alles zu drehen scheint, einen analytischen Frühling machen. Doch auch hier war es wiederum die Kombination therapeutischer Methoden mit der Analyse als Mittelpunkt, die, in den Worten der die Ehefrau behandelnden Kollegin, „die Lebensrettung einer ganzen Familie" bewirkt hat.

Obwohl ich keine Zweifel habe, daß dieser Vorgang der „Blendung durch Bilder" entscheidend in der Familiendynamik von Victor gewesen war, zeigte die Übertragung diese nur indirekt und in Umkehrung. Sie erschien v. a. als einseitige *Idealisierung*, also als eine Form der *Über-Ich-Übertragung*.

Deren Kehrseite, die sich nur bei genauer Beobachtung entdecken läßt, ist nicht so sehr etwa die einer indirekt auffindbaren Entwertung oder anderer Formen von Aggressionen, sondern die *Klaustrophobie in der Übertragung*. Die Analyse war eine der Strukturen, die ihn einengten und aus deren Schranken er immer wieder ausbrechen mußte. Ich würde schätzen, daß er wohl ein Viertel der Analysestunden abgesagt oder unangekündigt versäumt hat. Natürlich sind sowohl seine Begründungen für die abrupte Unterbrechung der Analyse wie auch für das Aufgeben seines Bauerngutes und -berufs Ausdruck dieser unbewältigten phobischen Symptomatik. Vielleicht läßt sich diese klaustrophobe Übertragung auch noch so begreifen, daß er mich nur in dieser Brechung durch ein inneres Bild sehen kann, damit *ich* ihn nicht *zuerst* in derart verzerrter Gestalt erblicke.

Da er jedenfalls beabsichtigt, demnächst die Analyse, natürlich „nur für kurze Zeit", wieder aufzunehmen, besteht vielleicht eine bessere Chance, die Arbeit weiterzuführen und diese so störende phobische Charakterproblematik analytisch anzugehen. Auch er erblickt mich nur durch ein ihn blendendes Bild – das Bild eines magischen Heilers, der ihm zwar Schutz gewährt, ihn aber nicht der Freiheit beraubt, auch nicht der Willkür des Kommens und Gehens.

9.4 Technische Aspekte

Die Toxikomanie ist fast definiertermaßen eine klinische Sonderform des Narzißmus; sogar die Worte Narkissos und Narkosis stammen angeblich aus derselben
vorgriechischen Wurzel. In den ganzen Ausführungen dieses Buches habe ich mich
u. a. um ein verändertes Verständnis des Gesamtproblems des Narzißmus bemüht.
Hier greife ich einige für diese engere Patientengruppe wichtige praktische Probleme heraus.

Wie im ganzen bei den Süchtigen finde ich den Ausgang von den Affekten ganz
besonders lohnend. Ich verweise auf meine früheren Betrachtungen über einige für
die Behandlung narzißtischer Konflikte besonders relevanten Affekte in Kap. 6.

Für alle Therapeuten besteht immer wieder die Wahl oder Versuchung, sich als
Autorität, also als Über-Ich-Figur hinzustellen, und dies ist an sich oft eine große
Hilfe, wie ich schon erwähnt habe. Dabei sollen wir uns aber dreier Gefahren be-
wußt sein:

1) Je mehr wir uns im Spektrum der Therapien der Psychoanalyse selbst, der extremen Form beabsichtiger Persönlichkeitsveränderung durch Einsicht, mithin v. a.
durch Verstehen von Widerstand und Übertragung, annähern, um so vorsichtiger
müssen wir dabei sein, nicht auch tatsächlich zu einer Über-Ich-Figur zu werden. Je
autoritativer wir sind, desto schwieriger wird später die Analyse der Über-Ich-Übertragung und desto mehr bleiben deren Folgen unerledigt liegen und wirken namentlich als negative Übertragung in Form von Trotz, Enttäuschung, Rebellion und
Zorn nach. Diese Gefühle wurzeln alle in dem nicht unberechtigten Gefühl, in gewisser Weise der persönlichen Autonomie beraubt worden zu sein. Je durchgreifender und intensiver die Behandlung, desto störender wirkt solch ein Rest und desto
größer ist die Gefahr, daß er später im Leben ausgespielt wird. Ich habe selbst
mehrfach verheerende Folgen dieser Art beobachtet.

2) In den suggestionsorientierten, eher hypnoseähnlichen Formen der Psychotherapie sind wir ganz entscheidend auf solche kurzfristig und oft sofort wirksamen Interventionen autorativer Art angewiesen. Ich werde sehr bald eine solche beschreiben. Dabei scheint es mir aber wichtig zu sein, daß wir im großen und ganzen die
Funktionen eines guten Über-Ich, nicht eines bösen Gewissens ausüben sollen und
daß wir uns dabei auch über die Folgen einer solchen Einstellung im klaren sind.
Über-Ich-Eingriffe bringen oft äußerst wertvolle Veränderungen mit sich, haben
aber nicht die Dauerwirkung, die wir in der Analyse anstreben und von ihr zu Recht
verlangen. Dabei mag es eben vorteilhafter zu sein, die Therapie selbst weniger intensiv zu halten, um die zuvor erwähnte Gefahr zu vermindern.

3) Ein weiteres großes Problem stellt der Narzißmus des Therapeuten dar. Wie
oft haben wir gerade im Bereich der Suchtbehandlung das Auftreten von Propheten
und Führern erlebt, die aller Welt eine neue Moral predigen und ihren Jüngern und
Akoluthen gewisse Maximen aufoktroyieren, aber für sich selbst ein Sonderrecht
beanspruchen. Gerade infolge ihrer überströmenden Selbstgewißheit und Selbstge-
rechtigkeit ist ihre Wirkung charismatisch. Das Vorbild einer solchen allwissenden
und alles verzeihenden, mithin also auch mit der Macht gewaltiger Verurteilung

begabten Figur draußen in der Realität ist es ja schließlich, was alle Toxikomanen ersehnen. Es ist nicht erstaunlich, daß jeder, der das gut zu spielen versteht, sehr gesucht und oft erfolgreich ist.

Die therapeutische Auswertung solcher äußerer Autorität, ob nun zu großem Nutzen oder zu großem Schaden, beruht auf dem besonders wichtigen Aspekt der Psychopathologie der Toxikomanie: der phobischen Grundstruktur. Ein besonderer Aspekt dieses phobischen Charakters ist die Angst vor der Innenwelt, quasi ein antipsychologisches Vorurteil; man mag es auch als *Psychophobie* bezeichnen. Manche an und für sich sehr zu analytischer Behandlung geeigneten Patienten bedürfen einer Art behutsamer Einführung in Introspektion und Affekterkennung (vgl. Krystal 1974 ff.) – wieder nicht durch eine autoritative Erziehung zur Analyse oder durch beschämende Zudringlichkeit und Voreiligkeit, sondern durch eine besondere Aufmerksamkeit dafür, wie psychische Vorgänge anklingen und dann durch Hinwendung zu Äußerlichkeiten abgewehrt werden. Ich weiß es von mir selbst, wie gerne ich mich durch die Hinwendung zum Dramatisch-Aktuellen, in der äußeren Gegenwart Wirklichen versuchen lasse. Es ist aber wichtig, solcher Versuchung zu widerstehen.

Wie schon ausgeführt ist es sehr wohl möglich, mit relativ geringen Modifikationen analytische Arbeit mit Süchtigen zu leisten, vorausgesetzt sie sind in der Lage, sich während der Therapie mehr oder weniger der Drogeneinnahme zu enthalten.

In diesem Zusammenhang möchte ich eine Vignette von einem Adoleszenten, Peter, wiedergeben, den ich während 2 Jahren nicht in analytischer, sondern in stark unterstützend-suggestiver und mehr erzieherisch orientierter Psychotherapie 2 mal wöchentlich, zeitweise auch weniger häufig gesehen habe.

Diesen 17 jährigen Jugendlichen, der aus einem „broken home" mit gewalttätig-explosiver Mutter und kühl-distanziertem Vater stammt und seit langem (seit dem Alter von 8 Jahren) wegen Depressionen, schweren Schulproblemen und mannigfachem Drogenmißbrauch von verschiedenen Therapeuten behandelt und auch mehrfach hospitalisiert worden war, sah ich erstmals etwa 4 Monate vor der Stunde, über die ich berichten werde. Während der 2 vorangehenden Wochen war er zunehmend feindselig geworden und hatte mich mit virulent antisemitischen Tiraden und Witzen zu provozieren versucht. Vor mehreren Tagen sagte er etwas, was manche nur zu denken wagen: „Ich liebe es zu hassen und hasse es zu lieben." Er war stolz darauf, andere auf sich wütend zu machen und so zu beweisen, daß er absolut allein leben könne und solle. Ich bemerkte wiederholt, wie aufgebracht er selbst war; so aufgebracht sei er freilich gewesen, da er so tief verwundet worden sei. (Beides waren zu tiefe Deutungen, glaube ich jetzt, da ich ihn besser kenne; die erste war, obwohl ich sie als Abwehrdeutung – Zorn als Abwehr gegen Verletztheit – auffaßte, doch zu dem Zeitpunkt eine Triebdeutung, die er als Vorwurf erleben mußte; die zweite, über die Verwundung – „deeply hurt" – muß ihn wohl beschämt haben.) Einmal verglich ich seinen Selbstschutz durch Feindseligkeit gegen Verwundung und Enttäuschung mit derjenigen Hitlers, eines seiner Idole; der sei ja auch ein mißhandeltes Kind gewesen. In der vorangehenden Stunde, die auf einen Wochenendausflug nach New York mit Vater und jüngerem Bruder folgte, sagte er: „Ich muß zu den Drogen zurückkehren; ich brauche sie mehr denn je, so wie ich mich fühle, dies kranke Gefühl, ein Begehren (craving) nach etwas, die Unzufriedenheit mit meinem Leben. Ich habe nicht die Kontrolle über mein Innenleben. Es ist ein ‚random action generator'. Ich wette, Sie haben keine Ahnung von der Computersprache. Oder es ist eher ein ‚random mood generator', den ich nicht zu kontrollieren vermag. Es ist schwer, mich durchzuschlagen, solange ich diese ungewöhnlichen Gefühle habe. Ich kann sie nicht ertragen. Ich habe ein unglaubliches Bedürfnis davonzulaufen – zurück zu den Drogen, zum High."

Er sprach darüber, daß der Tod lediglich ein Übergang in eine andere Dimension sei, und über seinen Wunsch, allein zu sein oder sich zu töten und v. a. jedermann zu verärgern. Am Ende eines langen Ausbruchs gegen Schwarze und Juden bekannte er: „Ich werde ein neuer Hitler gegen die Neger sein und eine Krankheit, ein Virus finden, das selektiv nur Neger töten und sich über die ganze Erde ausbreiten wird."

In der Stunde selbst sagte er, er habe ein kleines Aufnahmegerät bei sich und nehme unser Gespräch auf, um mich zu ärgern und allen zu beweisen, daß wir keine Therapie machten und welch Humbug dies sei, und um sich über mich lustig zu machen. Dabei balancierte er auf den Hinterbeinen seines Stuhles. Er sprach darüber, welch großartige Marihuanpflanzen er gezüchtet habe und wie oft er jetzt wieder Haschisch rauche. Er habe keine Absicht, es aufzugeben.

Endlich sagte ich dezidiert, daß ich nicht beabsichtige, die Behandlung weiterzuführen, wenn er nur mit mir spielen wolle: „Ich habe kein Interesse daran, meine Zeit und das Geld Ihres Vaters zu verschwenden."

Er antwortete: „Es wäre nicht das erste Mal, daß ich fallengelassen werde."

„Warum sind Sie so darauf erpicht, mich dazu zu provozieren, Sie fallenzulassen? Was versuchen Sie zu beweisen?"

Seine Augen wurden feucht, und er sagte: „Warum mache ich die Leute böse auf mich? Vielleicht möchte ich aufgebracht sein, und wenn ich sie wütend auf mich mache, kann ich auf sie zornig sein. Es ist, als ob ich einen Freund hätte, und wir waren lange gute Freunde, und man beginnt Vertrauen zu haben, und wenn man Vertrauen schenkt, verrät er einen. Wenn man sich um niemanden schert, wird niemand einem wehtun."

Ich wiederholte und vertiefte es: „Wenn Sie zu niemandem Vertrauen haben, kann niemand Sie verraten."

Er entgegnete: „Wenn man keinen Freund hat, verliert man keinen Freund." Dann sprach er darüber, wie er sich am Wochenende von seinem Vater hintangesetzt gefühlt habe: „Er scheint sich nicht um mich zu kümmern und bevorzugt meinen Bruder."

In diesem kleinen Abschnitt wurde ich für einen Moment eine strafend-zürnende Autorität (ein „böses Über-Ich"), versuchte es aber so rasch wie möglich für eine Vertiefung der Einsicht auszunutzen und es vom Übertragungs-Gegenübertragungs-Feld mit seinem Agieren ins Allgemeinere, Sicherere zu verschieben.

Peter war übrigens fähig, die Therapie weiterzuführen und die Highschool zu beendigen. Von einem 2 monatigen Aufenthalt in Israel kehrte er begeistert zurück; es sei vielleicht das erste Mal in seinem Leben gewesen, daß er sich wirklich wohl ge-fühlt habe. Er hielt sich von Drogen fern. Er studierte hernach ein Jahr lang an der Universität von Guam. Doch als er wieder zurückkehrte und Studien an einem loka-len College aufnahm, fühlte er sich von neuem sehr deprimiert. Seine Mutter war mir seit Jahren bitterböse gewesen, da ich dem Jugendlichen angeraten hatte, zeit-weilig beim Vater Unterschlupf zu finden, nachdem die Mutter ihm gesagt hatte, er solle sich doch gleich erschießen, wenn er nicht mehr die Hausarbeiten für sie ver-richten wolle. Mehrfach hatte sie gedroht, mich bei den „Ethikkommissionen" ver-schiedener Organisationen zu verklagen. Nun untersagte sie dem Sohn, mich wei-terhin zu sehen und schickte ihn in ein verhaltenstherapeutisches Programm.

„Es gibt keine einfachen Antworten auf diese Fragen", pflegte Kubie am Ende der meisten Falldiskussionen oder theoretischen Betrachtungen zu sagen. Dies trifft auf die Natur aller schweren Neurosen einschließlich der Suchtkrankheiten zu. Ge-wöhnlich gehen schwere innere Probleme der manifesten Erkrankung voraus, wer-den von dieser teilweise überdeckt und umgeformt, zeigen sich aber wieder in vol-ler Klarheit während der Behandlung. Der Drogen- oder Alkoholmißbrauch ist gewöhnlich Teil eines Symptomenpakets, das auch fast immer Familienprobleme umfaßt.

Einseitige Zugangsweisen mögen kurzfristige Änderungen herbeiführen, erwei-sen sich aber auf die Dauer zumeist als unzulänglich.

Psychoanalyse besteht nicht, wie oft behauptet wird, in einem „Wühlen in der Vergangenheit", doch zeigt erst die individuelle Lebensgeschichte die spezifische Konstellation der Kausalfaktoren – eben die eine oder andere der schicksalsbestim-menden Konfigurationen des Wiederholungszwangs. Diese Kausalfaktoren wirken in ihrer Vielfalt und hierarchischen Schichtung als Symphonie, nicht als eine Mono-tonie der Verursachung.

Psychodynamisch liegen schwere und schwerste innere Konflikte dem Symptom zugrunde. Diese sind von überwältigenden Gefühlen begleitet, deren Regulation unzureichend ist; die Drogen sind eine Art künstlich erzielter Regulation. Regula-tionsmodell und Konfliktmodell sind zueinander komplementär. Es besteht nicht ein Mangel an Gewissen, sondern im Gegenteil ein übersteigerter Gewissensdruck und mannigfache Abwehrversuche dagegen. Einen wesentlichen Anteil daran ha-ben Provokationen seitens des Patienten, gerade Verurteilung und Beschämung von außen herbeizuführen. Es ist entscheidend, daß der Therapeut das Vorhandenseins eines solchen „inneren Richters", der jeden Erfolg zerstört, erkennt und die unbe-wußten Gründe für dieses Straf- und Erniedrigungsbedürfnis herausarbeitet. Erfolg mag nicht nur als Triumph über einen Rivalen erlebt und geahndet werden; er wird unbewußt auch der Trennung von den Eltern gleichgesetzt und daher als große Ge-fahr und als Verschuldung abgelehnt.

Die Mitbeteiligung des Über-Ich an massivem und archaischem Konflikt führt zu mehreren Formen der Abwehr und der sich daraus ergebenden Konfliktlösung:

a) durch Projektion, Verdichtung und Verleugnung v. a. gewisser Aspekte des Über-Ich, z. B. in Episoden des dranghaften Drogengebrauchs oder solchen der Du-plizität, des Rechtbruchs und anderer antisozialer Verhaltensweisen;

b) durch Projektion, Verdichtung und Vermeidung v.a. von gewissen Triebaspekten, z.B. in phobischen Episoden oder bei phobischem Charakter;

c) durch Projektion und Sexualisierung von Über-Ich-Aspekten, verbunden mit Ich-Identifizierungen mit dem Opfer, und Triebumkehrungen, z.B. in Episoden masochistischer Perversion und in masochistischen, „liebessüchtigen" Bindungen der Hörigkeit (Unfähigkeit sich von einem Objekt der Phantasieliebe zu lösen).

In jeder dieser 3 Lösungsversuche finden wir variierende Spaltungserscheinungen, die sowohl die eigene Identität wie die äußere Realität betreffen – wobei Spaltung in Freuds ursprünglichem Sinne aufgefaßt wird, nämlich als das Nebeneinanderbestehen von Anerkennung und Verleugnung ausgedehnter Wahrnehmungsbereiche und die sich oft daraus ergebende Entfremdung.

Jene 3 Abwehrtaktiken manifestieren sich in der für den jeweiligen Patienten typischen Abfolge der Impulshandlungen. Gewöhnlich findet man bei solch schweren Neurosen mit Suchtproblemen alle 3 zu verschiedenen Zeiten der individuellen Geschichte.

In allen erfolgreich behandelten Fällen chronischer Suchtkrankheit und in mehreren anderen Fällen mit schweren Neurosen war eine Kombination mehrerer Behandlungsmethoden in individuell angepaßter Form notwendig. Erstaunlich oft findet man, daß eine solche Verbindung von horizontalem mit vertikalem Vorgehen einen therapeutischen Durchbruch zu erzielen vermag, wo das einspurige Vorgehen versagt hat.

Diese klinische Erfahrung führt zusammen mit den Erkenntnissen der jüngsten Forschung in die Frühkindheit sowohl zu einem neuen Verständnis der Psychodynamik bei diesen schweren Neurosen wie auch zu einem neuen therapeutischen Zugang zu ihnen.

Ich schließe mit einem kleinen Zitat aus Thomas Manns *Joseph und seine Brüder:* „Gleichgültigkeit gegen das Innenleben der Menschen und Unwissenheit darüber zeitigen ein völlig schiefes Verhältnis zur Wirklichkeit, sie erzeugen Verblendung... Einbildungskraft und Kunst des Erratens in bezug auf das Gefühlsleben der anderen, Mitgefühl also, ist nicht nur löblich, sofern es die Schranken des Ich durchbricht, es ist auch ein unentbehrliches Mittel der Selbsterhaltung."

10 „Werde, wer du bist, durch Einsicht"
Einige Schlußfolgerungen über den Wiederholungszwang

γένοι' οἷος ἐσσὶ μαθών.
(Werde, wer du bist, durch Einsicht.)
(Pindar, *Pythia* 2.72)

10.1 Die Verschiebung der Grenzen

Natürlich sind die in den letzten 7 Kapiteln vorgelegten Funde, die von den zwangsmäßig wiederholten Impulshandlungen, einer hauptsächlichen Form des „Dämonischen", verdeckt wurden, insofern zufällig, als ich mich auf meine eigenen Patienten – also die mir jetzt „zufällig" zur Verfügung stehenden Fälle – angewiesen war.
Während dies ein sehr beschränktes, doch auch ganz in die Tiefe erforschtes und
dokumentiertes Feld von einem Dutzend gegenwärtiger Fälle ist (nur 3, „Anne",
„Drancy" und der Rabbiner, sowie die Vignetten in dem Abschnitt über Familiendynamik in Kap. 8 waren früher von mir behandelte Patienten), erlauben die Vergleiche mit früheren Patienten und denen, deren Verlauf ich in der Supervision folgen kann, die Annahme, daß die hier dargestellten Fälle ziemlich typisch sind und
sich übrigens auch nicht wesentlich von denen unterscheiden, die man in Europa
behandelt.

Ähnliches gilt für die literarischen und philosophischen Betrachtungen, die in einem getrennten Band *(Die zerbrochene Wirklichkeit)* folgen werden: auch diese
stellen eine „zufallsbestimmte" Auswahl dar, Begegnungen mit gewissen Werken
und Autoren, die sich auch anders hätten treffen können. Damit will ich eben besa-
gen, daß ich hier einfach und schlicht eine Reihe für mich wichtiger Begegnungen,
die gewisse gemeinsame Merkmale aufweisen, schildere – Begegnungen mit Patienten, mit Dichtern und Philosophen, mit Kulturen und Büchern – und daß ein Anspruch auf Vollständigkeit und damit auf ein umfassendes und kategorisches Schema voreilig und anmaßend wäre.

Damit meine ich aber auch, daß die klinischen Beobachtungen immer wieder die
umfassenden und geschlossenen theoretischen Modelle sprengen. Deswegen finde
ich, eine Art der Anreihung verschiedener Entwürfe wäre pragmatisch befriedigender als eine abgerundete Theorie. Solche Entwürfe sind miteinander verflochten,
nicht notwendigerweise scharf abgegrenzt. Es handelt sich dabei wirklich um ausgedehnte Metaphern, die ich hier als Konfigurationen beschrieben habe; auch die Sequenzen und Gleichungen bestehen übrigens häufig aus metaphorischen Übergängen. Sie bilden Teile eines großen Ganzen, wie der zusammenfassende Entwurf
zeigen wird, doch eines Ganzen, das uns erst in Bruchstücken vorliegt.

Mir scheint auch, daß Freud selbst seine Erklärungsmodelle recht frei als *Entwürfe* und als *metaphorische Konstruktionen* gebraucht hat, die eben leicht verschoben

und ersetzt werden können. Das Nebeneinander von topographischem und struktu-
rellem Modell, die sich weitgehend, doch eben nicht völlig zur Deckung bringen
lassen, ist ein gutes Beispiel dafür. Das zweite ersetzt das erste nicht, wenngleich eine solche Vollkongruenz immer wieder – z. B. von Arlow u. Brenner (1964) – versucht wurde.
Doch greifen verschiedene Neurosetypen bestimmte Teile aus diesen metaphorischen Entwürfen heraus, bevorzugen ganz verschiedene Abwehrformen, gelangen
zu anderen Konfigurationen, stützen sich auf andere Gleichungen oder Sequenzen.

Daher stammt denn auch mein tiefes Mißbehagen gegenüber der Sammeltopfdia-
gnose „Borderline". Was sich bei den schweren Neurosen abspielt – und zwar mit
spezifischen Unterschieden, die den hauptsächlichen Neuroseformen entsprechen
–, ist nicht grundsätzlich verschieden von dem, was sich bei den milderen Formen
beobachten läßt. Es ist mir ein großes Anliegen, dieses *Kontinuum* zu betonen und
nicht eine scharfe und prinzipielle Differenz zwischen den leichteren und den
schwereren Formen herauszuarbeiten.
Hingegen glaube ich, daß es der klinischen Erfahrung eher entspricht, solch einen *Bruch in der Kontinuität* zwischen den Neurosen und den hauptsächlichen Psy-
chosenformen anzunehmen. Auch wenn die Inhalte dieselben sein mögen, glaube
ich, daß die psychischen Prozesse selbst bei den Psychosen radikal anders sind und
anderer Erklärungsprinzipien bedürfen.
Daß die schweren Neurosen Modifikationen der idealen, auf Einsicht allein zie-
lenden Methode der Psychoanalyse erfordern, steht zwar außer Zweifel, aber die
Frage stellte sich ja schon früher, ob diese Idealmethode nicht ohnehin ein illusio-
näres Modell sei, das vielleicht bei Trainingskandidaten angebracht sein mag, aber
für gewöhnliche Patienten kaum je paßt (vgl. Thomä u. Kächele 1985).
Durch Verwischen der Grenzen zu den Psychosen ergibt sich auch eine Verken-
nung der biologischen Natur mancher Prozesse bei diesen. Es kommt wegen der
ungenauen Diagnostik dann auch zu falschen Gleichsetzungen und zu falschen Behauptungen über Heilungen von Psychosen durch Psychotherapie. Sicher bestehen
insofern Gemeinsamkeiten, als das Biologische immer vom Sinnhaften, dem Le-
bensgeschichtlichen, überlagert wird. Die Inhalte, sogar gewisse komplizierte Konstellationen mögen sinnhaft sein, doch befindet sich immer ein Bruch darin, der
nicht mehr einfach sinnhaft wirkt – wenigstens soweit unser heutiges Begreifen
reicht.
Eine andere, vielleicht noch bedenklichere Folge besteht darin, daß automatisch
3 getrennte Phänomene gleichgesetzt werden: psychische Krankheit = Regression
zu früheren ontogenetischen Entwicklungsstufen = vorbestehende Fixierungen in
normalen, obwohl äußerst frühen Stadien. Damit wird die Krankheit als Wiederholung normaler Phänomene betrachtet, und die frühe Entwicklung selbst wird ganz
durch die Linse der späteren Pathologie gesehen und gedeutet. Diese Auffassung
erwies sich als von größter heuristischer Fruchtbarkeit bei den Neurosen, aber sie
ist höchst fragwürdig, wenn sie auf die Psychosen angewandt wird. Alle diese Extrapolationen in die Frühzeit und die Regressionstheorie der Psychosen sind völlig
durch die Frühkindheitsforschung erschüttert worden. Ich glaube, es ist Beschei-

denheit am Platz: Wir können die Psychosen nicht mit den introspektiven Methoden allein erklären; dafür brauchen wir andere Zugangsweisen, zumindest als Beihilfe.

Auch ist es absurd, das Neurotische durch Psychotisches erklären zu wollen. Wir brauchen auch keine Grammatik des Chinesischen, um ein Sprachproblem im Deutschen zu klären; diese kann uns höchstens durch Analogie bei der Beschreibung helfen.

Es ist eben deswegen, daß die Borderlinediagnose als gängige Beurteilungsformel abgelehnt werden muß. Sie setzt, wenigstens de facto, eine falsche Grenzlinie voraus, nämlich eine verwaschene gegenüber den Psychosen und eine relativ scharfe gegenüber den gewöhnlichen Neurosen.

Aus all diesen Gründen denke ich, es wäre besser, nur dann von Borderlinefällen zu sprechen, wenn wir wirklich im Ungewissen sind: Handelt es sich nun um einen Restzustand nach einer abgelaufenen Psychose? Oder haben wir starke Gründe anzunehmen, daß eine Psychose im Anzug ist? Auch dann ist es noch notwendig, weiter zu spezifizieren, welchen Typ der Psychose wir von jenseits der Grenze herannahen sehen – eine manisch-depressive, eine schizophrene, eine epileptische oder eine Störung des limbischen Systems?

Beim Theoretisieren besteht immer die große *Gefahr des allzu kühnen Extrapolierens*; doch sind umfassende Entwürfe der Konzeptualisierung unerläßlich, und dabei ist es unvermeidlich, daß man sich auf Extrapolationen stützen muß. Das Gebot ist dann, neuen Erkenntnissen gegenüber offen zu bleiben und die Spekulationen als solche zu erkennen. Ehe ich mich einer Vertiefung dieser Gedankengänge zuwende, gebe ich eine kurze Zusammenfassung des bisher Gefundenen, doch in einer theoretisch vertieften Neuformulierung.

10.2 Ein zusammenfassender Entwurf

Die Frage, die ich mir eingangs stellte, war die: Wie läßt sich der bei auffällig vielen meiner Patienten festgestellte dämonisch anmutende Zwang erklären, periodisch und immer wieder in Weisen zu handeln, die ihren Interessen auf lange Sicht aufs schwerste abträglich waren und die oft sowohl sie selbst wie auch den Außenstehenden als etwas Unheimlich-Fremdes, Anderes beeindruckten? Handelt es sich bei diesem *schicksalsbestimmenden Wiederholungszwang* um eine übergeordnete, metapsychologisch zu erfassende Macht, etwa um den Todestrieb oder um die dem Es innewohnende „Trägheitskraft"? Oder eher um den Versuch, eine als passiv erlebte, psychologische Situation aktiv in der Wiederholung zu bewältigen, also um einen dem Ich innewohnenden Meisterungswunsch? Oder ist es, wie Wälder vermutete, ein besonderer Faktor des Innenlebens, gleichberechtigt den 3 Hauptinstanzen? Ganz bestimmt läßt sich der Zwang zu wiederholen bei *allen* neurotischen Störungen feststellen, doch mit besonders dramatischer und schicksalsentscheidender Kraft bei denen, die ich als schwere Neurosen bezeichnet habe.

Wie ich die Aufzeichnungen der mir am eindrücklichsten scheinenden Fälle der letzten Jahre zusammenstellte und im ganzen überblicken konnte, war dieser dämonische Zwang zur Wiederholung selbstzerstörerischen Verhaltens, gewöhnlich *impulsiver* Natur, zwar in der Tat eine hervorstechende Eigenschaft; aber dabei blieb es nicht. Er selbst erwies sich als ein durchaus komplexes Gebilde.

Ich möchte nun eine Zusammenfassung der Dynamik geben, die über die bei den Einzelfällen festgestellte hinausreicht und von allgemeinerer Gültigkeit ist.

Natürlich standen da einmal die bekannten Hauptkonflikte: die gewöhnliche oder positive ödipale Dreieckssituation mit dem Doppelkonflikt sexueller und aggressiver Natur, die Gegenform des negativen Ödipuskomplexes und der Wettstreit mit den Geschwistern um die Aufmerksamkeit der Eltern, der auch oft Beseitigungswünsche in bezug auf diese ungebetenen Eindringlinge umfaßte. Schon weniger bekannt war das, was der Trennungs- und Individuationsphase zugeschrieben wird – der Konflikt zwischen dem Wunsch, sich von der übermächtigen Mutter zu lösen und sich selbst zu behaupten, und dem Gegenbedürfnis, ihres Schutzes und der Geborgenheit bei ihr weiterhin teilhaftig zu bleiben. Dazu kamen die damit verbundenen Konflikte hinsichtlich der Körperkontrolle, Neinsagen und Nachgeben, Zurückhalten und Hergeben, Reinheit und Unreinheit, also die „analen" Konflikte, und die Konflikte um Wünsche nach Abhängigkeit, wenn nicht nach völliger Verschmelzung gegenüber solchen der Abwendung und Unabhängigkeit, der grenzenlosen Befriedigung und der totalen Entsagung, also mehr oder weniger fernen Abkömmlingen „oraler" Strebungen.

Wie ich das Material zu mir „sprechen" ließ, traten gewisse Bilder hervor, helle Muster (patterns), die sich gegen den dunkeln Hintergrund abzuheben begannen. Ich wiederhole nun ganz kurz diese Muster, die sich zwar teilweise überdeckten, aber doch ihre Bildgestalt beizubehalten vermochten. Sie waren nicht scharf abgegrenzt und konnten nicht in ein Schema gepreßt werden, sondern hatten eher etwas Künstlerisches, in der Art umgreifender Metaphern beinahe mythischen Charakters. Es mag etwa dem vergleichbar sein, was Einstein als das Erreichen wissenschaftlicher Einsicht beschreibt, nämlich das Auftauchen gewisser Bilder in der Abfolge von Eindrücken, Bilder, die sich wiederholen (*Motiv des Forschens*, 1918).

Da finden wir zunächst als Kern die Angst vor gewissen Gegenständen oder Situationen, die sich mit gewissen Abwandlungen von ganz früh an durch das Leben hindurch zieht. Dieser gegenüber steht ein Schutzsystem. Die beiden sind eng verbunden: sie sind klare Abkömmlinge der einen ambivalent erlebten Eltern-, Geschwister- oder Pflegefigur (oder von mehreren sich überschneidenden Figuren). Dabei wird der gehaßte Teil in einer drohenden Gestalt gesehen und gefürchtet, der geliebte Teil wird als Schutz gesucht. Der gehaßte und gefürchtete Teil wird dabei auch zum Träger aller hassenswerten Eigenschaften der eigenen Persönlichkeit erkoren – der Eifersucht, der Bosheit, der Rachsucht.

Die eigentliche Brisanz wird aber erst dann erreicht, wenn sich diese beiden Aspekte im Über-Ich verewigen – wenn der phobischen Trennung der bösen von der guten Seite eine ebensolche Trennung in eine Angstfigur und eine Schutzfigur als innere Autoritäten folgt. Die böse innere Stimme, die ständig verurteilt, die keinen guten Faden an einem läßt, kann nicht für immer ertragen werden. Entweder kommt es zum Selbstmord, der ein Entrinnen von dieser wütend verurteilenden Stimme verspricht, oder es kommt zu bestimmten Impulshandlungen in der Außenwelt.

Dabei bindet man sich an eine Figur, die beide gegensätzlichen Über-Ich-Gestalten in sich vereinigen, die Gegensätze also versöhnen, die Spannung lösen, die Spaltung überwinden soll, und zwar in Form eines Wechsels oder Übergangs: „Durch meine Unterwerfung kann ich eine verurteilende, anklagende Figur in eine schützende, annehmende, billigende, verzeihende verwandeln. Dann werde ich auch mir selbst verzeihen und mich endlich mit mir selbst versöhnen können." In Form der masochistisch-impulsiven Handlungssequenz wird die Verzeihung erhofft und auch angestrebt, doch immer wieder nach flüchtigem Einswerden die Bestrafung und Erniedrigung erreicht. Doch ist es gerade Teil dieser Handlungssequenz, daß sich auch der Eigensinn, der Trotz, die aufrührerische Wut zeigen und der Partner dazu aufgerufen wird, diesen wilden Gefühlen und Wünschen Einhalt zu gebieten und seine Macht eben gerade durch Fesselung und Niederhalten zu bezeugen. Nur wer diese Macht des Nein zeigt, bekräftigt seinen Wert und seine Stärke als Beschützer; d.h. er muß ebenso grausam sein wie das eigene Über-Ich, um als versöhnende und beschützende Gegenmacht glaubhaft zu werden.

Alles das, was ich bis jetzt geschildert habe, läßt sich bei der ersten eingehend dargestellten Patientin, Vera, verfolgen. Ich habe die bis zu diesem Punkt dargestellte Abfolge, die doch nur einen Teil ausmacht und nicht die volle Antwort bietet, die Kasssandra-Konfiguration genannt.

Doch erklärt das noch immer nicht, warum es zu dieser sonderbaren Spaltung des ganzen Daseins kommt, zu dem Gegeneinander eines emotionell zwar dürftigen, doch angepaßten und tüchtigen Funktionieren und jenen wild-dämonischen Handlungsabläufen, bei denen das Leben selbst aufs Spiel gesetzt wird. Etwas fehlt bei dem bisher Aufgezeichneten.

Wenn wir uns den Fall nochmals vergegenwärtigen, so ragt zunächst, einem erratischen Blocke gleich, aus den Trümmern ihres Schicksals die gewaltige Figur des Nichtglaubens und des Nichtgeglaubtwerdens, also das Hören, aber nicht Vernehmen, das Schauen, aber nicht Sehen – und das Nichtgesehenwerden, also das Nicht-selbst-sein-Dürfen.

Das erste, das man daher einsetzen muß, ist die große und durchdringende Bedeutung der *Verleugnung* – der Abwehrform, die darin besteht, daß man die emotionelle Bedeutung gewisser Anteile der Wirklichkeit nicht wahrnehmen will, daß man außer Kraft setzt, was man eigentlich doch weiß, daß man ignoriert, was man wahrgenommen hat. Doch warum das? Warum schenkt man dem keinen Glauben? Und umgekehrt, warum scheinen die eigenen Eltern ebenso blind der Wirklichkeit ihrer Kinder gegenüber zu sein?

Etwas ganz Entscheidendes muß dem nun hinzugefügt werden: Wenn man an das Vorherrschen eben dieser Abwehr durch Verleugnung nicht nur bei den Patienten, sondern auch bei deren Eltern denkt, wird klar, daß das Angenommenwerden davon abhängig gemacht wurde, daß man sich global mit einer in der Familie herrschenden Grundeinstellung identifizierte, was immer diese Grundeinstellung gewesen sein mag. Man durfte nicht sich selbst sein, und zwar war dies so von sehr früher Zeit an und ist seither durchgehend nachweisbar bis zur beobachtbaren

Gegenwart hin. Die eigenen Antriebe, Bedürfnisse, Gefühle wurden systematisch ausgeklammert, mußten übersehen und unwirklich gemacht werden – ob diese nun die Selbstbehauptung oder den Zorn oder sexuell-zärtliches Verlangen oder Hunger oder ob sie die Einbildungskraft, das Schöpferische, also das in seinem Wesen Unabhängigste, betrafen. Die Verleugnung großer Anteile der eigenen Individualität war die Voraussetzung dafür, von den Eltern angenommen zu werden, nicht verworfen zu sein und nicht zum Fremdling im eigenen Haus und in der Welt überhaupt zu werden.

Sich selbst sein, das geht nicht an: dann wird man gerade nicht erblickt, nicht erkannt. Sich selbst muß man verbergen. Doch was ist das anders als das Schamgefühl – die *Scham, sich selbst zu sein*. Das ist nun eben gerade das Paradoxe: Während es für die meisten Menschen gilt, daß man sich selbst entwickeln und behaupten, demnach erfolgreich sein solle, um auf sich stolz sein zu können und sich nicht schämen zu müssen, ist hier die Prämisse umgekehrt: „Wenn du dich selbst zu zeigen wagst, wirst du ausgestoßen, wirst du nicht mehr Teil von uns sein, sondern als ein Fremdling unter uns hausen, mit dem wir nichts zu tun haben wollen. Wenn du zu uns gehören willst, mußt du dich unterordnen und dein Eigentlichstes als etwas Unwürdiges verbergen oder noch besser ganz aufgeben. Nur die völlige Anpassung und Unterwerfung ist annehmbar; das Sich-selbst-Sein ist eine Art des Sichaussetzens, eine Unwürdigkeit, und bringt Beschämung mit sich. Ganz besonders *sollst du nicht deine Gefühle zeigen*; denn diese sind doch als das Allerpersönlichste auch das Verdächtigste und Geheimste. Sie sind der gefährliche Kern des Sich-selbst-Seins. Alle echten starken Gefühle müssen versteckt und verhüllt werden, am besten durch eine kühle Fassade der Abweisung oder durch ein freundliches Lächeln der Zustimmung und Unterwürfigkeit."

„Es ist mehr als das Recht, sein eigenes Leben zu haben, um das es dabei geht", sagte der Patient Elasar, „was mir noch mehr bedeutet, ist, daß man das Recht hat, die eigenen Gefühle zu fühlen und den Gefühlen zu trauen, diese Gefühle zu erleben (live out) und sich selbst in diesen Gefühlen anzunehmen. Das ist im Kern der Neurose: daß diese Gefühle falsch, schlecht und destruktiv seien" (488).

„Mancher versteht sich darauf, das eigne Gedächtnis zu trüben und zu mißhandeln, um wenigstens an diesem einzigen Mitwisser seine Rache zu haben: – die Scham ist erfinderisch. Es sind nicht die schlimmsten Dinge, deren man sich am schlimmsten schämt: es ist nicht nur Arglist hinter einer Maske – es gibt soviel Güte in der List. Ich könnte mir denken, daß ein Mensch, der etwas Kostbares und Verletzliches zu bergen hätte, grob und rund wie ein grünes, altes, schwerbeschlagenes Weinfaß durchs Leben rollte: die Feinheit seiner Scham will es so" (Nietzsche, [1]1885, 1976, S. 51).

Ein junger Psychiater, der wegen schwerer Depressions- und Depersonalisierungszustände, sozialer Isolierung und Homosexualität eben zur Analyse gekommen ist, beschreibt in sehr eindrücklichen Worten diese Atmosphäre zu Hause: „Wenn ich meiner Mutter nur nein sage, fühle ich mich schon schuldig. Oder wenn ich ich selbst bin (by being me), heißt das: ‚Ich will nicht wie du sein.'" Die eigene Person zu sein, einen eigenen Willen zu haben, eigene Gefühle zu bekunden, heißt bei der Mutter, einer äußerst zudringlichen Frau, die ihren Sohn immer als Verbündeten in ihrer fortwährenden Fehde mit ihrem Gatten einsetzte, daß er sie absolut verrate. Es wird als Rebellion betrachtet und als solche geahndet. „Oft denke ich, es sei mir nicht erlaubt, das Gefühl zu haben, daß es mir gut geht, sondern daß ich mich deswegen schuldig fühlen müsse. Ich denke jetzt an meine Mutter, wie sie immer deprimiert war, und ich war es mit ihr." Als ob es bedeutete: „Wie kann ich so rücksichtslos (callous) sein, nicht mit ihr zu leiden?!" Er hatte sich völlig mit ihr identifiziert, um auf diese Weise von ihr angenommen zu werden; sein Vater wird als ein zynisch-spöttischer Mann geschildert, der am Sohn kein gutes Haar ließ (oder läßt). „Auch Sexualität bedeutet einen Bruch mit ihr. Es ist nicht recht, ein Mann zu sein oder heterosexuell." Oder erfolgreich. Die Depersonalisierung hat auch hier wieder die Bedeutung: „Ich will nicht identisch mit dieser kranken und possessiven Frau sein, aber ich kann nicht ich selbst sein, das ist nicht erlaubt" (6). So hat auch er, wie die meisten dieser Patienten, eine Art Pseudoidentität entwickelt.

Natürlich ist aber die Familienhaltung der Verleugnung keineswegs der einzige dynamisch wichtige Faktor. Ich greife ihn hier lediglich heraus, da er eine so bedeutsame und vielfältige Einwirkung hat.

Ein anderer wichtiger Faktor besteht gerade in den Gefühlen und Absichten, die in der Familie als Ganzem abgewehrt werden – das, was nicht da sein soll, was einem aber in Blicken und Gesten und unfreiwilligen Handlungen von den andern mitgeteilt wird: ihr Haß, ihr Ressentiment, ihre Angst (Ingmar, Victor, Markus, Vera). Doch wie sehr teilt sich das mit, wie sehr fühlt man das, was die andern fühlen, wie ansteckend ist das doch! Und da man es nicht in Worte fassen darf, da es also nicht faßbare Wirklichkeit ist, wie kann man damit umgehen? Wie kann man den Konflikt lösen zwischen den Gefühlen, die man nicht haben darf und nicht in Worte fassen kann, und der Fassade, die man aufrecht erhalten muß? Wie kann man mit überwältigenden Gefühlsstürmen verfahren, die schon an sich die eigene Wortmächtigkeit bedrohen? Wie ist es, wenn die Affektstürme auch um einen herum wirbeln und sich mit dem eigenen Innern zu einem Orkan verbünden, von dem man hilflos herumgeschleudert wird – über den man keine Macht hat? Es sind eben diese unheimlich gewaltigen Gefühle, die als Dämonen und furchterregende Figuren schon von so früh her das Ich scheinbar von außen her bedrohen.

Dies vertieft sich noch, wenn äußere Katastrophen diese überwältigenden Ängste bestätigen – namentlich massive Auseinandersetzungen zwischen den Eltern (Regula, Reuben, Elasar, Victor, Peter, Jakob, Anne), Alkoholismus der Eltern (Markus, Victor) und ganz besonders, was als Brutalität gegenüber dem Kinde (Ingmar, Regula, Jakob, Vera, Thomas, Anne) empfunden wurde, oder ernsthafte körperliche Erkrankung (Elasar). Dann ist es ganz klar die Schuld des Kindes, welches Unglück auch immer hereingebrochen sei – selbst eine Form der Wendung vom Passiven ins Aktive; denn wenn es sich daran schuld wähnt, hat es doch auch die Macht, es am Schluß wieder gutzumachen.

Wie das 5jährige Kind eines meiner Patienten anläßlich der Scheidung der Eltern sagte: „Ich weiß, warum Daddy weggegangen ist: weil Toby zuviel geweint hat."

Damit kommt es dazu, daß man sich ganz besonders stark über den Kern der eigenen Persönlichkeit schämen muß, über alles also, was nicht zu jener *globalen*

Identifizierung mit den Elternfiguren paßt, namentlich über die Gefühle, die recht eigentlich das innerste unserer Identität ausmachen. Man folgt der Verleugnung mit der radikalen *Verdrängung*. Was dieser das Eigenste verleugnenden und verdrängenden Angleichung an die herrschende Grundeinstellung widerspricht, wird als etwas Böses und Trotziges abgelehnt und muß weggestoßen werden. Es wird zur Quelle tiefster Angst.

Wie lange jedoch kann dieser Urtrieb, sich selbst sein zu wollen, der *Trieb der psychischen Selbsterhaltung*, unterdrückt werden, auch wenn gerade der *Trieb der physischen Selbsterhaltung* dies fordert? In kurzen Episoden des Böseseins, des trotzigen Sichaufbäumens, bricht jene andere, abgewiesene Seite schließlich doch durch. Man steht zu sich selbst und sagt: „Warum soll ich mich dafür schämen, mich zu mir selbst zu bekennen?" Doch damit brechen all die so lange unterdrückten Wünsche und Gefühle der Macht und der Rivalität – der Eifersucht, des Hasses, des Neides, kurzum, des nagenden Ressentiments – in mörderischer Wut durch. Doch wie kann es dann anders sein, als daß man sich v.a. sehr *schuldig* fühlen muß: „Wie kannst du so etwas jenen antun, die es doch immer so gut mit dir gemeint haben? Wie kannst du so niederträchtig sein und andern solch schreckliche Sachen zufügen wollen?"

Mit der globalen Identifizierung und mit der Radikalität von Verdrängung und Verleugnung geht also eine ebenso radikale (Selbst)verurteilung einher, und zwar einerseits in Form der Scham – darüber, daß man „schwach" ist, wenn man seine eigenen Gefühle und seine Bedürftigkeit gezeigt hat; und andererseits in Form der Schuld, wenn man seine Wünsche nach Selbstdurchsetzung, nach Sieg im Wettstreit und nach Rache kundgetan, wenn man es also gewagt hat, dem *Ressentiment* Ausdruck zu verleihen (v.a. bei den Patienten Regula, Dilecta, Thomas, Vera und Jakob sichtbar). In vielleicht unzulässiger Weise vereinfachend habe ich sie als *Abhängigkeitsscham* und als *Trennungsschuld* zusammengefaßt.

So kommt es zum Dilemma: Entweder zieht man sich zurück, ist wiederum passiv und abhängig und gesteht die hoffnungslose Unterlegenheit ein (Reuben, Elasar, Ingmar, Anne, Jakob). Man wird wieder zu einem kleinen Zähnchen im Riesengetriebe der Familie, doch schämt man sich dabei zutiefst dafür, daß man ein solches Nichts ist. Der Selbstverrat ist eine lebenslängliche Quelle der Scham.

Oder man unternimmt es, die gesetzten Grenzen zu sprengen, man empört sich, man will das an sich reißen, dem andern wegnehmen, was einem nicht zugestanden wird (Vera, Regula, Victor, Jason). Man trotzt der Übermacht der Großen und versucht die Kleinen aus dem Weg zu schaffen, man will sich der Geheimnisse, die hinter verschlossenen Türen und Wänden lauern, bemächtigen – und man versucht sich der Schuld zu erwehren, die solche Handlungen oder nur schon die Worte der Auflehnung mit sich bringen (Dilecta). Diesen *extremen Konflikt zwischen Scham und Schuld* habe ich das *tragische Dilemma* genannt.

Diese massive Selbstverurteilung ist freilich nur dann möglich, wenn es zur *Introjektion* jener als extrem verachtungsvoll und anklagend empfundenen Figur(en) gekommen ist, und zwar zu ihrer Verinnerlichung als notwendige zurückhaltende Kraft (restraint). Ständig kommt es zum Versuch, sich mit dieser Gestalt des grausamen Über-Ich zu identifizieren – also selbst so rücksichtslos und unerbittlich zu werden wie der innere Richter es einem selbst gegenüber schon ist. Doch dieser Versuch muß sogleich mißlingen, er wird unverzüglich niedergeschlagen, da das dem Gebot der Unterwerfung und Passivität strikt widerspricht. Auch hier siegen zunächst die Verleugnung und die Verdrängung. Alle nach außen gerichtete Aggression wird auf die eigene Person zurückgewendet (Elasar, Regula, Ingmar, Vera, Jakob, Reuben) und als von innen wie von außen hereinbrechend erlebt.

Der Introjektion tritt dabei die Projektion zur Seite. Eine typische Sequenz ist die von Vera immer wieder den Eltern gegenüber wiederholte: „Ich möchte euch anklagen – ich klage mich selbst an – ihr klagt mich an." Es ist die *Projektion der Verurteilung.* Auch hier ist es, wie beim phobischen Vorgang, so, daß was von außen droht leichter vermieden werden kann als die innere, in diesem Fall vom Über-Ich her drohende Gefahr. Dem Richter draußen kann man doch immer noch besser entrinnen als der inneren Anklage – so wähnt man wenigstens.

Das bedingt aber auch die *Polarisierung* des ganzen Selbst- und Welterlebens in absolute Gegensätze. Schützer und Feind, die 2 Seiten des ambivalent erlebten anderen („Objektspaltung"), dehnen sich zu ganzen Schutzsystemen und Welten der Gefahr aus, obwohl sie sich auf einzelne Dinge oder Personen zu konzentrieren („verdichten") pflegen. Die Gegenpole werden hoch erotisiert, und die Spaltung in Gut und Böse betrifft nun nicht nur Macht und Aggression, nicht nur Neugier und Selbstbehauptung, sondern sie zerrt nun ganz wesentlich auch das Sexuell-Sinnliche von der Liebe und den Vereinigungswünschen weg. Die „böse" Geschlechtlichkeit wird unvereinbar mit der gepriesenen Liebe und dem Verlangen nach Abhängigkeit und Einheit.

Neben der Verleugnung und der mit ihr verbundenen, ihr eigentlich notwendigerweise folgenden Verdrängung kommt es zu einem anderen großen Abwehrversuch, nämlich dem der *Umkehrung* der Gefühle und Wünsche – in der Angst und dem Schmerz, wie es Elasar getan hat, etwas Lustvolles zu finden und die Bilder umzuwandeln: aus schreckenerregender Gewalt wird Stärke, Willkür wird zu bewundernswerter Macht. Mit der muß man sich identifizieren, um selbst stark und unberührbar zu werden (Vera, Elasar). Bei manchen folgt auf die „Spaltung" der inneren und äußeren Autorität in Gut und Böse die *Verkehrung ins Gegenteil* von Affekt und Trieb und damit die Trennung des Zusammengehörigen, also das *Isolieren* – wohl ein Versuch, sich des Schutzes der guten Machtfigur durch Vereinigung mit ihr zu versichern und die böse Gegenkraft dadurch unwirksam zu machen, daß man sie als nicht existent erklärt. Es ist also eine Verbindung von einer an Affekt und Trieb wirksamen Abwehr (Umkehrung) mit der Verleugnung, die dann zur *Reaktionsbildung* führt.

Dabei wird ein Ideal der undurchdringlichen Panzerung, des Selbstschutzes, der emotionellen Unberührbarkeit entwickelt, dessen Verwirklichung einem helfen soll, gegen diese überwältigenden Gefühle, die von innen wie von außen anstürmen, gefeit zu sein. Dieses seltsame Ideal verstärkt die Stimme der Verurteilung: alles, was diesem Ideal widerspricht, muß verachtet, es soll ausgestampft und ausgerottet werden, alle Schwäche ist hohneswert und äußerst lächerlich (Vera, Regula). Der Teil der eigenen Person, der verletzlich und verwundbar ist, wird zum Opfer des inneren Henkers. So leicht kommt es dann wieder zur Veräußerlichung: der Henker wird draußen gesucht, ein Verächter und Quäler, der also zum Träger jenes Ideals wie auch zum Sprachrohr jener hohnvollen Verurteilung wird; und das Opfer ist man selbst. Oder umgekehrt wird in der Phantasie der andere zum ohnmächtigen Opfer gemacht und ausgerottet, so daß man sich selbst dann als den allmächtigen Triumphator zelebrieren kann (Dilecta, Markus, Peter). Das ist eine Linie der Dynamik, die wir immer wieder verfolgen konnten.

Eine andere Form dieser wichtigen Affekt- und Triebumkehrung ist die *Wendung vom Passiven ins Aktive,* der damit eng verbundene Ich-Vorgang der *Identifizierung mit dem Angreifer* und das oft aus beiden resultierende „turning of the tables", die *Rollenvertauschung.* Wie bei der Verleugnung handelt es sich bei diesen Umkehrvorgängen bekanntlich um frühe und v. a. gegen die Außenwelt, nicht gegen das eigene Innere gerichtete Abwehrformen (Jason, Vera, Jakob).

Wenn es hingegen nicht zur Introjektion jenes Henkergewissens und zur schweren, gegen die eigene Person gerichteten Aggression gekommen ist, wird viel mehr Wert auf die nach außen gerichtete Aggression gelegt; damit wird also die Wendung vom Passiven ins Aktive zu einem Grundprinzip des ganzen Charakters (Dilecta). Ein Sonderbeispiel dafür ist die vorübergehende *Absetzung der äußeren Autorität* und der Versuch, auch die innere ungültig zu machen: durch Lügen, durch äußere Rebellion oder durch Drogen (Markus, Victor, Peter). Ich sprach dabei über die Prometheus- Pandora-Sequenz.

Eine weitere Form besonders *regressiver* Abwehr von solch überwältigendem Konflikt, der sich eben auch wieder aus den Absolutheitsansprüchen des Gewissens ergibt, mag durch eine radikale Abkehr von der Außenwelt in einen passiv-abhängigen Zustand und durch den Rückzug auf eine hoch-erotisierte, doch zugleich beängstigende Innenwelt erfolgen (Reuben, Elasar, bis zu einem gewissen Grad auch Vera und Regula).

Das Endresultat kann von großer Vielfalt sein; doch sehr häufig ist ein ganz wesentlicher Teil davon das durchdringende Gefühl der Unechtheit, des „false me", wie es die Patientin Regula einmal genannt hat (Winnicotts „false self", Jungs „Persona", das „*unechte Ich*", die *Pseudoidentität*); sie stellt es dem anderen Ich gegenüber, dem „ausscheltenden Teil" (the self-berating part). Ihr erwachsenes Dasein war damit recht eigentlich in einen *unechten* und einen *gequälten* Teil zerfallen. Das war ihre Doppelidentität, ganz ähnlich Veras Identitätsspaltung in einen depersonalisierten und einen masochistischen Teil. Das eine ist ein Leben unter dem Diktat des inneren „Richters", der einen für alle die verbotenen Impulse unablässig und unbarmherzig zu strafen versucht; das andere ist ein Leben der Verschleierung, der Maskierung, der globalen Verleugnung: „Mit dem falschen Ich gebe ich vor, ein gutes Mädchen zu sein und nachzugeben." Je länger dies während der inneren Entwicklung andauert, desto mehr Schichten fallen der Selbstverleugnung anheim: „Einfach nachgeben und den Teil spielen, den sie wollten" (Regula, 786). Im Grunde ist dies eine Verleugnung des Konflikts selbst, die sich als mehr oder weniger ausgeprägte und ausgedehnte *Depersonalisierung* kundtut. Sie beschreibt 3 Ich-Figuren („me"): das „kleine freie Ich", das „andere Ich, das angenommen werden will und das den andern gefallen soll – daß ich tue, wovon ich denke, es sei das, was die Leute von mir erwarten", und das 3. Ich, „das scheltende, kritisierende, verurteilende Ich". „Und manchmal stiehlt das freie Ich etwas Aggression von dem scheltenden Ich, und ich will tun, was ich will, und ich schere mich nicht um die anderen; aber dann nimmt sie das scheltende Ich zurück und schlägt das freie Ich damit über den Kopf." Was sie hier ausläßt, ist wirklich eine 4. Ich-Figur, das „fette, ekelhafte, körperliche Ich", also das Opfer und Gegenstück des dritten. Damit haben wir 2 Polaritäten: 1) das *„falsche"* oder sich anpassende, das „pleasing, false me" (die Pseudoidentität) gegenüber dem *„echten"*, dem trotzigen „little free me"; und 2) der *„böse Zwerg"*, die rabiate innere Stimme, ein besonders wichtiger Ausdruck des Über-Ich, wirklich ein Teil des abwehrenden Ich, aber eines von archaischen Zügen und versehen mit den intensivsten, den Traumen entlehnten Aggressionen, gegenüber dem *„Opfer-Ich"*, das „schwer und unannehmbar und verspottet und verstoßen" ist, da es immer „die Gefahr läuft, die Kontrolle über die Begierden zu verlieren und sich zu überessen, und überhaupt alles unmäßig, maßlos täte – overdoing anything, out of control, to be a mess" (787). Es sei ein Schauspiel von 4 inneren Personen, wobei das „echte Ich" von den anderen in einem dunklen Kerker gefangen gehalten werde. Die anderen seien Lügner und verbündeten sich miteinander; doch die Außenwelt kenne nur jenen Zwerg und das Fassaden-Ich, die miteinander ihr Spiel treiben. Gelegentlich zerre der Zwerg das Opfer-Ich hervor und gebe vor, das sei nun die wirkliche Person, und das Opfer spiele mit, es werde zum Komplizen der anderen beiden. „Doch das wirkliche Ich ist das einzige, das Gefühle hat. Das wirkliche Ich ist verwirrt und perplex. Es hat nicht gelernt, mit anderen umzugehen. Es mußte immer im Schatten der anderen 3 leben. So hat es nur gelernt, sich selbst und den anderen zu mißtrauen und weiß nicht, was es glauben soll. Es ist ein Fremdling und voll Verwunderung und Furcht" (787).

Ihre Doppelexistenz drückt die *Ich-Spaltung zwischen den beiden Lösungsversuchen* desselben Konflikts aus, dem Lösungsversuch durch Depersonalisierung, Anpassung und gelegentlicher Rebellion und dem archaischen Lösungsversuch durch globale Identifizierung, massive Introjektion, Wendung der Aggression gegen die eigene Person und durch Verleugnung und Verdrängung aller kompetitiven, sexuellen und destruktiven Wünsche.

Das heißt aber, daß die Identitätsspaltung die Doppelheit von der einen *Daseinsweise, in der der Konflikt virulent* ist und *neu ausgetragen, also wiederholt* wird, und der anderen *Daseinsweise, in der dieser Konflikt verleugnet* wird, bedeutet.

10.3 *„Idealsequenz"*

Wenn man sich nun all dies schematisch zu vergegenwärtigen versucht, also aus den individuellen und für verschiedene Krankheitsbilder typischen Sequenzen einen zusammenfassenden Verlauf als Abstraktion herauszudestillieren versucht, gelangt man zur folgenden *übergreifenden Sequenz*, einer Art *Idealsequenz*, die ich hier nur als eine vorsichtige Annäherung vorlege:

1) Sie geht von den hauptsächlichen Konflikten der frühen Kindheit aus, die

zwar selbst nicht gleichzeitig beginnen mögen, aber doch wohl im ganzen parallel und in immer neuen Varianten auftreten – die Versuche und das Scheitern der Affekt- und Triebregulierung, die Konflikte in bezug auf Abhängigkeit und Individuation (ursprüngliche Ambivalenzkonflikte) und die Rivalitätskonflikte, besonders die, die unter dem Begriff des Ödipuskomplexes zusammengefaßt werden. Je früher und je schwerer die Traumata oder die Regulationsstörungen, desto mehr werden die Affekte globaler und absoluter Natur sein, und desto schwerer diese Konflikte.

2) Der 1. Lösungsversuch ist der der globalen Identifizierung, die, wie beschrieben, von ebenso globalen Verleugnungs- und Verdrängungsvorgängen, von der Introjektion der verurteilenden Figur (der innere „Richter", „Henker", „Zwerg", um einige der hauptsächlichen Metaphern zu erwähnen) und damit von der Wendung der Aggression gegen die eigene Person begleitet wird. Dieser Versuch umfaßt die Bildung eines archaischen Über-Ich mit dessen Absolutheitsansprüchen und übersteigerten („narzißtischen") Idealen und einer „Pseudoidentität", einem „unechten Ich" („false self"). „Ich finde nur Sicherheit darin, mich ganz den andern anzugleichen und auf meine eigenen Gefühle zu verzichten. Doch dafür sehe ich mich als einen jämmerlichen Waschlappen an und habe nur Verachtung für mich."

3) Der nächste Lösungsversuch ist, der globalen Identifizierung und der globalen Verleugnung entsprechend, der einer Spaltung der Über-Ich-Figur, also der inneren und der äußeren Autorität, in eine gehaßte und gefürchtete und in eine als beschützend gesuchte und geliebte. Für beide Imagines, die schützende wie die gefährliche, gilt es, daß sie aus Projektion, Verdichtung und Verschiebung hervorgegangen sind. Es kommt zur Doppelheit von Angstobjekten und Schutzpersonen oder -systemen. Ebenso werden alle gefährlichen eigenen Wünsche, besonders die aggressiven, im phobischen Objekt erlebt, während das Schutzobjekt dieselben, doch in entstellter Form, billigt. „Ich finde Schutz vor der unbarmherzigen inneren Autorität, indem ich Billigung von einer äußeren Instanz suche, die zwar mit Gewalt droht, sich aber versöhnen läßt und mich dadurch von aller Schuld und Scham zu entlasten vermag. In der Verschmelzung mit ihr weiß ich mich wieder ganz und gut. Ihr gegenüber stehen aber Figuren, die solche Billigung vorenthalten, unversöhnlich sind und mich absolut verwerfen. Diese möchte ich ebenso beseitigen wie alle die, die Schwächlinge wie ich sind. Doch fürchte ich ihre Rache."

4) Der weitere Lösungsversuch besteht in der Wendung vom Passiven ins Aktive und in der Externalisierung der inneren Konflikte. An die Stelle der Angst tritt die Außenwendung der Aggression in Form von Trotz, Lügen, Rechtsbruch und Gewalt. Dabei ist es sehr wichtig, daß es dabei zum Rollenaustausch kommt: Sowohl die verschiedenen Über-Ich-Anteile wie auch die Selbstvorstellungen des „schwachen Kindes", des „Opfers", des „Verwundbaren" oder des „Schuldigen" können in der Außenwelt gesucht und bekämpft werden. „Ich habe genug davon, immer das gute Kind und das Opfer zu sein. Endlich will ich auch mein Recht und meine Befriedigung haben. Ich habe genug gelitten und geleistet. Genug ist genug. Jetzt bin ich die Person, die die Macht und die Befriedigung endlich einmal an sich reißt." Ganz besonders häufig scheint es dabei zur Umkehrung eines Dreiecksverhältnisses zu kommen: „Nicht ich bin der ausgeschlossene Dritte, sondern du bist es."

5) Die Beziehungen zu den polarisierten Figuren werden sowohl sexualisiert wie auch regressiv mit anal-sadistischen und oralen Phantasien umwoben. Die Verurteilung solcher Verlangen drückt die Absolutheit der Über-Ich-Forderungen aus. Nur ein Ideal der sexuellen Unschuld und der Reinheit von Körperlichkeit kann ihnen Genüge leisten. Die Verdrängung und Verleugnung betrifft alles, was mit sexuellem Begehren zu tun hat. Alles Sexuelle erscheint entweder abscheuerregend oder wird mit Quälerei gleichgesetzt – die regressive Abwehr des Sexualtriebs durch aggressive, besonders anal-masochistische Phantasien. „Erst in der völligen Unterwerfung und Bindung an den Quäler finde ich Zugang zu Macht und Billigung und Verzeihung. Doch die Wut über die damit notwendige Selbsterniedrigung kann überwältigend werden und bricht in Raserei gegen den andern wie gegen mich selbst aus. Denn wir sind trotz allem eins und miteinander verschmolzen."

6) Diese übersteigerten Über-Ich-Forderungen und die tiefen Ängste, die durch die wiederholte Traumatisierung bedingt sind, richten sich gegen die Qualität der Affekte und Triebwünsche selbst: sie werden durch Reaktionsbildung in ihr Gegenteil verkehrt. „Es ist nicht gefährlich, sondern im Gegenteil . . .", ob das nun verbotene Wünsche betrifft (solche der Kompetition, der Rache, analer oder genitaler Sexualität, namentlich solche, die auf die frühkindliche Masturbation zurückzuführen sind, dann solche der Selbstbehauptung und des Sichzeigens oder der Neugier) oder ob es sich auf die Gefühle der Angst, des Schmerzes, der Depression oder der Scham bezieht. „Das Verlangen, mich mit dem andern zu vereinen und bei der machtvollen Autorität Schutz und Liebe zu finden, ist viel zu gefährlich; ich ziehe mich besser zurück und suche die Hilfe bei mir selbst, indem ich jenen Wünschen ganz und gar entsage und mir versichere, daß die Hilfe nur von Phantasiefiguren in mir kommen kann; diese verleihen mir die Stärke, den inneren Gefahren zu widerstehen. Dabei vermag ich sogar Angst und Leiden in Lust, die Rachsucht in Barmherzigkeit, Stolz und Eitelkeit in Scham, Schmutzigkeit in Reinlichkeit zu verwandeln. Wenn ich auf diese Weise allem entsage, werde ich schließlich doch noch angenommen werden – von meinem Gewissen wie von den äußeren Autoritäten."

7) Erweisen sich alle diese Versuche als unzulänglich, bleibt doch noch immer, den Absolutheitsforderungen und damit allen Konflikten dadurch aus dem Weg zu gehen, daß man sich von der Welt und den Konflikten mit ihr abzuschneiden und sich in eine „splendid isolation" zurückzuziehen versucht. „Die Welt besteht nur aus Enttäuschung. Ich fühle mich wie eine Lokomotive, die auf Volldampf läuft, deren Bremsen aber festgefressen sind und die sich nicht vom Fleck rührt. Willen und Gegenwillen stehen in vollem Kampf miteinander und ich kann nichts anderes mehr tun, als mich von der Welt ganz auf mich selbst zurückzuziehen. Das bringt mir zwar keinen Frieden, aber es vermindert mein Gefühl der Scham vor einer höhnischen Umwelt." Doch auch die bei dieser Abwendung nötige Maske der Verachtung und des Desinteresses ist nicht lange von Erfolg.

8) Gewöhnlich kommt es daher als Endresultat eben zu jener mehr oder weniger pauschalen Abwehr gegen die Innenwelt, einer Art radikaler Verleugnung ganzer Bereiche des Innenlebens, die von Affektblockierung und Zuständen der Depersonalisierung bis zu weitgehender Psychophobie, der Verneinung der Bedeutung des ganzen Innenlebens, reichen kann und mit einem Gefühl der inneren Spaltung ver-

bunden ist, eben der Empfindung, die ich als Pseudoidentität und als Ich- oder Identitätsspaltung beschrieben habe: „Ich lebe ein unechtes Leben; alles ist falsch und ohne Wirklichkeit."

Wie es sich für solche Sequenzen gehört, kehrt man auch am Ende der „Idealsequenz" wieder zum Anfang zurück: Man steht wieder vor dem gleichen ungelösten Konflikt. Der häufigste Endzustand ist doch eigentlich eine Regression zu dem der globalen Verleugnung.

Bei den meisten hier beschriebenen Patienten sehen wir im Ablauf der Impulssequenzen Teile dieser abstrahierten umfassenden Idealsequenz, kaum je alle 8 Stufen, doch gewöhnlich eine Mehrzahl von ihnen. Doch zeigen sie auch gewöhnlich eine Vorliebe für eine dieser 7 Lösungsversuche, die dann eben die entsprechende Diagnose ergibt. Doch bewirkt die Vielzahl der tatsächlich vorhandenen Lösungversuche, daß die oberflächliche Diagnose gewöhnlich unbefriedigend wirkt. Die Korrespondenz mit der Diagnose der Neurose läßt sich ohne weiteres aus den 7 Lösungsformen ableiten: Die Reihenfolge ist die der depressiven, der phobischen, der impulsneurotisch-„soziopathisch"-süchtigen, der hysterischen, der zwangsneurotischen, der narzißtischen und schließlich der depersonalisierenden Konfliktlösung. Alle 7 Lösungsversuche mögen symptomatisch oder charakterologisch sein.

Doch ist es klar, daß die meisten Patienten zwar *einen* Lösungsversuch bevorzugen, aber doch auch an den meisten anderen Anteil haben, was dann eben zu jenen größeren Konfigurationen führt. Bei allen Lösungsversuchen ist der Konflikt natürlich unerledigt, und die Gefühlsstürme und die Ängste drohen dabei durchzubrechen. Deswegen kann es auf jeder Stufe zur Ich-Spaltung kommen – zum scheinbaren Bruch zwischen dem jeweils hauptsächlich eingenommenen Zustand und dem Überspringen (gewöhnlich im Sinne der Regression) auf den Zustand eines anderen Lösungsversuchs. Oft kommt es, wie wir dies bei den einzelnen Fällen recht klar studieren konnten, während der Impulssequenzen zur rapiden Abfolge einer ganzen Serie solcher Lösungsversuche.

Obwohl bei den schweren Neurosen entwickelt, ist das Schema auch für die milderen Formen anwendbar. (Ich denke dabei an Thomas, Anne, Elasar, deren Neurosen ich als solche leichteren Grades ansehe.) Die Unterschiede sind quantitativer, nicht grundsätzlicher Art; die Regression ist stärker, die Gefahr der Ich-Überwältigung ist größer, die Unlustaffekte sind intensiver. Doch zeigen sie die Hauptvorgänge und Zusammenhänge klarer und eindrücklicher und können uns deshalb sehr viel über die Natur der Neurosen lehren.

Von mehreren Punkten auf dieser Skala der Idealsequenz kann der Überstieg ins Psychotische erfolgen. Wodurch dieses Überschreiten der Grenze eigentlich bewirkt wird, wissen wir jedoch nicht. Ist es die Radikalität der Familienstörung? Die Massivität des „Familien-Über-Ich", die zu so absoluten, doch sich widersprechenden Introjektionen, zu einem solchen Übermaß an Affektansteckung und Affektauslösung, doch auch zu so schwerer Unterdrückung der wesentlichsten Bedürfnisse und deshalb zu solch übermäßigen Konflikten geführt hätte? Oder ist es nicht ganz entscheidend ein biologischer Faktor, der dazu kommen *muß*? Erst die direkte und multidisziplinäre Beobachtung wird schließlich dies entscheiden helfen.

Zusätzlich zu diesen erschlossenen Konfigurationen und Sequenzen, die ich hier zusammenzufassen versuche, wiederholen sich bestimmte unbewußte *Gleichungen*, die zu den charakteristischen phobischen Kernsymptomen führen – v. a. die Gleichung des Claustrums mit Nähe, Angst und Verpflichtung (commitment) oder die Gleichung von Passivität und Abhängigkeit mit dem Sich-fallen-Lassen oder Stürzen. Diese führen zu spezifischen Gegenaktionen: zum Ausbrechen-, Sprengen- oder Fliehenwollen in bezug auf die erstere, zur Phantasie des Fliegens und der hektischen Produktivitäts- oder Arbeitswut in bezug auf die zweite. Die erste, die klaustrophobe Gleichung, widerspiegelt sich in den Worten für die Angst selbst, die zweite mag an die mythische Gestalt des Ikarus erinnern.

Diese tiefen, wiederkehrenden *Gleichungen, Sequenzen und Metaphern* sind erst im Verlauf der vorliegenden Arbeit mehr und mehr hervorgetreten und haben sich als wertvolle technische Hilfsmittel herausgestellt, zusätzlich zu denen, die ich in Kap. 2 als quasimethodologische Voraussetzungen vorangestellt habe. Sie lassen sich ebensogut im Kleinen, innerhalb einer Stunde, wie im Großen, in der Lebensgeschichte und in der Entwicklung der Neurose als Ganzem verfolgen.

Weder die Idealsequenz noch die anderen schematisch beschriebenen Faktoren sollen als ein geschlossenes System aufgefaßt werden. Sehr wohl mag es andere Stufen und weitere Konfigurationen geben, die ich bei dem beschränkten „Untersuchungsfeld" nicht beobachten konnte.

10.4 Der Wiederholungszwang als Sequenz von Konfliktlösungen

Doch warum dieser Zwang des Wiederholens? Die schlagfertige Antwort ist wohl die: Wenn ein Problem unbewußt ist, kann es nicht aufgelöst werden, es bleibt eine unerledigte Arbeit. Je größer der Konflikt, desto stärker der Wiederholungszwang. Das heißt aber auch: Je größer der Konflikt, um so schwerer die Angst und die sogenannten narzißtischen Phänomene. Weshalb denn? Da ungelöste Konflikte eine innere Gefahr bedeuten, Gefahren von der Angst begleitet werden, die Angst ein Affekt ist, intensive Affekte von Anfang an das System überwältigen und Narzißmus durch Absolutheit und Grenzauflösung gekennzeichnet wird.

Was ist denn das Ziel einer solchen zwanghaften Wiederholung? Ist es Konfliktlösung als Selbstzweck? Lustgewinn und Unlustvermeidung? Bemeisterung und Selbstbehauptung? Integration und Synthese? Und liegt in dieser letzten Frage nach der Synthese nicht etwas Teleologisches: das Erreichen dessen, was einem selbst, dem eigenen Wesen gemäß sei, daß man in einem Sinn die persönlich beste „Form" erreicht? Das alles hat dann doch mehr mit Wertphilosophie als mit Psychologie zu tun.

Die Antwort hängt offensichtlich davon ab, worin man den Sinn des psychischen Geschehens überhaupt sieht. Die durch jede Metapsychologie gegebene Antwort ist philosophischer Natur und nur teilweise in der Erfahrung begründet. Doch läßt sich eine solche philosophische Begründung nur dann vermeiden, wenn man sich ganz nur um das Einzelne bemühen will und den großen Zusammenhang ignoriert. Doch ist es mutatis mutandis das Ziel jeder Wissenschaft, das zu erreichen, was Holton als Ziel der Physik bezeichnet hat: „a unified perception of all physical events, causes and effects – eine zusammenfassende Wahrnehmung aller physikalischen Geschehnisse, Ursachen und Wirkungen" (1986, S. 88). Zwar sind wir in der Psychologie weit davon entfernt, eine solche synthetische Erfassung des Ganzen zu erzielen, und doch sieht sich wohl jeder von uns, der sich der theoretischen Ergründung der Pathologie und deren Aufhebung widmet, dazu veranlaßt, Einzelerkärungen aus dem Individuellen und Konkreten ins Allgemeine zu heben. Damit muß man sich aber auch die Frage stellen, was der Hintergrund dieser Verallgemeinerungen sei. So ist man dann gezwungen, wenigstens einen Entwurf davon vorzulegen, was man sich denn unter dem Gesamtzusammenhang, in dem sowohl eigene Beobachtungen wie auch theoretische Schlußfolgerungen ihren Platz finden, vorstelle. Dann kann man nicht umhin, die Grundbegriffe wie Wiederholungszwang, Narzißmus, Triebmodell und Konfliktbegriff neu durchzudenken. Was meinen wir wirklich damit, wo schleichen sich ungeklärte Voraussetzungen in die Begriffe selber ein? Was ist Erklärung und was ist Beschreibung?

Es ist klar, daß Freud den Wiederholungszwang mit dem „konservativen Charakter des Trieblebens" selbst erklärte (1930, GW 14, S. 477): „Im seelisch Unbewußten läßt sich nämlich die Herrschaft eines von den Triebregungen ausgehenden Wiederholungszwangs erkennen, der wahrscheinlich von der innersten Natur der Triebe selbst abhängt, stark genug ist, sich über das Lustprinzip hinwegzusetzen, gewissen Seiten des Seelenlebens den dämonischen Charakter verleiht, sich in den Strebungen des kleinen Kindes noch sehr deutlich äußert und ein Stück vom Ablauf der Psychoanalyse des Neurotikers beherrscht" (Freud 1919, GW 12, S. 251).

„... der Wiederholungszwang ist dem unbewußten Verdrängten zuzuschreiben" (Freud 1920, S. 18). Dann wird aber „das Triebhafte mit dem Zwang zur Wiederholung" überhaupt gleichgesetzt: „Ein Trieb wäre also ein dem belebten Organischen innewohnender Drang zur Wiederherstellung eines früheren Zustandes, welchen dies Belebte unter dem Einflusse äußerer Störungskräfte aufgeben mußte, eine Art von organischer Elastizität, oder wenn man will, die Äußerung der Trägheit im organischen Leben" (S. 38).

„Das fixierende Moment an der Verdrängung ist also der Wiederholungszwang des unbewußten Es, der normalerweise nur durch die frei bewegliche Funktion des Ich aufgehoben wird" (1926, GW 14, S. 185). Bei der Wiederholung spiele die Tendenz mit, „ein traumatisches Erlebnis ungeschehen zu machen" (S. 150). Die Macht des Wiederholungszwanges wird als der „Widerstand des Unbewußten" bezeichnet (S. 192).

Schur fand demgegenüber, daß kein übergreifendes Regulationsprinzip „jenseits des Lustprinzips" nötig sei. Der Wiederholungszwang entspreche „dem unbewußten Wunsch des Ich, die traumatische Situation ungeschehen zu machen" und könne durchaus im Rahmen der Lust- und Unlustprinzipien erklärt werden, und zwar namentlich durch den Vorgang der aktiven Wiederholung von etwas, das passiv erlitten worden sei (Schur 1966, S. 177, 178, 189, 193). Damit müsse aber dieser Zwang zu wiederholen nicht nur den Es-Vorgängen, sondern auch den unbewußten Ich-Vorgängen beigemessen werden.

Wie man bemerkt hat, stimme ich im ganzen mit dieser Neuformulierung überein. Doch stellt sich dabei eine Anzahl anderer Probleme.

Zunächst einmal steht heute die ganze Triebtheorie unter dem Schatten von Zweifeln. Man versucht auch oft, das Triebmodell überhaupt zu beseitigen, da die von Freud postulierte Dualität von Libido und Aggression (oder von Eros und Todestrieb) zwar von großartiger Einfachheit ist, aber manchen klinischen Beobachtungen nicht gerecht wird. Auch stößt die Seite des Triebmodells, die sich mit den Begriffen der Entladung einer hypothetischen Energiemenge, der Gleichsetzung der Lust mit Entladung und der Unlust mit Spannung, befaßt und davon gewisse klinische Postulate (z. B. das der Abstinenz und der damit für die Therapie unerläßlichen Versagung) abgeleitet hat, auf zunehmenden Widerstand.

Thomä und Kächele betonen z. B. in ihrem Lehrbuch, daß „die analytische Methode und die Sprache der Theorie ... nicht auf derselben Ebene" liegen (1985, S. 15), und daß namentlich die Betonung des ökonomisch-energetischen Gesichtspunkts und des Triebmodells zur gegenwärtigen Theoriekrise geführt haben; mit Gill (und manchen anderen wie Schafer, Klein und Holt) nehmen sie an, daß „die Metapsychologie voll von Bildern ist, die ihre Herkunft aus infantilen Sexualvorstellungen verraten" (S. 24). Sie gehen so weit, die Ursache der Krise in der metapsychologischen Konfusion von Biologie und Psychologie zu sehen (S. 25).

Die Verwerfung des Triebmodells bedeutet u. a., daß Aggressivität und Destruktivität als reaktiv und durch ihre „Bindung an bewußte und unbewußte Phantasiesysteme" bedingt angesehen werden (S. 133); sie werden als Korrelat der Selbsterhaltung erklärt.

Die völlige Verwerfung des Triebmodells und aller quantitativer Aspekte scheint mir hingegen ebenso fragwürdig zu sein wie die einseitige und fraglose Fundierung darauf in weiten Bereichen der klassischen Theorie. Ich sehe in beiden Gesichtspunkten – dem ökonomischen und dem Triebmodell – Metaphern, Gleichnisse, die eine gewisse Nützlichkeit und damit Gültigkeit beanspruchen können, aber dabei selbst ohne Erklärungskraft sind. *Metaphern geben Ordnung, aber noch keine Kausalzusammenhänge.*

Das Triebmodell, verstanden als ein dynamisches Modell entgegengesetzter Kräfte – beharrlicher Formen der grundlegenden Wünsche –, ist mir ein unentbehrliches Hilfsmittel in der täglichen Arbeit. Verstanden als ein quasiphysikalisches Abfuhrsystem hingegen ist es für mich ebenso wie für die Kritiker unbrauchbar.

Quantitative Erwägungen, gerade auch in bezug auf innere Konflikte, spielen gelegentlich eine Rolle in meinen Versuchen, einen Patienten zu einer bestimmten Zeit zu erfassen. Demgegenüber finde auch ich das ökonomische Modell als grundlegendes Erklärungsprinzip, wie es namentlich die New Yorker Schule der Ich-Psychologie vertreten hat, sowohl unbrauchbar wie auch grundsätzlich unannehmbar. Doch scheinen beide Betrachtungsweisen – Formen dynamischen und energetischen Denkens – dem menschlichen Erleben und der Reflexion immanent und können sowohl in der chinesischen Philosophie wie auch in der Denktradition des Abendlandes von Plato und Aristoteles an verfolgt werden. Ihre psychologische Wichtigkeit ist ein Ding, ihre dogmatische Fixierung ein anderes und ihre behauptete Erklärungskraft ein drittes.

Ich bin ebenfalls davon überzeugt, daß die Ableitung der Aggression von einem Prinzip (ich meine: Trieb) der Selbst- und Machterhaltung sinnvoller ist als deren Eigenständigkeit als separate Triebform. Dies hat sich klinisch für mich wieder und wieder bestätigt.

Ich glaube, daß keine Psychologie ohne ein Triebmodell auskommen kann, daß aber die Einengung auf die 2 Grundtriebe von Aggression und Libido sowohl klinisch in der Behandlung schwerer Neurosen wie in der Säuglingsforschung unbefriedigend ist. Eher handelt es sich um autonome Motivationssysteme, Bündel von wiederkehrenden Antrieben und später von Wünschen, die wenigstens klinisch nicht immer aufeinander reduzierbar scheinen: die sexuellen im weitesten Sinne, die Selbstbehauptungs- und Machtansprüche, die Neugier und die Wünsche zur Meisterung von Aufgaben, die Bedürfnisse nach Anklammerung (attachment), und vielleicht auch die der Zerstörung, obgleich gerade diese letzteren sich gemeinhin auf die vereitelten Selbstbehauptungswünsche zurückführen lassen.

In einem faszinierenden und kühnen Entwurf bringt Lichtenberg (1987) die beiden Erfahrungswelten der Psychoanalyse und der Kindheitsforschung zur Synthese. Darin spricht er insbesondere von 5 motivierend-funktionellen Systemen, die das duale Triebmodell ersetzen sollen. Diese 5 neuen, der Erfahrung mehr entsprechenden Motivationssysteme sind: 1) Motivationssysteme zur Regulation physiologischer Bedürfnisse wie Hunger, Ausscheidung, Schlaf; 2) solche in bezug auf Anklammerung (attachment) und Affiliation [(Gruppen)zugehörigkeit, das von mir als kategorisches Denken bezeichnete „Spalten" in verschiedene Polaritäten]; 3) solche hinsichtlich Selbstbehauptung und Erkundung (Neugier); 4) solche hinsichtlich Selbstabgrenzung, das Bedürfnis, negativ zu reagieren (to react aversely) – Flucht und Kampf (fight or flight) –, „Nein" zu bedeuten, Aggression; 5) Wünsche nach sinnlicher und sexueller Lust. Erfolg in einem dieser Systeme bringt eine Form der Lust, die dem betreffenden System eigentümlich ist; das Versagen bewirkt Scham. Die jedem System besondere Gefahr ruft die spezifische Form der Angst hervor.

Im Falle der hier studierten schweren Störungen sind die Triebe ebenso extrem und zeigen dieselben Absolutheitsansprüche wie die Affekte (oder behalten diese bei).

Im Zusammenhang mit der Außerkraftsetzung der Metapsychologie als Erklärungsgrundlage ergibt sich unausweichlich eine weit differenziertere Betrachtungsweise von Affekten und Affektsignalen als Teil der Beziehungsvorgänge. Die künftige Grundstruktur der Theorie bedarf einer völlig selbständigen Affekttheorie. Affekte können nicht auf Triebe reduziert werden.

Auch die Umkehrung davon, die Ableitung der Triebe aus den Affekten, scheint eine unzulässige Vereinfachung zu sein: Daß die Affekte lange vor den Wünschen sichtbar werden, erlaubt noch nicht diese Art der Reduktion, der ein „genetischer Trugschluß" („genetic fallacy", Hartmann 1964) unterliegt. Meines Erachtens sind die großen Bündel der urtümlichen Motivationskräfte zu universell und zeigen zu sehr eine neurobiologische Fundierung als daß man sie einfach als abgeleitet auffassen könnte.

Wenn wir uns nun wieder den Beobachtungen zuwenden, so zeigen diese uns, daß der Zwang zur Wiederholung aus den beschriebenen *Sequenzen, den Gleichungen und den umgreifenden Konfigurationen besteht.* Damit ist das, was als *Wiederholungszwang* erlebt wird, *nichts Einfaches*, sondern eine *komplexe Abfolge von Kompromißbildungen* – eine *Sequenz von versuchten Konfliktlösungen*, die aus Affekten und Triebimpulsen, aus Abwehrformen und Über-Ich-Anteilen, aus Identifizierungen und Gegenidentifizierungen bestehen. In diesem Sinne ist der Wiederholungszwang identisch mit dem *Versuch, Konflikte zu lösen*.

Klinisch läßt sich sogleich hinzufügen, daß dabei die Befolgung der Kommandos des archaischen Über-Ich, die urtümliche Form des tragischen Dilemmas als extreme Scham und Schuld, eine ganz überragende Rolle spielt, eigentlich eine weit wesentlichere als die der Triebkomponenten. Ebenso zeigen, wie auch Schur und neuerdings Gray betonten, die Ich-Vorgänge, ganz besonders die Abwehrmechanismen, einen eben solchen automatischen (mechanischen) und sich stereotyp wiederholenden Charakter wie die Impulse. Sie besitzen alle einen scheinbar unwiderstehlichen „Triebcharakter". Dasselbe gilt für die Affekte.

Die weitere Behandlung der Frage erfordert eine kurze Abschweifung zu den mit dem Wiederholungszwang eng verbundenen Begriffsbereichen des Narzißmus, des Masochismus und der Spaltung.

10.5 Der Sprung vom Beschreiben zum Erklären

Alle die in Form von Konfigurationen und Sequenzen in die Wirklichkeit umgesetzten Phantasien haben ganz wesentlich mit Grenzüberschreitungen zu tun und können daher als im weitesten Sinne „*narzißtisch*" begriffen werden: Nicht nur sind die Affekte überwältigend, auch die Triebansprüche müssen übersteigert sein, besonders aber die, die mit Selbstbehauptung zu tun haben, also die *Machtansprüche* – ob in Phantasie oder Realität, ob projiziert oder auf die eigene Person zurückgewendet. Wie sehr aber gerade diese *Grenzüberschreitungen* im Rahmen der beschriebenen Konfigurationen *der Abwehr dienen*, haben wohl alle klinischen Fälle im einzelnen klar gemacht. Diese Grenzüberschreitungen stören die Beziehungen zur Mitwelt in entscheidender Weise. Das Ergebnis ist bei den meisten ein Rückzug von allen Verhältnissen, die mit Nähe zu tun haben, oder eine Ausbeutung solcher Beziehungen, wobei die anderen zu zweidimensionalen Kartonfiguren werden. Sie machen die Mitmenschen wirklich zu „Objekten", zu „Gegenständen" – folgen damit also der im Wort „Objektbeziehungen" beinhalteten Dehumanisierung. Oder sie sind so verletzlich, daß ihr Ressentiment unstillbar scheint. Das Bild, das durch den Begriff Narzißmus hervorgerufen wird, ist also eine summarische Metapher, die ungemein umfassend ist. Sie umgreift: das Selbstgefühl überhaupt, die Überschätzung anderer oder der eigenen Person, den Anschein von Unverwundbarkeit und Abweisung, die Verachtung gepaart mit großer Empfindlichkeit, das Bedürfnis nach Macht und Furcht vor Ohnmacht, die Phantasie, daß einem alles gegeben und erlaubt sei, und schließlich auch noch die Perversion, sich selbst als Sexualobjekt zu behandeln.

Wenn alles Metapsychologische abgeschält wird und alle Inferenzen und Konstruktionen ausgeklammert werden, versteht man, soweit ich es sehe, unter *Narzißmus die Auflösung gewisser Grenzen in Wert, Wahrheit und Handlung*. Wenn diese Auffassung zu Recht besteht, bezieht er sich auf ein *Zuviel*, ein Zuviel an Machtanspruch oder Selbstgefühl, an Liebe oder an Haß, ein Zuviel an Wertschätzung des andern (Idealisierung) oder an Selbstbewunderung (grandiosity). Damit gebraucht man den Begriff, wenigstens implizit, *quantitativ*. Zumindest wie er heute in der Praxis (z. B. in Falldiskussionen und Supervision) und in der Literatur angewendet wird, ist der Narzißmusbegriff ein *Maßurteil* und bezieht sich auf etwas *Unmäßiges* oder *Maßloses*. Alle hier dargestellten Fälle sind in dem Sinne „narzißtisch".

Zugleich sind aber alle die Patienten selbstsabotierend und selbstzerstörerisch, wissen es immer von neuem mit ihren wiederholten Handlungen dazu zu bringen, daß sie bestraft, erniedrigt und verstoßen werden. Sie leiden, und es scheint oft so, daß sie Glück, Freude und Lust nur für kurze Momente und einzig zugleich mit Leiden und Schmerzen genießen können. So sind sie natürlich auch *masochistisch*. Die Bindungen, die sie eingehen, das Verhältnis, das sie mit ihrem eigenen Gewissen besitzen, sind die von Henker und Opfer, von Richter und Verbrecher, von Sadisten und Masochisten. Ist also der Wiederholungszwang Ausdruck eines *primären Masochismus*? Oder zugleich auch Ausdruck eines *primären Narzißmus*? Mithin die Manifestation der beiden Urkräfte des Menschen, von Eros in dessen urtümlichster Form und von Thanatos als Todestrieb? Es paßt wunderbar in das mythische Gemälde jener 2 Urtriebe. Aber stimmt es auch mit der Erfahrung überein? Ich glaube nicht. Ich halte eher dafür, daß *Wiederholungszwang, Narzißmus und Masochismus* gute *beschreibende Begriffe* sind. Sie erklären nichts. Sie beschreiben in kühnen Zusammenfassungen und Gleichsetzungen Phantasien, subjektive Erlebnisse und objektive Haltungen. Sie stellen damit sogar das Resultat gewisser Abwehrstrategien dar. Sie beziehen sich auf Konfigurationen, Sequenzen und Gleichungen der Art, die wir bei den Patienten mit schwereren Neurosen immer wieder angetroffen haben.

Werden sie aber *aus beschreibenden zu erklärenden Begriffen gemacht*, erleidet die analytische Erforschung der Motivzusammenhänge eine Art Kurzschluß. Statt daß man den eigentlichen Ursachen und motivierenden Gründen in ihrer Komplexität nachspürt, vermeint man, mit dem Begriff das schon getan zu haben.

Die Erfahrung zeigt, daß es zumindest in weiten Bereichen die Aufweisung und Lösung von inneren und äußeren Konflikten ist, die zur therapeutischen Veränderung führt. Darüber hinaus scheinen es tiefe Störungen der Regulation von Affekten und Trieben zu sein, die der Korrektur bedürfen und deren Behebung zur klinischen Veränderung führt. Dabei gilt, wie schon in der Einleitung erwähnt, als Kriterium für das Begreifen der Kausalität: *Cessante causa cessat effectus.*

Das heißt also, daß jene Ursachen erst in inneren und äußeren Konflikten, wahrscheinlich in von solchen Konflikten unabhängigen, doch in sie eingehenden Regulationsstörungen und in den die Konflikte bewirkenden Traumata zu finden sind. Triebe, Wiederholungszwang, Affekte, Abwehr erklären psychologisch eigentlich noch nichts. Sie sind Teil des Verstehenszusammenhangs, geben aber noch kein Kausalbegreifen, das, wie Grünbaum zu Recht betont hat, von Freud angestrebt wurde und das Ziel jeder wissenschaftlichen Erfassung sein muß.

Was v. a. einer tieferen Erklärung bedarf, ist die Zentralstellung des Konflikts überhaupt für das Verstehen des Psychischen im Menschen. Doch eine solche Erklärung ist philosophischer, nicht mehr psychologischer Natur, also „metapsychologisch" im eigentlichen Sinne.

Somit steht die Verwechslung von *Beschreibung* („diese Eigenschaften gehören zu jenen Phänomenen, und diese Phänomene gehören mit jenen Phänomenen zusammen") mit *Erklärung* („bei dieser Ursache erfolgt jene Wirkung, oder dies ist das Resultat des Zusammenwirkens jener Gründe und Ursachen") der wissenschaftlichen Erforschung der Psychoanalyse und ihrer Theorien im Wege.

Diese Ansicht wurde jüngst von William Grossman spezifisch in bezug auf den Masochismus vertreten: „. . . Es ist jetzt klar geworden, daß der Masochismus ein Begriff mit wenig Genauigkeit ist und daß sein Wert beschreibend und evokativ ist . . . Masochismus kann nicht herangezogen (usefully invoked) werden, um damit komplexe klinische Phänomene zu erklären . . . ‚Masochismus' bezeichnet einen Typus der Phantasie und die klinischen Phänomene, denen diese Phantasien zugrunde liegen . . . Die Abhängigkeit (attachment) von den schmerzvollen Aspekten der Beziehungen, die Gleichsetzung von Passivität mit der Stellung als Opfer (victimization) und die Verwechslung von Aktivität mit Aggression sind die den masochistischen Phantasien gemeinsamen Hauptpunkte . . . Die masochistischen Perversionen sind konkrete Darstellungen (enactments) solcher Phantasien und dienen als Prototypen für die klinische Deutung . . . Das [Lust-Unlust-]Prinzip ist [im Gegensatz zur Beschreibung der gleichzeitigen Anwesenheit (conjunction) von Lust und Unlust im Erleben] ein Prinzip, das sich auf den Prozeß der Auflösung psychischen Konfliktes bezieht und ist nicht ein Begriff, der die affektiven Eigenschaften des Ergebnisses [des Konflikts] beschreibt. Dieses Problem nähert sich den Fragen [nach der Natur] psychoanalytischer Erklärung" (1986, S. 379 – 413)

Ähnliches wurde in bezug auf den *Narzißmus* von Rangell ausgeführt; ich habe die relevanten Stellen schon in Kap. 6 herangezogen. Ich denke, der Begriff habe nun schon soviele Bedeutungen und werde so vielfältig gebraucht, daß es am besten wäre, ihn ebenfalls, wie den Masochismus, *auf die Beschreibung von Phantasien und Handlungen einzuschränken* und *nicht als grundlegendes Erklärungsprinzip* zu gebrauchen.

Die *narzißtische Phantasie* hätte dann den Inhalt, daß das eigene Selbstgefühl in bezug auf Wert und Macht „ins Maßlose" sich steigert, daß dabei die andern ganz diesen übermäßigen Bedürfnissen dienen sollen, daß eine besondere Lust in der Übertretung von Grenzen besteht und daß alles Relative abgelehnt werden muß zugunsten jener absoluten Ansprüche. Die in dieser Phantasiekonfiguration begründeten Handlungen beziehen sich auf Ausbeutung der anderen, Verletzung der normalen von Natur und Kultur gesetzten Schranken, maßlose Wut, wenn diese Ansprüche verweigert werden oder scheitern; sie können gelegentlich auch eine eigentlich narzißtische Perversion - geschlechtliche Erregung durch das eigene Spiegelbild oder Verliebtheit in sich selbst - umfassen (vgl. die Fälle von Reuben und Elasar). Doch was ist die Erklärung für solche narzißtischen Phantasien und Handlungen, falls wir von einem Grundtrieb des Narzißmus Abstand nehmen? Oder haben wir Anhaltspunkte für eine solche Urkraft als Ursache, z. B. als Teil eines Konflikts? Sowohl die klinische Erfahrung wie die direkte Beobachtung scheinen für die erste Antwort zu sprechen; die *narzißtischen Phantasien sind nichts Ursprüngliches, sondern etwas Abgeleitetes, obzwar etwas überaus Wichtiges.* Sie stehen immer in einem dynamischen Zusammenhang, der über sie hinaus auf Tieferes weist.

10.6 Spaltung

In diesem Zusammenhang der voreiligen Erklärungsversuche lohnt es sich auch, auf das bisher nur gestreifte Thema der „Spaltung" im Sinne von Klein, Kernberg, Jacobson und Mahler und mancher anderer gegenwärtiger Autoren zurückzukommen. Ich habe den Begriff der Ich-Spaltung oder Identitätsspaltung durchgehend in einem Sinne gebraucht, der nicht viel mit dem heute gängigen Ausdruck der „Spaltung" gemeinsam hat, sondern sich auf den Freudschen Begriff der Ich-Spaltung stützt. Ich glaube, daß auch hier etwas Beobachtbares aus dem Beschreibenden ins Erklärende verschoben wurde. „Spaltungen" sehen wir jederzeit; doch ist das wirklich ein Grundvorgang, ein Basiselement der Erklärung? Das bezweifle ich durchaus. Worauf gründe ich die Verwerfung einer doch so weit angenommenen und jetzt die Praxis auch in den USA immer mehr bestimmenden Theorie?

Die Phänomene sind klar und wir hatten manche Gelegenheiten, Beispiele dafür zu verfolgen: die eigene Person und die wichtigen Personen in der Umwelt werden entweder als absolut gut oder als absolut schlecht erlebt; die Zuschreibung solch totaler Eigenschaften kann sich sprunghaft wandeln. Das absolute Entweder-Oder wird immer wieder aktiv herbeigeführt. Es ist ein wesentlicher Teil der Impulssequenzen und damit der Phänomene des Wiederholungszwangs. Gerade in sozialen Interaktionen – in Familien, in Gruppen, in Institutionen, in Abteilungen, in administrativen Systemen – ist die Beobachtung solcher „Spaltungen" sehr wertvoll. Vom mythischen Denken her ist es wohl bekannt, wie sehr es immer ein emotionelles Bedürfnis des Menschen gewesen ist, Gut und Böse absolut zu scheiden. Melanie Klein sah in diesem Vorgang eine ursprüngliche Abwehr. Kernberg spricht dementsprechend über Spaltung als „an active defensive separation of such contradictory self and object images", eine aktive Trennung von gegensätzlichen Selbst- und Objektbildern im Dienste der Abwehr (1984, S. 112 f.).

Die Einsichten, die in den letzten Jahren aus der Erforschung der frühen Kindheit beigetragen wurden, werfen ein neues Licht auf diese Vorgänge, die wir bei allen Fällen, die ich hier als schwere Neurosen beschreibe, beobachten können.

Dabei hat es sich herausgestellt, daß die Verdichtungen in gute und schlechte Selbstanteile, in gute und schlechte Objekte, und deren scharfe Abscheidung voneinander nicht zu den sehr frühen Zeiten erfolgte, wie lange von vielen angenommen wurde. Nach Lichtenberg ist es nun unzweideutig klar, „daß in der gewöhnlichen Entwicklung die Prämisse sich nicht bestätigen ließ, wonach es einer größeren integrativen Anstrengung bedürfe, um der andauernd störenden Wirkungen der aggressiven Triebspannungen Herr zu werden und dadurch der Einheit von Selbst-

und Objekterfahrung näher zu kommen ... Die Ursprünge dieser gespaltenen Gruppen von Selbst- und Objektvorstellungen und deren Verwendung zur Abwehr leiten sich von der Organisation her, die sie erst durch die symbolische Verarbeitung erhalten. Sie sind basiert auf Kategorisierung (Sekundärprozeß), kombiniert mit Verdichtung und (Über)verallgemeinerung (Primärprozeß) ... Diese Neufassung der theoretischen Konzeption ist durch meine Ansicht begründet, daß die Forschung zur Frühkindheit die Schlüsse nicht bestätigt hat, auf denen jene Theorie beruht" (1986; vgl. auch Daniel Stern 1985).

Das Entscheidende ist eben, daß die ursprünglichen Erlebniseinheiten nach dem heutigen Stand der Frühkindheitsforschung in Handlungs-Wahrnehmungs-Affekt-Einheiten bestehen, die der symbolischen Erfassung ermangeln. Bilder oder halluzinatorische Wiedererweckung von Lusterlebnissen und damit auch die Konzepte von Teilselbst und Teilobjekten, von innen und von außen, und die Vorgänge, die zwischen diesen postuliert werden, sind weit späterer Natur; sie stammen nämlich aus der Zeit, in der die Symbolisierungsfähigkeit schon klar etabliert ist.

Es handelt sich dabei also um verhältnismäßig späte symbolische Verarbeitungen (etwa vom späten 2. Lebensjahr an). Bestimmt ist es ein leichtes, Beispiele für solche „Spaltung" von Gut und Schlecht zu entdecken; aber sie stellen Ergebnisse komplexer neurotischer Konflikte dar, und zwar ganz besonders solcher Konflikte, an denen urtümliche Über-Ich-Strukturen und archaische Identifizierungen mit dem Angreifer (namentlich mit dem Angreifer als Ankläger, als einer Art Rügerichter) am wesentlichsten beteiligt sind. Mit solchen alten Über-Ich- und Identifizierungsmustern gehen eben jene überwältigenden, frühzeitlich globalen Affekte einher, mit denen wir immer wieder zu tun gehabt haben, v.a. Angst und Depression, aber auch Wut, Scham und Schuld.

Wie Wälder bereits 1936 bemerkte, lassen sich diese von Melanie Klein zum Zentrum ihrer Theorie erhobenen Vorgänge ganz allgemein beobachten, und zwar als Abkömmlinge frühödipaler Konflikte; doch stellen sie lediglich einen Ausschnitt aus einem breiten Spektrum dynamischer Bezüge, nicht deren Felsboden und Urgrund dar.

Die Ubiquität dieser Beobachtungen ist übrigens ein weiterer Grund, das Postulat einer dynamisch fundierten, diagnostischen Sondergruppe der „Borderlines" abzulehnen. Sofern wir uns heute überhaupt Schlußfolgerungen erlauben dürfen, scheint es wahrscheinlicher, daß die tiefsten und präverbalen Schichten sich nicht auf solche Spaltungen zwischen Gut und Schlecht, sondern vielmehr auf Affektstürme beziehen, die auf primäre Abstimmungsstörungen (misattunements) und Regulationsversagen zwischen Mutter (oder Pflegeperson, auch Vater und Geschwister) und Kleinkind zurückgehen.

Gänsbauer (1985) schreibt „den intensiven Affekterlebnissen dauernden Einfluß auf die späteren emotionellen Reaktionen des Kindes" zu. Diese Affekte im Kleinkind wecken bei den Personen in der Mitwelt entsprechende Affekte; Gänsbauer spricht daher über einen „transaktionellen Antrieb", und Nathanson (1986) über „Affektübertragung" und „empathische Mauer".

Die Erforschung der Frühkindheit hat gezeigt, daß diese Affektübertragung von der Mutter und den anderen Personen der Umwelt auf das Kind eine gewaltige Rolle spielen. Schon sehr früh versucht das Kind, sich gegen übermäßig eindringende Affekte und Stimmungen der Nächsten zu wehren – eine Art *interpersoneller Affektabwehr* (vgl. die Studien von Gänsbauer, Nathanson und Stern). Es mag wohl sein, daß Affektumkehrung und andere Formen der Affektabwehr gleichzeitig als Abwehr gegen die Triebe eingesetzt werden. Sie spielen bestimmt, wenn die retrospektiven Erfahrungen mit den schwer traumatisierten Patienten uns diese Schlußfolgerungen gestatten, zusammen mit der *Wendung vom Passiven zum Aktiven*, einer anderen *interpersonellen Trieb- und Affektabwehr*, eine entscheidende Rolle bei ernsten psychophysischen Traumen der ersten Lebensjahre.

Solche Affektübertragung und die dadurch im andern hervorgerufenen Antworten tragen wohl entscheidend dazu bei, wie sich späterhin einerseits die affektive Übertragung und Gegenübertragung in der Patient-Therapeut-Dyade und anderseits die Wirksamkeit des Stils von seiten des Therapeuten gerade bei schwerer kranken Patienten gestalten.

Frühformen von Versuchen, mit massiven, traumatischen Belastungen fertigzuwerden, eine Art von *Protoabwehrversuch*, sind Maßnahmen wie die Abwendung des Blickes (Beebe u. Sloate 1982) und das von Gänsbauer (1985) beschriebene „Absperren" – die emotionale Abwendung, der furchtsame Rückzug von der als traumatisch empfundenen Gestalt in der Umgebung. Letzteres mag eine gewisse Ähnlichkeit mit dem Vorgang der „Spaltung" haben, zeigt aber „die dramatische Spezifizität eines ‚kognitiv-affektiven Schemas', das dem vorangehenden traumatischen Erlebnis entspricht". Ich denke, daß es eher den Phänomena der „Identitätsspaltung" und Verleugnung, die ich hier beschrieben habe, verwandt ist als der angenommenen Elementarabwehr der Spaltung (s. auch Fraiberg 1982).

Auf diese Weise lassen sich also die Phänomene, die gewöhnlich auf den Mechanismus der „Spaltung" zurückgeführt werden, theoretisch neu formulieren. *„Spaltung" ist ein beschreibendes, nicht ein erklärendes Konzept.* Klinisch mag man von diesen Phänomenen als Anfangspunkt ausgehen; sie stellen kein Grundelement der mutativen Deutung dar.

Auch hier ist es also wieder der übereilte Sprung von der Beschreibung zur Erklärung, die einen den Blick vom Zentralen abwenden läßt und eine therapeutische Grundhaltung bestimmt, die *auf lange Sicht* dem inneren Wachstum des Patienten weniger zuträglich sein dürfte als die sorgfältige Untersuchung der komplizierten Dynamik *hinter* den Phänomenen.

10.7 *Identitätsspaltung und deren Ursprung*

In der weiteren Verfolgung dieser Gedankengänge stellt sich nur um so dringlicher die Frage nach der Natur der *Identitätsspaltung* und der *Ich-Spaltung*. Ich habe die beiden Begriffe nahezu synonym gebraucht. Den letzteren verstand ich im selben Sinne wie Freud: nämlich als das Nebeneinander von Anerkennung und Verleugnung bestimmter als traumatisch bedrohlich empfundener Wahrnehmungen und damit als ein funktionelles Auseinanderreißen wesentlicher Ich-Funktionen (vgl. Kap. 2). Ich betrachte den Begriff als rein beschreibend: „Ich weiß dies schon, aber ich ignoriere, was du mir sagst, und ich richte mein Leben danach ein, wie ich es wünsche", sagt z. B. die chronisch alkoholkranke Schwester Regulas. Und Vera bekannte, sie wisse schon, wie schädlich, wie erniedrigend und wie gefährlich ihr Verhältnis zu der „Waldschnecke" sei; sie müsse aber dieses Wissen immer wieder ignorieren und glauben und hoffen, daß es am Ende doch noch recht herauskommen werde und sie mit ihm für immer glücklich sein könne. Dabei wird auch gleich klar, daß mit dieser *Doppelheit von Wissen und Ignorieren* auch 2 *Daseinsweisen* einhergehen: Einerseits ist Vera klarsichtig, trennt sich vom Mann, schämt sich über das Vorgefallene – und ist depersonalisiert; andererseits schlägt sie ihr Wissen in den Wind, rennt ihm wieder nach, demütigt sich vor ihm und erlebt wilde Ekstasen der Unterwerfung und Vereinigung. Sie fühlt sich wie 2 Personen. Das ist, was ich, wiederum beschreibend, mit Identitätsspaltung meine: gesonderte Persönlichkeitsteile, bestehend aus Über-Ich-, Ich-, und Es-Fragmenten, die in regelmäßiger Anordnung einander gegenübertreten, ohne daß es dabei zur Amnesie kommen müßte (vgl. Lichtenberg u. Slap 1973). Der Begriff ist eine Abstraktion aus manchen Beschreibungen und stellt keine besondere Abwehrform dar.

Nehmen „die Objektidentifizierungen des Ichs" überhand, sagt Freud, „werden [diese] allzu zahlreich und überstark und miteinander unverträglich, so liegt ein pathologisches Ergebnis nahe. Es kann zu einer Aufsplitterung des Ichs kommen, indem sich die einzelnen Identifizierungen durch Widerstände gegeneinander abschließen, und vielleicht ist es das Geheimnis der Fälle von sogenannter *multipler Persönlichkeit*, daß die einzelnen Identifizierungen alternierend das Bewußtsein an sich reißen. Auch wenn es nicht so weit kommt, ergibt sich das Thema der Konflikte zwischen den verschiedenen Identifizierungen, in die das Ich auseinanderfährt, Konflikte, die endlich nicht durchwegs als pathologische bezeichnet werden können" (1923, GW 13, S. 258/259).

Ich glaube, daß das, was Freud hier unter Identifizierungen mitverstand, ganz besonders auch die im Über-Ich niedergelegten Introjektionen umfaßt, ist doch das Über-Ich eine „Differenzierung innerhalb des Ichs" (S. 256).

Gewöhnlich ist ein Sturm intensiver („globaler") Affekte typisch für die eine – die regressive – Teilidentität, und zwar eben widerstreitender Affekte, während die 2. Teilidentität als durch Besonnenheit, Flachheit und Affektverarmung ausgezeichnet erlebt wird. Es ist auch ganz klar, daß dieses Phänomen von Pseudoidentität und Identitätsspaltung beim einzelnen das Resultat komplexer Vorgänge ist und im Grunde nur die beiden Extreme eines vielfältigen Ablaufs mit mannigfachen Übergängen darzustellen pflegt, wie wir das bei den sorgfältigeren Studien der Sequenzen immer wieder feststellen konnten. Auch sind die dabei zu beobachtenden inneren Figuren, die bei den verschiedenen Konfliktversionen einander gegenüberstehen (ein Beispiel habe ich eben aus Regulas Analyse angeführt, könnte aber ähnliches für die meisten meiner Patienten mit schweren Neurosen tun), nicht einfach „innere Objekte", die aus Introjektionen „äußerer Objekte" bestehen, sondern die Ergebnisse komplexer Abläufe: sie sind selbst Kompromißbildungen.

Doch wie läßt sich diese Form der Dissoziation nun endlich auch *erklären*, wird man ungeduldig fragen. Genügt es dabei, einfach von überwältigendem Affekt zu sprechen, um diese Spaltung zu begründen? Worin besteht überhaupt jene „Spaltung" des Selbst und des Andern?

Die klinische Erfahrung gibt uns nun eine eindeutige Antwort: *Jede Abwehr führt zu einer Spaltung des Selbsterlebens, und je schroffer diese Abwehr, desto radikaler ist das Erleben der Spaltung.* Woher kommt aber die Abwehr, wann und wie beginnt sie? Das ist vielleicht die faszinierendste Frage der ganzen analytischen Lehre des Innenlebens. Ich glaube, niemand kann zur Zeit eine Antwort darauf geben. Hier beschränke ich mich auf die zugespitzte Frage nach der Natur und nach dem Ursprung jener radikalen Formen der „Spaltung", wie sie sich bei diesen schweren Neurosen beobachten lassen und z. B. von Kernberg mit einer eigenen und grundlegenden Abwehrform erklärt werden.

Im Gegensatz zu ihm glaube ich nicht, daß es sich dabei um einen besonderen Mechanismus handelt, sondern vielmehr um das logische Resultat der *Absolutheit*, der *Globalität*, nicht allein der Affekte, sondern der Identifizierungen, der Introjektionen und der deswegen nötigen Abwehrvorgänge, namentlich der Verleugnung *und* der Verdrängung, also der in Frage stehenden Konflikte überhaupt. Absolutes verträgt sich nicht mit etwas anderem, das auch Absolutheit verlangt, globale Ansprüche schließen sich gegenseitig aus. Von allen Faktoren sind es aber die *Absolutheitsforderungen des Über-Ich*, das kategorische Urteilen, die v. a. und immer wieder unmittelbar beobachtbar diesen Spaltungsvorgängen Pate stehen. „Les sentiments nobles poussés à l'absolu produisent des résultats semblables à ceux des plus grands vices" (Wenn die noblen Gefühle ins Absolute gesteigert werden, bewirken sie ähnliche Folgen wie die größten Laster) (Balzac, *La Cousine Bette*, S. 124). Wenn der Regulator selber „kategorisch" wird und Absolutheitsforderungen vertritt, wenn die Ordnungsmacht selbst totale Macht beansprucht und an sich zu reißen versucht, ist das schon schlimm genug. Wenn aber Polizei und Militär miteinander um solche absolute Macht ringen, dann haben wir die Spaltung des Staates und eine Art Anarchie von oben.

„Kategorein – κατηγορεῖν" bedeutet auf Griechisch „anklagen". So heißt der Teufel in der jüdischen Mystik des öfteren auch mit dem griechischen Lehnwort „Katigor", Ankläger. Ebenso ist die frühe Moral des Kindes absolut, kategorisch, „all or nothing".

Und das ist es, was bei diesen Identitätsspaltungen gewöhnlich eintritt: Ein Über-Ich-Teil, der sich mit der Außenwelt verbündet hat und unablässig auf Anpassung und Konformität dringt, wird von einem anderen Über-Ich-Teil, der z. B. auf seinen eigenen, mehr autonomen Werten beharrt oder sich stolz, ja anmaßend auf seine Ehre oder seine Rechte beruft, gestürzt. Dieser zweite, gewöhnlich regressive Über-Ich-Teil manifestiert sich in narzißtischen Phantasien und archaischen Ich-Ideal-Vorstellungen und in damit einhergehenden, oft massiven Selbstverurteilungen für alle Zeichen der Verwundbarkeit oder Schwäche. In diesem Kampf zwischen den „angepaßten" und den „regressiven" Über-Ich-Teilen gibt es oft mehrere Zwischenstufen, Interimslösungsversuche mit einem Ineinanderblenden der beiden Über-Ich-Antagonisten.

Doch glaube ich, daß wir, wenigstens was die meisten der hier behandelten Fälle schwerer Neurosen betrifft, spezifischer sein können. Ich nehme dazu wieder ein klinisches Beispiel, und zwar eben eines, das mich erst wirklich darauf aufmerksam gemacht hat. Es war eine Selbsterkenntnis Regulas, nachdem sie auf die bevorstehende Abreise ihres jüngsten Sohnes, der seinen Vater, den früheren Gatten der Patientin, besuchen ging, mit einem schweren Panikanfall reagiert hatte: „Es traf mich plötzlich: dies ist ein altes Gefühl, das weit in die Vergangenheit zurückreicht und nie gelöst worden ist. Es ist die *Frage der Loyalität* gegenüber Vater und Mutter, daß ich nicht beide zur gleichen Zeit lieben konnte. Ich mußte das Bild der Mutter schützen, und ich wollte es nicht für meine Stiefmutter aufgeben, trotz aller Bitten von seiten meines Vaters. Das Schreckliche war: Wenn ich loyal zum einen war, mußte ich die Loyalität zum andern aufgeben. Ich war wütend auf den Vater, daß er das von mir verlangte. Er war von mir abhängig, meine Mutter war von mir abhängig, ich wollte auch von jemandem abhängig sein ... Und als ich so von Panik überwältigt wurde, fühlte ich mich wieder an die Wand genagelt, gefangen (trapped), unfähig mich zu rühren, doch mit einem unglaublichen Sturm von Gefühlen. Ich nahm mich wieder wie einen Hund beim Nacken und schüttelte mich mit Selbstvorwürfen ... Ich war außer mir" (790). Nun war der Grund für die Identitätsspaltung ganz klar: Loyalität war gleichzeitig Disloyalität. Es war eine „No-win-Situation" und völlig verwirrend. Wie läßt sich ein solches Paradox lösen, ein solcher radikaler *Loyalitätskonflikt*? Ohne Verleugnung geht das doch nicht. Zwei unvereinbare und absolute Wahrheitsansprüche können einzig dadurch ertragen werden, daß der Widerspruch zwar gesehen, aber dann vom Gewissen nicht bestätigt wird: „Wenn ich selbst die Verantwortung übernehme, kann ich doch beiden gerecht werden und beiden gegenüber meine Loyalität wahren. Es ist meine Schuld, wenn das mißlingt." Die Angst, die durch einen solchen Loyalitätskonflikt verursacht wird, ist überwältigend, das Ressentiment und die Wut darüber unerträglich, doch unausdrückbar und ganz gegen das eigene Selbst gewendet. Nur die falsche Front: „Ich nehme die Verantwortung ganz auf mich und bin der Retter von *beiden*" kann den unversöhnlichen Widerspruch überkleistern, doch auf Kosten eines tiefen Risses im Wirklichkeitserleben. Wie wir früher gesehen haben, verleugnet die Depressive eigentlich alles Gute, das sie getan hat und gewesen ist.

Im Grunde besteht die Verleugnung darin: Es ist der *Verrat, der geleugnet* werden muß. Da aber jede Loyalität selbst auch schon eine Disloyalität zum andern ist, ist das eben ein „Verrat", der ignoriert werden muß. Regula sagt, sie sei einfach völlig perplex, konfus und voll Angst gewesen; dann wäre eben die Verleugnung der natürliche, eigentlich der einzige und logische Ausweg.

Jeder Loyalitätskonflikt ist eine Art Über-Ich-Spaltung, die ungeheure Affekte auslöst. Loyalität ist mehr als eine Bindung: sie setzt den andern als geliebte Autorität über sich, der man die Treue wahren muß. Das ist aber eine *Über-Ich-Bindung*. Gegensätzliche Loyalitäten zerreißen das Innere wie wohl kein anderer Konflikt. Da Loyalitäten im Grunde unbedingt sind und die Forderung absoluter, d.h. kompromißloser Treue erheben, wecken widerstreitende Loyalitätsansprüche von sich zutiefst befehdenden Eltern die tiefsten Ängste, das schärfste Ressentiment der Hilflosigkeit und eine Wut, die nur gegen innen gewendet werden kann.

Es gibt aber auch so etwas wie eine Loyalität gegenüber sich selbst, wohl zunächst den eigenen Gefühlen und Wünschen, später den Idealen und Werten ge-

genüber. Im Loyalitätskonflikt zwischen 2 Eltern wird die Loyalität sich selbst gegenüber zuerst aufgeopfert. Wie kann „das kleine wirkliche Ich" anders als verwirrt
und versteckt sein?

Es ist nicht so, daß man nun einfach die eine Teilidentität mit einem Elternteil,
die andere mit dem anderen gleichsetzen könnte. Eher ist es so, daß das „wirkliche
Ich" für die Treue dem gegenüber eintritt, der beschimpft wird. Das „falsche Ich"
paßt sich äußerlich an, unterwirft sich schließlich – unter Protest – der Autorität,
die die Macht im Augenblick besitzt. Das heißt aber Verrat am Machtlosen, am Andern, der sich nicht wehren kann. Und dieser Verrat, der ja gleichzeitig auch Selbstverrat ist, wird am eigenen Selbst aufs schärfste geahndet. Je größer die Treue und
je tiefer die Loyalitätsverpflichtung, desto größer die Strafe, die man an sich selbst
zu vollstrecken hat, und desto größer die Wiedergutmachung, die deswegen nötig
ist. Verrat ist nun eine Handlung, die sowohl schwerste Scham wie auch Schuld
weckt: Man schämt sich der Schmach, die man auf sich geladen hat – ein Verräter
zu sein; man ist schuldbewußt wegen des Leidens, das man dem Verratenen zugefügt hat. Es ist der Loyalitätskonflikt, der all die überwältigenden Affekte hervorruft.

Vor der Mutter verteidigte Regula den Vater, vom Vater wurde sie bitter bestraft
und mehrfach weggejagt, wenn sie sich weigerte, die Stiefmutter „Mutter" zu nennen. Wurde sie der Großmutter wieder weggenommen und zum Vater zurückge-
bracht, wurde alles, das an die Großmutter erinnerte, lächerlich gemacht.

Denke ich nun an die anderen hier dargestellten Patienten, frage ich mich, ob
sich nicht etwas Ähnliches auch bei ihnen abgespielt hat. Es brauchte dabei nicht so
krass wie bei Regula gewesen sein. Doch bestanden große Wertkonflikte und damit
solche Loyalitätskonflikte bei manchen von ihnen. Zählt man nun auch noch die
Loyalität sich selbst gegenüber dazu, wird es klar, daß *die Über-Ich-Spaltung im
Grunde einem scharfen Loyalitätskonflikt zuzuschreiben* ist.

In den meisten Fällen läßt sich der Loyalitätskonflikt nicht so klar herausarbeiten
wie etwa bei Regula oder bei Jason, wo es sich v. a. um die völlig unvereinbaren
Loyalitätsbindungen und Loyalitätsansprüche von geschiedenen Eltern handelte,
oder wie bei Anne, Elasar und Reuben, wo die Eltern tief verfehdet waren. Öfters
besteht der Loyalitätskonflikt zwischen den offenen und den verhüllten Wertsetzun-
gen in der Familie; es ist also eine Art *Wertspaltung*, die dazu führt. So war es z. B.
bei Ingmar die gläubige Friedsamkeit und Güte an der Oberfläche, v. a. nach außen
hin – und die absolute Gehorsamkeitsforderung, die mit Brutalität und Unvorher-
sagbarkeit durchgesetzt wurde. Offenkundig ist es auch die Loyalität gegenüber
dem Bruder, der sich geschlechtlich vergangen hatte, und gegenüber den geschädigten Schwestern, überhaupt auch die Geheimhaltepflicht zu Hause in bezug auf
alles Widerwärtige. Hinter allem verbirgt sich ein „Familiendämon" des Tötens. Eine ähnliche Wertspaltung läßt sich bei Vera nachweisen, wo die christliche Bot-
schaft, mit einem tiefen Ethos der Verantwortlichkeit und des Schutzes anderer vor
Schädigung gepaart, dem virulenten Ressentiment, das alle Lust und Freude vergällen und alle Selbständigkeit unterdrücken will, entgegensteht, doch zusammen das
Familienmilieu als *Wertkonflikt* zu bestimmen scheint (nicht in einer objektiven
Sicht, sondern wie es von Vera erlebt worden war). Tiefer ist es in ihrer Familie der
ungelöste Konflikt zwischen Erfolgsstreben, also Wettstreit, und geforderter Demü-

tigung des Stolzes und Entsagung solch selbstbezogener Wünsche. In ihren Worten: „Ich kann es in 2 verschiedenen Weisen sehen, auf 2 verschiedenen Ebenen: Ich zeige meine Loyalität durch die Identifizierung mit der guten Mutter und die Identifizierung mit der bösen Mutter. Anderseits zeige ich meine Loyalität meinen Eltern gegenüber, indem ich für immer ein Kleinkind bleibe und mich mit ihnen nicht zu messen wage (not compete)" (962).

Bei Jakob war es viel persönlicher – die Loyalität gegenüber seinem Bruder, der zwar bestraft wurde, sich aber immer wieder persönlich durchzusetzen vermochte, und die Loyalität gegenüber seiner Mutter, die zwar die Macht hatte, sich aber vor der Welt in das geschützte Heim verkroch und ihre Ängstlichkeit wie einen Nebel um sich verbreitete. Wir vermuteten auch einen Konflikt zwischen der Geheimhaltung der Masturbation oder ähnlicher verhohlener Spiele zusammen mit seinem Bruder gegenüber der Drohung: wenn du lügst, wirst du für immer verschickt werden. Auch Dilectas Loyalitätskonflikt bestand weniger zwischen Mutter und Vater, obwohl auch dieser eine Rolle spielte (die Mutter geld- und gesellschaftsversessen, der Vater spiel- und trinkfreudig und leichtlebig). Bei ihr ist es, glaube ich, eher der Konflikt zwischen der Loyalität gegenüber der Familie, die ungewöhnlich, ja seltsam war, und dem Zugehörigkeitswunsch zur „normalen" Umwelt. Dies scheint überhaupt eine wichtige Art des Gewissens- und Wertkonflikts zu sein, der viel mit Loyalität zu tun hat (z.B. auch bei Regula, bei Thomas und bei Victor): „Meine Familie ist anders als die andern, ich schäme mich für sie, und doch fühle ich mich gebunden an sie, muß ihnen gegenüber loyal bleiben." Dabei kommt es zur Geheimhaltepflicht all dessen, was sich in der Familie abspielt; jede Enthüllung, auch die Therapie (und ganz besonders diese!), wird als Verrat erlebt.

Reubens Mutter, an die er sich pflichtvoll gebunden fühlt, schaut mit Verachtung auf die schlimmen Wege der Welt, und mit Bitterkeit und Ressentiment verurteilt sie die lustsuchenden Männer. Reubens Vater wird als ein alter Lüstling beschrieben. Reubens tiefe Verbundenheit mit der Mutter, die Identifizierung mit ihr und die Loyalität ihr gegenüber setzen ihn in scharfen Gegensatz zu den Wegen der „bösen Welt", von der er sich höhnisch fernhält, doch mit Eifersucht und Neid auf seine glücklicheren Altersgenossen blickt, die ihm die Einzelheiten ihres Geschlechtslebens unter die Nase reiben.

Dies wird nicht gesagt, um die Rolle anderer Konflikte zu schmälern – vielmehr ist es *eine* Seite vieler, aber nicht aller Kompetitions- oder Ambivalenzkonflikte, die nicht genügend beachtet worden ist, nämlich die Einbeziehung des Über-Ich nicht nur als eine strafende Instanz, sondern als eine, die Treue und Gehorsam gegenüber einer äußeren Gestalt verlangt. Dazu kommt, wie gesagt, die Verinnerlichung dieser Beziehung – daß man sich selbst, d.h. bestimmten höchst gestellten Werten und Idealen, die Treue wahren muß: Die Treuewahrung bedeutet auch hier *Ehre*, die Verletzung dieser Selbstloyalität tiefste Scham.

Gerade bei solchen Konflikten ist die Notwendigkeit einer *Gegenidentität* zu beachten, wobei man zu einem bedeutenden Teil die Loyalität verweigert und das Gegenteil sein, sich also *desidentifizieren* will. Bei jedem der Fälle läßt sich das im einzelnen demonstrieren: Regula ist ehrlich und abstinent in einer Familie von

Alkoholikern, wo Wahrheit war, was einem nützte, Reuben ist meilenweit von der Lüsternheit seines Vaters entfernt, aber auch vom Ehrgeiz und der Anklagesucht seiner Mutter, Vera war für eine Zeit demonstrativ promiskuös (gegen die Mutter) und vulgär (gegen den Vater), Victor bemüht sich, tüchtig und hilfsbereit zu sein, und Ingmar betrachtet sich selbst als absolut unfähig, erfolgreich zu sein und für seine Rechte einzustehen, doch durch Lügen und Trinken und Kokain fühlt er sich, obzwar nur momentan, als Leiter seines Geschicks. Solche Gegenidentität ist selbst ein Loyalitätsbruch, der schuld- und schambeladen sein muß.

Sexualität und Aggressionen mögen dann auch als trotzige Behauptung des eigenen „wirklichen Selbst" eingesetzt werden (bei Vera und bei Ingmar).

Loyalitätskonflikte sind ubiquitär; es ist ihre schwere und tiefe und breite, ihre seit früher Kindheit bestehende Gegenwart, die zur Identitätsspaltung führt.

Absolute, aber widerstreitende Über-Ich-Forderungen in Form von *Loyalitätskonflikten, absolute, aber im Widerspruch miteinander stehende Affekte und Wünsche, globale Identifizierung, globale Verleugnung/Verdrängung und massive Introjektion der Traumata* wirken miteinander auf verschiedenen Ebenen der Genese und der Dynamik, um zu den Phänomenen der Identitätsspaltung zu führen. Die Ich- und die Identitätsspaltung sind ein Ergebnis, nicht eine Ursache.

Zudem steht das Absolutheitsverlangen in direktem Widerspruch zum Bedürfnis nach innerer Einheit. Spezifischer ausgedrückt widerspricht der vom Über-Ich vertretene und in manchen Affekten und Trieben deutliche Totalanspruch dem Trieb zur psychischen Selbsterhaltung, also dem tiefen Bedürfnis nach Synthese. Beide Bedürfnisse gehören zum Wesentlichsten im Menschen und lassen sich wohl zu den psychischen Ursprüngen zurückverfolgen. Die Frage, wie sie gegeneinander in Widerstreit geraten, gehört zu den Problemen, deren Klärung oft voreilig behauptet wurde, doch weiterer empirischer Untersuchung bedarf.

Damit kommen wir zum überraschenden Ergebnis, daß es keinen Wiederholungszwang ohne die ausschlaggebende Beteiligung des Über-Ich gibt, und zwar meine ich dies hier (in bezug auf die zur Diskussion stehenden Patienten) im spezifischen Sinne von Konflikten innerhalb des Über-Ich, eben von Loyalitätskonflikten und, wie wir zuvor beobachtet haben, von Scham-Schuld-Dilemmata. Die gegensätzlichen Absolutheitsforderungen durch das Über-Ich versuchen über das Innere zu regieren, und die Kompromisse zwischen ihnen bestimmen weitgehend die Affekte, die Abwehrformen und die zugelassenen Triebbedürfnisse, damit aber auch jene Zwischenstufen, die Lösungsversuche, die wir bei den Einzelsequenzen und der Idealsequenz angetroffen haben.

10.8 Der Ursprung des Gewissens in einer Spaltung des Selbst und als Prinzip der Individuation

Wir haben gesehen, wie das Gewissen eine Form der Reflexion auf sich selbst bedeutet: als Selbstbeobachtung, als Messen der eigenen Person an einem idealen

Maßstab (sowohl einem idealen Selbstbild wie einem Kodex idealer Handlungen), als Selbstkritik, als Selbstverurteilung (in Form innerer Schuld- und Schamgefühle) und Selbstbestrafung und schließlich als Versöhnung mit sich selbst, als Wiederannahme seiner selbst. Alle diese Akte des Gewissens – die „Über-Ich-Funktionen" – bedingen eine Aufspaltung des Selbst in ein Subjekt und ein Objekt. Class (1964) schreibt über den griechischen Begriff des συνειδέναι ἑαυτῷ: „Dieses ‚Mitwissen mit sich selbst' bedingt, daß das Ich des Menschen gleichsam in zwei getrennte Personenhälften aufgespalten ist, wobei die ‚höhergestellte' die ‚niedere' beobachtet und alle ihre Handlungen ‚mitweiß'. Das Wissen geht vom Ich aus und betrifft zugleich das Ich; Subjekt wird zugleich Objekt, aber beide sind nicht einheitlich, sondern gebrochen, voneinander abgeteilt. Wenn sich das böse Gewissen regt, leistet die eine der ‚Ich-Schichten' heftigen Widerstand, sie wehrt sich gegen dieses Wissen" (S. 7; zit. in Cancrini 1970, S. 32). Snell spricht im gleichen Sinne über eine „Spaltung des Bewußtseins", die aber erst dann zur Gewissensregung werde, wenn man „sich einer Tat bewußt" sei (¹1930, 1966, S. 14).

Antonia Cancrini widerspricht der von Snell und Class vertretenen Ansicht, indem sie sagt, daß es die Privatheit sei, die dem griechischen Gewissensbegriff zugrunde liege, nicht der innere Konflikt: „Wenn in der Tat συνειδέναι ἑαυτῷ v. a. das private Mitwissen des Ich mit sich selbst bedeutet und daher der Notwendigkeit, ein Wissen auszudrücken, entspricht, das aufgrund der Wahrnehmung einer individuellen ‚privacy' sich als ein Mitwissen des Ich nur mit sich selbst bestimmen läßt, kann in seiner Bildung das Moment des inneren Konflikts keine Wichtigkeit haben."[1]

Meines Erachtens entsprechen aber *beide* sich bei der historisch-semantischen Untersuchung ergebenden Verstehensweisen sehr wichtigen psychologischen Beobachtungen – denen der Individuation als Selbstabgrenzung, als Privatheit und als Selbsteinheit (la „privata esclusività della conoscenza stessa") und denen der Selbstspaltung in innerem Konflikt (la „scissione dell'io in due parti"), die mit den ersten, wenn auch rudimentären Gewissensregungen einhergeht, wann immer man nun diese Grundvorgänge ansetze: ob man die Individuation mit Daniel Stern als Gundvorgang des seelischen Lebens postuliert, wenigstens mit dem Auftauchen des „Kern-Selbst (core-self)" am Ende des 2. Lebensmonats, und auch den Vorgang der Selbstspaltung schon gegen das Ende des 1. Lebensjahres vermutet, mit dem „intersubjektiven Selbst" und den Beobachtungen, die möglicherweise auf inneren Konflikt schließen lassen, oder ob man nach der traditionellen, v. a. von Mahler vertretenen Auffassung den Beginn von beiden auf die 2. Hälfte des 2. Lebensjahres ansetzt. Psychologisch sind beide Grundbeobachtungen gültig und wichtig: das Gewissen bringt eine innere Spaltung in gegensätzliche Selbstanteile mit sich, bekräftigt und

---

[1] „[Il ‚con-sapere' con se stessi' espresso dalla formula συνειδέναι ἑαυτῷ, così come dalle formule di struttura analoga, si determina perciò, secondo il Class, mediante un processo riflessivo, che presuppone un contrasto all'interno dell'io . . .]. Se, infatti, συνειδέναι ἑαυτῷ significa innanzi tutto il ‚con-sapere' privato dell'io con se stesso, e risponde quindi all'esigenza di esprimere un sapere che, basato sulla constatazione di una *privacy* individuale, si caratterizza come un ‚con-sapere' dell'io soltanto con se medesimo, non può avere importanza, nella sua formazione, il momento del dissidio interiore" (S. 32).

verteidigt aber selbst die scharfe Abgrenzung des Selbst gegen die Umgebung. Es steht im Dienste sowohl der Beziehungen mit den andern wie auch dessen, was ich die psychische Selbstbehauptung genannt habe: die trotzige Behauptung, sich selbst sein zu wollen. Trennungsschuld und Abhängigkeitsscham dürften wohl (die?) Grundstrukturen des Gewissens bilden.

Versteht man das Gewissen im Kantschen Sinne als eine autonome innere Wertstruktur („una concezione della coscienza kantianamente intesa come autonoma formazione di valori"; Cancrini 1970, S. 37), d. h. im Hartmannschen Sinne das Über-Ich als eine Struktur sekundärer Autonomie, ist es wohl angebracht, dessen Beginn erst nach dem „Untergang des Ödipuskomplexes" (Freud 1924: „[das Über-Ich], welches hier erst gebildet wird"; S. 399) anzusetzen.

Sieht man aber im Gewissen, und damit auch in der theoretischen Struktur des Über-Ich, ein sich ständig in Konflikten befindliches, aus Konflikten entstammendes (Brenner 1982) und oft unter solchen Konflikten zerfallendes inneres Gebilde, macht es mehr Sinn, dessen Beginn eben zu der Zeit anzunehmen, wo man die ersten Manifestationen von Scham, von Besorgtheit für den andern, von Reue und von Schuldbewußtsein antrifft, auch wenn diese noch keineswegs wirklich verinnerlicht sind: wohl im 2. Lebensjahr, mit Vorläufern z. B. in Form der sehr frühen Abwehr durch Blickabwendung, später der Fremdenangst und schließlich der Wendung der Aggression gegen das Selbst (Fraiberg 1982).

10.9 Der affektive Kern der Identität

Die Affekte geben dem Seelischen seinen Reichtum. Unsere Identität hat einen affektiven Kern, der bis auf die ersten Wochen und Monate zurückgeht (Rangell, Gänsbauer, Emde). Unsere Träume gewähren uns eine Affektunmittelbarkeit im Erleben, die sich nie völlig in Worten ausdrücken oder beschreiben läßt; sie geben uns damit einen Teil dieser tiefen Affektkontinuität, in der unsere Identität recht eigentlich wurzelt.

Auch gehen die Affekte, die dabei eine Rolle spielen, weit über solche von Liebe und Haß hinaus, und zwar schon von sehr früher Zeit an. Interesse, Überraschung, Freude, Depression, Verachtung, Staunen, Ekel, Scham, Wut, Ärger, Furcht, Zweifel lassen sich sehr früh und oft schon in feinen Abstufungen beobachten. Mit „früh" meine ich z. T. die ersten Monate, z. T. die ersten 1½ Jahre, also vor dem vermutlichen Zeitpunkt des Einsetzens der Symbolisierungsfähigkeit.

Doch warum wären überwältigende, eben globale Affekte oder Triebspannungen unlustvoll, und warum würden sie auf diese erfolglose Weise, nämlich in Form sich immer wiederholender vergeblicher Versuche, angegangen? Ist es überhaupt richtig, daß globale Affekte unlustvoll sein müssen? Durchaus nicht.

Die als global hier beschriebenen Affekte sind nicht an und für sich krankhaft oder gefährlich. Der Reichtum des Schöpferischen beruht auf der Fülle solcher globaler Gefühle. Die Kunst, und wohl am allermeisten und am allerfrühesten die Musik, gibt den Affekten symbolische Form (Susanne Langer, Klausmeier). Und noch mehr: die Kunst gibt den *Konflikten zwischen Affekten, und damit zwischen Werten und Idealen, zwischen Wünschen und Ideen,* auf vielen hierarchischen Ebenen symbolischen Ausdruck.

Entscheidend bei solch globalen Gefühlen und den auf ihnen beruhenden absoluten Wertungen ist es, zu welchem Ausmaß das Ich diese intensiven („erfüllenden") Emotionen zu steuern vermag oder inwiefern es von ihnen überschwemmt, überrumpelt, außer Funktion gesetzt wird. Es gibt Affektzustände solch globaler Art – Ekstase, brennendes Interesse, Freude, Lust –, die trotz ihrer Maßlosigkeit keineswegs unlustvoll zu sein brauchen und nicht abgewehrt werden müssen, vorausgesetzt daß das Ich, also das Gefühl der eigenen Willens- und Entscheidungsmacht, sich mit ihnen einverstanden erklären und verbünden kann. Die Antwort liegt wiederum im Faktor des Konflikts, nicht in dem der Absolutheit oder Globalität des Affekts (oder des mit ihm verbundenen Motivationssystems bzw. Triebs).

Zuviel Affekt mag der Überstimulierung von außen, der Unterstimulierung, der Traumatisierung oder konstitutionellen Faktoren zuzuschreiben sein. Jeder dieser Faktoren bewirkt zwar eine Störung der Affektbalance, doch um welchen Affekt oder um welche Affektgruppen und -diskordanzen es sich dabei handelt, variiert wohl je nach Art der Störung und der individuellen Anlage, nicht nur nach der angeblichen Phase, in der sich das „misattunement" ereignet.

In einem Sinn haben diese globalen Affekte zumeist nicht den Anschluß an die Zeit gefunden. Sie sind losgelöst von der Vergangenheit bewußter Erinnerungen und von der Zukunft planvoller Absichten und Willensmacht. Statt dessen bestimmen sie die Gegenwart durch ihre überschwemmende Gewalt. Symbole – oder genauer: die Prozesse der Symbolisierung – sind aber Mächte, die eine Brücke aus der Vergangenheit in die Zukunft bauen. Affekte, die von der Symbolisierung abgetrennt oder aber nie an sie angeschlossen wurden, sind der Kontrolle durch das Ich, also der rationalen Beschlußfassung entzogen und der Korrektur durch die Wirklichkeit unzugänglich. Es ist der Versuch der Synthese, es ist das Streben des Ich nach *psychischer Selbsterhaltung,* das es immer wieder verlangt, den unlösbaren Konflikt endlich einmal zu erledigen, doch wegen jener Ablösung von der Symbolisierung dabei versagen muß. Dies führt zu den sich immer wiederholenden Sequenzen von Kompromißlösungen und Kontrollversuchen.

Und damit kehren wir zur Frage des Wiederholungszwanges zurück.

10.10 Die Natur des Wiederholungszwangs

Greifen wir nun wieder die Frage nach der Natur des Wiederholungszwangs auf, so können wir behaupten: Bleiben wir ganz im Psychologischen, so können wir ohne große Verallgemeinerungen und theoretische Voraussetzungen feststellen, daß der Wiederholungszwang die Lösung von Konflikten bezweckt, die weitgehend unbewußt und gerade deswegen nicht lösbar sind; da der Versuch scheitert, muß er ständig wiederholt werden. Und zwar erscheint er in Sequenzen verschiedener Lösungsversuche, die alle mißlingen und doch immer wiederholt werden müssen, da ihr

eigentliches Ziel, die Beseitigung des ursprünglichen Konflikts und der mit diesem
verbundenen Traumata, unmöglich zu erreichen ist; denn was diese eigentlich sind,
ist unbekannt; ihre Natur ist vom Bewußtsein abgeschlossen. [Dies ist ungefähr die
Antwort, wie sie L. S. Kubie (1978) erteilt hat.]

Warum wäre es aber so wichtig, Konflikte immer wieder zu lösen und sich durch
das Scheitern dieser Versuche nicht beirren zu lassen? Ich glaube, daß man weder
über Freud hinausgehen noch zu einer metapsychologischen Erklärung schreiten
muß, wenn man darauf erwidert, wie ich dies eben getan habe: Chronisch ungelöste
Konflikte widersprechen dem Bedürfnis nach innerer Einheit, also dem syntheti-
schen Bestreben des Ich. Die Wiederholung dient der Überwindung der *inneren*
Konflikte, um die Synthese der eigenen Innenwelt zu erreichen; sie mag aber auch
der Behebung der Konflikte mit der *Außenwelt* dienen, um die eigene Reintegration
in die Gemeinschaft zu erleichtern. Doch muß, wie gesagt, dieser Versuch einer Serie von Kompromißlösungen mißlingen, da die Zusammenhänge zerrissen und in
dieser Form nicht wieder anzuknüpfen sind.

Warum sind die Zusammenhänge zerrissen? Warum gibt es Verdrängung? Ich
glaube, daß die Antwort eben darin liegt, was ich zuvor erwähnt habe: in der *absoluten, überwältigenden*, mithin *traumatischen* Natur dessen, was zuerst von außen
und später von innen her der Bearbeitung und Beantwortung bedarf – ob diese
Traumata nun äußere Verurteilungen und Brutalität oder völliges Verkennen oder
Überstimulierung sein mögen, oder ob das Absolute in den eigenen Reaktionen auf
diese Gefahren und Schädigungen liegt. Die Abwehrreaktion auf das Trauma oder
auf die chronisch traumatische Umwelt ist ebenso radikal wie die Traumatisierung
selbst. Das Resultat ist eine Unfähigkeit des Ich, diese Affekte symbolisch zu integrieren.

So scheint also der Wiederholungszwang ganz hervorragend nicht nur der Kon-
fliktbewältigung, sondern auch der *Affektbewältigung* und *-regulierung* zu dienen.

Je massiver die Affektpolaritäten sind und je höher die damit einhergehenden Af-
fektspannungen, um so stärker die Notwendigkeit, durch Wiederholung eine Regulation zu finden und damit die innere Einheit wiederherzustellen. Da aber das *Ziel*
der möglichen Lösung außerhalb des Bereichs der Wortvorstellungen und damit der
symbolischen Prozesse überhaupt liegt, erweist sich der Lösungsversuch durch die
Wiederholung immer wieder als unmöglich, solange die Polaritäten nicht selbst den
symbolischen Prozessen zugänglich gemacht werden (auch in dieser Hinsicht folge
ich weitgehend Kubie).

Der Wiederholungszwang dürfte mehr mit solchen ursprünglichen, traumatisch
ausgelösten Affekten und der Abwehr gegen diese zu tun haben als mit einer postu-
lierten Primitivqualität des Triebes oder mit einem übergeordneten Regulationsprinzip. Er ist nicht selbst ein Regulationsprinzip, das ein biologisches Bedürfnis zur
Wiederholung ausdrückt, sondern er entspräche vielmehr einem *ursprünglichen Re-
gulationsversuch, unerträgliche Affekte und Affektpolaritäten auszugleichen.* Der
Versuch übertrüge sich auf die von diesen (gewöhnlich globalen) Affekten mitbe-
stimmten – späteren – äußeren wie inneren Konflikten.

Damit könnte er Ausdruck eines angeborenen, also absolut grundlegenden und
von Erfahrungen unabhängigen psychologischen und vermutlich auch biologischen

Prinzips sein, ein *Übermaß von Spannung zwischen Gegensätzen auszugleichen.* Das Postulat eines solchen Prinzips – man könnte es das *Prinzip der Bindung des Maß-losen* nennen – ist spekulativ, ebenso wie das der Homöostase, das ihm sehr nahe verwandt ist. Die entsprechenden Phänomene wurden von Freud durch das Unlust-prinzip und mit dem Triebmodell erklärt: daß zu große Triebspannungen sich psy-chisch als Unlust manifestieren und abgewehrt werden müssen.

Der Wiederholungszwang beruht auf dem Widerspruch zwischen der Notwen-digkeit zur Regulation von Affekten und damit dem Ausgleich von gegensätzlichen Affekt- und Triebzuständen und den gelernten Erfahrungen, dem Wechselspiel also mit der Umwelt – daß ein derartiger Ausgleich blockiert wurde, die Regulation also unmöglich war. Die Verbindungen zwischen den gefühlten Affekten und Triebzu-ständen einerseits und den symbolischen Vorstellungen (representations) anderer-seits sind infolge jener Erfahrungen zerrissen worden. Die Angst, die der Wiederzu-sammenführung entgegensteht, ist die Angst vor der Wiederholung jener Erfahrun-gen, bei denen die Regulation unmöglich war. Es besteht also eine Komplementari-tät zwischen Affektregulation und innerem Konflikt (Lichtenberg 1986)

In der analytischen Arbeit erfolgt der Zugang fast ausschließlich mit Hilfe von Wortsymbolen. Doch sind es eben die unspezifischen Faktoren in der Analyse, die auch beachtliche Wirkungen auf die Affektregulation ausüben können – das „hol-ding environment", das aktive Interesse, das sorgsame Vermeiden der Kritik, die nichtautoritäre Freundlichkeit, das Erleben, Affekte und Wünsche in der neuen Si-tuation, in der einem erlaubt wird, alles zu fühlen, zu denken und zu sagen, ohne es aber in Handlungen umzusetzen, ungefährlich sich austoben lassen zu können. Alle diese erlauben eine Zusammenführung von Affekterlebnissen, die von der Symboli-sierung abgetrennt wurden oder ihr überhaupt nie zugeführt werden konnten, mit dem Erleben der Symbolwelt. Hier ist die Persönlichkeit des Analytikers von ent-scheidender Bedeutung, nicht so sehr die Richtigkeit seiner Deutungen. Oder sollen wir eher sagen: Wenn diese Deutungen ständig verfehlt sind oder wenn er eine kri-tisch-spöttische Grundeinstellung oder eine emotionelle Kühle und Distanz oder aber Zudringlichkeit und theoretische Vorurteile vermittelt, bedeutet dies, daß die Affektregulationsseite der analytischen Therapie ganz wesentlich versäumt wird. Damit beschränkt sich seine Fähigkeit des Analysierens auf die Patienten, die an-geblich keine Probleme mit Affektstürmen haben, d. h. auf solche, die entweder ei-nen „erfolgreich" zwangsneurotischen Charakter besitzen, oder aber auf solche, die beruflich von dieser Analyse abhängig sind oder denen es glückt, eine so schwer masochistische Übertragung herzustellen, daß sie dort von Gewinn und Fortschritt sprechen, wo sie am meisten leiden. Ich glaube, es sind diese unspezifischen Fakto-ren, die mit Empathie oder deren Mangel gemeint sind.

Es scheint mir besonders wichtig zu betonen, daß diese Regulationsdefizite ge-wöhnlich *Teil* der Konflikte werden und nicht irgendwie als etwas Abgesondertes nebenher laufen und daß man diese in der einen oder andern Form so ziemlich bei allen Neurosen antrifft. Ich glaube, daß Affektregulationsstörungen Teil jeder Neu-rose sind, und daß es sich nicht um prinzipielle, sondern um *quantitative* Unter-schiede handelt, wenn wir von milderen und schwereren Neurosen sprechen. Die *qualitativen* Differenzen beziehen sich vielmehr auf die verschiedenen Neurosentypen, die sich durch die Bevorzugung gewisser Lösungsversuche auf jenem Spektrum der Idealsequenz unterscheiden.

Der Wiederholungszwang ist demnach ein Versuch, auf symbolische Weise eine Regulation und Konfliktlösung zu erzielen, die deswegen unmöglich ist, weil die Affekte und die von diesen bestimmten oder mit ihnen eng verbundenen Triebbedürfnisse, Abwehrformen und Über-Ich-Forderungen unvereinbar und global sind und weil deshalb denn auch die ständigen Bemühungen, sie in Symbolen auszudrücken, scheitern müssen. *Loyalitätskonflikte nehmen eine kommandierende Stellung in der Verursachung der Abfolge der Impulshandlungen und damit der Identitätsspaltung ein.*

Der Wiederholungszwang ist eine Flucht vor dem Gewissen, die mißlingt, ein Aufstand gegen das Gewissen, der niedergeschlagen wird, eine Versöhnung mit dem Gewissen, die heuchlerisch und nur vorübergehend ist. Er ist eine Abfolge von Lösungen für Loyalitätskonflikte, die alle tiefen Aggressionen im Dienste widerstreitender Loyalitäten mobilisiert und vom Ressentiment angetrieben wird.

Doch kann der Versuch nicht aufgegeben werden, da es im Wesen des Ich liegt, eine innere Einheit zu erzielen. Das Bedürfnis nach Synthese ist so wichtig und so überragend, daß es in Intensität und Durchschlagkraft einem Trieb entspricht.

Damit stellt sich der Wiederholungszwang, wie auch schon Freud erwogen und Schur vertreten hat, als ein Versuch heraus, das passiv erlittene Trauma aktiv und, soweit möglich, mit umgekehrten Vorzeichen zu wiederholen, mit dem Ziel der Bewältigung. Unseligerweise hat jedoch das frühe Trauma zu überwältigenden Affekten und damit, wie schon erläutert, zu den Absolutheitsforderungen des Über-Ich geführt. Damit sind die intrapsychischen Konflikte nun selbst prinzipiell unlösbar und die dadurch immer wieder neu verursachten Affekte unbewältigbar stark geworden. Das Trauma lebt damit weiter; wie ein Drachen in seiner Höhle haust es sicher und mit tyrannischer Gewalt im Gewissen.

Dies führt nun zur folgenden Übersicht über die Genese der schwereren Neurosen:

Die früheste, aber durch das ganze Leben hindurch beobachtbare Störung zeigt sich als *Intoleranz gegenüber Affekten*, insbesondere gegenüber denen der Unlust (aber nicht unbedingt auf diese beschränkt) – v. a. gegen Angst und Niedergeschlagenheit, deren Varianten in Form von Scham, Schuld, Minderwertigkeitsgefühlen, und anderen verwandten Gefühlen und Stimmungen wie Dysphorie, Ekel und Spannung. Nicht alle lassen sich jedoch einfach der Angst und Depression unterordnen. Manche mögen mit dem, was Daniel Stern als Vitalitätsaffekte bezeichnet hat, zu tun haben – Qualitäten des Erlebens wie Crescendo, Decrescendo, Explosivität. Andere lassen sich mit großer Wahrscheinlichkeit auf die vorwiegenden, oft gegensätzlichen Stimmungen in der Mitwelt zurückführen, die zuerst von der hauptsächlichen Pflegeperson, später von der Familie als Ganzem dem Kind durch die gesamte Jugendzeit hindurch übermittelt werden. In Übereinstimmung mit Rangell spricht Emde vom *affektiven Kern* der Persönlichkeit, die von den ersten Wochen und Monaten an „die Kontinuität unseres Erlebens während der gesamten

Entwicklung garantiere" (Ende 1983) „Breit basiertes *Versagen der Regulation*" in bezug auf bestimmte Affekte wird von Lichtenberg für die späteren Affektstörungen bei Patienten ähnlich den hier untersuchten verantwortlich gemacht.

Die wohl wichtigste und schwerste Folgeerscheinung solch massiver und unerträglich intensiver Affekte und Stimmungen ist die *besondere Schwere der Konflikte*. In früheren Arbeiten schrieb ich diese Affektstürme einem Ungenügen oder Defekt der Verteidigung gegen Affekte zu, doch ist es im Lichte der neuen Forschung wohl eher angebracht, von mangelnder Affektregulation in der Interaktion mit der Umgebung zu sprechen. „Sobald die Regulationsstörungen durch den symbolischen Prozess kodifiziert werden", sagt Lichtenberg, „nehmen die sich daraus ergebenden Konfliktkonfigurationen die symptomatische und charakterologische Gestalt an, die uns von der Psychoanalyse her bekannt ist" (1986).

In anderen Worten, je schwerer die Regulationsstörung, desto extremer und archaischer sind die Konflikte und desto radikaler werden die Affekturteile gut/ schlecht, sicher/gefürchtet, lustvoll/unlustvoll, bewundert/verachtet, beschämendschwach/schuldig-stark usw., d.h. viele der Phänomene, die man heute manchmal durch die Abwehr der „Spaltung" erklärt.

Damit geht einher, daß die durch diese Konflikte bewirkten *Ängste* besonders überwältigend sind, also besonders *desintegrierend und fragmentierend* wirken (Rangell 1982). Wie wir immer wieder bei den Fallbeispielen gesehen haben, ist Angst an sich fragmentierend; sie betrifft immer das Selbstgefühl, ist mithin „narzißtisch"; es gibt nicht eine besondere, dem Narzißmus zuzuschreibende Fragmentierungsangst. Etwas weiter gefaßt läßt sich sagen, daß es intensive Affekte wie schwere Angst und Wut und das Nebeneinander mehrerer intensiver Affekte sind, die schwer fragmentierend wirken. Die dadurch hervorgerufenen *narzißtischen Krisen und narzißtischen Restitutionsformen* sind Teilerscheinungen dieser massiven Konflikte.

Ein wichtiger früher Kulminationspunkt solcher Konflikte und widersprüchlicher Gefahrenformen ist die von Mahler beschriebene Trennungs- und Individuationsperiode mit ihrer Konvergenz früher Kastrationsprobleme (Roiphe u. Galenson 1981), anal-sadistischer Bedürfnisse und damit von Autonomieproblemen und frühödipalen Bestrebungen (Tabin 1985), der revolutionären Aneignung der Symbolisierungsfähigkeit und überdies des Sichtbarwerdens der Schamgefühle und anderer früher Über-Ich-Funktionen. Zu dieser kritischen Zeit ereignen sich offenkundig auch manche der *massiven und archaischen Identifizierungen*, die fortan den ganzen Charakter zutiefst prägen. Diese sind *globaler* Natur und bewirken späterhin ebenso weitgehende, ihr ganzes Selbst und Welterleben zutiefst prägende *Verleugnungsweisen* (Müller 1985).

Die entworfene Idealsequenz und die beobachtbaren Impulssequenzen nehmen ihren Ausgangspunkt von diesem retrospektiv erfaßbaren ersten Kulminationspunkt und finden ihre klarste Ausbildung in der eigentlichen Ödipalphase, etwa $1\frac{1}{2}$ bis 3 Jahre später.

Dabei ist es freilich ungewiß, wie früh man eigentlich von innerem Konflikt sprechen kann. Die retrospektiven Rekonstruktionen sind dabei wertlos, und die Direktbeobachtungen eben sehr schwierig. Andeutungen dafür mögen in den frühkindlichen Phobien und dem Ambivalenzverhalten (z.B. dem Verhalten, das als

„avoidantly attached" beschrieben wurde) liegen, obwohl dies von anderen stark
bestritten wird: Lichtenberg hält es für unmöglich, von innerem Konflikt oder neurotischen Vorgängen zu sprechen, ehe die Symbolisierungsfähigkeit voll entwickelt
ist, also vor dem Alter von 18 Monaten. Es wäre indes überaus faszinierend, For-
schungsexperimente zu entwickeln, die darauf angelegt wären, frühkindlichen Konflikt zwischen gegensätzlichen Strebungen oder zwischen sich widersprechenden
Affekten zu beobachten und namentlich auch die Symptomatologie früher Störungen spezifisch daraufhin zu untersuchen. Ansätze für solche Untersuchungen bestehen (vgl. z. B. Fraiberg 1982; Emde 1983).

10.11 Über-Ich und Narzißmus

Ich denke, die Verallgemeinerung ist nicht unberechtigt, daß mit Ausnahme der frühesten (vorsymbolischen) Perioden innere Konflikte zeitlebens das Über-Ich mit seinen 6 Hauptfunktionen miteinbeziehen: a) Ich-Ideal (v. a. Idealbild des Selbst und
Kodex der Idealhandlungen), b) Selbstkritik und Selbstbestrafung, c) Stimmungs-
und Affektstabilisierung, d) Selbstbeobachtung, e) Wacht über die inneren und äußeren Grenzen, sowie f) Billigung und Beschützung der eignen Person (des
„Selbst"); d. h. das *Über-Ich wird zur hauptsächlichen inneren Regulationsinstanz.*
    Erfahrung zeigt, daß sich diese Funktionen gesondert oder im Zusammenhang
schon lange vor der für später angesetzten (klassischen) ödipalen Periode nachweisen lassen. Es wird daher nicht mehr allgemein angenommen, daß das Über-Ich als
Struktur einfach Erbe des Ödipuskomplexes (wenigstens in dessen für später angesetzten Form) sei. Es ist doch wohl möglich, daß frühere Strukturformen der „Auflösung des Ödipuskomplexes" weit vorauseilen. Dies ist ein anderes Gebiet, wo gute empirische Forschung zu neuen, auch klinisch vielversprechenden Einsichten
führen könnte. Ich lasse die Frage hier offen, wie früh wir eigentlich von einer
Struktur „Über-Ich" sprechen können – ob erst nach der ödipalen Phase (wie immer diese bemessen sei) oder schon weit früher – oder ob es überhaupt heute noch
berechtigt ist, in dem Sinne von Phasen oder Perioden zu sprechen: ob es sich nicht
eher um lebenslange Probleme handelt, die ihre eigenen Entwicklungslinien besitzen. Sehen wir doch schon eine klare Differenzierung der Beziehung zur Mutter,
zum Vater und zu anderen Personen der Umwelt von den ersten Lebenswochen an.
Wann beginnen erste beobachtbare Dreieckssituationen? Welche Formen nehmen
sie an und wann? Auch darin gäbe es erregende neue Forschungsmöglichkeiten.
Dies bedeutet natürlich keine Übernahme der Kleinschen retrospektiven Konstruktionen, sondern eine Aufforderung, mit direkter Beobachtung weiterzuhelfen, wo
die retrospektive Forschung prinzipiell versagen muß, ja eben deswegen auf Holz-
wege führt, da sie die Gleichsetzung von psychotischen Erscheinungen mit solchen
der frühen Kindheit a priori voraussetzt. Diese Voraussetzung ist eben durch die
neue Direktforschung völlig erschüttert worden.
    Die späteren inneren Konflikte, wie sie typischerweise durch die analytische Me-

thode zugänglich werden, beziehen das Über-Ich als eine Kardinalstruktur immer
mit ein. Das Über-Ich ist ja selbst, wie Brenner betont hat, eine Kompromißbildung.
Beziehungen zu anderen („Objektbeziehungen"), Triebe, Affekte und Traumata
schlagen sich in ihm ebenso nieder wie die Abwehr gegen diese. Diese Konflikte
mögen dann auch jene viel früheren Affekte, deren Regulierung mißglückt ist, wieder hervorrufen. Aber fortan wird alles, auch diese frühen Affekte, durch symbolische Vorstellungen filtriert und vermittelt, also im wesentlichen durch innere Konflikte und Phantasien – durch diese vermittelt, nicht auf sie beschränkt! Und solche
symbolische Darstellung erfolgt auf manchen Ebenen.

Daraus ergibt sich, daß wir bei diesen schweren Neuroseformen eine besondere
Strenge und sogar *Polarisierung des Über-Ich* antreffen – übersteigerte Ideale und
Erwartungen, damit übersteigerte Verurteilungen in Alles-oder-nichts- und
Schwarz-weiß-Kategorien. Mit diesen verheerenden Diskrepanzen gehen gleicher-
maßen übersteigerte Affekte einher: in erster Linie Schuld, Scham und Verzweiflung, in zweiter Linie Wut, Verachtung, Trotz und Neid, die v. a. der Abwehr jener
primären Affekte dienen sollen. Eines der Resultate derartig intensiver Über-Ich-
Konflikte ist eben die Spaltung der Identität – in der Extremform als multiple Persönlichkeit.

Ein anderes Ergebnis liegt darin, daß die die Über-Ich-Bildung bestimmenden
frühen Konflikte und die in sie investierten globalen Affekte es auch veranlassen,
daß *narzißtische Probleme und Störungen sich immer ganz zentral auf Über-Ich-Konflikte beziehen*. Klinisch finde ich es sogar von größerer Hilfe, *narzißtische Konflikte
als Ergebnisse von Über-Ich-Konflikten zu behandeln*, anstatt umgekehrt die narzißtischen Störungen als den strukturellen übergeordnet anzusehen.

Was die *Phantasien*, die Selbst- und Objektbilder und die dafür einstehenden
Symbole betrifft, so nehmen auch diese, als abgeleitete Kompromißbildungen, an
der Radikalisierung von Gefühlen und Wünschen teil. Sie sind ebenfalls, wie das
Über-Ich, zu Trägern globaler Affekte geworden, sind also sehr oft „narzißtischen"
Charakters – haben daher zum Inhalt: Überschreitung der Grenzen, Verschmelzung
und Verwischen der Abgrenzungen zwischen Innen und Außen, Allmacht und All-
wissen, unmäßige Ansprüche. Sie zeigen eben das Merkmal des Maßlosen. Doch
scheint es mir ganz wesentlich, daß es sich, nach meiner Erfahrung wenigstens,
nicht um primäre Wünsche handelt, die man dem Patienten vergällen soll, auf die
zu verzichten er „als Tor durch das Leiden lernen" soll, sondern diese Verschmel-
zungs-, Allmachts- und Anspruchsphantasien dienen immer dem Schutz gegen
Angst, Schmerz, Verlust oder Scham, also gegen Affekte gewöhnlich traumatischen
Ursprungs und überwältigender Intensität. Dasselbe in andern Worten: Die sog.
„symbiotischen" Phantasien und diejenigen des „primären Narzißmus" sind nicht
Regressionen zu ursprünglichen Triebwünschen, sondern archaische Formen der
Abwehr globaler Art gegen globale Bedrohungen und Leiden. Ich betone dies so
sehr, da ein ganz anderes therapeutisches Vorgehen von den beiden Ansichten bestimmt wird – ein konfrontierend-erzieherisch-verurteilendes Verhalten einerseits,
andererseits ein Procedere, das auf einem Verstehen auch des Abartig-Agierten als
Selbstschutz beruht. Bei ersterem werden die meisten hier behandelten Patienten
über die Krisensituation hinaus unbehandelbar oder wenigstens unanalysierbar. In

akuten Situationen ist das erstere nicht nur angebracht, sondern zuweilen unerläßlich, ja lebensrettend. Wird es aber zur Methode der „long term therapy", verstärkt
es die Persönlichkeitseinschränkung, den Autoritätsgehorsam und die phobischen
Neigungen und trägt oft zur Vertiefung des ohnehin schon sehr schmerzlichen
Scham- und Minderwertigkeitsgefühls und der daraus sich ergebenden Aggressionen bei.

Bedient man sich umgekehrt des analytisch-deutenden Verfahrens zu Zeiten
schwerer Krisen – wie Suizidalität, andere Formen der Selbstgefährdung und Drogenmißbrauch –, läuft man die ebenso schwere Gefahr, dem Patienten nicht Einhalt
zu gebieten und damit Halt zu geben, wenn er danach schreit – „the wall to
bounce off", wie es Vera genannt hat. Das ist eben das technische Dilemma, auf das
ich bald nochmals zurückkommen werde.

10.12 Zusammenfassung der hauptsächlichen Konflikte und einige Gedanken über die Rolle des Ressentiments

Damit bin ich an einem Punkt angelangt, wo ich noch einen zusammenfassenden
Überblick über die wesentliche Konfliktproblematik geben kann:

1) Ich fasse den Ödipuskomplex weiter, nämlich als eine ganze Serie von *Drei-
eckskonflikten*, die sehr wesentlich auch die Geschwister miteinbeziehen können,
also nicht allein Ödipus und Elektra, sondern auch Kain. Sie gehen fließend inein-
ander über, doch ist die ursprüngliche, positive Ödipuskonstellation dabei keine
Monarchin, sondern eine „prima inter pares".

2) Mit der Neuformulierung des Triebmodells, zu der uns die Erforschung der
frühen Kindheit und eine schärfere Besinnung auf das, was beschreibend ist, gegenüber dem, was erklärend sein kann, zwingen, nimmt das Motivationssystem der psychischen Selbstbehauptung nicht allein eine eigene, von der Aggression weitgehend
unabhängige Stellung ein, sondern man kann mit Daniel Stern auch annehmen, daß
der Prozeß der *Individuation*, also der Selbstwerdung, ebenso wie der des *Zusam-
mengehörens* und der Bezogenheit von Anfang an vonstatten geht. Individuations-
und Trennungskonflikte schwerer Natur können – in interpersoneller, nicht intra-
psychischer Form – von den ersten Monaten des Lebens an beobachtet werden
(Fraiberg 1982; Brody 1982). Sie sind auch später von gesonderter Bedeutung und
unabhängig von den ödipalen Konflikten explorierbar. Die sog. analen Konflikte
und die dyadischen Ambivalenzkonflikte sowie die damit verbundenen schweren
Aggressionen scheinen Sonderformen solcher Individuationskonflikte zu sein.

3) Probleme der *Affektregulation* und diesbezügliche Konflikte sind nicht einfach
auf solche der Triebkontrolle reduzierbar. Die *Affekttheorie* ist unabhängig von der
Triebtheorie; Affektkonflikte sind nicht einfach Abkömmlinge von Triebkonflikten.
Konflikte über *globale Affekte* führen zu psychischen Phänomenen, die oft als orale
oder narzißtische Probleme beschreibend zusammengefaßt werden.

4) *Über-Ich-Bildung* und das Gebiet der *Loyalitätskonflikte* sind zwar eng mit frühödipalen Konflikten verknüpft, soweit es die *Schuld*seite betrifft. Das gilt aber keineswegs für die Entwicklung der *Scham*, die weitgehend unabhängig von der ödipalen Problematik erfolgt. Globale Identifizierungen, globale Introjektionen und globale Verleugnungen haben mehr mit der herrschenden Grundeinstellung in der Familie, den Wertkonflikten dort, zu tun als mit dem Ödipuskomplex. Da sie globaler Natur sind, haben eben auch die damit verbundenen Schuld- und Schamgefühle absoluten und (in ursprünglicher Form) diametral entgegengesetzten Charakter, nämlich als *Trennungsschuld* und als *Abhängigkeitsscham*.

Loyalität ist mehr als eine Gebundenheit an ein „Objekt", mehr als eine gewöhnliche Objektbeziehung: sie setzt den anderen als geliebte Autorität, der man die Treue wahren muß, über die eigene Person. Damit ist sie aber eine *Über-Ich-Bindung*. Gegensätzliche Loyalitäten zerreißen das Innere wie wohl kein anderer Konflikt, da Loyalitäten im Grunde unbedingt sind und die Forderung absoluter, d. h. kompromißloser Treue erheben. Jeder Loyalitätskonflikt bedeutet eine Art Über-Ich-Spaltung, die in schwererer Ausgestaltung ungeheure Affekte hervorzurufen vermag. Solche Loyalitätskonflikte mögen gegenüber sich befehdenden Eltern bestehen, oder aber gegenüber offenen und versteckten Werten in der Familie, oder zwischen Familie und Umwelt, oder zwischen der Loyalität einer äußeren Instanz und der Loyalität sich selbst gegenüber.

Alle 4 Bereiche haben ihre eigene Entwicklung, sind unabhängige Problemgruppen mit gesonderten Lösungsversuchen, die nebeneinander her verlaufen und weniger Phasen als oft *parallele Aufgaben* vorstellen, auch wenn diese Bereiche sich gegenseitig beeinflussen mögen. Bei den schweren Neurosen sehe ich Konflikte in allen 4 Bereichen, ohne einem einzelnen den Vorzug geben zu können.

In bezug auf die Auslösung der Impulshandlungen – also auf den Wiederholungszwang – sprach ich den Loyalitätskonflikten eine kommandierende Stellung zu. Damit behaupte ich aber nicht, daß diese nun *den* Kernkonflikt darstellen. Alle 4 Konfliktgruppen sind Kernkonflikte der Neurose und immer mehr oder weniger gleichzeitig gegenwärtig und wichtig.

Der Affekt des *Ressentiments* spielt eine große Rolle im Ablauf der Impulshandlungen bei schweren Neurosen. Während er, wie Max Scheler beschrieben hat, auf Neid, Eifersucht und Rachsucht bei einem Zustand der Ohnmacht, der Hilflosigkeit und der Beschämung beruht, ist er ohne einen Wertkonflikt nicht zu denken. Er ist auf dem Gerechtigkeitsideal aufgebaut und ist recht eigentlich *das Gefühl der Ungerechtigkeit*: daß man weniger ist oder hat oder bekommt oder darf als es einem von Rechts wegen zustünde. Loyalität ist eine Art Gegenbegriff zur Gerechtigkeit, insofern sie einander bedingen: wenn jemand gerecht zu mir ist, bin ich ihm gegenüber loyal, und umgekehrt, wenn ich jemandem gegenüber loyal bin, darf ich Gerechtigkeit erwarten; ich „verdiene" diese. Das Ressentiment widerspiegelt den Konflikt zwischen wahrgenommener Ungerechtigkeit, also verletztem Gerechtigkeitsanspruch, und gefühlter, erfüllter oder geforderter Loyalität. Es entspricht der Wahrnehmung, daß die erwartete Gerechtigkeit ausbleibt, trotz der geleisteten oder gefühlten Loyalität. Eine starke Form des Ressentiments wird als Entrüstung oder Empörung (outrage, indignation) erlebt.

Das Ressentiment ist also selbst Ergebnis eines Loyalitätskonflikts. Der Scham des Verraten-worden-Seins versucht man dadurch zu wehren, das Ressentiment soll dadurch beseitigt werden, daß man sich der Macht in dem Sinne bemächtigt und die Rache auf eine solche Weise auszuüben unternimmt, daß die gestörte Gerechtigkeitsbalance anscheinend wieder hergestellt wird. *Das Ressentiment führt daher zu einer Rache, die der verletzten Loyalität entspringt und sich in den Mantel der Gerechtigkeit hüllt.* Es gibt also eine Entwicklungslinie von *Rechtsverlangen* → *Loyalität* → *Verrat* → *Scham* → *Ressentiment* → *Macht- und Rachsucht, die als Moralitätsanspruch auftritt.*

Diese Scham-Ressentiment-Moralitätsachse läßt sich überall da wiederfinden, wo ein absoluter (globaler) Gewissensanspruch sich der Macht zu bedienen versucht, um sich den andern gefügig zu machen. Die oft grausam ausgeübte Macht der kategorischen Verurteilung soll dazu dienen, das Gefühl der inneren Schwäche und Beschämung und damit das Ressentiment auszulöschen. Soviel Machtgier und Machtmißbrauch in Religion, Staat und Institutionen wie auch in der Überlieferung in Familien beruht auf einem solch tiefen Gefühl des inneren Ungenügens und des Hintangesetztseins, das dem verletzten Gerechtigkeitsgefühl entspringt. In der Ethik und der Religion wie in der Politik bedienen sich manche Führer des Ressentiments der anderen, um der eigenen tiefen Wert- und Loyalitätskonflikte ein für alle Mal Herr zu werden, indem sie die absolute Gerechtigkeit der eigenen Stellung und der eigenen Ansprüche proklamieren. Die im Dienste der Moralität, also angeblich des Gewissens, ausgeübte Grausamkeit, der oft entsetzlichste Sadismus im Dienste eines Ideals, ist selbst eine Form der Abwehr sowohl gegen das Gefühl der Scham, die durch den oft unvermeidlichen Verrat bei Loyalitätskonflikten oder bei anderen Brüchen in der Gerechtigkeitserwartung verursacht wird, wie auch gegen die Schuld, die sich auf die mit diesen Konflikten verbundene Rachsucht bezieht. Diese Abwehr in Form sadistischer Verurteilung ist eine solche der Umkehrung, v. a. der Wendung vom Passiven ins Aktive, mit Rollenvertauschung und Projektion.

Die Übertragung der Über-Ich-Konflikte und damit der Loyalitätsprobleme und des mit diesen verbundenen Ressentiments ist zwar ubiquitär, kann aber nur dann richtig der Analyse zugänglich gemacht werden, wenn man sich der Benutzung der Über-Ich-Übertragung durch Ausüben der Autorität weitmöglichst enthält und diese statt dessen analysiert.

Dabei wird einem gelegentlich entgegengehalten, daß diese Art der Technik ein „Mitagieren mit dem Patienten" bedeute, da man dessen aggressiven Impulse, die sich indirekt innerhalb der Übertragung andeuten, nicht direkt angehe. Darauf kann man antworten, daß man solche Aggressionen besser aufdecken kann, wenn man sie nicht autoritativ zu deuten versucht, sondern von den Ursprüngen solcher Wünsche, von der Angst vor ihnen und der Abwehr gegen diese ausgeht. Damit wirkt man am wenigsten verurteilend und findet am ehesten den notwendigen Zugang zur analytischen Behandlung der Über-Ich-Übertragung, auch wenn dieses Vorgehen mehr Zeit erfordert. Mit dem gegenteiligen Vorgehen habe ich gewöhnlich die Patienten früher oder später verloren, oder die Behandlung wandelte sich in eine nicht mehr analysierbare sadomasochistische Beziehung und mußte als erfolglos abgebrochen werden. Oft konnte ich dies auch im kleinen beobachten: Wenn ich von der Lektüre von Werken eingenommen war, die solch forsches Konfrontieren vertraten, schlichen sich leicht auch entsprechende Hinweise in meine Bemerkungen ein, mit oft unmittelbar katastrophalen Folgen, die sich nicht immer wieder gutmachen ließen. Diese Art der Technik mag sich bei der Krisenintervention oder bei hospitalisierten Patienten auf kurze Sicht bewähren. In der langen Behandlung schwerkranker Patienten ist sie gewöhnlich kontraindiziert.

10.13 Die „Blendung durch Bilder"

Bei allen Fällen muß anerkannt werden, daß ernste und manchmal sehr intensive psychische Traumatisierung erfolgt war. Den Realitätsfaktor hierbei zu verleugnen, d.h. zu ignorieren, käme der Bestätigung einer pathogenetisch wesentlichen Grundeinstellung des Familienmilieus gleich und würde eine wirksame Behandlung verunmöglichen. Doch auch hier spielt wieder die *Komplementarität* eine Rolle: die Anerkennung des äußeren Traumas vermindert nicht die Bedeutsamkeit der inneren Konflikte, der einzelnen Affekte, Triebe und Abwehrformen, der Phantasien und der Teilidentitäten. Innen und Außen sind gleich wichtig und ergänzen sich gegenseitig. Die Traumata werden, wie schon gesagt, durch die Linse der Konflikte gefiltert. Sie werden uns nur durch diese sichtbar und auch behandlungstechnisch zugänglich. Auch hier besteht also kein Entweder-Oder, sondern ein Sowohl-als-Auch.

Die analytische Kausalforschung konzentriert sich auf die Konflikte, namentlich auf die inneren Konflikte. Darin findet sie ihre Einzigartigkeit und ihren Wert. Die Spezifizität und Einzigartigkeit der Methode heißt hingegen nicht Einseitigkeit im Verstehen der Ursachen. Daher ist es wohl aus dem Studium der Genese und Aufrechterhaltung der Neurose bei den einzelnen Fällen klar geworden, daß das psychoanalytische Verständnis der schwereren Pathologie durch die Parallelstudien von Familien„transaktionen" sehr bereichert werden könnte.

Gerade Loyalitätskonflikte, die ich hier von der intrapsychischen Warte her beleuchtet habe, spielen eine bedeutende Rolle in der Familienforschung, namentlich in der Schule von Böszörmenyi –Nagy (s. auch Stierlin 1969, 1974).

Während keine auf die andere reduziert werden kann, läßt sich die intrapsychische Dynamik viel besser vor dem Hintergrund der Familiendynamik verstehen und vice versa. Die Komplementarität dieser 2 Vorgehensweisen – die der Psychoanalyse und die der Familienuntersuchung (inklusive die Interaktionen zwischen Kleinkindern und ihrer Umgebung) – ist ebenso vielversprechend für eine tiefere Erfassung und Behandlung der Psychopathologie wie deren Analogon in der Physik für die Bewältigung der Probleme in der Quantummechanik gewesen ist.

In diesem Zusammenhang denke ich, daß der Vorgang, den Schottländer vor etwa 25 Jahren als „*Blendung durch Bilder*" beschrieben hat, von besonderem Interesse gerade bei den schwerer kranken Neurotikern, die wir hier studieren, sein kann. Es handelt sich dabei um die *Verleugnung der Individualität des Kindes durch die*

Eltern – das Nichtwahrnehmenkönnen der spezifischen Bedürfnisse, Wünsche und Befürchtungen, der Individualität und Autonomie des Kindes zugunsten gewisser unpersönlicher Kategorien. Das Ergebnis dieser schweren Pathologie der Gesamtfamilie besteht 1) in einem Über-Ich, das selbst eine seltsame Doppelheit und Gespaltenheit aufweist, 2) in einer vordringlichen Anwendung der Abwehrform der Verleugnung im Dienste des einen oder anderen Teils des Über-Ich, oft in ganz massiver Weise, 3) im episodischen Durchbrechen in den Impulsivhandlungen gerade der Seite der Persönlichkeit, die jener „Blendung" zum Opfer gefallen ist, und 4) in dem Gefühl und dem Eindruck einer „gespaltenen Identität".

Die Erfahrung mancher Patienten ist eben diese: „Mein Vater und meine Mutter haben mich überhaupt nicht gesehen". „Ich wurde als unsichtbar behandelt." Wie wir mehrfach gesehen haben, führt diese Unsichtbarkeit als Individuum sowohl zu einer radikalen Form des Sichschämens über sich selbst wie auch zu einem nagenden Gefühl des Ressentiments über die in solchem Nicht-sehen-Können der Individualität ausgedrückte Ungerechtigkeit. Ihr Selbstausdruck ist nicht wahrgenommen und erwidert worden. Es bedeutet: „Ich habe kein Recht auf meine eigenen Gefühle und damit auf meine eigenen Gedanken, meine Wahrnehmungen und v. a. meine Willensentscheidungen." Wenn einem derart die Gefühle und Triebe von außen „weggenommen" werden, wird das als tiefe Ohnmacht, als ein Eindringen, dem man nicht wehren kann, empfunden. Die Scham darüber bedeutet: „Ich vermag nicht einmal mein eigenes Innenleben zu kontrollieren; mein Privatestes ist nicht geschützt gegen die Zudringlichkeit des andern." Ganz besonders mögen es die Gefühle des anderen sein, die als beherrschende, von außen her ihre Ansprüche erhebende Kraft erlebt werden. Solche Scham und das tiefe Ressentiment über diesen Zwang zum Selbstverlust und Selbstverrat führen notgedrungen zu Wünschen nach Rache, mit der man diese Hilflosigkeit und Ohnmacht beseitigen würde, sei es in Form der Entwertung und Verhöhnung des andern (die Umkehrung des Schamtraumas), sei es in der Wiederbehauptung einzelner Triebwünsche, die zu Symbolen der Autonomie geworden sind (z. B. die Gewalt über das Essen), sei es in Trotz, Wut oder Haß. Hinter all dem steht aber die tiefe Angst, passiv ausgeliefert zu sein, sich selbst an den andern zu verlieren, von den Affekten und Willensakten des andern überwältigt zu werden. Die Gleichung ist also: Passivität = penetriert werden = von Affekten überschwemmt werden = sexuelles Eindringen = Selbstverlust.

Diese Blendung durch Bilder wird in der Gegenwart wiederholt, und auch die Übertragung zeigt dieses aktive Aussperren der Wahrnehmung – sei es mit Hilfe von Drogen, sei es durch Phantasien der Idealisierung. Das Interessante und Bestätigende läge darin, daß der Patient im Analytiker die Wiederholung jener Erfahrung erlebte, also eben die „Blendung durch Bilder" bei ihm wiederanzutreffen glaubt. Dies war bei manchen meiner Fälle so, besonders stark bei der von mir in Kap. 7 geschilderten „Dilecta", die mich immer wieder bezichtigte, daß ich sie nur durch die Linsen meiner „kleinen Theorien" und „kleinen Rituale" zu sehen vermöge. Andere drückten dies mehr als Furcht aus oder deuteten eine einzelne Bemerkung von mir als eine so absolute, so kategorische Verurteilung, daß sie stante pede die Analyse abbrechen wollten.

Häufig bleibt es aber scheinbar bei der Idealisierung meiner Person – die ja auch eine Blendung durch Bilder ist. Sie wiederholt die Idealsetzung in der Familie. Mit ihr muß die Verleugnung einhergehen, um die Verdrängung massiver Wut und Verachtung und der Gefühle der Bedürftigkeit zu unterstützen. Auch hier ist es also eine Form der Über-Ich-Übertragung – die Idealisierung – die der Abwehr dient und früher oder später analysiert werden muß. Das soll zwar taktvoll und zur richtigen Zeit geschehen, aber auch nicht zu sehr aufgeschoben werden. Ich behaupte nicht, daß mir diese analytische Durcharbeitung immer auch rechtzeitig gelungen sei.

10.14 Das therapeutische Vorgehen: die Bedeutung der Über-Ich-Analyse

人　能　弘　道

非　道　弘　人

[rén néng hóng dào, feī dào hóng rén]
(Der Mensch vermag die Prinzipien groß zu machen; die Prinzipien können den Menschen nicht groß machen.)
[Kung Fu Tse (Confucius):. *Lun Yü*, XV. 28]

Ich habe zuvor erwähnt, daß die Frage nach dem Wesen des Wiederholungszwangs sich unvermeidlich in ein im eigentlichen Sinne metapsychologisches Problem verwandelt, auch wenn man nicht mehr dem metapsychologischen Programm von Freud, Hartmann oder Rapaport zustimmen kann. Das Problem des Wiederholungszwangs greift über das Psychologische hinaus und weist auf die umfassendere, den Theorien zugrunde liegende und sie bedingende Weltanschauung, also nolens volens auf etwas Metaphysisches. Denn selbst die von Freud als Zeugnis herangezogene wissenschaftliche Weltanschauung hat glaubensmäßige, unbeweisbare Grundvoraussetzungen, nämlich daß die logischen Kategorien nun bekannt und überall gültig sind, daß wir diese voll erkennen und bei der Erkenntnis der Phänomene nicht nur mit Vorteil befolgen können, sondern daß jeder Wahrheitsanspruch sich an diesen vorgegebenen Kriterien messen muß.

Darüber hinaus ist die Untersuchung des Einzelnen auch immer nur dann möglich, wenn man einen Entwurf des Ganzen besitzt, und dieser Entwurf bestimmt doch immer wieder, wie man die Zusammenhänge der Einzelheiten deutet, im Sinne des hermeneutischen Zirkels Gadamers, doch nun auf das Ganze aller und jeder Wissenschaftlichkeit bezogen. Diese Fragen sollen an anderer Stelle[2] aufgegriffen und mit der Hilfe der hier unterbreiteten Erfahrung beantwortet werden, soweit dies damit möglich ist.

Im gleichen Zusammenhang erwähnte ich die Bedeutsamkeit der Unterscheidung von Beschreibung und Erklärung. Die meisten unserer Theorien beinhalten eine subtile Verschiebung vom Anspruch des Beschreibens zu dem des Erklärens. Dabei wird übersehen, daß die meisten theoretischen Begriffe und Ausführungen beim Verstehen schwerer Fälle eigentlich überraschend wenig weiterhelfen, also zwar be-

---

[2] In Vorbereitung: *Zerbrochene Wirklichkeit/tragische Wahrheit*.

schreibend von Wert sein mögen, aber der erklärenden Wirkkraft ermangeln. Wenn aber etwas bei gewissen Krankheiten unwirksam oder ungenügend wirksam ist, heißt das, daß die kausalen Erklärungen nicht stimmen, nicht zureichend sind, um auf den Einzelfall genügend klar übertragbar und praktisch anwendbar zu sein, daß also mindestens etwas zu ihrer Vollständigkeit fehlt. Die Erfahrungen mit den hier vorgestellten Krankheiten zeigen, daß die üblichen analytischen Erklärungen nicht genügen. Wo ist der Bruch? Oder die Lücke?

Wo dann diese Mängel schmerzlich bewußt werden – beim therapeutischen Versagen der Methode –, muß oft die Suggestion einspringen, die *Benützung der Über-Ich-Übertragung* statt der Analyse zum Zweck der therapeutischen Veränderung. Die eigene Autorität wird eingesetzt, um im Sinne der von Ferenczi so benannten „Über-Ich-Intropression" (ich verdanke Prof. Loch diesen Hinweis) die erhofften inneren Wandlungen zu bewirken, die die Einsicht nicht zu erzielen vermochte. Das macht es notwendig, daß sowohl das theoretische Verstehen der Dynamik wie die Theorie der Technik diesen Problemen systematisch nachforscht – dem technischen Konflikt also zwischen der Beförderung der Selbstbeobachtung und der Suggestion und damit den Fragen, wieweit die Technik die innere Wahrheit verfälsche, die Theorien also zirkulär, selbstbestätigend werden.

Wie schon mehrfach erwähnt, halte auch ich die traditionelle Metapsychologie als wissenschaftliche Fundierung für weitgehend verfehlt. Doch sehe ich im Gegensatz zu den Kritikern in diesen Entwürfen nicht durchgehend falsche Ansätze, sondern in manchen mehr oder weniger nützliche Hilfskonstruktionen metaphorischen Charakters. Namentlich messe ich dem Modell des intrapsychischen Konflikts (der dynamischen Auffassung) auch in der Behandlung nach wie vor weit größere Bedeutung bei als viele Autoren der Gegenwart. Der *innere Konflikt* ist in der Tat Moment für Moment *der eine und spezifischste Fokus all meiner analytischen Arbeit.* Allgemeiner sehe ich noch immer die inneren Vorgänge als zumindest gleichberechtigt und einer sorgfältigen Untersuchung ebenso würdig wie die interaktionellen. Insbesondere scheint es mir das große Verdienst der Analyse gewesen zu sein, die Eigenständigkeit der inneren Welt gegenüber allen Außenbeziehungen verteidigt und dem systematischen Studium eröffnet zu haben. Das wesentliche In-Beziehung-Stehen des Menschen schließt ein ebenso wesentliches Für-sich-Sein nicht aus. Diese grundlegende *Dialektik* läßt sich interessanterweise nicht allein in der abendländischen, sondern auch in der chinesischen Philosophie verfolgen.

Gewiß gibt es ein ständiges Hin und Her zwischen innerem und äußerem Konflikt. Aber beide sind eben *komplementär*; beide müssen ständig und in dialektischem Wechselspiel im Auge behalten werden.

Eine der hauptsächlichen technischen Voraussetzungen meiner Arbeit als Analytiker ist, wie ich wiederholt betont habe, die gemeinsame detaillierte Beobachtung der „inneren Autorität" des Patienten: der Wirksamkeit des Über-Ich und seiner mannigfachen Aspekte sowie die genaue Betrachtung der Abwehrvorgänge innerhalb und außerhalb der Übertragung. Deren Gelingen hängt von dem Ausmaß ab, in dem man darauf verzichtet, selbst in die Übertragungsrolle der Autorität zu verfallen. Ganz wird sich das nie vermeiden lassen, aber weitmöglichst ist schon gut genug.

Ich wiederhole nochmals: „Die Übertragung des Über-Ich soll analysiert, nicht benutzt werden" (Gray, 1987). Doch die Wiederholung dieses Punktes drückt mein eigenes Unbehagen darüber aus, wie oft mir dies nicht gelungen ist.

Elasar sagt: „Ich weiß nicht, wo meine Grenzen sind!" Das Globale der Ängste und der anderen „großen Gefühle" bedeutet: keine Grenzen zu haben! Das Wesentliche ist, daß dann eben auch das Über-Ich keine Grenzen kennt. Aber was heißt das: keine Grenzen zu haben? Es heißt: den Wunsch nach totaler Verschmelzung mit einer Idealfigur zu haben. Es heißt, daß die Forderungen an sich selbst grenzenlos und maßlos sind. Und es heißt, daß die Gefühle und Verlangen immer wieder drohen, überwältigend zu werden, d. h. die Bande der gesellschaftlichen Normen zu sprengen, die Beschränkungen der Natur zu mißachten und die Diktate der Vernunft schlau und listig zu umgehen.

Im Lichte des Aufgefundenen stellt sich dann auch die faszinierende Frage: *Ist nicht der ganze Wiederholungszwang, wenigstens bei manchen, ein Versuch, alte Loyalitätskonflikte wiederherzustellen?* Und bestimmt das nicht auch die Analyse oder Psychotherapie? Das ist eine so neue und so gewagte Behauptung, daß sie bestimmt nicht allgemein gültig ist. Daß aber Loyalitätskonflikte in der Übertragung eine viel größere Rolle spielen als man gemeinhin annimmt, das zu denken bin ich jetzt geneigt. Wie weit wird nicht jede Analyse schon per se als eine Disloyalität gegenüber dem Elternhaus erlebt und auch als ein Selbstverrat gefürchtet, als ein Bruch der Loyalität sich selbst gegenüber? Dies sind neue Aussichten für die Untersuchung, auf die ich hier nicht weiter eingehen kann, sondern gedenke, an anderer Stelle[3] weiter zu verfolgen.

Je schwerer die Neurose, um so schwieriger ist es, die suggestive Autoritätseinstellung zu vermeiden. Wie wir gesehen haben, wird es gelegentlich unumgänglich, Interventionen anzuwenden, die eine Über-Ich-Bedeutung aufweisen und zu eben der „Internalisierung der Autorität" führen, die bei optimalem analytischem Vorgehen vermieden wird. Das wirft manche gewichtigen Fragen auf:

Welchen Einfluß auf die Übertragung und deren Analyse haben Empfehlungen in bezug auf Arbeitswahl oder auf therapeutische Hilfsmethoden wie Verhaltenstherapie, die Verschreibung eines Antidepressivums oder das direkte Verabreichen von Antabus? Gleichgültig kann das alles natürlich nicht sein, doch war ich überrascht, daß diese Eingriffe relativ wenig mit dem eigentlichen analytischen Prozeß interferierten. Vielleicht liegt es daran, daß ich mich dabei nie als die Autorität aufspiele, sondern mich mit dem Ich des Patienten explizit ins Einvernehmen setze: „Es zeigt sich, daß unser bisheriges Vorgehen nicht genügt hat, Ihnen mit Ihren Absichten und Plänen zu helfen oder die Überwältigung durch jenes Dämonische zu verhindern. Was würden Sie als Zusatzhilfe vorschlagen?" Auf solche und ähnliche Weise glaube ich, daß ich eben das Problem der Selbstkontrolle und Affekt- und Triebregulation der gemeinsamen Beratung unterziehe. Das scheint mir eigentlich vom Geist einer guten analytischen Technik nicht abzuweichen. So wird etwa meine Verabreichung von Naltrexone (eines Narkotikaantagonisten) oder von Antabus, die

---

[3] In Vorbereitung: *Zerbrochene Wirklichkeit/tragische Wahrheit.*

auf diese Weise verabredet wurden, zum Teil der Routine, nicht anders etwa als die Zahlungsabmachung oder die Pünktlichkeit.

Aber das löst das Problem nicht. Die Wahl solcher Eingriffe muß im klaren Bewußtsein des Dilemmas getroffen werden. Diese beiden gegensätzlichen Erfordernisse der Technik – Förderung der Einsicht gegenüber Rolle als schützender Autorität – stellen einen technischen Konflikt dar, der nie ein für alle Mal zu lösen ist. Der Zweck bei beiden muß jedoch die Stärkung des *rationalen Bündnisses mit dem Ich* des Patienten sein, das im Fortgang die allmähliche Verminderung der inneren Konflikte erlaubt. Letztlich stehen wohl beide verändernden Faktoren, Einsicht und Autorität, in einem Komplementärverhältnis zueinander, nicht in notwendigem Konflikt.

Die begriffliche Neufassung, die ich im theoretischen Teil dieses Kapitels ausgeführt habe, verändert unser Verstehen der Pathologie, die die schweren Neurosen kennzeichnet. Sie steht im Einklang sowohl mit der klassischen Neurosenlehre (z. B. von Freud selbst, von Anna Freud und Fenichel) wie mit den Ergebnissen der modernen Kleinkindforschung, divergiert hingegen von der heute üblicheren Auffassung dieser Erscheinungen als Borderlinepathologie.

Die praktischen Konsequenzen, die sich aus den gesammelten Erfahrungen mit der Behandlung schwerer Neurosen ergeben haben und die zumeist über die in Kap. 2 als technische Voraussetzungen dargestellten hinausführen, lassen sich wie folgt zusammenfassen:

1) Aggressive Wünsche und Gefühle werden nicht primär durch Konfrontation noch durch direkte Triebdeutung, sondern mit Hilfe der Angst- und Abwehranalyse, namentlich gerade von der Seite des Über-Ich, angegangen; überdies werden sie nicht als primär, sondern als Ausdruck tieferer Bedrohungen des Selbstgefühls und der Intaktheit der eigenen Persönlichkeit aufgefaßt (vgl. die Auffassung von Thomä u. Kächele sowie die von mir in meinem Buch *The mask of shame* vertretene).

2) Ein wesentlicher Fokus besteht im Spektrum spezifischer Affekte, besonders der verschiedenen Formen von Angst und Depression, und in den gegen diese benützten Abwehrtaktiken.

3) Die Annahme von Über-Ich-Defekten wird verworfen; auch wird, mit Ausnahme der Intoleranz gegenüber bestimmten spezifischen Affekten, nicht schon a priori von sichtbaren Phänomenen aus auf tiefe Ich-Störungen geschlossen; falls solche bestehen, lassen sie sich erst nach eingehender Konfliktanalyse verifizieren.

4) Die Erforschung der inneren Konflikte verdient weiterhin besondere Betonung. Sie muß vertieft, nicht zugunsten anderer Eingriffe aufgegeben werden; die letzteren sind „zusätzlich, nicht statt dessen".

5) Man muß sich bemühen, nicht zu sehr die Rolle einer *wirklichen* Über-Ich-Figur anzunehmen. Ganz läßt sich das bestimmt nicht vermeiden, da gerade die Empfehlung der Hilfsmaßnahmen den Analytiker gelegentlich auch als schützende Über-Ich-Figur in der Realität auftreten läßt. Überdies ist das verständnisvolle Zuhören selbst eine kräftige Form der „korrektiven emotionellen Erfahrung"[4] und

---

[4] Anna Freud: „... today we observe that transference is sometimes useful as a ‚corrective emotional experience'." (S. 46, 1954/1974)

wirkt damit ganz direkt auf das Über-Ich-Erleben des Patienten ein (James Strachey). Doch ist es vorzuziehen, soweit möglich die externalisierten und projizierten Über-Ich-Funktionen zu analysieren, besonders insofern sie sich in der Übertragung zeigen. Die *Über-Ich-Übertragung* scheint mir überhaupt von besonderer und oft vernachlässigter Bedeutung zu sein.

6) Große Bedeutung wird dem rationalen Bündnis zwischen Analytiker und Patienten beigemessen. Dies erfordert eine therapeutische Atmosphäre der Freundlichkeit, des Takts und der Freiheit von Verurteilung, selbst zu Zeiten des Ausagierens. Das Vorgehen soll sich flexibel den Erfordernissen jedes Moments der Therapie anpassen (vgl. Thomä u. Kächele 1985).

7) In den meisten Fällen werden infolge der Affektintoleranz und der Affektüberschwemmung und der dadurch bedingten Schwere von Konflikt und Über-Ich-Druck Hilfsmaßnahmen benötigt. Die meisten schweren Neurosen bedürfen einer gleichzeitigen Kombination verschiedener Modalitäten. Die Drogen selbst scheinen vorwiegend solcher Affektregulation zu dienen; die Sucht ist weitgehend eine Form der Selbstbehandlung, die auf lange Sicht mißglückt.

Während die Analyse sich auf die Bearbeitung der Konflikte konzentriert – dies ist m. E. ihr Zentralfokus, ihre Hauptaufgabe und ihre hauptsächliche methodologische Legitimierung –, ist es des öfteren unumgänglich, andere Behandlungsmodalitäten zur Regulierung jener überwältigenden Affekte hinzuziehen. Als solche Regulatoren bieten sich äußere Strukturen und chemische Substanzen an. Unsere Funktion als Therapeuten besteht darin, sowohl die konfliktzentrierte wie die Hilfsbehandlung, also die vertikale mitsamt der horizontalen Zugangsweise in unsere Behandlungsstrategie einzubauen, und zwar so, daß wir dem Patienten beistehen können, die neurotischen Kernkonflikte in einem gegen unerträgliche Panik und Verzweiflung weitmöglichst geschützten Raum zu lösen.

Für eine gute analytische Arbeit ist es unerläßlich, daß die meisten dieser Hilfsmethoden von anderen Therapeuten übernommen werden. Die Kombination mehrerer Modalitäten in derselben Behandlung kompromittiert die Übertragungsanalyse zu sehr.

10.15 Wandlung und Beharrlichkeit

> „Aber es ist noch nichts, wenn man diese Dinge nur *weiß*; das Wesentliche ist, sie zu *verwirklichen!*"
> (Louis-Claude de St.-Martin, zit. von G. K. Kaltenbrunner, *NZZ*, 8./9. 2. 86, S. 37)

Es stellt sich doch immer wieder heraus, daß die Seele viel reicher ist als die Begriffsgerüste sie zeigen können. Die zunehmende Erfahrung gerade mit den schwierigen und schwierigsten Fällen veranlaßt uns, andere, neue Ordnungssysteme, die selbst ja auch nur aus umfassenden, allgemeineren (d. h. überindividuell gültigen) Metaphern bestehen, als wertvoll und brauchbar einzusetzen. Gewöhnlich treten sie zusätzlich ein, nicht anstelle der alten Systeme, obgleich diese manchmal gewisser Modifizierungen bedürfen. Doch sind es diese umgreifenden Metaphern, die mit denen der Dichtung und der Kulturphilosophie in einem Verhältnis von Thema und Variationen stehen.

Nur was wirkt, ist wahr. Das gilt auch für die Psychoanalyse. Neue Anforderungen bringen neue Einsichten, aber auch neue Versuchungen. Doch erst darin erweist sich ihre innere Stärke. Ob sie sich diesen Herausforderungen gewachsen zeigt und gleichzeitig an ihnen zu wachsen vermag oder ob sie sich in eine Bastion des Glaubens und des Rituals zurückzieht, bestimmt ihre Zukunft als Wissenschaft und als annehmbare Behandlungsform.

Die neuen Erfahrungen bedeuten jedoch auch, daß sich plötzlich die Fragen von Wert und Wahrheit unseres individuellen Lebens und der Kulturen, zwischen denen wir uns bewegen, ganz neu und in einem blendenden Lichte der Fremdheit zeigen. Bei der Erprobung dieser neuen Einsichten will die Psychoanalyse eine diskrete, aber nicht wortlose Begleiterin sein. Sie hält uns einen Spiegel vor, in dem wir uns und unsere Kulturen oft in verzerrter Gestalt erblicken, denn er zeigt die verborgenen Sprünge in der Wirklichkeit auf. Doch weist der Spiegel selbst auch Sprünge auf, denn es liegt in der Natur der Seele, daß es eben zu solchen Rissen kommt. Und die Wissenschaft von den seelischen Krankheiten und deren Behandlung vermag selbst den Brüchen der Zeit, in der sie steht, und der Wissenschaftlichkeit, an der sie teilhat, nicht zu entgehen.

Die Brüche in unserer Identität und der Zwang zur Wiederholung sind ja letztlich nichts anderes als Ausdruck der umfassenden Dialektik von Wandlung und Beharrlichkeit. „Verwandlung ist Leben des Lebens, ist das eigentliche Mysterium der schöpfenden Natur; Beharren ist Erstarren und Tod. Wer leben will, der muß über sich selbst hinwegkommen, muß sich verwandeln: er muß vergessen. Und dennoch ist ans Beharren, ans Nichtvergessen, an die Treue alle menschliche Würde geknüpft" (H. v. Hofmannsthal, Brief, zit. in Martin Stern 1986, S. 269).

Jenseits des Wissens um die Konflikte liegt daher die Kenntnis der tiefen Komplementarität. Und diese Komplementarität gegensätzlicher Wahrheiten, die nach Versöhnung drängen und diese doch nie ganz finden, spiegelt sich in den Konflikten der Neurose. Der Zwang zur Wiederholung und die Brüche im Innern des einzelnen sind Versuche, über die Konflikte hinaus zu den großen lebensimmanenten Komplementaritäten zu gelangen, doch immer wieder daran zu scheitern. Ist es Hybris, wenn das Können, eben die „Techne" – τέχνη – sich weigert, vor diesem Zwang die Waffen zu strecken?

Was wir als Analytiker erhoffen können, ist die Abnahme des Zwangs und die Zunahme der inneren Freiheit, die Verminderung der Spaltung und das Wachsen der inneren Einheit. Aber auch das ist nur ein Mehr oder Weniger, kein Entweder-Oder. Zwang und Freiheit sind komplementär und Bedingungen unseres Geschicks. „Unser Leben ist, wie das Ganze, in dem wir enthalten sind, auf eine unbegreifliche Weise aus Freiheit und Notwendigkeit zusammengesetzt."

Um was es geht, ist die Überwindung der Absolutheit.

Literatur

Abend SM, Porder MS, Willik MS (1983) Borderline patients: psychoanalytic perspectives. Int Univ Press, New York

Aeschylus (1955) Aeschyli septem quae supersunt tragoediae. Recensuit Gilbertus Murray. Oxford Univ Press, Oxford

Aischylos (o.J.) In: Griechische Tragiker. Winkler, München (Übers. von J.G.Droysen; Berlin 1832)

Arlow JA (1979) The genesis of interpretation. J Am Psychoanal Assoc 27: 193–206

Arlow JA, Brenner C (1964) Psychoanalytic concepts and the structural theory. Int Univ Press, New York

Balzac H de (1977) La comédie humaine, vol 7: La cousine Bette. Gallimard (Bibliothèque de la Pléiade), Paris

Basch MF (1974) Interference with perceptual transformation in the service of defense. Annu Psychoanal 2: 87–97

Basch MF (1983) The perception of reality and the disavowal of meaning. Annu Psychoanal 11: 125–154

Beebe B, Sloate P (1982) Assessment and treatment of difficulties in mother-infant attunement in the first three years of life. Psychoanal Inquiry 1: 601–623

Beres D (1965) Structure and function in psychoanalysis. Int J Psychoanal 46: 53–63

Beres D (1974) Character pathology and the „borderline" syndrome. (Unpublished manuscript)

Binswanger L (1957) Schizophrenie. Neske, Pfullingen

Böszörmenyi-Nagy I, Spark GM (1973) Invisible loyalties. Harper & Row, Hagerstown

Brenner C (1976) Psychoanalytic technique and psychic conflict. Int Univ Press, New York

Brenner C (1982) The mind in conflict. Int Univ Press, New York

Brody S (1982) Psychoanalytic theories of infant development and its disturbances: A critical evaluation. Psychoanal Q 51: 526–597

Calef V, Weinshel EM (1979) The new psychoanalysis and psychoanalytic revisionism. (Book review on Kernberg's borderline conditions and pathological narcissism.) Psychoanal Q 48: 470–491

Cancrini A (1970) Syneidesis. Il tema semantico della ‚con-scientia' nella Grecia antica. Ateneo, Roma

Canetti E (1980) Masse und Macht. Fischer, Frankfurt am Main

Caws P (1986) The scaffolding of psychoanalysis. Behav Brain Sci 9: 229–230

Dickes R (1974) The concept of borderline states: An alternative proposal. Int J Psychoanal Psychother 3: 1–27

Edelson M (1984) Hypothesis and evidence in psychoanalysis. Univ Chicago Press, Chicago

Edelson M (1985) The hermeneutic turn and the single case study in psychoanalysis. Psychoanal Contemp Thought 8: 567–614

Eickhoff FW (1986a) Identification and its vicissitudes in the context of the Nazi phenomenon. Int J Psychoanal 67: 33–44

Eickhoff FW (1986 b) Über das „entlehnte unbewußte Schuldgefühl" als transgenerationellen Übermittler mißglückter Trauer. In: Sigmund Freud House Bulletin (Vienna) 10: 14–20

Eissler KR (1959) On isolation. Psychoanal Study Child 14: 29–60

Emde RN (1983) The prerepresentational self and its affective core. Psychoanal Study Child 38: 165–192

Fenichel O (1941) Problems of psychoanalytic technique. In: Brunswick D (ed) Psychoanalytic Quarterly. New York

Fenichel O (1945) Psychoanalytic theory of neurosis. Norton, New York

Ferenczi S (1939) Bausteine zur Psychoanalyse, Bd 3. Huber, Bern

Fingarette H (1969) Self-deception. Routledge & Kegan, London

Fraiberg S (1982) Pathological defenses in infancy. Psychoanal Q 51: 612–635

Freud A (^{1}1936, 1946) Das Ich und die Abwehrmechanismen. Imago, London

Freud A (^{1}1954, 1974) A psychoanalytic view of developmental psychology. J Philadelphia Assoc Psychoanal 1: 7–17 (im selben Heft, p 35–53: The ego and the mechanism of defence – a review; und p 68–98: Problems of technique in adult analysis)

Freud A (1965) Normality and pathology in childhood: assessments of development. In: The writings of Anna Freud, vol 6. Int Univ Press, New York

Freud S (1892) Ein Fall von hypnotischer Heilung, nebst Bemerkungen über die Entstehung hysterischer Symptome durch den „Gegenwillen". GW (Fischer, Frankfurt am Main) 1, S 1–18

Freud S (^{1}1900/1942) Die Traumdeutung. Ges. Werke, Bd 2/3. Imago, London

Freud S (1905) Über Psychotherapie. GW (Fischer, Frankfurt am Main) 5, S 13–26

Freud S (1912) Totem und Tabu. GW 9

Freud S (1914 a) Erinnern, Wiederholen und Durcharbeiten. GW 10, S 126–137

Freud S (1914 b) Zur Einführung des Narzißmus. GW 10, S 138–171

Freud S (1915) Triebe und Triebschicksale. GW 10, S 210–233

Freud S (1918) Wege der psychoanalytischen Therapie. GW 12, S 181–194

Freud S (1919) Das Unheimliche. GW 12, S 227–268

Freud S (1920) Jenseits des Lustprinzips. GW 13, S 1–70

Freud S (1921) Massenpsychologie und Ich-Analyse. GW 13, S 71–162

Freud S (1923) Das Ich und das Es. GW 13, S 235–290

Freud S (1924) Der Untergang des Ödipuskomplexes. GW 13, S 393–402

Freud S (1925) Die Verneinung. GW 14, S 9–16

Freud S (1926) Hemmung, Symptom und Angst. GW 14, S 111–202

Freud S (1927) Fetischismus. GW 14, S 309–318

Freud S (1930) Das Unbehagen in der Kultur. GW 14, S 419–506

Freud S (1937 a) Die endliche und die unendliche Analyse. GW 16, S 57–100

Freud S (1937 b) Brief an Romain Roland. (Eine Erinnerungsstörung auf der Akropolis.) GW 16, S 250–257

Freud S (1940 a) Die Ich-Spaltung im Abwehrvorgang. GW 17, S 59–62

Freud S (1940 b) Abriß der Psychoanalyse. GW 17, S 63–140

Friedman L (1985) Toward a comprehensive theory of treatment. Psychoanal Inquiry 5: 589–599

Gaensbauer TJ (1985) The relevance of infant research for psychoanalysis. Psychoanal Inquiry 5: 517–530

Galenson E (1986) Some thoughts about infant psychopathology and aggressive developments. Int Rev Psychoanal 13: 349–354

Gebsattel VE von (1954) Prolegomena einer medizinischen Anthropologie. Springer, Berlin

Goethe JW von (1961) Gesamtausgabe. Dtv, München

Grassi E (1979) Die Macht der Phantasie. Athenäum, Königstein

Gray P (1973) Psychoanalytic technique and the ego's capacity for viewing intrapsychic activity. J Am Psychoanal Assoc 21: 474–494

Gray P (1982) „Developmental lag" in the evolution of technique for psychoanalysis of neurotic conflict. J Am Psychoanal Assoc 30: 621–656

Gray P (1986) On helping analysands observe intra-psychic activity. In: Richards A, Willick M (eds) Psychoanalysis: the science of mental conflict. Essays in honor of Charles Brenner. Atlantic Press, Hillsdale/N. J.

Gray P (1987) On the technique of analysis of the superego. An introduction. Psychoanal Q (in print)

Grossman WI (1986) Notes on masochism: a discussion of the history and development of a psychoanalytic concept. Psychoanal Q 55: 379–413

Grünbaum A (1984) The foundations of psychoanalysis. Univ of California Press, Berkeley

Grünbaum A (1986) The validity of hidden motives in psychoanalytic theory. (Lecture, John Hopkins University)

Hartmann H (1964) Essays on ego psychology. Selected problems in psychoanalytic theory. Int Univ Press, New York

Holton G (1986) The advancement of science and its burdens. Daedalus 115: 75–104

Jacobson E (1971) Depression. Int Univ Press, New York

Janet P (1908–1911) Les obsessions et la psychasthénie, 2 vols. Alcan, Paris

Kernberg OF (1975) Borderline conditions and pathological narcissism. Aronson, New York

Kernberg OF (1976) Object-relations theory and clinical psychoanalysis. Aronson, New York

Kernberg OF (1984) Severe personality disorders. Yale Univ Press, New Haven

Kernberg, OF (1987) The cutting edge: treating the borderline patient. Audio-Digest Psych 16: 9–11. Mai, 1987

Khantzian EJ (1974) Opiate addiction: A critique of theory and some implications for treatment. Am J Psychother 28: 59–70

Khantzian EJ (1978) The ego, the self and opiate addiction: Theoretical and treatment considerations. Int Rev Psychoanal 5: 189–198

Khantzian EJ (1987) Substance dependence, repetition and the nature of addictive suffering. (Unpublished manuscript)

Khantzian EJ, Mack JE (1983) Self-preservation and the care of the self. Ego instincts reconsidered. Psychoanal Study Child 38: 209–232

Klausmeier F (1978) Die Lust, sich musikalisch auszudrücken. Rowohlt, Reinbek

Kohut H (1971) The analysis of the self. Int Univ Press, New York

Kohut H (1972) Thoughts on narcissism and narcissistic rage. Psychoanal Study Child 27: 360–400

Kohut H (1977) The restoration of the self. Int Univ Press, New York

Kris E (1975) The selected papers. Yale Univ Press, New Haven

Krystal H (1974/1975) The genetic development of affects and affect regression. Annu Psychoanal 2: 98–126; 3: 179–219

Krystal H (1977) Self- and object-representation in alcoholism and other drug dependence: Implications for therapy. In: Psychodynamics of drug dependence. NIDA Research Monograph 12. Washington D.C., U. S. H. E. W. Government Printing Office, pp 88–100

Krystal H (1978 a) Trauma and affect. Psychoanal Study Child 36: 81–116

Krystal H (1978 b) Self representation and the capacity for self care. Annu Psychoanal 6: 209–246

Krystal H (1982) Adolescence and the tendencies to develop substance dependence. Psychoanal Inquiry 2: 581–617

Kubie LS (1978) Symbol and neurosis. Selected papers. In: Schlesinger HJ (ed) Psychol Issues Monogr 44. Int Univ Press, New York

Lagerkvist P ([1]1944, 1981) Dvärgen. Bonniers, Stockholm

Langer SK (1953) Feeling and form. A theory of art. Routledge & Kegan, London

Lichtenberg JD (1983) Psychoanalysis and infant research. Analytic Press, Hillsdale

Lichtenberg JD (1985) Response: In search of the elusive baby. Psychoanal Inquiry 5: 621–648

Lichtenberg JD (1986) The relevance of observations of infants for clinical work with adults. (Vortrag am 26.5. 86, Schweizerische Psychoanalytische Gesellschaft.) Zürich

Lichtenberg JD (1987) Psychoanalysis and motivation. (In preparation)

Lichtenberg JD, Slap JW (1973) Notes on the concept of splitting and the defense mechanism of the splitting of representations. J Am Psychoanal Assoc 21: 772–787

Lipton SD (1977a) The advantages of Freud's technique as shown in his analysis of the „rat man". Int J Psychoanal 58: 255–274

Lipton SD (1977b) Clinical observations on resistance to the transference. Int J Psychoanal 58: 865–898

Loch W (1976) Psychoanalyse und Wahrheit. Psyche 30: 865–898

Loch W (1983) Die Frage nach dem Sinn. Das Subjekt und die Freiheit, ein psychoanalytischer Beitrag. Jahrb Psychoanalyse 15: 68–99

Loewald HW (1980) Papers on psychoanalysis. Yale Univ Press, New Haven

Luborsky L, Auerbach AH (1969) The symptom-context method. J Am Psychoanal Assoc 17: 68–99

Mahler MS (1968) On human symbiosis and the vicissitudes of individuation I: Infantile psychosis. Int Univ Press, New York

Mahler MS, Pine F, Bergmann A (1975) The psychological birth of the human infant. Symbiosis and individuation. Basic Books, New York

Meissner WW (1970/1971/1972) Notes on identification. Psychoanal Q 39: 563–589; 40: 277–302; 41: 224–260

Modell AH (1984) Psychoanalysis in a new context. Int Univ Press, New York

Müller-Pozzi H (1985) Identifikation und Konflikt. Die Angst vor Liebesverlust und Verzicht auf Individuation. Psyche 39: 877–904

Nathanson DL (1985a) The empathic wall. (Unpublished manuscript)

Nathanson DL (1985b) Denial, projection and the empathic wall. Paper pres. at International Conference on Denial, Jerusalem

Nathanson DL (1986) The empathic wall and the ecology of affect. Psychoanal Study Child 41: 171–187

Nathanson DL (1987a) A timetable for shame. To be published in: Nathanson DL (ed) The many faces of shame. Guilford Press, New York

Nathanson DL (1987b) The shame/pride axis. To be published in: Block Lewis H (ed) The role of shame in symptom formation

Nietzsche F (^{1}1882–1888, 1964) Bruchstücke zu den Dionysos-Dithyramben. In: Götzendämmerung, Antichrist, Ecce Homo, Gedichte. Kröner, Stuttgart

Nietzsche F (^{1}1885, 1976) Jenseits von Gut und Böse. Kröner, Stuttgart

Nietzsche F (^{1}1886, 1976) Morgenröte. Kröner, Stuttgart

Nietzsche F (^{1}1887, 1976) Zur Genealogie der Moral. Kröner, Stuttgart

Nunberg H (1961) Curiosity. Int Univ Press, New York

Platon (o. J.) Sämtliche Werke. Schneider, Berlin

Rangell L (1968) A point of view on acting out. Int J Psychoanal 49: 195–201

Rangell L (1974) A psychoanalytic perspective leading currently to the syndrome of the compromise of integrity. Int J Psychoanal 55: 3–12

Rangell L (1980) The mind of Watergate. Norton, New York

Rangell L (1981) Psychoanalysis and dynamic psychotherapy: Similarities and differences 25 years later. Psychoanal Q 50: 665–693

Rangell L (1982) The self in psychoanalytic theory. J Am Psychoanal Assoc 30: 863–892

Reich A (1960) Pathologic forms of self-esteem regulation. Psychoanal Study Child 15: 215–232

Roiphe H, Galenson E (1981) Infantile origins of sexual identity. Int Univ Press, New York

Rubinstein BB (1983) Freud's early theories of hysteria. In: Cohen RS, Laudan L (eds) Physics, philosophy and psychoanalysis. Essays in honor of Adolf Grünbaum. Reidel, Dordrecht, pp 161–190

Sandler J, Freud A (^{1}1972/73, 1985) The analysis of defense: The ego and the mechanisms of defense revisited. Int Univ Press, New York

Schafer R (1960) The loving and beloved superego in Freud's structural theory. Psychoanal Study Child 15: 163–188

Scheler M (1955) Vom Umsturz der Werte. Gesammelte Werke, Bd 3. Francke, Bern

Schottländer F (o. J.) Blendung durch Bilder. In: Mitscherlich A (Hrsg) Entfaltung der Psychoanalyse. Klett, Stuttgart, S 222–235

Schur M (1966) The id and the regulatory principles of mental functioning. Int Univ Press, New York

Slap JW, Levine FJ (1978) On hybrid concepts in psychoanalysis. Psychoanal Q 47: 499–523

Snell B (^{1}1946, ^{6}1986) Die Entdeckung des Geistes. Vandenhoek & Ruprecht, Göttingen

Spence DP (1982) Narrative truth and historic truth. Norton, New York

Sterba R (1934) The fate of the ego in analytic theory. Int J Psychoanal 15: 117–126

Stern DN (1985) The interpersonal world of the infant. A view from psychoanalysis and developmental psychology. Basic Books, New York

Stern M (1986) Autobiographie und Identität. In: Benedetti G, Wiesmann L (Hrsg) Ein Inuk sein. Vandenhoek & Ruprecht, Göttingen, S 257–270

Stierlin H (1969) Conflict and reconciliation. Anchor Books, New York

Stierlin H (1974) Separating parents and adolescents. Quadrangle New York

Stone L (1984) Transference and its context. Aronson, New York

Tabin KJ (1985) On the way to self. Ego and early oedipal development. Columbia Univ Press, New York

Thomä H, Kächele H (1973) Wissenschaftstheoretische und methodologische Probleme der klinisch-psychoanalytischen Forschung. Psyche 27: 205–236, 309–335

Thomä H, Kächele H (1985) Lehrbuch der psychoanalytischen Therapie. Springer, Berlin Heidelberg New York

Tomkins SS (1978) Script theory: Differential magnification of affects. (Nebraska Symposium of Motivation 1978, pp 201–236)

Tomkins SS (1982) Affect theory. In: Ekman P (ed) Emotion in the human face. Cambridge Univ Press, Cambridge, pp 353–395

Trunnell EE, Holt WE (1974) The concept of denial or disavowal. J Am Psychoanal Assoc 22: 769–784

Wälder R (1936) Zur Frage der Genese der psychischen Konflikte im frühen Kindesalter. Int Z Psychoanalyse 22: 513–570

Waelder, R (1976) Psychoanalysis: Observation, Theory Application. Hgb. S. A. Guttman. Inter Univ Press, New York

Wallerstein RS (1986) Psychoanalysis as a science: A response to the new challenge. Psychoanal Q 55: 414–451

Wangh M (1962) The evocation of a proxy. Psychoanal Study Child 17: 451–472

Wangh M (1985) The evolution of psychoanalytic thought on negation and denial. (Lecture, International Conference on Denial), Jerusalem

Weiss J, Sampson H (1986) The psychoanalytic process. Guilford, New York

Winnicott DW (1965) The maturational processes and the facilitating environment. Studies in the theory of emotional development. Int Univ Press, New York

Wurmser L (1974) Psychoanalytic considerations of the etiology of compulsive drug use. J Am Psychoanal Assoc 22: 820–843

Wurmser L (1977) A defence of the use of metaphor in analytic theory formation. Psychoanal Quart 46: 466–498 (deutsch: Plädoyer für die Verwendung von Metaphern in der psychoanalytischen Theoriebildung. Übersetzt von D. Haupt. Psyche 137: 673–700)

Wurmser L (1978) The hidden dimension. Psychodynamics in compulsive drug use. Aronson, New York

Wurmser L (1981) The mask of shame. Johns Hopkins Univ Press, Baltimore

Wurmser L (1984a) More respect for the neurotic process. J Substance Abuse Treatm 1 37–45 (deutsch: Mehr Respekt für den neurotischen Prozeß. Vortrag, Burghölzli, 02.02 1984); publ Ztschr psychoanal Theorie u. Praxis, 2: 38–52, 1987

Wurmser L (1984b) The role of superego conflicts in substance abuse and their treatment. Int J Psychoanal Psychother 10: 227–258

Wurmser L (1986a) Verleugnung, Impulshandlung und Identitätskonflikt. Z Psychoanal Theorie Praxis 1: 95–112

Wurmser L (1986b) Gedanken zu Grünbaums Kritik an der Psychoanalyse. (Vortrag, Schwei zerische Psychoanalytische Gesellschaft, 23.05. 1986) Zürich

Wurmser L (1986c) Die innere Grenze. Das Schamgefühl – ein Beitrag zur Über-Ich-Analyse Jahrb Psychoanalyse 18: 16–41

Wurmser L (1986d) Flucht vor dem Gewissen. (Vortrag, Internationales Symposium übei Suchtmodelle, Baden/Wien, 21.05. 1986)

Wurmser L (1986e) Phobic character. Present. Philadelphia 4/15

Wurmser L (1987) My poisoned blood. The spirit of resentment. Comments on Pär Lager quist's „The dwarf". Present. Washington 1/24/87; Växjö 1/31/87

Wurmser L, Zients A (1982) The „return of the denied superego" – A psychoanalytic study of adolescent substance abuse. Psychoanal Inquiry 2: 539–580

Personenverzeichnis

Sachverzeichnis

Léon Wurmser – hier verbinden sich langjährige klinische Erfahrung und eine profunde Kenntnis der psychoanalytischen Theorie mit Eigenständigkeit im Denken, einem geglückten Einbezug von Werken der Weltliteratur sowie einer hohen literarischen Kompetenz.

Das macht die Bücher von Léon Wurmser immer wieder zu Werken, die mit Freude am Entdecken und an der Erkenntnis zu lesen sind. Dazu kommt die ihm eigene exemplarische Darstellungsform, die erst in der Zusammenschau seiner Bücher ganz gewürdigt werden kann.

▶ 2., unkorr.
Aufl. 1993.
Etwa 560 S.
Geb.
DM 68,–
ISBN
3-540-56204-4

◀ 1993.
Etwa 600 S.
Geb.
DM 78,–
ISBN
3-540-54767-3

▶ 2., unkorr.
Aufl. 1993.
Etwa 358 S.
Geb.
DM 68,–
ISBN
3-540-56203-6

◀ 2. Aufl.
1993.
Etwa 490 S.
Geb.
DM 68,–
ISBN
3-540-56205-2

Preisänderungen vorbehalten

Springer

tm.82.12.200

Druck:
Customized Business Services GmbH
im Auftrag der
KNV Zeitfracht GmbH
Ein Unternehmen der Zeitfracht - Gruppe
Ferdinand-Jühlke-Str. 7
99095 Erfurt